공완 : 공부완성

중3~고2
비문학
배경지식

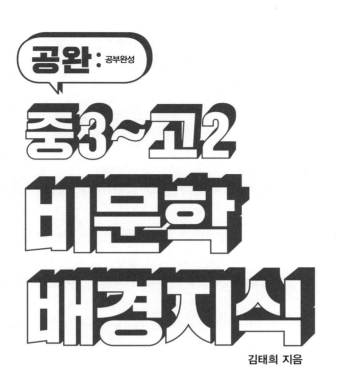

공완 : 공부완성

중3~고2
비문학
배경지식

김태희 지음

북아이콘

수능 비문학 독서 배경지식이 많으면
지문 독해력이 향상된다!

공부의 효율을 높이려면 먼저 독서 능력과 이해력부터 길러야 한다. 공부를 못하는 까닭은 가장 기본이 되는 독서 기술이 부족하기 때문이다. 책을 잘 읽는 학생들은 다음 세 가지 목표를 갖고 글을 읽는다.

먼저, 읽는 책에 집중한다. 듬성듬성 읽으면 제대로 읽을 수 없다. 배경지식이나 어휘가 부족하더라도 잡생각을 떠올리지 않고 집중해서 읽는다. 다음으로 가능한 많은 것을 기억하기 위해 노력한다. 읽은 것은 기억할 수 있다고 스스로 확신한다. 그리고 읽은 내용을 학습과 연계하면서 생각하거나 공부에 적용하려고 노력한다. 이렇게 하면 기억이 잘 될 뿐 아니라 지식이 지혜로 변하는 놀라운 경험을 하게 된다.

목표를 갖고 독서 능력, 엄밀히 말해 독해 능력을 향상시키기 위해서는, 다음 세 가지 요건을 갖추어야 한다. 글에서 찾아야 할 것에 대해 정확히 인식하고, 글의 이해력을 향상시키며, 글의 경중을 가려 읽으면서 읽는 속도를 높여야 한다.

공부 잘하는 학생들은 글을 읽을 때, '개략적으로 훑어보아도 될 부분'과 '주의 깊게 읽어야 할 부분', 그리고 '집중해서 읽어야 할 부분'을 단박에 구분한다. 이는 글을 읽으면서 '중요한' 부분과 '중요하지 않은' 부분을 효과적으로 가려내고, 글의 '부분-전체' 구조를 단박에 파악할 수 있도록 올바른 글 읽기 방법을 체득한 결과이다. 당연히 글을 빠르고 정확히 읽는다.

수능 국어는 글을 읽는 능력이 떨어지는 학생들에게는 무척 불리한 시험이다. 지문을 길게 하고 글 내용을 까다롭게 하여 문제를 만들기 때문이다. 때문에 글을 읽는 속도가 느리고, 글의 핵심을 파악하는 능력이 떨어지며, 글 내용을 구조화하여 읽어내는 역량이 떨어지는 학생들에게 있어서 수능 국어 시험은 언제나 힘겹기만 하다. 사정이 그러한데도 불구하고 많은 학생들은 잘못된 공부, 다시 말해 옳지 않은 글 읽기 습관에 빠져 허우적거린다. 시중의 그토록 많고 많은 국어 참고서를 보면, 하나같이 천편일률적으로 글(지문) 내용을 자세히 해석하는데 할애한다.

학생들은 지문과 그 해설의 지엽적인 것까지 세세하게 신경 쓰며 읽느라 너무 많은 시간을 소비하고 또 쓸데없이 많은 노력을 허비한다. 이런 식으로 글을 읽는 탓에 정작 읽어내야 할 글 내용의 핵심은 제대로 파악하지 못한다. 글을 읽어 글 내용의 핵심을 파악하지 못하니 당연히 문제에서 묻는 요구에 적절히 대응하지 못한다.

거듭 강조하지만, 수능 국어 성적은 잘못된 독서 습관과 직접 관련된다. 수능 국어는 언어적 지식을 묻는 게 아니라 언어 능력 자체를 평가하는 시험이다. 언어 능력은 글을 읽고 글 내용의 핵심을 파악하는 지적 역량이다. 수능 국어 문제를 푸는데 필요한 능력은 크게 두 가지다. 하나는 독해 능력이고, 다른 하나는 문제 풀이 기술이다. 그리고 그 둘을 연결하는 것이 바로 글의 핵심을 찾아낸 후 이를 문제의 물음에 맞춰 논리적 · 기술적으로 사고하는 능력이다. 독해 능력만 제대로 갖췄다면 문제 풀이 기술은 저절로 따라붙는다.

이때, 독해 능력, 다시 말해 언어력 향상에 절대적으로 필요한 것 가운데 하나는 글에 대한 배경지식이다. 글에 대한 배경지식이 많으면 많을수록 독해 능력은 향상된다. 처음 접하는 글에 대한 독해 능력을 기르기 위해서는 가급적 관련한 많은 글을 읽어 교양을 쌓는 것이 중요하다. 분명 지문과 관련한 배경지식은 학생들이 지문을 더 쉽게 이해할 수 있도록 돕는다.

그렇더라도 배경지식과 관련해서는 오해의 소지가 따를 수 있으므로 좀 더 정확히 설명할 필요가 있다. 언어 능력 향상을 위해 필요한 배경지식 학습의 핵심은 단순한 지식의 습득이 아니라 '개념'을 익히고 '개념적'으로 사고하는 능력을 키우는 데 있다. 수능 국어를 공부하는 학생들이 글 내용을 어려워하는 가장 큰 이유는 다름 아닌 '개념'에 대한 이해가 부족하고 '개념적 사고'가 결여된 때문이다.

글에 실린 기본 개념을 익히고 글 내용의 핵심을 개념화하여 생각하는 능력은, 이를테면 수영을 배울 때 물이 어떻다는 걸 느껴 본 뒤 결국 사람의 몸은 물에 뜨게 되어 있다는 것을 실천을 통해 확실하게 깨닫는 것과 비슷하다. 일단 몸이 물에 뜬다는 사실을 깨닫고 나면 수영을 배우는 것은 훨씬 쉬워진다. 이는 어느 순간에 갑자기 눈이 트이는 듯이 모든 것을 훤히 알게 되는 것과도 비슷하다.

말했듯, 수능 국어를 공부하는 학생들이 글 내용을 어려워하는 이유는 다름 아닌 '개념적 사고'의 결여 때문이다. 개념은 생각과 지식과 정보의 핵심을 체계화한 것으로, 한 마디로 '사고의 집약'이라 할 수 있다. 즉 축약된 형식으로 객관 사물의 본질적인 속성을 반영하는 사유방식이 곧 개념이다. 개념은 언어를 빌려 사유 대상의 본질적 특성을 반영하는 것이기 때문에, 개념에 대해 정확히 모르면 글 내용을 제대로 이해할 수 없을뿐더러, 논리적으로 사고하기 힘들다. 개념이 없으면 판단과 추리는 어려워지며, 인식한 내용을 체계적으로 정리할 수 없다. 따라서 글(지문)을 읽을 때 그 안에 실린 개념에 대한 정확한 의미를 모르거나 또는 개념을 올바르게 이해하지 못할 경우, 학생들은 막연한 지레짐작으로 글 내용을 해석함으로써 사고의 오류에 빠지게 된다. 글을 읽어도 내용이 선뜻 이해되지 않는다.

따라서 학생들은 글을 읽을 때 '정확한 개념 이해'를 바탕으로 '글을 빠르게 읽고 글 내용을 정확히 이해하는 능력'을 길러야 한다. 이것이 수능 독서 영역 글 읽기 능력 향상의 처음이자 마지막 포인트다. 글을 잘 읽기 위해서는 세부 내용보다는 전체 흐름부터 파악하며 읽는 연습을 해야 한다. 이를 위해서는 먼저 글의 주제 개념부터 잡아야 한다. 그런 다음 주제 개념을 중심으로 하위 개념들 간의 관계를 파악하면서, 글의 전체 흐름과 논리 · 서술 체계를 읽어낸다. 글의 '부분―전체' 구조가 단박에 파악될 것이다(개념 범주화 학습). 이어서 개념과 개념의 관계를 따라 문장 또는 단락을 하나의 생각의 단위로 뭉뚱그려가면서, 글을 '의미 단위'로 읽는다. 글의 중요한 부분과 그렇지 않은 부분을 가려낸 후, 중요하다고 확신하는 정보에 집중하면서 글 내용을 자세하고 꼼꼼하게 읽을 수 있을 것이다(구조 독해). 이런 식으로 학습하는 과정에서 한꺼번에 많은 정보량을 처리할 수 있을 뿐 아니라, 글을 읽는 속도와 지문 독해력은 크게 향상된다(선택적 글 읽기).

글의 이해가 텍스트의 의미를 구성하는 과정이란 사실을 깨닫는다면, 텍스트의 내용, 구조, 문장, 어휘 등 글 전반에 관여하는 개념 공부를 등한시해서는 결코 글을 올바르게, 빠르게, 정확하게 읽을 수 없음을 확인할 수 있을 것이다. 그런 점에서 이 책은 수능 1등급을 목표로 하는 학생을 위해 기술한 것이라 하겠다.

1 비문학 독서 영역 분야별 배경지식 학습으로 지문 이해력, 독해력 향상

수능 국어는 독서 전 분야에 대한 상식 이상의 배경지식을 요구합니다. 글에 대한 독해 속도는 이러한 배경지식의 수준에 따라 좌우된다고 할 수 있습니다. 따라서 독서 영역 분야별 배경지식과 개념을 익혀 독해 속도를 확보하는 것이 중요합니다. 해당 주제에 대한 지식을 어느 정도 갖고 있으면 지문이 훨씬 많이 보이고 해석하기가 수월해집니다.

2 과학·기술, 예술·심리, 사회·경제, 인문·철학 기출 및 출제 예상 배경지식 학습

시험 현장에서 알지 못하는 낯선 주제의 지문을 접하게 되면 당황하게 됩니다. 평소에 다양한 분야의 글을 읽는 것이 필요하지만, 어떤 분야든지 배경지식을 조금이라도 갖고 있으면 마음이 편해지고 집중력이 생깁니다. 이를 위해 학생들이 특히 어려워하는 과학, 기술, 경제, 철학 등의 기출 및 출제 예상 배경지식을 집중 학습할 수 있도록 구성하였습니다. 이 분야 지문들에 대한 효과적인 대비가 가능할 것입니다.

3 사전식 배열이 아닌 개념과 지식의 연관성을 중심으로 엮어 계통적 이해

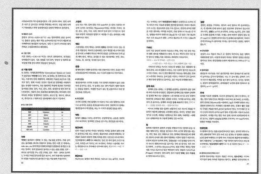

수능 독서 영역은 인문, 사회, 과학, 기술, 예술 등 다양한 분야에서 출제됩니다. 수능 국어 영역 독서 전 분야에 걸쳐 개념 및 지식을 총망라하여 수록했습니다. 특히 배경지식을 사전식 배열이 아닌 연관성 있는 것들을 묶어서 구성하고, 핵심 개념과 연관 지식을 같이 학습함으로써 지식과 개념의 계통적 이해가 가능하도록 하였습니다. 또한 출제 비중이 높은 분야의 주제들에 대해 보다 많은 분량을 배정하였으며, 내용을 충실히 이해할 수 있도록 도표, 시각자료 등을 활용하였습니다.

4 과학기술의 철학적 이해에서부터 응용과학과 실용기술에 걸친 전략적 이해

학생들에게 과학기술 영역은 당연히 어렵습니다. 배경지식은 이미 머릿속에 들어 있거나 기본적으로 필요한 지식을 말합니다. 과학기술 지문을 접할 때도 배경지식을 갖고 있으면 그렇지 않은 경우보다 백배 유리한 것이 사실입니다. 학습 과정에 있어서도 과학·기술과 관련한 관점을 이해하는 것이 중요합니다. 이를 위해 '과학기술의 철학적 이해'를 구성하였으며, '기초과학'과 '응용과학과 실용기술'의 지식들을 구성하였습니다.

5 개념과 흐름 배열로 사회·경제, 예술·심리 용어의 체계적 이해

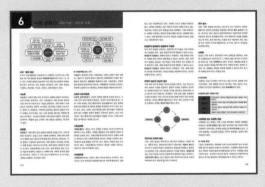

사회·경제, 예술·심리는 '경제'에서는 학생들이 어려워하는 개념과 관계에 대한 이해가 가능하도록 하였으며, '사회문화', '법과 정치'에서는 논점에 대한 이해를 통해 관점을 세우는데 주력하였습니다. '예술'에 있어서는 각 분야별 흐름과 개념이 이해되도록 하였으며, '심리'에서는 심리 이론과 용어, 심리 실험 등을 체계적으로 제시하였습니다. 또한 각 영역별 및 분야별 개념, 관점, 지식, 이론, 논점의 이해가 가능하도록 하였습니다.

6 의미와 내용 연계로 인문 및 동서양 철학 사상의 원리적 이해

인문·철학에서는 철학의 분야와 동서양 철학 사상 전반에 대한 조망이 가능하도록 구성하였습니다. 특히 철학사를 기반으로 각 사상가의 주장과 논점, 주요 개념과 사상 등을 꼬리를 무는 방식으로 전개하고 관련 있는 내용들을 연계해 철학과 인문 지식들을 원리적으로 이해할 수 있도록 하였습니다. 인문·철학을 이해하는데 필요한 기본적인 용어도 별도로 정리하였습니다.

지/ 탄화수소/ 단량체와 중합체/ 중합/ 증류/ 센물과 단물/ 이온교환/ 열역전/ 습도/ 이슬점

제2장 예술 · 심리

폭포 효과/ 아그레망/ 레임덕/ 브래들리 효과/ 언더독 효과/ 엽관 제도

제1장 과학 · 기술

1 과학 철학

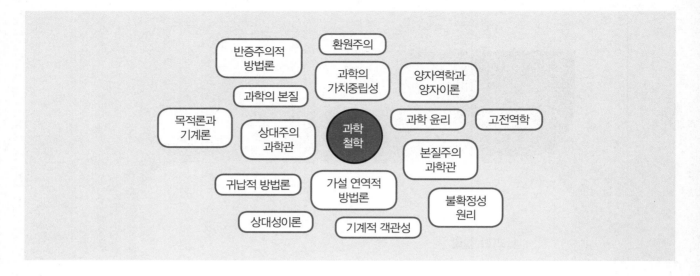

과학의 본질

과학은 인간과 자연이 협력해 만든 공동 작품. 과학이란 넓은 의미로는 철학 이외의 모든 학문을 일컬으며, 좁은 의미로는 흔히 경험과학 또는 자연과학을 뜻한다. **과학**은 모든 자연 현상에 대한 이치와 자연의 질서를 발견하여 지식을 쌓아가는 인간의 활동이라고 할 수 있다. 즉 인간이 오랫동안 자연 현상에 대해 관찰하거나 실험 등으로 확인한 사실을 과학자들이 합리적이고 체계적으로 설명하기 위해 노력하는 동안 얻어진 지식들이 축적되어 이루어진 학문으로, 그 본질은 다음의 세 가지 측면을 포함한다. 첫째, 자연에 관한 정보를 체계적으로 얻거나 수집하는 과정이다. 둘째, 이러한 과정을 통해 얻어진 지식이다. 셋째, 과학지식을 얻기까지 과학자가 보이는 온갖 노력과 과학자 자신의 가치관 및 태도 등이다.

과학의 가치중립성

과학적 사실이나 기술 그 자체는 중립적이기 때문에 어떠한 가치판단의 대상도 될 수 없다. 과학의 **가치중립성**이라는 말은 다음과 같은 두 가지 의미를 지닌다. 첫째, 자연 현상을 기술하는 데 얻게 되는 과학의 법칙이나 이론으로부터 개인의 취향이나 가치관에 따라 결론을 취사선택할 수 없다. 둘째, 과학적 지식 그 자체는 좋은 것도 나쁜 것도 아니며, 단지 어떤 목적에 사용되느냐에 따라 선용될 수도 있고 악용될 수도 있다. 가치중립적인 탐구라고 믿는 자연과학에서조차 인간의 가치가 개입되는 현상을 발견할 수 있다. 따라서 가치중립을 지키기 어려운 사회문화 현상의 탐구에서는 이와 같은 상황이 발생할 가능성은 더욱 높다고 할 수 있다.

과학 윤리

과학적 탐구에 있어서의 가치중립적 윤리. 과학적 탐구에서 가치중립이란, 주어진 현상에 대한 올바른 판단을 유도하고, 어떤 문제에 대한 합리적인 해결책을 모색하는 데 무엇보다도 중요한 역할을 한다. 어떤 종교적 신념이나 정치적 이념에 맞지 않는 결과는 잘못된 것이라는 태도는 특정 가치에서 나오는 편견을 강요하는 것으로, 과학적 탐구를 부정하는 것이다. 올바른 가치를 가지고 다른 사람의 권리와 이익, 사생활을 침해하지 않으며, 공개적으로 탐구하는 태도, 그리고 모든 관찰과 분석을 객관적으로 하려는 태도가 바로 **과학적 윤리**의 주요 내용을 이룬다. 다시 말하면, 탐구 주제를 선택하거나 탐구 결과를 이용할 때, 가치 개입과 탐구의 구체적인 과정에서의 가치중립은 오늘날 과학자들에게 윤리적인 요구로 받아들여지고 있다.

과학적 사고의 오류 가능성

과학에 대한 맹신이 불러올 위험. **과학 지상주의**는 모든 과학의 산물, 과학적 인식과 사고방식을 지나치게 높게 평가한 나머지 그 외의 사고방식이나 의식 구조를 무시하는 입장을 의미한다. 이러한 과학 지상주의는 현대 사회에서 다음과 같은 두 가지 문제점을 불러온다. 첫째, **도구적 이성**을 지나치게 중시한 나머지 인간의 도덕성, 심미성 등 인간이 가지는 여러 다른 특성을 철저하게 무시한다. 둘째, 과학 지상주의는 도덕적, 종교적 신념들을 과학적으로 증명할 수 없다는 이유로 무시하고 있으며, 그 결과 도덕적 생활을 검토하고 이해하려는 논의를 **무의미**한 것으로 만든다.

본질주의 과학관

과학 실증주의. 과학을 보는 시각은 본질주의 과학관과 상대주의 과학관으로 나뉜다. **본질주의 과학관**은 과학을 자연에 대한 법칙과 지식 그 자체로 보는 입장이다. 본질주의 입장을 지닌 과학자들(주로 과학철학자들)은 자연을 탐구 대상으로 삼아 그 안의 법칙들을 발견하기 위해 노력한다. 그들은 과학이란 철저히 사실을 바탕으로 하며, 의심할 여지가 없는 관찰이나 실험 결과에 근거해서 연구를 수행하고, 타당한 추리를 거쳐 결론에 도달하는 것이라고 생각한다. 과학 지식은 다른 분야의 지식과는 비교할 수 없는 고귀하고 절대적인 위상을 지니고 있으며, 차곡차곡 누적되어 발전한다고 본다.

상대주의 과학관

과학 상대주의. **상대주의 과학관**을 옹호하는 학자들(주로 사회과학자들)은 과학은 사회와 동떨어져 '만들어진' 것이 아니라 사회와의 관계 속에서 '만들어지는' 과정에 있다고 여긴다. 그들은 과학은 수많은 연구를 통해 사회적으로 구성되는 산물이라고 주장한다. 상대주의 과학관은 과학은 다른 지식보다 우월한 것이 아니며, 과학에 관한 지식은 본질적으로 어느 한 집단의 공통된 속성일 따름이라고 본다. 과학적 지식은 사회문화적 조건의 영향에서 자유로울 수 없기 때문에, 과학에 객관적 방법론이 존재한다고 믿는 것은 잘못이라는 입장이다.

귀납적 방법론

과학 이론 ①. 귀납적 방법론은 다양한 관찰된 사실로부터 이론이 형성된다는 것으로 일반인들이 널리 받아들이는 **상식적인 과학관**이라고 할 수 있다. 일반적으로 우리가 직접 관찰한 특수한 사실들은 입증된 것이고, 객관적인 것이기 때문에 그것을 토대로 한 과학 이론은 보편적인 법칙이나 이론으로 받아들여질 수 있다는 것이다. 또한 보편적인 법칙이나 이론을 토대로 특수한 사례를 예측하거나 설명할 수 있는 연역적 추론이 가능하다는 것이다. 이를 통해 과학의 이론은 점진적으로 세련화 과정을 통해 발달해 간다고 보는 것이 보통의 일반적인 과학관이다.

가설 연역적 방법론

과학 이론 ②. 가설 연역적 방법은 가설을 생성할 때 귀납 추론에 의해 가설을 만들지 않고 문제에 대한 해답으로 가설을 창안한다. 가설은 연역에 의해 그것으로부터 이끌어 내어진 관찰, 혹은 실험 결과에 대한 새로운 예측을 시험함으로써 평가된다. 귀납적 방법론과 비교해 볼 때, 가설 연역적 방법론은 가설이 생성되는 맥락에서 귀납 추론을 사용하지 않고, 과학자들의 온갖 **창조적인 상상력**이 동원된다.

반증주의적 방법론

과학 이론 ③. 과학 이론을 증명하는 것은 논리적으로 불가능하기 때문에 오직 반증만이 가능하다고 보는 과학 철학적 관점이 칼 포퍼에 의해 제기되었다. 반증주의적 방법론에 따르면 추측에 해당하는 가설들이 어떤 주어진 문제들에 대한 해답, 혹은 설명으로 제시되는데, 만일 추측된 가설을 반박하는 경험적 사례가 존재하면 그 가설은 곧바로 폐기된다. 즉 단 한 가지 사례만으로도 충분히 증명(반증) 되는 것이다. 반증주의에서 과학적 이론이란 **반증 가능**해야 한다. 이래도 맞고, 저래도 맞는 것은 반증 가능한 이론이 아니다. 그리고 명확한 반증을 위한 방법적 도구가 있어야만 반증 가능한 이론이다.

목적론과 기계론

서양 과학관의 두 토대. 서양의 과학관을 지배한 패러다임은 다음 두 가지다. 하나는 고대와 근대를 지배했던 목적론적 과학관이며, 다른 하나는 근대 이후 서양 문명을 지배해온 기계론적 과학관이다. 아리스토텔레스의 사상을 담은 **목적론적 과학관**은 세계를 하나의 유기체로 본다. 자연과 인간, 정신과 물질은 서로 깊은 상관관계를 가지고 의존하는 형태라고 인식한다. 반면 데카르트의 사상을 담은 **기계론적 과학관**은 인간과 자연은 분리 또는 대립하며, 자연이란 인간이 지배하고 소유할 수 있는 대상이라고 본다. 기계론적 과학관은 모든 존재를 기계의 한 부분으로 간주하고, 수학 법칙에 의해 세계를 이해하며, 부분을 통해 전체를 파악하려 든다.

기계적 객관성

과학과 예술이 갈리는 시점. 과학 기술 발달로 카메라가 발명되자 사람들은 시각 이미지가 마치 거울처럼 세상과 사물을 있는 그대로 반영할 수 있다는 믿음을 갖게 되었고, 따라서 카메라를 통해 얻은 이미지는 인간의 주관성을 배제한 객관성의 담보로 여겨졌다. 사진을 통한 기계적 객관성을 카메라가 똑같이 사물이나 세상을 표상해낸다는 정확성의 측면에서보다 인간의 개입에서 벗어나 자동적으로 사물을 반영하여 **진정성**을 획득했다는 측면으로 본 것이다. 하지만 현대 들어 객관성과 정확성의 대명사였던 사진은, 사진을 찍는 사람의 의도에 따라 얼마든지 주관인 시선을 담을 수 있다는 논리가 점차 타당성을 얻게 되었다. 같은 피사체라고 할지라도 기법의 차이에 따라, 혹은 사진을 찍은 행위자의 의도에 따라 사진은 얼마든지 주관성을 지닐 수 있는 것이다.

환원주의

부분은 전체의 일부로서 기능한다는 '총체주의'에 대립하는 개념. 환원주의란 사물의 속성을 그 구성 요소의 속성으로부터 이해하려는 접근 방법을 말한다. 물체는 원자들의 집합이고 사상은 감각 인상들의 결합이라는 관념처럼, 복잡한 자연 현상 및 사회 현상을 설명하고자 할 때 단순한 몇 개의 요소로 분해하여 전체를 설명하려는 시도는 환원주의 사고의 단면이다. **환원주의**는 수학, 과학, 철학 등의 다양한 영역에서 존재하며, 주로 과학과 관련된 것에서 나타나고 있다. 이를테면 원자를 규명하면 물체를 이해할 수 있고, 유전자를 규명하면 생명체를 이해할 수 있다는 태도가 일종의 환원주의이다. 반대되는 개념으로는 '통섭'이 있다.

통섭

소통·융합·통합. 통섭은 **'지식의 통합'**이라고 부르기도 하며, 자연과학과 인문학을 연결하고자 하는 통합 학문 이론이다. 이러한 생각은 우주의 본질적 질서를 논리적 성찰을 통해 이해하고자 하는 고대 그리스의 사상에 뿌리를 두고 있다. 자연과학과 인문학의 두 관점은 그리스 시대에는 하나였으나, 르네상스 이후부터 점차 분화되어 현재에 이른다. 한편 통섭 이론의 연구 방향의 대척점에서, 전체를 각각의 부분으로 나누어 연구하는 '환원주의'도 있다.

동양 과학관의 사상적 기반

조화·상생·공존. 서양에서는 정신과 물질 또는 자연과 인간을 분리해서 바라보지만, 동양에서는 그러한 이분법적 자연관을 찾아볼 수 없다. 그렇다고 동양의 자연관을 일원론적 자연관이라고 보기도 어렵다. 동양에서도 자연과 인간은 다르다고 보기 때문이다. 다만 자연은 자연대로, 인간은 인간대로 서로 인정하면서 함께 어울려 산다고 여긴다. 서로 대립하지 않고 인간과 자연이 조화를 이루면서 공존하는 것이라고 보면서, 서양의 목적론적 자연관·과학관과 대비되는 **유기론적** 자연관·과학관의 관점을 따른다. 오늘날 서구 과학문명의 여러 가지 부작용으로 인해 조화와 상생을 도모하는 동양적 과학관에 대한 관심이 날로 커지고 있다.

고전역학

거시 세계의 운동법칙을 설명. 양자역학이나 상대성이론이 나타나기 이전의 역학을 말한다. 갈릴레이의 물체 운동론, 케플러의 행성의 운동법칙 등의 맥락을 이어 학문적으로 체계화된 뉴턴 역학을 근간으로 삼고 있다. 고전역학의 핵심은 물체에 작용하는 힘과 운동의 관계를 설명하는 물리학이다. 뉴턴의 운동법칙을 만든 뉴턴의 이름을 따 **'뉴턴 역학'**이라고 부르기도 한다. 고전역학은 다시 크게 두 분야로 나뉜다. 하나는 힘이 균형을 이루어 움직이지 않는 물체들을 다루는 정역학이며, 다른 하나는 운동하는 물체를 다루는 동역학이다. 고전역학은 일상생활에서 일어나는 현상들을 매우 정확하게 설명하고 예측할 수 있다. 그러나 매우 빠른 속도로 움직이는 계(界)에서는 상대성이론, 원

자 단위와 같은 극히 미세한 스케일의 계(界)에서는 양자역학에 자리를 내주었다. 그럼에도 고전역학은 다른 이론들에 비해 비교적 수학적으로 간단하여 쉽게 사용할 수 있으며, 대략적으로 옳은 결과를 주는 범위가 아주 넓다는 점에서 여전히 유용하다. 일상생활에서 보는 물체의 운동, 천체와 같은 극히 거시적인 물체의 움직임, 유기분자처럼 극미한 영역에서의 물체의 운동을 잘 설명하고 있다.

■ 16~17세기 과학 혁명기에 등장한 새로운 학문과 발전에 기여한 학자들

새로운 학문	기여한 학자들		
	시작	경과	완성
천문학과 우주론	코페르니쿠스	케플러, 갈릴레이	뉴턴
고전역학	갈릴레이	데카르트, 호이겐스	뉴턴
생리학	베살리우스 (해부학)	하비 (혈액순환이론)	
대수학과 해석학	데카르트	페르마	뉴턴, 라이프니츠
광학	케플러	데카르트	뉴턴

상대성이론

물리법칙은 언제, 어디서나 동일하다. 현대 과학 중에서도 우리의 일상적 관념 세계를 극적으로 뛰어넘게 만들어준 이론이 바로 상대성이론이다. 아인슈타인에 의해 제안된 이 이론은 다시 특수상대성이론과 일반상대성이론으로 나누어진다. **특수상대성이론**은 서로 등속도로 움직이는 기준계 간에 나타나는 문제를 다루며, **일반상대성이론**은 일반 기준계에서의 문제를 취급한다. 특수상대성이론은 기본적으로 관측자의 운동에 무관하게 빛의 속도가 일정하다는 '광속 불변의 원리'와 서로 등속도 운동을 하는 두 관측자 사이에 동일한 자연법칙이 적용된다는 이른바 '특수 상대성원리'를 그 밑바탕에 깔고 있다. 그런데 이러한 원리에 부합되는 이론을 전개하고자 할 때 종래의 시간 및 이와 독립된 3차원 공간 개념은 적절하지 않으며, 시간 또한 공간의 한 성분으로 보는 4차원 시공간 개념을 설정해야 한다. 이렇게 새로운 시간·공간 개념을 도입할 경우, 기존의 자연법칙들이 상대성이론에 부합하게 설정될 수 있을 뿐만 아니라 이를 통해 인간이 아직 경험하지 못했던 새로운 현상들의 예측이 가능해진다.

■ 질량-에너지 등가 원리

특수상대성이론에서 보여주는 중요한 결과 중의 하나는 물질의 질량이 에너지와 동일한 것이라는 사실이다($E=mc^2$, E는 에너지, m은 질량, c는 진공 속에서의 빛의 속도). 이것이 **'질량-에너지 등가원리'**인데, 실제로 질량의 감소가 방출된 에너지로 환

산될 수 있음이 원자핵반응에서 입증됐다. 제2차 세계대전 중에 사용된 원자폭탄의 엄청난 파괴력은 핵분열 당시 감소한 소량의 질량 차이를 통해 쉽게 산출되는 것이었다. 한편 일반상대성이론은 중력을 독립된 힘으로 보지 않고, 질량 분포에 의한 시공간의 굴곡으로 나타냄으로써 종래의 중력 법칙을 대체했다. 이 이론은 과거에 이해할 수 없었던 중력장 내의 여러 현상을 성공적으로 설명할 뿐만 아니라 블랙홀의 존재나 우주 팽창에 대한 이론적 근거를 제공한다.

■ 길이 수축
빠르게 달리는 물체의 달리는 방향으로의 길이는 정지해 있을 때의 길이에 비해 줄어든다는 특수상대성 이론의 기묘한 효과이다.

■ 시간 팽창(시간 지연)
관측자에 대해 상대적으로 움직이고 있는 어떤 시계라도 관측자에 대해 정지해 있는 시계에 비해 시간은 더 느리게 간다. 이를 시간 팽창이라고 하며, 길이 수축과 마찬가지로 특수상대성 이론의 효과이다. 이때 관측자에 대해 정지하고 있는 시계가 가리키는 시간이 고유 시간이다.

■ 상대론적 질량
만일 어떤 입자를 무한히 가속하면 그 입자의 속력은 빛의 속력을 넘어설 수 있을까? 뉴턴 역학의 입장에서는 그럴 수 있으나, 상대성이론에서는 질량이 더 이상 일정하지 않고 속력에 대한 함수가 되어, 가속하는 힘을 지속적으로 가하면 대부분의 에너지가 질량의 증가에 쓰인다. 따라서 점점 더 뚱뚱해지는 입자는 빛의 속력에 가까이 접근할 수 있을 뿐, 결코 이를 넘어서지 못한다.

양자역학과 양자이론
미시 세계의 운동법칙을 설명. 현대 과학 이론의 또 하나의 큰 줄기는 양자이론이다. 19세기 말에 흑체의 복사, 광전효과, 원자의 스펙트럼 등 새로운 현상들이 관측되었는데, 이러한 현상들은 기존의 이론으로는 설명되지 않았다. 그리하여 플랑크의 양자가설, 아인슈타인의 광양자설, 보어의 원자론, 드브로이의 물질파 등이 제안되어 이러한 미시 현상들을 설명했으나, 이들은 모두 기존의 이론 체계들과는 모순을 빚는 것들이어서 엄청난 학문적 혼란을 야기했다. 이러한 가운데 기존의 물리학 이론들이 본질적 한계를 지닌 불완전한 것이었다는 인식과 함께, 슈뢰딩거와 하이젠베르크를 비롯한 일군의 물리학자들에 의해 체계적인 새 이론이 모색됐고, 그 결과로 얻어진 것이 바로 양자화된 물리량을 다루는 분야인 '**양자역학**'이다. 양자역학의 핵심인 양자이론은 소립자, 원자 등에서 나타나는 현상을 성공적으로 설명할 뿐만 아니라 특정한 조건에서 이론 체계를 재생시키는, 즉 고전역학을 포함하는 더욱 일반화된 이론으로 정착되고 있다. 또한 양자이론의 등장으로 물질의 기본 구조가 원자 수준에서 밝혀지게 되었고, 이러한 성과는 물리학뿐만 아니라 화학 · 전자공학 등의 발전에 큰 영향을 주고 있다.

불확정성 원리
세계는 우연적이고, 불연속적이며, 확률적이다. 불확정성 원리는 입자의 위치와 운동량을 동시에 어느 한도 이상으로는 정확하게 측정할 수 없다는 원리이다. 이와 같은 원리가 에너지와 시간에 대해서도 성립한다. 하이젠베르크가 1927년에 발견한 불확정성 원리는 어떤 계에서 측정하는 행위 자체가 계에 영향을 주어 교란을 하게 되므로 측정의 정밀도에 한계가 존재하는 것으로 이해할 수 있다. **불확정성 원리**는 양자역학에서 정확히 유도 가능하다. 만일 입자의 위치를 측정하기 위하여 정밀도를 높이면 측정 행위 자체에 의하여 운동량의 불확정도가 높아지고, 반대로 운동량을 정밀하게 측정하면 위치가 교란된다. 다만 그 한계는 플랑크 상수를 포함하는 극히 작은 값이므로 보통의 세계에서 불확정성 원리의 효과는 나타나지 않으나, 원자의 영역에서는 큰 영향을 미친다. 시간에 대해서는 에너지의 불확정성이, 위치에 대해서는 운동량의 불확정성이 있기 때문에 어떤 입자나 물체에 관한 모든 것을 정확히 안다는 것은 원리적으로 불가능하다.

메타적 고찰 또는 메타이론의 관점
과학+과학철학+과학사회학+과학윤리학=범과학. '메타(meta)'라는 말은 '~뒤에', '~너머', '~과' 등을 의미하는 그리스어에서 온 말이다. '**메타이론(meta-theory)**'은 '어떤 이론의 구조나 그 이론 속의 용어, 개념 따위를 연구 대상으로 하는 이론'을 지칭한다. 어떤 대상을 메타적으로 고찰한다는 것은 그 대상의 지평보다 한 차원 높은 데에서 대상을 조망하고 분석하여 이해하는 방식의 고찰을 말한다. 가령 과학을 논하는 데에는 어떤 과학 이론의 주장이 과학적으로 옳은가 그른가를 따지는 식으로 과학의 논의 틀 안에서 과학을 논하는 방식이 있는가 하면, 과학이라는 현상보다 한 차원 위에 올라서서 과학이라는 것이 어떤 구조와 작동 방식을 가지고 있는지 조망하고 고찰하는 방식이 있을 수 있다. 그렇게 해서 한 차원 높은 새로운 종류의 지식을 우리는 '**메타과학**'이라고 부를 수 있을 것이다.

통합과학 ① 물질과 규칙성

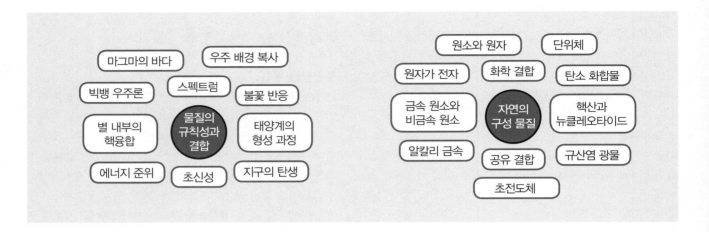

빅뱅 우주론

고대인들은 세상의 모든 것들이 어떻게 만들어졌는가에 대한 궁금증을 풀 수 없었다. 이 설명이 불가능한 부분을 신화나 전설이 대신했다. 그러나 오늘날의 많은 과학자들은 시간과 공간, 우리 주변의 모든 물질들이 우주의 탄생과 함께 비롯되었다고 설명한다. 이를 설명하기 위해 초고온·초밀도 상태의 어느 시점에서 팽창을 시작하여 우주가 탄생하고, 이후 우주를 구성하는 물질이 만들어졌다는 이론을 대폭발 우주론 또는 **빅뱅 우주론**이라고 한다.

우주를 이루는 기본 입자들의 탄생

초기 우주는 온도와 밀도가 매우 높아서 오늘날 존재하는 여러 가지 힘과 빛마저 모두 뭉친 상태로 존재할 정도였다. 짧은 시간 동안 급격한 팽창을 통해 우주가 냉각되면서 힘과 빛이 분리되고 물질을 이루는 기본 입자들이 만들어졌다. 초기 우주에서 만들어진 기본 입자들에는 **쿼크**와 **전자**가 있는데, 쿼크들이 3개씩 다르게 결합하여 **양성자**와 **중성자**라는 원자핵을 이루는 입자가 만들어졌다. 양성자 1개는 그 자체로 수소의 **원자핵**이 된다. 양성자와 중성자가 처음 만들어질 당시의 온도는 너무 높았기 때문에 양성자와 중성자는 매우 빠르게 운동하여 서로 결합할 수 없었으며, 수소 원자핵 이외의 원자핵이 만들어지지 못한 채 전자와 같은 입자들과 함께 있었다. 탄생 직후 뜨거웠던 우주가 팽창하여 식으면서 양성자와 중성자가 결합하여 원자핵을 구성하였다. 이 중 양성자는 양전하를 띠며, **원자**는 양성자의 개수에 따라 어떤 원소의 원자인지 결정된다. 예를 들어, 원자핵 속 양성자의 개수가 1개인 원자는 수소이고, 양성자의 개수가 2개인 원자는 헬륨이다. 중성자는 전하를 띠지 않으며, 양성자들이 원자핵 속에서 단단하게 뭉칠 수 있도록 도와주는 역할을 한다.

■ 쿼크

빅뱅 직후 빛, 전자 등과 함께 초기 우주에 존재했던 물질의 기본 입자로, 양성자와 중성자를 이루는 쿼크들을 포함하여 모두 6종류가 밝혀졌다.

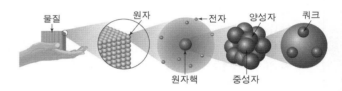

〈원자를 구성하는 작은 입자들〉

초기 우주에서 수소 원자와 헬륨 원자가 만들어지기까지의 과정

대폭발 직후 쿼크와 전자, 빛(광자) 등의 기본 입자가 만들어졌고, 쿼크들의 결합으로 양성자, 중성자 등이 만들어졌다. 초기 우주는 온도가 너무 높아 입자들과 빛이 뒤엉켜 있는 상태였다. 이후 양성자와 중성자 등이 우주 공간을 마구 돌아다니다가 우주의 팽창에 따라 온도가 낮아지면서 서로 충돌하여 헬륨 원자핵 등이 만들어졌다. 우주 나이 약 38만 년에 수소 원자핵과 헬륨 원자핵에 전자가 묶여 **원자**가 만들어졌다. 그 결과 전자 때문에 멀리 퍼져 나가지 못했던 빛, 즉 우주 배경 복사가 우주 공간을 자유롭게 이동하기 시작했다.

우주 배경 복사

탄생 직후 우주의 온도와 밀도는 대단히 높았기 때문에 빛과 입자들이 마구 뒤섞여 있었고, 빛은 전자와 계속 충돌하므로 앞으로 나아갈 수 없었다. 우주의 온도가 낮아지자 전기적으로 중성인 원자가 형성되면서 빛이 방해를 받지 않고 퍼져 나갔는데, 이 빛이 바로 우주 배경 복사이다. **우주 배경 복사**의 발견은 빅뱅 우주론을 뒷받침하는 결정적 증거가 되었다.

스펙트럼

빛의 스펙트럼을 분석하면 우주를 이루고 있는 원소의 종류와 양을 알 수 있다. 과학자들은 우주를 구성하는 물질로부터 오는 빛의 스펙트럼을 분석하여, 우주에 존재하는 수소와 헬륨의 질량비가 약 3:1임을 확인하였다. 이를 통해 헬륨 원자핵이 만들어지는 과정을 확인할 수 있었고, 이는 빅뱅 우주론의 중요한 증거가 되었다.

■ 연속 스펙트럼

햇빛이나 전구의 빛을 프리즘에 통과시키면 여러 색으로 나누어지는 스펙트럼을 볼 수 있다. 특히 무지개처럼 넓은 파장에 걸쳐 연속적으로 퍼진 빛의 띠가 나타나는 스펙트럼을 **연속 스펙트럼**이라고 한다.

■ 선 스펙트럼

가열된 기체 구름이 내는 빛을 프리즘에 통과시키면 검은 바탕에 밝은 선이 나타나는 **선 스펙트럼**을 볼 수 있다. 선 스펙트럼을 볼 수 있는 것은 금속 원소가 불꽃 반응을 통해 특유의 불꽃색을 나타내듯이 기체 구름을 이루는 원소도 구성 성분과 온도에 따라 특정한 파장에서 빛을 방출하기 때문이다.

■ 흡수 스펙트럼

광원과 관측자 사이에 기체 구름이 있어 광원으로부터 오는 특정 파장의 빛을 흡수하면 연속 스펙트럼에서 검은 선이 나타나는데, 이러한 스펙트럼을 **흡수 스펙트럼**이라고 한다.

불꽃 반응

금속 원소가 포함된 물질에 불을 붙일 때 금속 원소의 종류에 따라 특정한 불꽃색이 나타나는 현상이다. 염화나트륨이나 질산나트륨에서는 나트륨의 노란색 불꽃색이, 염화칼륨이나 질산칼륨에서는 칼륨의 보라색 불꽃색이 나타난다. **불꽃 반응**을 이용하면 물질의 종류가 달라도 물질 속에 공통으로 포함된 금속 원소의 종류를 알아낼 수 있다.

에너지 준위

사다리를 오르거나 징검다리를 건널 때 발판과 발판 사이에 서 있을 수 없듯이, 원자 속의 전자도 원자핵으로부터 특정한 거리만큼 떨어진 위치에만 존재할 수 있다. 원자 속 전자들의 위치에 따른 에너지를 **에너지 준위**라고 한다. 낮은 에너지 준위에 있는 전자가 높은 에너지 준위로 이동하려면 특정한 색의 빛을 흡수해야 한다. 반대로 높은 에너지 준위에 있는 전자가 낮은 에너지 준위로 이동하면 특정한 색의 빛을 방출한다. 이처럼

전자가 에너지 준위 사이를 이동할 때 흡수 또는 방출하는 빛으로부터 흡수 스펙트럼이나 선 스펙트럼을 관찰할 수 있다. 이때 에너지 준위는 각 원자마다 다양하게 나타나므로 원자마다 고유한 흡수 스펙트럼이나 선 스펙트럼이 나타난다. 이를 통해 각 물질이 무엇으로 이루어져 있는지 알 수 있다.

무거운 원소의 탄생

우주 배경 복사를 조사해 보면 우주의 온도 분포는 대체로 고르지만 미세하게 고르지 않은 부분도 나타남을 알 수 있다. 이 작은 차이는 초기 우주에 밀도가 높은 부분과 그렇지 않은 부분이 있었음을 뜻한다. 우주에서 밀도가 좀 더 높은 부분은 이곳을 중심으로 중력에 의해 물질이 뭉쳐져 있다는 것을 뜻한다. 이 부분에서 은하가 만들어지고, 은하 안에서 물질의 밀도가 높은 부분이 있어 이를 중심으로 뭉쳐지고 온도가 높아져 별이 되며, 별이 태어나고 죽는 과정을 통해 탄소, 질소, 산소 등 수소와 헬륨보다 무거운 **다양한 원소들**이 만들어지게 된다.

■ 별의 탄생 과정

밀도가 좀 더 높은 부분을 중심으로 수소 등의 물질이 모여 분자 구름이 만들어진다. → 중력 수축에 의해 분자 구름 중심부의 온도가 높아진다. → 중심부에서 수소 핵융합으로 헬륨 원자핵을 만들어낸다.

■ 별이 일정한 크기를 유지하는 까닭

별 내부의 수소 핵융합에 의해 발생한 에너지는 별을 이루는 기체 물질을 밖으로 밀어내지만 중력은 물질을 끌어당겨 수축하려고 한다. 별은 기체가 밖으로 미는 힘과 중력이 평형을 이루어 일정한 크기를 유지할 수 있다.

별 내부의 핵융합

별 내부에서의 핵융합 반응은 수소 원자핵이 핵융합하여 헬륨 원자핵을 만드는 과정이다. 이 과정에서 발생하는 막대한 양의 에너지는 빛의 형태로 우주 공간으로 방출된다. 태양과 비슷한 질량을 가진 별에서의 핵융합 반응은 원료인 수소가 공급되는 동안 계속된다. 수소가 헬륨으로 바뀌는 핵융합이 계속되면 별의 중심부에는 헬륨이 점점 많아지고 수소의 양은 적어진다. 결국 중심부의 수소가 소진되면, 수소 핵융합이 더 이상 일어나지 않게 된다. 수소 핵융합 반응이 멈추면 중력 수축에 맞서 기체가 별 내부에서 밖으로 밀어내는 힘이 줄어들기 때문에, 별의 안쪽은 급격히 수축하지만 바깥 부분은 급격히 팽창하고 **밝아진다**.

초신성

태양보다 질량이 훨씬 큰 별들은 내부에서 철까지 만들고 핵융

합을 중단한 이후에는 중력에 의해 계속 수축한다. 철의 원자핵이 중력 수축을 견디지 못하면 별은 대규모로 폭발하게 되는데, 이와 같이 폭발하는 별을 **초신성**이라고 한다. 초신성은 급격히 폭발하여 매우 밝아지는 별로, 초신성이 폭발할 때는 별의 구성 물질 대부분을 밖으로 내뿜어 주위에 가스와 먼지 등이 남는데, 이것이 초신성의 잔해이다.

태양계 형성 과정

태양계 성운 형성(지금으로부터 약 50억 년 전에 지금의 태양계 부근에서 초신성이 폭발하여, 그 영향으로 태양계 성운이 회전하고 수축하기 시작했다. 수소와 헬륨 등의 기체가 모여 태양계 성운을 형성했다.) → **태양계 성운 수축**(거대한 성운이 수축했다. 성운 중심부는 가장 빠르게 수축하여 밀도와 온도가 높아지고, 빠르게 회전하면서 점차 납작한 원반 형태를 띠게 되었다.) → **원시 태양과 미행성체 형성**(태양계 성운의 질량이 집중된 중심부는 원시 태양이 되었다. 성운이 수축하면서 중심부를 둘러싼 원반이 여러 개의 큰 고리가 되었으며, 이 고리를 구성하는 기체와 티끌이 뭉쳐져 미행성체가 되었다.) → **행성 형성**(미행성체들의 충돌을 통해 원시 행성이 되었고, 원시 행성이 계속 성장하여 주위의 다른 미행성체를 끌어당길 수 있는 행성이 되었다.) → **태양계 형성**(원시 태양이 성장하여 태양이 되었고, 행성이 형성되고 남은 주변의 기체와 티끌을 태양풍이 태양계 바깥으로 날려 보내면서 현재의 태양계가 만들어졌다.)

지구형 행성과 목성형 행성

태양계 형성 당시 물질의 종류는 태양으로부터의 거리에 따라 달랐다. 태양에 가까운 곳은 온도가 비교적 높아서 녹는점이 높은 물질이 남았고, 이들이 고체 형태로 굳어져 수성, 금성, 지구, 화성과 같은 **지구형 행성**이 되었다. 그러나 태양으로부터 먼 곳은 온도가 낮아서 녹는점이 낮은 물질이 남았고, 이들이 성장하여 목성, 토성, 천왕성, 해왕성과 같은 **목성형 행성**이 되었다.

마그마의 바다

초기의 지구는 미행성체들의 계속된 충돌 때문에 온도가 올라갔다. 지구를 구성하는 금속이나 암석에 포함된 일부 원소가 붕괴하며 방출하는 에너지도 지구의 온도를 높였다. 그 결과 지구 전체는 거의 녹아 있는 상태가 되었는데, 이러한 상태를 **마그마의 바다**라고 한다.

지구의 탄생

지구형 행성에 속하는 지구가 만들어질 때에 미행성체가 계속 충돌하면서 열이 발생하여 지구 전체가 마그마의 바다가 되었다. 이때 무거운 물질은 중심부로 가라앉아 핵을 이루고, 가벼

운 물질은 떠올라서 맨틀과 지각을 이루었다. 지구 탄생 초기에는 화산 활동이 활발해지면서 많은 기체가 분출하였다. 주성분은 수소, 이산화탄소, 질소, 수증기 등으로, 시간이 지나면서 수소와 같은 가벼운 기체는 달아나고 질소와 산소 같은 무거운 기체가 행성 둘레를 에워쌌다. 수증기는 냉각되어 대부분 비로 내리면서 원시 바다를 이루었고, 대기 중에 많이 존재하던 이산화탄소는 바닷물에 녹아 석회암으로 침전되면서 고체로 변하여 대기 중에는 그 양이 줄어들었다. 이후 광합성을 하는 원시 생물 때문에 대기 중의 이산화탄소가 더욱 줄어들고 **산소**가 증가하여 오늘날과 같은 대기 구성을 이루게 되었다.

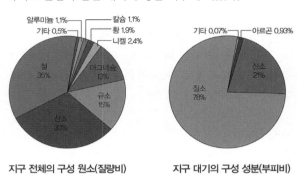

〈지구의 구성 물질〉

지구 전체의 구성 원소(질량비)
지구 대기의 구성 성분(부피비)

■ 지구에 생명체가 나타난 과정

지구에 생명체가 나타난 것은 우주 탄생 초기에 생성되었던 물질로부터 시작되었다. 즉 빅뱅 이후에 수소와 헬륨 등이 만들어졌고, 별 내부의 핵융합으로 산소, 탄소, 질소, 철 등이 생성되었다. 그 후에 초신성의 폭발로 철보다 무거운 물질이 생성되었고, 초신성 폭발의 영향으로 태양계에 속한 지구가 만들어졌으며, 오랜 시간이 지난 후 지구에 생명체가 나타났다.

원소와 원자

원소들이 발견되던 초기, **원소**는 더 이상 다른 물질로 분해되지 않는 기본 성분을 뜻하였다. 그러나 원자의 구조가 명확히 밝혀진 이후 원소는 양성자수가 같은 입자로 이루어진 물질을 뜻하게 되었다. **원자**는 화학변화를 일으켜 물질을 구성하는 궁극적인 알갱이(입자)를 말한다. 원자의 질량은 원자핵에 집중되어 있는 반면, 화학변화는 주로 전자의 구성 내지 구조에 좌우된다.

주기율표

멘델레예프는 원소들 사이의 규칙성을 밝히기 위한 연구를 하였다. 그는 원자량 순서로 원소들을 배열하던 중 성질이 비슷한 원소들이 일정 간격을 두고 주기적으로 나타나는 현상을 발견하였다. 그는 이 현상을 **주기율**이라고 하였으며, 주기율이 잘 드러나도록 원소들을 배열하여 만든 **주기율표**를 발표하였다. 현대에 이르러 원자를 구성하는 입자들이 밝혀지면서 원소의

주기적인 성질이 원자량이 아니라 원자를 이루는 양성자의 수, 즉 **원자 번호**와 관계가 있음이 밝혀졌다. 현대의 주기율표는 원자 번호 순서대로 원소들을 나열하여 성질이 비슷한 원소들이 같은 세로줄에 오도록 배열한 것이다. 주기율표에는 가로줄과 세로줄이 있으며, 주기율표의 가로줄은 **주기**, 세로줄은 **족**이라고 한다.

금속 원소와 비금속 원소

주기율표에 있는 원소를 분류하는 간단한 기준 중 하나는 금속 원소와 비금속 원소를 구별하는 것이다. 주기율표에서 금속 원소와 비금속 원소는 서로 가까운 곳에 모여 있다. 금속 원소는 주로 주기율표의 왼쪽과 가운데 부분에, 비금속 원소는 주로 오른쪽에 존재한다. 대부분의 **금속 원소**는 실온에서 고체 상태로 존재하고 광택이 있으며, 열이나 전기를 잘 전달한다. 또 힘을 가했을 때 길게 늘어나고 얇게 펴지는 특성이 있다. 이에 비해 **비금속 원소**는 실온에서 주로 기체나 고체 등의 상태로 존재하며, 열이나 전기를 잘 전달하지 않는 것이 많다. 주기율표에서 금속 원소와 비금속 원소의 경계에 있는 원소는 금속 원소와 비금속 원소의 성질을 모두 가지고 있으며, 규소(Si), 저마늄(Ge) 등이 이에 해당한다.

원자가 전자

원자는 양전하를 띠는 원자핵과 음전하를 띠는 전자로 이루어져 있으며, 원자핵은 양성자와 중성자로 이루어져 있다. 원자를 구성하는 입자를 알기 쉽도록 모형으로 나타내면, 원자핵은 중심에 있고 전자는 특정 에너지 준위를 가진 **전자껍질**을 돌고 있다. 원자들이 결합할 때 가장 바깥 전자껍질에 있는 전자들이 상호 작용하며, 이 전자들의 개수에 따라 다른 원소와 결합하는 방식이 달라진다. 따라서 가장 바깥 전자껍질에 있는 전자들은 원소의 화학적 성질을 결정하는 중요한 요소가 되며, 이 전자들을 **원자가(價) 전자**라고 한다. 18족 원소는 다른 원소와 거의 결합을 하지 않기 때문에 원자가 전자 수를 0으로 한다.

알칼리 금속

주기율표의 1족 원소 중 수소(H)를 제외한 리튬(Li), 나트륨(Na), 칼륨(K) 등을 **알칼리 금속**이라고 한다. 알칼리 금속은 물과 활발하게 반응하는 공통점이 있다. 리튬, 나트륨, 칼륨은 물과 반응할 때 공통의 변화를 보인다. 또 은백색의 광택이 있으며, 칼로 쉽게 잘릴 정도로 무르다. 이 원소들은 물이나 공기 중의 산소와 매우 활발하게 반응하므로 물이나 공기의 접촉을 피하기 위해 석유나 파라핀에 담가 보관한다. 알칼리 금속은 공기 중의 산소와도 반응할 만큼 반응성이 크기 때문에 자연계에서 원소 상태가 아니라 이온이나 다른 원소와 결합한 상태로 존재한다.

■ 우리 주변의 알칼리 금속

바나나에는 칼륨 이온(K^+)이 풍부하게 들어 있으며, 리튬 이온 배터리는 리튬 이온(Li^+)이, 소금에는 나트륨 이온(Na^+)이 들어 있다. 칼륨 이온(K^+)은 나트륨 이온과 함께 세포 속에 존재하며 신경 세포에서 자극이 전해지는 과정에서 중요한 역할을 한다.

할로젠

17족 원소인 플루오린(F), 염소(Cl), 아이오딘(I) 등을 **할로젠**이라고 한다. 비금속 원소인 할로젠은 전기나 열이 잘 통하지 않고, 각각 특유의 색깔을 띤다. 또 할로젠은 화학 반응을 활발하게 하며, 특히 수소와 반응하여 만들어진 할로젠화수소는 물에 녹아 산성을 띤다는 공통점이 있다. 할로젠은 비금속 원소 중 반응성이 크기 때문에 자연계에서 순수한 원소 상태보다는 대부분 다른 원소와 결합한 상태로 존재한다.

■ 우리 주변의 할로젠

형석에는 플루오린화 이온(F^-)이, 미역·김·다시마 등에는 아이오딘화 이온(I^-)이, 아이오딘 팅크·포비돈 아이오딘 등의 소독제에는 아이오딘(I_2)과 아이오딘화 이온(I^-)이 들어 있다. 플루오린화 수소(HF)는 유리를 부식시키는 성질이 있어 유리 공예에서 유리에 글자나 무늬를 새길 때 사용된다.

화학 결합

원자가 전자들의 인력에서 생기는 원소들의 결합을 통칭해서 **화학 결합**이라고 한다. 원자가 전자들은 원자의 가장 바깥껍질에 배치되어 있기 때문에 핵에 상대적으로 느슨하게 묶여 있다. 따라서 원자가 전자의 배치에 따라 다른 원자와 화학 결합이 결정된다. 화학 결합에는 이온화된 원소들이 서로 전기적 인력에 의해 결합되는 이온 결합과 원소들이 원자가 전자들을 공유함으로써 생기는 공유 결합, 그리고 이 둘의 중간적인 성격을 띤 중간 결합 등이 있다. 원자들이 결합하여 물질을 만들 때 원자의 구성 입자 중 전자가 중요한 역할을 한다는 것이 여러 과학자들에 의해 밝혀졌다. 특히 원자가 전자 수가 화학 결합에서 중요한 역할을 한다.

■ 결합하고 싶어 하는 원자들

우리 주변에 수많은 물질이 존재하는 것은 원자들이 화학 결합하여 가장 바깥 전자껍질에 있는 전자 수가 18족 원소와 같아지려는 성질 때문이다. 드라이아이스는 탄소와 산소가 결합하여 만들어진 이산화탄소의 고체 상태이다. 또 생명 현상에서 중요한 물질인 단백질은 탄소, 수소, 산소, 질소 등이 결합하여 만들어진다.

이온 결합

금속 원소와 비금속 원소가 전자를 주고받아 양이온과 음이온이 되어 서로 결합하는 화학 결합을 **이온 결합**이라고 한다. 금속 원소는 전자를 잃기 쉬우며, 비금속 원소는 전자를 얻기 쉬운 성질이 있다. 예를 들어 나트륨과 염소가 반응하여 염화나트륨을 생성할 때, 나트륨 원자는 전자를 잃고 염소 원자는 전자를 얻어서 각각 나트륨 이온(Na^+)과 염화 이온(Cl^-)이 되고, 두 이온은 정전기적 인력으로 서로 결합하게 된다. 자연계에서 이온 결합 물질은 주로 양이온과 음이온이 규칙적으로 배열된 3차원 구조를 가지고 있다.

■ 이온 결합 물질의 성질

고체 상태와 달리 액체 상태와 수용액 상태에서는 대체로 전기가 잘 통한다. 녹는점과 끓는점이 높아 실온에서 대부분 고체 상태로 존재한다.

공유 결합

이온 결합이 금속 원소와 비금속 원소 사이에 전자들을 주고받아서 이루어진다면, **공유 결합**은 비금속 원소들이 전자를 서로 공유하여 이루어지는 원자들의 결합 방식이다. 수소 분자는 비금속인 수소 원자 2개가 전자를 서로 공유하는 방법으로 결합한 것이다. 또 물 분자, 산소 분자, 질소 분자는 구성 원자들이 전자를 서로 공유하여 결합한 것이다. 물 분자는 산소 원자와 수소 원자 사이에 전자쌍을 1개씩 공유하고 있다. 산소 분자는 산소 원자 사이에 전자쌍을 2개, 질소 분자는 질소 원자 사이에 전자쌍을 3개 공유하고 있다.

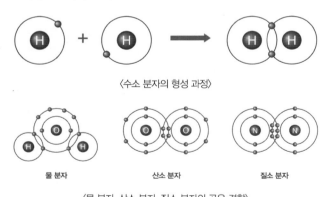

〈수소 분자의 형성 과정〉

물 분자   산소 분자   질소 분자

〈물 분자, 산소 분자, 질소 분자의 공유 결합〉

■ 공유 결합 물질의 성질

대체로 물에 녹아도 전기가 잘 통하지 않는다. 녹는점과 끓는점이 낮아 실온에서 액체나 기체로 존재하는 물질이 많다.

이온의 표시와 이름

이온은 원소 기호의 오른쪽 위에 전하의 종류와 잃거나 얻은 전자의 개수를 +, 2+, −, 2− 등으로 표시한다. 양이온의 이름은 원소 이름에 '**이온**'을 붙이고, 음이온의 이름은 원소 이름에 '**~화 이온**'을 붙인다. 이때 원소 이름이 '~소'인 경우 '소'를 빼고 '~화' 이온을 붙인다. 예를 들어, Na^+는 나트륨 이온, Cl^-은 염화 이온으로 부른다.

규산염 광물

지각을 이루는 주요 원소는 산소와 규소이다. 지각에 있는 대부분의 광물은 이 두 원소와 금속으로 이루어진 화합물로 구성되는데, 이러한 광물을 **규산염 광물**이라고 한다. 규산염 광물의 기본 구조는 하나의 규소가 4개의 산소와 결합한 형태로, 정사면체 모양이다. 규산염 광물은 기본 구조가 서로 결합하지 않고 독립적으로 모여서 구성되기도 하나, 대부분은 규산염 기본 구조가 규칙적으로 결합하여 만들어지며, 결합하는 방식에 따라 다양한 구조를 이룬다.

탄소 화합물

규소가 산소와 결합하여 광물을 구성하는데 중요한 역할을 하는 것처럼, 탄소는 생명체 구성 물질의 주요 성분으로 생명 활동과 유지에 매우 중요하다. 탄소는 다른 탄소와 규칙적으로 결합하여 사슬 모양, 가지 모양, 고리 모양 등 다양한 탄소 골격을 만들 수 있다. 또한 탄소는 수소, 산소, 질소, 황 등의 여러 원소와 결합하여 다양하고 복잡한 화합물을 구성하는데, 이것을 **탄소 화합물**이라고 한다. 탄소 화합물이 사슬처럼 길게 이어지거나 다양한 골격을 갖는 특성은 생명체가 분자량이 크거나 다양한 구성 물질을 만드는데 유리하다. 생명체를 구성하는 탄수화물, 단백질, 지질, 핵산 등은 모두 탄소 화합물이며, 인간은 식물이나 다른 동물을 음식으로 섭취하여 탄소 화합물을 얻는다.

단위체

구슬을 꿰어 다양한 장식품을 만드는 것처럼 크고 복잡한 물질을 만들 때 반복해서 이용되는 재료를 **단위체**라고 한다. 이때 단위체의 개수가 많으면 많을수록 물질의 크기는 커진다. 같은 개수의 단위체로 만들더라도 단위체가 어떻게 연결되느냐에 따라 또 다른 물질이 된다. 그리고 단위체의 종류가 많을수록 다양한 물질을 만들 수 있다. 생명체를 구성하는 물질은 단위체의 종류, 개수, 결합 방식에 따라 다양하게 만들어지며, 이때 단위체는 탄소, 수소, 산소 등의 여러 원소로 구성된다.

단백질

생물체를 구성하는 탄소 화합물 중 가장 많은 단백질은 **아미노산**이 단위체가 되어 구성된다. 두 개의 아미노산이 결합할 때 하나의 물 분자가 빠져 나오면서 결합이 일어나는데, 이 반응이 반복되면서 여러 가지 **단백질**이 만들어진다. 우리 몸에 있는 단백질은 주로 수백 개의 아미노산으로 구성되는데, 몇 개 또는 수만 개의 아미노산으로 구성된 단백질이 생체 기능을 조절하기도 한다. 단백질의 종류는 그 단백질을 구성하는 아미노산의 종류와 개수 그리고 배열 순서에 따라 결정된다. 우리 몸을 구성하는 아미노산은 20종류로, 이를 단위체로 사용하여 우리 몸을 구성하는 서로 다른 단백질을 충분히 만들 수 있다. 단백질은 근육과 머리카락 등 몸의 구성 성분이 되고, 효소와 호르몬의 주성분으로 몸의 생리 작용을 조절하기도 한다.

■ 단백질 구조와 질환
단백질은 아미노산의 종류와 배열 순서에 따라 고유한 입체 구조를 갖는다. 여러 아미노산이 결합하여 형성된 아미노산 사슬은 나선 또는 병풍 모양으로 접히거나 회전하고, 이것이 다시 휘거나 비틀려서 입체 구조가 된다. 이런 입체 구조가 여러 개 모여 하나의 단백질을 이루기도 한다. 단백질의 독특한 입체 구조가 변형되면 우리 몸에 질환을 일으킬 수 있다. 낫 모양 적혈구 빈혈증뿐만 아니라 알츠하이머병, 파킨슨병, 광우병 등은 변형된 단백질이 세포 안팎에 축적되어 세포의 정상적인 기능을 방해하여 나타나는 질환이다.

핵산과 뉴클레오타이드
생명체에서 유전 정보를 저장하거나 단백질 합성에 관여하는 물질을 **핵산**이라고 한다. 핵산은 인산, 당, 염기라는 서로 다른 분자가 1:1:1로 결합된 뉴클레오타이드라는 단위체가 긴 사슬 모양으로 연결된다. 핵산에는 이중 나선의 DNA와 단일 사슬의 RNA가 있으며, 두 핵산은 모두 **뉴클레오타이드**라는 단위체로 구성된다. DNA는 두 가닥의 뉴클레오타이드 사슬이 서로 마주 보며 회전하며, 두 가닥 사이의 마주 보는 염기끼리 상보 결합하는 구조를 갖는다. 핵산은 유전 정보의 저장과 단백질 합성에 중요한 역할을 한다.

초전도체
특정 온도 이하에서 전기 저항이 0이 되는 현상을 초전도 현상이라고 하고, 이러한 물질을 **초전도체**라고 한다. 대표적인 신소재인 초전도체는 전기 저항이 0이 되기 시작하는 온도인 임계 온도 이하에서 전류가 흐를 때 열이 발생하지 않는다. 초전도체를 이용하면 강한 자기장을 만들 수 있어서 전력 손실이 없는 송전선, 전기 에너지 저장 장치, 핵융합 장치, 자기부상열차, 자기 공명 영상(MRI) 등에 활용 가능하다.

■ 마이너스 효과
자석이 액체 질소에 의해 냉각된 초전도체 위에 떠있는 현상은 초전도체가 외부 자기장을 밀어내기 때문에 나타난다. 이처럼 외부에서 가해진 자기장을 상쇄시키기 위한 전류가 초전도체에 흘러서 외부의 자석과 반대되는 자극을 만듦으로써 나타나는 현상을 **마이너스 효과**라고 한다. 자기장을 밀어내는 마이너스 효과를 이용하여 자기부상열차나 초전도 베어링 등을 제작할 수 있다.

그래핀
꿈의 신소재라 불리는 **그래핀**은 탄소 원자가 육각형 모양의 한 층으로 배열된 구조를 이루는 물질이다. 전지 전도성과 열전도성이 매우 뛰어나며, 아주 얇기 때문에 빛을 투과시킬 수 있다. 강도가 높지만 휘거나 구부릴 수 있다. 반면 아직 대량 생산이 어려우며, 반도체처럼 전기적 성질을 변화시키기 어려운 단점이 있다. 그래핀으로 현재보다 훨씬 더 빠르게 작동하는 컴퓨터, 얇고 투명하며 구부러지는 디스플레이, 전자 종이 등을 만들 수 있으며, 태양 전지나 연료 전지의 성능을 개선시켜 에너지 문제도 해결할 수 있다.

■ 야간 투시용 콘택트 렌즈의 원리
야간 투시용 콘택트 렌즈에는 그래핀을 이용한 얇고 투명한 적외선 감지 센서와 디스플레이가 장치되어 있다. 어두운 곳에서도 물체가 방출하는 적외선을 센서가 감지하면 디스플레이에서 이를 영상화하여 야간에도 사물을 볼 수 있게 한다.

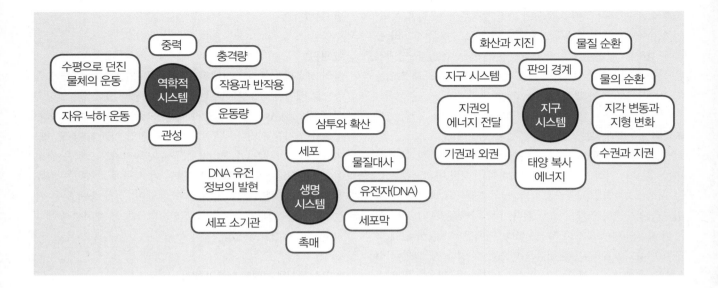

중력

모든 질량을 가진 물체 사이에는 서로 당기는 힘이 존재하는데, 지구와 물체 사이에 작용하는 힘을 지구의 **중력**이라 한다. 중력은 물체의 다양한 운동의 원인이 되고 생명체의 생명 유지에 큰 역할을 하여 지구와 생명 시스템을 유지하는데 필수적이다. 예를 들어 가만히 놓은 공과 빗방울, 스카이다이빙을 하는 사람과 같이 지구상의 모든 물체는 지구 중심 방향으로 작용하는 중력에 의해 지면으로 떨어진다. 그뿐만 아니라 달이나 인공위성이 지구 주위를 돌고, 사람이 앉고 서거나 건물을 지을 수 있는 것도 중력 때문이다. 지구에서 물체에 작용하는 중력의 크기는 무게로 나타낼 수 있으며, 무게가 무거울수록 물체에 작용하는 중력이 크다. 이때 중력의 단위는 힘의 단위와 같은 N(뉴턴)을 사용한다.

■ 중력 가속도

중력에 의해 자유 낙하 운동하는 물체의 속력이 1초에 약 9.8m/s씩 증가하는 것을 나타내며, 크기는 $9.8m/s^2$이다.

자유 낙하 운동

동전이 아래로 떨어지는 것처럼 물체를 정지 상태에서 가만히 놓으면 중력에 의해 낙하하게 된다. 공기의 저항을 무시할 때, 물체가 중력만 받아 낙하하는 운동을 **자유 낙하 운동**이라고 한다. 자유 낙하하는 물체의 단위 시간당 속력 변화량, 즉 **중력 가속도**는 물체의 질량에 관계없이 모두 같다. 따라서 같은 높이에서 자유 낙하하는 모든 물체는 질량에 관계없이 시간에 따라 속력이 일정하게 증가하여 지면에 동시에 도달하게 된다. 그러나

일상생활에서는 깃털과 구슬을 동시에 떨어뜨리면 구슬이 먼저 지면에 도달한다. 공기 중에서는 중력뿐만 아니라 물체의 운동을 방해하는 공기 저항력이 함께 작용하기 때문이다. 깃털이 구슬보다 공기 저항력의 영향을 많이 받기 때문에 구슬이 깃털보다 더 빨리 지면에 도달한다. 하지만 공기가 거의 없는 진공에서는 중력만 작용하므로 깃털과 구슬이 동시에 떨어진다.

■ 힘과 물체의 운동

운동하는 물체에 힘이 작용하지 않으면 물체는 속력과 운동 방향이 변하지 않는 등속 직선 운동을 한다. 그러나 물체에 힘이 작용하면 물체는 속력이나 운동 방향이 변하는 운동을 한다.

수평으로 던진 물체의 운동

수평으로 던진 물체는 운동 방향이 계속 변하며 곡선을 그리는 운동을 한다. 수평으로 던진 공을 예로 들어 설명하면 다음과 같다. 수평 방향으로는 같은 시간 간격 동안 공이 이동한 거리가 같으므로 공의 속력은 일정하다. 이는 수평 방향으로 공에 힘이 작용하지 않기 때문이다. 연직 방향으로는 같은 시간 간격 동안 공이 이동한 거리가 점점 증가하는데, 이는 중력에 의해 공이 **자유 낙하 운동**을 하기 때문이다. 이를 통해 공기의 저항을 무시하면, 물체를 수평으로 던졌을 때 손을 떠난 물체는 수평 방향으로 속력이 일정한 운동과 연직 방향으로 속력이 일정하게 증가하는 운동이 합쳐져 곡선을 그리는 운동을 하게 됨을 알 수 있다. 수평으로 던진 물체의 연직 방향의 운동은 자유 낙하 운동과 같으므로 동일한 높이에서 자유 낙하하는 물체와 수평으로 던진 물체는 동시에 지면에 도달한다. 이때 수평 방향으

로 던지는 속력이 클수록 같은 낙하 시간 동안 물체는 수평 방향으로 더 멀리 나아가게 된다.

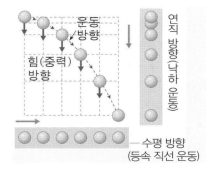

〈중력에 의한 물체의 운동〉

관성

물체가 자신의 운동 상태를 유지하려고 하는 성질을 **관성**이라고 하며, 질량이 클수록 관성이 크다. 물체에 힘이 작용하지 않으면 정지하고 있던 물체는 계속 정지해 있고, 운동하던 물체는 기존의 운동 상태를 유지한다. 이러한 법칙을 **관성 법칙**이라고 한다.

■ 관성에 의한 현상

버스가 급출발하면 버스 안의 사람은 정지 상태를 유지하려고 하기 때문에 몸이 뒤로 쏠린다. 한편, 버스가 급정거하면 버스 안의 사람은 계속 앞으로 나아가려고 하기 때문에 몸이 앞으로 쏠린다.

운동량

물체가 운동할 때 물체의 질량과 속력의 곱으로 나타내는 물리량을 **운동량**이라고 한다. 운동량의 크기는 물체의 질량이 클수록, 속력이 빠를수록 크다. 이때 운동량의 단위는 kg · m/s로 나타낸다(운동량의 크기=물체의 질량×물체의 속력). 운동하는 물체는 속력이 변할 때 운동량도 변하게 된다. 자동차가 제동 장치를 작동하여 멈추게 되면 자동차의 속력과 운동량은 점점 감소하다가 결국 0이 된다. 달리던 자동차가 멈추었을 때, 제동 장치를 작동하기 전 자동차의 속력이 빠를수록 자동차의 운동량이 변하는 정도는 크다.

■ 힘, 질량과 속력 변화량의 관계

일정한 시간 동안 물체의 속력 변화량은 물체의 질량이 작을수록, 작용한 힘의 크기가 클수록 크다. 즉 물체의 단위 시간당 속력 변화량은 물체의 질량에 반비례하고, 작용하는 힘의 크기에 비례한다.

작용과 반작용

한 물체가 다른 물체에 힘을 가하면 동시에 힘을 받은 물체도 상대 물체에 크기가 같고 방향이 반대인 힘을 가하는데, 이를 **작용 반작용 법칙**이라고 한다. 힘은 항상 두 물체 사이에서 상호 작용하며, 상호 작용하는 한쪽 힘을 작용이라고 하면, 반대 방향으로 작용하는 다른 힘은 반작용이라고 한다. 자전거와 자동차의 충돌 과정에서도 작용 반작용 법칙에 따라 자전거와 자동차는 같은 크기의 힘을 받는다. 이때 자동차보다 질량이 작은 자전거의 속력이 더 많이 변하게 된다. 이처럼 충돌하는 두 물체는 충돌 과정에서 받는 힘에 의해 속력과 운동량이 변하게 된다.

충격량

야구 방망이로 야구공을 치는 과정에서 야구공은 야구 방망이로부터 힘을 받아 속력이 변한다. 이때 야구공이 받는 충격의 정도를 **충격량**이라고 한다. 충격량의 크기는 충돌 과정에서 받는 힘이 클수록, 힘을 받는 시간이 길수록 크다. 따라서 충격량은 힘과 시간의 곱으로 나타내며, 충격량의 단위는 N · s이다. 야구 방망이가 야구공에 충격을 가하는 과정에서 야구공이 받는 힘이 클수록, 힘을 받는 시간이 길수록 야구공의 속력이 변하므로 야구공의 운동량도 크게 변한다. 이렇게 충돌하는 물체의 운동량 변화량은 충돌하면서 받는 힘과 충돌 시간에 따라 결정되므로 충돌 과정에서 물체가 받는 충격량과 같다(충격량=힘×충돌 시간=운동량 변화량).

■ 포수가 글러브로 야구공을 잡을 때 힘과 충돌 시간의 관계

(가) 글러브를 몸 쪽으로 당기지 않고 야구공을 잡을 때
(나) 글러브를 몸 쪽으로 당기며 야구공을 잡을 때

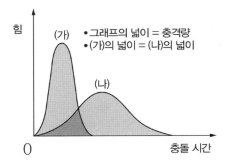

지구 시스템

도시나 학교, 국가를 이루는 구성 요소들이 서로 영향을 주고받으며 유지되는 것처럼 지구도 여러 가지 구성 요소들이 하나의 시스템을 이루어 상호 작용을 하고 있는데, 이를 **지구계** 또는 **지구 시스템**이라고 한다. 지구 시스템은 크게 기권, 수권, 지권, 생물권, 외권으로 이루어져 있으며 각 권은 에너지와 물질을 서로 주고받으면서 상호 작용을 한다. 특히 기권, 수권, 지권의 상호 작용은 지구상에서 수많은 생명체가 유지되는데 중요한 역

할을 하여 지구가 생물권을 보유한 행성이 될 수 있게 해준다. 지구가 놓여 있는 태양계의 행성 간 공간을 외권이라고 하는데, 최근 들어 외권이 지구 환경에 다양한 영향을 미치고 있다는 사실이 확인되어 관심이 높아지고 있다.

■ 태양계
태양과, 태양을 중심으로 공전하는 천체의 집합으로, 8개의 행성과 왜소 행성, 행성 주위를 도는 위성, 화성과 목성 사이에 흩어져 있는 소행성, 태양 주위를 지나는 혜성, 긴 빛줄기를 만드는 유성 등으로 이루어져 있다.

기권과 외권
지구 시스템의 **기권**은 지표면으로부터의 높이에 따라 대류권, 성층권, 중간권, 열권의 층상 구조를 이루고 있으며 열권 위의 공간은 **외권**이다. 지구 표면 위의 얇고 푸르게 보이는 부분이 지구의 대기이고, 푸른빛이 사라지고 까맣게 보이는 곳이 외권이다. 외권이 시작되는 부분은 지상으로부터 높이 1000km 정도 되는 지점으로, 우주 방사선과 자외선, X선 등의 전자파가 많이 존재한다. 이와 같은 환경에서는 생명체의 DNA가 손상될 수 있으므로, 외권에서 활동하는 우주 비행사는 특수하게 만들어진 우주복을 입어야 한다. 지구의 기권은 우주복과 같은 역할을 하여 외권으로부터 오는 우주 방사선 등을 막아주므로, 지구의 생명체가 안전하게 살 수 있다. 기권은 외권으로부터 들어오는 유성체도 막아준다. 유성체가 기권에 들어오면 공기와 마찰하여 지표면에 닿기 전에 대부분 타버린다.

■ 우주 방사선
태양 또는 우주에서 지구로 들어오는 고속ㆍ고에너지의 입자로, 태양풍이나 은하 우주선 등이 있다.

수권과 지권
수권은 지구 표면에 물이 차지하는 전 영역으로, 지표면의 약 70%를 차지하고 있는 바다가 그 대표적인 예이다. **지권**은 지각과 그 아래의 지구 내부 구조로 이루어져 있으며 지구의 표면에서 내부로 들어가면서 지각, 맨틀, 외핵, 내핵의 층상 구조를 이루고 있다.

■ 물의 기화열과 생명 현상 유지
물은 다른 액체에 비해 기화열이 크다는 특징도 있다. 기화열이 크면 쉽게 기체로 바뀌지 않으므로 생명체 안에서 액체 상태로 지속되며 생명 현상 유지에 큰 역할을 한다.

태양 복사 에너지
지구 시스템이 유지되는데 필요한 거의 모든 에너지는 태양으로부터 온다. 지구에 도달한 **태양 복사 에너지**는 기권, 수권, 지권의 온도를 상승시키는 한편, 광합성을 통해 생물권에 에너지를 전달한다. 지구는 표면이 둥글기 때문에 위도에 따라 태양 고도가 다르다. 태양 고도가 높을수록(낮을수록) 햇빛이 지표면을 수직에 가깝게(비스듬히) 비추므로 단위 면적의 지표면에 도달하는 태양 복사 에너지양이 많아진다(적어진다). 또 지구 시스템 각 구성 요소를 이루는 물질이 다르고 각 구성 요소가 있는 곳도 다르기 때문에 구성 요소마다 태양 복사 에너지의 흡수율이 다르다. 그럼에도 지구 시스템의 평균적인 에너지 분포는 거의 변하지 않고 유지되고 있는 것을 통해, 지구 시스템의 내부에서 에너지가 이동한다는 사실을 알 수 있다.

지권의 에너지 전달
지구 시스템을 이루는 각 구성 요소들은 자신이 가지고 있는 열에너지를 **복사, 전도, 대류**의 방식으로 다른 구성 요소들에게 전달한다. 이 과정에서 각 권이 맞닿아 있는 부분에서는 증발이나 응결과 같은 물의 상태 변화가 일어난다. 특히 기권의 공기와 수권의 물은 부분적으로 열에너지를 다르게 가지고 있을 때 위치에 따른 압력 차이가 발생한다. 이때 발생하는 압력 차이는 기권과 수권에서 대기와 해수의 순환을 일으키며 지구 시스템의 구성 요소들이 상호 작용을 하게 된다.

물의 순환
지구 시스템의 에너지 불균형을 해소하는데 큰 역할을 하는 것 중의 하나는 **물의 순환**이다. 물은 수권뿐 아니라 기권, 지권, 생물권의 모든 곳에 존재하며, 주변의 에너지에 따라서 각각 다른 상태로 변하면서 한곳에 머무르지 않고 지구 시스템의 각 권 사이를 끊임없이 이동한다. 물은 바다나 육지로부터의 증발이나 식물 잎으로부터의 증산에 따라 대기로 이동하고, 비나 눈이 되어 지표에 도달하며, 하천수나 지하수가 되어 바다로 되돌아온다. 수권과 지권의 상호 작용은 지표 변화가, 수권과 생물권 사이의 상호 작용은 대기 순환과 날씨 변화가 주된 요인으로 작용한다. 특히 날씨 변화는 지구 시스템 내에서 에너지의 출입과 물질의 순환이 광범위하게 나타나는 현상이라고 할 수 있다.

물질 순환
지구에서는 물뿐만 아니라 탄소, 질소와 같은 다양한 원소들이 순환하면서 지구 시스템에서 생명 현상이 지속적으로 유지될 수 있도록 한다. 탄소는 광합성, 호흡, 화석 연료의 연소 과정 등을 통해 지구 시스템의 각 권을 순환하는데, 이를 **탄소 순환**이라고 한다. 질소는 대기 중에 많이 분포하며, 지권의 토양, 식물과 동물, 배설물이나 사체 등을 통해 지구 시스템의 각 권을 순환하는데, 이를 **질소 순환**이라고 한다.

화산과 지진

인류를 비롯한 많은 생명체들이 삶을 이어가는 곳인 지권에서는 여러 자연적인 사건들이 지형과 생태계에 크고 작은 영향을 미치는데, 대표적인 것이 **화산 활동**과 **지진**이다. 화산 분출물은 지형과 생태계를 바꾸고, 지진은 무겁고 단단한 땅덩어리를 흔든다. 이는 지구가 흡수하는 태양 복사 에너지양의 약 0.01%에 불과한 지구 내부 에너지의 영향으로 일어난다. 지구 내부 에너지는 주로 땅속 방사성 원소들이 자연적으로 붕괴하는 과정에서 만들어진다.

■ 방사성 원소
원자핵이 붕괴되면서 에너지를 방출하여 다른 원자핵으로 바뀌는 원소로, 우라늄(U)과 토륨(Th) 등이 있다.

지각 변동과 지형 변화

지구의 겉 부분은 여러 개의 판으로 이루어져 있다. **판**의 아래쪽에 위치한 맨틀 물질은 고체이지만 지구 내부 에너지의 영향으로 녹기 직전의 유동적인 상태이다. **맨틀**에서 뜨거운 지구 내부 물질이 서서히 상승하고, 일정한 깊이에 이르면 점차 식으면서 옆으로 이동하다가 밀도가 낮아지면 아래로 가라앉는다. 판들은 맨틀 대류에 따라 각각 다른 방향과 속도로 서서히 움직인다. 이때 인접한 두 판의 상대적인 이동으로 서로 멀어지거나 충돌하거나 어긋나는 판의 경계를 형성한다. 판의 경계를 따라서 화산 활동이나 지진, 습곡 등의 지각 변동이 일어나고, 해령과 해구, 습곡 산맥과 같은 다양한 지형이 만들어진다.

■ 판
지구 표층부인 지각과 상부 맨틀 일부를 포함하는 두께 약 100km의 단단한 암석판으로, 크고 작은 10여 개의 조각으로 나뉘어 있다.

판의 경계

지구 표면에서 화산대와 지진대는 좁고 긴 띠의 형태로 나타나는데, 대체로 판의 경계와 일치하거나 나란하다. 판의 경계는 서로 인접한 두 판의 상대적인 이동 방향에 따라 수렴형 경계, 발산형 경계, 보존형 경계로 구분한다. **수렴형 경계**는 두 판이 가까워지면서 충돌하는 곳으로, 맨틀 대류의 하강부에 해당한다. 이곳에서는 밀도가 큰 해양판이 대륙판 아래로 섭입하여 들어가거나(예: 일본 해구), 두 대륙판의 충돌로 거대한 습곡 산맥이 형성된다(예: 히말라야 산맥). **발산형 경계**는 이웃한 두 판이 서로 멀어지는 곳으로, 맨틀 대류의 상층부에 해당한다. 이곳에서는 맨틀 물질의 일부가 마그마 형태로 올라와 새로운 해양판을 만든다(예: 대서양 중앙 해령, 동아프리카 열곡대). **보존형 경계**는 판의 생성이나 소멸 없이 두 판이 서로 어긋나게 지나는 곳이다(예: 산안드레아스 단층).

세포

지구 시스템에서 살고 있는 수많은 생물들은 그 전체가 생명 시스템을 구성하며 다른 시스템과 에너지와 물질을 주고받는다. 또한 각 생물 개체들은 그 자체가 하나의 생명 시스템으로서 생명 활동을 유지하기 위한 체계를 갖추고 있다. 생물은 생김새와 크기가 다양하지만, 모두 세포로 구성되어 있다. **세포**는 생명체를 구성하는 구조적 단위이자, 물질대사를 하고 생장을 하는 기능적 단위이다. 대부분의 세포는 육안으로 구분할 수 없을 정도로 매우 작으며, 세포가 구성하는 몸의 부위에 따라 다양한 크기와 형태를 가진다.

세포 소기관

세포가 하나의 생명 시스템으로 유지되기 위해서는 세포 안에서 물질이 합성되고 에너지가 전환되어야 한다. 세포에서 물질의 합성과 관련된 소기관으로는 핵, 리보솜, 소포체, 골지체가 있으며, 에너지 전환을 담당하는 소기관으로는 엽록체와 미토콘드리아가 있다. **핵**은 유전 정보를 갖는 DNA가 들어 있어 생명 활동의 중심이 된다. **리보솜**은 DNA의 유전 정보에 따라 세포가 생명 활동을 하는데 필요한 단백질을 합성한다. **소포체**는 리보솜에서 만든 단백질을 다른 부위로 운반하거나 지질을 만든다. **골지체**는 소포체에서 운반된 단백질이나 지질을 변형하여 적절한 장소로 운반한다. **엽록체**는 식물 세포에서 빛에너지를 흡수하여 물과 이산화탄소를 원료로 포도당을 합성한다. **미토콘드리아**는 산소를 이용해 유기물을 분해하여 세포 활동에 필요한 에너지를 생산한다.

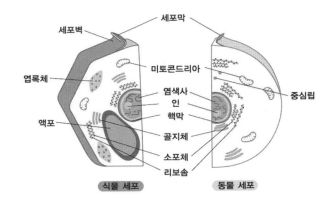

세포막

세포막은 세포 전체를 둘러싸는 얇은 막이다. 세포막은 인지질과 단백질로 구성되어 있으며, 인지질의 꼬리 부분이 서로 마주보며 2중층으로 배열된다. 인지질 2중층 곳곳에는 단백질이 박혀 있는데, 이 단백질은 세포가 영양분을 받아들이고 노폐물을 내보내는 물질 이동의 주요 통로가 된다. 또한 세포막은 세포의 형태를 유지하고 세포에서 물질대사가 일어날 수 있는 독립적인 환경을 형성한다.

삼투와 확산

세포는 세포막의 선택적 투과성을 통해 세포 안팎으로 물질의 이동을 조절하여 생명 시스템을 유지한다. 세포막을 경계로 농도가 낮은 용액에서 높은 용액으로 용매가 이동하는 현상을 **삼투**라고 한다. 삼투는 용질 입자의 크기가 커서 세포막을 통과할 수 없을 때 일어난다. 식물이 뿌리에서 물을 흡수할 때 주변 토양에서 뿌리털 세포 안쪽으로 물이 이동하는 원리가 삼투에 해당한다. 한편, 물질이 농도가 높은 곳에서 낮은 곳으로 퍼져 나가는 현상을 **확산**이라고 한다. 세포에서는 세포막을 경계로 세포 안팎의 농도 차이에 따라 확산이 일어나는데, 세포막을 통해 직접 이동하거나 막단백질을 통해 농도가 높은 곳에서 낮은 곳으로 이동하면서 물질은 확산한다.

■ 선택적 투과성

세포막을 통한 물질의 이동은 물질의 종류에 따라 선택적으로 일어나는데, 이를 **선택적 투과성**이라고 한다. 세포는 세포막의 선택적 투과성을 통해 세포 안팎으로의 물질 이동을 조절하여 생명 시스템을 유지한다.

촉매

화학 반응에서 반응 속도를 변화시키는 물질을 **촉매**라고 한다. 촉매는 반응 전후에 변하지 않는다. 촉매에는 생간과 감자 속에 들어 있는 카탈레이스와 같이 생물체에서 만들어진 생체 촉매도 있고, 화합물로 된 촉매도 있다. 촉매는 반응을 일으키는데 필요한 에너지를 줄일 수 있기 때문에 산업 현장에서 많이 사용되고 있다.

■ 효소

생물체에서 일어나는 화학 반응을 돕는 **생체 촉매**로, 자연 상태에서 잘 일어나지 않는 화학 반응도 체내에서 쉽게 일어나도록 한다. 효소는 식품, 의약품, 생활용품 등 다양한 분야에서 활용되고 있다. 효소는 안전하고 경제적·친환경적이기 때문에 그 적용 범위가 점차 확대되고 있다.

물질대사

생물체 안에서 일어나는 화학 반응을 **물질대사**라고 한다. 세포는 물질대사를 통해 에너지를 얻고, 세포를 구성하거나 생리 작용을 조절하는데 필요한 물질을 생산하여 생명 활동에 사용한다. 이때 효소가 물질대사를 촉진하는 역할을 한다. 물질대사는 크게 물질의 합성과 물질의 분해로 나뉜다. 빛에너지를 흡수하고 이산화탄소와 물을 이용하여 포도당과 같은 큰 분자를 만드는 식물의 광합성은 물질의 합성에 해당된다. 반면, 포도당을 물과 이산화탄소로 분해하여 에너지를 방출하는 세포 호흡은 물질의 분해에 해당된다.

유전자(DNA)

DNA 염기 서열에서 특정한 단백질이나 RNA를 만들 수 있는 정보 단위를 **유전자**라고 한다. 유전자는 DNA 상의 일정 부위에 위치하며, 세포의 핵 속에 들어 있는 DNA 한 분자에는 여러 개의 유전자가 들어 있다. 보통 하나의 유전자는 약 3천 개의 염기로 구성되어 있으며, 사람은 약 2만 개~2만 5천 개의 단백질 유전자를 가지고 있다.

■ 세포 속의 유전 물질

유전 물질은 염색체의 형태로 자손에게 전달된다. 염색체는 염색사가 응축되어 나타난 형태이며, 염색사는 DNA와 단백질로 구성된다. DNA 염기 서열 중 일부는 특정한 형질을 지정하며, 이것을 유전자라고 한다. 유전자에 담긴 유전 정보에 따라 단백질이 합성되고, 눈동자의 색, 눈꺼풀, 머리카락 등과 같은 한 개체의 다양한 형질이 결정된다.

DNA 유전 정보의 발현

세포에서 DNA의 유전 정보는 RNA를 거쳐 단백질로 합성된다. DNA에서 RNA로 정보가 전달될 때, DNA 염기 서열을 바탕으로 상보적인 염기 서열로 구성된 RNA를 만든다. 이 과정을 **전사**라고 하며, 정보를 베껴 쓴다는 뜻을 담고 있다. 핵에서 전사된 RNA는 세포질로 나와 리보솜과 만난다. 리보솜에서 RNA의 염기 서열은 3개의 염기 단위가 하나의 아미노산을 지정한다. 하나의 아미노산으로 얽히는 RNA의 3개 염기를 **코돈**이라고 하며, RNA의 코돈을 아미노산으로 바꾸는 과정을 **번역**이라고 한다. 코돈은 거의 모든 생명체에서 공통으로 사용된다. 예를 들어, 사람의 유전자를 세균의 DNA에 넣으면 사람과 동일한 아미노산으로 번역되어 단백질이 만들어진다.

■ 코돈이 3개의 염기로 구성되는 까닭

DNA를 구성하는 염기는 아데닌(A), 구아닌(G), 사이토신(C), 타이민(T)의 4종류이며, 생명체를 구성하는 아미노산은 모두 20종류이다. 1개의 염기가 하나의 정보를 나타낸다면 4가지의 정보를, 2개의 염기라면 16가지($=4^2$)의 정보를, 그리고 3개의 염기라면 64가지($=4^3$)의 정보를 나타낼 수 있다. 따라서 4종류의 염기로 20종류의 아미노산을 표현하기 위해서는 3개의 염기 단위로 번역해야 한다.

4 통합과학 ③ 변화와 다양성

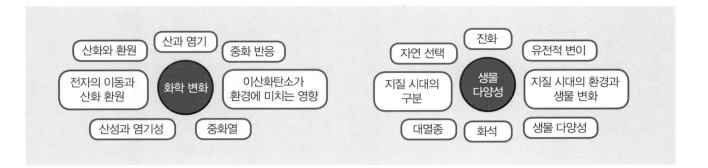

산화와 환원

석탄이 연소할 때 탄소는 산소와 결합한다. 이와 같이 어떤 물질이 산소와 결합하는 반응을 **산화**라고 한다. 산화은을 가열하면 산화은이 산소를 잃고 은으로 된다. 이와 같이 산화와는 반대로 어떤 물질이 산소를 잃는 반응을 **환원**이라고 한다. 철의 제련 과정에서 산화철은 산소를 잃고 철로 환원되고, 코크스가 산소와 반응하여 생성된 일산화탄소는 산소를 얻어 이산화탄소로 산화된다. 이처럼 어떤 물질이 산소와 결합하면 다른 물질은 산소를 잃으므로 산화와 환원은 항상 동시에 일어난다. 한편, 전자를 잃어버리고 양이온이 되려는 금속의 성질을 **이온화 경향**이라고 한다. 이온화 경향이 큰 금속일수록 산화가 잘 되며 반응성이 크다.

$$\underset{C}{탄소} + \underset{O_2}{산소} \longrightarrow \underset{CO_2}{이산화탄소}$$

$$\underset{Ag_2O}{산화\ 은} \longrightarrow \underset{Ag}{은} + \underset{O_2}{산소}$$

$$\overset{\overbrace{\qquad\qquad 환원 \qquad\qquad}}{\underset{Fe_2O_3}{산화\ 철(III)} + \underset{CO}{일산화탄소} \longrightarrow \underset{Fe}{철} + \underset{CO_2}{이산화탄소}}_{\underbrace{\qquad\qquad 산화 \qquad\qquad}}$$

전자의 이동과 산화 환원

마그네슘과 산소가 반응하여 산화마그네슘이 되는 과정에서, 마그네슘은 전자를 잃어 양이온이 되고, 산소는 전자를 얻어 음이온이 되면서 이온 결합을 이룬다. 이때 전자는 마그네슘에서 산소로 이동하므로 마그네슘은 전자를 잃고 산소는 전자를 얻는다. 산화 환원의 정의를 물질이 전자를 잃는 반응을 **산화**, 전자를 얻는 반응을 **환원**으로 확장하면 마그네슘이 산화될 때 환원되는 것은 전자를 얻은 산소라는 것을 알 수 있다.

■ 생명과 일상에서의 산화 환원

미토콘드리아에서 일어나는 **세포 호흡**은 포도당과 산소로부터 물과 이산화탄소를 생성하는 산화 환원이다. 식물의 엽록체에서 일어나는 **광합성**은 물과 이산화탄소로부터 포도당과 산소를 생성하는 산화 환원이다. 껍질을 깎아 놓은 과일이 갈색으로 변하는 것, 도시가스를 연소시키는 것, 철이 부식되는 것은 모두 산화 환원의 예이다. 에칭(부식 동판화 기법), 전통 도자기, 금속 조각품, 유화 등 미술 작품에서도 산화 환원이 활용되고 있다.

산과 염기

산은 물에 녹아 수소이온을 내놓는 물질이다. 반면 **염기**는 물에 녹아 수산화이온을 내놓는 물질이다. 몇 가지의 산과 염기를 물에 녹이면 산은 수소이온을, 염기는 수산화이온을 공통으로 내놓는다. 이는 산이 공통적인 성질을 나타내는 것은 양이온, 즉 수소이온(H^+) 때문이며, 염기가 공통적인 성질을 나타내는 것은 음이온, 즉 수산화이온(OH^-) 때문임을 보여준다.

산성과 염기성

산이 나타내는 공통적인 성질을 **산성**, 염기가 나타내는 공통적인 성질을 **염기성**이라고 한다.

산성(산의 공통적인 성질)	염기성(염기의 공통적인 성질)
• 수용액은 전류가 흐른다. • 푸른색 리트머스 종이를 붉은색으로 변화시킨다. • 마그네슘, 철 등과 반응하여 수소 기체가 발생한다. • 탄산칼슘과 반응하여 이산화탄소가 발생한다. • 대부분 신맛이 난다. 과일의 신맛은 산을 포함하고 있기 때문이다.	• 수용액은 전류가 흐른다. • 붉은색 리트머스 종이를 푸른색으로 변화시킨다. • 단백질을 녹인다. • 페놀프탈레인 용액을 떨어뜨리면 붉은색으로 변한다. • 대부분 쓴맛이 난다. 설탕과 제빵용 소다로 만든 과자의 쓴맛은 제빵용 소다 때문이다.

중화 반응

산과 염기가 반응하여 산이나 염기의 성질을 잃게 되는 것은 산의 수소이온과 염기의 수산화 이온이 반응하여 중성인 물을 생성하기 때문이다. 이와 같이 산과 염기가 반응하여 물을 생성하는 반응을 **중화 반응**이라고 한다. 예를 들어 염산과 수산화나트륨 수용액이 반응하면 염화나트륨과 물이 생성된다. 산과 염기의 중화 반응에서 산의 수소이온과 염기의 수산화이온은 1:1의 개수비로 반응한다. 따라서 수소이온과 수산화이온이 같은 개수씩 들어 있는 염산과 수산화나트륨 수용액을 섞으면 혼합 용액은 중성을 띠게 된다. 중화 반응이 일어나면 용액의 액성이 변하므로 지시약의 색 변화를 이용하거나, 중화 반응이 일어날 때 열이 발생하므로 온도 변화를 이용하여 확인한다.

$$\underset{\text{산}}{\text{HCl}} + \underset{\text{염기}}{\text{NaOH}} \rightarrow \underset{\text{}}{\text{NaCl}} + \underset{\text{물}}{\text{H}_2\text{O}}$$

$$\text{H}^+ + \text{OH}^- \rightarrow \text{H}_2\text{O}$$

■ 중화 반응의 이용 예
생선의 비린내를 제거하기 위해 레몬즙을 뿌리는 것, 위산 과다에 제산제를 복용하는 것, 산성화된 토양이나 호수에 석회 가루를 뿌리는 것 등이 있다.

중화열
산과 염기의 중화 반응이 일어날 때 발생하는 열을 **중화열**이라고 한다. 산과 염기가 반응하면 중화열이 발생하기 때문에 혼합 용액의 온도가 높아지며, 반응한 수소이온과 수산화이온의 수가 많을수록 중화열이 많이 발생한다. 중화 반응에서 산과 염기가 완전히 중화되었을 때 용액의 온도가 가장 높으며, 완전히 중화된 뒤에는 산 또는 염기를 더 넣어도 중화 반응이 일어나지 않는다.

이산화탄소가 환경에 미치는 영향
이산화탄소는 동식물이 호흡하는 과정과 화석 연료가 연소하는 과정에서 계속 생성되고, 화산 분출이나 산불로도 발생한다. 산업 혁명 이후 인간의 활동으로 인해 대기 중 이산화탄소의 농도가 증가하였으며, 이로 인해 지구의 **평균 온도가 상승**하는 등 여러 가지 문제가 발생하는 것으로 추정되고 있다. 대기 중 이산화탄소의 농도가 높아지면 바닷물에 녹는 이산화탄소의 양도 증가하여 바닷물의 pH(수소이온지수)가 낮아진다. 바닷물의 pH가 조금만 낮아져도 바다에 살고 있는 여러 가지 생물들에게 피해를 주며, 특히 탄산칼슘으로 이루어진 골격을 가진 산호, 조개류 등에 그 피해가 크게 나타난다.

지질 시대의 구분
지질 시대는 지층에서 화석 기록이 매우 드문 시기와 화석이 많이 산출되는 시기로 크게 구분한다. 선캄브리아 시대는 지구상에 생물이 등장하지 않았거나 매우 적어서 화석이 거의 산출되지 않은 시기로, 지구 역사에서 약 88%의 기간을 차지한다. 반면, 생물들이 많았던 시기는 환경과 고생물들의 급변에 따라 고생대, 중생대, 신생대로 구분한다.

■ 화석
지질 시대에 살았던 생물의 몸체나 알, 발자국, 기어 다닌 흔적, 배설물 등이 지층에 남겨진 것이다. 특정 시기에 번성하여 지층의 생성 시기를 알려 주는 표준화석과, 생물이 살았던 당시의 기후나 수륙 분포 등의 환경을 알려 주는 시상화석이 있다.

지질 시대의 환경과 생물 변화
선캄브리아 시대에는 대기의 산소가 부족했고, 강한 자외선에 의해 생물의 활동 영역이 제한받아 개체 수가 적었다. 스트로마톨라이트가 대표적인 화석이다. **고생대**에는 대기 중 산소가 증가하고, 두꺼워진 오존층으로 자외선이 감소하였다. 어류, 양치식물 등이 번성했다. **중생대**에는 온실 기체 증가로 기후가 온난했다. 암모나이트, 공룡류, 겉씨식물 등이 번성하였다. **신생대**에는 대륙과 해양의 분리가 일어나고, 기후가 다양했으며, 대기 중 산소가 풍부했다. 화폐석, 포유류, 속씨식물 등이 번성하였다.

대멸종
지구상에서 거의 동시에 절반 이상의 생물이 사라지게 된 사건을 **대멸종**이라고 한다. 대기와 해양의 산소량 감소, 온실 기체 증가, 화산재의 태양빛 차단, 해수면 높이의 급변 등이 대멸종의 배경 요인이다. 공룡이 사라진 지구에 포유류가 번성하였듯이, 지구계에서 어떤 생물의 대멸종은 또 다른 생물들이 번성할 수 있는 기회가 되기도 한다.

진화
생물이 오랜 세월 동안 여러 세대를 거치면서 환경에 적응하여 변화하는 현상을 **진화**라고 한다. 생물은 자연계의 진화 과정을 거쳐 새로운 종이 나타난다.

자연 선택
생물은 대부분 그들이 살고 있는 환경 조건이나 먹이에 비해 많은 수의 자손을 낳는다. 같은 부모 사이에서 태어난 자손도 다양한 형질을 갖는데, 이러한 개체 간의 차이를 **변이**라고 한다. 개체 사이에는 먹이, 공간, 배우자 등을 확보하기 위해 생존 경쟁이 일어나는데 이 중 환경에 적합한 변이를 가진 개체는 그렇지 못한 개체에 비해 오래 살아남아 더 많은 자손을 남길 확률이 높다. 이와 같이 생존에 유리한 변이를 가진 개체가 잘 살아남아 더 많은 자손을 남기는 과정을 **자연 선택**이라고 한다. 결국 생존 경쟁에서 살아남은 개체는 자신의 변이를 자손에게 물려주게 되며 이러한 자연 선택 과정이 오랜 시간 동안 여러 세대를 거듭하여 반복되면 기존의 종과는 다른 종으로 서서히 진화가 이루어진다. 이처럼 다양한 개체 중에서 환경에 더 잘 적응한 개체가 선택되어 진화한다는 학설을 **자연선택설**이라고 한다.

〈다윈의 자연선택설〉

■ 변이
개체 간에 나타난 형질의 차이이며, 환경의 영향에 따른 비유전적 변이와 유전적 변이가 있다. 다윈이 자연선택설을 발표할 당시는 유전자의 개념이 생기기 전이라서, 다윈은 개체 사이에 형질 차이가 나타나는 까닭을 설명하지 못하였다.

유전적 변이
한 종을 구성하는 개체 사이에서 유전자의 차이로 인해 나타나는 유전 형질의 차이를 **유전적 변이**라고 한다. 개체 사이에서 나타나는 유전적 변이는 진화의 필요조건이라고 할 수 있다. 양쪽 부모로부터 각각 유전자를 물려받아 새로운 유전자 구성을 가지게 된 경우 다양한 유전자를 갖는 자손이 만들어지므로 집단 안에서 유전적 변이는 다양해진다. 또 돌연변이로 새로운 유전자가 만들어지면서 유전적 변이가 다양해진다. 돌연변이는 DNA의 유전 정보에 변화가 생겨 부모에게 없던 형질이 나타나는 것으로, 자손에게 유전될 수 있다. 지구에 최초의 생명체가 나타난 이래 오랜 시간 동안 다양한 유전적 변이에 자연 선택 과정이 일어난 결과 지금의 다양한 생물이 나타나게 되었다.

■ 돌연변이
DNA 복제는 매우 정교하여 실수가 거의 없으며, 실수가 발생한다고 해도 세포는 이 실수를 바로잡을 수 있는 장치를 가지고 있다. 그럼에도 불구하고 새롭게 합성된 DNA 중에는 원래의 DNA와 다른 돌연변이가 약 10억 분의 1의 확률로 생긴다.

생물 다양성
다양한 생물은 생태계에서 상호 작용을 하며 살아가고 있는데, 수많은 종의 생물과 그들이 가진 유전자 그리고 생물이 살아가는 생태계를 통틀어 **생물 다양성**이라고 한다. 즉 생물 다양성은 생물이 생활하는 생태계의 다양성, 생물종의 다양성, 생물이 갖는 유전자의 다양성 전부를 가리킨다. **생태계 다양성**은 해양, 열대 우림, 초원, 사막, 갯벌, 농경지 등 다양한 생태계를 뜻한다. **종 다양성**은 한 생태계에 얼마나 많은 종이 고르게 분포하여 살

고 있는가를 뜻한다. **유전적 다양성**은 같은 종이라도 서로 다른 유전자를 가지고 있어 다양한 형질이 나타나는 것을 뜻한다.

■ 생물 다양성의 중요성
생물 다양성이 높은 생태계는 자연정화 기능을 하며, 어떤 생물종이 사라져도 그 종을 대신할 수 있는 다른 생물이 있으므로 생태계 평형이 안정적으로 유지된다. 서식지 파괴와 단편화, 외래종의 무분별한 도입, 불법 포획과 남획 등은 생물 다양성을 감소시키는 원인으로, 이를 막고 생물 다양성 보전을 위해 노력할 필요가 있다.

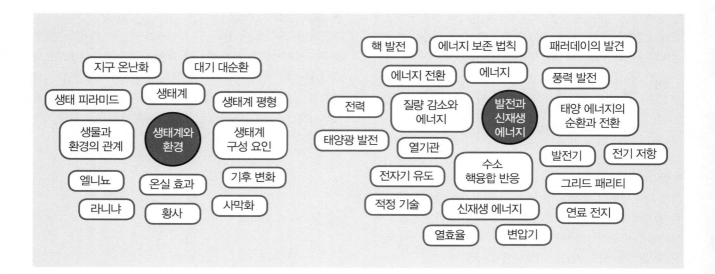

생태계

대부분의 생물은 독립적으로 살지 않고 다른 생물과 무리를 이루며 살아간다. 이때 하나의 생물체를 개체라 하고, 함께 생활하는 같은 종의 생물 무리를 개체군이라고 하며, 서로 다른 개체군이 모인 것을 군집이라고 한다. 생물 군집 안에서 생물은 여러 생물과 어울려 살아가는 한편, 토양, 빛, 공기, 물 등의 주변 환경과도 서로 영향을 주고받으며 살아가는데 이를 **생태계**라고 한다.

생태계 구성 요인

생태계는 비생물적 요인과 생물적 요인으로 구성되어 있다. **비생물적 요인**은 생물을 둘러싼 빛, 온도, 물, 토양, 공기 등의 환경을 뜻하며, 생물에게 필요한 물질과 생활 터전을 제공하는 등 생물의 생명 활동에 영향을 준다. **생물적 요인**은 식물, 동물, 세균 등 살아 있는 모든 생물을 포함하며, 영양분을 얻는 방법에 따라 생산자, 소비자, 분해자로 나뉜다. 생산자는 광합성을 통해 스스로 영양분을 만드는 생물로 식물, 조류 등이 있다. 소비자는 생산자나 다른 동물을 먹어서 영양분을 얻는 생물로 초식 동물, 육식 동물 등이 있다. 분해자는 생산자와 소비자의 사체나 배설물을 분해하여 환경으로 되돌려 보내는 생물로 세균, 곰팡이 등이 있다.

생물과 환경의 관계

생물과 환경은 서로 밀접하게 영향을 주고받는다. **빛**은 생물이 살아가는데 필요한 에너지의 근원으로, 생물은 빛의 세기, 일조 시간 등의 영향을 받는다. **온도**는 생물의 물질대사와 생명 활동에 영향을 주며, 생물은 온도에 따라 다양한 적응 현상을 나타

낸다. **물**은 생물체의 구성 성분으로, 생물은 수분의 손실을 막는 방향으로 적응하였다. **토양**은 생물의 서식지로, 식물은 토양 속 무기 양분을 흡수하고, 토양 속 생물은 사체나 배설물을 분해하여 토양으로 되돌려 보낸다.

생태 피라미드

지구상에서 생물이 살아가기 위해서는 에너지가 필요하며, 생산자가 광합성을 통해 저장한 에너지는 먹이 사슬을 거쳐 상위 영양 단계로 이동한다. 각 영양 단계에서 생물이 살아가는데 필요한 에너지를 소비하고 남은 에너지가 다음 영양 단계로 전달되기 때문에 상위 영양 단계로 갈수록 에너지의 양은 점점 감소한다. 에너지양 외에 개체 수도 상위 영양 단계로 올라갈수록 점점 감소한다. 각 영양 단계의 에너지의 양과 개체 수의 상대적인 양을 차례대로 쌓으면 위로 갈수록 줄어드는 피라미드 모양이 되는데, 이를 **생태 피라미드**라고 한다.

생태계 평형

오랜 세월에 걸쳐 형성된 자연 생태계는 일반적으로 그 안에서 생활하고 있는 생물 구성이 크게 변하지 않는다. 또 각 영양 단계에 따라 물질이 안정적으로 순환하고, 에너지가 원활하게 이동하므로 생태 피라미드의 모양이 잘 유지된다. 이와 같이 생태계를 구성하는 생물의 개체 수, 에너지의 흐름 등이 안정된 상태를 **생태계 평형**이라고 한다.

■ 생태계의 회복 과정

생태 피라미드에서 어떤 요인에 따라 1차 소비자가 일시적으로 증가하면 2차 소비자가 증가하고 생산자는 감소한다. 생산자가

감소하면 그 결과 1차 소비자가 감소하고 이에 따라 2차 소비자가 감소하고, 생산자가 증가하므로 생태계는 원래 상태를 회복하게 된다.

기후 변화
날씨는 그날그날의 비, 구름, 바람, 기온 상태를 나타내는 말이지만 기후는 일정한 지역에서 해마다 평균적으로 되풀이되고 있는 대표할 만한 대기 상태를 일컫는다. 그리고 일정 지역에서 오랜 기간에 걸쳐 기후가 변화하는 현상을 **기후 변화**라고 한다. 전 세계적으로 극심한 폭우, 가뭄, 고온, 한파와 같은 기상 이변이 강도와 간격을 달리하면서 지속적으로 나타나는 것은 지구 곳곳의 기후가 점차 변화하기 때문이라고 할 수 있다.

지구 온난화
과거로부터 현재까지의 기후 변화를 살펴보면 우리나라뿐만 아니라 전 세계의 온도가 상승하고 있음을 알 수 있다. 이처럼 지구 표면의 온도가 점차 높아지는 현상을 **지구 온난화**라고 한다. 지구 온난화의 원인은 여러 가지가 있지만 많은 과학자들은 대기 중 온실 기체의 농도가 급격하게 높아져 온실 효과가 심화된 것이 가장 큰 원인이라고 추정한다. 지구 온난화가 계속되면 극지방의 빙하가 감소하고 해수 온도가 높아져서 해수면이 상승하는 등 지구 환경이 변화하게 된다. 이러한 환경의 변화는 대기와 해수의 전 지구적인 순환에도 영향을 미치고, 지구계 각 권의 상호 작용을 통해 지속적으로 이루어진다.

온실 효과
지구의 대기는 외권으로부터 들어오는 태양 복사 에너지를 쉽게 통과시키고, 방출하는 지구 복사 에너지의 일부를 흡수하여 지표로 재방출하는 과정에서 열을 가두어 지구 표면의 온도를 높이는 역할을 한다. 이렇게 지구의 대기에 따라 지구 표면의 평균 온도가 높게 유지되는 현상을 **온실 효과**라고 하고, 온실 효과를 일으키는 기체를 온실 기체라고 한다. 온실 기체에는 수증기, 이산화탄소, 메테인 등이 있다.

대기 대순환
대기 대순환은 지구상의 북반구와 남반구에서 각각 3개의 순환 세포를 형성하는 대기의 순환을 뜻한다. **대기 대순환**에 따라 적도~위도 30°에서는 무역풍이 불고, 위도 30°~60°에서는 편서풍이 불며, 위도 60°이상 극지방에서는 극동풍이 분다. 이러한 대기 대순환이 수심 100m 이내의 해수 표층에 작용하면 **표층 해류**가 발생한다. 대기 대순환과 해수의 순환은 저위도의 남는 에너지를 고위도로 옮겨 지구 에너지 균형을 이루는 역할을 한다. 그런데 최근의 온난화에 따라 이들의 순환에도 변화가 나타나기 시작하면서 지역적으로 엘니뇨, 사막화, 한파 등 다양한

기상 이변이 심화되고 있다.

■ 지구에서의 에너지 이동
지구계에서 대기와 해수의 순환은 에너지의 순환과 깊은 관련이 있다. 위도 약 38°를 경계로 저위도 지방에서는 에너지가 남고, 고위도 지방에서는 에너지가 모자라는데, 이러한 불균형을 해소하기 위하여 대기 대순환과 해수의 순환이 일어난다.

엘니뇨
평상시 적도 부근 동태평양 연안에서는 지속적인 무역풍에 따라 표층의 따뜻한 해수가 태평양 서쪽으로 이동하고, 그 자리에는 심층의 찬 해수가 올라온다. 그러나 무역풍이 주기적으로 약해지면 따뜻한 바닷물이 태평양 동쪽으로 향하므로 적도 부근의 태평양 중앙과 동쪽의 해수면 온도가 상승하게 된다. 이러한 현상을 **엘니뇨**라고 한다. 서태평양 부근 바다의 경우 평상시에는 따뜻한 해수가 이동해 와서 기압이 낮고 습하지만, 엘니뇨 현상이 강화되면 온도가 낮은 바닷물이 머무르므로 증발이 잘 일어나지 않아 가뭄이 발생한다. 반면, 동태평양 부근 바다의 경우 고온 현상이 계속되어 주변 나라에 폭우가 발생한다.

라니냐
무역풍이 평년보다 강해지면 서태평양의 해수면과 수온은 평년보다 상승하게 되고, 찬 해수의 용승 현상 때문에 적도 동태평양에서 엘니뇨의 반대 현상이 나타난다. 이러한 현상을 **라니냐**라고 한다.

사막화
사막화는 자연적인 기후 변동이나 인간의 활동으로 기존의 사막이 확대되는 현상을 말한다. 이러한 사막화는 대기 대순환의 변화에 따른 엘니뇨의 발생으로 지속되는 가뭄과 같은 자연적인 원인 외에도 지나친 벌채나 과잉 경작, 과잉 방목 등의 인위적인 원인에 의해 심화되고 있다.

황사
황사는 몽골이나 중국 북부의 황토 지대에서 강한 바람 때문에 높은 공중으로 올라간 미세한 모래 먼지가 상층의 편서풍을 만나 한반도 부근까지 운반되어 서서히 하강하는 현상이다. 우리나라와 일본은 중국에서 불어오는 황사의 영향을 받는 주요 국가이다. 황사는 호흡기 질환과 같은 각종 질병을 유발하기 때문에 국제적인 환경 문제로 여겨지고 있다.

에너지
과학에서 **에너지**는 일을 할 수 있는 능력을 말한다. 즉 에너지가 있다는 것은 어떤 물체를 움직이거나 상태를 변화시킬 수 있

다는 것을 뜻한다. 이러한 에너지는 운동 에너지, 위치 에너지, 열에너지, 화학 에너지, 전기 에너지, 빛에너지, 소리 에너지, 핵에너지와 같은 다양한 형태로 우리 주변에 존재한다.

에너지 전환

다양한 형태의 에너지는 서로 전달되기도 하는데, 한 형태의 에너지가 다른 형태의 에너지로 바뀌는 것을 **에너지 전환**이라고 한다. 에너지 전환은 우리 주변에서 일어나는 여러 가지 현상에서 나타난다. 식물이 광합성을 할 때 태양의 빛에너지는 포도당의 화학 에너지로 전환된다. 번지 점프를 할 때는 위치 에너지가 운동 에너지로 전환된다. 휴대전화를 사용할 때는 다양한 에너지 전환이 나타난다.

■ 휴대전화에서 나타나는 다양한 에너지 전환

전지가 충전될 때는 전기 에너지가 화학 에너지로 전환된다. 스피커에서는 전기 에너지가 소리 에너지로 전환된다. 마이크에서는 소리 에너지가 전기 에너지로 전환된다. 화면에서는 전기 에너지가 빛에너지로 전환된다. 휴대전화가 진동할 때는 전기 에너지가 운동 에너지로 전환된다. 휴대전화를 오래 사용하면 전기 에너지가 열에너지로 전환되어 뜨거워진다.

에너지 보존 법칙

우리는 일상생활에서 '에너지 소비' 또는 '에너지 절약'과 같은 표현을 자주 사용하고 있어 마치 에너지가 사라지거나 에너지의 총량이 줄어드는 것처럼 생각하기 쉽다. 그러나 에너지는 그 형태가 다른 형태로 변할 뿐 새로 만들어지거나 사라지지 않고, 에너지가 전환되는 과정에서 총량은 항상 일정하게 보존된다. 이를 **에너지 보존 법칙**이라고 한다.

■ 열역학 법칙

에너지 보존 법칙과 열에너지의 흐름은 고온에서 저온으로 이동하는 방향성이 있다는 법칙을 통틀어 열역학 법칙이라고 한다.

열기관

현재 난방, 산업, 운송 수단, 전기 생산과 같이 다양한 분야에서 화석 연료를 사용하는 과정에서 많은 양의 열에너지가 배출된다. 특히 동력을 얻는 장치로 널리 이용되는 **열기관**은 주로 화석 연료를 연소시켜 얻은 에너지를 일로 바꾸는 장치로, 공급된 열에너지를 일을 하는데 사용하고 나머지는 외부로 방출한다. 자동차 엔진으로 사용되는 가솔린 기관, 디젤 기관과 증기 기관이 열기관에 해당한다.

열효율

에너지 보존 법칙에 따라 열기관에 공급된 열에너지는 사용한 에너지 즉 열기관이 외부에 한 일의 양과 외부로 방출되어 버려지는 열에너지의 합과 같다. 이때 열기관의 효율, 즉 열효율은 다음과 같이 나타낼 수 있다.

열효율(%) = 사용한 에너지 ÷ 공급된 열에너지 × 100
= (공급된 열에너지 − 버려지는 열에너지) ÷ 공급된 열에너지 × 100

에너지가 다른 형태로 전환될 때 전체 에너지의 양은 보존되지만 전환되는 과정에서 일부 에너지는 열이나 빛, 소리 에너지와 같은 형태로 바뀌어 외부로 빠져나간다. 외부로 빠져나간 에너지는 최종적으로 열에너지로 전환되는데, 이 열에너지는 다시 되돌려서 유용하게 사용할 수 없다. 따라서 에너지가 전환될수록 우리가 사용할 수 있는 유용한 에너지의 양이 점점 줄어들기 때문에 에너지를 효율적으로 사용해야 한다.

■ 하이브리드 자동차의 구조와 원리

일반 자동차에 전기 자동차의 원리를 접목한 하이브리드 자동차는 엔진과 전동기, 전지를 함께 사용하여 일반 자동차에 비해 버려지는 열에너지의 양이 적어 에너지 효율이 높다. 하이브리드 자동차는 주행 중 발생하는 여분의 에너지를 전기 에너지로 전환하여 전지에 저장한다. 저장된 전기 에너지는 전동기를 통해 다시 운동 에너지로 전환할 수 있다.

전자기 유도

코일 근처에서 자석을 움직이거나 자석 근처에서 코일을 움직일 때 코일에 전류가 흐르는 현상을 **전자기 유도**라고 한다. 자석을 코일에 가까이할 때와 멀리할 때 전류는 반대 방향으로 흐른다. 이는 유도된 전류의 방향이 자기장의 변화에 따라 바뀌는 것을 나타낸다.

패러데이의 발견

전자기 유도를 발견한 과학자 패러데이는 실험을 통해 "코일에 유도된 전류의 세기는 코일의 단면을 수직으로 지나는 자기장의 시간적 변화율에 비례하고, 코일의 감은 횟수에 비례한다."라는 사실을 발견하였다. 전자기 유도에 대한 **패러데이의 발견**은 발전기와 변압기의 개발로 이어져 현대 문명의 기초를 마련하는데 중요한 역할을 하였다. 이후 전자기 유도는 도난 방지 장치, 무선 충전기, 교통 카드, 인덕션 레인지 등 우리 주변의 수많은 전기 제품의 작동 원리로 이용되고 있다.

발전기

발전소에서 전기 에너지를 생산하는 **발전기**는 전자기 유도를 이용하여 자석이나 코일의 회전에 의한 운동 에너지를 전기 에너지로 전환하는 장치이다. 발전기의 내부에는 매우 센 자석과 코일이 있다. 자기장이 형성되어 있는 자석 사이에서 코일이 회전할 때, 코일의 단면을 수직으로 통과하는 자기장이 시간에 따라 변한다. 이때 전자기 유도에 의해 코일에 전류가 유도되어 외부로 전류가 흐르게 된다.

■ 화력 발전, 핵 발전, 수력 발전에서 전기 에너지의 생산 과정
- 화력 발전에서의 에너지 전환 과정: 화학 에너지 → 열에너지 → 운동 에너지 → 전기 에너지
- 핵 발전에서의 에너지 전환 과정: 핵에너지 → 열에너지 → 운동 에너지 → 전기 에너지
- 수력 발전에서의 에너지 전환 과정: 위치 에너지 → 운동 에너지 → 전기 에너지

전력
일상생활에서 사용되는 전기 에너지는 발전소에서 생산되는데, 이때 단위 시간 동안 생산 또는 사용하는 전기 에너지를 **전력**이라고 한다. 전력은 전압과 전류의 곱으로 나타내며, 전력의 단위는 W(와트), KW(킬로와트)를 사용한다. 발전소에서 생산한 전력은 높은 전압으로 바꾼 후 송전하고, 소비지에는 전압을 낮추어 공급한다. 전압을 높이거나 낮추는 것을 변전이라고 하며, 최종적으로 주상 변압기에서 220V로 낮추어 가정에 공급한다.

■ 전기 저항
전기 저항은 전선에 흐르는 전류를 방해하는 정도를 나타낸다. 전선의 전기 저항은 재질에 따라 달라지고, 단면적이 클수록, 길이가 짧을수록 작아진다. 송전 과정에서 손실되는 전력의 크기는, 송전선에 흐르는 전류의 제곱과 송전선의 전기 저항에 각각 비례한다.

변압기
송전 과정에서 전압을 바꿀 때는 **변압기**를 이용한다. 변압기는 전자기 유도를 이용하여 전압을 변화시키는 장치이다. 간단한 소형 변압기는 철심과 두 개의 코일로 구성되는데, 각 코일에 걸린 전압은 코일의 감은 수에 비례한다. 이를 이용하여 코일의 감은 수를 변화시켜 전압을 바꾼다.

■ 변압기의 구조와 원리
전원이 연결된 부분이 1차 코일이고, 1차 코일의 자기장 변화에 의해 유도된 전류가 흐르는 부분이 2차 코일이다. 2차 코일에 전기 기구를 연결하여 사용한다. 전류가 흐르는 원리는 다음과 같다. 1차 코일에 세기와 방향이 변하는 전류가 흐르면, 1차 코일에 흐르는 전류에 의해 코일 주위의 자기장이 변하고, 코일 주위의 자기장 변화로 2차 코일에 전류가 유도되어 흐른다. 변압기를 이용하여 전압을 높이려면 1차 코일보다 2차 코일을 더

많이 감아야 하고, 전압을 낮추려면 1차 코일보다 2차 코일을 더 적게 감아야 한다.

수소 핵융합 반응
수소 핵융합 반응은 태양의 중심부에서 4개의 수소 원자핵이 융합하여 1개의 헬륨 원자핵이 만들어지는 반응으로, 반응 후 감소한 질량만큼 에너지가 생성된다. 수소 1g이 핵융합하면 석유 8t을 만들 수 있는 양의 에너지가 방출되는데, 1초 동안 방출되는 태양 에너지는 인류가 약 100만 년 동안 전기 에너지로 사용할 수 있을 만큼 막대한 양이다. 그뿐만 아니라 태양 내부의 수소는 앞으로 약 50억 년 동안 핵융합할 수 있으므로 태양은 지구에 거의 무한한 에너지를 제공할 수 있다.

■ 질량 감소와 에너지
핵분열이나 핵융합이 일어날 때 반응 전후의 질량 차이만큼 에너지가 발생한다. 이때 발생하는 에너지를 E, 감소된 질량을 m, 빛의 속도를 c라고 하면, 다음 관계식이 성립한다.

$$E = m \times c^2$$

태양 에너지의 순환과 전환
태양 에너지는 지구상의 대부분 **에너지의 근원**으로, 지구에서 물과 대기의 순환을 일으키며, 다양한 형태의 에너지로 전환되어 생명 유지와 인류 문명 발달에 이용된다. 인류는 온실, 태양 전지 등을 통해 태양의 열에너지와 빛에너지를 이용하기도 하고, 화석 연료의 화학 에너지를 전기 에너지로 전환하여 휴대전화, 텔레비전, 세탁기 등 생활에 편리한 전기 제품을 작동하는 데 이용하기도 한다.

핵 발전
핵 발전은 우라늄과 같이 무거운 원자의 핵분열을 이용하여 전기 에너지를 생산하는 방식으로, 원자력 발전이라고도 한다. 양성자와 중성자로 이루어진 무거운 우라늄 원자핵에 중성자가 충돌하면 연쇄적으로 핵분열이 일어난다. 이 과정에서 만들어진 생성물의 질량 합은 핵분열 전 반응물의 질량 합보다 감소하는데, 이때 감소한 질량에 해당하는 만큼의 에너지가 생성된다.

태양광 발전
태양광 발전은 태양 전지를 이용하여 태양의 빛에너지를 전기 에너지로 전환하여 직접 전기 에너지를 생산하는 방식이다. 태양 전지에 태양빛이 비추어지면 전류가 흐르면서 전기 에너지가 만들어진다.

풍력 발전
풍력 발전은 바람의 운동 에너지를 이용하여 발전기를 작동하

여 전기 에너지를 생산하는 방식이다. 풍력 발전소는 바람이 지속적으로 부는 바닷가나 높은 산에 설치하여 효율을 높인다.

신재생 에너지

신재생 에너지는 기존의 화석 연료를 변환하여 이용하거나 햇빛, 물, 지열, 강수, 생물 유기체 등을 포함하는 재생 가능한 에너지를 변환하여 이용하는 에너지이다.

■ 신재생 에너지의 종류

종류	내용
수소 에너지	수소를 연소하거나 연료 전지 형태로 만들어 전기 에너지를 생산한다.
석탄 액화 가스화	석탄을 액체나 가스 형태로 전환하여 이용한다.
태양광 에너지	태양의 빛에너지를 이용하여 전기 에너지를 생산한다.
지열 에너지	땅속 고온의 지하수나 수증기를 이용하여 난방을 하거나 전기 에너지를 생산한다.
해양 에너지	해수면의 높이차, 파도, 해수의 흐름 등을 이용하여 전기 에너지를 생산한다.
풍력 에너지	바람의 운동 에너지를 이용하여 전기 에너지를 생산한다.
연료 전지	화학 반응을 이용하여 전기 에너지를 생산한다.
태양열 에너지	태양의 열에너지를 이용하여 난방을 하거나 전기 에너지를 생산한다.
바이오 에너지	농작물, 나무, 음식물 쓰레기 등을 태우거나 가스, 고체 연료 등의 형태로 얻는다.
소수력 에너지	물의 위치 에너지를 이용하여 전기 에너지를 생산한다.
폐기물 에너지	폐기물 매립장에서 발생하는 가스를 이용하거나 소각 과정에서 발생하는 열을 이용한다.

연료 전지

연료 전지는 수소와 산소를 반응시켜 전기 에너지와 열에너지를 얻는 장치이다. 이는 물에 전기를 흐르게 하면 수소와 산소로 분리되는 것을 반대로 이용한 것이다.

수소 + 산소 → 물 + 전기 에너지 + 열에너지

연료 전지는 에너지를 얻으면서 물만 생성되므로 환경오염 물질을 만들지 않는 장점이 있다. 또 발전기를 통한 에너지 전환 과정을 거치지 않고, 수소와 산소의 화학 에너지로부터 바로 전기 에너지를 얻기 때문에 열효율이 상대적으로 높다.

적정 기술

최근에는 새로운 에너지원인 신재생 에너지를 사용하기 위한 노력뿐만 아니라 에너지를 효율적으로 사용하는 기술 개발에도 관심을 기울이고 있다. 특히 과학 기술의 혜택에서 소외된 사람들을 위해 화석 연료를 사용하지 않고 삶의 질을 개선할 수 있는 기술의 중요성이 높아지고 있다. 이와 같은 기술을 **적정 기술**이라고 하는데, 적정 기술은 사회 공동체의 정치, 문화, 환경

의 조건을 고려해 해당 지역에서 지속적인 생산과 소비가 가능해야 하며, 삶의 질을 향상시킬 수 있어야 한다. 특히 대규모 사회 기반 시설이 필요하지 않고, 친환경적이어야 한다.

■ 항아리 냉장고의 원리

나이지리아의 시골에서 사용하는 항아리 냉장고는 물의 증발을 이용하여 농작물을 신선하게 보관할 수 있다. 큰 항아리(a)와 작은 항아리 사이에 채운 모래(b)에 물을 부은 후 젖은 천(c)으로 덮으면, 젖은 모래가 마르면서 작은 항아리 안의 온도가 낮아져 농작물(d)을 신선하게 보관할 수 있다. 이를 이용하면 운송 수단과 전기 에너지가 부족한 지역의 농부들이 신선한 농작물을 팔아 소득을 높일 수 있다.

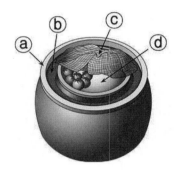

그리드 패리티

화석 연료 발전 단가와 신재생 에너지 발전 단가가 같아지는 시기를 뜻한다. 즉 태양광 발전 원가가 낮아져서 소비자가 가스 · 석탄 등 기존의 화력발전에 의해 전력을 공급받는 것과, 태양에너지 시스템을 설치하여 자체 전력을 조달하는 것이 가격 경쟁력 면에서 동등해지는 것을 **그리드 패리티**라고 한다.

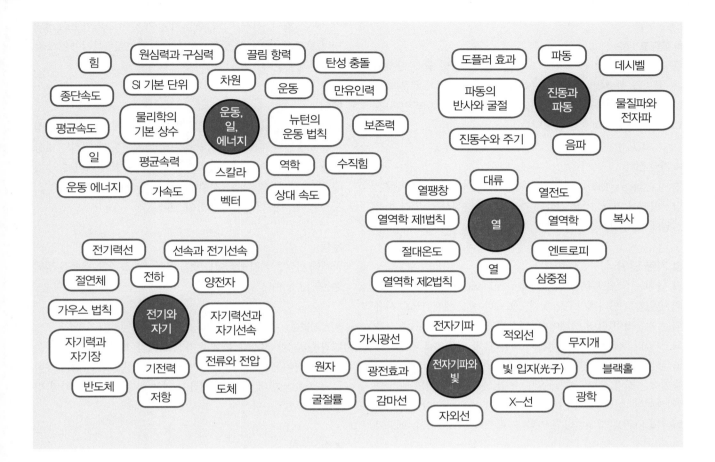

물리학

물리학은 자연철학에서 출발하여 모든 종류의 과학을 일컬었으나, 과학의 분야가 점차 세분화되면서 물질과 에너지의 상관관계를 다루는 분야에 국한되었다. 그에 따라 물리학은 운동, 열, 빛, 소리, 전기와 자기, 중력, 핵력 등의 분야를 다룬다. 물리학의 주된 연구 대상은 물질의 구조 및 관측 가능한 우주의 기초 구성 물질들 사이의 **기본 상호 작용**이다. 물리학의 목표는 광범위한 원리들을 한데 묶어 공식화함으로써 인식 가능한 모든 현상들을 설명하는 것이다.

기본 상호 작용

기본 힘이라고도 한다. 현재까지 알려진 기본 상호 작용에는 **중력, 전자기력, 약력, 강력**의 4가지가 있으며, 이들 상호 작용을 하나로 묶어 설명하는 것이 물리학의 궁극적 목표인 **통일장이론**이다. 중력에 의해 생기는 무게 이외의 눈에 띄는 대부분의 힘은 전자기력으로 설명 가능하다. 정전기력이나 자기력 이외에도 마찰력, 수직력, 끌림항력 등은 모두 원자 단위에서 작용하는 전자기력으로 설명 가능하다. 약력과 강력은 원자핵 내부에서만 작용하고 핵 영역 밖에서는 소멸하는 힘이어서 직접 경험할 수는 없다. 방사성 붕괴를 일으키는 힘이 약력이며, 양성자들과 중성자들을 묶어 원자핵을 유지하는 힘이 강력이다. 핵력은 **쿼크**들을 결합시켜 양성자나 중성자를 만드는 강한 상호작용이다.

물리학의 기본 상수

물리학의 가장 기본적인 상수에는 중력 상수(G), 빛의 속력(c), 플랑크 상수(h), 기본 전하(e)의 4가지가 있다.

■ 중력 상수

뉴턴의 중력 법칙의 중력 상수($G = 6.67 \times 10^{-11} \mathrm{m^3 kg^{-1} s^{-2}}$)는 뉴턴의 중력 이론과 아인슈타인의 일반상대성이론에서 핵심 역할을 하며, 우주의 거시적인 구조에 관한 연구에서 필수 상수이다.

■ 빛의 속력

빛의 속력($c = 3 \times 10^8 \mathrm{m/s}$)은 맥스웰 방정식에서 전자기파의 속력과 같음이 알려졌다. 진공에서의 빛의 속력이 일정한 사실은 아인슈타인의 특수상대성이론의 기본 공리가 된다. 빛의 속력은 아주 큰 값이기는 하지만 무한대는 아니다. 만일 빛의 속력이 무한대라고 하면 상대성이론은 뉴턴의 역학으로 돌아간다.

■ 플랑크 상수
플랑크 상수($h = 6.63 \times 10^{-34} \text{J} \cdot \text{s}$)는 양자역학의 중심 상수이다. 플랑크 상수는 매우 작은 숫자이지만 0은 아니기 때문에 양자역학적인 현상들이 일어난다. 만일 이 상수가 0이라면 양자역학은 고전물리학으로 환원된다.

■ 기본 전하
기본 전하($e = 1.60 \times 10^{-19} \text{C}$)는 전자의 전하량이며, 전자량은 양자화되어 있다. 기본 전하를 가진 전자, 양성자 등 입자의 움직임에 의해 전자기학의 현상들이 일어난다.

SI 기본 단위
SI 단위는 국제표준단위(The International System of Units)의 줄임말로 **미터계**라고도 한다. SI 단위는 전 세계적으로 사용되는 기본적인 단위 체계이며, 과학적인 기술에 표준으로 사용되고 있다. 현재 미국은 선진국 가운데 SI 단위계를 사용하지 않는 유일한 나라이다. 모든 물리적인 측정에 필요한 기본적인 물리량은 질량, 길이, 시간, 온도, 전류, 물질량 및 빛의 세기 등 7가지이다. 이들이 서로 독립적인 물리량이라는 의미에서 각각 하나의 차원을 형성한다고 말한다. 속도나 힘, 에너지, 엔트로피, 자기장 등 그 밖의 모든 물리량에서 유도가 가능하다.

■ SI 기본 단위

항목	단위	표시
질량	Kilogram	kg
길이	Meter	m
시간	Second	s
온도	Kelvin	K
전류	Ampere	A
물질량	Mole	mol
빛의 세기	Candela	cd

차원
차원은 물리량이 변화할 수 있는 가능성을 말한다. 가령 길이라는 물리량을 하나의 차원으로 본다는 말은 어떤 선 위에서는 mile, km, cm 등의 특정 단위에 관계없이 앞뒤로만 움직일 수 있다는 뜻이다. 흔히 앞뒤로만 움직일 수 있는 선을 1차원, 전후·좌우로 움직임을 주는 면을 2차원, 전후·좌우·상하로 움직이는 부피를 3차원 등으로만 알고 있으나, 보다 포괄적인 입장에서의 차원은 독립적으로 움직일 수 있는 가능성의 가짓수이다.

스칼라
눈금 또는 척도 등의 뜻을 가진 scale에서 온 말인 스칼라는 단순히 숫자로 표시되는 양(quantity)이라는 의미를 가진다. 질량, 온도, 길이, 시간, 속력, 에너지 등과 같이 크기만으로 정의되어 보통의 사칙연산 방법으로 계산할 수 있는 물리량을 **스칼라량**이라고 한다.

벡터
스칼라와는 달리 벡터는 **크기**와 **방향**을 동시에 가지고 있는 경우에 사용된다. 따라서 스칼라와는 달리 계산할 때 크기와 방향을 동시에 고려해야 하므로 벡터의 연산은 규칙에 따라 주의 깊게 해야 한다. 벡터로 표시할 수 있는 물리량에는 변위, 속도, 가속도, 힘, 전기장, 자기장 등이 있다.

운동
물체에 힘이 가해져 움직이는 것을 운동이라고 한다. 운동은 병진운동(선운동)이나 회전운동, 또는 이 둘의 혼합으로 이루어진다.

■ 병진운동
병진운동이란 크기와 모양을 가진 물체가 회전하지 않고 선을 따라 움직이는 운동, 즉 물체의 모든 점이 똑같이 평행 이동하는 운동을 말한다. 특별한 언급이 없는 한 운동이라고 하면 병진운동을 일컫는다.

■ 회전운동
크기와 모양을 가진 물체의 각 부분이 서로 다른 방향이나 속력으로 움직이는 운동을 회전운동이라고 한다. 일반적으로 물체는 병진운동이나 회전운동, 또는 두 가지가 혼합된 운동을 한다.

역학
물체의 **운동**을 다루는 분야이다. 운동학에서는 운동을 정량적으로 묘사하며, 동역학은 운동을 일으키는 원인들을 탐구한다.

평균속력
단위 시간당 움직인 거리로 정의되는 속력은 물체가 얼마나 빨리 움직이는가를 보는 것이다. 평균속력은 운동의 방향과는 상관없이 물체가 움직인 전체 거리를 걸린 시간으로 나누면 된다. 일상생활에서 **속력**이나 **속도**라는 말은 별 차이 없이 쓰이고 있으며, 속력은 s로 속도는 v로 표시한다. 속력은 스칼라량, 속도는 벡터량이므로 주의해서 다루어야 한다. 평균속력 = 이동 거리 ÷ 걸린 시간

평균속도
평균속도는 물체의 변위 벡터를 시간으로 나눈 값이다. 속도에

서는 속력과는 달리 **변위(위치의 변화)**가 문제이므로 움직인 전체 거리가 아닌 처음과 끝점만 계산에 들어온다. 따라서 평균속도의 크기는 평균속력과 같을 수도 있으나, 중간에 움직인 방향을 바꾼 경우에는 차이를 보인다. 가령 동쪽으로 2km를 간 다음, 방향을 바꾸어 북쪽으로 2km를 한 시간 동안 가면 평균속력은 시속 4km/h가 된다. 그러나 평균속도의 크기는 2.8km에 불과하다.

가속도

단위 시간 동안의 변위가 속도라고 하면, 단위 시간 동안 속도의 변화 정도를 **가속도**라고 한다. 즉 속도 벡터가 단위 시간 동안 얼마나 변했는지를 나타내는 벡터량이 가속도이다.

가속도 = 속도의 변화량 ÷ 단위 시간
      = (나중 속도 − 처음 속도) ÷ 속도 변화에 걸린 시간

가속도의 단위는 ㎧이고 가속도의 방향은 속도 변화량의 방향과 같다. 속도의 변화가 크거나, 시간 간격이 짧으면 가속도의 크기가 커진다. 속도가 점점 빨라지면 가속도는 양의 값을, 반대로 느려지면 가속도는 음의 값을 가진다. 가속도가 음의 값이라고 해서 반대 방향으로 움직이는 것은 아님에 유의해야 한다.

상대 속도

물체의 운동 상태는 그 물체를 관찰하는 관찰자의 운동 상태에 따라 다르게 인식된다. 관찰자와 물체의 운동 방향이 동일하면 물체의 빠르기는 실제보다 느린 것처럼 보이고 운동 방향이 반대이면 실제보다 빠른 것처럼 보인다. 이처럼 움직이는 관찰자가 본 움직이는 물체의 속도를 **상대 속도**라고 한다. 상대 속도 = 상대방 물체의 속도 − 관찰자의 속도

여기서 주의할 점은 물체나 관찰자나 모두 속도의 개념을 사용하기 때문에 방향성을 고려해야 한다는 것이다. 방향은 일반적으로 오른쪽, 위쪽을 +방향으로 하고 왼쪽, 아래쪽을 −방향으로 선택하지만 꼭 그렇게 정해진 것은 아니다.

힘

물체에 작용하여 물체의 모양을 변형시키거나 물체의 운동 상태를 변화시키는 원인을 힘이라고 하며 크기와 방향성을 갖는다. 같은 힘을 같은 방향으로 같은 물체에 작용하였는데 물체의 운동이 상이한 것은 힘이 작용하는 지점이 달랐기 때문이다. 뉴턴의 관성의 법칙에 따라, 질량(m)을 가진 물체를 밀거나 당겨 속도의 변화(가속도)를 일으키는 것이 곧 힘이다. 힘은 F로 표기하며, 그 단위는 N(newton)이다. 힘을 가하는 행위는 방향성을 가지고 있으므로 힘은 벡터량이 되며, 질량과 가속도의 곱 $F=ma$로 나타낸다. 힘의 **크기**, 힘이 작용한 **방향**, 힘의 **작용점**을 힘의 3요소라고 한다.

질량

질량은 물질을 구성하는 원자의 속이 얼마나 꽉 들어차있는가, 즉 원자핵 안에 얼마나 많은 양성자와 중성자가 있는가의 척도이다. **질량**은 m으로 표시하며, 단위는 kg이다. 흔히 질량을 무게와 혼동해 쓰지만, 무게는 중력 하에서 질량이 받는 힘(F=mg)으로 질량에 중력가속도가 곱해진 물리량이다. 따라서 중력가속도(g)가 달라지면 무게는 달라지지만 질량은 변하지 않는다.

■ 관성질량

관성의 크고 작음의 척도가 곧 질량의 차이이며, 둘은 정확히 비례관계에 있다. 이렇게 관성의 차이로 정의한 질량을 관성질량이라고 한다. 관성질량을 뉴턴의 제2법칙으로 쓰면 m=F÷a 이다.

■ 중력질량

볼링공과 축구공을 각각 용수철저울 위에 올려놓으면 용수철이 늘어나는 길이가 달라진다. 이는 두 공이 받는 중력의 크기가 다르기 때문인데, 이처럼 용수철의 늘어나는 길이로 정의하는 질량이 중력질량이다. 중력질량은 뉴턴의 중력 법칙으로 결정되며, m=F÷g이다.

무게

물체를 이웃한 천체(예: 지구)가 잡아당기는 힘이 무게이다. 무게는 힘의 일종이므로 벡터량이 되어 W로 표기하며, SI 단위는 힘의 단위인 N(newton)을 사용한다. kg은 무게의 단위가 아닌 질량의 단위이므로 주의해서 사용해야 한다. 무게가 **힘**의 일종인 사실은 저울을 힘껏 손으로 눌러보면 안다. 즉 무게를 단 것이 아니라 단순히 손으로 눌러 힘을 주었는데도 저울의 눈금은 올라간다. 무게를 주는 힘은 주로 물체 사이의 인력(중력)에 의한 것으로, 질량이 m(kg)인 물체의 무게 W는 W=mg(N)이고, 방향은 아래를 가리킨다.

만유인력

두 물체가 당기는 힘을 만유인력이라고 한다. 영국의 과학자 뉴턴은 1666년에 "우주 공간 속의 모든 물체는 두 물체의 질량(M, m)의 곱에 비례하고 두 물체 사이 거리(r)의 제곱에 반비례하는 힘이 작용한다." 고 발표했다. 이를 '중력의 법칙'이라고 하는데 우리에게는 **'만유인력의 법칙'**으로 더 잘 알려져 있다. [F = (G × mM) ÷ r²]

■ 중력과 만유인력의 차이

중력과 만유인력은 똑같은 개념이 아니다. **만유인력**은 지구와 지구상의 물체 사이에 작용하는 힘이고, **중력**은 만유인력과 지

구 자전에 의해 생기는 원심력의 합력인 것이다. 그리고 우리가 중력이라고 부르는 것은 '지구 중력'의 줄임말이다. 우주 공간의 달, 태양 등 모든 천체에도 중력이 존재한다. 따라서 지구상에서 어느 물체에 작용하는 만유인력은 항상 지구의 중심을 향하게 되지만, 중력은 극지방과 적도 지방을 제외하고는 지구의 중심을 향하지 않는다. 그래서 중력 방향을 연직 방향(vertical line)이라고 한다. 연직 방향은 물체가 자유 낙하하는 방향이다. 이러한 연직 방향에 수직인 선을 수평선(horizontal line)이라고 한다.

뉴턴의 운동 법칙
물체에 힘이 작용하면 물체에서는 변형이 일어나거나, 운동 상태가 변하거나, 변형과 운동 상태의 변화가 같이 일어난다. 물체의 운동에 대해 영향을 주는 힘에 대해 뉴턴은 세 가지 법칙을 발표하였는데 이는 4세기가 지난 지금에도 물체의 운동을 설명할 때 사용되고 있다. 외력이 작용하지 않으면 물체는 처음의 운동 상태를 유지한다. 처음에 정지해 있던 물체는 계속 정지해 있고 운동하던 물체는 등속 직선 운동을 하는데, 이를 제1법칙인 **'관성의 법칙'**이라고 한다. 속도의 변화는 질량이 일정할 때 작용하는 힘의 크기에 비례하고 작용하는 힘의 크기가 일정할 때 물체의 질량에 반비례하는 것을 제2의 법칙인 **'가속도의 법칙'**이라고 한다(가속도＝힘÷질량, 힘＝질량×가속도＝운동 방정식). A, B 두 물체 사이에서 A가 B에 힘(작용)을 가하면 B도 A에 크기는 같고 방향은 반대인 힘(반작용)을 가하는 것을 제3법칙인 **'작용·반작용의 법칙'**이라고 한다.

원심력과 구심력
원심력이란 물체가 원운동을 할 때 회전 중심에서 멀어지려는 힘을 말한다. 원심력은 관성의 법칙 때문에 발생한다. 관성이란 외부의 힘을 받지 않으면 정지해 있는 물체는 계속 정지해 있으려 하고, 움직이는 물체는 계속 일정한 속도로 움직이려고 하는 성질을 말한다. 관성의 법칙에 따르면 물체는 일정한 속도로 직선 운동을 하기 때문에 원운동을 할 수 없다. 그래서 물체가 원운동을 하려면 직선 운동을 하는 물체를 중심으로 끌어당기는 힘이 필요하다. 이렇게 회전 중심으로 물체를 잡아당기는 힘을 **구심력**이라고 한다. 인공위성이 우주로 달아나지 않고 지구 주위를 도는 이유는 지구의 중력이 구심력으로 작용하기 때문이다.

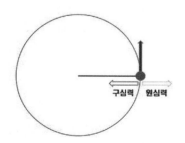

구심력 / 원심력

■ 인공위성의 운동 원리
물체 사이에는 만유인력이라는 서로 잡아당기는 힘이 작용한다. 인공위성이 지구 저궤도에 진입하여 회전할 때 지구가 인공위성을 잡아당기는 구심력과 인공위성이 지구를 돌면서 튕겨나가려는 힘인 원심력의 크기는 **같다**. 따라서 지구를 한 번 회전하고 나면 추가적인 로켓 엔진의 작동 없이도 인공위성은 관성에 의해 지구를 계속해서 회전하게 된다.

■ 인공위성의 위치 에너지
지구 주변을 도는 인공위성의 경우에는 지표면에 접촉하지 않고 일정 높이에서 원운동하고 있으므로 중력에 의한 위치 에너지가 아닌 **만유인력**에 의한 위치 에너지가 된다. 보통 중력에 의한 위치 에너지는 물체가 지표 상공에 있어도 그 높이가 지구의 반지름에 비해 월등히 작을 경우에만 적용된다.

끌림 항력
물체가 기체나 액체같이 흐르는 물질(유체) 안에서 움직이거나, 반대로 유체가 물체를 지나가는 경우에 물체가 유체의 상대운동과 반대 방향으로(즉, 상대운동을 방해하는) 받는 저항력이 **끌림 항력**이다.

종단속도
물체가 높은 곳에서 떨어질 때 중력가속도 때문에 속도가 점점 빨라지다가 어느 정도 시간이 지나면 일정한 속도로 떨어지게 되는데, 이때의 일정한 속도를 **종단속도**라고 한다. 아리스토텔레스는 무거운 것이 가벼운 것보다 빨리 떨어진다고 생각하여 그 예로 돌과 깃털의 낙하를 들었다. 그러나 공기의 끌림 항력이 깃털 쪽이 크기 때문에 깃털이 늦게 떨어지는 것이다. 실제 깃털을 떨어뜨리면 중력가속도를 받아 점점 빨리 떨어지다가 곧 일정한 속력에 이르러 더 이상 빨라지지 않고 팔랑팔랑 떨어지는 모습을 관찰할 수 있다.

마찰력
물체의 운동을 방해하는 힘으로, 물체의 운동 방향과 반대 방향이 아니라 작용하는 힘과 반대 방향으로 작용한다. 물체가 어떤 면과 접촉하여 운동할 때 그 물체의 운동을 방해하는 힘을 **마찰력**이라고 한다. 사람이 지면 위를 걸을 수 있는 것은 신발이 지면에 대해 진행 방향의 반대쪽으로 힘을 작용하면 지면은 그 반대 방향인 진행 방향으로 마찰력을 발생시켜 넘어지거나 미끄러지지 않고 걸을 수 있는 것이다(마찰력＝마찰 계수×수직 항력).

수직힘
물체의 표면을 누를 때 누르는 힘과 반대 방향으로 물체의 표면이 떠받치는 힘을 **수직힘**이라고 한다. 우리가 바닥을 딛고 서 있을 수 있는 것은 땅바닥이 우리를 직각으로 떠받치고 있기 때문이다. 아래에서 떠받치고 있다는 뜻으로 **수직항력**이라고도 한다. 물속에서는 받쳐주는 수직힘이 없기 때문에 아래로 가라앉게 된다.

부력
물체가 물속에 있으면 위쪽 방향으로 밀려 올라가는 **부력**이 작용하여, 중력에 의해 똑바로 아래로 끌리는 힘인 무게의 일부를 상쇄시킨다. 수영장에서 잠수할 때 얕은 곳에서 잠수하는 것은 그리 어렵지 않으나, 깊이 들어가서 바닥까지 잠수하는 것은 쉽지 않다. 이는 물의 아래로 내려갈수록 압력이 더 세지기 때문이며, 따라서 물체는 위로 작용하는 힘인 부력을 더 크게 받는다.

일
물체를 어떤 힘으로 일정 거리만큼 움직였을 때, 그 힘은 **일**을 하였다고 한다. 물체에 가한 힘의 크기를 F, 옮긴 거리를 d라고 하면, 힘을 주는 방향을 거리 d의 방향과 평행하게 해야 가장 효율적으로 일을 할 수 있다는 사실을 경험적으로 알고 있다. 만약 물체를 움직여야 하는 방향과 수직적인 힘을 준다면, 이는 단순한 에너지의 낭비이지 일과는 관계없다. 일의 단위는 간략히 줄(J)로 표기한다.

운동 에너지
어떤 물체가 운동한다는 것은 그 물체가 움직이게 힘을 주어 밀거나 당겨서 일을 했다는 뜻이다. 이때의 물체가 받는 에너지가 **운동 에너지**이다.

퍼텐셜 에너지
고무줄을 잡아 늘인다든지 강의 상류 높은 곳에 댐을 지어서 물을 가둬 놓는 것처럼 물체나 계의 위치나 모양, 또는 상태가 달라지면서 그 안에 고이는 에너지가 **퍼텐셜 에너지**이다. 퍼텐셜 에너지는 잠재적인 에너지라는 뜻으로서 댐에 갇혀 잠재되어(저장되어) 있던 물의 퍼텐셜 에너지는 수문을 열면 한꺼번에 운동 에너지의 형태로 방출된다. **위치 에너지**라고도 한다.

내부 에너지
내부 에너지는 **열에너지**라고도 하며, 물체 내에서 마구잡이 운동을 하는 수많은 원자들과 분자들의 집단적 운동 에너지와 퍼텐셜 에너지의 합을 말한다.

보존력
오목한 사발에 구슬을 담고 흔들어 보자. 만일 사발과 구슬 사이에 마찰력이 없다면 구슬은 사발 안에서 무한히 진동할 것이며, 이렇게 없어지지 않고 유지되는 종류의 힘을 **보존력**이라고 한다. 구슬이 사발 안에서 진동하는 힘은 중력에서 오므로 중력은 보존력이라고 할 수 있다.

탄성 충돌
충돌 전후의 선운동량과 운동 에너지가 모두 보존되는 경우를 **탄성 충돌**이라고 한다. 공기 분자 간의 충돌이나 당구공들의 충돌, 단단한 쇠구슬끼리의 충돌 등은 완전 탄성 충돌에 가까워 거의 모든 운동량과 운동 에너지를 가지고 튕겨 나온다.

무게 중심
골프 클럽을 가로로 놓고 적절한 점을 찾아 손가락으로 아래에서 떠받치면 클럽이 어느 방향으로 놓였든 떨어지지 않고 평형 상태를 유지할 수 있다. 이 점을 **무게 중심**이라고 하며, 손가락으로 받치는데 드는 힘은 클럽의 무게와 같다. 오뚝이가 쓰러지지 않는 이유는 무게 중심이 거의 바닥에 닿을 정도로 낮기 때문이다. 물체는 무게 중심이 낮을수록 안정하므로 고층건물을 지을 때 지하 아주 깊은 곳에서 기초공사를 시작하여 무게 중심이 사실상 지면 아래에 있도록 하면 건물이 넘어지지 않는다.

평형 상태
계의 상태가 균형이 잡혀 그대로 유지되는 상태, 즉 물체의 질량 중심(또는 무게 중심)에 미치는 외부의 힘이나 토크(돌림힘)가 없을 때 **평형 상태**라고 한다. 평형 상태에서는 선운동량과 각운동량이 일정하게 보존되므로, 정지해 있는 물체뿐만 아니라 일정한 속도로 미끄러지거나 일정하게 회전하는 물체도 평형 상태에 있다고 할 수 있다.

탄성과 탄성력
탄성이란 외부에서 힘이 작용하면 모양이 변하고, 힘이 없어지면 다시 원래의 모양으로 돌아오는 물체의 성질을 말한다. 스펀지나 용수철에 힘을 가하면 변형이 일어난다. 그러나 작용한 힘을 제거하면 다시 원래의 모양으로 되돌아가게 되는데, 이러한 성질을 탄성(elasticity)이라고 하며 물체가 변형되었을 때 물체 내부에서 생긴 원래 상태로 되돌아가려는 힘을 **탄성력**이라고 한다.

진동수와 주기

물체나 파동이 단위 시간 동안에 진동한 횟수를 **진동수(주파수)**라고 하고 f로 표시한다. 진동수는 단순히 진동 회수가 아닌 매 초당 진동하는 회수를 뜻하므로 주의해야 한다. 진동수의 SI 단위는 hertz(Hz)이다. 진동의 주기는 진동을 한 번 완전히 하는데 걸리는 시간으로, 진동 회수를 걸린 시간으로 나눈 값이다.

파동

파원에서 발생한 진동이 매질에 의해 주변으로 퍼져 나가는 현상을 **파동**이라고 한다. 파동이 발생하면 매질은 이동하지 않고 제자리에서 진동만 하며 파동의 에너지만이 전달되어 이동한다(파동의 속도=파장÷주기=파장×진동수). 파동에는 크게 횡파와 종파가 있다. 횡파는 파동의 진행 방향과 매질의 진동 방향이 서로 수직인 것을 말하며 물결파, 지진파의 S파, 전자기파 등이 있다. 종파는 파동의 진행 방향과 매질의 진동 방향이 나란한 것을 말하는데 음파, 지진파의 P파 등이 있다. 매질의 종류에 따라 파동의 전파 속도는 상이하며 반대로 동일한 매질에서의 전파 속도는 변하지 않는다. 만약 파동의 매질이 달라질 경우에도 진동수는 일정하며 주기-진동수 관계에 의해 주기도 일정하다.

■ 파동의 종류에 따른 매질

파동	물결파	음파	지진파	전자기파 (빛, 전파, X선)
매질	물	고체 액체 기체	지각	없음

파동의 반사와 굴절

한 매질에서 파동이 진행하다가 성질이 다른 매질에 부딪쳐 되돌아 나오는 현상을 파동의 **반사**라고 한다. 이때 부딪치기 전후 매질의 성질에 의해서 위상이 바뀌기도 한다. 한 매질에서 파동이 진행하다 성질이 다른 매질로 입사할 때 그 진행 경로가 꺾이는 현상을 파동의 **굴절**이라고 한다. 이러한 굴절은 매질의 종류에 따라 파동의 진행 속도가 달라지기 때문인데, 작은 매질에서는 파동의 진행 속도가 빠르고 큰 매질에서는 파동의 진행 속도가 느리다. 하지만 진동수는 파원에 의한 것이기 때문에 파동의 속도, 파장, 진행 경로는 변해도 진동수는 변하지 않는다. 또한 같은 매질이라 하더라도 진행 속도가 다르면 굴절이 일어나는데, 수심을 달리한 물결파의 경우가 그러하다. 수심이 깊을수록 파동의 진행 속도가 빠르고 수심이 얕을수록 마찰 때문에 파동의 진행 속도가 느리다.

■ 호이겐스의 원리

파동이 전파되면 처음 파면 위의 모든 점들은 다시 각각의 새로운 파면이 되어 2차적인 파면을 형성한다. 이렇게 형성된 파면이 다시 새로운 파면을 만들며 파동이 진행하는 것을 **호이겐스의 원리**라고 한다.

물질파와 전자파

프랑스의 과학자 드브로이는 아인슈타인의 광양자설 등에 의해 횡파인 빛도 입자성을 갖고 있다는 것이 밝혀지자, 그와 반대로 입자성을 지닌 원자 등도 파동의 성질을 갖고 있다고 주장했다. 이러한 움직임을 물질 입자의 파동을 **물질파**라고 한다. 전자가 운동할 때 발생하는 물질파를 전자의 물질파, 즉 **전자파**라고 한다. 미국의 과학자 데이비슨과 거머는 얇은 니켈판에 전자선을 입사시켜 전자의 회절 간섭무늬를 발견하고 이때 전자의 파장이 드브로이가 주장한 물질파와 같다는 것을 알고 전자가 **파동성**을 지니고 있음을 밝혀냈다.

음파

소리는 기체, 액체, 고체 등 거의 모든 물질을 매질로 하여 통과하는 역학적 파동의 일종이다. 소리의 파동인 **음파**는 탄성을 가진 물체가 진동하여 주위의 매질에 반복해서 압축과 팽창을 주어 파동이 주위에 전달되는 종파에 속한다. 보통 음파라고 하면 가청주파수인 수십~2만 Hz 영역의 파동을 가리킨다. 가청주파수 이상의 음파를 초음파, 가청주파수 이하를 초저주파라고 하며, 이들도 넓은 의미에서 음파로 분류한다. 음파는 매질에 따라 전파 속도가 달라지며, 반사, 간섭, 회절 등 파동으로서의 성질을 보인다.

데시벨

데시벨은 귀에 들리는 소리의 크기를 정의하는 단위이며, dB로 나타낸다. 스피커의 거대한 지름에도 불구하고 실제로 나오는 소리가 그다지 크게 들리지 않는 이유는 소리의 세기가 10배, 100배로 증가한다고 해서 우리의 귀에 그대로 들리는 것이 아니라, 10, 20으로 증가하는 로그함수에 비례하기 때문이다. 이를 **소리 준위**라고 하며, 단위는 데시벨이다.

도플러 효과

오스트리아의 도플러가 제안한 이론으로, 소리, 빛 등의 파동을 나타내는 물체에 대하여 움직이고 있는 관측자에게는 원래 파동과는 다른 진동수의 파동이 관측되는 현상을 말한다. 관측자가 파동에 대해 멀어지면(다가가면) 더 낮은(높은) 진동수의 파동을 관측하게 된다. 이는 파동에 대해 다가가면 밀려서 촘촘한(따라서 고음 또는 고주파인) 파동을, 파동에서 멀어지면 늘어져서 느슨해진(저음 또는 저주파) 파동을 얻는다고 생각하면 쉽게 이해할 수 있다. 자동차나 야구공의 속력 측정에 사용되는 **레이저총**은 이 효과를 응용한 것이다.

열

열은 Q로 표시하며, SI 단위는 J이다. 온도와 열에 대한 개념이 제대로 확립되지 않았을 때에는 열은 물체 안에 존재하며, 다른 물체로 아무 손실 없이 이동 가능한 원소인 열소라는 유체라고 생각되었다. 온도 변화는 내부 에너지의 전달에 의해 생기며, 이때 전달된 내부 에너지를 **열**이라고 한다. 즉 열은 온도차에 의해 옮겨지는 에너지이다.

열전도

에너지가 뜨거운 곳에서 차가운 곳으로 차츰 이동하는 현상을 **열전도**라고 한다. 열은 인접한 원자나 분자들의 충돌에 의해 전달된다. 차가운 국자를 국그릇에 담그면 국물의 열이 국자에 전달되고, 그 부분의 원자들이 내부 에너지를 얻어 진동하게 된다. 진동하는 원자들이 인근의 원자들과 충돌하여 에너지를 손잡이 쪽으로 전달한다.

대류

전도에서는 분자들의 이동 없이 열이 전달되나, **대류**는 물질 내의 분자들이 직접 움직여 열을 전달하기 때문에 분자들의 이동이 가능한 공기나 액체 즉 유체에서만 일어난다. 기상현상은 부분적으로 공기의 대류에 의해 일어난다.

복사

전도나 대류가 불가능한 진공에서도 열전달은 일어난다. 텅 빈 공간에서의 열전달은 전자기파 **복사**(주로 적외선 복사)에 의한 것이며, 전자기파가 빛의 속력으로 공간을 이동하여 전달하는 에너지이다.

열팽창

물질의 온도가 올라가면 물질을 구성하는 원자나 분자들의 에너지가 증가하여 더 크게 진동을 한다. 원자(분자)들이 진동하는 진폭이 커짐으로써 인접 원자(분자)들과의 평균 거리가 멀어져 열로 인한 팽창, 즉 **열팽창**을 하게 된다.

절대온도

온도는 일곱 개의 SI 기본 단위 중 하나이며, SI 단위는 Kelvin (K)이다. 온도를 측정하는 섭씨(C)나 화씨(F)가 아닌 제3의 눈금 척도인 **절대 눈금**으로 읽는 온도를 절대온도라고 한다. 참고로 온도는 분자들의 마구잡이 병진운동에서 오는 운동 에너지의 평균값을 측정한 것이다.

삼중점

특정 온도와 압력에서 물질의 고체, 액체, 기체 상태가 열적 평형 상태로 공존하는 점이 **삼중점**이다. 높은 산에서는 대기의 압력이 낮아지기 때문에 물의 끓는점이 낮아지는 현상이 나타나지만, 압력이나 온도를 바꾸어 삼중점이 다른 곳에서 나타나게 할 수는 없으며, 물질에 따라 오직 하나씩만 존재한다.

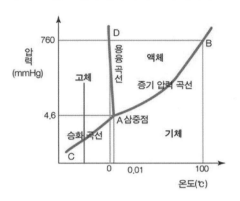

〈물의 삼중점을 그린 상평형도〉

열역학

열역학은 에너지의 이동 및 일로의 전환, 열이 흐르는 방향 등을 압력, 온도, 부피 등의 양으로 기술하는 분야이다. 열역학에서는 다수의 입자들로 구성된 계를 다루게 되므로, 원자나 분자 하나하나의 움직임에 대해서는 관심이 없이 전체를 통계적인 관점에서 풀어낸다. 모든 고립계는 측정 가능한 내부 에너지를 가지고 있다는 개념이 열역학의 바탕을 이룬다.

■ 계(界)

서로 영향을 주고받으며 상호 작용하는 구성 요소들의 집합을 계(시스템)라고 한다. 열역학에서 말하는 물질의 계는 대상이 되는 현실의 한 부분으로, 대상을 제외한 나머지 부분을 주위라고 한다. 양자역학에서 말하는 물질의 계는 상태함수로 표현되는 현실의 한 부분으로, 상태함수는 해당 계에 대한 완벽한 양자역학 정보를 담고 있다.

열역학 제1법칙

열역학 제1법칙은 에너지가 형태를 바꾸는 경우에 외부의 영향을 차단하면 물리적 · 화학적 변화가 일어나도 총량은 변하지 않는다는 물리 법칙을 말한다. 물리적인 형태인 태양의 빛에너지는 '어떤 형태의 에너지가 다른 형태의 에너지로 전환되더라도 그것이 가진 총 에너지양은 변하지 않는다.'라고 하는 **열역학 제1법칙(에너지 보존 법칙)**에 따라서 같은 값의 에너지양을 가진 유기물 중의 화학 에너지로 식물에 의해 전환된다. 그러나 이 화학 에너지는 일단 어떤 일에 사용되면 일부가 열에너지 형태로 전환되어 없어진다는 열역학 제2법칙에 따라 생태계 안을

흘러가는 동안 점점 소실된다. E=Q−W (E: 내부 에너지, Q: 열량, W: 일)

열역학 제2법칙

열역학 제2법칙은 고립계에서 **엔트로피(무질서도)**의 변화는 항상 증가하는 방향으로 일어난다는 법칙이다. 에너지 전달에는 방향이 있다는 것이다. 자연계에서 발생하는 과정은 모두 가역(되돌릴 수 있는) 과정이 아니다. **열역학 제2법칙(에너지 비가역성의 법칙)**은 고온의 물체에서 저온의 물체로 열이 흘러가고 스스로 고온으로 흐르지 않는다. 열을 일정한 온도의 물체로부터 빼앗아 일로 바꾸는 순환 과정은 존재하지 않으며, 고립된 계의 비가역 변화는 엔트로피가 증가한다.

엔트로피

물질계의 열적 상태를 나타내는 물리량으로, 거시적 상태로 본 계의 무질서에 대한 척도를 **엔트로피**라고 한다. 에너지 보존의 법칙에 따라 에너지가 다른 에너지로 변화해도 그 양은 일정하지만 유용하게 쓸 수 있는 부분은 감소하는데, 이것을 엔트로피의 증가라고 표현한다.

전하

전하는 전기를 띤 입자를 일컬으며, 자석의 성질을 자하(磁荷, magnetic charge)라고 한다. 전하는 보통 q 또는 Q로 표시하며, SI 단위는 쿨롱(C)으로 나타낸다.

양전자

양전자는 전자의 반입자로 음전하 대신 양전하를 띠었을 뿐, 기타 물리적 성질은 전자와 같다. 전자나 양성자와 같은 보통의 입자를 **물질**, 양전자와 반양성자 같이 물질의 짝이 되는 입자들을 **반물질**로 구분한다.

도체

전류에 대한 저항이 작아서 전류가 쉽게 흐르는 물질을 **도체**라고 한다. 금속이나 불순물이 섞인 물 등이 도체의 예이다.

절연체

도체와는 반대로 고무나 종이, 증류수, 플라스틱, 메마른 공기, 유리 등과 같이 전하가 자유롭게 움직이지 못하여 전류가 흐르지 못하는 물질을 부도체 또는 **절연체**라고 한다. 절연체는 도체에서 전류나 전하의 손실을 막는데 사용한다. 절연체라고 해도 아주 적은 양의 이온이 불순물로 들어 있기 때문에 약간이나마 전하를 띠고 있다. 따라서 저항이 무한대가 되지는 않으며, 겨울철에 발생하는 정전기와 같이 강한 전기는 순간적으로 절연성을 파괴하고 흐른다. 이 현상이 대규모로 일어나는 것이 번개이다.

반도체

실리콘이나 게르마늄(저마늄) 같은 물질은 도체와 절연체의 중간에 있다. 이들은 전도 전자의 수가 적어 절연체에 가까우면서도, 전도띠와 원자가띠 사이의 에너지 간격이 작은 물질이다. 여기에 약간의 특정 불순물을 첨가하여 비저항을 줄이면 전도가 일어나는 현대 전자공학의 핵심 물질인 **반도체**가 된다.

저항

저항은 R로 표시하며, SI 단위는 **옴(Ω)**이다. 기전력 장치에서 나온 퍼텐셜 차(흔히 전압 또는 전위차라고 한다)는 저항에서 소모되어 열로 바뀐다. 저항의 양 단자에 걸리는 퍼텐셜 차가 V, 저항을 통과하는 전류가 I라면, 저항은 $R=V÷I$로 정의된다.

전류와 전압

전류는 전위차(전기적 위치 에너지 차)에 의하여 전위가 높은 쪽에서 낮은 쪽으로의 전하 흐름을 말한다. 한편 전하의 흐름에 가해지는 압력의 정도를 **전압**이라고 한다. 전압이 1V(볼트)라는 것은 두 지점 사이를 1C(쿨롱)의 전하량이 이동하는 것에 대해 1J(줄) 만큼의 위치 에너지 감소를 의미한다. 전기 회로에서의 전압과 전류는 비례한다. 전압−전류 그래프에서 직선의 기울기는 저항을 의미한다.

■ 암페어

전류의 단위인 암페어는 초당 도선의 단면을 통과하여 흐르는 전하의 양으로 정의된다.

전기력선

전하가 주변의 공간에 미치는 전기적인 영향을 **전기장**이라고 한다. 전기장의 크기와 방향을 가상적인 그림으로 나타낸 개념이 **전기력선**이다. 편의상 전류의 방향을 +전하에서 −전하 방향으로 잡는 것과 마찬가지로, 전기장이 뻗어나가거나 들어오는 전기력선의 방향은 양전하 쪽에서 밖으로 나가고, 음전하 쪽으로 들어가는 것으로 정한다.

선속과 전기선속

전기장이나 자기장, 중력장 등이 일정 면을 통과해 흐르는 양을 **선속**이라고 한다. 전기선속은 어떤 면이 전기장 안에 들어 있을 때, 그 면을 통과해 흐르는 전기장의 양을 말한다. 전기선속을 이용하여 전자기학의 기본 원리의 하나인 가우스 법칙을 끌어낼 수 있다.

가우스 법칙

전하들을 어떤 면으로 둘러싸면, 그 표면 밖으로 뚫고 나오는 (발산되는) 전기장의 양은 그 안에 둘러싸인 총 전하량에 비례하는데, 이를 **가우스 법칙**이라고 한다. 가우스 법칙은 전기장뿐만 아니라 일반적인 벡터량에도 적용할 수 있으며, 전기장과 자기장에 관한 맥스웰 방정식에 포함되어 전자기학의 근본을 이루고 있다.

자기력과 자기장
금속을 끌어당기는 성질을 자성이라고 하며 이러한 자성을 지닌 물체를 자석이라 한다. 또한 자성이 가장 강한 물체의 끝부분을 자극이라 하며 N극과 S극이 있다. 자석은 어떠한 방법으로 나누어도 N극 또는 S극 하나만 존재할 수 없는데 이러한 것을 '홀극은 존재하지 않는다.'라고 한다. 자석의 같은 극끼리는 서로 밀어내는 척력이 작용하고, 다른 극끼리는 서로 끌어당기는 인력이 작용한다. 이렇듯 자석 사이에서 작용하는 인력과 척력을 **자기력**이라고 한다. 자기력의 크기는 쿨롱의 법칙을 통해 구할 수 있다. 자기력이 미치는 범위를 **자기장**이라고 하며 자기장의 방향은 나침반 N극의 접선 방향이다. 도선에 전류가 흐르면 도선 주위에 자기장이 형성된다. 이를 전류에 의한 자기장이라고 하는데 직선 도선, 원형 도선, 코일에 전류가 흐를 때 자기장의 방향이 달라진다.

■ 자기력의 이용
자기력을 이용한 장치들로는 전동기, 전류계, 전압계, 스피커 등이 있다. 전동기는 말 그대로 자석에 의한 자기장과 전류에 의한 자기장이 발생하는 자기력과 관성에 의해, 전기 에너지가 역학적 에너지로 전환될 수 있도록 만든 장치이다. 선풍기, 세탁기, 에어컨, 에스컬레이터, 전동차 등에서 사용된다. 전류계나 전압계는 그 작동 원리가 동일한데 계기 내부에 장치된 자석과 코일에 의해 발생한 자기력과 용수철의 탄성력을 이용한 것이며, 스피커 역시 자기력에 의해 진동하도록 만든 장치이다.

자기력선과 자기선속
전기장과 마찬가지로 자기장도 자기력선으로 나타낼 수 있다. 막대자석에서 자기력선이 나오는 끝을 N극, 들어가는 쪽을 S극이라고 한다. 임의의 면을 지나가는 자기력선의 수, 즉 어떤 면을 통과해 나가는 자기장의 총량을 **자기선속**이라고 한다.

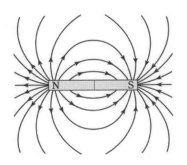

기전력
기전력의 SI 단위는 볼트(V)이다. 기전하에 일을 해준다는 뜻인 기전력은 전기 퍼텐셜 차, 즉 전위차와 같은 개념이다. 전지, 발전기, 태양전지, 연료전지 등과 같이 전기를 공급해주는 장치를 **기전력 장치**라고 한다.

전자기파
전기장과 자기장이 결합하여 사인파 모양으로 진행해나가는 파동이 **전자기파**이다. 맥스웰 방정식에 따르면 전자기파의 진행 속력은 빛의 속력과 정확하게 일치하는데, 이는 빛이 전자기파의 일종임을 뜻한다.

적외선
적외선은 가시광선의 빨간색(가시광선 중 파장이 가장 길다)보다 파장이 길어서 진동수가 가시광선보다 적은 빛을 말한다. 빨간색 근처의 적외선을 **근적외선**, 좀 더 파장이 길어 마이크로파 쪽에 가까운 영역을 **원적외선**으로 구분한다. 적외선은 열을 가진 물체에서 복사되기 때문에 열선이라고도 하며, 이산화탄소나 물을 포함한 분자에 잘 흡수된다. 일단 흡수된 적외선의 에너지는 열에너지로 전환된다.

가시광선
글자 그대로 인간의 눈으로 볼 수 있는 전자기파 스펙트럼의 일부로, 보통은 **빛**이라고 한다. 가시광선(또는 **백색광**)은 파장이 400~700 나노미터(nm)인 영역에 있으며, 보라색에서 빨간색까지의 색깔을 가지고 있다. 인간의 눈은 파장이 550nm 정도인 빛(연두색)에 가장 민감하며, 보라색이나 빨간색으로 갈수록 잘 보지 못하게 된다. 실제 햇빛은 지구 대기 중에서 보라색이 파란색보다 더 많이 산란되지만, 우리 눈이 파란색에 더 민감하기 때문에 하늘이 파랗게 보인다.

자외선
자외선은 보라색보다 파장이 짧은 쪽의 빛이다. 파장이 보라색에 가까운 근자외선은 대기 중의 오존(O_3)에 대부분 흡수된다. 대부분의 자외선은 보통의 유리를 통과하지 못한다.

X-선
X-선은 파장이 원자 하나의 지름과 비슷하거나 더 작은 약 1천만 분의 1mm(0.1nm)인 전자기파의 일종이다. 진공관 속의 가열된 필라멘트에서 나온 강한 에너지를 가진 전자들의 다발이 금속판에 충돌하면 금속판의 원자에서 X-선이 나온다. X-선은 부드러운 물질에 침투할 수 있어서 이 원리를 이용하여 X-선 사진을 찍는다.

감마(γ)선

가장 짧은 파장 영역의 전자기파로, 원자핵의 반지름 정도인 10^{-15} 정도의 아주 짧은 파장의 빛도 γ−선에 속한다. 핵이 들뜬 상태에 있다가 바닥상태로 내려가면서 높은 에너지를 가진 γ−선을 내놓는다. 일반적으로 원자의 들뜬 전자들이 떨어지면서 나오는 빛 입자(광자)를 X−선, 핵에서 방출되는 빛 입자를 γ−선으로 구분한다. γ−선은 주로 방사능이나 우주선에서 온다.

광학

빛에 연관된 현상을 연구하는 물리학의 한 분야를 **광학(光學)**이라고 한다. 특히 빛의 파동성이나 물리적 성질을 제외하고, 순수한 반사와 굴절 현상에 한정하여 그림을 그려서 알기 쉽게 다루는 분야가 기하광학이다.

굴절률

빛이 공기에서 물로 들어갈 때 쪼여준(입사된) 빛의 일부는 **반사**가 되고, 나머지는 **굴절**되어 들어간다. 빛이 굴절하는 원인은 진행하는 매질에 따라 빛의 속력이 달라지기 때문이다. 매질에 의해 빛의 속력이 느려지는 비율을 매질의 **굴절률**이라고 한다. 굴절률은 빛의 파장에 따라서도 약간 다르기 때문에(파장이 긴 빨간색 빛보다 파란색의 굴절률이 더 크다) 색의 분산이 일어나 빛의 스펙트럼이 생긴다.

무지개

무지개는 태양빛(백색광)이 물방울을 통과할 때 각각의 파장들에 따라 굴절의 정도가 달라서 여러 색깔의 빛으로 분리되기 때문에 나타나는 현상이다. 그러나 비누거품 표면에 나타나는 무지개무늬는 반사된 빛의 보강 또는 상쇄 간섭으로 특정 파장의 빛이 잘 보이거나(보강) 또는 보이지 않기(상쇄) 때문이다.

블랙홀

1916년 독일의 물리학자 칼 슈바르츠실트는 아인슈타인의 일반상대성이론으로부터 극단적으로 압축된 질량에 의해 공간이 휘어져 아무것도 빠져나올 수 없게 되는 결과를 얻었다. 이러한 영역에서는 근처의 물체는 물론이고, 빛조차 빨려 들어가 보이지 않게 되어 **블랙홀**이라는 이름을 붙였다. 일반적으로 태양 질량의 3배 이상이 되어야 블랙홀로 붕괴될 것으로 생각되며, 작은 질량의 별들은 다른 진화 과정을 겪게 된다.

빛 입자(光子)

빛은 파동으로 설명이 가능하지만, 불연속적인 에너지를 가진 하나의 입자처럼 행동하기도 하므로 이를 **빛 입자**라고 한다. 빛 입자는 전기적으로 중성인 입자이며, 수명이 무한히 길어서 다른 기본입자로 붕괴되지 않는다. 아인슈타인의 특수상대성이론에 의하면 정지했을 때 잰 정지질량을 가진 물체는 결코 빛의 속력에 이를 수 없다. 그러나 빛은 정지질량이 0이어서 빛의 속력으로 달릴 수 있다. 빛 입자의 에너지는 높은 에너지의 γ−선 및 X−선에서부터 낮은 영역의 적외선과 라디오파의 영역에 걸쳐 있다. 빛은 전자기장을 실어 나르는 역할을 하기 때문에 전자기장 역시 빛의 속력으로 전달된다.

광전효과

아인슈타인이 빛의 입자성을 이용하여 설명한 현상으로 물질(금속판)에 전자기파(빛)를 쪼이면 표면에서 전자가 튀어나오는 현상을 **광전효과**라고 한다. 이때 나오는 전자를 **광전자**라고 한다. 튀어나오는 전자의 수는 빛(전자기파)의 세기에, 전자의 운동 에너지는 전자기파의 파장에 의존한다. 빛이 연속적인 에너지 값을 가진다는 기존의 파동 이론에 따르면 쪼이는 빛을 세게 하면 튀어나오는 광전자의 에너지도 따라서 커져야 하나, 광전효과에서 에너지와는 관계없이 광전자의 수가 늘 뿐이다. 또한 충분히 강한 빛을 쪼이기만 하면 광전효과가 일어나야 하나, 실제로는 강한 빛이라고 해도 특정 진동수 이하에서는 일어나지 않는다. 반대로 흐린 빛을 쪼이면 에너지가 축적될 때까지 어느 정도 기다렸다가 광전자가 나와야 한다고 생각되었지만, 실제로는 시간 지연은 나타나지 않는다. 당시에 보편적으로 받아들여지던 빛의 파동이론으로는 이러한 현상을 제대로 이해할 수 없었기에 어려움에 빠졌다. 아인슈타인은 쪼여준 빛을 불연속적인 에너지를 가진 하나의 빛 덩어리인 빛 입자로 가정하고 이 빛 입자와 금속 안의 전자의 충돌로 설명하여 이 문제를 해결하였다.

양자

물리학에서는 계가 변화할 수 있는 최소량을 **양자(quantum)**라고 한다. 일상생활에서는 느낄 수 없으나, 원자를 비롯한 미시적인 세계에서는 전하나 에너지, 각운동량 같은 물리량이 연속적으로 변하지 않고, 띄엄띄엄한 값으로 나타나 그 최소량을 하나의 덩어리로 다룰 수 있다. 이렇게 어떤 물리량을 최소량의 정수배로 나타낼 수 있을 때 양자화 되었다고 말한다. 전자기 상호 작용을 매개하는 양자는 빛 입자이며, 중력장의 양자는 중력자이다.

원자

원자는 원자핵과 원자핵을 둘러싸고 있는 전자로 구성된다. 원자는 대부분 빈 공간이며, 질량의 대부분은 중심부의 작은 영역(원자핵)에 뭉쳐 있다. 원자핵은 양전기를 띤 **양성자**와 전기를 띠지 않은 중성자로 되어 있고, 주위를 도는 전자는 음의 전기를 띠고 있다. 중성원자에서는 양성자의 수와 궤도를 도는 전자의 개수가 일치한다. 전자의 수가 양성자의 수와 같지 않으면 원자는 전기를 띠는 이온이 된다.

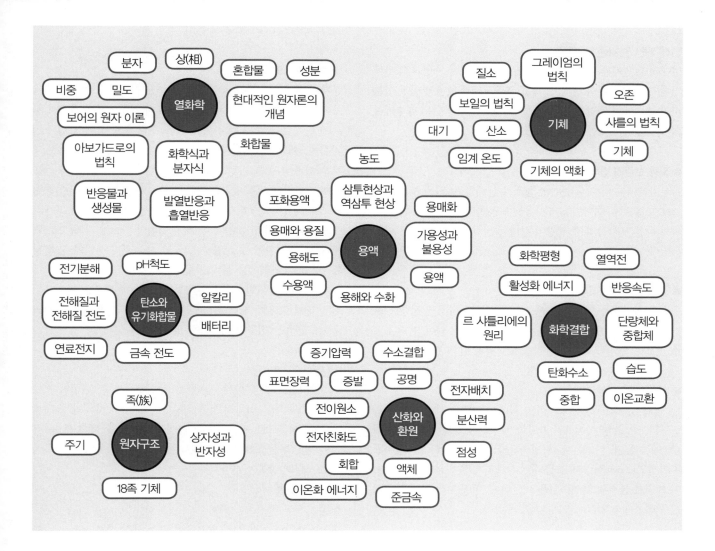

화학

화학은 원소나 그 화합물의 성질, 성분, 구조, 반응과 변화를 연구하고, 그런 과정 중 흡수하거나 방출하는 에너지를 다루는 과학이다. 화학의 연구 범위는 원자에서부터 모든 물질과 궁극적으로는 생명에까지 이른다.

■ 무기화학과 유기화학

무기화학은 탄소를 제외한 모든 원소를 다루는 화학의 분야이다. 이산화탄소나 탄산염과 같은 간단한 탄소 화합물도 관습적으로 무기화합물로 분류한다. 유기화학은 대부분의 탄소 화합물(유기화합물)을 다룬다. 유기란 말이 사용된 이유는 한때 식물이나 동물과 같은 생체나 생체에서 나온 화합물에서만 유기화합물을 얻을 수 있다고 생각하였기 때문이다.

혼합물

자연계에서 가장 흔히 볼 수 있는 것으로, 순수한 물질들이 섞여서 이루어진 물질을 **혼합물**이라고 한다. 예컨대, 공기(산소+질소 등)나 설탕물(설탕+물)은 두 가지 이상의 순수한 물질이 섞여 있는 혼합물이다. 설탕물을 여러 가지 농도로 만들 수 있는 것처럼 혼합비도 임의로 할 수 있다. 따라서 혼합물의 성질은 구성 원소(또는 화합물) 각각의 성질뿐만 아니라 혼합 비율에 따라서도 달라진다.

화합물

혼합물을 분리하였을 때 생기는 순물질 중 화학 변화를 통해 다시 두 가지 이상의 물질로 분해되는 것을 말한다. 바꿔 말해, 둘 이상의 원소가 일정한 비율로 결합한 물질을 **화합물**이라고 한다. 예컨대, 순물질인 소금은 나트륨(Na)과 염소(Cl)의 화합물이며, 물은 수소(H)와 산소(O)의 화합물이다. 화합물의 성질은 원래의 구성 원소의 성질과는 다르며, 물리적인 방법으로는 분리되지 않는다.

현대적인 원자론의 개념
현대적인 원자론의 개념은 보일의 원소에 대한 개념과 라부아지에의 **질량 보존의 법칙**, 그리고 프루스트가 제안한 **일정 성분비의 법칙**에서 출발하였다. 이들 원리와 함께 돌턴은 **배수비례의 법칙**을 찾아내어 원자론을 만들어냈다.

■ 질량 보존의 법칙
라부아지에는 더 이상 단순한 물질로 분해할 수 없는 물질을 원소로 보았으며, 화학반응에 사용된 반응물의 총 질량과 반응 결과로 나온 생성물의 총 질량이 같다는 질량 보존의 법칙을 확립하였다.

■ 일정 성분비의 법칙
순수한 화합물은 다른 방법으로 만들더라도 항상 일정한 원소가 일정한 질량비로 존재한다는 원리이다. 가령 물은 언제나 수소 11.19%와 산소 88.81%의 질량비로 되어있다.

■ 배수비례의 법칙
두 원소 A, B가 두 가지 이상의 화합물을 만들 때 A의 고정된 질량과 B의 질량 사이에는 간단한 정수비가 성립한다는 이론이다. 예를 들면, 탄소는 두 가지의 산화물 CO와 CO_2를 만든다. 주어진 탄소의 질량과 결합하는 산소의 질량비는 1:2가 된다. 이 법칙은 물질의 불연속성을 나타내며, 이에 따라 돌턴은 원자설을 만들게 되었다.

보어의 원자 이론
1913년 보어가 제안한 원자구조와 원자스펙트럼에 관한 이론이다. 러더퍼드의 원자 모델에 따르면 원운동을 하는 전자들은 전자기파를 발산하고 핵과 충돌하게 된다. 보어는 핵 주위를 도는 궤도전자들이 어떻게 안정하게 존재할 수 있는가 하는 문제를 초기의 양자론을 써서 처음으로 설명하는데 성공하여, 고전물리학에서 **양자물리학**으로 넘어가는데 결정적인 역할을 하였다.

분자
어떤 물질을 더 나눌 때, 그 물질이 가지고 있는 고유한 성격을 잃어버리는 최소 단위의 입자를 **분자**라고 한다. 예컨대, 물방울을 계속 나누면 점점 크기는 작아지지만 물(H_2O)이 가진 성질은 유지된다. 그러나 분할을 계속하면, 마침내 물의 성질을 잃어버리고 산소 원자(O)와 수소 원자(H)로 분해될 것이다. 바로 그 직전, 물의 성질을 유지하고 있는 최소 입자를 분자라고 한다. 분자에는 헬륨(He)이나 네온(Ne)처럼 원자 하나로 존재하여 원소 자체가 분자인 단원자 분자, 산소(O_2)나 질소(N_2)와 같이 원자 두 개가 결합한 이원자 분자, 오존(O_3)과 같이 여러 원자로 이루어진 다원자 분자 등이 있다.

아보가드로의 법칙
분자의 존재를 최초로 가정한 법칙이다. 아보가드로는 기체 반응의 법칙을 설명하기 위해 '같은 온도와 압력에서는 기체의 종류에 관계없이 같은 부피 속에 같은 수의 입자가 들어 있다'는 가설을 세웠는데, 이를 위해 그는 원자가 결합되어 이루어진 새로운 입자(분자)를 가정하였다. 즉, 예컨대 수소와 산소가 반응하여 수증기가 생길 때 그 부피의 비는 2:1:2이다. 만약 한 단위의 부피에 입자 한 개가 들어 있다고 치면, 산소 원자가 쪼개져야만 한다. 이때 산소 원자 두 개가 결합한 산소 입자와 수소 원자 두 개가 결합한 수소 입자, 그리고 산소 원자 하나와 수소 원자 두 개로 이루어진 물 입자를 가정한다면, 원자를 쪼개어야 한다는 모순을 피할 수 있다. 아보가드로는 돌턴의 원자설로는 잘 설명될 수 없는 사례로부터 분자의 존재를 가정하여, 분자의 실체를 밝히는 선구적 역할을 하였다.

상(相)
어떤 물질의 모든 부분이 물리적 · 화학적으로 같은 성질을 보일 때, 그 물질은 하나의 **상**을 이룬다고 말한다. 하나의 상 전체는 같은 성분으로 구성되어 같은 성질을 가진다. 예를 들면, 공기는 질소와 산소 및 기타 기체들이 고르게 섞인 균일 혼합물이므로 하나의 상을 이룬다.

성분
화학에서 성분이라고 하면 경우에 따라 **물질 성분(component)** 또는 **구성 성분(constituent)**을 가리키며, 이 둘은 다른 개념이다. 물질 성분(component)은 어떤 **계**를 이루는 물질을 뜻하는 반면, 구성 성분(constituent)은 계를 이루는 **상**과 관련한 용어이다. 가령 얼음물이 플라스크 안에 반쯤 차 있는 계를 이루는 성분(component)은 물과 공기이며, 또 다른 예로 설탕물은 두 가지 성분(constituent)으로 이루어져 있다.

표준상태
열화학에서 정의하는 **표준상태**는 다음과 같은 표준 조건을 기준 값으로 해서 화학반응이 이루어짐을 뜻한다. 그 표준 조건은, 순수한 결정성 물질이나 액체일 것, 만일 기체라면 1기압(atm)일 것, 용매에 녹아있다면 농도가 1F(포말)일 것. 온도는 298.15K(25℃)가 표준일 것 등이다.

밀도

어떤 물질의 **밀도**는 단위 부피당 질량으로 정의되며, SI 단위는 kg/m^3이다. 액체나 고체 물질의 밀도는 보통 20℃(실온)에서 측정한 값을 사용한다.

비중

물질의 **비중**은 기준물질과의 밀도 비율이다(비중=물질의 밀도 ÷기준물질의 밀도). 비중은 밀도의 비율이기 때문에 단위는 없다. 비중을 측정할 때 기준물질은 일반적으로 밀도가 최대가 되는 4℃의 물을 사용한다. 물의 밀도가 1이므로 보통 비중이라고 하면 밀도를 가리키는 경우가 많이 있다. 기체의 비중을 재는 경우에는 기준물질을 건조한 공기로 한다.

반응물과 생성물

화학반응이 일어나기 전에 원래 있던 물질을 **반응물**이라고 한다. 화학반응의 결과로 만들어진 물질을 **생성물**이라고 한다.

화학식과 분자식

화학식은 어떤 물질(화합물)의 성분을 원소기호로 나타낸 것이다. 화합물의 구성 성분은 시료의 무게를 달아 각 성분 원소로 분해시키거나, 산소와 반응시켜 특정 물질을 만든 다음 질량비를 측정하여 알아낸다. **분자식**은 분자의 형태로 존재하는 화합물의 화학식을 말하며, 화합물을 만든 원자의 종류와 개수를 알려준다. 가령 H_2O(물)나 H_2O_2(과산화수소)는 수소와 산소로 이루어진 화합물의 분자식이다.

엔탈피

압력이 일정할 때 계에서 방출되거나 흡수되는 열량을 **열함량** 또는 엔탈피라고 한다. 밀폐된 용기 안에서 기체가 생성되는 화학반응이 일어나면 용기 안의 압력은 증가한다. 그러나 용기의 부피는 변하지 않으므로 용기에 들어오거나 또는 나간 열은 기체의 내부 에너지에 영향을 준다.

발열반응과 흡열반응

열을 방출하는 화학반응을 **발열반응**이라고 한다. 발열반응에서는 생성물의 엔탈피가 반응물의 엔탈피보다 낮아서 생성 엔탈피가 음의 값이 되며, 그만큼의 열을 외부에 방출한다. 한편, 열을 외부에서 흡수하는 화학반응을 **흡열반응**이라고 한다. 흡열반응에서 생성물은 반응물보다 더 큰 엔탈피를 가지므로 생성 엔탈피는 양의 값이 되며, 엔탈피를 증가시키기 위하여 열을 공급해야 한다.

기체

기체는 담고 있는 용기의 용량에는 관계없이 전체를 꽉 채우는 상태의 물질을 일컫는다. 고체와 달리 일정한 모양과 부피를 갖지 않으며, 액체처럼 유동성은 있으나 용기 전체에 확산되고, 액체보다 훨씬 압축되기 쉬운 상태에 있는 물체의 상태를 가리킨다. 어떤 물질도 고온·저압으로 하면 기체로 변한다. 액체는 기화에 의해 기체로 변하고, 고체는 승화에 의해서 바로 기체로 변한다. 또한 이 반대의 변화도 일어난다. 기체와 액체를 총칭해서 유체라고도 한다.

보일의 법칙

보일의 법칙은 일정한 온도에서 기체의 부피는 압력에 반비례한다는 사실을 일컫는다. 그러므로 온도가 일정할 때 기체의 압력과 부피의 곱은 항상 일정하다. 예를 들어, 주사기의 끝을 막고 피스톤을 누르면 공기가 압축되는데, 부피를 반으로 줄이기 위해서는 처음 압력보다 두 배 강한 압력으로 눌러야 한다.

■ 보일의 법칙의 예

- 신발에 있는 공기주머니의 부피가 압력에 따라 달라져 발에 가해지는 충격을 줄여준다.
- 잠수부가 배출한 기포의 크기는 수면에 가까워질수록 점점 커진다.
- 풍선이 하늘 위로 올라가면 부풀어 오르다 터진다.
- 자동차 에어백은 압력에 따라 부피를 변화시킴으로써 충격을 줄여준다.
- 주사기의 피스톤을 누르면 주사기 속의 부피가 작아진다.

샤를의 법칙

샤를의 법칙은 압력이 일정할 때 기체의 부피는 온도와 비례한다는 사실을 말한다. 즉 일정한 압력에서 기체의 부피는 절대온도에 비례한다. 좀 더 엄밀하게 표현하면, 기체의 압력이 일정할 때 기체의 부피가 기체의 절대온도에 비례한다는 법칙이다.

■ 샤를의 법칙의 예

- 찌그러진 탁구공이나 쭈글쭈글한 축구공을 끓는 물에 넣으면 다시 펴진다.
- 열기구 속의 공기를 가열하면 열기구가 떠오른다.
- 여름철에는 겨울철보다 타이어에 공기를 약간 적게 넣는다.
- 액체 질소에 풍선을 넣으면 풍선의 크기가 작아지며, 이 풍선을 공기 중에 놓아두면 다시 크기가 커진다.

그레이엄의 법칙

그레이엄의 법칙은 두 기체가 퍼져나가는(확산하는) 속력의 비율은 밀도의 제곱근에 반비례한다는 원리를 말한다. 즉 상대적으로 가벼운 기체 분자의 평균속력이 더 빠르기 때문에 퍼져나가는 속력도 더 빠르다. 우라늄 원소의 동위원소를 분리하여 농축우라늄을 만드는데 이 원리를 이용한다.

기체의 액화

압력이 높아지면 기체 분자 사이의 거리가 가까워져서 분자 사이의 인력(끌어당기는 힘)이 충분히 커지므로 액(체)화가 일어날 수 있다. 또한 분자의 평균 운동 에너지가 작은 저온에서는 분자의 운동이 활발하지 않아 인력이 크게 작용하여 액화가 일어난다. 기체의 온도가 높아질수록 액화가 어려워지므로 압력을 높여 액화한다. 그러나 모든 기체는 어느 온도 이상에서는 아무리 압력을 높여도 액화가 일어나지 않는다.

임계온도

기체의 온도가 높아질수록 분자의 운동이 활발해져서 액화가 어려워지기 때문에 압력을 높여서 액체로 만들게 된다. 그러나 어느 온도 이상에서는 아무리 압력을 높여도 액화가 일어나지 않는데, 이 온도를 임계온도라고 한다.

대기

중력에 의해 붙잡혀 지구 둘레를 둘러싸고 있는 기체를 대기라고 한다. 대기는 여러 가지 기체의 혼합물로서, 비교적 지표면에 가까운 쪽에서는 공기의 운동에 의하여 공기가 아래위로 잘 섞여 조성이 일정하게 유지된다.

질소

질소는 대기 부피의 78.08%에 달하는 주요 성분으로, 생명체의 단백질과 핵산을 구성하는 필수 성분이다. 질소 분자는 여섯 개의 전자를 공유하는 삼중결합을 하여 N_2로 존재한다. 따라서 질소 분자는 반응성이 매우 약해 아주 높은 온도나 강력한 촉매가 있을 때에만 반응한다.

산소

산소는 대기의 약 20%(부피 비율)를 차지하는 무색·무취의 기체이다. 보통은 이원자분자인 O_2로, 일부는 오존(O_3)으로 존재한다. 산소는 반응성이 커서 대부분의 화합물의 원소와 산화물을 만든다. 특히 중요한 반응은 유기화합물과의 반응으로, 석유나 알코올 같은 탄화수소에 충분한 에너지(가령 성냥불)를 공급하면 산소와 반응하여 탄소 산화물인 이산화탄소와 수소 산화물인 물이 만들어진다. 산소와의 반응이 급속히 일어나면 많은 에너지가 방출되며, 이를 연소라고 한다.

오존

오존은 무색의 기체로서 O_3로 표시한다. 지표면에서 15~50km의 영역에 있는 성층권의 산소 중 일부가 태양광선의 고에너지인 자외선에 의해 오존으로 전환된다. 오존은 산소보다 반응성이 훨씬 더 커서 강력한 산화제이다. 오존층에 있는 오존은 태양광선 자외선의 대부분을 흡수해서 차단한다. 이로써 생물은 유해한 자외선으로부터 보호받을 수 있다. 한편 오존은 온실효과를 일으키는 온실가스의 하나이기도 하다.

18족 기체

희유기체 또는 불활성기체라고도 한다. 주기율표의 가장 오른쪽의 18족에 속하는 기체이다. 헬륨(He), 네온(Ne), 아르곤(Ar), 크립톤(Kr), 크세논(Xe), 라돈(Rn) 등이 여기에 속한다. 18족 기체는 모두 냄새가 없고, 불붙지 않는 성질이 있다. 헬륨은 우주에서 가장 풍부한 원소임에도 불구하고 대기 중에는 아주 조금 들어있다.

족(族)

원소의 주기율표에서는 화학적으로 비슷한 성질을 갖는 원소들이 세로줄에 놓이게 되고, 이 세로줄을 족(group 또는 family)이라고 부른다. 하나의 족에 속하는 원소들은 원자의 바깥 껍질의 전자배치는 동일하지만, 세로줄의 아래로 내려가면서 안쪽 껍질의 수는 증가한다.

주기

주기율표에서 원자번호의 순으로 나열한 가로줄을 주기(period)라고 하며, 양성자의 수가 증가하는 순으로 배열된다. 주기율표의 처음 3줄의 주기는 단주기라고 하며, 전이원소를 포함하는 그 다음 4줄의 주기는 장주기라고 한다. 같은 주기에 있는 원자들의 껍질 수는 모두 같으며, 주기율표의 오른쪽으로 가면서 바깥 껍질에 전자들이 차곡차곡 채워져 간다.

상자성과 반자성

자기장 안에 공기나 알루미늄, 마그네슘 등의 물질을 놓아두면 이들은 자기장을 약간 증가시키는 성질이 있는데, 이런 물질을 상자성 물질이라고 한다. 한편, 외부 자기장 안에 들어가면 자기장에 약하게 반발하는 물질이 있는데, 이를 반자성 물질이라고 한다. 반자성 물질인 은, 구리, 물 등을 자기장 안에 두면 자기장이 약간 약해진다. 반자성은 짝을 이룬 전자가 있는 모든 물질의 성질이다.

이온화 에너지

기체 상태의 고립된 원자나 분자에서 전자 하나를 떼어내는데 필요한 최소한의 에너지이다. 이온화 퍼텐셜이라고도 한다. 이온화 에너지의 단위는 원자 1개에 대해서는 전자볼트(eV)를, 또는 1몰(mole)의 원자에 대해서는 kJ/mol을 사용한다. 떼어내는 전자의 개수에 따라 제1이온화 에너지와 제2이온화 에너지로 구분된다.

전자친화도

이온화 에너지의 반대 개념으로, 고립된 원자나 분자가 전자를 받아들여서 음이온을 형성할 때의 에너지를 말한다. 즉 **전자친화도**는 전자를 덧붙이는 반응에서 방출되는 에너지이다.

전자배치

원자 내에서 궤도전자들이 양자수에 따라 껍질에 위치하는 상태를 **전자배치**라고 한다. 특히 원자가 전자의 배치가 그 원소의 화학적 성질을 결정한다.

■ 등전자성 배치

원자들이 최외각 전자들을 잃거나 얻어서 이온화되어 다른 안정한 원자와 전자배치가 같아지는 경우를 **등전자성**이라고 한다. 가령 나트륨(Na)이나 염소(Cl)는 바깥 껍질을 전자들이 꽉 채워서 안정한 원소인 네온의 전자배치 Ne를 핵으로 하고, 나머지 전자들이 주위에 있는 형식으로 생각할 수 있다. 따라서 나트륨 원자가 염소 원자에 전자 1개를 주면, 나트륨 이온 Na^+과 염소 이온 Cl^-의 전자배치는 각각 불활성기체인 네온(Ne)과 아르곤(Ar)의 안정한 전자배치와 같아지는 등전자성이 된다.

공명

하나의 분자나 이온의 결합 구조를 2가지 이상의 화학식으로 나타낼 수 있을 때 그 분자 또는 이온은 그 구조들 사이에서 **공명**하고 있다고 말한다. 가령 염화수소(HCl)의 결합 구조는 공유결합에 의한 H-Cl과 이온결합에 의한 H^+Cl^-의 두 가지가 가능하다. 염화수소의 진짜 결합 구조는 두 구조 중의 하나가 되거나 혹은 두 가지의 구조가 적당히 섞여서 동시에 존재하는 것이 아니라, 이것도 저것도 아닌 중간쯤의 구조가 된다. 이러한 분자를 공명혼성 상태에 있다고 말하며, 각각의 구조를 공명형이라고 한다.

액체

결정성 고체와 기체 사이에 있는 물질의 상을 **액체**라고 한다. 액체는 기체에 비해 밀도가 크고 분자들이 밀집되어 있기 때문에 기체운동론에서처럼 분자들의 부피를 무시할 수 없다. 따라서 기체와 달리 분자의 운동 에너지가 분자 사이의 인력보다 크지 않다. 물은 예외로 할 때, 고체가 녹아서 액체가 되면 보통 부피가 10~20% 증가한다. 그러나 이 정도의 차이로는 분자 사이의 인력에 큰 영향을 주지 못하여 액체나 고체에서 분자 사이의 상호 작용은 비슷하다.

분산력

분자의 전자구름이 순간적으로 일그러져 한쪽으로 전자가 몰리면 극성이 생기면서 순간 쌍극자가 만들어진다. 순간 쌍극자에 의한 정전기적인 인력을 **분산력**이라고 한다. 모든 분자에는 전자가 있기 때문에 분산력은 극성분자에도 존재하지만, 무극성분자인 경우에는 분산력이 유일한 분자 간의 인력으로 작용한다.

수소결합

수소 원자를 가진 분자들에서 볼 수 있는 분자 사이의 비교적 강한 정전기적 인력의 일종이다. **수소결합**은 크기가 작고, 전기음성도가 높은 플루오르(F), 질소(N), 산소(O) 원자가 수소와 공유결합을 하고 있을 때 나타난다. 전기음성도가 높은 원소는 전자를 강하게 끌어당겨 −전하를 띠는 극성이 생긴다. 이에 따라 수소는 매우 큰 +전하를 띠고 인접 분자를 끌어당겨서 수소결합을 하여 큰 구조를 이룬다.

회합

한 물질의 분자가 정상적인 화학결합이 아닌, 보다 약한 분자 사이의 힘으로 다른 분자와 결합하여 복잡한 분자처럼 행동하는 일을 **회합**이라고 한다. 가령 물 분자들은 수소결합에 의하여 서로 엉켜서(회합하여) 여러 개의 물 분자가 결합한 구조를 이룬다. 육각수는 물 분자 6개가 회합한 예이다.

점성

유체(액체나 기체)의 흐름에 대한 저항이 **점성**이다. 점성은 운동하는 액체나 기체 내부에서 나타나는 마찰력이므로 유체 분자 사이의 인력의 크기에 따라 달라진다. 온도가 높아지면 분자의 평균 운동 에너지가 높아지기 때문에 분자 사이의 인력의 영향이 비교적 줄어든다. 따라서 액체의 점성은 온도가 높아지면 줄어들지만, 반대로 기체에서는 분자들의 충돌 횟수가 증가하므로 점성이 커진다. 유체의 물질에 따른 점성 상수를 점성도라고 한다.

표면장력

액체의 표면이 탄성을 가진 막으로 덮은 것처럼 행동하는 성질을 **표면장력**이라고 한다. 액체의 표면에 있는 분자들은 분자 사이의 인력에 의해서 내부로 당겨진다. 따라서 액체는 가장 작은 표면적을 가지려고 하게 되어 빗방울이 구형이 되거나, 유리 위의 물방울이 볼록한 모양이 된다. 또한 표면장력은 모세관에서 모세관 현상을 일으킨다. 액체의 온도가 높아지면 분자 간의 힘도 줄어들어 표면장력이 감소한다. 수소결합 때문에 분자 사이의 인력이 특히 높은 물은 비슷한 분자량의 물질과 비교하여 점성도와 표면장력이 크다.

증발

증발은 액체의 끓는점 이하에서 액체에서 기체로 상태가 바뀌는 현상을 말한다. 온도가 높아지면 액체 상태에 있는 분자의 운동

에너지가 증가하므로 분자 사이의 인력에서 벗어나는데 충분한 에너지를 가지는 분자의 수도 많아진다. 이러한 운동 에너지가 가장 큰 분자들이 액체의 표면에 있을 때 증발이 일어난다. 액체가 증발하면 남아있는 액체 분자의 평균 운동 에너지가 작아지기 때문에 온도가 떨어진다. 증발은 승화와 비슷하지만 증발은 액체 표면에서, 승화는 고체 표면에서 일어나는 현상이다.

증기압력

모든 고체나 액체에서는 원자나 분자로 된 증기를 발생하며, 이 증기가 미치는 압력이 **증기압력**이다. 일정한 온도에서 실린더에 액체를 넣고, 액체의 표면에서 피스톤까지의 공간을 진공 상태로 두면, 액체는 급속히 증발하여 진공을 채우면서 증기압력이 증가한다. 기체상에 있는 분자가 어느 정도 늘어나면 액체의 표면에 부딪쳐 다시 액체로 돌아가는 기체 분자가 생기기 시작하여, 결국 분자가 기체상으로 가는 비율과 액체상으로 되돌아가는 비율이 같아지게 된다. 기체상에 있는 개개의 분자가 계속 움직이면서 전체의 개수가 일정하게 유지되는 상태를 **동적 평형**이라고 한다. 계가 평형을 이룬 다음에 피스톤을 압축하면 증기압력이 순간적으로 커진다. 하지만 동시에 기체 분자가 액체로 되돌아가는 비율이 증발하는 것보다 커져서 증기압력은 다시 원래 상태로 되돌아간다. 반대로 피스톤을 올려서 팽창을 시켜도 잠시 후에는 다시 같은 압력으로 되돌아간다. 따라서 액체의 증기압력은 온도만의 함수가 된다.

고체

일반적으로 고체라고 하면 내부의 배열이 규칙성이 있는 **결정성 고체**를 이른다. 분자나 원자(금속인 경우), 이온(염인 경우)들이 3차원적인 규칙성을 가지고 반복되는 배열을 하고 있으며, 표면이 매끈하고 잘 발달된 물질이 결정성 고체이다. 결정성 고체는 녹는점이 일정하고 격자 구조를 가지는 특징이 있다. 반면 결정을 이루지 못하여 내부 배열이 무질서하고 반복성이 없는 물질을 비정질 고체라고 한다. 결정성 물질이라고 해서 반드시 결정을 이루지는 않는다. 가령 금속은 결정성이지만 규칙적인 기하구조를 가지는 결정은 아니다.

준금속

금속과 비금속의 중간 성질을 보이는 물질을 **준금속**이라고 하나, 그 경계는 명확하지 않다. 붕소(B), 실리콘(규소, Si), 게르마늄(저마늄, Ge) 등이 준금속에 속하는 전형적인 물질이다. 준금속은 전기적으로는 반도체이고, 산화되면 양쪽성 산화물을 만든다.

전이원소

원자의 궤도전자들이 d-궤도를 부분적으로 채우는 원소들을 일컫는다. 여기서 d-궤도는 주양자수 n=3 이상에서 궤도 양자수 I=2인 부껍질을 의미한다. **전이원소**는 전형적인 금속으로서 단단하고, 열과 전기를 잘 통하는 도체이다. 전이원소의 화학적 성질은 d-궤도가 비어있는 정도에 따라 나타난다. 전이원소의 대부분은 짝짓지 않은 전자들의 영향으로 상자성이며, 색이 있는 화합물을 형성한다.

합금

둘 이상의 금속이나, 또는 금속과 비금속이 잘 섞여 금속의 성질을 가지는 물질이 **합금**이다. 가령 강철은 금속인 철에 비금속인 탄소를 섞은 합금이다. 합금이 만들어지는 방법에는 단순히 서로 다른 금속이 섞인 불균일 혼합물, 한 성분의 결정 속에 다른 성분이 녹아 들어간 균일 혼합물이 있다. 균일 혼합물인 합금은 고체이면서 동시에 용액의 성질을 가지므로 **고용체**라고 한다.

승화

승화는 고체 상태 물질이 액체를 거치지 않고 곧바로 기체 상태로 변하는 현상이다. 고체 분자들은 격자 구조를 하고 각자의 평형 위치에서 진동하면서 운동 에너지를 가진다. 이에 따라 고체 표면에 있는 분자들 중 일부는 주위 분자들의 인력에서 벗어날 수 있을 정도로 강한 운동 에너지를 갖게 되어 곧바로 기체 상태로 변할 수 있어서 승화된다.

녹는점

고체 상태에서 액체로 변하는 최저의 온도를 말하며, **용융점**이라고도 한다. 고체에 열을 가하면 분자가 진동하는 운동 에너지가 증가한다. 온도가 녹는점에 가까워지면, 운동 에너지가 충분히 커져서 분자들을 결정구조 내에 잡아둘 수 없게 되어 여기저기에서 격자가 깨지기 시작한다. 온도가 녹는점에 이르면 격자 전체가 깨져서 액체로 변한다. 순수한 물질은 표준 조건의 압력(보통 1기압으로 택한다)에서 녹는점이 하나밖에 없으며, 항상 같은 온도에서 녹는다.

결정

수정, 즉 이산화규소(SiO_2)나 다이아몬드처럼 규칙성이 있는 다면체 모양을 한 고체를 **결정**이라고 한다. 모든 결정은 같은 물질이 성장하여 만들어지므로 면과 면 사이의 각이 일정하다.

■ 분자결정

결정을 만드는 구성 단위가 분자로 이루어진 것이 **분자결정**이다. 응축된 불활성기체와 산소, 질소, 할로겐원소, 탄화수소 및 각종 유기화합물이 여기에 포함된다. 분자결정은 분자 간 힘이 약하고, 어느 방향으로나 똑같은 등방성이기 때문에 연하고 압축성이 있다. 분자결정은 좋은 전기적 절연체이다.

■ 이온결정
전기음성도의 차이가 큰 원자들 사이에 이온결합을 한 물질을 말한다. 염화나트륨(NaCl)처럼, **이온결정** 물질의 격자를 이루는 양이온과 음이온은 정전기적 인력에 의해서 안정한 배열을 한다. 이온결정 물질은 결합에너지가 매우 크기 때문에 녹는점과 끓는점이 높다. 대부분 상온에서는 전기적으로 절연체이나, 녹은(용융) 상태에서는 이온의 배열이 불규칙적이고, 사이 거리가 멀어지기 때문에 이온이 움직이기 쉬워서 훌륭한 도체가 된다.

■ 공유결합결정
원자들이 공유결합을 하는 결정성 고체를 이른다. **공유결합결정**은 그 자체가 하나의 거대한 분자를 이루기 때문에 거대분자 결정이라고도 한다. 대표적인 예로는 다이아몬드, 질소화붕소(BN), 탄화규소(SiC) 등이 있으며, 단단하고 녹는점이 높은 물질이다.

액정
특정 온도에서 녹아서 액체처럼 흐르는 성질이 있으면서도 분자 배열에 어느 정도의 질서가 있는 물질을 **액체 결정** 또는 액정이라고 한다.

용액
두 가지 이상의 물질이 혼합하여 고르게 섞인 **균일 혼합물**을 보통 용액이라고 한다. 예를 들어, 설탕이 물에 녹은 설탕물, 메틸알코올(메탄올), 에틸알코올(에탄올), 알코올의 혼합물 등이 이에 속한다. 일반적으로 용액이라고 하면 단순히 액체에 고체나 액체 또는 기체 등을 녹인 것을 뜻하지만, 공기나 합금과 같은 기체 용액과 고체 용액(고용체)도 존재한다.

용매와 용질
용매는 용질을 녹여서 용액을 만드는 액체이다. **용질**은 용매에 녹는 물질로, 기체·액체·고체의 어느 것이든 해당한다. 고체와 액체의 혼합물에서는 액체가 용매이고 고체가 용질이며, 액체끼리 혼합된 용액에서는 더 많은 물질이 용매이고 적은 물질이 용질이다. 이온성 물질이나 극성이 큰 용질을 용해시킬 때에는 물과 같이 극성이 큰 용매를 사용하며, 무극성인 물질을 용해시킬 때에는 사염화탄소, 에테르, 벤젠 등과 같은 무극성 용매를 사용한다. 아세톤은 물과도 잘 섞이고 탄소 화합물도 잘 용해시키는 용매이다.

용해와 수화
용해는 어떤 물질이 다른 물질에 녹아서 균일하게 섞이는 현상

을 말한다. 이는 극성이나 분자의 구조가 비슷한 물질들끼리 섞이게 되는 성질 때문이다. **수화**는 고체나 액체의 용질이 물에 용해될 때 용질의 입자가 물 분자에 둘러싸여 안정한 상태가 되는 현상을 말한다.

수용액
물질이 녹아 있는 용매가 물이면 이를 **수용액**이라고 부른다. 물은 큰 유전상수와 높은 극성을 가지기 때문에 이온결합 화합물이나 극성이 큰 용질을 잘 녹일 수 있다. 이온결합 화합물의 수용액은 높은 전기전도도를 나타낸다. 이는 수용액에는 물에 녹은(수화된) 이온결합 화합물이 이온으로 존재하여 전기를 통하는 전하 운반체 역할을 하기 때문이다. 지구상의 생명체 내에서 각종 수용액은 매우 중요한 역할을 한다.

용매화
용매가 녹아있는 여러 가지 분자나 이온 등을 용매 분자가 끌어당겨 분자 집단을 이루는 현상이 **용매화**이다. 용매화는 정전기적 인력을 가지는 극성용매에서만 일어나며, 이 과정을 통해 이온성 고체를 녹일 수 있다. 물이 용매화를 일으키는 것을 **수화**라고 한다. 수화는 용매인 물, 즉 수용액 속에 녹아있는 용질의 분자나 이온이 그 둘레에 물 분자 몇 개를 끌어당겨 분자 집단을 이루는 현상이다.

용해도
대부분의 물질은 특정 용매에 녹을 수 있는 양에 한계가 있다. 어떤 온도에서 일정한 양의 용매에 녹여서 포화용액을 만들 수 있는 용질의 양을 **용해도**라고 한다. 일정한 양의 용매에 녹아있는 용질의 양은 농도로 나타낸다. 농도가 비교적 낮은 용액을 묽은 용액, 농도가 높으면 진한 용액이라고 부른다.

가용성과 불용성
화합물이 물에 녹는 정도가 적어도 10g/L 정도이면 **가용성** 화합물, 1g/L 이하이면 **불용성** 화합물로 구분한다. 대부분의 산은 물에 가용성이다. 녹는 정도가 가용성과 불용성의 중간 정도이면 **난용성**이라고 한다.

포화용액
만약 액체 용매에 정상적으로 녹는 양보다 많은 양의 용질을 넣으면 녹아있는 물질과 아직 녹지 않고 남아있는 물질이 서로 균형을 이루면서 농도가 일정하게 유지된다. 이러한 용액을 **포화용액**이라고 한다. 포화용액에서는 순수 용질이 녹아들어 가는 비율과 녹아있는(용해된) 용질이 용액에서 빠져나오는 비율이 정확하게 같아지는 동적인 평형 상태에 있게 된다.

■ 불포화용액과 과포화용액

포화용액에서 평형을 이루는 양보다 용질의 농도가 적으면 **불포화용액**, 많으면 **과포화용액**이라고 한다. 포화용액을 천천히 식히면 과포화 상태가 된다.

농도

농도는 용액 1리터에 녹아있는 물질(용질)의 양으로 정의된다. mol/L로 나타낸다. 농도는 용매가 아닌 용액의 전체 부피를 기준으로 한다.

삼투압

농도가 묽은 용액 안의 용매는 반투막을 통해서 농도가 진한 쪽으로 흘러서 두 용액의 농도가 같아질 때까지 이동한다. 이때 농도가 진한 쪽에서 반투막에 압력을 가하면 용매의 흐름이 멈추게 되는데, 이 압력의 크기를 **삼투압**이라고 한다.

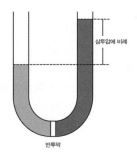

삼투압에 비례

반투막

삼투현상과 역삼투 현상

농도가 다른 두 용액을 반투막으로 갈라놓았을 때, 그 막을 통과한 용액의 통과 현상을 **삼투현상**이라고 한다. 자연적인 삼투현상의 반대 방향으로 삼투압보다 더 큰 압력을 가하면 **역삼투현상**이 일어난다. 가령 설탕물과 물을 삼투압 장치에 넣으면 삼투압은 농도가 연한 물에서 농도가 진한 설탕물 쪽으로 작용한다. 그러나 설탕물 쪽에서 삼투압보다 더 큰 압력을 가하면 설탕수용액의 물 분자가 순수한 물 쪽으로 밀려들어간다. 따라서 용액의 농도는 더 진해지는 반면 순수한 물이 증가한다. 역삼투 현상은 열을 가하지 않고도 용액을 농축하는 방법으로, 가정에서 깨끗한 물을 얻고자 할 때 실제적인 방법으로 사용될 수 있다.

졸과 겔

액체 안에 작은 고체 입자들이 떠있는 계(界, system)가 **콜로이드**(물에 풀려서 떠있는 녹말풀과 같이 둘 또는 그 이상의 상이 섞여있는 계)의 일종인 **졸**이다. 물에 풀린 풀이나 페인트 등이 졸의 예이다. 졸 상태의 콜로이드 용액이 일정한 농도 이상으로 진해져서 튼튼한 그물조직이 형성되어 굳어진 것이 **겔**이다. 겔은 젤리와 같은 덩어리를 이루며, 젤라틴이 흔히 볼 수 있는 예이다.

에멀션

서로 섞이지 않는 액체와 액체를 흔들어서 콜로이드로 만든 계를 **에멀션**이라고 한다. 물과 기름을 같이 넣고 고루 휘저으면 한 액체는 콜로이드 크기의 방울로 부서져서 다른 쪽 액체에 섞이게 된다. 그러나 잠시 뒤에는 퍼진 입자들이 다시 합쳐져서 액체는 두 층으로 분리되기 때문에 유화제를 넣어서 콜로이드를 안정화한다. 가령 우유는 물과 유지방에 카제인이 유화제로 작용한 에멀션이다.

기(基)

화학반응에서 자신은 변화하지 않은 원래의 형태로 어떤 화합물에서 다른 화합물로 이동하는 원자들의 집단을 기 또는 **라디칼**(radical)이라고 한다. 이들은 이온으로는 존재할 수 있으나 독립된 물질이 될 수는 없다.

상호교환

원자들의 무리를 뜻하는 라디칼(기)을 서로 교환하는 화학반응을 이르며, **상호교환반응**이라고도 한다. 상호교환의 일반적인 형태는 AB+CD→AD+CB이며, 물질의 양이온과 음이온을 서로 맞바꾸는 방식으로 일어난다. 이때 반응에 관여하는 원자들의 산화수는 전혀 변하지 않으므로 산화-환원 반응은 아니다. 상호교환은 수용액에서 흔히 나타난다.

금속 전도

금속 내에서 전류가 흐르는 현상을 **금속 전도**라고 한다. 금속 결정에서 격자 구조를 하고 있는 양이온의 주위를 전자구름이 둘러싸고 움직이고 있다. 도선의 한끝에 전자를 밀어 넣으면 이 전자는 전자구름에 있는 다른 전자를 밀어낸다. 밀려난 전자들은 차례로 이웃에 있는 전자들을 밀어내고, 이 효과가 도선을 따라 전달되어 도선의 반대쪽 끝에서 전자가 나올 때까지 계속된다. 이 과정을 통해 전도가 이루어진다. 전자가 도선의 한끝에서 들어오는 속도와 다른 끝으로 나가는 속도가 같기 때문에 도선의 각 지점은 전기적으로 중성을 유지한다.

전해질과 전해질 전도

이온결합 화합물이 녹은 액체 또는 이온을 포함하고 있는 용액이 **전해질**이다. 순수한 물은 거의 이온화되지 않아서 전기가 거의 통하지 않으나, 이온(전해질)이 녹아있는 수용액은 전기에 대한 도체가 된다. 전해질에 들어있는 음이온이나 양이온이 전하들을 가지고 움직여 전류가 흐르는 현상을 **전해질 전도**라고 한다.

전기분해

전해질에 전류를 통과시킬 때 일어나는 화학반응이 **전기분해**이다. 전기분해는 전극에 전자가 전달되는 과정이므로 산화–환원 반응에 해당한다. 양이온은 음극에서 전자를 받아 환원되고, 음이온은 양극에서 전자를 잃고 산화되어 중성물질이 된다.

배터리

전지를 여러 개 직렬이나 병렬로 연결한 장치가 배터리이다. 가령 일반적인 자동차 배터리(**축전지**)는 6개의 이차전지(재충전이 가능한 전지)를 직렬로 연결하여 12볼트의 기전력을 낸다.

연료전지

수소나 일산화탄소, 메탄 등의 연료의 산화에서 생기는 화학에너지를 직접 전기에너지로 변환시키는 전지로, 일종의 발전장치라고 할 수 있다. **연료전지**는 기본적으로는 산화–환원 반응에서 기전력을 얻는 보통의 볼타전지(내부에서 일어나는 화학반응으로 기전력을 만들어 전기에너지원으로 사용되는 장치)와 같지만, 외부에서 연료가 계속 공급되고, 반응에서 나온 생성물은 계속 제거된다. 따라서 연료전지는 연속적으로 사용이 가능하다.

알칼리

물에 녹아서 수산화이온(OH^-)을 내놓는 염기를 **알칼리**라고 한다. 수산화나트륨($NaOH$)이나 암모니아(NH_3)가 잘 알려진 알칼리의 예이다.

pH척도

pH척도는 용액의 산성도나 알칼리도를 나타내는 대수적인 척도이다. pH라는 말은 전통적인 산의 개념인 수소이온농도를 의미하는 수소 퍼텐셜(potential of hydrogen)의 약자에서 왔다. 용액의 pH는, $pH = \log 1 \div [H^+] = -\log [H^+]$로 정의되며, 단위는 mol/L이다. pH는 10의 지수와 관계가 있으므로, pH=3인 용액은 중성 용액(pH=7)에 비해 수소이온 농도가 10,000배에 달한다. pH는 음의 지수 값을 갖기 때문에 pH가 낮은 값을 가질수록 수소이온의 농도는 진해진다. pH=7에서 용액은 중성이며, pH가 7보다 낮으면 산성 용액, 7보다 높으면 알칼리성 용액이다.

화학평형

화학반응에서의 평형은 반응과 그 역반응이 같은 비율로 일어나 균형이 잡힌 상태를 말한다. 반응물이 거의 모두 다시 생성물로 변화할 수 있는 **비가역반응**과는 달리 **가역반응**에서는 온도와 압력이 일정하게 유지되면, 어느 정도 반응이 진행되고서 더 이상 반응이 일어나지 않고 **화학평형**에 도달하게 된다. 일단 평형 상태에 이른 반응물과 생성물 사이에서는 **정반응**의 속도와 **역반응**의 속도가 같아진다. 입자 하나하나는 반응물과 생성물 사이에서 변화를 계속하지만 입자들 전체의 상태는 안정한 일정한 값에 도달하여 반응물과 생성물의 농도는 시간이 지나

도 더 이상 변하지 않는다.

르 샤틀리에의 원리

만일 평형에 이른 계에 어떤 변화를 주면 반응은 가해진 변화의 효과를 없애는 방향으로 진행되어 새로운 평형에 도달하게 되는데, 이를 **르 샤틀리에**의 원리라고 한다. 과량의 고체물질(용질)을 예로 들어 설명하면, 만일 용액의 온도를 올리면 계는 온도를 다시 내리는 쪽으로 움직인다. 따라서 반응은 열이 흡수되는 방향으로 진행되어 고체용질이 더 많이 녹아서 온도는 다시 내려간다. 즉 수용액의 온도를 올려주면 농도가 증가한다. 반대로 온도를 내리면 반응은 발열반응으로 진행한다. 그 과정에서 녹아있던 물질은 다시 고체로 변하여 용해도가 감소하면서(이를 석출이라고 한다) 온도는 올라간다.

반응속도

반응속도는 화학반응을 일으키는 반응물 중 한 물질의 농도가 단위 시간당 감소하는 비율, 또는 생성물 중 하나의 농도가 증가하는 비율로 정의된다. 반응속도는 반응물의 성질에 따라 달라지며, 일반적으로 온도, 촉매, 반응물의 농도, (불균일 반응에서의) 고체의 표면적 등의 인자에 의해 영향을 받으며, 반응이 여러 단계를 거쳐 일어날 때에는 각 단계마다 이 인자들이 작용한다.

활성화 에너지

화학반응을 일으키는데 필요한 최소한의 에너지를 활성화 에너지라고 한다. **활성화 에너지**는 분자들이 활발하게 운동을 하는 정도를 나타낸다.

탄화수소

탄소와 수소로만 이루어져 있는 탄소 화합물(유기화합물)을 이른다. **탄화수소 화합물**이라고도 하며, 수많은 종류의 탄화수소 화합물이 알려져 있다.

■ 메탄

메탄(CH_4)은 가장 간단한 탄화수소 화합물이며, 천연가스의 주성분(약 99%)을 이룬다. 메탄은 이산화탄소 다음으로 지구온난화를 일으키는 온실가스이다. 메탄은 늪지에서 산소가 없이 식물이 썩을 때 발생하므로 늪지 기체라고도 한다. 또한 가축의 소화 과정이나 흰개미의 활동, 산불 등에서도 대량으로 발생한다.

단량체와 중합체

단량체는 서로 연결되어 이합체나 삼합체 또는 중합체 등을 형성하는 기본 단위가 되는 분자나 화합물을 말한다. 가령 천연고분자인 셀룰로오스의 단량체(모노머)는 D–글루코오스이다. 중

합체는 분자가 하나의 단위(단량체)로 반복해서 연결되어 거대 분자가 된 화합물로 **고분자** 또는 **폴리머**라고도 한다. 가령 PVC로 알려져 있는 폴리염화비닐은 염화비닐이라는 단량체가 결합된 것이다.

중합

같은 분자를 2개 이상 결합하여 분자량이 큰 화합물을 생성하는 반응을 말한다. 만일 중합체를 만드는 과정에서 작은 분자들을 첨가하면 **첨가 중합반응**, 압축해서 작은 분자를 제거하는 방식으로 중합체가 만들어지면 **축합반응**이라고 한다. 가령 단량체인 글루코오스는 식물체의 축합반응을 거치면서 중합되어 녹말로 바뀐다.

증류

증류는 액체를 끓여서 나오는 증기를 응축하여 순수한 액체로 만드는 과정이다. 증류한 증기를 모아서 식힌 액체를 증류액이라고 한다.

센물과 단물

칼슘(Ca)이나 마그네슘(Mg) 또는 철(Fe) 등의 광물질이 비교적 많아 녹아 있는 물을 센물 또는 **경수**라고 한다. 센물에 있는 물질은 씻어내기 어렵고, 가열하면 딱딱한 물질(관석)이 침전되어 열효율을 저하시키며, 폭발의 위험이 있기 때문에 공업용수로 부적당하다. 또한 센물에는 비누의 거품이 잘 일지 않아 세척 효과가 줄어든다. 센물에 비해 칼슘 이온이나 마그네슘 이온의 함유량이 적은 물이 **단물**로, 연수라고도 한다. 단물의 예로는 빗물이나 수돗물이 있으며, 증류수는 경도가 전혀 없는 순수한 단물이다.

이온교환

수용액을 고체에 통과시켜 같은 전하를 가진 이온을 교환하는 과정이 **이온교환**이다. 센물을 증류하여 단물로 만드는 과정은 비용이 많이 들기 때문에 보통 가정에서는 정수기로 이온교환을 해서 단물로 만든다.

열역전

고도가 높아질수록 대기의 온도가 낮아지는 것이 정상이나, 오히려 높아지는 현상이 **열역전**이다. 일반적으로 대기의 온도는 100m 높아짐에 따라 0.6~2.0℃씩 떨어진다. 그러나 분지에 인근의 차가운 공기가 들어오면 공기는 주위의 지형에 가로막혀 옆으로의 이동은 불가능하다. 또한 상공은 따뜻한 공기가 뚜껑처럼 덮고 있어서 빠져나가지 못하고 차가운 공기가 상당 기간 지표면 근처에 머무르는 열역전 현상이 일어난다.

습도

습도란 일정 공간 속에 수증기가 존재하는 정도로 습한 정도를 가리킨다. 이러한 습도는 크게 절대습도와 상대습도로 나뉜다. 습도가 높다는 것은 공기 중에 수증기가 많이 포함되어 있다는 것을 의미한다.

■ 절대습도와 상대습도

절대습도는 공기 $1m^3$ 속에 포함된 수증기의 양을 g으로 나타낸 값으로 단위는 g/m^3를 주로 사용한다. 온도 변화와 상관이 없는 수치이다. **상대습도**는 현재의 온도에서 최대로 포함할 수 있는 수증기의 양(포화 수증기압)에 비해 실제로 공기 중에 포함되어 있는 수증기의 상대적인 양을 백분율로 나타낸 것이다. 절대습도가 온도 변화와는 무관하다면, 상대습도는 온도와 수증기량에 의해 변하는 습도이다. 즉 공기 중의 수증기량이 감소하지 않았더라도 온도가 상승하면 상대적으로 상대습도는 낮아진다.

이슬점

공기 중의 수증기량에 관계없이 온도가 하강하면 포화 수증기압이 낮아지면서 상대습도는 높아지게 된다. 온도가 계속 하강하면서 상대습도가 100%에 이르면 포화 상태의 수증기가 응결하여 물방울이 되는데, 이러한 온도를 이슬이 맺히는 온도라 하여 **이슬점**이라고 한다. 이슬점을 결정하는 주요 요인은 현재의 수증기압이며 현재 공기 중의 수증기압이 높으면 이슬점도 높고, 현재 공기 중의 수증기압이 낮으면 이슬점도 함께 낮아지는 경향이 있다.

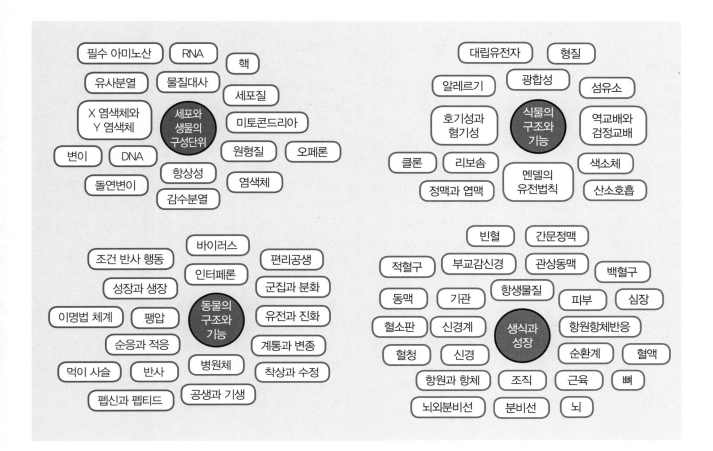

물질대사

생물이 생명을 유지하기 위해 물질을 외계로부터 섭취하여 필요한 구성 물질로 바꾸고, 다시 에너지 발생과 함께 생긴 노폐물을 체외로 배출하는 전 화학 과정을 **물질대사**라고 한다.

■ 혈액과 세포들 간의 물질대사

세포 사이에 채워져 있는 조직액에 혈액이 스며들어 세포에 산소와 영양분을 전달하며, 다시 조직액이 세포 속의 이산화탄소와 노폐물을 싣고 혈액으로 들어온다.

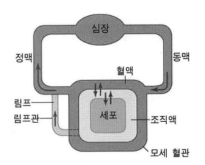

항상성

생물체가 체내외의 모든 변화에 대응하여 몸의 형태나 체내 상태를 안정시키면서 개체의 생명을 유지하는 성질을 항상성이라고 한다. 동물에서는 신경계와 호르몬이 **항상성** 유지에 큰 역할을 한다.

원형질

세포가 살아 작동하고 있는 부분으로, **핵**과 **세포질**로 구성된다. 세포질에는 미토콘드리아, 소포체, 엽록체 등이 산재하고 있다. 세포벽 등의 후형질(생명이 없는 부분)은 원형질이 아니다.

핵

세포핵이라고도 한다. 원생동물 이외의 생물, 즉 진핵생물의 세포 속에 있는 핵막으로 둘러싸인 구조이다. 핵막에는 작은 구멍(핵공)이 많이 열려있다. 핵막에 의해 둘러싸인 부분의 원형질을 핵질이라고 한다. 유전정보를 담당하는 DNA는 대부분 핵 속에 있다.

세포질

세포질은 세포를 구성하는 원형질 가운데 핵질 이외의 부분을 가리키는 것으로, 여러 가지 세포내 소기관이나 과립을 포함하며, 후형질(세포벽, 액포, 전분립)은 포함되지 않는다.

염색체

우리 몸에서 세포 분열이 일어날 때는 유전 물질을 딸세포에 전해주어야 하는데, 이를 담당하는 것이 **염색체**이다. 핵 속에 유전 물질인 DNA와 히스톤 단백질로 되어 있는 염색사가 들어 있다. 간기 때 염색사 형태로 존재하다가 세포 분열의 전기 때 핵 속의 염색사가 응축되어 염색체를 형성한다. 세포는 간기 동안에 유전 정보를 복제하여 분열기에 유전자 구성이 동일한 염색체 분체 2개가 붙어 있는 형태로 나타난다. 염색체에는 체세포의 핵에 모양과 크기가 같은 한 쌍의 염색체가 있는데 이를 상동 염색체라 하고, 성에 관계없이 암수 공통의 염색체는 상염색체, 성을 결정하는 염색체를 성염색체라 한다.

■ 연관

사람은 유전자를 3~4만 개 가지고 있지만 염색체 수는 23쌍 정도이다. 이와 같이 하나의 염색체에 여러 개의 유전자들이 함께 존재하는 데 이를 서로 **연관**되어 있다고 한다. 이들과 연관된 유전자를 연관군이라 하며, 연관되어 있는 유전자들은 생식 세포를 형성할 때 분리되지 않고 함께 이동한다.

X 염색체와 Y 염색체

X 염색체와 Y 염색체는 성(性) 염색체의 하나이다. **X 염색체**는 암컷과 수컷 모두 가지고 있는 반면, **Y 염색체**는 수컷에게만 있는 염색체이다.

미토콘드리아

모든 진핵세포의 세포질 속에 있는 세포 소기관으로 안팎 2중막 구조를 가지며, 내막은 스트로마를 싸고 있다. 이와 동시에 다수의 주름이 있어서 스트로마 속으로 돌출하여 있다. 이 내막 돌출부를 크리스타라고 한다. 호흡의 구연산 회로와 전자 전달계 과정을 받아들이는 중요한 부분이다.

■ 스트로마

엽록체의 그라나를 제외한 기질 부분으로, 무색의 단백질을 주성분으로 하는 물질이다. 이산화탄소 고정에 관계하는 효소가 이곳에 들어 있다.

■ 그라나, 틸라코이드, 라멜라

양치식물 이상의 고등식물의 엽록체 내부에서 볼 수 있는, 녹색의 진한 과즙 모양의 편평한 주머니 구조(틸라코이드)가 겹쳐 있는 부분을 그라나라고 한다. 틸라코이드는 라멜라라고 불리는 막계(膜系)로 구성되어 있다. 라멜라에는 엽록소가 들어 있으며, 광합성 명반응이 일어난다.

유사분열

진핵생물의 일반적인 분열 양식으로, 유사분열에는 체세포 증식에서 볼 수 있는 **체세포분열**과 생식세포 분열에서 볼 수 있는 **감수분열**이 있다.

감수분열

2회 연속 유사분열이 일어나 염색체수가 반으로 줄어드는 핵분열이다. 제1분열에서 염색체수가 반감하고, 제2분열에서는 염색분체가 분리된다. 생식세포를 형성할 때 일어나므로 **성숙분열**이라고도 한다. 정자와 난자가 수정에 의해 합쳐지면 정상적 염색체수를 갖게 된다.

DNA

DNA(Deoxyribonucleic acid, **유전자 본체**)는 디옥시리보오스를 가지고 있는 핵산으로 유전자의 본체를 이룬다. 인간에서 식물, 미생물에 이르기까지 모든 생물 현상을 지배하는 유전자의 본체라고 할 수 있으며, 이중 나선 구조를 하고 있다. 생물의 세포 속에 있으며 생명활동을 유지하는데 불가결한 효소 등 각종 단백질의 생산을 지령하고 제어하는 역할을 한다.

RNA

RNA(Ribonucleic acid, **유전 물질**)는 세포 속에서 유전자 본체인 DNA가 가지고 있는 유전정보에 따라 필요한 단백질을 합성할 때 작용하는 고분자 화합물을 말한다. 리보오스와 염기, 인산 등 3가지 성분으로 이루어져 있다. **리보핵산**이라고도 한다.

■ DNA와 RNA의 차이

구분	당	염기	구조	역할
DNA	디옥시리보오스	A, G, C, T	이중 나선 구조	유전정보 전달
RNA	리보오스	A, G, C, U	단일 가닥	DNA의 정보 전달

변이

동종 생물에서 볼 수 있는 형질의 차이를 **변이**라고 한다. 환경의 영향으로 생겨 유전하지 않는 것을 개체변이라고 하고, 유전하는 변이를 돌연변이라고 한다.

돌연변이

원래 없던 형질이 유전자나 염색체에 이상이 생겨 자손에게 유전되는 현상을 **돌연변이**라고 한다. 원인에 따라 유전자 돌연변이, 염색체 돌연변이가 있다. **유전자 돌연변이**는 유전자의 본체인 DNA의 염기 서열에 이상이 생겨 나타나며, 유전병에는 겸형 적혈구 빈혈증, 알비노증, 낭포성 섬유종 등이 있다. 염색체의 구조나 수에 이상이 생겨도 돌연변이가 나타나는데, 이를 **염색체 돌연변이**라고 한다.

■ 돌연변이의 종류
염색체 구조에 이상이 생기는 돌연변이에는 염색체 일부가 끊어져 없어지는 결실, 염색체의 동일한 일부가 반복되는 중복, 염색체 일부가 끊어져 거꾸로 붙는 역위, 염색체의 일부가 끊어져 다른 염색체에 붙는 전좌가 있다. 염색체 구조 이상의 대표적인 예로는 염색체 일부가 결실되어 나타나는 묘성 증후군이 있다. 염색체 수의 이상은 감수분열 시 염색체 일부의 비분리 현상에 의해 나타난다. 감수분열 시 한두 개의 염색체 비분리에 의해 나타나는 이수성 돌연변이와 분열 시 염색체 수가 3배체(3n), 4배체(4n)가 되는 배수성 돌연변이가 있다.

오페론
어떤 형질이 나타나는 단위가 되는 **유전자의 작동 단위**이다. 미생물 유전에서 발견되는 것으로 다음 네 가지로 구성된다. 구조유전자는 단백질(효소) 구조를 결정하는 정보를 가진 유전자(DNA) 부분이다. 작동유전자는 구조유전자 가까이에 있어서 그 작용을 지배하는 유전자 부분이다. 촉진유전자는 구조유전자의 이웃 그리고 작동유전자와의 사이에 있으며, 구조유전자의 작동 개시점이 되는 유전자 부분이다. 조절유전자는 작동유전자 근처에 있으며, 그 작동을 조절하는 유전자(DNA) 부분으로 제어물질(억제유전자)을 만든다.

필수 아미노산
동물이 체내에서 합성하지 못하거나 만들기 힘들기 때문에 음식물로 반드시 섭취해야 하는 아미노산을 말한다. 필요한 아미노산을 모두 합성할 수 있는 식물이나 미생물에 대해서는 필수 아미노산이라는 개념은 없다. **필수 아미노산**의 종류는 동물의 종류나 성장 시기에 따라 다르지만, 성인의 경우에는 이소류신, 류신, 리신, 페닐알라닌, 메티오닌, 트레오닌, 트립토판, 발린의 8종이다. 어린아이의 경우에는 여기에 히스티딘이 더해진다.

동화작용
생체 내에서 간단한 분자로부터 보다 복잡한 분자가 합성되는 화학변화로, 녹색식물 등이 이산화탄소의 간단한 분자로부터 당(糖) 등의 비교적 복잡한 분자를 합성하는 화학변화를 **동화작용**이라고 한다. 동화의 대표적인 예가 **광합성**이다.

광합성
녹색 식물이 빛에너지를 이용하여 이산화탄소와 물로부터 포도당과 산소를 만드는 일련의 과정을 **광합성**이라고 한다. 일반적으로는 녹색식물에 의한 에너지 변환 과정을 의미한다. 녹색식물의 세포에 들어 있는 **엽록체**가 광합성이 일어나는 장소이다. 포도당은 녹말로 전환되어 잎세포에 저장되었다가 다시 당분으로 변화, 식물 각부에 운반되어 에너지원으로 쓰인다.

■ 명반응과 암반응
광합성은 크게 명반응과 암반응이라는 두 단계로 나뉘는데, **명반응**은 빛이 있어야 진행되는 반응이며 암반응은 빛이 없어도 진행되는 반응을 말한다. 명반응이 일어난 후 **암반응**이 진행되는데, 명반응은 틸라코이드의 막에서 일어나고 암반응은 스트로마에서 일어난다.

섬유소
식물이 광합성으로 만든 포도당이 결합하여 생긴 물질로 세포벽을 형성하며, **셀룰로오스**라고도 한다. 식물은 포도당을 녹말로 바꿔 세포 속에 축적하는데, 포도당의 결합 방식이 녹말과 다른 것이 섬유소이다. 인간의 몸에는 섬유소를 분해하는 효소가 없으므로 에너지원이 되지는 못한다. 면(綿)에도 섬유소가 많고 여러 가지 목재에서 만들어지는 종이의 주성분 역시 섬유소이다.

■ 셀룰라아제
셀룰로오스 분해 효소이다. **셀룰라아제**는 고등식물, 균류, 세균, 연체동물 등에 분포되어 있으며, 반추동물(초식동물)의 위에는 이것을 분비하는 균이 생식하고 있어 셀룰로오스를 소화시킨다.

색소체
식물 세포에서 색소를 만들거나 색소를 함유한 세포 소기관으로, 비녹색식물이나 남조류를 제외하면 거의 모든 식물의 세포질 속에 존재한다. 일반적으로 **색소체**는 유색의 색소체와 무색의 백색체로 구별한다.

리보솜
리보솜은 모든 생물의 세포 속에 존재하는 단백질 합성 장소로, 소포체의 위나 그 부근에 있으며 오뚝이 모양을 하고 있다. 크고 작은 부분으로 나뉘며, 작은 쪽에 전령 RNA, 큰 쪽에 운반 RNA가 결합한다.

산소호흡
세포 내에서 에너지원인 포도당을 산소로 산화함에 따라 분해되어 이산화탄소와 에너지를 얻는 **생체활동**이다. 해당계, 구연산 회로, 전자전달계로 만들어지는 반응이다.

알레르기

신체에 이물질(특정 단백질, 진드기 같은 생물, 꽃가루, 먼지 따위)이 들어왔을 때, 항원항체 반응에 의해 발열, 발진, 기침, 구토 등을 일으키는 것을 **알레르기**라고 한다. 알레르기의 원인이 되는 항원물질을 특히 알루겐이라고 한다. 알레르기라는 말은 과민성과 같은 의미로 쓰이는 경우가 많다.

호기성과 혐기성

호기성은 산소가 있는 환경이나 물질의 성질을 가리키며, 호기성 세균은 산소가 존재하는(공기 속) 곳에서 생육하는 세균이다. **혐기성**은 산소가 없는 환경이나 물질의 성질을 가리킨다. 혐기성 세균은 무산소 상태에서 생육하는 균류로, 산소가 있으면 생육할 수 없는 세균인 편성 혐기성 세균으로는 크로스트리디움(흙 속에서 질소고정을 하는 세균), 메탄세균, 대부분의 광합성 세균이 있다. 이에 비해 산소가 있든 없든 생육할 수 있는 것을 통성 혐기성 세균이라고 한다.

형질

형질은 유전자의 작용에 의해 생물의 표면에 나타나는 그 생명체의 성질을 의미한다. 유전자에 의해 유전되나 유전법칙에 따라 나타나지 않는 형질도 많다.

대립유전자

대립인자라고도 하며, 유전학 상의 용어로 한 가지 종류의 형질(키의 크고 작음, 꽃의 색깔 등)에 대해 한 쌍의 유전자가 있을 때 대립형질에 대응하는 유전자를 말한다. 대립유전자는 상동염색체에 같은 위치에 있다. 대립형질이란 서로 반대되는 형질을 가리킨다.

양성잡종

2차 유전자 잡종이라고도 한다. 2쌍의 대립유전자(예를 들면, AA와 aa 및 BB와 bb)가 다른 연쇄군에 존재하는 경우에 멘델의 유전법칙에 따라 잡종 제2대(F2)에서 표면형 분리비가 9(AB):3(Ab):3(aB):1(ab)의 비율로 분리된다.

우성 유전자

대립형질에 대응하는 유전자 중 잡종 1대에 나타나는 형질의 유전자를 말한다. 붉은 꽃과 하얀 꽃의 교배에 의해 생기는 형질이 붉은 꽃일 때, 그 붉은 꽃에 대응하는 유전자가 **우성 유전자**이다.

상호 우성 유전자

어떤 대립형질(키의 크고 작음, 종자의 둥글기와 주름 등, 짝을 이루고 있는 형질)에 대해 3개 이상의 대립유전자가 있어 우성이 다른 것과 섞이지 않을 때, 각 유전자를 **상호 우성 유전자**라고 한다. ABO식 혈액형의 유전에 있어서는 A형 유전자와 B형 유전자는 어느 쪽이든 O형 유전자에 대해서는 우성인데, 둘 사이에는 우열관계가 없다. 한 개체에 A형 유전자와 B형 유전자가 있을 경우 혈액형은 AB형이 된다.

다운 증후군

사람의 염색체수는 2n=46인데, 핵형 분석에서 21번째 상동염색체가 2개가 아니고 3개 있을 때 나타나는 증상으로, 염색체수는 47이다. **다운 증후군**은 모체에서의 감수분열 증상이 원인으로 불치의 병이다. 이 병에 걸리면 발육이 늦고 40세 이전에 죽는 경우가 많다.

멘델의 유전법칙

멘델은 완두 교배 실험을 통해 다음과 같은 일정한 규칙성이 있는 유전 현상을 발견했다. 한 형질에 대한 대립유전자는 형질로 표현되는 인자는 우성, 표현되지 않는 인자는 열성으로 서로 다르다(우열의 법칙). 대립유전자는 생식세포를 형성할 때 각각 분리되어 생식세포로 들어가며, 수정할 때 다시 쌍을 이룬다(분리의 법칙). 두 가지 형질의 유전에서 각각의 형질의 대립유전자는 독립적으로 분리되어 자손에 전달된다(독립의 법칙). 멘델은 각 객체에는 한 형질에 대한 유전 인자가 쌍으로 존재하고, 형질을 결정하는 데는 한 쌍의 대립유전자가 관여한다는 것을 주장했다. 이를 **멘델의 유전법칙**이라고 한다.

역교배와 검정교배

역교배는 교잡에 의해 만들어진 잡종과 그 양친 중의 어느 한쪽과의 교배를 가리킨다. 이때 양친은 교잡에서 쓰인 것과 동일체가 아니어도 되며, 동일 계통의 동일 유전자형을 가지면 더 좋다. 열성 형질의 양친과의 역교배는 검정교배(test-cross)라고 한다. 즉 **검정교배**는 어떤 개체의 유전자형을 알아내기 위하여 우성 개체를 열성 호모의 개체와 교배시키는 것이다. 이것은 검정하는 개체에서 생기는 배우자의 유전자형의 분리비가 그대로 표현형의 분리비로 나타나기 때문이다.

클론

부모와 완전히 똑같은 유전자를 갖는 자손을 말한다. 식물 세계에서는 영양계, 동물 세계에서는 분지계로 구분한다. 식물에서는 무성적으로 증식해온 개체를 **클론**이라고 하고, 고등동물 세계에 있어서의 클론은 아직 연구 단계에 머물러 있다.

색맹

색을 정확히 구분하지 못하는 것으로, 전색맹과 부분색맹이 있다. **부분색맹**에는 적록색맹과 황청색맹이 있다. 전색맹은 드물며, 상염색체 열성 유전자(성염색체 이외의 염색체 상의 열성 유전자)로 인해 생긴다. 색맹의 대부분은 적록색맹이며, 인간의 반성유전의 전형적인 예이다.

이수성

개체나 계통이 그 종에 고유의 염색체 기본수(게놈, 2n)의 정합 배수 이외의 염색체수(2n-1, 2n-2, 2n+1, 2n+2 등)를 갖는 것을 말하며, 이수성을 갖는 개체를 **이수체**라고 한다. 이수성의 원인은 생식세포가 생길 때의 감수분열 시에 염색체가 정상으로 분배되지 않았기 때문으로 생각된다. 다운 증후군의 예에서 알 수 있듯, 이수성은 일반적으로 생물에 적합하지 않은 경우가 많다.

하디바인베르크의 법칙

집단에서의 유전자 구성의 유지 또는 변화에 관한 이론으로, 영국의 수학자 하디와 독일의 의사 바인베르크가 각각 독자적으로 발견하였다. 이 법칙에 따르면, 커다란 개체군에서 유전자를 변화시키는 외부 힘이 작용하지 않는 한 우성유전자와 열성유전자의 비율은 세대를 거듭해도 변하지 않고 일정하다. 이러한 자연적 평형 상태를 깨뜨리는 외부 힘으로는 **선택, 돌연변이, 이동** 등이 있다. 이 법칙은 진화의 메커니즘인 자연선택을 설명하는데 특히 중요한 역할을 하였다.

교차

생식세포를 만드는 감수분열 제1기의 경우에 상동염색체의 일부가 교환이 일어나서 유전자의 일부가 뒤바뀌는 현상을 **교차**라고 한다.

■ 교차율

교차율은 연관하고 있는 유전자 사이에서 교차가 일어나는 비율을 나타낸 수치이다. 교차율의 크고 작음은 동일 염색체에서의 유전자의 상대적 거리를 나타내는(두 유전자의 거리가 멀수록 교차가 일어나기 쉽다) 것으로 생각할 수 있다. 염색체 지도는 이를 기초로 만들어진다. 교차율은 검정교잡에 의해 알 수 있다.

지방

식품의 3대 영양소의 하나이다. **지방**은 탄소(C), 수소(H), 산소(O)로 구성되는데, 수소에 비해 산소의 양이 매우 적다. 평상시 온도에서 반고체이거나 고체인 것을 지방(fats)이라고 하며, 액체인 것을 기름(oil)이라고 한다. 이 두 가지를 합친 것을 유지라고 한다.

조효소

조효소는 효소 반응에 도움을 주는 물질로, 비타민, 무기염류 등이 있다. 효소와 단백질의 결합이 비교적 약하며, 저분자여서 열에 약하다.

비타민

식품에 극히 소량 존재하면서 고등동물의 성장과 생명 유지에 필수적인 물질이다. **비타민**의 체내 기능은 매우 광범위한데, 대부분은 효소나 효소의 역할을 보조하는 조효소의 구성 성분이 되어 탄수화물 · 지방 · 단백질 · 무기질의 대사에 관여한다.

발효

미생물 작용으로 유기물이 분해 또는 변화하여 보다 작은 화합물로 되는 현상을 **발효**라고 하며, 알코올성 음료나 빵, 그 밖의 양조 제품 제조에 쓰인다.

주지성과 굴지성

중력 자극에 대하여 일어나는 주성(走性)을 **주지성**이라고 한다. 파리 유충이 땅으로 기어들어가서 번데기가 되는 것은 양(+)의 주지성이다. 짚신벌레를 진한 배양액이 있는 시험관에 넣으면 짚신벌레는 위쪽으로 모여들게 되는데, 이것이 중력이 작용하는 방향에 반대되는 음(-)의 주지성이다. **굴지성**은 식물이 중력에 반응하여 줄기는 위로 자라고 뿌리는 밑으로 자라는 현상으로, 뿌리는 +굴지성을, 줄기는 -의 굴지성을 갖는다고 한다. 굴지성은 생존에 꼭 필요한 반응이다.

발아

휴면 상태에 있는 싹(생장점, 종자의 배아에 있다)이 발육을 시작하는 것을 **발아**라고 한다. 간단히 말하면 종자가 싹을 내는 것이다. 발아에는 수분, 적당한 온도, 산소를 필요로 하며, 추가로 빛이 필요한 경우도 있다.

잎

유관속 식물의 중요 기관 가운데 하나로 광합성, 물질 전환, 수분 증발 등을 담당한다. 형태는 여러 가지인데 일반적으로 편평한 모양을 하고 있으며 잎사귀, 줄기, 턱잎 세 부분으로 이루어진다. 꽃잎, 꽃받침 등은 **잎**이 변형된 것이다.

■ 잎의 구조

잎을 횡단면 구조로 살피면, 잎의 표면에서 이면을 향하여 표피세포, 울타리세포, 해면세포, 표피세포 순서로 되어 있다. 이면에는 마주 보는 공변세포 사이에 생기는 기공이 있다. 수분이 충분하여 공변세포의 팽압이 높아지면 이 공간이 넓어지고, 수분이 부족해 공변세포의 팽압이 작아지면 이 공간은 좁아진다.

정맥과 엽맥

(동물의) **정맥**은 몸의 각 부분에서 혈액을 모아 심장으로 보내는 혈관을 말한다. (식물의) **엽맥**(잎맥이라고도 한다)은 일반적으로 잎의 관다발과 이것을 둘러싼 부분으로 된 백상 부분을 말한다. 잎맥은 잎 속의 물질이 이동하는 부분으로, 뿌리에서 줄기를 통하여 온 물·무기염류 및 기타 물질을 잎을 구성하는 세포에 주고, 또한 잎에서 광합성에 의해 만들어진 물질을 다른 기관에 운반하는 역할을 한다.

성장과 생장

성장(또는 생장)은 생물이 알에서 성체로 변화하고 있는 사이에 크기나 무게를 늘려가는 현상으로 발육과 같은 뜻으로 쓰인다. 성장 호르몬은 동물의 근육이나 뼈의 성장을 촉진하는 호르몬으로 부족하면 난쟁이가 되고, 과잉되면 거인이 된다.

착상과 수정

포유류의 수정란은 난할(배아 초기 발생의 분열로, 수정란의 세포분열을 말한다)하기 때문에 수란관으로부터 자궁에 이르면 포배의 상태로 점막 벽에 붙어 모체의 영양을 흡수할 수 있는 상태가 되는데, 이것을 **착상**이라고 한다. 수정에서 착상에 이르기까지 소요되는 기간은 약 10일이다. 착상 후에는 본격적인 발육을 시작하여 태아가 된다. **수정**은 난자와 정자의 핵이 합치는 것으로, 유성생식을 하는 동·식물의 공통적 현상이다.

인터페론

바이러스 감염 때 대부분의 동물 세포가 생산·분비하는 **당단백질**로, 바이러스 억제 인자라고도 부른다. 바이러스 증식을 저지하여 바이러스 감염 초기의 생체 방어 기구로서의 기능을 한다. 나아가서 세포, 특히 종양세포의 증식을 억제하는 기능을 가지고 있어 폐렴이나 악성 종양에 대한 실험적 임상 응용이 시작되고 있다.

팽압

세포가 물을 흡수함으로써 일어나는 세포 내압과 외압 사이의 차이를 **팽압**이라고 한다. 식물의 세포를 저장액에 담그면 세포의 내용물인 원형질이 물을 흡수하여 팽창하고 세포벽을 넓히려고 하는데, 이 힘이 팽압이다. 팽압은 식물세포의 역학적 강도를 높이는 외에 성장에 중요한 역할을 한다. 그러나 동물세포에는 무시할 수 있을 만큼 팽압이 작다.

병원체

감염증을 일으키는 기생생물이다. 형태의 크기에 따라 분류하며, 바이러스, 리케차, 세균(구균·간균·나선균·방선균), 진균, 스피로헤타, 원충의 6종류가 있다.

펩신과 펩티드

펩신은 척추동물 위액 속에 존재하는 단백질 분해 효소로, 아미노산 펩티드 결합을 가수분해한다. 펩티드는 두 개 이상의 아미노산이 **펩티드** 결합으로 연결된 형태의 화합물을 가리킨다.

■ 펩티드 결합

두 α-아미노산에서 한쪽 카복실기와 다른 쪽 아미노기가 탈수축합하여 생기는 일종의 산아미드 결합이다.

계통과 변종

계통은 공동 조상을 가지며 유전자형이 같은 개체군을 말한다. **변종**은 동·식물의 각 종(種) 내에 있는 여러 가지 형태를 일컫는다.

바이러스

비루스라고도 하며, 인공적인 배지에서는 배양할 수 없지만 살아 있는 세포에서는 선택적으로 증식한다. **바이러스**는 생존에 필요한 물질로, 핵산(DNA 또는 RNA)과 소수의 단백질만을 가지고 있으므로 그 밖의 모든 것은 숙주세포에 의존하여 살아간다. 결정체로도 얻을 수 있기 때문에 생물·무생물 사이에 논란의 여지가 있지만, 유전이라는 생물 특유의 성질을 가지고 있어서 대체로 생명체로 간주된다.

이명법 체계

생물계의 **분류 체계**의 하나로, 속(屬)의 이름(속명) 다음에 종(種)의 이름(종명)을 써서 생물의 종을 나타내는 방법이다. 생물을 분류할 때 종을 분류 기준으로 삼으며, 오늘날 모든 동물과 식물의 학명은 이 방법에 따라 붙여지고 있다. 속명은 고유명사를 쓰고 종명은 보통명사나 형용사를 쓰고 라틴어로 기술한다.

동화

신진대사의 일부로, 생물체가 외부로부터 섭취한 물질을 체내의 화학 변화를 통해 자기 몸에 유용한 화합물로 바꾸어 세포의 원형질에 쌓이게 되는 것을 **동화**라고 한다. 동화는 생물체를 유지하는 에너지원이 된다.

순응과 적응

생물이 변화하는 외적 요인에 대처하여 계속해서 적응하고 조절해나가는 것은 **순응**이라고 한다. 높은 산에 오르면 적혈구 수가 증가하는 현상이 그 예이다. **적응**은 생물이 갖는 형태와 생리적·생태적 성질이 그 생활환경에 일치되는 것을 말한다. 생물은 장기간에 걸쳐 생활해왔기 때문에 모든 생활환경에 적응한다고 할 수 있으며, 진화의 요인이다.

먹이 사슬
생물군집 내에서 생산자와 포식자(소비자)의 관계를 나타내는 것으로, 태양 에너지를 이용하여 무기물에서 유기물을 합성하는 녹색식물을 **생산자**, 자기 스스로 합성할 수 없는 동물을 **소비자**라고 한다. 소비자 중에서 생산자를 먹는 것을 초식동물 또는 1차 소비자, 1차 소비자를 잡아먹는 것을 육식동물 또는 2차 소비자, 2차 소비자를 잡아먹는 것을 3차 소비자라고 한다. 그에 따른 동식물의 죽은 몸체는 세균, 즉 분해자에 의해 분해되고, 그 결과 생긴 무기염류는 최종적으로 다시 식물로 흡수된다. 이를 먹이 순환이라고 한다.

■ 먹이 순환
식물인 생산자들이 태양 에너지를 이용한 탄소동화 작용과 무기적 영양물의 섭취로 생장을 한 후 먹이가 되면, 유기적 영양물의 형태로 화학 에너지를 싣고 먹이 사슬을 순환한다. 최후로 곰팡이 등과 같은 분해자들이 유기물을 분해하면 다시 생산자들의 영양으로 돌아간다.

공생과 기생
공생은 다른 종류의 생물과 함께 생활하고 있는 현상을 말한다. 단 서로 행동적으로나 생리적으로 긴밀한 연관성을 가지고 있는 상태를 가리키는 것이 보통이다. **기생**은 공생의 한 형태로 생물이 필요한 영양을 다른 생물체 일부로부터 얻어 생활하는 것을 일컫는다. 보통은 그에 따라 기생자가 이득을 보고 숙주가 어떤 피해를 입는 것을 말한다.

편리공생
큰 동물이 먹다 남은 것으로 작은 동물이 살아가는 것처럼 두 종류 생물 사이의 공생 관계를 **편리공생**이라고 한다. 작은 쪽은 약간의 이득이 있으나 큰 쪽은 해도 이득도 없다. 나무와 그 착생식물이 그 예이다.

군집과 분화
다수의 생물이 공존하고 있는 일정 지역 내에서 각각 일정한 개체 수를 유지하며 생활하고 있는 다수의 생물 무리를 **군집**이라고 한다. 생물 발생에 있어 배아로부터 세포의 특수화가 진행되어 여러 가지 조직이나 기관이 형성되는 과정을 **분화**라고 한다.

반사
어떤 자극에 대하여 동물이 신경계에서 하는 비교적 단순한 응답을 일컫는다. **반사**는 의식과 관계없이 일어나는 반응으로, 자극은 대뇌를 거치지 않고 척수나 연수에서 작동체로 명령이 전달된다. 조건 반사와 무조건 반사가 있는데, 일반적으로 후자를 가리킨다. 유전적으로 같은 종의 동물에서는 같은 방식으로 반사가 일어난다.

조건 반사 행동
파블로프가 개를 이용한 실험으로 유명해졌다. 개에게 먹이를 줄 때 종을 계속해서 울리면 개는 종소리만 듣고도 침을 흘리게 된다. 이것은 동물이 태어나면서 가지고 있는 반사와는 다른 것으로 이와 같은 **조건 반사 행동**을 일으키려면 경험(훈련)이 필요하다. 매실이나 레몬이라는 말만 듣고도 입안이 시어지는 것 같은 느낌을 받는 것도 조건 반사인데, 매실이나 레몬을 먹어본 적이 없는 사람에게는 이와 같은 반응은 일어나지 않는다.

길항작용
길항작용은 어떤 현상에 대해 촉진작용과 억제작용이 생겨 서로 그 효과를 없애는 것으로, 호르몬 분비나 자율신경 조절에서 볼 수 있다.

항생물질
미생물에 의해 만들어지고 다른 미생물의 발효 기능을 저해하는 물질이다. 스트렙토마이신, 페니실린, 타나마이신 등이 유명하다. **항생물질** 생산이라는 점에서 흙 속의 방선균류가 주목되고 있으며, 흙 또한 중요한 원료가 된다.

항원과 항체
항원은 항원항체반응을 일으킬 수 있는 물질로 단백질·다당 및 그것들의 복합체, 지질과의 복합체를 말한다. 사람들을 괴롭히는 꽃가루 알레르기의 항원은 꽃가루이다. **항체**는 생체 내에 들어온 병원균과 같은 이물(항원)에 대해 동물체 속에 본래 갖추어져 있는 방어 기능으로 만들어지는 단백질을 말한다. 항원과 특이하게 결합하여 생체를 지키는데 이를 **면역**이라고 하며, 항체는 혈청 속에 가장 많이 포함되어 있다.

■ 면역
특정 병원체나 독소에 대해 개체가 특히 강한 저항성을 갖는 것을 일컫는다. 이것은 체내에 특이한 항체가 생겨 병원균이나 독소와 결합하여 그들의 작용을 약화시키기 때문이다.

항원항체반응
생물체, 특히 동물은 자기와 다른 이물질(물질이나 생물체)을 구별하는 기능을 가지고 있으며, 한번 이물질이 체내에 들어오면 그것에 대하여 항체를 만들어낸다. 그 다음 똑같은 이물질이 다시 몸 안으로 들어왔을 때에 일어나는 반응이 **항원항체반응**이다. 증상이 없는 경우도 있으나 발진과 발열을 동반하는 경우도 있다. 병원균에 대해서도 존재하는 반응으로 한 번 걸리면 다시 걸리지 않는 것도 있으며, 이는 항원항체반응이 생물에게 유익하게 작용하는 경우로, 이를 두고 면역이 생겼다고 한다. 근래에 들어 장기이식이 활발하게 이루어지고 있는데, 이때 가장 큰 문제는 다른 사람의 장기가 자기의 것에 대해 이물질이 되어 항원항체반응의 원인이 되면서 거부반응이 일어나기 쉽다는 것이다.

조직

조직은 동일한 기능이나 형태를 갖는 세포 집단을 일컫는다. 동물의 조직은 상피조직(피부, 소화관, 혈관, 기관 등의 내표면을 덮는 것, 분비선도 들어간다), 결합조직(뼈, 연골, 혈액 등), 근육조직(근육, 내장 등), 신경조직(뇌, 신경계, 척수 등)으로 구분된다. 식물에서는 분열조직(생장점, 형성층 등), 영구조직(표피, 유관속계, 기본조직계)으로 크게 나눈 다음 여러 가지로 분류된다.

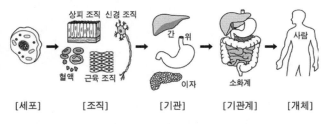

〈생물체를 구성하는 단위의 계층〉

피부

동물의 몸 표면을 덮고 있는 **피막**으로, 동물군에 따라서 그 상태는 현저하게 다르다. 즉 무척추동물의 단층의 표피로 된 것으로부터 척추동물의 다층의 표피와 그 아래의 진피로 된 것까지 포함되며, 또한 외피와 같이 각질화한 경우도 있다. 인체의 피부는 체표를 덮은 조직으로 물리적·화학적으로 외부로부터 신체를 보호하는 동시에 전신의 대사에 필요한 생화학적 기능을 영위하는 생명 유지에 불가결한 기관이다.

기관

생물의 개체 속에 부분적으로 있으면서 특정한 기능을 하는 것을 **기관**이라고 한다. 형태적으로 독립한 부분으로 다세포생물의 경우 복수의 조직이 모여 있는 형태를 하고 있다. 동물에서는 뇌, 위, 간 등을 예로 들 수 있으며, 식물에서는 꽃, 잎, 뿌리 등을 예로 들 수 있다.

신경

말초신경계에서의 신경섬유 다발을 가리켜 **신경**이라고 한다. 혈관이나 림프관을 따라 있다. 뇌에서 나오는 뇌신경, 척수에서의 척수신경, 교감신경과 부교감신경으로 구성되는 자율신경으로 크게 나뉜다. 또한 운동섬유만으로 이루어진 것을 운동신경, 감각신경만으로 이루어진 것을 감각신경이라고 한다.

■ 뉴런

신경단위로 신경세포체와 그 돌기인 신경섬유나 축색돌기를 합쳐서 가리키는 말이다. 뉴런은 신경계의 구조적·기능적 단위로, 단순히 신경세포라고 부르기도 한다. **시냅스**는 한 뉴런의 축색돌기 말단과 다음 뉴런의 수상돌기 사이의 연접부위이다.

신경계

신경조직으로 구성되는 기관계로 신경세포, 신경섬유가 갖는 흥분 전달 능력과 그 복잡한 구성에 의해 몸의 각 부분 기능이 통일적으로 지배되어 각 부분에서의 기능 연동, 개체로서의 행동 정확성을 갖게 된다.

부교감신경

자율신경(생체기능을 자율적으로 조절하는 신경계)의 하나이며, 교감신경과 서로 대립하거나 조절하면서 **호흡, 소화, 순환** 등을 담당한다. 흥분하면 말초에서 아세틸콜린이라는 신경전달물질을 분비하며 지배 기관으로 작용한다. 심장 운동 억제, 혈관 확장, 위장 운동 촉진, 동공 축소, 온열 발한과 같은 일을 담당한다. 부교감신경계는 교감신경계와 길항작용을 하고 있다.

신경 흥분

신경이 자극(충격)을 받으면 흥분 상태가 **뉴런**을 통해 전달된다. 흥분이 일어날 때 뉴런 세포막 밖에서 안으로 나트륨 이온(Na^+)이 흘러 들어오고 칼륨 이온(K^+)이 안에서 밖으로 흘러나온다. 흥분이 멈추었을 때에는 세포막 전위가 역전된다. 이것이 충격이 전달되면서 신경이 흥분되고, 이후 점차 진정되는 과정이다.

근육

생물의 운동기관의 하나로 수축 및 이완을 반복할 때 생긴다. 원생동물, 중생동물, 해면동물을 제외한 모든 동물에 존재한다. 그 구조로부터 가로무늬근과 민무늬근으로 크게 나뉜다. 가로무늬근의 근육 세포는 다양하고 옆으로 줄이 있으며, 빠른 속도로 수축하지만 피로하기 쉽다. 민무늬근의 근섬유는 단핵으로 방추형을 하고 있으며, 완만하게 수축하여 쉽게 피로해지지 않는다.

순환계

혈액을 만들고, 혈액을 몸 전체로 보내거나 받는 작용을 하는 몸속 기관들을 통틀어 부르는 말이다. 척추동물에서 순환계는 **혈관계**와 **림프계**로 나뉘며, 무척추동물에는 혈관계만 있다.

■ 림프액

척추동물의 혈장이 혈관 벽 밖으로 나온 것으로, 림프관 속의 액체만을 가리킬 때도 있다. 림프는 모세 림프관에서 림프관을 통해 정맥으로 되돌아간다. 림프 속의 세포 대부분은 림프구이다. 림프구는 백혈구의 일종으로 식세포 작용을 하는 세포를 말한다. 척추동물의 경우 림프계는 림프를 채우는 일련의 관계(管系)와 부속기관을 말한다.

심장

순환계(혈관계)의 중심으로, 혈관 속 혈액을 체내로 보내는 펌프 역할을 하는 기관이다. 전형적인 심장은 어류 이상의 고등생물에서 볼 수 있다. 척추동물의 심장을 수축, 확장(이완)시키는 근육을 **심근**이라고 한다.

동맥

동맥은 많은 산소와 결합한 헤모글로빈(산소헤모글로빈)이 흐르는 혈관이다. 단 폐동맥을 흐르는 것은 산소헤모글로빈이 적은 정맥혈이며, 폐로부터 심장으로 산소헤모글로빈이 많은 혈액을 운반하는 것은 폐정맥이다.

관상동맥

심장 벽에 분포하는 동맥으로 심근에 영양을 보급한다. 척추동물의 심장에는 온 몸의 혈액이 지나가는데, 여기를 통과하는 혈액은 심장에는 충분한 영양을 공급하지 못하고 **관상동맥**에만 의지한다.

간문정맥

척추동물의 혈관계는 심장 → 동맥 → 모세혈관 → 정맥 → 심장의 순으로 체내를 순환한다. 심장을 나온 혈액이 다시 심장으로 되돌아갈 때까지는 여러 기관이나 조직 내에서 한 번만 모세혈관으로 갈라져서, 혈액 내의 산소나 영양을 조직세포에 제공한다. 그러나 간과 신장을 통하는 혈액에 한하여 모세혈관을 두 번 통과한다. 즉 간을 통과하는 혈액은 장벽의 모세혈관에서 영양을 흡수하여 정맥혈이 되고, 간 내에서 다시 모세혈관으로 들어가 영양을 간의 조직 내에 남긴 뒤에 한 줄기의 정맥으로 들어가서 대정맥을 거쳐 심장으로 되돌아온다. 간과 대정맥 사이의 혈관을 간정맥이라고 하고, 장과 간 사이의 혈관을 **간문정맥**이라고 한다.

혈액

혈액은 동물의 체내를 순환하는 체액으로, 척추동물의 혈액은 유형 성분의 적혈구, 백혈구, 혈소판과 액체 성분인 혈장으로 구성되어 있다. 혈액세포는 적혈구, 백혈구, 혈소판(세포는 아니다)을 말한다.

적혈구

적혈구는 동물 및 일부 무척추동물의 산소를 운반하는 헤모글로빈이라는 붉은 색소를 포함하는 세포로, 골수의 혈구 모세포가 분화하여 적혈구가 된다. 적혈구는 세포막으로 둘러싸인 전형적인 동물 세포이므로 침투압과 세포막의 관계를 알기 위해 쓰이는 적합한 실험 재료이다.

백혈구

동물의 혈액에 들어있으며 혈액색소(헤모글로빈)를 갖지 않는 세포를 말한다. 형태나 성질이 다른 여러 종류의 백혈구가 있는데, 일반적으로 **백혈구**라고 할 때에는 아메바 운동을 하여 세균이나 이물질을 세포 속으로 끌어들여 소화하는 세포를 말한다.

혈소판

골수나 지라의 거대핵 세포에서 유래한다. 혈액 속 유형 성분의 하나로 핵은 가지고 있지 않다. 포유류의 순환하는 피 속에 함유되어 있으며, 인간의 혈액 1ml 속에 20만~40만 개 존재한다. 혈액 응고 작용의 기본이 되는 **혈소판 인자**를 낸다.

혈청

척추동물의 몸에서 혈액을 빼내어 방치하면 혈액은 점차 응고하고 혈구 성분이 수축하여 맑은 침전물이 남는다. 이것을 **혈청**이라고 하는데, 혈청은 혈장 속에서 응고의 원인이 되는 단백질을 없앤 것이다.

빈혈

혈액의 단위 체적 당 적혈구수 또는 헤모글로빈의 양이 정상 수치보다 감소 또는 증가하는 현상을 일컫는다. **빈혈**의 원인은 다양하며, 동물체 내의 혈액량의 감소와는 구분된다.

뼈

뼈는 척추동물의 내골격을 이루는 구성 요소이며 골조직으로 이루어져 있다. 연골과 구분하기 위해 경골이라고 부르는 경우도 있다. **연골**은 어느 정도의 단단함과 탄력성을 가지는 뼈의 지지 기관으로, 경골의 끝부분에 있어 충격을 흡수하는 기능을 갖는 것도 있다.

■ 골수

뼈 내부에 있는 부드러운 조직으로 적혈구, 백혈구, 혈소판과 같은 혈액세포를 만든다. 피를 만드는 조혈작용을 담당하는 골수를 **적색골수**라고 한다. 일부 골수에서는 조혈세포가 지방세포로 교체되어 조혈이 정지되기도 하는데, 이것을 황색골수라고 한다.

뇌

신경세포가 모여 몸의 신경 작용을 지배하는데 있어 중심이 되는 부분으로, 머리 부분에 있다. 대뇌, 중뇌, 간뇌, 소뇌, 연수로 구성된다. 뇌에서 대뇌반구와 소뇌를 제외한 나머지 부분을 가리켜 **뇌간**이라고 하며, 무의식적인 모든 활동, 즉 반사적인 운동이나 내장 운동과 같은 활동을 담당한다.

■ 소뇌, 간뇌, 대뇌반구

소뇌는 뇌의 일부로 몸 전체 균형을 유지하는 기능이 있다. 똑바로 걸을 수 있거나 자전거를 타면서 균형을 잘 잡는 것은 소뇌 기능 중의 하나이다. 간뇌는 척추동물의 뇌의 한 부분으로, 대뇌와 소뇌 사이에서 내장과 혈관의 활동을 조절하는 기관이다. 시상, 시상하부, 뇌하수체가 있다. 대뇌반구는 전두엽, 두정엽, 후두엽, 측두엽의 4개로 구성된다. 얼굴 정면에서 가장 가까운 부분이 전두엽이며, 기억력·사고력 등의 고등 행동을 관장한다.

■ 시상

간뇌의 대부분을 차지하는 회백질부이자 시상하부 위쪽에 있는 부분으로, 다수의 신경세포 집단이 존재한다. 전신 피부로부터의 지각 신경은 여기에 모여 있으며, 대뇌로 연결되는 지각 중계소이다. 경우에 따라서는 대뇌에 자극이 가기 전에 시상이 근육과 연결되는 운동신경을 자극하여 신속한 반사운동을 일으킨다.

■ 시상하부

간뇌를 구성하는 뇌의 한 부분으로 시상의 아래쪽에 위치한다. 자율신경계를 조절하는 등 매우 중요한 기능을 한다.

■ 뇌하수체

척추동물에게 있어 가장 중요한 내분비기관으로 간뇌의 시상하부 아래에 있다. 선성 뇌하수체와 신경성 뇌하수체로 나뉘며 전엽, 중엽, 후엽이 있어 여러 가지 호르몬을 분비한다.

내분비선

내분비계는 몸 전체의 여러 가지 **내분비선**을 가리킨다. 내분비선은 여러 가지 호르몬을 만들어 직접 혈액 속으로 분비하는 기관으로, 척추동물의 경우 뇌하수체, 갑상선, 부갑상선, 부신수질, 부신피질, 랑게르한스섬, 난소, 정소가 있다.

외분비선

선세포로 구성되며, 분비물을 도관을 통해 일정한 장소로 배출하는 기관이다. **외분비선**에는 이하선(귀밑샘), 타액선(침샘), 한선(땀샘), 소화선 등이 있다. 선세포란 상피세포가 특수한 물질(분비물)을 만들 수 있도록 분화한 것이다.

호르몬

동물체 내의 내분비선에서 생산되며 일정한 조직에서 일정한 변화를 주는 물질이다. **호르몬**은 도관을 거치지 않고 혈액이나 림프액 등의 체액 속에서 직접 분비되어 체내를 순환한다. 각 호르몬마다 작용하는 조직이 정해져 있다.

■ 식물 호르몬

고등식물 체내에서 자연적으로 생산되는 유기 화합물로, 생장이나 그 밖의 생리적 기능을 지배한다. 미량으로 활성 작용 효과가 있고, 천연 옥신, 지베렐린 등이 잘 알려져 있다.

신장

신장은 척추동물의 중요 배출기관으로, 혈액 속에서 노폐물을 걸러 내어 방광에서 오줌으로 배출하고, 체액의 균형을 유지하는 역할을 한다.

부신

부신은 신장 위에 고깔모자 모양으로 올려져 있는 내분비기관을 말한다. 부신피질과 부신수질로 나뉘어져 있고, 각각 별개의 호르몬을 분비한다. **부신피질**은 부신의 외층을 형성하는 내분비선 조직으로 부신피질 호르몬을 분비한다. **부신수질**은 부신 단면 중앙부를 형성하는 조직으로 교감신경의 자극을 받아 아드레날린을 분비한다.

■ 아드레날린

부신수질 호르몬과 신경전달 물질로 작용한다. 혈당 상승 작용, 심장박동 증가 작용, 말초혈관 저항 현상 작용(혈압 상승)에 큰 역할을 한다.

사구체

신장 피질의 말피기소체에 들어 있는 모세혈관 덩어리이다. **사구체**는 혈장이나 혈관 속의 저분자 성분을 걸러 보먼주머니로 보내는데, 이것이 요(尿)의 기본이 된다.

비뇨기계

신장, 수뇨관, 방광, 요도처럼 체내에서 오줌을 만들어 체외로 배출하기까지를 담당하는 모든 기관을 **비뇨기계**라고 한다.

대장

대장은 소장에서 이어지기 시작하여 항문에서 끝나는 소화기관으로, 맹장, 결장, 직장으로 구성된다. 식물성 섬유의 소화 및 음식 찌꺼기의 수분을 흡수한다.

소장

척추동물 장(腸)의 앞부분으로, 위장과 대장 사이를 연결한다. 음식물은 십이지장에 연결되는 간, 이자와 소장에 있는 장관에서 나오는 소화액에 의해 최종적으로 **소장** 속에서 소화된다. 당, 아미노산, 지방산과 글리세롤 등 대부분의 영양물이 소장의 벽에서 체내로 흡수된다.

비장

지라라고도 한다. 척추동물의 위 부분에 있는 체내 최대 림프관으로 구형, 난형 또는 방추형을 하고 있다. 혈액 속의 오래된 혈구나 이물입자의 트랩기관으로는 간과, 또한 적혈구 · 백혈구 · 림프구 · 마이크로퍼지 형성 기관으로는 골수와, 항체 생산이나 세포성 면역 발현의 주요 기관이라는 점에서는 림프절과 각각 쌍벽을 이루는 중요한 기관이다.

갑상선

척추동물의 머리 부분에 있는 내분비선으로 갑상선 호르몬을 분비한다. 포유류에서는 나비 모양을 하고 있으며, 약 25g의 무게가 나간다. 분비 활동이 왕성할 때에는 낭포 속의 콜로이드가 감소하고 내부에 호르몬이 고여 주변 혈관으로 분비된다. 갑상선 호르몬 활동은 뇌하수체 전엽에서 분비되는 갑상선 자극 호르몬에 의해 지배된다.

■ 갑상선 호르몬

갑상선 호르몬은 척추동물의 갑상선에서 분비되는 호르몬으로, 효소 소비와 에너지 발생을 자극하여 기초 대사를 유지한다. 또 포유류의 성장 · 분화 · 발생 및 양서류의 변태를 촉진한다.

부갑상선

갑상선과 가까이 있는 기관으로 **부갑상선 호르몬**을 분비한다. 부갑상선 호르몬은 부갑상선에서 분비되며 뼈나 신장에서 작용한다. 혈액 속의 칼슘 이온을 증가시키고 인산 이온을 감소시킨다. 부족하면 골격근이 경련을 일으키는 데타니병에 걸리거나 골격 부전이 된다.

BOD

생물학적 산소요구량을 지칭하는 BOD(Biochemical Oxygen Demand)는 호기성 미생물이 일정 기간 동안 물속에 있는 유기물을 분해할 때 사용하는 산소의 양을 말한다. 물의 오염도를 나타내는 지표로, 박테리아가 일정 시간 내에 유기물을 산화 · 분해하는데 소비되는 산소량을 ppm으로 나타낸 것이다. 이 BOD가 높을수록 오염이 심한 것이다.

용존산소

물의 오염 상태를 나타내는 지표의 하나로, 물 또는 용액 속에 녹아 있는 분자 상태의 산소를 말한다. **용존산소**가 높을수록 깨끗한 물이다. 물속에서 생활하는 어패류나 호기성 미생물은 용존산소를 호흡한다. 또 유기물 자체가 소비 용존산소에 의해 산화 분해되기도 한다. 따라서 용존산소의 부족은 어패류의 생존을 위협할 뿐만 아니라 유기물이 잔류하게 함으로써 물의 오탁을 불러온다.

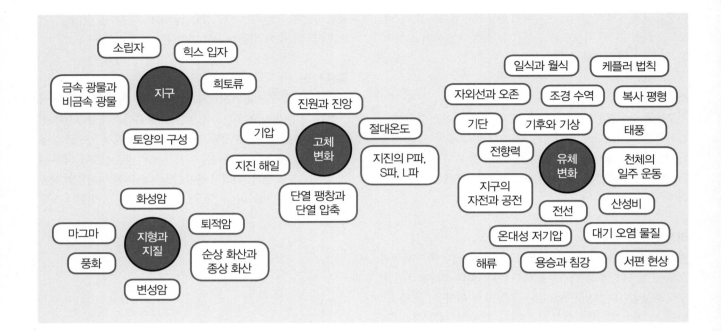

소립자

소립자는 우주의 모든 물질을 이루는 가장 기본적인 요소이다. 현재는 약 300여 종의 많은 소립자가 알려져 있으며, 가장 먼저 발견된 소립자는 전자이다. 소립자는 일정한 질량·전하·스핀을 가지고 있다. 중요한 소립자는 **양자·전자·중성자**이다.

힉스 입자

우주 공간에 가득 차 있는 입자로 소립자의 질량을 만들어 내는 근원이 된다. 현대물리학의 표준모형에서 물질을 구성하는 기본입자와 물질을 구성하지는 않지만 에너지를 전달하는 힘 매개입자들 사이에 작용하는 힘의 관계를 설명해 주는 소립자를 말한다. **힉스 입자**의 존재가 예측된 이후 50년 가까이 그 존재가 확인되지 않아 가설로만 남아있었는데, 2013년 그 존재가 과학적으로 증명됨으로써 현대 이론물리학에서의 표준모형이 완성되었다.

금속 광물과 비금속 광물

금속 광물은 철, 알루미늄, 구리, 금, 아연, 우라늄 등과 같이 금속이 주성분으로 함유된 광물을 말한다. 금속 광물에서 금속을 뽑아내어 이용하기 위해서는 광석을 제련하는 과정이 필요하다. **비금속 광물**은 석회석, 고령토, 점토, 운모, 장석 등 비금속 원소로 이루어진 광물을 말한다. 비금속 광물은 따로 제련을 거치지 않고 이용할 수 있으나, 필요한 성분을 분리하거나 이용하기 쉽게 분쇄하는 과정이 필요하다.

희토류

란타넘 계열 원소 15개와 스칸듐·이트륨을 말한다. 희토는 말 그대로 희귀한 흙으로 '희토류 원소 또는 금속'을 말한다. 희토류는 전지 원료로 사용되는 리튬과 함께 전자산업의 핵심 재료로 각광받고 있다. **희토류**는 전기 자동차나 고효율 전등 등 차세대 청정에너지 산업과 휴대전화, 컴퓨터 등의 제조에 필수 원료로 사용되고 있다.

토양의 구성

토양의 단면은 모질물, 표토, 심토로 구성되어 있다. **모질물**은 기반암에서 떨어져 나온 돌조각이나 흙으로 이루어진 층이다. **표토**는 유기물이 분해된 부식물과 광물질이 혼합된 층으로 어두운색을 띠며, 생물의 활동이 가장 활발한 층이다. 심토는 풍화가 진전되어 점토가 많은 층으로, 표층에서 **씻겨** 내려온 점토질과 산화철이 많이 포함되어 있다.

화성암

한반도의 빼어난 지형을 이루는 암석인 화성암은 크게 마그마가 지표 가까운 곳에서 식어 굳어진 화산암과 지하 깊은 곳에서 서서히 굳어진 심성암으로 나눌 수 있다. 화산암은 마그마가 지표 또는 지하의 얕은 곳에서 비교적 급격하게 식어 굳은 암석이다. 제주도, 연천 한탄강, 울릉도, 독도, 백두산 등이 **현무암**류와 응회암류의 화산암으로 이루어진 지형이다. 심성암은 마그마가 지하 깊은 곳에서 비교적 천천히 식어서 굳은 암석으로,

대표적인 암석으로는 북한산과 불암산, 설악산 공룡능선과 울산바위 등에서 볼 수 있는 **화강암**이다.

■ 주상절리
용암이 식으면서 급격한 부피 변화와 함께 수축되는 과정에서 기둥 모양으로 굳은 암석을 일컫는다. 기둥의 단면은 4~6각형으로 다양한 모습을 보인다. 제주도의 주상절리가 대표적이다.

마그마
지하 깊은 곳에 있는 고온고압의 용융된 물질로, 지표의 약한 부분을 뚫고 분출하여 화산 활동을 일어나게 한다.

순상 화산과 종상 화산
화산은 마그마의 종류에 따라 다양한 형태를 지니고 있다. 고온에서 형성된 현무암질 용암은 이산화규소(SiO_2) 함량이 50% 내외로 점성이 작고 휘발 성분이 적어 조용히 분출하여 경사가 완만한 **순상 화산**이나 용암 대지를 만든다. 순상 화산은 한라산이 대표적인 예이다. 저온에서 형성된 유문암질 용암은 이산화규소(SiO_2) 함량이 70% 내외로 점성이 크고 휘발 성분이 많아 폭발적으로 분출하여 경사가 급한 **종상 화산**을 만든다. 제주도의 산방산은 대표적인 종상 화산이다.

변성암
땅속 깊숙이 들어간 기존의 암석이 높은 온도와 압력을 받아 구성 광물과 조직이 변한 암석을 **변성암**이라고 한다. 인천 대이작도, 백령도, 전북 군산 고군산군도 등이 변성 지형이다.

■ 습곡과 단층
변성암이 많은 한반도가 변성 작용을 받는 과정에서 형성된 지형으로 습곡과 단층이 있다. 지층이 수평으로 퇴적된 후 횡압력을 받아 휜 상태의 구조를 **습곡**이라고 한다. **단층**은 지진 등의 지각 활동으로 암석에 균열이 일어나 양측 암석이 서로 어긋나서 이루어진 지층을 말한다.

퇴적암
오랜 세월 동안 진행된 퇴적 작용으로 인해 생긴 암석을 **퇴적암**이라고 한다. 퇴적 지형으로는 부안 변산반도, 진안의 마이산, 제주 수월봉과 송악산 해안, 태백 구문소 등이 있으며, 침식 지형으로는 단양 고수동굴 등의 석회 동굴이 있다.

풍화
지표 부근의 암석이 더 작은 조각들로 쪼개지거나 암석 내의 광물이 물과 공기의 접촉을 통해 그 성분이 변하고 분해되는 현상을 **풍화**라고 한다. 풍화에는 물리적인 힘에 의해 암석이 부서지는 기계적 풍화 작용과 암석의 성분을 변화시키는 화학적 풍화 작용이 있다.

진원과 진앙
지진이 발생한 지하의 장소를 **진원**이라고 하고, 진원 위쪽의 지표면의 지점을 **진앙**이라고 한다. 지진이 발생했을 때 생긴 에너지가 전파되는 파동을 **진파**라고 하며, 지진의 흔들림의 정도와 피해의 정도를 나타내는 것을 **진도**라고 한다.

지진의 P파, S파, L파
P파는 지진파 중에서 진동 방향이 좌우로 이루어지며 고체 · 액체 · 기체 등 물질의 세 가지 상태를 모두 통과 가능한 파이다. 진동 방향이 좌우이기 때문에 지표 위에 있는 건물 피해가 작은 편으로, 파의 진행 속도는 약 7km/s 정도이다. **S파**는 지진파 중에서 진동 방향이 상하로 이루어지며 고체만을 통과하는 파이다. S파는 진동 방향이 상하로 요동치기 때문에 지표 위에 있는 건물들에 미치는 피해가 큰 편으로, 파의 진행 속도는 약 4km/s 정도이다. 한편, **L파**는 지진파의 진행 방향이 앞뒤(종이 면을 뚫고 들어가고 나오는 방향)로 이루어지는 지진파이다. L파는 진폭이 큰 편이며 표면에서 진행하는 표면파로서, 표면에서 이루어지는 파이기 때문에 S파보다도 피해가 막대하다.

지진 해일
해저에서 발생한 지진이나 화산의 충격으로 생긴 높은 파도가 육지로 밀려오는 현상을 **지진 해일**이라고 한다.

■ 지진 해일의 발생 과정
해저에서 일어난 지진이 물을 위로 밀쳐 내어 지진 해일이 시작된다. → 지진 해일은 공해 상에서 수백 km/h에 달하는 속도로 매우 빨리 이동한다. → 지진 해일이 내륙에 접근하면 속도가 수십 km/h로 느려지면서 파고가 높아진다. → 지진 해일은 내륙 안으로 돌진하여 그것이 만나는 모든 것들을 파괴시킨다. 이때 파도의 골이 바닥을 드러내면서 먼저 도착할 수 있다.

절대온도
절대온도는 과학에서 이론적으로 최저라고 생각하는 온도를 기준점(0)으로 정해 사용하는 온도 체계를 일컫는다. 단위로는 K를 사용하며, 0K는 섭씨온도로 −273.15℃(통상 −273℃로 사용)에 해당하며, 눈금은 섭씨온도 체계와 같다.

기압
공기가 누르는 압력으로, 지구 평균 대기압은 1013hPa로 물기둥 약 10.33m의 압력에 해당한다. **기압**은 공기의 양에 따라 결정되며, 하루 중에도 기압이 높아지기도 하고 낮아지기도 한다.

■ 저기압과 고기압

주변보다 상대적으로 낮은 기압을 저기압, 높은 것을 고기압이라고 한다. **저기압**은 중심에서는 상승 기류가 발달하고, 주변에서 중심부를 향해 시계 반대 방향(북반구)으로 바람이 불어 들어간다. 고기압은 중심에서는 하강 기류가 발달하고, 중심부에서 주변으로 시계 방향(북반구)으로 바람이 불어 간다.

■ 기압과 날씨

날씨는 고기압과 저기압의 영향에 따라서 맑거나 흐려진다. 또한 저기압, 고기압 등의 기압 배치는 대기 대순환의 영향을 받아 이동하면서 날씨의 변화를 다양하게 한다. 중위도 지역에 속하는 우리나라 지역은 편서풍의 영향으로 기압 배치가 서쪽에서 동쪽 방향으로 이동하고 그에 따라 날씨의 변화가 생긴다.

단열 팽창과 단열 압축

외부와 열 교환 없이, 외부 압력의 감소에 의해 공기 덩어리의 부피가 팽창되는 과정을 **단열 팽창**이라고 하며, 그 결과 온도가 내려간다. 반대로 외부의 열 교환 없이, 외부 압력의 증가로 인해 공기 덩어리의 부피가 압축되는 과정을 **단열 압축**이라고 한다.

■ 푄 현상

기단의 이동이나 계절풍의 영향 등으로 수평으로 이동하던 공기 덩어리가 높은 산을 만나면 상승하게 되는데, 이때 단열 변화가 일어난다. 공기 덩어리가 산사면을 따라 상승하는 동안 단열 팽창에 의해 기온이 내려가고, 응결 현상이 일어나게 되면 구름과 비를 생성한다. 한편, 산을 넘어 불어 내려오는 공기 덩어리는 이미 구름과 비의 형태로 가지고 있던 수증기를 소비한 상태이므로 단열 압축에 의해 기온은 상승하고 습도는 낮아지게 된다. 이와 같이 바람이 산을 타고 넘어갈 때 나타나는 기온 변화를 푄 현상이라고 한다.

기단

공기가 넓은 지역에 오랫동안 머물게 되면 지표면의 영향으로 기온과 습도가 일정하게 되는데, 이처럼 넓은 지역에서 거의 같은 성질을 가진 큰 공기 덩어리를 **기단**이라고 한다. 기단은 온도에 따라 한대 기단, 열대 기단, 적도 기단 등으로 나누어진다. 또한 수증기가 많이 증발하는 바다 위에서 생성된 습한 해양성 기단과 상대적으로 수증기의 증발이 적은 대륙 내부에서 생기는 건조한 기단으로 나뉜다.

■ 기단과 날씨

기단이 발원지로부터 다른 곳으로 이동하면 그 지역의 날씨에 영향을 주고, 이동하는 도중에 성질이 다른 지면이나 수면을 만나면 열과 수증기를 얻거나 잃어 점차 그 성질이 변한다. 예를

들어 한겨울에 차고 건조한 시베리아 기단이 우리나라의 서해 바다를 지나갈 때는 기온과 습도가 모두 높아지게 되고, 그에 따라 폭설이 내리기도 한다.

전선

중위도 지역은 북쪽의 찬 공기와 남쪽의 따뜻한 공기가 만나는 경계 지역에 속한다. 중위도 지역에서 서로 다른 성질을 가진 찬 공기와 따뜻한 공기가 만나면 두 공기 사이에는 불연속면인 경계면이 생긴다. 이를 전선면이라고 하며, 전선면과 지표면이 만나는 선을 **전선**이라고 한다. 전선을 경계로 마주하는 두 공기의 성질이 다르므로 양쪽의 습도와 기온 등이 크게 달라지며, 구름의 형성과 강수와 같은 기상 현상이 일어난다.

■ 한랭 전선

한랭한 기단이 온난한 기단 아래로 파고 들어가며, 온난한 기단을 밀어 올리면서 형성된다. 전선면의 기울기가 가파르고, 전선면을 따라 수직으로 발달한 적운형 구름이 형성되어 소나기성 강수 현상이 발생한다. 전선면을 기준으로 오른쪽은 따뜻한 공기가, 왼쪽에는 찬 공기가 놓여 있고, 전선이 통과하고 난 후에는 보통 기온이 낮아진다.

■ 온난 전선

따뜻한 기단이 찬 기단을 밀며 타고 올라가면서 형성된다. 전선면의 기울기가 완만하고, 전선면을 따라 옆으로 퍼지는 층운형 구름이 발달한다. 온난 전선이 통과하기 전에는 지속적인 강수 현상이 발생하며, 전선 통과 후에는 보통 기온이 높아진다.

태풍

태풍은 표층 수온이 27℃ 이상이고 위도 5~25° 사이의 열대 해상에서 발생하는 풍속 17m/s 이상인 열대성 저기압으로, 강풍과 호우를 동반하며 전선은 없다.

온대성 저기압

찬 공기와 더운 공기가 만나는 중위도 지역에서 발생하며, 전선을 동반한다. 우리나라 날씨에 큰 영향을 미치는 **온대성 저기압**은 전선을 동반하고, 서쪽에서 동쪽으로 이동해가면서 날씨를 변화시킨다.

해류

일정한 방향과 속도를 갖는 해수의 운동을 **해류**라고 한다. 해류는 공기의 온도와 습도를 변화시키고, 공기의 흐름에도 영향을 미친다. 해류 발생의 가장 큰 원인은 바람으로, 편서풍이나 무역풍과 같이 바람이 일정한 방향으로 오랫동안 불면, 바다의 표층 해수는 바람의 영향을 받아 멀리까지 흘러간다.

■ 난류와 한류

해류는 크게 난류와 한류로 분류한다. 난류는 적도 지방의 따뜻한 바닷물에서 생성되어 고위도 지역으로 순환하고, 극지방의 찬 바닷물에서 생성된 한류는 저위도 지역으로 순환한다. 한류는 염분과 수온이 낮고, 영양 염류가 풍부하며, 용존 산소량이 많아 플랑크톤이 많다. 난류는 염분과 수온이 높고, 영양 염류와 용존 산소량이 적어 플랑크톤이 많지 않다.

조경 수역

한류와 난류가 교차하는 영역을 말한다. 조경 수역에는 플랑크톤이 많아 좋은 어장이 형성된다. 또한 한류성 어종과 난류성 어종이 공존하여 수산 자원이 풍부하다. 우리나라의 동해에서는 리만 해류에서 분리된 북한 한류와 쿠로시오 해류에서 분리된 동한 난류가 만나 **조경 수역**을 형성한다.

배타적 경제 수역

연안으로부터 200해리 수역 안에 들어가는 바다를 **배타적 경제 수역**(EEZ: exclusive economic zone)이라고 한다. 연안국은 이 수역 안의 어업 및 광물 자원 따위에 대한 모든 경제적 권리를 배타적으로 독점하며, 해양 오염을 막기 위한 규제 권한을 가진다.

대기 오염 물질

대기 오염 물질은 상태에 따라 기체상 물질과 입자상 물질로 구분된다. 기체상 물질에는 일산화탄소, 질소 산화물, 황산화물, 탄화수소 등이 있고, 입자상 물질에는 먼지, 매연, 연무, 검댕이 등이 있다.

미세 먼지(PM−10)

먼지는 공기 중에 떠 있는 고체나 기체 상태의 입자이고, **미세 먼지**는 우리 눈에 보이지 않을 정도로 아주 가늘고 작은 직경 10μm 이하인 먼지를 말한다. 미세 먼지는 호흡할 때 기관지에서 걸러지지 않고 허파 깊숙이 들어가기 때문에 호흡기 질환을 일으킬 수 있다. 크기가 2.5μm인 먼지를 PM−2.5라고 부른다.

산성비

2차 오염 물질은 1차 오염 물질이 대기 중에서 화학 반응으로 생성된다. 질소 산화물과 이산화황은 대기 중의 수증기와 결합하면 각각 질산과 황산이 된다. 질산과 황산이 포함되어 함께 내리는 것이 **산성비**이다. 보통 pH 5.6 이하의 비를 산성비라고 한다. 산성비는 토양과 호수를 산성화시키고, 대리석으로 만든 건축물을 부식시키기도 한다.

기후와 기상

기후는 오랜 시간 동안의 평균적인 기상 상태를 말하고, 기후 변화란 현재의 기후가 자연적인 요인과 인위적인 요인에 의해 점차 변화하는 것을 말한다. 기후나 기상은 모두 같은 대기 현상이므로 많은 공통점을 가지고 있으나, **기후**는 장기간의 대기 현상을 종합하는 것이고, **기상**은 시시각각으로 변하는 짧은 기간 동안의 대기 현상을 말한다.

지역과 기후

기후는 지리적인 위치에 따라 큰 차이를 보인다. 그 이유는 지역별로 태양의 고도, 육지와 바다의 분포, 생물계의 분포, 해류 등의 기후 인자가 다르기 때문이다. 그러나 **지역별 기후도** 여러 가지 원인으로 해마다 조금씩 변하며, 오랜 시간이 지나는 동안 연변화로 축적되어 장기적으로 지속되는 변화로 나타난다.

복사 평형

모든 물체는 외부로부터 복사 에너지를 흡수하기도 하고, 물체 자체가 가진 온도에 따라 복사 에너지를 방출하기도 한다. 이때 받아들이는 에너지와 방출하는 에너지가 같으면 온도가 일정하게 유지되는데, 이것을 **복사 평형**이라고 한다. 대기가 없는 달도, 온실 기체의 양이 많은 금성도 복사 평형을 이루고 있다. 온실 기체가 많을수록 지표로 재복사되는 에너지양이 많아지므로 지표의 온도가 높아진다.

자외선과 오존

성층권에서 오존층이 **자외선**을 흡수한다. 적당한 자외선은 피부를 검게 태우고 살균 작용과 소독 작용을 하지만, 심하면 피부암과 결막염의 원인이 되며 면역 체계를 약화시킨다. 또한 자외선이 계속 증가하면 농작물 생산량과 수중 생물에도 악영향을 미친다.

용승과 침강

바람 등에 의해 해수의 수평 이동이 일어나면 해수면의 불균형을 조절하기 위해 해수의 연직 운동이 일어난다. **용승**은 해수면의 높이가 낮아질 때, 그곳을 보충하기 위해 해수가 심층에서 표층으로 상승하는 현상을 말한다. 반대로 하강하는 현상을 **침강**이라고 한다.

일식과 월식

달의 위상이 삭일 때, 태양과 달, 지구가 일직선을 이루어 달이 태양을 가리는 현상을 **일식**이라고 한다. 개기 일식 때 채층과 코로나를 볼 수 있다. **월식**은 달의 위상이 망일 때, 지구, 달이 일직선을 이루어 지구의 그림자가 달을 가리는 현상을 말한다.

■ 채층과 코로나

채층은 태양의 광구 바로 위에 위치한 층으로, 온도가 4500K에서 수 만K에 이르는 가스로 이루어졌다. 채층에서는 마치 바늘처럼 생긴 스피큘이라는 불꽃 기둥이 수없이 생겼다가 없어지기를 반복한다. 희박한 수소 가스로 이루어져 있는 **코로나**는 온도가 100만K까지 올라가면서 모양이 매우 불규칙하다. 코로나는 흑점이 많이 생기는 극대기에는 매우 크고 밝게 나타나고, 흑점이 거의 없는 극소기에는 비교적 작은 모습으로 나타난다.

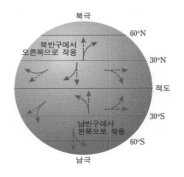

→ 처음 운동 방향
→ 전향력에 의한 운동 방향

천체의 일주 운동

모든 천체는 천구의 북극과 남극으로 연장된 지구의 자전축을 중심으로 하루에 한 번씩 동에서 서로 회전하는데, 이를 천체의 **일주 운동**이라고 한다. 천체의 일주 운동은 천체가 지구 주위를 도는 것이 아니라 지구가 하루에 한 번씩 서에서 동으로 자전을 하기 때문에 상대적으로 나타나는 현상이다. 마찬가지로 지구에서 밤낮이 생기는 현상도 지구의 자전에 의해 태양이 일주 운동을 하기 때문이다.

지구의 자전과 공전

지구의 **자전**이란 지구가 남극과 북극을 이은 가상의 축을 중심으로 하여 하루에 한 바퀴씩 회전하는 것이다. 태양이 동쪽에서 보이기 시작하여 서쪽으로 움직이는 것처럼 보이는 이유도 지구의 자전에 의해 일어나는 것이다. 즉, 지구가 서쪽에서 동쪽으로 자전하기 때문에 태양은 동쪽에서 서쪽으로 움직이는 것처럼 보인다. 지구의 **공전**이란 지구가 태양을 중심으로 하여 1년에 한 바퀴씩 서쪽에서 동쪽으로 회전하는 것이다.

전향력

'코리올리의 힘'이라고도 한다. 회전하는 운동계에서 운동하는 물체를 관측할 때 나타나는 겉보기의 힘이다. 지구상에서는 지구의 자전으로 북반구에서는 물체가 운동하는 방향의 오른쪽으로 전향력이 작용한다. 전향력의 크기는 극지방에서 최대이고, 적도 지방에서 최소이다. 북극에서 적도 지방을 향하여 물체를 던졌을 때, 물체가 이동하는 동안에 지구의 자전으로 지구상의 관측자에게는 물체를 던진 방향보다 오른쪽으로 휘어져 이동하는 것으로 관측된다. 즉 물체를 던진 방향에 대해 북반구에서는 오른쪽으로, 남반구에서는 왼쪽으로 힘이 작용하는 것처럼 운동하게 되는데, 이때의 가상적인 힘이 **전향력**이다.

서편 현상

공전 주기가 24시간 이내인 저궤도 위성의 경우, 지구 주위를 위성이 회전할 때마다 지구가 서쪽에서 동쪽으로 자전하기 때문에 지표면 위에서 관측자가 볼 때는 위성이 같은 위치에 돌아올 때마다 동쪽에서 서쪽으로 이동해 가는 것처럼 보인다. 이를 **서편 현상**이라고 한다. 그러나 사실 위성은 항상 같은 궤도를 그리며 돌고 있다.

케플러 법칙

독일의 천문학자 요하네스 케플러에 의해 유도된 행성의 운동에 관한 법칙이다. 케플러는 태양계 내부 행성들이 태양을 초점으로 운동할 때 운동 궤도의 특성과 공전 속도, 공전주기, 태양으로부터의 거리 등의 상관관계를 3가지로 정리했다. 즉 '**제1법칙**은 모든 행성은 태양을 하나의 초점으로 하는 타원 궤도를 그리며 태양 주위를 공전한다. **제2법칙**은 한 행성과 태양을 연결하는 위치 벡터는 동일한 시간 간격 동안 같은 면적을 휩쓸고 지나간다. **제3법칙**은 행성의 항성주기(공전주기)의 제곱은 그 행성으로부터 태양까지의 평균 거리의 세제곱에 정비례한다.'라는 것이다. 이 법칙들 가운데 특히 제2법칙은 뉴턴이 지구와 달 사이, 그리고 태양과 행성 사이의 중력 법칙들을 계산할 때 결정적으로 중요한 역할을 했다.

10 응용과학 및 실용기술 ① 정보통신 · IT · 미래기술

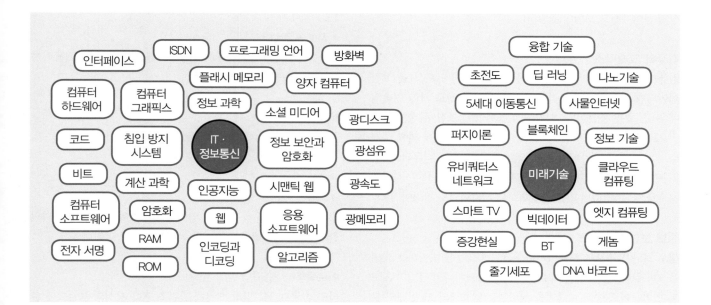

정보 과학

정보 과학은 일상생활의 문제를 해결하기 위해 더 나은 정보 기기를 설계하고, 설계된 정보 기기를 활용하여 효율적으로 문제를 해결할 수 있는 방법을 연구하는 학문이다. 정보 과학 기술이란 정보 과학을 바탕으로 한 연구의 결과물로 일상생활에서 활용되는 기술을 일컫는다.

■ 정보 과학 기술 분야

기반 이론	수학 기반 이론(이산 수학, 수리 논리학, 정보 이론), 계산 이론 등
연구 분야	알고리즘, 자료 구조, 데이터베이스, 프로그래밍 언어, 컴퓨터 구조 및 설계, 운영 체제 등
응용 영역	인공지능, 컴퓨터 그래픽스, 정보 보안과 암호화, 계산 과학 등

■ 수학 기반 이론

오늘날의 컴퓨터를 탄생시키고 컴퓨터가 정보를 처리할 수 있게 만든 학문은 바로 수학과 관계된 이론으로, 이산 수학, 수리 논리학, 정보 이론 등이 있다. 비트와 비트를 이용한 정보 표현, 이진 체계, 소수 표현, 데이터 압축 등은 컴퓨터가 정보를 어떻게 표현하고 저장할 수 있는지를 보여준다.

■ 계산 이론

컴퓨터가 계산할 수 있는 일인가, 계산하는데 얼마나 많은 시간과 자원이 필요한가 등을 연구하는 분야를 계산 이론이라고 한다. 계산 가능성 이론과 계산 복잡도 이론이 있다.

■ 알고리즘과 자료 구조

더 빨리 더 효율적으로 계산하도록 계산 순서나 방법을 연구하는 분야를 알고리즘이라고 한다. 그리고 많은 일을 빨리 처리하기 위해서는 처리할 자료를 잘 정리하고 구조화하여 저장하는 것이 좋은데, 이런 방법을 연구하는 분야를 자료 구조라고 한다.

■ 데이터베이스

자료를 성격과 특성에 따라 구별하여 저장한 다음, 자료 사이의 관계를 이용하여 원하는 정보를 빨리 찾아낼 수 있는 방법을 연구하는 분야를 데이터베이스라고 한다. 데이터베이스는 자료에 쉽게 접근, 처리, 수정할 수 있도록 구성한 자료의 집합체이기도 하다.

■ 프로그래밍 언어 이론

컴퓨터를 원하는 대로 동작하게 하려면 컴퓨터가 이해할 수 있는 프로그래밍 언어로 그 일을 하는 순서와 방법을 말해 주어야 한다. 사람이 사용하는 언어가 다양한 것처럼 프로그래밍 언어도 여러 가지가 있고, 이런 프로그래밍 언어를 연구하고 개발하는 것을 프로그래밍 언어 이론이라고 한다.

인공지능

인공지능(AI: Artificial Intelligence)은 인간의 학습능력과 추론 능력, 지각 능력, 자연언어 이해 능력 등을 컴퓨터 프로그램으로 실현한 기술의 집적을 일컫는다. 1950년대 중반부터 연구가 시작됐으며, 현재는 게임, 바둑, 수학적 증명, 컴퓨터 비전,

음성 인식, 자연어 인식, 전문가 시스템, 로봇공학, 생산 자동화 등의 분야에서 널리 연구 및 활용되고 있다. 인간의 지적 능력을 모방해서 대체하거나 인간의 작업을 지원하려는 목적으로 산업 분야에서도 도입이 활발하다.

컴퓨터 그래픽스

컴퓨터 그래픽스는 컴퓨터를 이용하여 도형이나 화상 등 그림 데이터를 생성, 조작, 출력하는 것과 관련된 정보 과학 기술의 매우 큰 응용 분야이다. 인간이 상상하고 창조한 세계를 시각적으로 표현하는 작업에 응용하는 것이다. 컴퓨터에 의한 설계(CAD), 인간과 컴퓨터 사이의 인터페이스(HCI), 컴퓨터 미술, 3차원 물체 표현, 영화의 특수 효과와도 관련이 있으며, 사람의 눈으로 볼 수 없었던 것을 형상화하는 시각화와도 관련이 있다.

정보 보안과 암호화

정보 보안은 정보를 보호하거나 위조, 변조 등을 방지하는 방법을 연구한다. 정보 전송 시 데이터가 손실되거나 변경되지 않도록 변환하여 전송하는 방법을 연구하는 **암호화**와 그 반대인 복호화 방법을 연구한다.

계산 과학

계산 과학은 복잡한 과학이나 공학의 문제를 컴퓨터 시뮬레이션과 계산할 때 쓰는 응용 프로그램을 써서 해결하는 분야이다. 화학, 물리, 기하학, 생명과학 등의 학문과 연결되어 있다. 병렬 슈퍼 컴퓨팅 등을 이용한 첨단 과학 계산 분야와도 관련이 있으며, 과학과 기술, 공학이 융합된 분야이다.

웹

웹(Web)이란 월드 와이드 웹(WWW: world wide web)의 약자로, 흔히 인터넷과 같은 의미로 쓰기도 한다. 인터넷이 전 세계 컴퓨터가 접속되어 있는 물리적인 네트워크를 의미한다면, 웹은 인터넷 환경에서 수많은 정보를 주고받기 위해 제공된 구조이다. 초기 하이퍼텍스트 기반의 웹 1.0에서 사용자 기반의 웹 2.0 시대를 거쳐 현재 웹 2.0에 시맨틱 기술이 더해지고 사용자 맞춤형 정보를 제공하는 웹 3.0의 시대로 진화하고 있는 중이다.

구분	특징
웹 1.0 (1990년~)	• 월드 와이드 웹('WWW')의 탄생 • 하이퍼텍스트 기반 • 생산자가 소비자에게 정보를 일방적으로 제공
웹 2.0 (2000년~)	• 사용자의 참여, 공유, 개방, 협업 • 블로그, 위키 등을 활용한 정보 프로슈머의 등장 • 태그, RSS 등 기능 제공
웹 3.0 (2010년~)	• 웹 2.0에 시맨틱 웹 기술 추가 • 사용자 맞춤형 정보 제공 • 웹의 진화

■ 하이퍼텍스트
하이퍼텍스트(hypertext)는 문자를 링크로 연결하여 사용자가 연상하는 순서에 따라 정보를 제공하는 구조를 말한다.

■ 정보 프로슈머
정보를 소비만 하는 것이 아니라 필요한 정보를 수집, 가공하여 유용한 정보를 만들어내는 사람을 일컫는다.

■ 태그(tag)
글이나 동영상 등 웹상의 정보에 사용자가 달아 놓는 키워드의 집합을 뜻한다.

■ RSS
각 사이트에 방문하지 않고 업데이트된 항목을 한곳에서 확인할 수 있는 시스템이다(예: 네이버 구독함, 구글 리더 등).

■ 트랙백
타인의 블로그를 읽고 그것에 관한 의견을 자신의 블로그에 쓴 뒤 원래 글과 링크하는 기능을 말한다.

시맨틱 웹

웹 2.0 이하에서는 정보를 검색할 때 단지 키워드로만 접근하기 때문에 무수히 많은 정보 중 유용한 정보를 사용자 스스로 선택해야 한다. **시맨틱 웹**은 컴퓨터가 웹 정보 자원의 의미를 이해하고, 사용자 대신 정보를 해석, 추출, 가공할 수 있는 지능화된 서비스를 제공한다. 즉 사용자의 검색 의도와 맥락을 파악하여 원하는 결과를 보여준다.

소셜 미디어

웹이 진화하면서 사용자에게 웹 공간을 개방하여 웹을 구경하던 수동적인 입장에서 벗어나 콘텐츠 생산에 자발적으로 참여하고 개인의 생각과 경험을 타인과 공유하며, 관계를 형성하는 웹 미디어가 등장하게 되었는데, 이를 **소셜 미디어**라고 한다. 대표적인 소셜 미디어에는 블로그, 위키, UCC, SNS 등이 있다. 이러한 소셜미디어가 사회 전반에 미치는 영향력이 커짐에 따라 대형 미디어에 못지않은 효과를 불러오고 있기 때문에 이를 '1인 미디어'라고도 한다.

■ 블로그(blog)
웹과 로그(log)의 합성어로 일기 형식으로 작성한 글의 모음을 일컫는다. 글마다 각각의 주소가 부여되기 때문에 트랙백을 활용하여 양방향 소통이 가능하다.

■ 위키(wiki)
여러 사람이 내용을 추가, 편집, 관리하는 등 공동으로 작업할 수 있는 웹 사이트로, 위키는 '빠르다'라는 뜻을 나타내는 하와이어에서 유래했다. 그중 위키피디아는 공개되어 있는 다언어 백과사전이다.

■ UCC(user created contents)
우리말로는 '손수 제작물'이라고 한다. 일반 사용자가 자신의 경험을 담아 만든 글, 사진, 동영상 등의 콘텐츠이다.

■ SNS(social network services)
사용자 간의 자유로운 의사소통, 정보 공유, 인맥 확대 등 사회적 관계를 형성해 가는 온라인 서비스다.

웹 정보 전달의 장단점
웹은 개방되어 있기 때문에 누구나 참여할 수 있고 전 세계를 하나의 네트워크로 연결하여 정보를 공유하는 것은 물론, 빠르게 주고받을 수 있다. 이러한 웹의 특징은 사용자의 의도에 따라 엇갈린 결과를 불러올 수 있다.

■ 웹 정보 전달의 특징과 장단점

특징	장점	단점
신속성	• 정보의 빠른 전달 • 사건 사고, 천재지변 등에 빠르게 대처	• 오보나 루머가 빠르게 확산
개방성	• 누구나 참여 가능 • 자유로운 의견 제시와 양방향 소통 가능	• 악성 댓글, 사생활 침해 등 도를 넘는 의사 표현
공유성	• 다양한 분야의 지식과 정보 공유 • 서로의 의견과 경험을 나누어 거대한 지식 데이터베이스 구축	• 비윤리적 범죄와 관련한 정보를 여과 없이 공유
연결성	• 전 세계가 하나로 연결 • 큰 노력 없이 많은 사람과 관계 유지	• 온라인의 관계가 실제 오프라인의 관계를 대체하는 데 한계

정보 보안
정보 보안이란 정보의 수집, 가공, 저장, 검색 및 송·수신 과정에서 정보가 훼손·변조·유출되는 것을 막기 위한 기술·관리 등을 뜻한다. 정보 보안이 제대로 유지될 때 개인·기업·국가의 안전과 신뢰는 보장된다.

해킹
해킹(hacking)이란 어떤 의도와 상관없이 다른 컴퓨터에 침입하는 행위를 뜻한다. 해킹은 컴퓨터 시스템 및 통신망을 잘 이해하여 보안의 취약점을 찾아 대처하려는 의도에서 긍정적으로 평가되기도 하지만, 대체로 허가받지 않고 접근하여 시스템 내에 저장되어 있는 정보를 훼손·유출하는 불법적인 행위를 하기 때문에 부정적인 평가를 받는다. 이처럼 불법적인 해킹을 크래킹(cracking)으로 구분하여 부르기도 하며, 악의적인 목적으로 해킹을 시도하는 사용자를 크래커(cracker)라고 한다.

■ 대표적인 해킹 기법

구분	해킹 기법
취약점 검사	시스템에 침투하기 위해 방화벽의 취약점을 찾는 프로그램
키로거 (key logger)	사용자의 키보드 입력을 몰래 기록하는 기술
루트킷 (root kit)	사용자가 알아채지 못하도록 특정 PC에 몰래 설치되는 프로그램 또는 행위
스푸핑 (spoofing)	자신을 정상적 사용자나 기기로 위장하는 기술
스니핑 (sniffing)	네트워크를 오가는 정보를 엿듣는 기술

악성 프로그램
악성 프로그램은 디지털 시스템에 악영향을 끼칠 수 있는 모든 소프트웨어를 말한다. 과거에는 주로 디스크 장치 등의 저장 매체를 따라 전파되었으나 현재는 통신망의 발달로 주로 웹을 통해 감염되기 때문에 더 빠르게 전파되며, 피해 규모도 커지고 있다. 악성 프로그램은 특성이나 활동 형태에 따라 크게 바이러스, 웜, 트로이목마, 스파이웨어 등으로 구분할 수 있다.

분산 서비스 거부 공격
최근 대형 인터넷 사이트나 유명 기관의 홈페이지가 접속 폭주로 사용할 수 없게 되는 피해가 자주 발생하고 있는데, 이러한 위협을 **분산 서비스 거부(DDoS) 공격**이라고 한다. 이는 수많은 컴퓨터를 원격 제어하여 특정 사이트에 동시에 접속시킴으로써 해당 사이트가 과부하에 걸려 일시적으로 마비되는 것이다. 분산 서비스 거부 공격은 크래커가 생성한 '봇(bot)'이라는 악성 프로그램을 사용자 몰래 설치하여 시스템 내에 잠복해 있다가 크래커로부터 공격 명령을 받으면 설치한 봇을 실행시키고, 그러면 사용자의 컴퓨터는 모두 좀비 컴퓨터가 되어 일제히 동작하는 것이다.

암호화
암호화란 주어진 의미를 파악할 수 없도록 만드는 작업을 뜻한다. 암호화되지 않은 문장을 평문이라고 하고, 암호화된 문장을 암호문이라고 할 때 암호화는 평문을 암호문으로 바꾸는 과정이다. 암호화된 문장을 다시 평문으로 바꾸어 내용을 파악할 수 있도록 하는 과정을 복호화라고 한다. 암호화는 흔히 자물쇠를 잠그는 것, 복호화는 자물쇠를 여는 것에 비유되는데, 이때 사용하는 키(key)가 암호화와 복호화에 똑같이 쓰이는 경우는 대칭형 암호화, 다른 경우는 비대칭형 암호화라고 한다.

방화벽

정보 보안 측면에서 **방화벽**은 외부의 불법 침입을 막아 내는 소프트웨어 또는 그 소프트웨어를 탑재한 하드웨어를 뜻한다. 보안의 취약점을 노리는 수많은 악성 프로그램이 네트워크를 통해 이동하는데, 이때 방화벽은 시스템의 최전선에서 1차적으로 이들의 접근을 제어한다. 방화벽은 사용자가 설정해 둔 접근 제어 목록을 기반으로 접근 금지된 프로그램을 차단할 뿐만 아니라 방화벽을 지나는 정보의 로그를 기록하여 문제가 발생할 경우 추적할 수도 있다.

전자 서명

전자 서명은 서명자의 신원을 확인하고 전자 문서의 내용을 서명자가 승인하였음을 나타내는 전자 정보이다. 이는 비대칭형 암호화 기법을 응용하여 구현되는데, 전자 서명을 활용하면 로그 할 때 인가된 사용자를 확인할 뿐만 아니라 전자 상거래 시에도 거래 사실에 대한 증명 및 내용 변경에 대해 명확히 기록하여 추후에 거래를 하지 않았다고 부인하는 행위를 방지할 수 있다.

침입 방지 시스템(IPS)

침입 방지 시스템은 방화벽과 같이 외부의 침입을 막기 위한 기법이다. 보안상 취약점을 사전에 보완하고 비정상적인 형태뿐만 아니라 알려지지 않은 공격까지 차단할 수 있다. 이 시스템은 방화벽과 협력하여 좀 더 높은 수준의 보안을 구현할 수 있기 때문에 일반 기업과 국가 기관에서 설치하여 운영하고 있다.

포렌식 마킹

포렌식 마킹은 이미지, 오디오, 비디오와 같은 디지털콘텐츠에 구매자의 정보나 유통 경로와 사용자 정보 등을 삽입하여 콘텐츠를 불법으로 유포하는 사람과 배포 경로를 추적하는 용도의 기술이다. 콘텐츠를 배포할 때 공급받는 사용자의 정보를 함께 삽입하여 불법 복제의 근원지를 추적하는 데 이용한다.

개인 정보

개인 정보란 살아 있는 개인에 관한 정보로서 성명, 주민등록번호 및 영상 등을 통하여 개인을 알아볼 수 있는 정보를 말한다. 단일 정보만으로는 특정 개인을 알아볼 수 없어도 다른 정보와 결합하여 쉽게 알아볼 수 있는 것 또한 개인 정보이다. 개인 정보를 활용한 다양한 서비스로 생활은 많이 편리해졌지만, 최근 개인 정보의 오·남용 유출 등 개인 정보 침해 사례가 계속 발생하여 사생활 침해, 정신적·금전적 피해를 초래하는 역기능

도 늘고 있다.

사이버 범죄

사이버 범죄는 정보 통신망과 정보 기기가 연결되어 형성된 사이버 공간에서 발생하는 각종 범죄 행위를 말한다. 사이버 범죄는 정보 과학 기술의 발달이 가져온 정보 사회의 역기능 중 하나이다. 이는 일반적인 범죄와 달리 고도의 정보 과학 기술을 이용하므로 수법이 지능적이고, 빠른 시간에 불특정 다수에게 영향을 끼쳐 파급되는 범위가 광범위하다. 사이버 범죄는 정보 통신망 침해 범죄(사이버 테러형 범죄), 정보 통신망 이용 범죄(일반 사이버 범죄), 불법 콘텐츠 범죄(유해 정보 유통)로 구별할 수 있다.

유해 정보

청소년 유해 정보란 정보 통신망을 통해 유통되는 정보 중 아동, 청소년이 건전한 인격체로 성장하는데 해로움이 있는 것을 청소년보호법에 따라 청소년보호위원회·방송통신심의위원회 등 각 심의 기관이 심의·결정한 매체물이다. 청소년들이 음란물과 폭력 등 불법 유해 정보에 무방비로 노출될 경우 성범죄는 물론 게임 중독, 인터넷 중독, 모방 범죄 등 각종 사회 문제를 일으킬 수 있다.

컴퓨터의 구성과 기능

인간이 해야 하는 일을 대신하는 컴퓨터는 마치 인간처럼 설계되어 있다. 즉 컴퓨터는 인간의 육체나 내부 기관에 해당하는 **하드웨어**와 인간의 생각이나 판단에 해당하는 **소프트웨어**로 구성된다. 컴퓨터는 인간이 내린 명령을 수행하기 위해 **입력, 기억, 처리, 출력** 그리고 **통신** 기능을 수행하는 데, 이를 컴퓨터의 5대 기능이라고 한다.

컴퓨터 하드웨어

컴퓨터 **하드웨어**는 컴퓨터의 외부와 내부를 구성하는 장치를 말하는 것으로, 입력 장치, 기억 장치, 처리 장치 및 출력 장치로 구성된다. 최근 정보 통신의 중요성이 커지면서 통신 기능을 수행하는 별도의 통신 장치도 포함되어 있다.

■ 입력 장치

인간이 이해하는 명령을 컴퓨터가 이해할 수 있는 디지털 신호로 변환하는 역할을 하는 수행 장치로 키보드, 마우스 등이 있다.

■ 기억 장치

기억 장치는 입력된 명령이나 데이터가 저장되는 공간으로, 그 목적에 따라 주기억 장치와 보조 기억 장치로 나눌 수 있다. 주기억 장치란 실행 중인 프로그램을 저장하기 위한 공간으로 **램**

(RAM)과 롬(ROM) 등이 있다. 실행 중인 프로그램은 모두 주기억 장치에 저장된다. 보조 기억 장치란 프로그램이나 데이터를 장기간 저장하기 위한 대용량의 공간을 말한다. 하드 디스크와 플래시 메모리 등이 대표적인 보조 기억 장치이다.

하드 디스크(HDD)	대표적인 보조 기억 장치로, 컴퓨터에 설치되는 모든 프로그램이 저장된다.
플래시 메모리	전자기적인 성질을 이용하는 다른 보조 기억 장치와는 달리, 강한 빛이 만들어내는 화학적 변화를 이용한 것이다. 메모리 카드와 USB 메모리 등이 있다.
고정 상태 디스크 (SSD)	플래시 메모리를 확장한 보조 기억 장치로 HDD보다 2~5배 이상 빠르고 조용하지만, 용량이 작고 가격이 비싼 것이 단점이다.

■ 처리 장치

처리 장치란 명령을 실제로 처리하는 장치로 주기억 장치에 저장된 프로그램 속의 명령과 데이터를 처리한다. 대표적으로 **중앙 처리 장치(CPU)**와 **그래픽 처리 장치(GPU)** 등이 있다. 처리 장치는 디지털 연산을 처리하는 연산 장치와 각 장치를 관리하고 통제하는 제어 장치로 구분된다.

■ 출력 장치

컴퓨터가 처리한 결과를 인간에게 전달하는 장치로, 대표적인 출력 장치에는 모니터와 프린터 등이 있다. 출력 장치는 디지털 신호를 인간이 이해할 수 있는 형태로 변환하는 역할을 수행한다.

■ 통신 장치

컴퓨터와 다른 기기 간의 데이터 전송과 수신을 돕기 위한 장치로, 통신 방식과 장치의 연결 방식에 따라 다양하다. 따라서 통신 장치를 바르게 사용하기 위해서는 통신을 하기 위한 통신 방식과 컴퓨터가 지원하는 연결 방식을 잘 구분해야 한다.

컴퓨터 프로그램 자료 표현 및 저장 단위, 처리 속도 단위

자료 표현 및 저장 단위	처리 속도 단위
1byte: 8bit 1KB(kilo byte): 2^{10}byte 1MB(mega byte): 2^{10}KB 1GB(giga byte): 2^{10}MB 1TB(tera byte): 2^{10}GB 1PB(peta byte): 2^{10}TB 1EB(exa byte): 2^{10}PB	1s(sec): 1초 1ms(milli sec): 10^{-3}초 1μs(micro sec): 10^{-6}초 1ns(nano sec): 10^{-9}초 1ps(pico sec): 10^{-12}초 1fs(femto sec): 10^{-15}초 1as(atto sec): 10^{-18}초

ROM

ROM(Read-Only Memory)은 한번 기록한 데이터를 빠른 속도로 읽을 수 있지만, 다시 기록할 수 없는 메모리이다. ROM의 기억 내용은 제작할 때 결정되며, 전원 공급이 끊겨도 기억된 내용은 지워지지 않는다. 한번 입력된 기억은 지워지지 않으나 바꾸어 넣을 수 있는 것도 있다. 워드프로세서의 한자 메모리, IC카드 등에 주로 사용되는 출력 전용 기억 장치이다.

RAM

RAM(Random-Access Memory)은 기억 장치의 기억 내용을 임의로 읽거나 변경할 수 있는 메모리이다. 반도체 소자 중 임의의 셀(기억의 최소 단위)을 입출력 단자에 접속시켜 외부 회로에 연결하면 데이터를 읽을 수 있고, 외부로부터 셀 속에 데이터를 입력할 수 있는 기억소자이다. 주로 사용자가 작성한 프로그램이나 데이터를 기억시키며 주기억 장치로 널리 이용되고 있는데, 일반적으로 전원이 꺼지면 기억된 내용이 지워진다.

플래시 메모리

플래시 메모리는 전원이 끊겨도 저장된 정보가 지워지지 않는 기억 장치이다. 정보의 입출력도 자유로워 디지털 TV, 디지털 캠코더, 휴대전화, 디지털 카메라, 개인 휴대 단말기(PDA), 게임기, MP3 플레이어 등에 널리 이용된다.

컴퓨터 소프트웨어

소프트웨어는 인간이 컴퓨터에게 전달하는 명령과 데이터, 그것의 구체적인 처리 방법과 절차 등을 이르는 말로, 딱딱한 기계 장치인 하드웨어와 반대 개념이다. 목적에 따라 시스템 소프트웨어와 응용 소프트웨어로 구분할 수 있다.

■ 시스템 소프트웨어

시스템 소프트웨어는 컴퓨터의 처리 효율을 향상시킬 목적으로 각 장치를 관리하고 제어하는 방법을 제공하는 프로그램으로, 컴퓨터의 성능을 높이기 위해 사용하는 대부분의 프로그램이 이에 해당한다. 대표적인 시스템 소프트웨어로는 운영 체제와 각종 유틸리티, 컴파일러 등이 있다.

종류	내용
운영 체제(OS)	사용자에게 편리한 작업 환경(UI)을 제공하고, 디지털 기기의 한정된 자원을 효율적으로 관리하며, 다양한 장치와 연결을 도와주는 시스템 소프트웨어
유틸리티	사용자가 직접 작업 환경을 설정하거나, 자원 관리를 할 수 있도록 도와주는 편리한 시스템 소프트웨어
컴파일러	컴퓨터 프로그래밍 언어를 이용하여 작성한 프로그램을 기계어로 번역하는 시스템 소프트웨어

응용 소프트웨어

응용 소프트웨어는 컴퓨터의 연산과 제어 기능을 바탕으로 다양한 응용 기능을 수행할 수 있는 방법을 제공하는 것으로, 우리가 사용하는 대부분의 프로그램이 여기에 해당된다. 대표적인 응용 프로그램으로 문서 작성 프로그램, 멀티미디어 프로그램, 수식 계산 프로그램 등이 있다.

사용자 작업 환경(UI)

인터페이스 연구는 입력 및 출력 장치에 대한 접근성이나 가용성을 높이기 위한 연구이다. 키보드에 의존하던 입력 장치가 마우스나 스타일러스 펜과 같은 입력 장치 개발과 보급으로 확대되었고, CRT 모니터에 의존하던 출력 장치는 LCD나 LED를 이용한 모니터로 발전하였다. 최근에는 **내추럴 사용자 인터페이스**(NUI: natural user interface) 연구가 활발히 진행되고 있다. 이러한 장치들은 센서를 이용하여 인간의 손이나 발 동작, 또는 음성 등을 이해하고 이를 디지털 신호로 변환하는 회로로 설계된다. 특히 뇌과학의 발달과 함께 뇌파를 전달하는 장치도 연구되고 있다. 이러한 사용자 작업 환경 개선을 위한 연구는 누구나 쉽고 편리하게 사용할 수 있는 디지털 기기의 개발과 발전에 큰 영향을 미치고 있다.

인터페이스

인터페이스(Interface)는 2개 이상의 장치 사이에 정보나 신호를 주고받는 경우의 접점 또는 경계면을 일컫는다. 연결 장치 자체를 가리키기도 한다. 또 소프트웨어 끼리를 연결하는 경우의 경계 부분도 인터페이스라고 한다. 일반적으로 이용자가 프로그램을 개발하는데 필요한 인터페이스는 메이커로부터 제공되는 매뉴얼 등에 기재되어 있는데, 거기에는 데이터의 양식이나 명령어 등의 정보가 포함된다.

코드

의사소통과 정보 전달을 위한 수단으로서의 기호는 복잡한 정보를 간략하게 표현할 수 있고, 조합하면 새로운 정보를 표현할 수도 있다. 또한 기록을 통한 저장이 가능하기 때문에 기호는 정보를 표현하고 전달하는데 효과적인 방법이라고 할 수 있다. 기호가 정보 전달 방법으로 사용되려면 약속과 규칙을 정해야 하는데, 이렇게 어떤 정보를 다른 형태로 변환하기 위한 규칙과 결과물을 **코드**(code)라고 한다. 인간은 사물이나 개념을 나타내는 단어를 만들고, 이를 표현하기 위해 여러 가지 기호를 조합하여 코드를 만들어 왔다.

이진 코드

컴퓨터는 사람과 달리 0과 1 두 개의(binary) 상태(state)만을 사용하기 때문에 오직 두 개의 기호만을 조합하여 정보를 표현하고 전달할 수 있다. 컴퓨터가 정보를 표현하기 위해 사용하는 코드를 **이진 코드**(binary code)라고 한다. 컴퓨터를 활용하여 정보를 처리하려면 인간이 사용하는 코드를 컴퓨터가 이해할 수 있는 코드로 변환해주어야 한다.

비트

컴퓨터에서 사용하는 이진 코드는 일반적으로 0과 1의 조합으로 표현하며, 이렇게 표현하는 정보의 최소 단위를 비트(bit)라고 한다. 비트가 하나씩 증가할 때마다 표현할 수 있는 정보의 양은 두 배로 늘어난다. 즉 n개의 비트가 있으면 2^n만큼의 정보를 표현할 수 있다. 비트가 증가하면 더 많은 종류의 정보를 표현할 수 있고, 같은 종류의 정보는 더 세밀하게 표현할 수 있다.

양자 컴퓨터

양자 컴퓨터는 양자역학의 원리에 따라 작동되는 컴퓨터를 말한다. 현재 우리가 사용하는 컴퓨터는 비트를 기본 단위로 사용하며, 1비트로 0 아니면 1을 저장할 수 있다. 반면, 양자 컴퓨터는 **큐비트**(qubit)라는 기본 단위를 사용하며, 0과 1을 동시에 저장할 수 있다. 또한 0,1로 전환하는데 어떤 에너지와 시간도 필요 없다. 예를 들어 기존 컴퓨터가 2비트를 사용하여 00 → 01 → 10 → 11로 변환하는 연산을 실행하는데 4초가 걸린다면, 2큐비트를 사용하는 양자 컴퓨터는 00, 01, 10, 11의 4가지 상태가 동시에 공존하기 때문에 실행 시간은 1초로 단축된다. 2비트에서 약 4배 정도가 차이가 난다면 4비트는 16배, 8비트는 256배로, 비트가 증가할수록 실행 시간은 기하급수적으로 단축될 수 있다.

인코딩과 디코딩

어떤 정보나 코드를 다른 형태의 코드로 변환하는 것을 **인코딩**(encoding)이라고 하며, 인코딩된 코드를 다시 원래의 정보나 코드로 변환하는 것을 **디코딩**(decoding)이라고 한다. 십진수를 이진수로 인코딩해야 컴퓨터를 이용하여 계산할 수 있으며, 계산된 이진수를 십진수로 디코딩해야 그 결과를 인간이 쉽게 이해할 수 있다.

정보의 압축

컴퓨터에서 처리하는 다양한 형태의 정보 가운데 가장 많은 용량을 차지하는 정보는 동영상이다. 동영상은 프레임(frame)이라고 하는 수많은 이미지와 함께 소리 정보를 포함하고 있기 때문에 용량이 매우 크다. 따라서 동영상을 압축하기 위한 다양한 기술이 개발되고 있다. 동영상을 압축하는데 대표적으로 사용되는 MPEG는 기본적으로 **JPEG** 압축 방법(정지 화상을 위해서 만들어진 손실 압축 방법)을 사용하여 화면을 압축하고, 연속된 화면에서 변화하는 부분을 검출하여 그 차이만을 저장한다. 차이를 검출하는 방법과 관련한 기술은 저마다 다르기 때문에 다양한 **코덱**(codec)이 존재한다.

■ 코덱

데이터 압축 기능을 사용하여 자료를 압축하거나 압축을 푸는 소프트웨어를 말한다. 또는 소리, 동영상 등의 자료를 다른 형식으로 변환하는 장치 및 소프트웨어를 일컫는다.

알고리즘

구체적이며 명확하게 표현된 문제 해결 방법을 **알고리즘**(algorithm)이라고 한다. 즉 알고리즘이란 '어떤 목표를 달성하기 위해 실제로 수행될 수 있는 구체적인 명령의 유한한 순서와 실행 절차'를 말한다. 알고리즘을 이용하면 문제 해결 방법을 잘 이해하지 못해도 순서와 절차를 따라가며 문제를 해결할 수 있다. 또한 컴퓨터와 같은 기계를 이용하여 문제 해결 과정을 자동화시킴으로써 많은 문제를 빠르게 해결할 수 있다.

프로그래밍 언어

프로그램은 컴퓨터가 실행할 수 있는 구체적인 명령이 순서대로 작성된 것이고, 프로그래밍은 그러한 프로그램을 작성하는 것이다. 프로그래밍 언어는 프로그래밍에 사용되는 언어이다. 프로그래밍 언어를 가장 간단하게 구분하면 저급 언어와 고급 언어로 나눌 수 있으며, 현재 주로 사용되는 프로그래밍 언어에는 C, C++, C#, Java, Python 등이 있다.

객체 지향 프로그래밍

객체 지향 프로그래밍은 자료와 함수를 하나의 객체(object)로 묶어 사용하는 프로그래밍 방식이다. 객체 지향 프로그래밍에서는 자료와 함수를 묶어 클래스(class)라는 객체의 틀을 만든다. 클래스를 이용하여 객체를 생성하면 자료와 함수가 함께 묶여 동작하는 객체가 만들어진다. 객체(instance)가 가지고 있는 자료를 속성(attribute), 객체가 실행하는 함수를 메서드(method)라고 한다.

ISDN

디지털 통신망을 이용한 음성·문자·영상 등의 종합통신서비스를 말한다. ISDN(Integrated Services Digital Network)은 단말·전송로·교환기를 디지털 방식으로 통합함으로써 기존에 개별적으로 제공되던 각종 서비스를 하나의 망으로 묶어 제공하고 영상·전송도 가능케 한 통신망이라 할 수 있다. ISDN은 통신방송 서비스의 통합화·고도화·효율화·저렴화를 꾀하였다. 하지만 2000년대 이후 기술이나 속도 면에서 성능이 뛰어난 초고속인터넷망(ADSL, VDSL 등)으로 전환되었다.

광디스크

광디스크(Optical Disk)는 빛의 투과율과 반사율 등을 변화시켜 디스크에 데이터를 저장하는 장치를 말한다. 투명한 아크릴 원반에 낀 피막에 구멍 모양으로 신호를 적어 넣어 정보를 기록하는 것으로, 레이저광을 쏘아 디스크로부터 반사에 의해 신호를 읽는다. 기록 밀도가 높고 고속 검색이 가능하며 재생에 의한 질의 저하가 없는 등의 장점이 있다.

광메모리

광메모리는 레이저 빛과 같은 광학적 수단으로 자료의 기억과 판독을 하는 메모리이다. 즉 CD-ROM, 광디스크, 광카드 등 레이저를 사용해 디지털 정보를 기록하고 읽는 기억 장치이다. 주로 자기디스크나 자기테이프를 대신해서 외부 메모리로 사용하고 있다. 광메모리는 다른 메모리에 비해 정보 기억 용량이 월등히 크고 비접촉식이기 때문에 수명이 길다.

광섬유

광섬유는 통신의 전송로에 쓰이는 지름 0.1mm 정도의 가느다란 유리섬유를 말한다. 빛의 굴절률이 다른 심선 부분과 피복 부분으로 나뉘어 이들의 굴절률이 서로 달라 빛의 신호가 외부로 새지 않고 먼 곳까지 갈 수 있다. 에너지 손실이 매우 적어 송수신하는 데이터의 손실률이 낮으므로 보낼 수 있는 정보량이 많다. 전기적 잡음을 받지 않는 등 외부의 영향을 거의 받지 않는다는 장점도 있다.

광속도

광속도는 진공 속에서 1초 동안 약 30만 킬로미터를 갈 수 있다. 흔히 1초에 지구를 일곱 바퀴 반을 도는 속도라고 하며, 이 속도로 지구에서 달까지 가는 데는 1초 정도 걸린다. 태양까지는 약 8분 거리다. 어떤 물체의 속도도 광속도를 능가할 수 없다고 한다.

퍼지이론

퍼지이론(Fuzzy theory)은 애매하고 불분명한 상황에서 여러 문제들을 두뇌가 판단 결정하는 과정에 대하여 수학적으로 접근하려는 이론이다. 퍼지란 원래 '애매모호한', '경계가 명확하지 않은'이라는 뜻이다. 참과 거짓을 명확하게 구분하기 힘든 개념을 다루는 시스템의 연구로, 인간의 사고 판단에 포함되어 있는 '조금', '약간' 등의 애매한 말들을 수치로 정량화해서 최적의 양과 질을 수행하도록 하는 원리이다. 인공지능이 물의 양과 회전 속도, 헹굼 횟수 등을 자동으로 알아서 처리해주는 세탁 시스템이 이 원리를 이용한 것이다. 가전제품이나 자동제어 분야 등에 널리 응용되고 있다.

정보 기술

정보 기술(IT: Information Technology)은 정보화 시스템 구축에 필요한 유형·무형의 모든 기술과 수단을 포함하는 정보통신 용어를 일컫는다. 즉, 컴퓨터, 소프트웨어, 인터넷, 멀티미디어, 경영 혁신, 행정 쇄신 등 정보화 수단에 필요한 유형·무형

기술을 말한다. 여기에는 업무용 데이터, 음성 대화, 멀티미디어는 물론, 아직 출현하지 않은 매체와 정보를 개발, 저장, 교환하는 데 필요한 모든 형태의 기술을 포함한다. 오늘날 정보 기술이 비약적인 생산 효과를 거두게 되자, 세계 여러 국가들은 정보 기술 개발에 노력을 기울이고 있다. 이러한 정보 기술은 컴퓨터의 성능이나 소프트웨어의 품질 자체만이 아니라 소비자의 욕구 파악, 최적정 가격 산정 등 사업 노하우나 아이디어에까지 활발히 적용되고 있다.

5세대 이동통신

5G는 이동통신의 다섯 번째 세대라는 뜻으로, 최고 전송 속도는 초당 20Gbps 수준이다. 4G LTE에 비해 데이터 처리용량은 약 100배 많고 속도는 약 **20배** 빠르다. LTE로는 2GB 영화를 내려받는 데 16초가 걸린다면 5G에서는 단 0.8초면 된다. 강점인 초저지연성(지연시간 1ms)과 초연결성을 통해 가상현실(VR), 자율주행, 사물인터넷(IoT) 기술 등을 구현할 수 있다. 5G의 성능을 자동차 응용기술에 적용할 경우 데이터 전달 속도가 빨라지면서 자율주행 자동차의 안전성은 한층 강화된다. 데이터를 주고받는 시간이 짧아져 자동차가 장애물이나 다른 차량을 피하도록 하는 제어 속도가 빨라지는 셈이다. 멀리 떨어진 곳에서도 실제 현장에 있는 것처럼 상황을 판단할 수 있고, 아무런 지연 없이 장비나 로봇 등을 조작할 수도 있다.

유비쿼터스 네트워크

유비쿼터스(Ubiquitous)는 사용자가 네트워크나 컴퓨터를 의식하지 않고 장소에 상관없이 자유롭게 네트워크에 접속할 수 있는 정보통신 환경을 의미한다. 유비쿼터스 네트워크는 휴대용 기기나 가전제품 등 여러 종류의 기기를 네트워크로 연결시켜 언제 어디서나 이용이 가능하도록 하는 제반 기술 또는 환경을 지향하고 있다. 즉 이용 장소에 관계없이 상시 접속이 가능한 모바일 특성을 갖춘 브로드밴드 네트워크 기반 위에 각종 정보기기나 센서가 IP 등 프로토콜을 이용해 서로 연결된 상태로 동영상이나 음성을 가진 콘텐츠, 이용자의 수요에 맞춘 솔루션, 안전한 정보의 송수신, 전자 상거래가 가능한 플랫폼 등에 활용이 가능한 정보통신 환경을 말한다.

클라우드 컴퓨팅

클라우드 컴퓨팅(Cloud Computing)이란 인터넷 기반(cloud)의 컴퓨터 기술(computing)을 의미한다. 클라우드 컴퓨팅은 기존의 개인용 컴퓨터에 저장하고 이용했던 데이터나 프로그램을 하나의 큰 서버를 통해 자유롭게 이용할 수 있는 컴퓨터 환경이다. 즉 사용자가 필요로 하는 소프트웨어를 자신의 컴퓨터에 설치하지 않고도 인터넷 접속을 통해 언제든지 사용할 수 있고, 동시에 공동 작업이 가능하며, 각종 정보들을 공유할 수 있다.

클라우드 컴퓨팅이 활성화되기 위해서는 안정적인 인터넷 접속이 보장되어야 하며, 개인이나 기업 정보 등과 같은 각종 보안 문제에 대해서도 철저한 대비가 필요하다.

엣지 컴퓨팅

중앙 집중 서버가 모든 데이터를 처리하는 클라우드 컴퓨팅과 다르게 분산된 소형 서버를 통해 실시간으로 처리하는 기술을 일컫는다. 사물인터넷 기기의 확산으로 데이터양이 폭증하면서 이를 처리하기 위해 개발됐다. 처리 가능한 대용량 데이터를 발생지(소스) 주변에서 효율적으로 처리함으로써 데이터 처리 시간이 큰 폭으로 단축되고 인터넷 대역폭 사용량이 감소하는 장점이 있다. **엣지 컴퓨팅** 기술은 실시간으로 대응해야 하는 자율주행차, 스마트 팩토리, 가상현실(VR) 등 4차 산업혁명을 구현하는 데 있어서 핵심 역할을 한다.

블록체인

블록체인(Block Chain)은 일정 시간 동안 발생한 모든 거래 정보를 블록 단위로 기록하여 모든 구성원들에게 전송하고, 블록의 유효성이 확보될 경우 이 새 블록을 기존의 블록에 추가 연결하여 보관하는 방식의 **알고리즘**이다. 블록체인은 효율적이고 검증 가능한 방식으로 거래를 기록할 수 있는 개방된 분산 원장 즉, 데이터베이스 역할을 한다. 이는 참여자 간 공유 네트워크가 집단적으로 새 블록을 검증하기 위한 프로토콜에 따라 관리됨으로써 보안성이 높다. 또한 블록체인에서는 '제3의 기관'이 필요 없는 탈중앙화와 중개 기관을 거치지 않는 탈중개화가 이뤄지기 때문에 거래 비용이 획기적으로 낮아진다.

빅데이터

빅데이터(Big Data)란 복잡하고 다양한 대규모 데이터 세트 자체는 물론 이 데이터 세트로부터 정보를 추출하고 결과를 분석하여 더 큰 가치를 창출하는 기술을 뜻한다. 수치 데이터 등 기존의 정형화된 정보뿐 아니라 텍스트 · 이미지 · 오디오 · 로그 기록 등 여러 형태의 비정형 정보가 데이터로 활용된다. 최근 모바일 기기와 SNS 이용의 보편화, 사물인터넷 확산 등으로 데이터의 양이 기하급수적으로 늘어나고 있다.

스마트 TV

스마트 TV란 텔레비전에 컴퓨터나 스마트폰처럼 운영체제(OS: Operating System)를 탑재하여 인터넷을 연결함으로써, 기존 방송 콘텐츠 외에도 인터넷 기반의 콘텐츠와 서비스를 이용하는 쌍방향 통신 텔레비전을 말한다. 스마트 TV로 인터넷을 검색할 수 있고, 동영상을 볼 수 있으며 날씨, 주식, 전자우편 등을 바로 확인할 수 있다. 또 소셜 네트워크 기능이 있어 애플리케이션을 내려받아 다양한 콘텐츠를 사용할 수 있고, 컴퓨터처럼 팔로워와 공유가 가능하다.

사물인터넷

사물인터넷(IoT: Internet of Things)은 단어의 뜻 그대로 '사물들(things)'이 '서로 연결된(Internet)' 것 혹은 '사물들로 구성된 인터넷'을 말한다. 기존의 인터넷이 컴퓨터나 무선 인터넷이 가능한 휴대전화들이 서로 연결되어 구성된 것과는 달리, 사물인터넷은 책상, 자동차, 가방, 나무, 애완견 등 세상에 존재하는 모든 사물이 연결되어 구성된 인터넷이라 할 수 있다. 사물인터넷은 연결되는 대상에 있어서 단순히 책상이나 자동차 같은 유형의 사물에만 국한되지 않으며, 교실, 커피숍, 버스정류장 등 공간은 물론 상점의 결제 프로세스 등 무형의 사물까지도 그 대상에 포함한다.

증강현실

일상생활에서 어떤 사물을 보기만 해도 바로 눈앞에 관련된 정보를 팝업 형태로 보여주는 기술을 **증강현실**이라고 한다. 즉 증강현실은 눈으로 보는 현실 세계와 부가정보가 있는 가상 세계를 합쳐 하나의 영상으로 나타낼 수 있는 기술이다. 증강현실 기술이 보편화되면 위치 정보, 광고나 홍보, 방송에 이르기까지 다양하고 유익한 콘텐츠가 생성될 것이며, 이로 인해 우리의 삶은 보다 편리하고 윤택해질 것이다.

딥 러닝

다층 구조의 인공 신경망을 기반으로 한 인공지능 기계학습 분야의 대표 기술이다. **딥 러닝**은 인간의 두뇌가 수많은 데이터 속에서 패턴을 발견한 뒤 사물을 구분하는 정보처리 방식을 모방해 컴퓨터가 마치 사람처럼 스스로 학습할 수 있도록 기계를 학습시킨다. 딥 러닝 기술을 적용하면 사람이 모든 판단 기준을 정해주지 않아도 컴퓨터가 스스로 인지·추론·판단할 수 있게 된다. 음성·이미지 인식과 사진 분석 등에 광범위하게 활용된다. 구글 알파고도 딥 러닝 기술에 기반한 컴퓨터 프로그램이다.

나노기술

나노기술(NT: Nano-Technology)은 이론물리학자 리처드 파인먼이 처음 제시한 것으로, 10억 분의 1 수준의 정밀도를 요구하는 극미세 가공 과학기술을 말한다. 나노란 '난쟁이'란 뜻의 그리스어로, 1나노미터(1nm)는 10억 분의 1m로 전자현미경으로나 볼 수 있는 수준이다. 조립된 새로운 화학물질을 기본 골격으로 하는 신물질 개발, 원자·분자 크기의 모터를 이용한 동력 개발, 기본 생명체의 합성 및 의학에의 이용, 전자 소자를 대체하는 원자 크기의 기본 소자 개발 및 이를 이용한 컴퓨터 개발, 생물체와 무기물 소자와의 접속 장치 개발 등 응용분야가 다양하다. 개발된 소재나 재료들은 초소형 컴퓨터나 로봇 등을 만드는데 이용된다.

초전도

초전도는 어떤 종류의 금속이나 합금을 절대영도 가까이까지 냉각했을 때, 전기저항이 갑자기 소멸하여 전류가 아무런 장애 없이 흐르는 현상을 말한다. 초전기전도라고도 한다. 초전도체는 전기저항이 없어 저항에 의한 손실을 막을 수 있고, 강한 전류를 흘려서 강한 자기장을 만들 수 있기 때문에 초전도체를 이용한 전자석의 실용화가 연구되고 있다.

BT

바이오 기술(BT: Bio Technology)이란 미생물을 이용한 발효와 유전자 조작, 세포 배양과 효소 등을 이용하여 신물질을 생산하거나 산업 공정에 응용하는 기술이다. 수천 년 전부터 누룩과 유산균을 이용하여 된장, 김치, 치즈, 맥주와 요구르트 등 다양한 발효식품을 만들었을 정도로 바이오 기술은 실생활과 매우 밀접한 관련이 있다. 1970년대 유전자 조작 기술의 개발을 계기로 제약, 농업, 식품 등 산업에 적용되었으며, 최근 들어 에너지, 환경, 의료 등 다양한 산업에서도 활용되고 있다. 바이오 기술은 미래의 산업 경쟁력을 결정짓는 핵심 요소로 작용할 뿐만 아니라 정보통신·나노·환경산업 기술 등과 융합하여 더욱 발전할 것이다.

게놈

게놈(Genome)은 유전자(Gene)와 염색체(chromosome)의 합성어로, 염색체에 담긴 유전자 정보를 총칭하는 말이다. 1920년 H. 윙클러에 의해 처음 사용된 용어이다. 인간의 신체는 65조 개의 세포로 이루어져 있으며, 각 세포 안에는 핵이 있고, 여기에 유전 정보를 담은 46개의 염색체가 있다. 46개의 염색체 안에 담겨 있는 염색체군의 정보를 통틀어 게놈이라고 한다. 게놈 프로젝트는 게놈을 해독해서 유전자 지도를 작성하고 유전자 배열을 분석하는 연구 작업을 말하며, 인간의 생명 현상을 규명하여 암을 비롯한 각종 질병의 예방과 그 치료제를 개발하는데 기초를 다지는 프로젝트이다.

줄기세포

줄기세포는 여러 종류의 신체 조직으로 분화할 수 있는 능력을 가진 세포를 말한다. 줄기세포는 신체 내에 있는 모든 조직을 만들어 내는 기본적인 구성 요소로, 뼈, 뇌, 근육, 피부 등 모든 신체기관으로 전환될 수 있는 미분화 단계의 만능세포이다. 이러한 미분화 상태에서 적절한 조건을 맞춰주면 다양한 조직세포로 분화할 수 있으므로 이러한 분화 능력을 이용하여 손상된 조직을 재생하는 등의 치료에 응용하기 위한 연구가 진행되고 있다. 줄기세포에는 배아줄기세포와 성체줄기세포가 있다.

■ 배아줄기세포와 성체줄기세포

배아줄기세포란 배아의 발생 과정에서 추출한 세포로, 모든 조직의 세포로 분화할 수 있는 능력을 가지고 있으면서 분화하지 않은 세포를 말한다. 배아줄기세포는 뇌질환에서 심장병에 이르기까지 많은 질병의 치료가 가능하다. 성체줄기세포란 성장이 완료된 인체의 장기나 조직에 분포하여 인체의 특정한 조직의 세포로 분화할 수 있는 세포를 말한다. 성체줄기세포는 난치성 질환인 당뇨, 치매, 퇴행성관절염 등 다양한 세포 손상 질환의 증상을 개선하는데 이용된다.

DNA 바코드

동식물이 보유한 고유의 DNA 정보를 이용하여 생물종을 빠르고 정확하게 식별하는 일종의 **유전자 신분증**을 말한다. DNA 바코드는 아데닌, 티민, 구아닌, 사이토신의 4가지 염기 요소를 이용한 4진법으로 구성된다. 생물체는 비슷한 종이라도 DNA는 모두 다르기에 생물이 지닌 고유 유전정보를 이용하여 빠르고 정확하게 대상을 식별할 수 있다.

융합 기술

융합 기술(Convergence Technology)은 각 기술 간의 상호 작용으로 생기는 기술 변화, 사회·문화적인 변화를 일으킬 수 있는 첨단 기술로서, 인간의 건강한 삶과 식량 확보, 에너지, 환경, 안전 등 우리 생활의 여러 곳에 영향을 미친다. 각각의 기술들은 서로 함께 발전하면서 새로운 기술 혁신을 이루게 되는데, 서로 다른 여러 기술들이 결합해서 만들어지는 기술이 바로 융합 기술이다. 20세기에는 컴퓨터가 등장하면서 정보화 시대가 열렸다. 이러한 IT에 이어 NT, BT는 21세기를 새롭게 이끌어갈 신기술로 주목받고 있으며, IT와 NT, 그리고 IT와 BT가 융합한 새로운 기술이 등장하고 있다. IT와 NT, BT의 기술 융합은 IT 산업의 기술적 한계를 극복하고 새로운 기술을 창출해내

는 차세대 성장 동력으로 각광받고 있어 세계 시장에서의 빠른 성장이 기대된다.

기술 혁신

기술 혁신이란 제품이나 서비스의 생산 또는 유지, 기능, 성능, 품질 등의 측면에서 더욱더 효과적인 새로운 기술을 연구 · 개발하는 것을 말한다. 기술 혁신에는 과학적 · 공학적 이론과 기법, 창의적 아이디어를 가진 과학자, 기술자, 공학자에 의한 연구 · 실험 등의 활동도 포함된다. 인류 역사를 통해 만들어진 수많은 문명의 이기들은 대부분 기술 혁신의 산물들로, 인간의 삶을 좀 더 편리하게 해주고 경제 · 사회 · 문화 발전의 원동력이 된다.

공정 혁신

공정 혁신이란 기존 제품을 생산하는 데 있어서 똑같은 양의 생산 요소들을 투입하고도 종전보다 더 많은 생산량을 얻는 것을 말한다. 즉 공정 혁신을 이루면서 생산 과정상의 새로운 발명을 통하여 제품의 일정량을 생산하는데 들어가는 비용을 절약할 수 있다. 컨베이어 시스템, 유연 생산 시스템, 공장 자동화 시스템이 이에 해당한다. 공정 혁신과 관련된 대표적인 산업으로는 오랜 기간 기본적으로 동일한 제품들을 생산하는 자동차 · 조선 · 가전 · 철강 산업 등이 있다.

■ 컨베이어 시스템

작업자를 작업 공정의 순서대로 고정된 장소에 배치하고 재료를 컨베이어에 의해 규칙적으로 통과시켜 각 작업자가 일정한 리듬을 타고 작업에 임하도록 하는 생산 시스템으로, 20세기 초 미국의 한 자동차 회사가 처음 도입하였다.

■ 유연 생산 시스템

생산 시스템의 자동화와 무인화로 다품종 소량 생산에 유연하게 대응할 수 있도록 한 시스템으로, 로봇 자동 창고, 무인 운송기, 제어용 컴퓨터 등으로 구성된다.

■ 공장 자동화 시스템

수주 → 설계 → 제조 → 검사 → 출하의 전 공정을 일관된 흐름에 따라 컴퓨터와 산업용 로봇에 의해 자동 생산하는 시스템이다.

제품 혁신

제품 혁신이란 기존 제품의 가치를 개선하거나 새로운 제품을 통해 과거에는 제공되지 못했던 새로운 가치를 창출하는 것을 말한다. 제품 혁신에서 새로운 가치는 제품에 포함된 기능, 성능, 품질, 원가, 디자인, 브랜드, 사용 편의성, 감동 등을 의미한다. 컴퓨터의 경우 부품의 집적도가 고밀도화 되고 성능이 획기적으로 향상된 것이 그 예이다. 오늘날에는 과거에 존재하지 않았던 신기술과 선행 기술의 결합, 즉 융합에 의해 효율성이나 효용성이 향상된 제품이 창출됨으로써 제품 혁신이 일어나고 있다.

기술 융합

인류는 기술과 함께 변화하고 발전해 왔다. 산업 혁명 이후 기술의 발달로 생산성이 향상되었고 생산 규모도 지속적으로 팽창하였다. 최근에는 다른 학문과의 융합을 통한 기술 혁신이 활발히 진행되고 있으며 이러한 현상을 **기술 융합**이라고 한다. 기술 융합은 두 가지 이상의 기술적 요소가 화학적 또는 기계적으로 결합하여 새로운 특성을 갖는 기술과 제품으로 탄생하는 것이라 할 수 있다. 기술이 경제는 물론 인간의 삶과 문화에 미치는 영향은 날로 커져 가고 있으며, 이에 기술의 사회적 책임 또한 확대되고 있다.

■ 바이오칩
DNA, 단백질 등 생물의 몸 안에 있는 다양한 성분을 이용해 만든 칩이다. 각종 기계나 전자 기기를 소형화하기 위해 만든 것으로, 이것을 만들기 위해 미세 전자 기계 시스템(MEMS) 기술이 적용되었다. 미세 전자 기계 시스템이란 반도체와 기계 기술을 융합하여 제작한 마이크로미터 단위의 초소형 시스템이다.

■ 지능형 로봇
인공지능과 고도의 센서가 두뇌 역할을 하는 로봇으로 첨단 전자·정밀 기계·음향·반도체·광학 기술 등이 융합된 기술 혁신의 산물이다.

■ 바이오 플라스틱
폐기된 후 일정 시간이 경과하면 미생물이 배출하는 분해 요소에 의해 딱딱한 플라스틱이 자연 분해되는 플라스틱으로, 생분해성 플라스틱이라고 한다.

지식재산권
지식재산권은 지적 활동으로부터 발생되는 각종 창작물에 대한 권리와 그에 따른 제반 보호를 목적으로 하고 있다. 지식재산권은 산업 발전을 목적으로 하는 **산업 재산권**과 문화 창달을 목적으로 하는 **저작권**, 급속도로 발전하는 컴퓨터 산업 확장 등으로 인한 **신지식 재산권**으로 분류된다.

■ 지식재산권의 유형
- 저작권: 문학, 음악, 미술 등의 문화 분야
- 산업 재산권: 특허, 실용신안(의장과 발명), 상표 등의 산업 분야
- 신지식 재산권: 컴퓨터 프로그램, 반도체 설계, 캐릭터 산업 등 신기술 분야

저작권과 저작권법
인간의 정신적인 창작 활동의 결과물에 대해 재산의 가치를 주고 이를 보호하는 것을 **지식재산권**이라고 한다. **저작권** (copyright)은 지식재산권의 유형 중 하나로 시, 소설, 음악, 미술, 영화, 연극, 컴퓨터 프로그램 등과 같은 저작물에 대한 창작자의 권리를 말한다. 저작자는 저작권이 있기 때문에 저작물 사용에 따른 경제적인 대가를 받으며(저작 재산권), 동시에 그 저작물이 사용되는 과정에서 저작자가 작품 속에 나타내고자 하는 창작 의도를 그대로 유지할 수 있다(저작 인격권).

■ 저작자와 저작권자
저작자는 저작물을 창작한 사람, 저작권자는 저작권을 가지고 있는 사람이다. 저작자가 저작권을 다른 이에게 양도한다고 해도 저작 인격권은 여전히 저작자에게 있고, 저작 재산권만 넘길 수 있다.

■ 저작권 보호 기간
일반적으로 저작자의 생존 기간과 사망 후 70년이며, 저작자가 불분명하거나 업무상 저작물인 경우 공표한 때부터 70년간 유지된다. 저작권 보호 기간은 사망 또는 공표한 다음 해 1월 1일부터 계산한다.

발명
발명이란 창의적인 사고와 기술적인 아이디어를 통하여 기존에 없었던 새로운 방법, 기술, 물질, 기구 등을 만들어 내는 것을 말한다. 발명은 새로운 것이어야 하고, 자연의 법칙을 이용한 것이어야 하며, 창작의 내용이 기술적이고 구체적이어야 한다. 또한 발명이 속하는 기술의 분야가 일반적인 수준에서 용이하게 발명할 수 없을 정도로 기술 수준이 고도화된 것이어야 한다.

■ 물건의 발명과 방법의 발명
일반적으로 발명은 물건의 발명과 방법의 발명으로 나뉜다. 물건의 발명은 제품에 관한 발명을 말하고, 방법의 발명은 물건의 생산 방법의 발명, 기존의 발명을 다른 것에 이용하는 발명으로 측정 방법·통신 방법 등이 포함된다.

특허권
발명을 보호하고 장려하며, 정해진 기간 동안 다른 사람이나 기업으로부터 침해받지 않도록 발명에 관한 권리를 인정해주는 것을 **특허**라고 한다. **특허권**이란 자신이 발명한 기술을 일정 기간 독점적으로 사용할 수 있는 권리를 말한다. 특허권자는 물건의 발명인 경우에는 그 물건을 생산·사용·대여·수입 또는 전사하는 권리를 가지고, 방법의 발명인 경우는 그 방법을 사용하는 권리를 가진다. 특허는 산업에 이용할 수 있어야 하며(산업상 이용 가능성), 출원하기 전에 이미 알려진 기술이 아니어야 하고(신규성), 선행 기술과 다른 것이라 하더라도 그 선행 기술로부터 쉽게 생각해 낼 수 없는 것이어야 한다(진보성). 특허 권리 기간은 특허 출원일로부터 20년까지이다.

■ 특허권의 예
특허권의 예로 로봇 청소기 도킹 시스템과 전신 수영복 등이 있다. 로봇 청소기 도킹 시스템은 청소가 끝나면 충전을 위해 자동으로 충전 장치로 이동하는 시스템이다. 전신 수영복은 가장

저항이 많이 발생하는 가슴이나 복부에 폴리우레탄 소재를 사용하여 물의 저항을 최소화하였다.

실용신안권

실용신안권은 기술적 창작 수준이 소발명 정도인 실용적인 창작을 보호하기 위한 권리로, 보호하는 대상이 특허권과는 약간 다르나 전체적으로 유사하다. 즉 실용신안권은 특허권보다 기술 수준이 낮은 경우에 해당되며, 기존 제품의 형상이나 구조를 개선하여 실용성을 높인 경우에 주는 권리이다. 실용신안권의 권리 기간은 실용신안 출원일로부터 10년까지이다.

■ 실용신안권의 예

실용실안권의 예로 야광 축구공, 우산 포장기, 무선 전기 주전자 등이 있다. 야광 축구공은 차량의 전조등 빛이 도로 표지판을 비추면 표지판이 밝게 보이는 반사 원리를 이용하였다. 우산 포장기는 우산이 들어가는 입구를 높이거나 넓혀주어 손으로 밀지 않아도 비닐 포장이 가능하다. 무선 전기 주전자는 작동 시 붉은색 빛을 내고 물이 다 끓으면 파란색 빛을 내는 주전자로, 주방과 떨어져 있어도 식별이 가능하다.

상표권

상표권은 판매하는 사람이 자신의 상품을 타인의 상품과 구분하기 위하여 기호, 문자, 도형, 입체적 형상 또는 이들을 결합한 것과 이들에 색채를 결합하여 표시하는 상호나 마크에 대한 권리를 말한다. 상품의 명칭, 상품의 산지, 성질과 품질, 지명 등은 상품 간에 식별성이 없기 때문에 상표권으로 등록되지 않는다. 상표권의 권리 기간은 10년이며, 10년씩 연장이 가능하다.

디자인권

디자인권이란 물품의 형상, 모양, 색체 등의 디자인에 관한 권리를 말한다. 디자인권은 물품성, 형태성, 시각성, 심미성 등을 갖추고 있어야 하며, 창작된 도안을 보호하는 것이 아니라, 그 도안이 적용된 물품을 보호하는 것을 의미한다. 공공기관 등의 표장과 유사하거나, 선량한 풍속에 어긋나거나 공공질서를 해칠 우려가 있는 디자인 등은 디자인권으로 등록되지 않는다. 디자인권의 존속 기간은 20년이다.

원천 기술

원천 기술이란 어떤 제품을 생산하는 데 있어 없어서는 안 될 핵심 기술을 말한다. 원천 기술은 다른 기술에 의존하지 않는 독창성을 지녀야 하며, 그로부터 다수의 응용 기술을 만들어낼 수 있는 생산성이 있어야 한다. 우수한 원천 기술을 확보하면 끊임없는 기술적 진화와 타 산업의 파급 효과로 높은 부가가치를 지닌 사업 영역을 구축할 수 있게 된다. 대표적인 원천 기술로는 CDMA(코드 분할 다원 접속) 기반 기술, LCD(액정 표시 장치) 기반 기술 등이 있다.

표준화

표준이란 관계되는 사람들이 공정하게 이익을 얻고 편리하게 사용하도록 하기 위하여 물체, 성능, 상태, 동작, 방법, 사고 방법, 개념 등을 통일하도록 규정한 것을 말한다. **표준화**란 이러한 표준을 정하고 이를 활용하는 조직적인 행위를 말한다. 표준화의 목적은 생산, 유통, 소비 등 여러 분야에서의 능률 증진과 경제성 향상에 있으며, 이를 통해 제품의 품질을 개선하고 상거래를 단순화하거나 공정화하는 효과가 있다.

표준과 특허

일반적으로 **표준**이 기술의 공개와 시스템 간의 호환성을 통한 신기술의 확산에 목적이 있다면, **특허**는 발명 기술에 대한 특허권자의 독점적 사용권을 인정함으로써 신기술 개발을 유도하는 데 그 의의가 있다. 만약 특허 기술이 표준에 포함되고 그 표준에 따라 만들어진 제품이 시장에 출시될 경우, 표준 특허는 시장에서의 독점력을 강화하는 주요 수단이 된다. 따라서 각 기업은 자사의 특허 기준을 표준화하여 단기적으로는 기술료를 확보하고, 장기적으로는 해당 기술 시장을 장악하기 위해 노력하고 있다.

■ 표준 특허

표준화 당시의 정상적인 기술 관행이나 일반적으로 이용할 수 있는 기술 상태를 고려할 때 그 특허 기술을 침해하지 않고서는 시설이나 방법을 제작, 판매, 수리, 사용 또는 운용할 수 없는 특허를 말한다.

공학 설계

설계란 원하는 물건을 실용성이 있으면서 아름다운 모습을 갖추도록 하는 창조 행위를 말한다. 이 세상에 존재하는 제품이나 구조물들이 모두 완전하지는 않아서 항상 개선될 필요성이 있는데, 여기에는 우리가 일상생활에서 느끼는 불편함, 부족한 안전성과 불확실성, 좀 더 쾌적한 환경에 대한 욕구 등의 공학적 문제들이 존재한다. **공학 설계**란 이런 공학적 문제들의 해결책이 되는 모든 아이디어를 구현하는 것으로, 필요한 것을 만들기 위해 시스템이나 절차를 고안하는 것을 말한다.

디자인

디자인은 제품의 가장 좋은 형태를 찾아내기 위해 계획, 설계, 제작하는 과정을 의미한다. 새로운 물체나 시스템을 만들어내는데 사용되는 창의적인 과정으로, 어떠한 제품이 실용적으로 기능할 수 있도록 한다. 디자인은 추상적이거나 눈에 보이는 것에만 치우쳐 있지 않다. 주어진 어떤 목적을 달성하기 위하여 여러 가지 조형 요소 가운데 의도적으로 선택하여 합리적으로 구성하는 창조 활동이며, 그 결과로 나타나는 실체가 곧 디자인이다.

■ 시각 디자인

시각 디자인은 회화적인 표현 수단이나 문자, 일러스트레이션 등의 시각적 요소를 통하여 인간 생활에 필요한 정보와 지식을 신속하고 정확하게 전달하는 활동을 말한다. 시각 디자인은 포스터나 팸플릿 등의 인쇄 매체, 텔레비전 CF, 영상 등의 광고뿐만 아니라 교통 표지의 디자인도 포함한다.

■ 제품 디자인

제품 디자인은 인간 생활의 발전에 필요한 제품 및 도구를 보다 다량으로 그리고 보다 완전하게 생산하는 활동이다. 제품 디자인은 공업 제품의 아름다움과 개성, 재료, 기능성 등의 요소를 상품 개발에 반영한 것으로, 사용자의 요구에 부합하는 조형적 아름다움뿐 아니라 기능적인 창의성을 부여하여 경제적 가치를 창출해내는 과정을 말한다.

■ 환경 디자인

환경 디자인은 인간 생활에 필요한 환경 및 공간을 보다 적합하게 구성하기 위한 활동이다. 환경 디자인은 건축 및 실내 디자인뿐만 아니라 정원이나 공원, 광장, 도로, 도시 등의 외부 환경을 설계하는 활동을 포함한다.

■ 서비스 디자인

생산자 중심의 서비스에서 벗어나 고객 및 소비자의 관점에서 서비스의 형태나 기능을 시각화 또는 형상화하거나 연출하는 활동을 말한다. 서비스 디자인은 서비스의 혁신을 위해 공간, 행동, 사람, 의사소통, 사물, 도식 등 서비스를 이루는 모든 요소를 총체적으로 배열하고 디자인하는 활동을 포함한다.

시제품

시제품이란 실제 생산품과 똑같은 성능과 기능, 구조, 형태, 모양을 갖춘 견본으로, 제품을 시장에 내놓기 이전에 시험적으로 만든 것을 말한다. 시제품 만들기는 발명품을 제작하여 판매하기 위한 최종 과정으로, 상품성과 모양성을 고려해야 한다. 시제품을 만들 때에는 제품의 작동, 성능, 생산 과정상의 문제점 발견에 중점을 둔다.

모의실험

제품을 디자인하고 개발하는 과정에서는 아직 완성품이 개발되지 않았기 때문에 실물을 대상으로 직접 실험할 수 없는 경우가 많다. 그리고 실물 실험이 도덕적으로 옳지 않은 경우(실험 과정에서 인명의 위험이 있을 때)도 있으며 비용이 많이 들거나 시간이 부족할 때도 있다. 이때 실물과 같은 조건이나 구성 요소를 재현할 수 있도록 모형을 만들거나 모델을 이용해서 가상의 실험을 하는데, 이것을 **모의실험(시뮬레이션)**이라고 한다. 특히 논리적 모델을 프로그램하여 전산 장비로 조작하는 것을 컴퓨터 시뮬레이션이라고 한다. 시제품의 성능 및 안전성 검사, 기계와 장치의 조정 훈련, 운전 실험 또는 시험 연구 등에 널리 활용된다.

지렛대의 원리

지레의 원리는 아르키메데스가 발견했다. 지레의 막대를 받치거나 고정된 점을 받침점, 외부에서 힘이 가해지는 점을 힘점, 지레가 물체에 힘을 작용하는 점을 작용점이라고 할 때, 힘점과 작용점에 작용한 힘과 각 점과 받침점 사이의 거리의 곱은 서로 같다는 원리이다. 즉 힘점과 받침점 사이의 거리를 b, 작용점과 받침점 사이의 거리를 a라고 하고, 힘점에 가한 힘을 F, 작용점이 물체에 가하는 힘을 W라고 하면, $b \times F = a \times W$가 성립한다. 따라서 작용점과 받침점 사이의 거리를 짧게 하면 힘점에 가한 힘보다 더 큰 힘을 작용점에 가할 수 있다. 이 원리에 따라 저울, 장도리, 병따개, 손톱깎이 등을 이용하면 작은 힘으로도 큰 힘이 필요한 일을 할 수 있는 것이다.

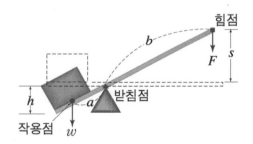

메커니즘

메커니즘이란 어떤 동작을 원하는 형태의 다른 동작으로 변환하는 것을 말한다. 이러한 메커니즘은 변환되는 운동의 형태에 따라서 직선 운동, 왕복 운동, 회전 운동, 진자 운동 등으로 나눈다. 외부로부터 얻은 힘으로 물체를 한쪽 방향으로 움직이게 하는 기구를 직선 운동 기구, 양쪽 방향으로 왕복하게 하는 기구를 왕복 운동 기구라고 한다. 밖으로부터의 힘으로 회전 운동이 이루어지도록 하는 기구를 회전 운동 기구, 마치 시계추와 같은 진자 운동이 일어나도록 하는 기구를 진자 운동 기구라고 한다. 이와 같이 운동 방향을 변화시키는 기구를 이용하면 힘을 효율적으로 이용할 수 있다.

센서

센서란 소리, 빛, 전파, 온도, 압력, 유량, PH 등과 같은 물리량이나 화학량의 절대치나 변화 및 강도를 감지하여 유용한 신호로 변환하는 소자를 말한다. 센서에는 터치 센서, 광센서, 가스 센서, 온도 센서, 자기 센서, 습도 센서, 압력 센서, 바이오센서 등이 있다.

3D 홀로그램의 원리

홀로그램은 영상이 3차원이고, 실물과 똑같이 입체적으로 보이는 사진이다. 홀로그램은 홀로그래피의 원리를 이용하여 만든다. 레이저에서 나온 광선을 2개로 나눠 하나의 빛은 직접 스크린을 비추게 하고, 다른 하나의 빛은 우리가 볼 물체에 비추는 것이다. 이때 직접 스크린을 비추는 빛을 기준광이라고 하고, 물체를 비추는 빛을 물체광이라고 한다. 물체광은 물체의 각 표면에서 반사되어 나오는 빛이므로 물체 표면에 따라 위상차가 각각 다르게 나타난다. 이때 변형되지 않은 기준광이 물체광과 간섭을 일으키며 간섭무늬가 스크린에 저장된다. 이러한 간섭무늬가 저장된 필름을 **홀로그램**이라고 한다.

소리의 재생

소리의 재생은 **전자기 유도 현상**을 응용한 것이다. 자화된 녹음 테이프가 재생 헤드를 지나면 재생 헤드의 코일을 통과하는 자속이 자화된 상태에 따라 변하므로, 코일에 유도되는 전류는 소리의 정보를 그대로 가지고 있다. 이 전류가 스피커를 통해 소리로 재생되는 것이다.

QR코드

QR코드는 Quick Response Code의 약자이다. 일반 바코드는 한쪽 방향으로 숫자 정보를 저장할 수 있는 반면 QR코드는 종횡으로 2차원 형태를 가져 더 많은 정보를 포함할 수 있다. 그리고 숫자 외에 알파벳과 한자 등 문자 데이터를 저장할 수 있다. 판별이 가능한 색조라면 색상이 들어가도 상관없다. QR코드는 일반 바코드보다 인식 속도와 인식률, 복원력이 뛰어나다. 바코드가 주로 계산이나 재고 관리, 상품 확인 등을 위해 사용된다면 QR코드는 마케팅이나 홍보 수단으로 많이 활용된다.

카메라 눈의 구조

사람의 눈은 수정체가 볼록 렌즈 역할을 하여 망막에 상을 맺음으로써 물체를 볼 수 있다. 이때 모양근이 이완 작용에 의하여 수정체의 곡률이 변하면서, 물체의 원근에 상관없이 항상 선명한 상이 망막에 생긴다. **카메라**는 눈과 비슷한 점이 매우 많다. 즉 볼록 렌즈를 사용하여 물체의 상이 필름에 맺히도록 하되, 눈의 수정체와 같이 두께 조절이 불가능하므로 렌즈와 필름 사이의 거리를 조절함으로써 선명한 상을 맺게 한다. 멀리 있는 물체를 찍으려고 할 때에는 상 거리가 짧아지므로 렌즈가 필름에 가까워지도록 해야 한다.

편광

편광은 빛의 전기장 벡터 또는 자기장 벡터의 진동 방향이 어느 일정한 한 평면 위에만 편중되어 존재하는 현상이다. 즉 빛을 이루는 전기장이 한 방향으로만 진동하고 있으면 이는 편광된 빛이다. 너무 강한 자연광을 부드럽게 만들기 위한 편광 선글라스, 카메라의 편광 필터 등에서 활용된다. 또한 3차원 영화 관람을 위해 편광 안경을 착용하기도 한다. 빛을 편광 필터를 통과시키면 편광된 빛을 얻을 수 있다.

접지

접지는 대지와 전기적으로 접속된 상태가 되는 것, 또는 통신기나 측정에서 어느 부분의 도체를 전위 0의 안정한 상태로 유지하기 위해 대지 또는 대지에 접속된 도체에 접속하는 것을 말한다. 접지는 전자기기의 절연 파손으로 발생하는 누설전류와 낙뢰 시 유입되는 서지전류를 대지로 방전시켜 시설물 피해를 예방하고 누전 차단기의 동작을 확실하게 하여, 누전으로 인한 화재를 예방하는 역할을 한다.

도면

사물의 형태, 관계 위치 및 치수, 재질, 색, 마무리 방법 등을 일정한 표현 방법에 의해 그림으로 나타내고, 필요에 따라서는 그 그림에 기호, 문자 등을 써넣은 것을 **도면**이라고 한다. 그 표현 방법에 따라서 평면도, 입면도, 구조도, 투시도 등이 있다.

시방서

도면으로 나타낼 수 없는 사항들을 문서로 작성한 것으로, **사양서**라고도 한다. 재료의 질, 치수나 규격, 시공 방법, 제품의 성능, 제조 방법이나 공법, 기술적 요구 사항, 일반 총칙 등 설계나 제조, 시공 단계에서 필요한 사항들을 표시한다. 도면과 함께 설계의 중요한 부분이다.

내연기관

연료를 연소시켜서 생긴 연소가스 그 자체가 직접 피스톤 또는 터빈 블레이드(깃) 등에 작용하여 연료가 가지고 있는 열에너지를 기계적인 일로 바꾸는 기관을 말한다. 실린더 내에서 연료와 공기와의 혼합기체에 점화·폭발시켜서 피스톤을 움직이는 왕복운동형 기관을 가리킬 때가 많으나, 가스 터빈·제트기관·로켓 등도 내연기관이다. **내연기관**은 사용하는 연료에 따라 가스기관·가솔린기관·석유기관·디젤기관 등으로 분류된다. 석유·가스·가솔린 기관은 점화플러그(점화전)에 의해 전기불꽃으로 점화되고, 디젤기관은 연료를 고온·고압의 공기 속에 분사하여 자연 발화시킨다. 피스톤의 행정·동작에 따라 4행정·2행정 사이클 방식이 있다.

자동차 엔진

자동차 엔진은 4행정 기관으로 이루어져 있다. **4행정 기관**은 흡입, 압축, 폭발, 배기의 4행정에 의해 한 주기를 끝내는 내연기관으로, 왕복운동 엔진의 가장 일반적인 예이다. 내연기관은 연료를 공기 중의 산소와 완전연소가 이루어지도록 잘 혼합된 상태에서 압축을 한 다음, 연소를 시킬 때 발생하는 열에너지를 직접 이용해 운동 에너지를 얻는다. 디젤 엔진은 경유를 주 연료로 압축 착화 방식을 이용하여 동력을 얻으며, 낮은 엔진 회전수에서 높은 토크를 얻으므로 주로 대형 기관, 버스, 트럭 등에 사용되고 있다. 휘발유 엔진은 가솔린을 주 연료로 하여 점화 착화 방식으로 동력을 얻으며, 주로 높은 회전수를 요구하는 기관에 사용된다.

■ 하이브리드 엔진

하이브리드 엔진은 둘 이상의 동력원을 이용하여 차량을 구동하는 방식이다. 현재는 '휘발유＋전기모터' 구동 방식이 주를 이루고 있으나, 대형 트럭을 시작으로 '디젤＋하이브리드' 방식도 개발되어 점차 그 범위가 넓어지고 있다.

변속기의 구조와 원리

변속기는 각종 엔진에서 발생하는 동력을 속도에 따라 필요한 회전력으로 바꾸어 전달하는 변속 장치로, 트랜스미션이라고도 한다. 일반적인 자동차 트랜스미션은 1단에서 5단까지의 변속 단계로 이루어져 있다. 1단과 2단 기어에서는 힘을 세게 발휘하도록 감속비가 크게 설정되어 있고, 3단과 4단 기어에서는 중속과 고속에서 속도를 유지하거나 가속할 수 있도록 엔진 회전수와 비슷한 기어비로 되어 있다. 5단은 오버드라이브라고 하여 고속에서의 주행을 위한 엔진 회전수보다 낮은 기어비로 이루어져 있다. 자동차는 성격에 따라 다양한 변속 단계를 구성한다. 사람의 클러치 조작 여부에 따라 직접 조작하는 수동(Manual) 방식과 유압으로 미션이 속도에 따라 맞는 변속을 직접 해주는 자동(Auto) 방식이 있다.

베어링

회전하고 있는 기계의 축(軸)을 일정한 위치에 고정시키고 축의 자중과 축에 걸리는 하중을 지지하면서 축을 회전시키는 역할을 하는 기계요소를 말한다. **베어링**과 접촉하고 있는 축 부분을 저널이라고 하며, 그 접촉 상태에 따라 미끄럼베어링과 구름베어링의 두 종류로 분류한다.

태양전지

광기전력 효과를 응용함으로써 태양 에너지를 직접 전기 에너지로 바꾸는 장치이다. 광기전력 효과에서와 같이 태양광에 의해서 발생한 전하 운반자는 내부 전기장에 의해 외부 회로를 통하여 흐르게 된다. 대표적인 예로 N형 반도체와 P형 반도체를 붙여 만드는 실리콘 태양전지가 있는데, 전지가 태양빛을 받으면 정공(+)이 발생하여 P형 반도체 쪽으로 모이고, 전자(−)가 발생하여 N형 반도체 쪽으로 모여 전류가 흐른다. 이 원리를 이용한 전지가 태양전지이다. 태양전지는 새로운 무공해 재생 에너지로 고갈될 염려가 없는 전기원이다.

에어컨의 원리

에어컨은 실내 온도를 낮추거나 쾌적한 상태로 유지하게 하는 기계장치이다. 원리는 냉동기·냉장고처럼 액체가 증발할 때 주위에서 열을 빼앗는 증발열을 이용한 것으로, 냉매로는 저온에서도 증발하기 쉬운 액체인 프레온 가스가 주로 사용된다. 밀봉된 철제 용기 속에 전동기와 압축기를 직결하고, 전동기로 압축기를 회전시켜 냉매를 압축한다. 냉매가 가진 열은 응축기를 통해 공기 속으로 발산시켜 냉각 액화한다. 캐필러리 튜브(모세관)는 응축기에서 나오는 고압의 액상 냉매를 압력을 낮추어 증발기에서 증발하도록 한다. 증발기의 구조는 응축기와 거의 같으며, 압축된 냉매는 여기서 증발하여 주위에서 열을 빼앗는다. 그에 따라 증발기 표면에 접촉한 공기의 온도는 내려가고, 공기속의 수분은 증발기의 표면에 물방울이 되어 제거된다.

MRI

자기공명영상장치(MRI, Magnetic Resonance Imaging)는 핵자기 공명이라는 물리학적 원리를 영상화한 기술이다. MRI는 우리 몸의 70%나 차지하는 물 분자를 이루는 수소 원자를 이용한다. 수소 원자들이 강한 자기장 안에 놓이면 수소 원자핵, 즉 양성자는 자기장의 방향으로 정렬되고, 자기장의 세기에 관계되는 진동수로 세차운동(歲差運動)을 한다. 이때 같은 진동수를 가진 전자파를 짧게 방출하여 양성자를 때렸을 때, 양성자는 정렬된 상태에서 잠시 이탈되었다가 제자리로 돌아온다. 이 과정에서 양성자는 약한 전파를 방출하고, 이 전파를 검출하여 모니터에 영상을 형성한다.

스프링

물체의 탄성 변형을 이용해서 에너지를 흡수·축적시켜 완충 등의 작용을 하게 하는 기계요소로, **용수철**이라고도 한다. 용수철저울·소파에 들어 있는 스프링, 안전밸브의 밸브 스프링, 자동차 바퀴를 받쳐 주는 판(板) 스프링 등은 금속의 탄성을 이용한 것이다. 용수철저울에 가해지는 힘은 정적으로 작용하는 힘을 말한다. 이에 대하여 내연기관의 밸브 스프링, 전차·자동차의 바퀴와 차체 사이에 있는 스프링은 충격 에너지를 흡수하여 완화시키기 위한 것이며, 외력이 가해지는 상태는 동적이다. 이 경우의 스프링을 완충 스프링 또는 방진 스프링이라고 한다. 시계의 태엽과 같이 스프링에 에너지를 축적시켜 두고 이것을 동력으로 사용하는 경우도 있다.

어군탐지기

물속에 있는 어군의 존재를 확인하기 위한 기계이다. 수면 하에서 발사된 초음파가 해저나 어군 등에 부딪혀서 반사해 오는 것을 포착하여 어군의 존재를 확인한다. **어군탐지기**는 기본적으로 전기진동을 일으켜 송파기에 보내주는 발진기, 초음파를 수중에 발사하는 송파기, 메아리를 수신하는 수파기, 수파기에서 수신한 미약한 메아리를 증폭시키는 증폭기, 메아리의 상황을 기록이나 영상으로 나타내는 지시기, 어군탐지기 전체를 작동하는 데 필요한 전원 등 여섯 부분으로 구성된다.

방향탐지기

전파가 도래하는 방향을 측정하는 수신 장치로, **무선방향탐지기**라고도 한다. 레이더와는 달리 자신은 전파를 발사하지 않는다. 선박이나 항공기의 안전을 도모하고, 또 불명하거나 불법한 전파의 해명·감시 등에 사용되고 있다. 전파를 수신하기 위한 안테나와 수신기로 구성되어 있다. 안테나는 전파가 도래하는 방향에 따라 감도가 변화하는 지향성을 가진 루프 안테나, 애드콕 안테나와 무지향성의 센스 안테나와의 조합이 사용된다. 수신기는 전파의 강약을 수신하고 검파해서 소리로 바꾸고, 귀로 판정하는 간단한 것에서부터 브라운관 위에 전파의 강약을 도형으로 표시하고, 동시에 방위도 눈금으로 나타내는 것이 있다.

거중기

정약용이 고안한 기계로 1792년 수원 화성을 쌓는데 이용되었다. **도르래**의 원리를 이용하여 작은 힘으로 무거운 물건을 들어올리는 장치이다. 정약용은 정조가 중국에서 들여온 《기기도설(奇器圖說)》이란 책을 참고하여 거중기를 개발하였다. 위에 네 개 아래에 네 개의 도르래를 연결하고 아래 도르래 밑으로 물체를 달아매고, 뒤 도르래의 양쪽으로 잡아당길 수 있는 끈을 연결하여 이 끈을 물레에 감아 물레를 돌림에 따라 도르래에 연결된 끈을 통해 물체가 위로 들어 올려지도록 했다. 수원성 공사에는 왕실에서 직접 제작한 거중기 11대가 사용되었다.

1 미학

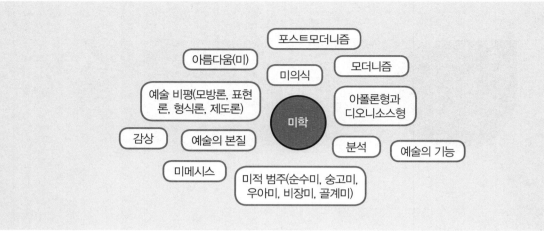

예술의 본질

아름다움 추구. **예술**은 문화의 한 부문으로, 창작·감상 등의 예술 활동과 그 성과로서의 예술 작품, 그리고 음악·미술·영화·무용 등의 공연 예술을 총칭한다. 예술의 본질은 **'아름다움'**을 추구하는 데 있다. 플라톤은 참된 예술은 아름다움(美)을 표현함으로써 이것을 향유하는 자의 정신에 훌륭한 조화를 가져다주고, 선으로 향하는 좋은 습성을 가져온다고 했다. 바움가르텐은 예술미를 자연미와 병립적인 것으로 보고, 그것을 해명하면서 미와 예술의 본질을 추구하려는 노력으로 '미학(美學)'을 수립하고 그것을 철학체계 속에 포함시켰다. F.피셔는 예술미의 본질은 예술 작품에 대한 향수자의 감정이입에 의한 미적 체험이라고 했다. 예술철학은 예술의 본질 또는 현상에 대해서 그 원리를 고찰하는 철학의 한 분야로, 미학이라고 한다.

예술의 기능

미적 기능과 사회적 기능. 예술의 기능은 크게 두 가지로 나눌 수 있다. 하나는 쾌락적 기능(**미적 기능**)으로 예술이 주는 감동과 즐거움을 의미한다. 다른 하나는 교훈적 기능(**사회적 기능**)으로 예술이 주는 정치적·교육적·도덕적인 역할로서의 실용적 유용성을 의미한다.

아름다움(미)

순수미와 예술미. **미(아름다움)**는 예술 작품 속에서 인지되는 '특정한 대상이 가지는 감각적이고 형식적인 특성'으로, 조화·질서·균형 등 미적 형식의 원리에 따라 주체가 느끼는 '감각적인 즐거움'이다. 플라톤의 미학적 관점처럼 아름다움의 본질을 주체나 대상을 초월한 이데아적 완전함(순수미)으로 여기기도 하나, 근대 이후에는 대체로 '주체의 직관적 체험을 전제로 한 바

탕 위에 대상과 주체와의 상호 관련에 있어 성립되는 정신적 가치(예술미)'로서 고찰되고 있다. 그렇게 해서 대상과 주체 어느 쪽에 근거를 두느냐에 의해서 객관주의와 주관주의의 입장으로 대별된다. 현대 미학에서는 미의 독자성을 명확히 함과 동시에, 미와는 본질적으로 통하지만 다른 면에서 구별될 수 있는 숭고미, 우아미, 비장미, 골계미 등을 추구한다.

■ 플라톤과 아리스토텔레스의 미학적 관점 비교

구분	철학 사상	핵심 미학 이론
플라톤	이데아론	• 예술의 본질=모방=**재현**(순수미를 강조) • 예술은 진실에서 3단계 떨어져 있다. (이데아 → 현실 세계 → 예술 작품: 모방의 모방) • 예술은 감정을 선동하지만, 다른 한편으로 문학예술 창작의 원동력(=**영감**)을 제공한다.
아리스토텔레스	형질론 (4원인설)	• 예술의 본질=모방=**창조**(예술미를 강조) • 미는 **형식**에서 비롯된다. (질서, 균형, 명료성, 크기, 배열, 규모, 비례, 완전성) • 예술적 작용인(因)으로서의 비극의 목적은 사람들의 '연민'과 '두려움'이라는 두 가지 정서를 이끌어낸 후 이를 '**정화(카타르시스)**' 하는 것이다.

미의식

아름다움의 가치를 인식·판단하는 인간의 정신 현상. 미의식은 미학 이론의 주된 성찰적 개념으로, 심리학적 입장에서는 미적 태도에 있어서의 의식 과정을 가리키며, 철학적 관점에서는 미적 가치에 관한 직접적 체험을 의미한다. 미의식을 구성하는 심적 요소로서는 **감각, 표상, 연합, 상상, 사고, 감정** 등을 들 수 있다. 미의식은 이러한 요소들의 복합체이며, 심적 요소는 일상적 경험 속에서도 찾아볼 수 있는 것들이다. 미의식은 단순한 관조 의식에 그치지 않고 평가 의식으로서의 측면을 함께 가진다.

미적 범주

아름다움의 유형. 미적 범주는 그 바탕에 미적인 정신 가치를 내용으로 하는 공통의 원리 구조 내지 성격을 가지면서, 무한한 다양성 속에 존재하는 미의 특수성을 공통성 및 특수성에 근거하는 몇 개의 미적 유형으로 분류한 것이다. 미적 범주, 즉 예술이 추구하는 아름다움의 범주에는 **비장미, 우아미, 골계미, 숭고미**가 있다. 모든 예술 작품에는 작자의 현실과 작품이 지향하는 바가 존재하는데 이 두 가지의 관계 맺음이 4가지 미적 범주를 나누게 된다.

■ 순수미

순수미는 '미적인 것', 즉 넓은 의미의 미에 대한 좁은 의미의 미, 본래의 미를 의미한다. 통상적으로 미가 숭고 · 비장 · 골계 등과 같은 미적 범주의 하나라고 생각되는 경우에는 순수미 그 자체를 지칭한다. 근대 예술이 특정 표현을 추구하게 되면서 미의 개념만으로는 부족하여 미와 숭고를 대립시키기 위해 순수미를 제창하게 되었다. 순수미는 미적인 것의 특성이 가장 강하고 순수하게 구현된 것으로서, 이상적인 아름다움과 동일시하는 입장도 있다. 그러나 순수란 결코 가치 개념이 아니며, 순수미를 이상으로 지향하는 것은 하나의 태도에 지나지 않다.

■ 숭고미

일상생활에서 벗어난 크고 위대한 것을 추구하는 데서 오는 아름다움으로 경건하고 엄숙한 분위기를 자아냄으로써 고고한 정신적 경지를 체험할 수 있게 하는 미의식이다. 예를 들어 '자연의 조화'라는 당위적인 입장에서 '인간의 세계'라고 하는 현상을 융합함으로써 자연을 위대하게 보고 이를 예찬한다든지, 자연에서 인간 세계에 필요한 정신적인 가치를 가져온다든지 하는 경우가 대부분 숭고미에 속한다고 볼 수 있다.

■ 우아미

일상생활의 실상을 있는 그대로 받아들이며 작고 친근한 것을 추구하는 데서 오는 아름다움으로, 아름다운 형상이나 수려한 자태를 그려냄으로써 고전적인 기품과 멋을 드러내는 미의식으로 볼 수 있다. 자연과 더불어 살고 싶은데 그러한 자연과 더불어 살면 처음부터 불만이 있을 수 없으므로 우아미의 삶이 되는 것이다. 즉, 자연 친화적인 작품은 모두 우아미에 속한다고 볼 수 있다. 다시 말하면 숭고미는 자연을 위대한 존재로 보고 예찬하는 것에 반해 우아미는 자연과 함께 하는 것이다.

■ 비장미

삶의 모순을 거부하고, 숭고한 이념을 긍정하려는 투쟁에서 오는 아름다움을 의미하며, 보통은 이러한 투쟁이 실패로 끝나 슬픔이 극에 달한 상황이나 한과 같은 정서의 표출로 인해 형상화

되는 이미지를 의미한다. 다시 말하면 당위적인 입장에서 현상을 바라보고 그를 도저히 수용할 수 없을 때 생기는 미의식으로, 당연히 수용하지 못할 것이 발생하고 있으므로 주체는 좌절하고 슬퍼할 수밖에 없다.

■ 골계미

골계미라고 하는 것은 당위적인 관념의 구속을 거부하고 삶의 발랄한 모습을 긍정하려는 태도에서 나오는 아름다움이다. 예를 들어 정상적으로는 비교할 수 없는 두 가지 대상을 서로 비교하면서 우리에게 웃음과 연민의 감정이 들도록 하는 것이 골계미로 볼 수 있다. 골계미적 태도를 가장 잘 드러내고 있는 것이 바로 전통극 양식이다. 특히 탈춤이나 판소리 등은 그러한 특징을 잘 반영하고 있다.

아폴론형과 디오니소스형

삶을 움직이고 예술을 이끄는 두 가지 원칙. 니체는 예술 창작을 위한 근본 충동을 두 가지 유형으로 구분한다. 아폴론형과 디오니소스형이 그것인데, 이 두 충동은 서로 투쟁하고 화해하면서 예술의 발전을 이룬다. 아폴론적 예술은 중용을 갖추고 있으며 조화롭고 투명한 맑기를 지닌다. 이와 달리 디오니소스 신은 열광적인 엑스터시의 예술을 위해, 그리고 모든 현상의 근저에 있는 맹목적 삶의 의지를 따르는 충동적 예술을 위해 존재한다. 디오니소스적 예술은 탈 경계의 예술이자 힘과 파괴의 예술이다. 이와 같은 니체의 구분은 예술계를 두 개의 영역으로 분리한다. **아폴론적 예술**에는 무엇보다도 조각과 회화 및 서사시가 속하고, **디오니소스적 예술**에는 열광적인 무용과 음악 및 서정시가 속한다.

■ 아폴론형과 디오니소스형

예술의 두 유형	주로 나타나는 예술 장르	표현하는 세계	예술적 특징
아폴론형	조형예술(회화, 조각), 서사시	관조적인 가상의 세계, 밝고 영원함	명확하고 편안함
디오니소스형	무용, 음악, 서정시	도취와 환희의 세계, 혼돈과 어두움	생명력의 약동과 광기, 자아를 망각

감상

감상은 예술 작품의 아름다움을 느끼고 이해하며, 미적 가치를 판단하는 과정이다. 예술 작품의 미적 가치를 판단하려면 작품을 감상하는 방법과 다양한 판단의 관점에 대하여 이해할 수 있어야 한다. 올바른 감상과 비평은 작품에 대한 이해와 감동을 더욱 깊게 한다.

분석

분석은 작품을 주제와 내용, 조형 요소와 원리, 재료, 양식 등여러 부분으로 나누어 세부적으로 살펴보는 것으로, 비평을 위한 첫걸음이다. 예술 작품 특히 미술 작품의 분석은 일반적으로주제의 의미와 개연성, 적합성 등을 알아보고, 주제에 상응하는발상이 어떻게 이루어졌는지, 또 발상을 구체화하는 표현 형식이 적절한지를 살펴보는 과정이다.

예술 비평

미적 해석과 판단. **예술 비평**은 작품의 모든 요소를 종합해서 판단하는 과정으로, 비평 활동은 크게 작품에 대한 반응, 서술, 해석, 평가로 이루어진다. 그중 평가는 작품의 가치를 판단하는활동으로서 예술 비평의 궁극적인 목적이 된다. 평가는 반응,서술, 해석 단계에서 수집된 작품 관련 정보와 단서들을 종합하여 이루어진다. 평가에는 기준이 있어야 하는데, 그 기준은 작품을 어떤 관점에서 보는가에 따라 다양할 수 있다.

■ 모방론

모방론은 '예술이란 무엇인가?'라는 질문에 대한 가장 오래된답변이다. 고대 그리스 시대부터 형성된 **모방론**은 아름다움의본질이 자연 세계 안에 있으며, 예술이란 외부 세계의 대상을모방하는 것이라고 보았다. 따라서 모방으로서의 예술은 사실적 표현의 정확성과 자연미의 반영 등이 비평의 기준이 된다.(미술의 예: 레오나르도 다빈치의 '모나리자', 유채화)

■ 표현론

프랑스 계몽주의에 대한 반발로 독일 낭만주의가 시작되었고,18세기 낭만주의 예술을 배경으로 **표현론**이 등장했다. 낭만주의 예술은 모방이나 재현보다는 작가의 상상력과 감정 표현을중시했고, 표현론은 감정의 긍정적인 기능에 주목하면서 낭만주의 예술을 정당화하는데 이바지했다. 이러한 작품을 비평할때에는 작가의 정서, 표현의 솔직성, 독특한 개성 등이 기준이된다. (미술의 예: 고흐의 '귀에 붕대를 감은 자화상', 유채화)

■ 형식론

모방론은 대상을 나타내고, 표현론은 작가의 마음을 나타낸다.그런데 **형식론**은 다른 무엇을 나타내는 것이 아니라, 작품 자체의 조형을 나타낸다. 형식주의에서는 외부 세상에 대한 모방이나 작가 내면의 감정 표현을 배제한 순수한 형식의 아름다움에주목하여, 조형 요소에 의한 화면의 조화라는 측면을 중시한다.이러한 작품들을 비평할 때에는 형식적 구성, 심미성 등이 기준이 된다. (미술의 예: 몬드리안의 '구성 No.1', 유채화)

■ 제도론

작품이 예술로서 가치를 가질 수 있으려면 예술 제도를 대표하는 사람들이 그 작품에 예술의 지위를 부여해야 한다. **제도론**에따르면, 똑같은 대상이라도 예술 제도에서 인정을 받았는지의여부에 따라 예술 작품이 될 수도 있고, 아니면 일반 물품이 될수도 있다. 이러한 관점에서 작품의 사회 · 문화적 가치가 비평의 기준이 된다. (미술의 예: 허스트의 '알약 캐비닛', 오브제)

미메시스

모방 · 재현. 예술상의 '**모방**' 개념은 다른 예술가의 제작을 모범으로 하여 똑같이 제작 · 흉내 내거나, 현실의 존재자를 모방하여 그와 같은 것을 제작하거나 그려내는 것을 의미한다. 미학에서 문제되는 것은 주로 후자의 경우로, 예술의 기원이나 본질을단순한 모방으로 생각하는 전통적 사상에서 벗어나 현대에는모방적 계기가 예술 창작의 한 구성 요소라는 사실을 인정하고있다. 모방은 본래 예술 창작의 원리이지만, 게오르게 그로스의미술처럼 예술적 체험으로서의 내적 모방을 예술의 과정으로두는 경우도 있다.

모더니즘

근대 예술의 경향. 20세기 초 철학, 미술, 문학 등에 있어서 전통주의 사상에 대립해서 일어났던 표현주의 · 미래주의 · 다다이즘 · 형식주의 등의 감각적 · 추상적 · 초현실적인 경향의 여러운동을 말한다. 모더니즘은 합리성을 중시하고 근대성을 지향하며 기계 문명과 도시적 감수성에 가치를 부여했다. 모더니즘은 제1차 세계대전 후 본격적으로 일어난 **아방가르드**의 한 형태라고 볼 수 있다.

포스트모더니즘

탈중심 · 탈이분법 · 탈절대의 인식과 시각. 포스트모더니즘은 경직된 모더니즘의 한계를 극복하고 새로운 시대적 변화에 부응하기 위해 20세기 후반에 등장한 문예사조이자 시대정신이다.포스트모더니즘은 예술과 현실의 조화를 추구했으며, 효율성과기능성보다는 인간적인 여유를 중시했고, 고급문화나 순수예술보다는 대중문화의 가치를 인정했다. 포스트모더니즘은 기존의 가치관을 과감히 깨뜨리고 새로운 인식의 틀을 마련해 주었다. 포스트모던 인식 중 가장 중요한 핵심이라고 할 수 있는 '탈중심 사상'과 '이분법적 경계 해체'는 단 하나의 경직된 절대 진리보다는 유연한 다수의 상대적 진리에, 또 특권적 지배문화보다는 소외되어온 주변부 문화를 새롭게 조명해 주었고, 그 결과그동안 무시되었던 동양 · 유색인 및 소수 인종 문화가 새로운관심의 대상으로 부상하게 되었다.

2 미술가

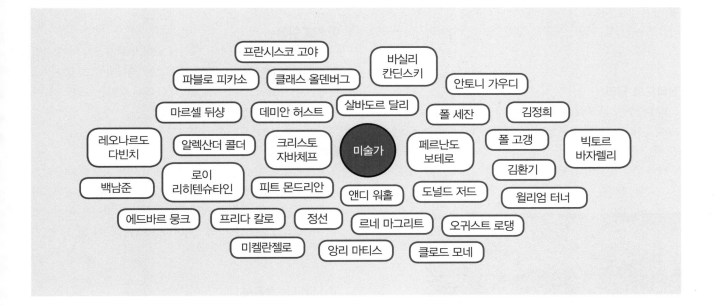

프란시스코 고야
바실리 칸딘스키
파블로 피카소
클래스 올덴버그
안토니 가우디
마르셀 뒤샹
데미안 허스트
살바도르 달리
폴 세잔
김정희
레오나르도 다빈치
알렉산더 콜더
크리스토 자바체프
미술가
페르난도 보테로
폴 고갱
빅토르 바자렐리
백남준
로이 리히텐슈타인
피트 몬드리안
앤디 워홀
도널드 저드
김환기
윌리엄 터너
에드바르 뭉크
프리다 칼로
정선
르네 마그리트
오귀스트 로댕
미켈란젤로
앙리 마티스
클로드 모네

데미안 허스트

영국의 현대 예술가이다. 죽음과 관련된 내용을 담은 그의 작품은 보는 이에게 충격과 놀라움을 주어 미술계에서는 논란의 대상이 되고 있다. 대표작으로는 「살아 있는 자의 마음속에 있는 죽음의 육체적 불가능성」, 「신의 사랑을 위하여」 등이 있다. (영국, 1965~)

프랭크 스텔라

1960년대 미니멀 아트 작가이다. 최소한의 요구를 추구한 미니멀 아트에서 네모난 형태의 캔버스를 탈피하고자 '변형 캔버스'를 고안하였다. 캔버스 위의 추상 형태가 캔버스의 모양과 이어지게 표현하였다. 대표작으로는 「실버스톤」, 「이성과 비열의 결합」 등이 있다. (미국, 1936~)

크리스토 자바체프

미국에서 활동하는 대지 미술가이다. 부인인 잔-클로드와 함께 각종 물체나 오브제를 포장하는 작업을 하다가 공공장소나 건물 등 스케일이 점차 커지면서 거대한 프로젝트로 작업하였다. 대표작으로는 「둘러싸인 섬」, 「계곡의 커튼」 등이 있다. (불가리아 → 미국, 1935~)

페르난도 보테로

보테로는 기존의 미에 대한 고정 관념을 깨고 양감을 과장하여 부풀린 인체를 표현하였다. 대표작으로는 「모나리자」, 「창문 앞의 여자」 등이 있다. (콜롬비아, 1932~)

클래스 올덴버그

20세기 팝 아트를 대표하는 조각가이다. 흔하게 볼 수 있는 일상의 엉뚱한 재료들을 크게 확대하거나 플라스틱처럼 딱딱한 대상을 물렁물렁한 질감으로 표현하는 등 독특한 작품 활동을 하였다. 대표작으로는 「셔틀콕」, 「부드러운 비올라」 등이 있다. (스웨덴 → 미국, 1929~)

로이 리히텐슈타인

20세기 미국의 팝 아티스트이다. 만화와 그물눈 스크린을 작품의 소재로 사용하여 선명한 색채와 뚜렷한 윤곽선, 망점 등으로 장면을 구성하였다. 보잘것없이 여겨졌던 만화를 순수 미술에 도입하여 예술과 일상의 경계를 허물었다. 대표작으로는 「꽝」, 「물에 빠진 소녀」 등이 있다. (미국, 1923~1997)

빅토르 바자렐리

헝가리에서 태어난 옵 아트의 선구자이다. 면밀하게 계산된 기하학적 형태의 반복과 역동적인 색을 사용하여 시각적인 환각에 의해 움직이는 것처럼 느끼도록 표현하였다. 대표작으로는 「직녀성」, 「얼룩말」 등이 있다. (헝가리 → 프랑스, 1908~1997).

도널드 저드

미니멀 아트 작가이자 이론가이다. 회화도 조각도 아닌 '특수한 오브제'의 개념을 만들어 객관성을 추구하고자 하였다. 주로 채색된 나무나 금속의 입체형을 일정한 배열로 배치하는 작업을 하였다. 대표작으로는 「무제」 등이 있다. (미국, 1928~1994)

바실리 칸딘스키

20세기 추상 미술을 대표하는 화가이다. 정신성을 지닌 미술을 추구하여 음악과 색채를 결합하는 등의 시도를 하였다. 이로 인해 사실적인 형태가 제외된 순수한 추상화를 탄생시켰다. 대표작으로는 「구성」, 「검은 아치와 함께」 등이 있다. (러시아→프랑스, 1866~1944).

살바도르 달리

초현실주의를 대표하는 화가이다. 기이한 성격의 달리는 꿈의 세계 속에서 일어나는 혼돈의 상태를 그리고자 하였고, 이중적인 형상의 모순된 장면을 연출하였다. 대표작으로는 「해변가에 나타난 얼굴과 과일 그릇의 환영」, 「기억의 지속」 등이 있다. (미국, 1904~1989).

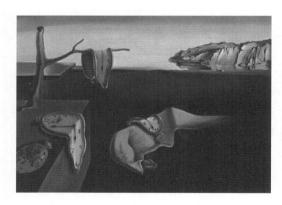

〈기억의 지속, 1931년〉

앤디 워홀

20세기 미국 팝 아트의 선구자이다. 만화, 유명인의 초상, 소비 상품 등 대중에게 친숙한 것을 선택하여 실크 스크린 기법으로 대량 생산하였다. 워홀은 자신의 작업실을 '공장'이라고 부르고 수많은 작품을 생산하면서 순수 미술과 대중 미술의 경계를 허물었다. 대표작으로는 「브릴로 상자」, 「마릴린 먼로 두 폭」 등이 있다. (미국, 1928~1987)

알렉산더 콜더

20세기 조각가로 키네틱 아트의 선구자이다. 콜더는 몬드리안 미술에서 영향을 받았으며, 균형에 대한 관심을 바탕으로 탐구하여 움직이는 조각(모빌)을 만들었다. 콜더는 이후 현대 조각가들에게 많은 영향을 주었다. 대표작으로는 「벚꽃」, 「작은 거미」 등이 있다. (미국, 1898~1976)

파블로 피카소

입체주의를 대표하는 화가이다. 3차원의 형태를 2차원의 평면에 묘사하였고, 입체주의 양식의 독창적인 기법과 이론들을 정립하였다. 다양한 양식과 매체를 시도했으며 다수의 작품을 남겼다. 대표작으로는 「아비뇽의 아가씨들」, 「게르니카」, 「우는 여인」 등이 있다. (스페인, 1881~1973)

마르셀 뒤샹

다다의 대표적인 작가이다. 남성용 소변기나 자전거 바퀴와 같은 기성품을 하나의 예술 작품으로 보는 '레디메이드' 개념을 제시하였다. 대표작으로는 「샘」, 「L.H.O.O.Q 수염난 모나리자」 등이 있다. (프랑스 → 미국, 1887~1968)

르네 마그리트

초현실주의 화가이다. 그는 정확하게 묘사한 사물을 어울리지 않는 곳에 배치하거나 크기를 왜곡하여 표현하는 '데페이즈망 기법'을 사용하여 상상을 자극하는 초현실적 화면을 구성하였다. 대표작으로는 「골콩드」, 「이미지의 배반」 등이 있다. (벨기에, 1898~1967)

콘스탄틴 브랑쿠시

19~20세기에 활동한 추상 조각가이다. 원석의 본래 모습을 최대한 살리고 형태를 단순화·추상화하여 생명력을 표현하였다. 대표작으로는 「입맞춤」, 「잠자는 뮤즈」 등이 있다. (루마니아 → 프랑스, 1876~1957)

앙리 마티스

프랑스의 야수파 화가이다. 마티스는 자연 형태와 고유의 색을 무시하고, 격렬한 색채를 사용하였다. 노년기에는 종이를 오려 붙이는 작업을 하여 추상적이고 소박한 미술 양식을 보여주었다. 대표작으로는 「춤」, 「달팽이」, 「푸른 누드」 등이 있다. (프랑스, 1869~1954).

프리다 칼로

멕시코의 화가이다. 사고로 인한 부상, 남편으로 인해 겪은 고통 등 자신의 심리를 작품에 적극적으로 담아 초현실적인 화면을 구성하였다. 대표작으로는 「두 명의 프리다」, 「상처 입은 사슴」 등이 있다. (멕시코, 1907~1954)

피트 몬드리안

추상주의를 대표하는 화가이다. 몬드리안은 보이는 형태들 속에 숨어 있는 변하지 않는 진리를 가장 단순한 요소인 직선과 원색으로 표현하고자 하였다. '데 스테일' 운동을 이끈 몬드리안의 작품 활동은 디자인계에 큰 영향을 끼쳤다. 대표작으로는 「빨강, 검정, 파랑, 노랑, 회색의 구성」 등이 있다. (네덜란드, 1872~1944)

에드바르 뭉크

표현주의의 선구적 역할을 한 화가이다. 뭉크는 질병과 가족들의 죽음을 경험하면서 느낀 공포를 왜곡된 형태와 강렬한 색채로 표현하였다. 대표작으로는 「절규」, 「칼 요한 저녁의 거리」 등이 있다. (노르웨이, 1863~1944)

안토니 가우디

20세기 초 활약한 건축가이다. 역동적인 곡선과 장식, 화려한 색채로 이루어진 독특하고 환상적인 건축물을 제작하였다. 대표작으로는 「구엘 공원」, 「카사 밀라」 등이 있다. (스페인, 1852~1926).

〈카사 밀라, 안토니 가우디〉

클로드 모네

프랑스의 인상주의 화가이다. 빛을 받아 변하는 순간적인 풍경을 탐색하였다. 외광을 받은 자연색을 효과적으로 구사하였고 원색을 병치시키는 등 인상주의 기법의 전형을 개척하였다. 대표작으로는 「루앙 대성당」, 「수련」 등이 있다. (프랑스, 1840~1926)

오귀스트 로댕

프랑스의 조각가이다. 미완성같이 거친 질감으로 표현된 그의 작품은 논쟁의 대상이 되기도 하였다. 건축을 장식하는데 지나지 않던 조각에 생명과 감정을 불어넣어 예술의 자율성을 부여하였다. 대표작으로는 「생각하는 사람」, 「지옥의 문」 등이 있다. (프랑스, 1840~1917).

폴 세잔

프랑스 후기 인상주의 화가이다. 자연을 구, 원뿔, 원기둥의 기하학적 모양으로 보고 탐구적인 작품 활동을 하였다. 이는 이후 입체주의 화가들에게 영향을 끼쳤다. 대표작으로는 「사과 바구니가 있는 정물」, 「생트 빅투아르 산」 등이 있다. (프랑스, 1839~1906)

폴 고갱

프랑스 후기 인상주의 화가이다. 인상주의의 외광 묘사를 버리고 특유의 장식적 화법으로 나비파에 영향을 주었다. 말년에 남태평양의 타히티 섬으로 떠나 밝고 강렬한 열대 색채의 영향을 받았다. 색채, 상징성과 내면의 표현 등 고갱의 표현적 특징은 20세기 회화에 큰 영향을 미쳤다. 대표작으로는 「백일몽」, 「설교후의 환상」 등이 있다. (프랑스, 1848~1903)

오노레 도미에

프랑스의 사실주의 화가이자 판화가이다. 당시의 정치, 사회 구조를 신랄하게 풍자하고 서민들의 지친 일상을 주제로 한 작품을 제작하였다. 대표작으로는 「삼등열차」, 「가르강뛰아」 등이 있다. (프랑스, 1808~1879)

윌리엄 터너

영국의 낭만주의 풍경 화가이다. 풍경을 내리쬐는 빛과 그로 인한 색에 주목하여 동적이고 화려한 작품을 제작하였다. 이러한 터너의 작풍은 인상주의 화가들에게 영향을 주었다. 대표작으로는 「비, 증기, 속도-대 서부 철도」, 「눈보라 속의 증기선」 등이 있다. (영국, 1775~1851)

프란시스코 고야

로코코와 낭만주의 화가이다. 궁정 화가의 전통을 이어 고전적 형식과 새로운 시각으로 독창적인 초상화를 그렸다. 프레스코, 유화, 판화 등 다양한 장르에 걸쳐 작업을 하였고, 주제는 주로 환상적인 대상이나 현실 풍자를 다뤘다. 대표작으로는 「거인」, 「1808년 5월 3일」 등이 있다. (스페인, 1746~1828)

미켈란젤로

르네상스의 거장 중 한 사람으로 회화와 조각에 뛰어났다. 인체 해부학을 연구하고 수많은 인체 소묘를 하는 등 인체에 관심이 많았다. '대리석 속에 잠들어 있는 형태를 끄집어낸다.'고 표현하며 뛰어난 조각 작품을 제작하기도 하였다. 대표작으로는 「시스티나 예배당 천장화」, 「다비드」 등이 있다. (이탈리아, 1475~1564)

레오나르도 다빈치

르네상스를 대표하는 예술가 중 한 사람이다. 미술뿐만 아니라 과학, 해부학, 식물학, 건축 등 다양한 분야에 조예가 깊었다. 대표작으로는 「최후의 만찬」, 「모나리자」 등이 있다. (이탈리아, 1452~1519)

백남준

20세기 비디오 아트 작가이다. 다양한 예술가들과 함께 플럭서스(전위 예술) 운동을 주도하였다. 변화, 움직임을 중시하는 플럭서스 핵심 개념을 텔레비전이라는 매체를 이용하여 적극적으로 나타내 현대 미술 영역을 확대하였다. 대표작으로는 「다다익선」, 「TV첼로」 등이 있다. (한국→미국, 1932~2006)

김환기

근현대 서양화가이다. 서구 모더니즘을 수용하여 우리나라 추상화풍 형성에 영향을 주었다. 산, 백자, 새를 소재로 하여 한국적인 정서가 담긴 독특한 작품을 표현하였다. 대표작으로는 「어디서 무엇이 되어 다시 만나랴」, 「야상곡」 등이 있다. (한국, 1913~1974)

김홍도

조선 후기 도화서 화가이다. 풍속화, 인물화, 산수화 등 다양한 분야의 훌륭한 작품을 남겼다. 특히 서민들의 생활 장면을 해학적으로 나타낸 풍속화를 잘 그렸다. 대표작으로는 「씨름도」, 「빨래터」 등이 있다. (한국, 1745~1806?)

김정희

조선 말기 문인 화가이다. 김정희의 화풍은 남종화를 바탕으로 한다. 높은 학식을 지니며 글을 잘 쓰는 사람이 좋은 그림을 그릴 수 있다는 것을 강조하였다. 또한 서예에서는 추사체로 불리는 독창적인 서체를 창안하였다. 대표작으로는 「세한도」, 「묵란도」 등이 있다. (한국, 1786~1856)

정선

조선 후기 화가이다. 중국의 관념적 산수 표현에서 벗어나 우리나라 자연을 화폭에 담았다. 이러한 '진경산수화'라는 독자적인 화풍은 이후 화단에 큰 영향을 주었다. 대표작으로는 「금강전도」, 「인왕제색도」 등이 있다. (한국, 1676~1759)

안견

조선 전기의 화원 화가이다. 곽희의 화풍을 토대로 여러 화풍을 수용하여 고유의 독특한 양식을 이룩하였다. 활동했던 당시에도 많은 사람에게 인정받는 화가였고 후대까지 많은 영향을 미쳤다. 대표작으로는 「몽유도원도」 등이 있다. (한국, 15세기)

곽희

북송 시대에 활동한 산수화가이다. 화론서 「임천고치」를 통해 수묵 산수화를 그리는 방법을 이론으로 정립하였다. 거대한 산수 표현, 삼원법, 운두준 등 그의 화풍은 우리나라 화단에도 큰 영향을 끼쳤다. 대표작으로는 「조춘도」 등이 있다. (중국, 1020?~1090?)

3 미술 사조

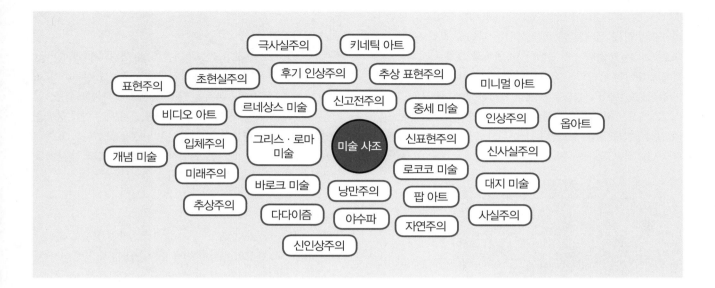

극사실주의 키네틱 아트
초현실주의 후기 인상주의 추상 표현주의 미니멀 아트
표현주의 르네상스 미술 신고전주의 중세 미술 인상주의 옵아트
비디오 아트 그리스 · 로마 미술 미술 사조 신표현주의 신사실주의
개념 미술 입체주의 로코코 미술 대지 미술
미래주의 바로크 미술 낭만주의 팝 아트 사실주의
추상주의 다다이즘 야수파 자연주의
신인상주의

그리스 · 로마 미술
이상적 · 실용적인 아름다움 추구. **그리스 미술**은 이상적인 아름다움을 추구하였다. 황금 비율의 조각상과 신전 건축, 도예 등이 발달하였다. **로마 미술**은 현실에 기초한 실용적인 아름다움을 추구하였다. 초상 조각이 발달하고 공중 목욕탕과 원형 경기장(콜로세움) 등 공공 건축물이 세워졌다.

중세 미술
신과 교회 중심의 미술. 초기에는 지하 묘지인 카타콤을 중심으로 벽화와 석관 장식 등이 발달하였다. 시대 순으로, **비잔틴 미술**은 화려한 모자이크, 둥근 돔 지붕이 특징이다. **로마네스크 미술**은 프레스코 벽화, 육중한 벽과 아치형 천장이 특징이다. **고딕 미술**은 스테인드글라스 장식과 뾰족한 수직 첨탑이 특징이다.

르네상스 미술
고전 취향의 부활과 인간 중심의 미술. 십자군 전쟁 이후 이탈리아를 중심으로 성장하면서 예술이 꽃 핀 시기로, 이성과 법칙, 질서와 균형을 중시하였다. 또한 자연을 합리적 · 체계적으로 재현하기 위해 **선 원근법**과 해부학을 사용하였다. 보티첼리, 레오나르도 다빈치, 미켈란젤로, 라파엘로 등이 대표적인 작가이며, 북유럽에서는 판 에이크, 브뤼헐 등이 유명하다.

바로크 미술
절대 왕정 시대의 화려한 미술. 과장된 감정 표현, 역동적이고 **현란한 장식**이 특징이며, 카라바조의 극적인 종교화, 베르니니의

조각 등이 유명하다. 플랑드르 지역에서는 루벤스, 판 다이크, 렘브란트 등이 활동하였고, 스페인에서는 벨라스케스, 프랑스에서는 푸생 등이 활동하였다.

로코코 미술
귀족적이고 우아한 장식 미술. 프랑스에서 등장한 양식으로 건축과 공예에서 특유의 **곡선 장식**이 나타난다. 일상적인 주제를 우아하고 감각적으로 표현한 회화와 조각이 있으며, 부셰, 프라고나르, 호가스, 게인즈버러 등이 대표적인 화가이다. 샤르댕은 시민 계급의 일상 풍경을 다루었다.

신고전주의
그리스의 이상적인 아름다움 추구. 프랑스 혁명과 계몽주의의 영향을 받은 **신고전주의**는 지나치게 장식적인 로코코 미술에 반발하여 질서와 조화를 강조한 그리스 미술을 부활시키고자 하였다. 신고전주의는 고대 그리스와 로마의 규범화된 아름다움을 동경하며 완벽한 비례, 견고한 구도, 정확한 선과 형태, 치밀한 인물 표현을 추구했다. 대표적인 화가로 다비드와 앵그르가 있고, 조각가로 카노바 등이 있다.

낭만주의
격정적인 감정 표현. **낭만주의**는 개성을 존중하고 자아 해방을 주장하며 상상과 무한한 것을 동경하는 주관적, 감정적 태도가 특징이다. 신고전주의의 딱딱하고 엄격한 양식에서 탈피하여 동적인 구도와 강렬한 색채, 이국적인 소재로 인간의 개성과 감정을 감각적이고 역동적으로 표현했다. 대표적인 작가로 들라

101

크루아, 제리코, 프리드리히 등이 있다.

자연주의
소박한 전원의 아름다움 표현. 독일과 프랑스를 중심으로 낭만주의가 활발하게 전개될 때, 영국에서는 자연을 직접 보고 느낀 대로 그리는 풍경화가 등장했다. **자연주의** 화가로는 거침없는 필치로 대기와 바다의 극적인 장면을 그린 터너와, 자연과 인간이 융합된 전원의 아름다운 풍경을 묘사한 컨스타블 등이 있다. 프랑스에서는 바르비종파라는 새로운 유파가 탄생했는데, 농부의 일상생활을 정적이고 엄숙한 분위기로 표현했다. 바르비종파의 대표적인 작가로 밀레와 코로가 있다.

〈이삭 줍는 여인들, 밀레, 1857년〉

사실주의
일상의 모습을 객관적으로 표현. 18세기 후반에 산업혁명이 일어나면서 예술가들이 현실에 관심을 두기 시작했다. **사실주의** 작가들은 이전 미술의 인위성을 거부하고, 예술 작품이 대중에게 감동을 주려면 동시대 의식이 필요하다고 생각했다. 따라서 당시 예술가들은 기존의 역사, 신화 등 전통적인 주제에서 탈피하여 소외되었던 일반 시민의 모습과 가치관 등 당대의 삶과 사회적 변모를 재현하는 작업을 한다. 사실주의는 현실 속에서 일상적이고 평범한 주제를 찾아 객관적으로 표현했다. 대표적인 작가로는 쿠르베, 도미에 등이 있다.

인상주의
빛에 의해 변화하는 순간적인 인상 표현. 인상주의는 19세기 프랑스를 중심으로 일어났는데, 사진기의 발명에 영향을 받아 외부 세계를 바라보는 관점에 혁신적인 변화를 가져왔다. **인상주의** 화가들은 물체의 고유색을 부정하고 태양 광선에 의해 시시각각으로 변화하는 색채의 순간적인 인상을 빠른 붓놀림으로 표현했다. 대표적인 작가로는 마네, 모네, 드가, 르누아르 등이 있다.

신인상주의
시각적 혼합인 점묘법으로 표현. **신인상주의** 화가들은 광학과 색채 연구를 통해 인상주의의 관점을 과학적으로 구체화했다. 신인상주의는 점묘파라고도 하는데, 캔버스에 색칠할 때 순색만 을 사용하되 팔레트에서 혼합하지 않고 작은 점으로 찍어나가는 병치 혼합의 기법을 사용했다. 대표적인 작가로는 쇠라, 시냐크 등이 있다.

후기 인상주의
주관적인 감정 표현. **후기 인상주의**는 빛과 색채의 변화에만 집착한 인상주의에서 벗어나 작가의 개성과 주관을 강조하여 표현했다. 세잔은 자연의 본질을 탐구하여 모든 사물을 원뿔, 원기둥, 원구로 보았는데, 이러한 분석 방법은 입체주의에 영향을 주었다. 고흐는 강렬한 터치로 자신의 감정을 표현하여 표현주의에 영향을 주었고, 고갱은 원시적인 주제와 장식적인 색채를 사용하여 상징주의와 야수파에 영향을 주었다.

야수파
강렬한 색채와 대담한 변형. **야수파**는 프랑스를 중심으로 일어난 회화 양식으로, 대상의 대담한 변형과 단순한 형태, 강렬한 색채의 사용과 터치로 평면적이고 장식적인 표현을 특징으로 한다. 대표적인 작가로는 마티스, 루오, 블라맹크, 뒤피 등이 있다.

입체주의
다시점(여러 시점)과 형태의 재구성. **입체주의(큐비즘)**는 대상을 여러 곳에서 관찰하여 한 화면에 표현했으며, 대상의 형태를 기하학적으로 분해하고 재구성했다. 20세기 가장 큰 미술 운동의 하나인 입체주의는 브라크의 '레스타크의 집들'과 피카소의 '아비뇽의 아가씨들'로 시작됐다. 입체주의는 크게 분석적 입체주의와 종합적 입체주의로 분류한다. 분석적 입체주의는 세잔의 본질적인 형인 원구, 원뿔, 원기둥을 더욱 단순화하여 간단한 면으로 처리했으며, 사물의 형태를 분석하고 수많은 파편으로 분할하여 화면에 나열했다. 종합적 입체주의는 분석하고 분할한 면을 다시 조합하고, 콜라주 기법을 이용하여 대상을 재해석하는 방법으로 전개했다. 대표적인 작가로 피카소, 브라크, 레제 등이 있다.

〈아비뇽의 아가씨들, 피카소, 1907년〉

표현주의

내면의 심리 표출. **표현주의**는 독일을 중심으로 일어난 표현 양식으로, 원근법이나 명암 등을 무시하고 형태의 왜곡, 선묘나 윤곽을 강조하여 작가의 내적 갈등과 사회에 대한 비판적 시각을 표현했다. 대표적인 작가로는 뭉크, 놀데, 실레, 키르히너 등이 있다.

미래주의

속도와 움직임을 추구. **미래주의**는 입체주의의 기하학적, 분석적 형식에서 출발했으며, 기계 문명과 현대적 삶의 속도와 역동성을 표현 주제로 하여 과거의 낡은 예술을 부정했다. 대표적인 작가로 끈에 매인 개의 움직임을 표현한 발라, 주변 공간으로 향한 힘과 속도, 이미지를 인체 형상을 통해 조각한 보초니, 무용수의 움직임을 겹쳐 그린 세베리니 등이 있다.

추상주의

순수한 조형 요소와 원리만을 활용. **추상주의**는 자연의 구체적인 형을 떠나 점, 선, 면, 색, 질감 등 순수한 조형 요소만으로 화면을 구성하는 비구상 예술이다. 야수파의 색채 해방과 입체주의에서 나타난 사물의 파편화, 절대주의에서 나타난 순수하고 지적인 형식을 받아들여 새로운 추상 세계를 탄생시켰다. 대표적인 작가로 몬드리안, 칸딘스키 등이 있다.

다다이즘

전통 가치의 부정. **다다이즘**은 제1차 세계대전 후, 전쟁과 인간 사회에 대한 회의와 허무 등을 바탕으로 젊은이들 사이에서 일어났다. 기성의 권위나 과거의 예술 이론을 부정하는 반문명, 비합리적인 예술 운동으로, 초현실주의에 영향을 주었는데, 레디메이드, 콜라주, 오브제 등을 적극 활용했다. 대표적인 작가로 뒤샹, 레이, 아르프 등이 있다.

초현실주의

꿈과 무의식의 세계 표현. **초현실주의**는 꿈과 환상, 무의식 등 비현실의 세계를 표현한 예술이다. 초현실주의 화가들은 합리적 구조나 도덕적 목적에서 벗어나 자유로운 사고의 과정과 심리적 상태를 드러내고자 했다. 표현 기법으로는 자동기술법, 콜라주, 프로타주, 데칼코마니 등을 활용했다. 대표적인 작가로 달리, 미로, 샤갈, 에른스트, 마그리트 등이 있다.

추상 표현주의

형식에 얽매이지 않는 자유로운 표현. **추상 표현주의**는 미국과 프랑스에서 일어난 추상 운동으로, 물감을 뿌리거나 흘려서 표현하는 미국의 액션 페인팅과 일그러진 형상과 질감을 살려서 표현하는 유럽의 앵포르멜로 구분된다. 미국의 추상 표현주의는 전쟁을 피해 뉴욕으로 건너간 유럽의 작가들이 미국 화단에 영향을 끼치면서 시작됐다. 대표적인 작가로 폴록, 데쿠닝, 호프만 등이 있다. 한편, 프랑스의 앵포르멜(비정형)은 전쟁으로 말미암은 인간의 극한 상황을 즉흥적으로 표현했는데, 화면의 질감에 중점을 두었다. 대표적인 작가로 뒤뷔페, 포트리에, 볼스 등이 있다.

팝 아트

대중문화를 소재로 표현. **팝 아트**는 1950년대 중반 영국에서 시작되어 1960년대에 미국 작가들에 의해 활발하게 전개됐다. 추상 표현주의에 반발하고, 대중문화와 시대정신의 표현을 특징으로 하는 미국의 팝 아트는 오브제를 화면에 끌어들여 새로운 미적 대상으로 삼았다. 대표적인 작가로 존스, 워홀, 리히텐슈타인, 올덴버그, 블레이크, 호크니 등이 있다.

신사실주의

전통 미술의 재현적 형식 거부. **신사실주의**는 자연을 재현하지 않고 실제 지각할 수 있는 오브제를 그대로 제시함으로써 작품에 사용된 물체에 현실의 개념을 부여한 예술이다. 대표적인 작가로 라우션버그, 네벨슨, 세자르, 클랭 등이 있다.

신표현주의

화면의 질감 표현. **신표현주의**는 1970년대 말에 나타난 독일의 회화 운동으로, 재료를 처리하는 거친 방식이나 강렬한 주관적 감정의 표현을 특징으로 하여 큰 작품을 짧은 시간에 제작했다. 분단이라는 시대적 상황을 직선적인 방법으로 표현했는데, 대표적인 작가로 키퍼, 슈나벨 등이 있다. 키퍼는 지푸라기, 말린 꽃, 나뭇가지 등의 재료를 화면에 부착하여 고대 신화 같은 다양한 상징을 작품에 담아 표현했고, 슈나벨은 깨진 도자기를 캔버스에 직접 부착하기도 했다.

옵 아트

착시 효과와 색면의 반복적인 배치. **옵 아트**는 화면에 색면의 반복 배치 등을 통해 시각적인 착각을 일으켜 움직이는 것처럼 보이게 표현한 예술이다. 대표적인 작가로 바자렐리, 라일리 등이 있다.

미니멀 아트

최소한의 형과 색으로 표현. **미니멀 아트**란 1960년대 전반에서 1970년대 초에 걸쳐 미국을 중심으로 제작된 큰 색면, 단순한 형체, 패턴의 반복을 특징으로 하는 경향을 말한다. 미국의 젊은 작가들이 최소한의 조형 수단으로 제작했던 회화나 조각을 가리키며, '최소한의 예술'이라고도 한다. 대표적인 작가로 모리스, 저드, 스미스 등이 있다.

극사실주의

사진처럼 일상을 바라보고 묘사. **극사실주의**는 1960년대 후반 미국에서 일어난 회화와 조각의 새로운 경향으로, 사진을 찍듯이 객관적인 시각으로 일상적인 현실을 생생하고 완벽하게 묘사했다. 또 개인의 주관과 감정을 배제하고 냉정한 태도로 현대 산업사회의 모습을 재현하려고 했다. 대표적인 작가로 클로스, 헨슨 등이 있다.

대지 미술

거대한 자연 이용. **대지 미술**은 화랑이나 미술관 같은 폐쇄적인 공간과 작품의 독자성을 거부하고 사막, 산악, 해변, 설원 등의 넓은 땅을 파헤치거나 거기에 선을 새기고 사진에 수록하여 작품으로 남기는 미술이다. 대지 미술에서는 예술의 일시적 성격, 자연의 재인식, 자연환경의 창조적 응용 등을 강조했다. 대표적인 작가로 스미스슨, 크리스토, 롱, 하이저 등이 있다.

비디오 아트

첨단 과학기술 이용. **비디오 아트**는 1960년대 후반에 등장하여 1970년대에 성행했는데, 비디오를 매체로 하는 미술이다. 비디오 아트 미술가들은 소통과 대중 미학, 전자 기술의 잠재성과 진보성에 대한 주제를 효과적으로 전달하면서, 동시에 대중에게 친밀하게 다가가고자 비디오를 매체로 사용했다. 대표적인 작가로 백남준, 비올라 등이 있다.

키네틱 아트

모바일 아트. **키네틱 아트**는 1950년대 후반부터 활발해진 미술 표현의 하나로, 작품 그 자체가 움직이거나 작품 속에 움직이는 부분을 표현한 예술 작품이다. 이러한 경향은 주로 미래파나 다다이즘에서 파생된 것으로 작품의 대부분이 조각의 형태로 나타난다. 1913년 마르셀 뒤샹이 최초로 자전거 바퀴를 이용하여 '모빌'을 만든 이후 여러 우수한 모빌 작품들이 나왔다. 대표적인 작가로 셰페르, 팅겔리 등이 있다.

개념 미술

미술가의 아이디어 중시. **개념 미술**은 미술 작품을 아이디어 또는 개념이라고 보고, 작가의 의도와 관객의 반응을 중시하였다. 주로 기호나 언어로 표현한 작품을 말하지만, 퍼포먼스나 대지 미술처럼 작업 과정에 초점을 맞추는 미술을 포함한다. 대표적인 작가로는 쿠소스, 크루거, 솔 르윗 등이 있다.

시 · 서 · 화 십장생도 진경산수화 담채
구도 과정 예술 풍속화 데페이즘망
회화에서의 입체 표현 기법 콜라주 그래피티 아트 (낙서 미술) 설치 미술
아방가르드 **미술 용어** 조형 요소(선, 형, 명암, 질감, 색) 가산 혼합과 감산 혼합
액션 페인팅 민화 오브제 진채화 공공 미술
아트 페어 캐리커처 1퍼센트 법 비엔날레 드로잉
추상미술 에디션 크로키 동서양의 원근법
그라데이션 정물화 전통 회화

콜라주

콜라주는 신문지, 헝겊, 벽지, 인쇄물 또는 일상생활에서 사용하는 물건 등을 붙이는 기법으로, 주로 그림 위에 붙여 나란히 두는 경우가 많다. 피카소와 브라크 등이 파피에 콜레 기법을 확대하면서, 종이, 나무, 리놀륨, 신문지 조각을 유화 위에 덧붙여 미묘하고 재미있는 추상적 또는 반추상적 구도를 만들었다. 이러한 **콜라주** 기법의 개발은 분석적 입체주의가 종합적 입체주의로 바뀌는데 크게 이바지했다.

오브제

다다이즘(전통을 부정한 예술 운동)이나 초현실주의 작품에 활용된 사물을 의미하는 것으로, 생활용품이나 자연물 또는 예술과 무관한 물건을 작품에 사용함으로써 새로운 느낌을 일으킨다. **오브제**는 상징적 기능을 해왔으며, 돌, 옷감, 나뭇가지, 바퀴, 공산물, 머리털 등 다양한 물체가 작품에 사용되고 있다.

아방가르드

자연주의와 의(擬)고전주의에 대항하는 예술운동으로, 20세기 초 프랑스와 독일을 중심으로 등장한 사조이다. 단순히 문학에 있어서의 특정 주의나 형식이 아니라, 새 시대의 **급진적 예술운동** 전반(미래파 · 입체파 · 초현실파 등)에 대한 것을 총칭한다. 기성 예술 관념이나 형식을 부정하고 혁신적 예술을 주장하며, 다다이즘을 출발로 해서 초현실주의와 실존주의의 문학 운동까지 포함 · 계승되어 나갔다.

설치 미술

전통적 그림이나 조각이 아닌, 특수한 전시를 위해 전시공간이나 그 이외의 장소에 구축해 놓은 환경적 · 맥락적인 성격의 작품을 말한다. 액자나 좌대가 작품을 외부 공간으로부터 분리시키는 것과는 달리 관객을 작품 영역으로 포함시키는데 그 고유한 성격이 있다. 20세기 초 **아방가르드** 미술 실험에서 이미 나타났으나, 1970~80년대 서구 미술에서 본격적으로 유행했다. 일회적이기 때문에 그 자체로는 그림이나 조각 같은 상품성이 없는 것이 특징이다.

1퍼센트 법

프랑스에서 시작된 법으로, 한국에서는 문화예술진흥법에 따라 1만m² 이상의 건물 신 · 증축 시 건축 비용의 1% 이하를 미술 장식에 활용하는 법을 말한다. **공공 미술**을 통해 환경을 개선하고 예술을 생활화하기 위한 목적이다.

그래피티 아트(낙서 미술)
벽이나 화면에 **낙서**처럼 긁거나 휘갈겨 그린 그림을 말한다. 과거에는 거리의 낙서로 여겨졌지만, 요즘은 공공 미술의 한 분야로 인정받고 있다.

비엔날레
2년에 한 번씩 열리는 **미술 전람회**이다. 미술계의 흐름을 파악하는 데 도움을 주고 현대 미술의 발전에 기여하고 있다. 3년마다 열리는 것은 트리엔날레, 4년마다 열리는 것은 카트리엔날레라고 부른다.

아트 페어
아트 페어는 '미술 시장'이라는 뜻으로, 보통 몇몇 화랑이 한 장소에 모여 작품을 판매하는 행사를 말한다. 아트 페어는 작가 개인이 참여하는 형식도 있지만, 시장의 정상적인 기능을 활성화하고 화랑 간의 정보 교환과 작품 판매 촉진, 시장 확대를 위해 주로 화랑들이 연합하여 개최한다.

액션 페인팅
물감을 뿌리거나 흘리는 즉흥적인 기법을 통해 결과물뿐만 아니라 작품을 제작하는 **과정**이 중시되는 개념이다. 추상표현주의 잭슨 폴록의 작품 활동이 대표적인 예이다.

에디션
미술에서는 주로 판화나 사진 등 복수로 제작하여 판매하는 작품에서 사용되는 용어로, **한정**된 수로 제작된 것을 말한다.

캐리커처
대상의 특징을 과장 또는 생략하여 익살스럽고 재미있게 표현한 그림이다. 캐리커처는 **특징**이 되는 부분을 잘 살려 표현해야 하므로 대상에 대한 관찰이 필요하다.

공공 미술
공공 미술은 일상생활 속에서 접할 수 있는 공공성을 지닌 미술로, 좁게는 공공의 공간에 놓인 작품을 가리키며, 넓게는 공익적인 목적을 지닌 모든 미술을 가리킨다. 공공 미술은 처음에는 야외에 전시하고 설치하는 미술품으로 여겨졌지만, 오늘날에는 공원이나 거리 등 야외 공간에 설치한 환경 조각, 환경 디자인, 벽화 등 환경 예술까지 포함한다. 특히 공공 미술은 문화적으로 소외된 환경에서도 미술 문화를 함께 누리는 역할을 한다.

조형 요소
조형은 물질적 재료와 이미지 표현을 위한 요소를 이용해서 예술품을 만들어내는 행위이다. 작가들은 선, 형, 명암 등의 단위를 이용하여 구체적인 대상을 보여준다.

■ 선
수많은 점들의 연속으로 공간 측정의 수단인 동시에 역동적인 행위와 운동성을 내포한다.

■ 형
형은 닫힌 선에 의해 한정된다. 형의 경계선을 의식할 때 '선적인 특질'을 가지며, 윤곽선은 그것을 둘러싸고 있는 공간의 실루엣을 제시함으로써, 우리는 어떠한 형태를 지각할 수 있다. 형의 세계는 다양해서 자연계나 인공계에서는 차용된 형과 같이 관찰자의 눈에 익숙한 것과 예술가가 창조해 낸 새로운 형상으로 나뉜다.

■ 명암
빛이 물체에 비쳤을 때 나타나는 밝고 어둠의 정도를 말한다. 평면 위에 형상의 양감 표현을 위해 명암을 점차적으로 묘사하는 모델링이 전통 회화에서 주로 사용된다.

■ 질감
질감은 표면의 재질감으로 손으로 만지거나 시각적으로 느껴지는 촉감을 뜻한다. 질감은 감각에 호소하므로 조형 요소에서 중요하게 취급되며 공예나 회화에서 다양하게 응용된다.

■ 색
빛에 의해 만들어졌으며, 색의 3속성은 색상, 명도, 채도이다. 명도는 색의 밝고 어두움을 말하며, 채도는 맑고 탁함을 의미한다. 색의 3원색은 빨강, 파랑, 노랑이다.

조형의 원리
조형 원리는 요소들의 부분과 부분, 전체와 부분 사이에 질서를 형성함으로써 즐거움을 주는 미적 형식의 원리이다.

■ 통일과 변화
대상의 부분과 부분, 부분과 전체 사이에 질서를 주는 형식으로, 모든 형식의 출발점은 통일과 변화이다. 여기에서 변화는 무질서한 변화가 아니라 통일된 가운데의 변화이다.

■ 조화
부분과 부분, 또는 부분과 전체 사이에 안정된 관련성을 주면서도 공감을 일으키면 조화가 성립된다. 조화에는 유사와 대비의 방법이 있다.

■ 균형
부분과 부분, 또는 부분과 전체 사이에 시각적 힘의 안정을 주며, 보는 사람에게 안정감과 명쾌한 감정을 느끼게 한다.

■ 율동
각 부분 사이에 시각적인 강한 힘과 약한 힘이 규칙적으로 연속될 때 생기는 것으로, 이와 같은 동적인 질서는 활기를 가지며 보는 사람에게 경쾌한 느낌을 준다. 율동에는 규칙적으로 재생되는 반복, 구체적으로 흐름이 강조되는 점증 등이 있다.

■ 강조
시각적인 힘의 강약에 단계를 주어 각 부분을 구성하면 강조를 나타낼 수 있다. 강조는 변화, 변칙, 불규칙을 의도적으로 만듦으로써 어떤 악센트를 조성하는 것을 말한다.

회화에서의 입체 표현 기법
3차원의 입체로 현실 세계를 표현하는 조각과는 달리 회화의 표현은 2차원의 평면 위에서 이루어진다. 회화에서는 다음과 같은 방법으로 입체를 표현한다.

■ 상대적 크기
공간감이나 거리감을 나타내는 가장 보편적인 방법이다. 같은 크기의 사물이 멀고 가까움의 차이에 의해 상대적으로 작거나 크게 보이는 것을 통해 입체감을 표현한다.

■ 원근법
투시 화법이라고 부르는 선형 원근법은 대상물의 크기가 거리에 반비례해서 보이기 때문에 크기가 작아 보이는 만큼 멀리 있는 물체라고 느끼게 된다. 투시 화법은 망막에 맺힌 영상의 크기와 물체의 눈 사이의 거리 변화에 반비례하도록 하는 시각적 특성을 이용한다.

동서양의 원근법
원근법은 3차원의 대상물을 평면에 그릴 때, 화면에서 대상물 앞뒤의 거리가 펼쳐짐을 나타내는 표현이다. 동양과 서양의 전통 원근법은 다음 면에서 차이 난다.

■ 서양의 원근법 ①: 색채 원근법(공기 원근법)
색의 농담이나 색조를 이용하여 거리감을 표현한다. 가까운 곳은 대상의 윤곽선이나 색채를 진하고 선명하게, 먼 곳은 희미하게 표현하는 기법이다.

■ 서양의 원근법 ②: 투시 원근법(선형 원근법)
거리에 따라 일정한 비례로 크기를 다르게 그려서 원근감을 나타내는 방법으로, 소실점에 의해 원근감을 표현한다. 소실점의 수에 따라 1점 투시, 2점 투시, 3점 투시로 구분된다.

■ 동양의 삼원법
동양화가들은 고정된 시점에서 사물을 관찰하지 않고 움직이면서 관찰하였으며, 시간의 흐름과 이동 시점으로서 삼원법으로 공간을 표현하였다. 산점투시(이동 투시법)는 시간의 진행에 따라 경치를 기록하며 그린 듯한 원근법이다. 고원법은 산의 아래쪽에서 정상을 올려다보며 그리는 방법으로, 우뚝 솟은 산의 기세를 나타낸다. 평원법은 평행한 시각으로 먼 곳을 바라보며 그리는 방법으로, 아득히 먼 풍경의 정취를 나타낸다. 심원법은 산의 높은 곳에서 멀리 내려다보고 그리는 방법으로, 산이 겹쳐져 있는 모습을 나타낸다.

크로키
움직이는 동작의 특징을 잡아 빠른 시간에 그린 그림으로, 속사화라고도 한다.

과정 예술
과정 예술은 1960년대 후반~1970년대 초에 등장한 예술 분야이다. 작품의 형식적 측면이 아니라 창조의 과정, 뒤따라 일어나는 변화와 쇠퇴의 과정을 강조하는 아방가르드 미술의 한 경향이다.

추상미술
비대상 미술, 비구상 미술이라고도 한다. 눈에 보이는 현실의 사물을 묘사의 대상으로 삼지 않는 미술을 가리킨다. 대상이 가지고 있는 형태의 구체적인 표현에서 벗어나 작가의 느낌이나 생각을 순수한 조형 요소와 원리를 활용하여 창의적으로 표현하는 미술이다.

정물화
정물화는 일반적으로 생활 주변의 물건을 소재로 하여 그리는 그림이다. 정물은 쉽게 구할 수 있고 자유롭게 배치할 수 있어서 조형성을 익히기에 좋은 소재이다. 정물을 바라보는 조형적 관점에 따라 사물이 화면 안에서 단순화되거나 재조합되는 등 형식적인 변화가 나타난다. 또한 정물을 사진보다 더 사실적으로 그리려는 극단적인 재현에 도전하기도 한다.

인물화
인물화는 시대의 흐름과 문화적 특성에 따라 다양한 방식으로 발전해 왔다. 미술가들은 자신을 솔직하게 그림으로써 삶을 직시하기도 하고, 사회에 대한 비판 의식을 표현하여 우리의 삶을 성찰하는 메시지를 전달하기도 한다. 현대에는 고독과 소외를 주제로 하여 인간 삶에 대한 물음을 던지는 작품들이 자주 등장하고 있다.

풍경화

풍경화는 장소에 대한 미적 표현이다. 화가들은 자연 그대로의 모습을 표현할 뿐만 아니라, 인공적인 공간을 새롭게 창출하여 이미지로 표현하기도 하고, 체험해보지 않은 환상의 장소를 그리기도 한다. 눈앞에 펼쳐진 광대한 풍경을 2차원의 화면에 담아 표현하는 것은 작가에게 큰 고민거리일 수 있다. 현대에 와서는 새로운 표현 방식을 찾아 도전하는 작가들이 많이 늘고 있다.

가산 혼합과 감산 혼합

빛은 혼합할수록 색의 명도가 높아지기 때문에 가산 혼합이라고 하며, **색광의 혼합** 또는 빛의 혼합이라고도 한다. 물감은 혼합할수록 색의 명도가 낮아지기 때문에 감산 혼합이라고 하며, **물감의 혼합** 또는 색료의 혼합이라고도 한다.

구도

대상을 변화 있고 통일성 있게 배치하여 화면을 아름답고 질서 있게 구성하는 것을 **구도**라고 한다.

그라데이션

그라데이션은 시작 부분을 밝게 하고 끝부분을 점진적으로 어둡게 하는 것처럼, 단계적으로 명도나 색상 또는 채도의 변화를 이루어 가는 상태를 말한다.

담채

연필이나 펜, 먹 등으로 먼저 그린 그림이 살아나도록 그림물감으로 **엷게 채색한** 그림을 말한다.

데페이즈망

어떤 물건을 일상적인 환경에서 이질적인 환경으로 옮겨 그 물건으로부터 실용적인 성격을 배제하여 물체의 느낌과 의미를 새롭게 바꾸는 기법이다. **전위(전치)법**이라고도 하며, 보는 사람에게 강한 충격 효과를 주는 것을 노린다.

드로잉

주로 선에 의해 어떤 이미지를 그려내는 기술 또는 작품을 말한다. **드로잉**은 현실에 존재하는 사물뿐 아니라, 화가의 상상력에 의해 생긴 사상이나 감정 등 현실에 보이지 않는 것도 표현할 수 있다.

민화

멋과 해학이 담긴 **민화**는 조선 시대에 서민이 그린 그림이다. 민화는 익살과 재치, 소박하지만 대담한 구성, 현란한 색채가 특징이며, 형식에 얽매이지 않고 서민의 삶을 솔직하게 표현하였다. 민화는 소망을 담거나 교훈 전달의 수단으로 사용하였으므로, 소재가 어떤 상징적인 의미를 지니고 있는지 알아보는 것은 매우 흥미로운 일이다.

십장생도

십장생도는 십장생을 사용하여 불로장생의 염원을 담아 표현한 그림이다. 십장생은 거북, 구름, 물, 바위, 불로초, 사슴, 산, 소나무, 학, 해를 가리키는데, 십장생도는 한 해 동안 행운과 무병장수를 기원하는 세화(歲畵)의 소재로 사용하였다.

진경산수화

조선 전기에는 안견을 중심으로 중국의 화풍에 영향을 받은 관념 산수화가 발달하였다. 관념 산수화는 이상적인 자연의 모습을 일정한 법칙을 가지고 표현한 그림으로, 우리나라의 실제 자연 풍경과는 거리가 있다. 조선 후기에 이르러 정선은 우리나라의 경치를 직접 기행하고 중국의 남종화풍을 독특하게 해석하여 새로운 화풍의 진경산수화를 개척하였다. 우리나라 자연의 실제 풍경을 그린 정선의 진경산수화는 김홍도, 심사정, 강세황 등 조선 후기의 화가들에게 영향을 끼쳤다.

풍속화

조선 시대에는 진경산수화와 더불어 **풍속화**가 발전하였는데, 인간의 생활을 꾸밈없이 드러내고자 사실성을 강조하고, 삶의 단면을 다양하게 표현하였다. 그 결과 풍속화는 자연히 기록적인 성향을 지니게 되었다. 풍속화는 실학사상의 영향으로 실제적인 풍속과 의식 등을 실용적 관점에서 표현하였으므로 한국적 사실주의의 중요한 맥락으로 볼 수 있다. 우리나라 풍속화의 대표적 화가로 김홍도, 신윤복, 김득신, 윤두서 등이 있다.

전통 회화

전통 회화는 우리 민족 특유의 정서와 기법을 살려 그린 그림으로, 눈에 보이는 대상을 객관적으로 표현하는 것보다 의지와 정신을 전달하는데 더 큰 의미를 둔다. 따라서 전통 회화 작품에서는 대상에 대한 깊은 통찰과 작품의 조형적 가치, 대상이 지닌 특성과 상징적 의미가 중요하다.

진채화

수묵화는 물과 먹으로만 그리고, 담채화는 먹선 위에 엷은 채색을 하여 그리며, **진채화**는 광물성 석채를 아교에 개서 종이나 비단 위에 하나씩 쌓아 올려 그린다. 고구려 벽화, 불화, 초상화, 기록화와 문자도, 책가도 등과 같은 민화 등이 진채화이며, 강렬하고 화려한 색감과 세밀한 묘사가 특징이다. 도화서의 화원들이 그린 화려한 궁중 장식화와 세밀하게 그린 기록화, 초상화 등도 대부분 진채화이며, 궁궐과 사찰 건축물의 화려하게 장식된 단청도 진채화로 그려졌다.

시 · 서 · 화

동양에서는 그림과 시, 글씨가 하나 되어 사람의 정신과 마음을 표현한다고 생각했기 때문에 선비들은 인격 수양을 위해 그림을 그리고, 서예를 연마하고, 시를 썼다. 문인 예술의 핵심인 시 · 서 · 화 세 가지가 모두 뛰어난 작품과 세 가지 재능을 모두 겸비한 사람을 **시 · 서 · 화** 삼절이라고 한다. 회화와 시, 서예 등을 일체화하여 인간성을 표현하는 시 · 서 · 화의 전통은 사대부에 의해 계승되었으며, 문인화를 발전시켰다.

제발(題跋)

옛 화가들은 그림을 그리고 나서 한쪽에 시나 산문을 썼는데, 이를 **제발(題跋), 제기(提起), 제시(題詩)**라고 한다. 이는 그림을 그리게 된 배경, 그림에서 받은 감흥, 화가에 대한 평, 그림이 전래된 경위, 진짜 또는 가짜인지에 대한 고증 등 그림과 관련 있는 내용으로 되어 있다.

한문 서체의 종류

전서는 글자 형이 세로로 긴 형태이다. 좌우가 대칭을 이루며 점과 획의 굵기가 일정하다. **예서**는 자형이 옆으로 납작한 형태이다. 삐침이나 경사가 없고 수직과 수평의 특성을 살려 획을 긋는다. **해서**는 자형이 정사각형인 형태이다. 획 사이의 균형을 유지하여 점과 획을 모두 갖춘 서체로, 가장 명료하여 널리 쓰인다. **행서**는 해서와 초서의 중간 형태로 반흘림체이다. 해서의 점과 획이 생략되고 연결되므로 운필이 빠르고 붓의 움직임이 자유롭다. **초서**는 글자의 점과 획이 자유로우며, 생략하고 흘려 써서 읽을 때 어려움이 있다.

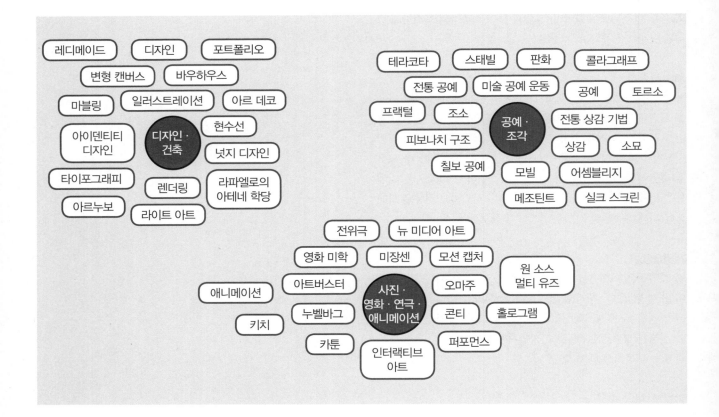

디자인

디자인은 생활을 보다 편리하고 아름답게 만들기 위하여 생활에 필요한 물건과 공간을 목적에 맞게 계획하고 꾸미는 활동이다. 디자인에서 중요한 것은 사용하는 사람들과의 소통이다. 생활 속에서 여러 가지 문제점을 인식하고, 불편한 것을 개선하며, 모두가 함께 행복한 삶을 영위할 수 있도록 노력하는 것이다.

아이덴티티 디자인

아이덴티티 디자인은 시각적인 요소를 통일하여 기업, 자치 단체, 상품, 상표 등이 전달하고자 하는 이미지를 확고하게 만드는 것으로, 사람들의 가치관과 행동 방식에도 많은 변화와 영향을 준다. 아이덴티티 디자인은 서체와 로고, 심벌마크, 상징색 등 일차적인 시각 디자인은 물론, 유니폼, 머그잔, 화폐, 픽토그램 등 사용 범위를 확장한 이차적인 시각 디자인도 포함한다.

타이포그래피

타이포그래피는 문장이나 문자에서 나타나는 글자의 형태, 색상, 배치 등의 요소를 통해 의미와 감정을 표현하거나, 글만으로는 전달하기 어려운 느낌을 이미지로 시각화하여 표현하는 것을 말한다. 다양한 영역에서 활용할 수 있고 일러스트와 영상

등에서도 중요한 요소로 사용된다.

일러스트레이션

일러스트레이션은 어떤 의미나 내용을 시각적으로 전달하기 위해 사용되는 삽화, 도안 따위를 통틀어 이르는 말이다. 특히 책, 신문, 잡지 등에서 내용을 설명하는 그림으로 널리 사용되어 왔다. 오늘날 일러스트레이션은 독립된 작품으로서 회화, 포스터, 광고를 포함한 다양한 분야에서 폭넓게 활용되고 있다. 일러스트레이션은 다양하고 이색적인 재료를 사용하여 제작하기도 하며, 평면의 제약에서 벗어나 입체 작품으로 제작하기도 한다.

■ 출판 일러스트레이션

신문, 잡지, 책 등 출판물의 편집 디자인에 활용되는 일러스트레이션이다. 편집 디자인에서 출판물의 내용을 쉽게 이해할 수 있도록 시각적으로 표현한다.

포트폴리오

작품이나 시각 정보를 일목요연하게 볼 수 있게 정리한 **특수 자료집**을 말한다. 대체로 디자인계나 사업체, 대학 진학생들 사이에서 많이 이용된다. 활동의 계획부터 진행, 완성에 이르기까지

작업 과정을 한눈에 볼 수 있다.

렌더링
제품을 디자인하는 과정에서 그 제품의 외관을 누구나 알아볼 수 있도록 실물 그대로 그린 **완성 예상도**를 말한다.

넛지 디자인
사람들의 행동을 변화시키는 디자인이다. 사람들의 자발적인 **참여**로 긍정적인 변화가 일어난다. 예를 들어 계단을 피아노 건반처럼 꾸며 놓아 사람들이 계단을 이용하게 하는 것이다.

변형 캔버스
사각형의 전통적인 형태를 벗어나 원, 마름모, 십자가 등의 모양을 낸 캔버스를 말한다. 1960년대 미니멀 아트 화가인 스텔라가 적극적으로 사용하였다. 스텔라는 캔버스 표면과 그림을 일치시키고자 **변형 캔버스**를 고안하였다.

마블링
마블링은 미술 표현의 한 기법으로, 유성 물감을 물 위에 떨어뜨려 휘저은 후 종이로 그 무늬를 떠내는 기법으로, 대리석과 같은 무늬가 나타난다.

라이트 아트
빛을 표현 매체로 활용하는 예술을 말한다. 빛의 다양한 특징을 효과적으로 이용하여 시각적 이미지를 드러낸다.

레디메이드
원래는 기성품을 뜻하지만, 예술가의 선택으로 미술 작품으로 인정받는 것을 말한다. 평범한 소변기를 소재로 선택하여 예술 작품화한 뒤샹의 「샘」이 대표적인 **레디메이드**의 예이다.

바우하우스
1919년 독일의 건축가 그로피우스에 의해 설립된 **종합예술 학교**이다. 대량 생산 체제에 적합한 모델을 제작하고, 다양한 디자인이 개발되는 실험적인 교육 기관이다. 바우하우스의 조형 교육 체제와 디자인은 오늘날에도 많은 영향을 주고 있다.

한옥
한옥은 사계절이 뚜렷한 기후 환경과 산, 강이 생활공간과 근접해 있는 자연환경을 바탕으로 형성되었으며, 마을 공동체 문화의 영향을 받아 열린 구조로 되어 있다. 또 주변의 자연과 조화를 이루는 건물과 담의 배치, 지붕이나 대들보의 역학적 구조, 온돌과 대청마루의 합리적인 온도 조절 방식 등을 통해 실용적이고 과학적인 지혜를 엿볼 수 있다.

■ 한옥 지붕의 구조
맞배지붕은 지붕면이 앞뒤 양면으로 경사진 지붕이며, 곳간채나 행랑채 등에 많이 채택하였다. 우진각지붕은 네 면 모두에 경사진 지붕이 있으며, 안채에 많이 쓰였다. 팔작지붕은 우진각지붕의 양 측면 중간을 수직으로 잘라낸 모양으로, 안채와 사랑채, 그리고 궁궐이나 사찰 등에 주로 지어졌다.

팔작지붕   맞배지붕   우진각지붕

■ 한옥의 생활공간
한옥의 내부는 바닥에 온돌을 깔아 취침 공간으로 사용하는 안방, 손님을 대접하거나 대화 공간으로 쓰인 대청마루, 그리고 이동 통로인 쪽마루 등으로 구분된다.

■ 한옥 문창살의 구조와 특징
문창살의 무늬로는 정(井)자살, 아(亞)자살, 용(用)자살, 띠살, 완자살 등이 있다. 문과 창은 자연의 공간과 생활공간을 경계 짓는 동시에, 햇빛이나 달빛이 문창살 무늬를 통해 방 안에 드리우면서 자연의 풍요로움을 내부 깊숙이 받아들이는 역할을 한다.

석굴암의 내부 구조
석굴암 내부는 입구인 직사각형의 전실과 원형의 주실이, 복도 역할을 하는 통로로 연결되어 있으며, 원형 천장은 360여 개의 화강암이 서로 맞물린 견고한 구조를 이루고 있다. 석굴암 바닥 밑으로 물을 흐르게 하고, 석굴암 바깥에 자갈층을 둘러 습기를 제거하는 등 정교한 **과학적 원리**가 적용되었다.

현수선
우리나라 건축에서 처마 곡선은 현수선(懸垂線)으로 이루어져 수학적 질서와 자연미를 느낄 수 있다. 경복궁 근정전 처마에서 확인되듯, **현수선**은 일정한 재질의 유연한 줄에 오직 중력만 작용할 때 그 줄이 자연스럽게 늘어져 만들어지는 곡선이다. 이 곡선은 중력과 평형을 이루는 내적 긴장과 안정감을 보여 주며, 최고의 자연미를 느끼게 한다. 현수선은 빨랫줄이나 전깃줄이 늘어진 모습 등에서 볼 수 있다.

라파엘로의 아테네 학당
천장과 바닥의 사선을 연결하면 화면의 중심인물인 플라톤과 아리스토텔레스의 사이에 하나의 소실점이 나타난다. 라파엘로는 하나의 소실점을 갖는 **1점 투시 원근법**을 사용하여 두 인물을 강조하였으며, 화면에 공간감과 원근감을 주어 등장인물이 많아도 산만하지 않고 집중된 느낌을 주었다.

〈아테네 학당, 라파엘로, 1510~1511년〉

아르누보

'새로운 예술'이란 뜻으로, 19세기 말에서 20세기 초에 걸쳐 유럽 및 미국에서 유행한 **장식 양식**을 말한다. 유럽의 전통 예술에 반발해 새로운 양식을 지향하면서 자연주의, 자발성, 단순성, 기술적인 완전을 추구할 이상으로 삼았다. 기존의 건축 · 공예가 그 전형을 그리스 · 로마 혹은 고딕에서 구한데 비해, 아르누보는 덩굴풀이나 담쟁이 등 자연 형태 가운데서 모티브를 빌려 새로운 표현을 하고자 했다. 반투명의 다채로운 색의 조화가 아로새겨진 유리공예 분야에서 그 특징을 가장 강하게 찾을 수 있다. 대표적인 작가로 에밀 갈레, 돔 형제를 들 수 있다.

아르 데코

1920년대에서 1930년대까지 프랑스를 중심으로 나타난 **장식 미술**로, 꽃, 동물, 인간의 형태를 기하학적 무늬로 정리하여 사용하였다. 아르누보가 수공예적인 것에 의해 나타나는 연속적인 곡선의 선율을 강조하여 공업과의 타협을 받아들이지 않았던 반면에 아르 데코는 공업적 생산 방식을 미술과 결합시켜 기능적이고 고전적인 직선미를 추구하였다는 차이점이 있다.

공예

예술과 손재주가 합쳐진 의미로, 생활용품을 미적으로 솜씨 있게 만드는 일 또는 생산해내는 것을 **공예**라고 한다.

전통 공예

공예품은 일상생활에서 사용하는 물건에 실용적 가치와 조형적 아름다움이 결합된 것이다. 왕실이나 특정 계층을 위해 제작된 공예품은 물론, 일반인이 즐겨 사용하던 일상 용구나 민예품도 자연스러운 한국적인 미를 담고 있다. 삼국 시대의 금속 공예, 고려 시대의 청자, 조선 시대의 분청사기와 백자를 비롯하여 나전칠기와 노리개 등 전통 공예품은 우리 조상의 뛰어난 미의식이 반영되어 있다.

칠보 공예

칠보 공예는 금, 은, 동 등의 금속판 위에 유약을 발라 구워내는 것으로, 금속의 산화를 방지하고, 화학적 반응이나 전기열 등에 대한 저항력을 높이며, 장식 목적으로 이용된다.

미술 공예 운동

19세기 말 영국 윌리엄 모리스, 존 러스킨 등이 주축이 되어 전개된 예술 운동이다. 제품이 대량 생산되어 질이 떨어지자 이를 비판하면서 등장하였다. 기계 생산품을 배척하고 중세의 **수공업** 기술로 돌아갈 것을 주장하였다.

조소

3차원의 공간 속에 입체를 표현하는 조형 예술로, 조각과 소조를 합쳐 **조소**라고 한다. 평면적인 회화 작품과 달리 여러 방향에서 형태를 관찰할 수 있으며, 재료를 직접 만지고 다루므로 질감과 촉감이 강조된다.

■ 조각

단단한 덩어리의 재료를 밖에서 안으로 깎아가며 형태를 만드는 기법이다. 조각은 한 번 깎아 내면 수정이 어려우므로 신중히 계획하여 깎는다.

■ 소조

소조는 가소성이 있는 재료를 붙여 가며 덩어리와 구조, 형태 등을 만들어가는 기법이다. 완성품은 보존성이 떨어지므로 석고, 합성수지, 청동 등으로 떠내거나 테라코타로 구워내기도 한다.

■ 조소의 형태에 따른 분류

환조는 사방에서 볼 수 있는 완전한 3차원 형태이다. **부조**는 한쪽에서 관찰할 수 있는 반입체의 형태로, 한 면이 돌출된 것을 말한다. **심조**는 윤곽선 안을 파서 면보다 오목하게 들어가도록 표현한 반입체의 형태이다. **투조**는 여백을 파내어 뚫리게 표현하는 것으로, 표현된 형태는 실 공간이 되고 뚫린 여백은 빈 공간이 된다.

소묘

대상의 형태와 구조, 명암, 양감, 질감 등을 주로 한 가지 색으로 그리는 그림으로 작품을 구상하거나 제작하는 준비 과정이며, 그 자체만으로도 훌륭한 작품이 될 수 있다. **소묘**에는 스케치, 크로키, 정밀 묘사가 있으며, **데생** 또는 **드로잉**이라고 한다.

모빌

20세기 미국의 콜더가 창안한 것으로, 자연의 힘이나 기계 장치로 **움직이는 조소**를 말한다. 조소에 시간적 요소를 도입하여 새로운 예술 작품 유형으로의 가능성을 제시하였다. 선재와 면재로 표현된 움직이는 추상 조소인 모빌은 균형, 동세, 율동, 시간이 중요한 표현이다. 또한 모빌은 미미한 대기의 흐름에도 흔들리며, 움직임에 의해 야기되는 다변적인 빛의 효과를 활용하도록 고안되었다.

스태빌
모빌과 대조적인 개념으로, **움직이지 않는 조소**를 말한다. 1960년대 이후 공공 미술 성격을 지닌 거대한 스태빌이 제작되면서 현대 도시의 딱딱한 건물들 사이에서 시각적 즐거움을 주고 있다.

테라코타
점토를 건조하여 600~900℃ 정도 가마에서 저온으로 구워낸 조소나 장식품을 말한다. 쿤스, 권진규 등이 **테라코타**를 이용한 작품을 많이 제작하였다.

토르소
토르소는 목·팔·다리 등이 없는 동체만의 조각 작품을 말한다. 근대 조각가들은 그리스·로마 유적에서 발굴된 토르소에 조각으로서의 미적 가치와 인체의 미학적 상징성을 부여했다. 따라서 현대조각에서 때때로 볼 수 있는 팔·다리나 목이 없는 몸통의 조각은 미완성 작품이 아니다. **토르소**의 순수미를 관람자에게 충실하게 전달하기 위해 목이나 팔·다리를 생략함으로써, 인체미의 상징적 효과를 얻고자 하는 것이다.

상감
상감은 금속이나 도자기, 목재 등의 표면에 여러 가지 무늬를 새겨 그 속에 금, 은, 보석, 뼈, 자개 등을 박아 넣는 공예 기법 또는 그 기법으로 만든 작품을 말한다.

전통 상감 기법
전통 상감 기법은 그릇의 표면에 음각하여 백토나 자초로 무늬를 만들고 초벌구이를 한 다음, 청자 유약을 바르고 재벌구이를 해서 만드는 고려 시대의 독창적인 기법이다. 대표적인 작품으로 청자 상감 운학무늬 매병, 청자 상감 모란무늬 항아리 등이 있다.

〈청자 상감 운학무늬 매병〉

판화
판화는 나무, 금속, 돌 따위로 된 판에 그림을 새기거나 재료를 붙여서 잉크를 칠한 뒤 찍어 내는 미술이다. 판에 의해 간접적으로 이미지를 찍어 내고, 같은 작품을 여러 장 찍을 수 있다. 그러나 같은 이미지를 여러 개 찍을 수 있다는 복수성은 오늘날 사진, 인쇄, 프린터 등의 발달로 전통적인 판화의 개념과 다르게 전개되기도 한다.

■ 볼록 판화
목판, 고무판, 리놀륨판 등을 이용하여 볼록하게 돌출한 부분에 찍는 판화로, 강한 명암 대비를 느낄 수 있다.

■ 공판화
실크 스크린, 스텐실 등이 해당하며, 판의 구멍 난 부분에 잉크가 찍힌다. 판과 그림의 좌우가 바뀌지 않는다.

■ 오목 판화
드라이포인트, 에칭, 메조틴트, 애쿼틴트 등이 해당하며 표면에서 오목하게 들어간 부분이 찍히는 판화이다.

콜라그래프
볼록 판화의 일종으로 **콜라주 판화**라고도 한다. 판에 헝겊, 종이, 나뭇잎, 단추 등 다양한 재료를 붙여 잉크를 칠한 후 찍어내어 재료 자체의 재질감이 그대로 표현된다.

실크 스크린
스크린 망을 거쳐 잉크가 찍히는 원리를 이용한다. 실크 스크린 인쇄는 스크린 망을 막아 주는 액체 용액이나 필름 등의 재료를 사용하여 망의 일부분을 막은 후, 스퀴지를 사용하여 찍어 내는 **공판화** 기법이다.

메조틴트
오목 판화 기법의 하나로, 동판을 로커로 긁어 작은 점을 무수히 만든 다음, 스크레이퍼로 깎은 후 잉크를 묻혀 찍어 내는 판화 기법이다.

애쿼틴트
오목 **판화** 기법의 하나로, 송진 가루가 묻은 동판을 부식시켜 제작한다. 농담의 변화로 부드럽고 풍부한 효과를 낼 수 있다.

프로타주
프로타주는 요철이 있는 물체 위에 종이를 놓고 색연필 등으로 문질러 찍어내는 기법을 말한다.

우키요에

우키요에는 일본의 풍경, 풍물, 그리고 시대적 배경과 서민의 일상생활 모습 등을 반영한 풍속화 형식의 목판화이다. '우키요'는 '떠다니는 세상', '에'는 그림을 뜻한다. 즉 우키요에는 덧없는 속세를 묘사한 그림이라는 뜻이다. 명쾌한 선과 색면 배치가 특징이며, 주로 목판화 기법으로 제작되었다.

피보나치 구조

피보나치 구조는 12세기 말 이탈리아의 수학자 레오나르도 피보나치가 제안한 수열로, 어떤 수열의 항이 앞의 두 항의 합과 같은 수열을 말한다. 즉 모든 숫자는 앞선 두 숫자의 합이라는 것을 알 수 있다. 흔히 꽃잎이나 꽃씨의 배열, 소라나 달팽이 껍질에 나타난 나선형 무늬의 확장 비율에서 볼 수 있다.

프랙털

프랙털은 작은 구조가 전체 구조와 비슷한 형태로 끝없이 되풀이되는 구조로, 눈송이나 나무껍질, 창문에 성에가 자라는 모습, 산맥의 모습 등에서 쉽게 볼 수 있다. 프랙털의 무한 반복의 원리를 통해 복잡하고 불규칙한 자연물을 실물 그대로 그려낼 수 있게 되었다.

어셈블리지

'**모으기, 조합, 조립**'이라는 뜻으로, 여러 가지 물건이나 폐품 등의 재료를 특이한 형태로 결합함으로써 물체에 작품으로서의 생명력과 의미를 부여하는 작업 방식이다. 넓은 의미로는 주위에서 볼 수 있는 기성품이나 잡다한 물건을 모아서 만든 작품 또는 그러한 일을 말한다.

전각

전각은 서화에 찍는 도장이나 수장자의 도장을 새기는 것을 말하는데, 전서체로 글씨를 새기는 데서 붙여진 이름이다.

스트리트 퍼니처

도로 표지판, 버스 정류장, 공중전화 부스, 벤치, 휴지통, 볼라드 등 공원이나 거리에 설치된 시설물을 **스트리트 퍼니처**라고 한다.

영화 미학

영화는 드라마, 음악, 연기, 연출 등 전통적인 예술로 간주되기보다는, 보다 의식적인(특히 경제적이고 기술적인) 요인들에 의해 그 성격이 규정된다. 그 점에서 영화는 미학에 대한 하나의 도전을 의미한다. 모든 영화의 중심 문제는 '리얼리즘'과 '환상'의 관계가 영화라는 매체 그 자체 속에서 어떻게 이용되고 평가되는가 하는 것이다. 왜냐하면 그와 같은 긴장의 영역 속에서 예술적 영상화(예를 들어, 몽타주나 연출 및 카메라 기법 혹은 카메라 이동, 색채화와 음향 기술)의 가능성이 구현되기 때문이다. 영화가 **리얼리즘의** 경향을 띤 매체인지 아니면 **미학적 환상**의 경향을 지닌 매체인지에 대해서는 이미 오래전부터 영화 미학의 주제로 다루어졌다.

미장센

프랑스어로 '연출'을 의미하는 **미장센**은 무대에서의 등장인물의 배치나 동작·도구·조명 등에 관한 종합적인 설계를 지칭한다. 희곡에는 등장인물의 동작·무대장치·조명 등에 관한 지시를 세부적으로 명시하지 않으므로, 미장센은 이러한 요소들을 종합하여 각본의 내용을 통일되고 효과적인 형상으로 만들어 무대에서 상연하는 작업을 의미한다.

콘티

콘티뉴이티(continuity)의 준말로, 영화나 영상 작품에서 각본을 기초로 각 장면의 구분, 내용, 대사 등을 그림과 글로 상세히 기술한 것이다. 단순한 대본이 아닌 그림을 곁들인 '**그림 대본**'을 말한다.

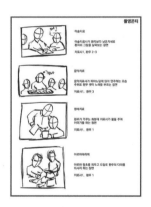

모션 캡처

모션 캡처는 실제 배우의 움직임을 기록하고 그 정보를 이용하여 디지털 캐릭터의 움직임을 만드는 방법이다. 배우들이 센서를 몸에 부착하고 카메라 앞에서 연기하면 그 움직임을 디지털 캐릭터가 화면 속에서 구현한다. 이를 통해 높은 품질의 실감나는 영상 효과를 얻을 수 있다.

누벨바그

누벨바그는 '**새로운 물결**'이란 뜻의 프랑스어로 1957년경부터 프랑스 영화계에서 일어난 새로운 풍조를 말한다. 신선한 발상과 표현 양식을 내세워 1960년대 이후 주류를 이루던 전통적인 영화계에 큰 영향을 끼쳤다. 누벨바그 작가들은 기존의 고착되어가던 장르 규칙을 타파하고 영화적 관습을 깨뜨리면서 작가 개인의 영화를 추구했다. 인간과 우주의 부조리함에 대한 실존주의 철학을 기반으로 하며, 현실과의 밀착, 장면의 비약적 전개, 즉흥 연출 등의 특징을 가지고 있다.

퍼포먼스

정해진 각본이나 계획 없이 우연적이고 즉흥적인 행위로 특별한 상황을 연출하는 것을 말한다. 관객의 참여 속에 이루어지며, 현대에 들어서는 과학기술에 의해 각종 영상 매체를 이용한 실험적인 **퍼포먼스**도 등장하였다.

키치

통속 취미에 영합하는 예술 작품을 의미한다. 화가의 정신이 들어있는 순수 미술품과 그렇지 않은 미술품 간의 구별을 위해 사용되는 개념이다. 본래 '**키치**'라는 말은 '잡동사니', '천박한'이라는 의미를 가진다. 현대에 이르러 키치는 고급예술, 고급문화와는 별개로써 대중 속에 뿌리를 둔 하나의 예술 장르로 의미가 확대됐지만, 조악한 감각으로 여겨지는 대상들을 야유하는 뜻으로도 사용되고 있다.

전위극

기존의 고정된 연극 양식을 부정하고 새로운 미학 원리와 형태를 시도한 연극을 말한다. 반자연주의적 경향을 띠며, 연출가 중심설, 사실주의에 대한 새로운 양식, 연극 고유의 예술언어의 재발견 등을 주장하였다. 1960년대 프랑스를 중심으로 일어난 부조리 연극도 일종의 전위극이다. **부조리 연극**은 인간 존재의 부조리함, 일반적 논리성의 폐기 등을 중요한 특징으로 하며, 파리뿐 아니라 전 세계 연극계의 큰 변화를 불러왔다.

오마주

오마주는 '경의, 존경'이라는 뜻의 프랑스어. 예술에서 존경하는 작가와 작품에 영향을 받아 그와 비슷한 작품을 창작하는 것을 일컫는다. 이를테면 영화에서는 자신의 작품 속에 존경하는 감독의 주요 장면이나 대사를 인용하는 것을 뜻한다. 예술·문학 작품에서는 존경하는 작가의 원작과 비슷한 작품을 창작하거나 원작을 그대로 재현하는 것을 말한다.

아트버스터

아트버스터란 예술성을 갖춘 블록버스터라는 개념의 신조어이다. 기존에는 소수 마니아들에게나 관심 받던 예술성 짙은 영화가 최근 들어 영화 팬들의 수준 향상과 저변 확대로 인해 큰 주목을 받고 히트작 반열에 드는 것을 의미하는 말이다. 〈비긴 어게인〉, 〈라라랜드〉 등은 우리나라에서 흥행에 성공한 대표적인 아트버스터이다.

만화의 확장

기존의 만화는 출판 만화, 신문의 풍자만화 등 인쇄물의 형태로 제작되는 경우가 대부분이었다. 하지만 최근에는 디지털 매체가 발달하면서 만화는 모니터의 화면에서 스크롤을 내리는 방식으로 이야기가 진행되는 **웹툰**, 터치를 통해 컷 단위로 이야기가 진행되는 모바일 웹툰인 컷툰, 스마트툰 등 다양한 형식으로 확장된 모습을 보여 주고 있다.

카툰

직유와 은유의 표현 방식으로 사회 현상과 정치적인 내용을 해학과 풍자로 표현하는 **만화**를 말한다.

애니메이션

애니메이션은 여러 장의 정지된 화면을 연속하여 빠르게 넘김으로써 그림이나 사물이 움직이는 것처럼 보이게 하는 영화의 한 분야이다. 클레이 애니메이션, 모래 애니메이션, 컴퓨터 애니메이션, 컷 아웃 애니메이션, 셀 애니메이션 등 재료와 표현 방법, 표현 매체에 따라 그 종류가 매우 다양하다.

뉴 미디어 아트

20세기 이후 현대 미술은 다양한 방식으로 꾸준히 변화하고 있다. 특히 과학 기술이 발전하면서 비디오 아트, 웹 아트, 디지털 아트, 컴퓨터 아트 등 다양한 전자 매체의 예술이 등장하였는데, 이것을 통틀어 **뉴 미디어 아트**라고 부른다.

인터랙티브 아트

인터랙티브 아트는 작품을 수동적으로 감상하는 입장에서 벗어나 관람자가 직접 작품과 상호 작용하는 예술이다. 관람자와 작품 사이의 작용과 반작용, 피드백을 통하여 변화되는 과정까지 모두 작품에 포함한다.

원 소스 멀티 유즈

하나의 콘텐츠를 다양한 장르에 활용하는 전략으로, 영화, 게임, 음반, 애니메이션, 연극, 캐릭터 상품, 장난감 등 다양한 형태로 제작된다. **원 소스 멀티 유즈**(OSMU)는 한 콘텐츠를 확장하여 그 부가 가치를 극대화할 수 있으므로 오늘날 문화 산업의 전략으로 이용된다.

홀로그램

홀로그램(hologram)은 레이저 광선으로 2차원의 평면에 3차원의 입체를 묘사하는 기술 또는 사진을 말한다. 이러한 홀로그램은 복잡한 과정을 거쳐 제작되기 때문에, 신용 카드나 지폐의 복제 또는 위조와 변조를 방지할 목적으로 널리 쓰인다.

음악 사조

낭만주의 음악(슈베르트, 리스트,
예술가곡, 슈만, 교향시,
슈트라우스, 오페라, 바그너)

민족주의 음악
(보로딘)

르네상스 음악
(대위법, 팔레스트리나)

중세 음악(다성부 음악의 발달,
악보의 발달)

바로크 음악
(바로크 예술, 바흐, 헨델)

음악 사조

20세기 음악(인상주의, 표현주의,
베르크, 신고전주의)

고전주의 음악(새로운 선율,
하이든, 모차르트, 베토벤)

고대 그리스 음악(기보법,
에토스 이론, 피타고라스 음계)

고대 그리스 음악(~5세기 말)

고대 그리스에서는 강인한 체력과 섬세한 감성을 갖추는 것을 이상으로 삼았다. 따라서 체력과 음악이 가장 중요한 교과였으며, 남자들은 악기를 하나씩 배웠다고 한다. 기록에 따르면 키타라(고대 그리스의 현악기)에 맞추어 노래 부르는 음악 경연 대회도 있었다고 한다. 플라톤과 아리스토텔레스는 여러 저술을 통해 음악의 영향과 좋은 음악 등에 논했다.

■ 기보법

기보법은 음악을 기록하는 방법으로, 그리스인은 기보법을 발전시켰던 최초의 민족 중 하나이다. 기보법에는 기악과 성악용 기보법 두 가지가 있었다고 한다.

■ 에토스 이론

그리스인은 음악이 인격을 형성하고 건강을 지켜준다고 생각했다. 또한 음악은 기쁨을 주는 예술이자 수학, 천문학과 관계 깊은 과학이기도 했다. 플라톤과 아리스토텔레스는 음악이 인간의 윤리적 성품, 즉 에토스에 영향을 준다고 여겼다.

■ 피타고라스 음계

피타고라스는 현을 간단한 비로 나누어 튕기면 아름다운 음정이 나온다는 것을 발견했고, 최초의 음계인 **'피타고라스 음계'**를 만들었다. 길이의 비가 2:1이면 옥타브 차이의 음이 만들어지고, 3:2면 5도 차이('도'와 '솔'의 차이)가 만들어진다는 것을 발견해 낸 것이다.

중세 음악(5세기 말~15세기 중엽)

중세 음악은 그리스도교 중심의 **교회 음악**이 발달했다. 초기에는 그레고리오 성가로 대표되는 단선율 노래가 주를 이루었으나 점차 단선율에 다른 성부를 덧붙이는 다성 음악이 생겨났다. 또한 초기에는 교회 음악이 중요한 위치를 차지했으나, 12세기부터는 교회와 상관없는 내용의 노래도 불리기 시작했다. 음유 시인들이 등장하여 기사들의 사랑 이야기, 전쟁 무용담, 서사적인 전설 등을 노래했다.

■ 다성부 음악의 발달

6세기 경 그레고리오 1세 때 집대성한 단선율 성가(그레고리오 성가)가 오르가눔(단선율 성가를 음정 차이를 두고 부른 것) 단계를 거쳐 복잡한 다성부 음악으로 발달하였다.

■ 악보의 발달

수도사들은 가사 위에 기호로 음을 표시하기 시작했는데 이를 **네우마(neuma)**라고 한다. 후에 알아보기 쉽게 일정한 음높이에 선을 그었는데, 이것이 악보의 시작이다. 11세기에 이탈리아의 귀도 다레초가 네 개의 선으로 된 보표를 만들었고 각각의 음에 이름을 붙였다. 그는 널리 알려진 라틴어 노래 가사의 글자를 따 '우트', '레', '미', '파', '솔', '라'라고 붙였고, 후에 발음하기 어려운 '우트'를 대신해 도미누스(Dominus, 주님)의 첫 음절을 따 '도'라고 했다. '시'는 Sancte Johannes의 첫 글자가 합쳐 만들어졌다.

르네상스 음악(15세기 중엽~1600년)

14세기 초 이탈리아에서 시작된 문예부흥 운동은 신 중심이 아닌 **인간 중심**의 문화를 추구했다. 15세기 전반 부르고뉴 지역을 중심으로 영국 음악이 유럽에 영향을 끼쳤다. 이들을 부르고뉴 악파라고 하며 존 던스터블이 대표적인 음악가이다. 15세기 후반에 부르고뉴 악파를 계승한 플랑드르 악파에 의해 음악이 크게 발달했으며, 대표적인 작곡가로 오케겜, 조스캥을 들 수 있다. 이들은 모방 대위법을 사용한 다성 음악을 발달시켰으며, 16세기 후반 팔레스트리나에 의해 정점을 이루었다. 교회 음악 외에도 세속 노래와 악기로만 연주하는 기악 음악이 등장했고, 16세기 초 인쇄술의 발명은 이러한 곡을 보급하는데 이바지했다.

■ 대위법

점 대 점이라는 의미의 **대위법**은 다성부 음악에서 성부 간의 음정 및 그 진행에 중점을 두는 데서 유래했다. 이러한 기법을 폴리포니라고 하며, 하나의 성부를 다른 성부가 모방하는 방법을 많이 쓴다.

■ 팔레스트리나

이탈리아 출신의 작곡가이며 교회 성가대 지휘자로 활동하였다. 대부분 종교 음악을 만들었으며, 104곡의 미사곡을 남겼다. 종교 개혁의 영향으로 교회 내부 개혁 운동이 일어나 가사 전달이 어려운 다성 음악이 문제되었을 때, 팔레스트리나는 다성 음악에서도 가사가 명확히 들릴 수 있다는 것을 '마르첼로의 미사'로 증명해 보였다.

바로크 음악(1600~1750년)

바로크 시대는 태양계 발견, 미적분법 창안, 정치적 평등사상 대두, 자본주의 경제체제 등장 등 과학적, 문화적, 사회적으로 변화가 일어난 시기였다. 정치적으로는 절대왕정 시기를 배경으로 하며 신교와 구교의 갈등이 계속되어 전쟁이나 정치적 탄압이 일어나기도 했다.

음악에 있어서도 최초의 관현악단이 조직되었으며, **오페라**가 흥행하여 공공 오페라 극장이 생겨났고 가수들은 대중에게 인기를 얻었다. **기악**이 발전하여 성악과 대등한 위치에 놓이게 되었으며, 장·단조 조성 체계가 확립됐다. 초기의 몬테베르디, 후기의 비발디, 바흐, 헨델이 대표적인 바로크 음악의 작곡가이다.

■ 바로크 예술

바로크는 포르투갈어로 '우둘투둘한 진주'라는 뜻이다. 17세기 초~18세기 중엽의 유럽 미술을 지칭하는 말로 르네상스의 단정하고 우아한 양식에 비해 과장된 건축과 조각에 대한 경멸의 뜻으로 사용됐다. 그러나 지금은 르네상스에 대립하는 개념으로 외향적이고 명암 대비가 뚜렷한 미술 양식을 의미한다. 이탈리아의 카라바조, 루벤스, 벨라스케스 등이 대표적이다. 후에 음악에서도 이 용어를 가져와 사용했다.

바로크 음악은 각 나라에서 다른 모습으로 나타났으나 통주 저음을 공통으로 사용하여 통주 저음의 시대로 정의되기도 한다. 통주 저음이란 가장 낮은 선율에 화음을 지정하는 숫자를 써서 건반 악기 연주자가 왼손은 베이스 선율을 치고, 오른손은 지정된 화음 내에서 자유롭게 연주하게 한 것이다.

바로크 예술이 지닌 뚜렷한 명암 효과나 대비성은 서로 다른 음향이 대조되면서 어울리는 협주 양식에서 볼 수 있다. 형식적으로는 성악보다는 기악이, 교회 음악보다는 세속 음악이 크게 발전했다. 또한 성악 분야에서는 오페라, 오라토리오, 칸타타, 기악 분야에서는 모음곡, 트리오소나타, 콘체르토 그로소, 변주곡 등이 즐겨 작곡됐다.

■ 바흐

독일의 음악가. 뛰어난 기교의 오르간 연주자이며, 유명 음악 가문 출신으로 후대 음악가들에게 큰 영향을 주었다. 바흐의 'b단조의 미사'는 총 5부, 24곡으로 이루어져 있다. 미사(Missa)는 카톨릭 교회의 전례를 의미하는 것으로, 하나의 미사에 여러 곡이 필요하다. 바흐는 독실한 프로테스탄트였지만 1733년경 일하던 교회와의 불화로, 카톨릭 신자인 작센 선제후의 궁정 음악가가 되기 위해 미사곡을 작곡하였다. 이 작품은 베토벤의 작품과 함께 뛰어난 미사곡으로 인정받고 있다.

■ 헨델

독일 출신 음악가로 독일, 이탈리아, 영국 등에서 활약하였다. 그는 오페라로 이름을 알렸으며, 후에는 극적인 효과를 넣은 오라토리오를 남겼다. 오페라 '세르세'는 페르시아 황제 세르세 1세를 주인공으로 한다. 헨델의 오페라는 카스트라토(남성 거세 가수)가 주인공을 맡는 경우가 많아 연주하기 어려운 점이 있었으나 최근에는 카운트 테너나 여성이 그 역할을 대신하여 자주 연주된다.

고전주의 음악(1750~1820년)

고전주의 음악은 중앙 집권화한 국가들의 전쟁, 해외 진출, 산업혁명과 중산층 확대, 계몽주의 확대, 프랑스 대혁명, 미국 독립혁명 등을 배경으로 한다. **고전주의** 음악은 바로크 음악으로부터 시작된 새로운 변화를 발전시켜 완성한 시기로 음악이 보다 명료해졌으며, 기악은 발전하여 더욱 주목받는 장르가 됐다. 건반 악기 협주곡, 희극 오페라, 교향곡, 현악 4중주와 같은 장르가 나타났고, 소나타 형식과 론도와 같은 새로운 형식을 발달시켰다. 이 시기의 특징은 명확하게 들리는 선율, 분명한 화성, 균형을 갖춘 형식으로 요약될 수 있으며, 대표적인 음악가로는 하이든, 모차르트, 베토벤 등이 있다.

■ 새로운 선율

고전주의 음악은 가벼운 반주와 주기적으로 반복되는 선율이 인기를 끌었다. 이 기법은 자연스럽고 이해하기 쉬우며 감정 전달에도 용이하여, 이전의 복잡한 다성 음악을 대신하게 되었다. 초기 고전주의 작곡가인 알베르티가 즐겨 사용하던 왼손의 단순한 화성 반주는 오른손 선율을 강조하며, 모차르트나 베토벤의 작품에서도 자주 나타난다.

■ 소나타와 소나타 형식의 차이

소나타는 독주 악기를 위한 다악장 형식의 곡을 일컫는 말로, 대개 '빠른 악장–느린 악장–빠른 악장'의 구성을 지닌다. **소나타 형식**은 여러 개의 악장 중 한 악장을 구성하는 형식을 말한다. 보통 소나타의 1악장을 소나타 형식으로 만드는데, 두 개의 주제가 제시되고(제시부), 다양한 방식으로 발전시킨 후(발전부), 다시 두 개의 주제가 재현(재현부) 되는 3부분 형식으로 되어 있다.

■ 하이든

오스트리아 출신 음악가로 모든 장르에 걸쳐 곡을 남겼으며, 교향곡과 현악 4중주 발달에 큰 영향을 끼쳐 '교향곡의 아버지'로 불린다. '고별' 교향곡은 하이든이 에스테르하지 후작의 시골 궁전에서 일하고 있을 때 작곡한 곡으로 단원들이 오랫동안 휴가가 없어 가족들을 그리워하여 후작에게 이를 알리고자 만든 곡이다. 4악장에서 단원들이 한 명씩 악기를 들고 퇴장을 하여 마지막에는 바이올린 주자 2명만이 남아 곡을 마치고 역시 악기를 들고 퇴장하는 독특한 악곡이다.

■ 모차르트

오스트리아 출신 작곡가로 음악 사상 최고의 신동으로 알려졌다. 6세 때부터 작곡을 시작하여 35세의 나이로 요절할 때까지 많은 곡을 남겼다. 오페라 '후궁으로부터의 도주'는 터키의 궁전을 배경으로 연인을 터키인들에게서 구해 내는 내용을 가진 징슈필(독일어의 대사와 노래로 되어 있는 음악극)이다. 모차르트는 이 작품으로 징슈필의 예술적 표현력을 끌어올렸다고 평가받는다.

■ 베토벤

독일 출신 음악가로 빈에서 활동하였다. 계몽주의의 이상을 알고 있었고 하이든과 모차르트를 직접 만나 영향을 받았으며, 프랑스 혁명을 지켜보았다. 청력 상실로 연주 생활을 못 하게 된 후 작곡에 전념하여 더욱 깊이 있는 작품을 만들어내어 후대에 큰 영향을 끼쳤다. 특히 32개의 소나타는 뛰어난 작곡 기법과 강한 개성을 지니고 있어 높이 평가받는다. '월광' 소나타는 다른 소나타와는 달리 자유로운 형식의 잔잔한 1악장으로 시작하여 격렬한 3악장에서 소나타 형식이 사용된다.

낭만주의 음악(1820∼1900년)

프랑스 혁명과 나폴레옹 전쟁, 산업혁명 등을 배경으로 한 낭만주의 음악은 고전주의 음악보다 감정을 솔직하게 표현하고자 했다. **낭만주의** 음악의 특징은 걸출한 연주가의 등장, 음악과 문학의 만남, 악기 개량으로 요약할 수 있다.

리스트, 파가니니와 같은 화려한 기술을 가진 연주자들은 대중을 열광시켰고 다른 작곡가들을 자극했다. 낭만주의 음악가들은 문학에 관심이 많아 문학가들과 교류하거나 작품에서 영감을 받았고 음악으로 표현했다. 한편, 오페라의 규모는 커졌으며 다양한 내용을 소재로 한 오페라가 만들어졌고 최고의 전성기를 맞게 되었다. 낭만주의는 후반에는 오페라에 민족주의 개념이 더해졌다. 대표적인 작곡가로는 슈베르트, 리스트, 쇼팽, 브람스, 베르디, 바그너, 생상스, 차이콥스키 등을 들 수 있다.

■ 슈베르트

오스트리아 출신으로 낭만주의 음악의 대표적인 작곡가이다. 짧은 생을 살았음에도 600여 곡이 넘는 가곡을 작곡하여 '가곡의 왕'이라고 불리며 가곡을 독립된 한 장르의 음악으로 발전시키는데 크게 공헌하였다. 대표작으로는 '겨울 나그네', '아름다운 물레방앗간의 아가씨' 등이 있다.

■ 리스트

헝가리 출신으로 피아니스트 겸 작곡가, 지휘자이다. 화려한 연주 기술로 유명하였는데, 이는 바이올리니스트 파가니니의 연주를 듣고 감명받아 피아노의 연주 기술을 극한으로 끌어올리고자 했기 때문이라고 한다. 리스트는 화려한 연주 기술과 작곡 기법을 익히기 위해 오페라, 가곡, 교향곡 등을 피아노곡으로 편곡하였으며, '파가니니에 의한 초절기교 연습곡'이 대표적인 예이다.

■ 예술가곡

낭만주의 음악의 **예술가곡**은 슈베르트, 슈만, 브람스 등에 의해 크게 발전했다. 특히 이 시대의 가곡은 피아노 반주가 노래와 동등하게 연주되었고, 시의 내용을 표현하기 위해 형식과 방법들이 고안됐다.

■ 슈만

독일의 작곡가이며 대학에서 법률 공부를 한 후 피아니스트가 되고자 하였으나 연습 중 입은 손가락 부상으로 이를 단념하고 작곡 및 평론에 집중하였다. 낭만주의와 슈베르트의 영향을 받았으며 피아노 독주곡과 가곡 작곡에 특히 뛰어났다.

■ 교향시

리스트가 처음 사용한 교향시는 교향곡과 시의 합성어로, '시적인 것', 혹은 '문학적인 이야기'를 오케스트라로 표현하려고 하는 단악장 형식의 제목이 붙은 **표제음악**이다. 대표적인 예로는 리스트의 '마제파', 슈트라우스의 '영웅의 생애', 스메타나의 '나의 조국', 시벨리우스의 '핀란디아', 생상스의 '죽음의 무도' 등이 있다.

■ 슈트라우스

독일 출신의 지휘자 겸 작곡가로 많은 수의 교향시와 오페라를 남겼다. 교향시 '차라투스트라는 이렇게 말했다'는 니체의 저술을 바탕으로 깊이 있는 철학을 음악으로 표현하고 있다. 영화에서 쓰여 대중적으로 널리 알려진 곡이다.

■ 오페라

유럽에는 많은 오페라 극장이 세워졌고 아메리카 대륙까지 전파됐다. 오페라 극장에 가는 것이 유행했고 극장 밖에서는 피아노곡으로 편곡되어 연주됐다. 로시니, 벨리니, 도니체티, 마이어베어, 베버 등이 낭만주의 전반기를 이끌었으며, 후반기에는 이국주의와 민족주의, 사실주의 등이 **오페라**에 나타났다. 후반기의 대표적인 작곡가는 베르디, 푸치니, 바그너, 비제 등이 있다.

■ 바그너

독일 출신 작곡가로 음악이 드라마에 종속된다는 생각, 유도 동기의 사용, 반음계적 화성 등으로 음악사에 큰 영향을 주었다. 대표작으로 오페라 '탄호이저', '로엔그린', 음악극 '니벨룽겐의 반지' 등이 있다. 음악극 '트리스탄과 이졸데'는 중세 유럽에서 전해 내려오는 이야기를 바탕으로 만든 음악극으로 사랑을 불러일으키는 묘약을 마신 두 남녀 사이의 사랑 이야기를 그린 작품이다.

민족주의 음악(19세기 후반)

19세기 후반 음악에서는 이국주의, 민족주의, 사실주의 등 다양한 경향이 나타났는데, 그중에서 민족주의가 두드러지게 나타났다. 프랑스 혁명과 나폴레옹 전쟁은 공통의 언어, 문화, 역사적 전통 등으로 민족의 정체성을 강조하여 특정 집단의 사람들을 하나로 통합시키려는 민족주의를 전 유럽에 퍼지게 했다. 음악은 민족주의를 부흥시키는데 중요한 역할을 했으며, 반대로 민족주의가 음악에 큰 영향을 주기도 했다.

음악에서의 **민족주의**는 자신이 속한 민족과 연관된 자연, 민요 선율, 건축물, 오래된 전설 등을 소재로 하여 음악으로 나타낸다. 대표적인 작곡가로 러시아 5인조라 불리는 발라키레프, 보로딘, 퀴, 무소륵스키, 림스키코르사코프와 노르웨이의 그리그, 핀란드의 시벨리우스, 체코의 스메타나, 드보르자크 등이 있다.

■ 보로딘

화학자로 일하며 틈틈이 작곡하여 미완성 작품을 많이 남겼다. 유일한 오페라인 '이고르 공' 역시 18년 동안이나 작곡하였음에도 미완성으로 남겨졌다. 그가 죽은 후 림스키코르사코프와 글라주노프에 의해 완성되었고, '폴로베츠 사람들의 춤'은 동양적인 선율이 아름다운 곡으로 오페라와는 별개로도 많이 연주되는 곡이다.

20세기 음악(1900년~현재)

1900년 이후의 음악을 근·현대 음악 혹은 20세기 음악이라고 한다. 20세기는 변화가 극심한 시기로 빠른 과학 기술의 발전, 두 차례의 세계대전, 사회주의 등장 등은 인간의 삶을 크게 바꿔 놓았다. **20세기 음악**은 매우 다양하여 조성 음악과 함께 무조성, 다조성, 12음 기법 등의 새로운 음악이 만들어졌고, 인상주의, 표현주의, 신고전주의, 미니멀리즘 및 신낭만주의, 전자 음악, 불확정성 음악 등 다양한 경향들이 나타났다.

■ 인상주의

인상주의라는 말은 19세기 말 화가 모네의 회화 '인상:일출'에 근거한다. 인상주의 화가들은 사물을 사실적으로 그리는 것이 아니라 사물이 예술가에게 주는 인상을 포착하려고 했다. **인상주의 음악**은 깊은 감정을 표현하거나 이야기를 들려주는 것이 아니라, 기분이나 느낌을 전달한다.

■ 표현주의

표현주의는 표현주의 회화에서 영향을 받은 것으로 예술가 자신의 감정(무의식적 충동이나 욕망)의 주관적인 표출을 중요시한다. 세계대전, 급격한 사회 변화로 인한 인간의 불안한 심리를 음악으로 표현한다.

■ 베르크

오스트리아 출신의 음악가로 쇤베르크 밑에서 무조 음악 및 12음 기법을 공부하였다. 오페라 '보체크'는 표현주의 오페라의 뛰어난 예로서 군인 보체크가 동료에게 멸시당하고, 돈 때문에 의사 실험에 참여하며, 사랑에 배신당한 후 결국 살인을 저지른다는 내용이다.

■ 신고전주의

신고전주의는 낭만주의 음악이 갖는 과장된 주관적 감정과 표제음악에 회의를 느끼고 반작용으로 나타났다. 대표적인 음악가로는 부조니, 스트라빈스키, 힌데미트 등이 있으며, 이들은 단순히 고전주의 음악으로 돌아가는 것이 아니라 새로운 음악적 요소들과 18세기 음악의 특징들을 결합하고자 했다.

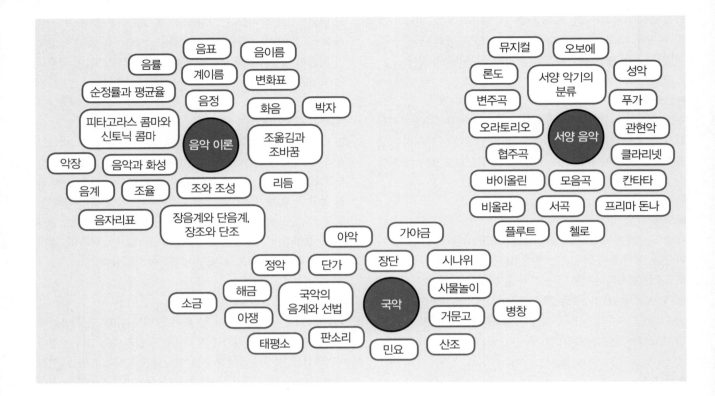

음악의 기본 요소

음악을 이루는 기본 요소는 다음과 같다. 높고 낮은 음들이 시간을 타고 연결되어 **선율**(melody, 가락)이 되고, 시간적으로 여러 성부들이 서로 어울려 **화성**(harmony)을 이룬다. 여러 가지 다른 음길이의 **리듬**(rhythm)과 강세의 관계를 나타내는 **박자**(metric), 그리고 시간의 척도가 되는 **빠르기**(tempo)가 시간적 진행을 결정해주며 유동성을 형성한다. 그 외에도 음의 세기(크기)의 관계를 나타내는 **다이내믹**(dynamic)과 다양한 악기와 사람의 목소리에 따라 달라지는 **음색**(tone color)이 음악을 이루는 기본 요소로서 중요한 역할을 한다.

음정

음높이의 관계에서 두 음 사이의 거리를 **음정**이라고 한다. 동시에 울리게 하는 두 음의 높이 차이를 화성적 음정(하모닉 인터벌), 연속해서 울리게 하는 두 음의 높이 차이를 선율적 음정(멜로딕 인터벌)이라고 한다. 음정은 온음과 반음의 수에 따라 그 성질이 달라지며, 완전음정(퍼펙트), 장음정(메이저), 단음정(마이너), 증음정(오그멘트), 감음정(디미니시) 등으로 나눈다. 완전음정이 반음 낮아지면 감음정이 되나, 장음정의 경우에는 단음정이 되며, 단음정이 반음 낮아져서 감음정이 된다. 감음정과 증음정을 또다시 반음을 내리거나 올리면 겹감음정과 겹증음정

으로 변화된다.

박자

박자는 박(음악의 시간적 흐름을 나타내는 기본 단위)의 단위인 음표를 규정하며, 박이 동일하게 주기적으로 반복되는 셈여림의 집단으로 구성한다. 박자는 마디에 따라 표시되며, 이것을 마디박이라고 한다.

리듬

음악의 지속적인 흐름의 단위가 '박'이라면, **리듬**은 음의 길이의 변화 있는 진행 질서를 말한다. 그러므로 리듬은 음악적 시간의 진행 질서를 지속적으로 조직하고 총괄하는 것이라 할 수 있다. 실제로 리듬은 주기적인 셈여림의 반복인 박자와 밀접하게 연결되어 나타난다.

화음

화음은 음악에서 높이가 다른 둘 이상의 음이 동시에 울려서 생기는 합성음을 말한다. 장조와 단조에 의한 이른바 조성 화성법에서는 3도의 간격으로 3개의 음을 겹친 3화음이 기초적인 화음을 이루고 있으나, 때로는 2개의 음만으로 화음의 의미를 나타내기도 한다. 4개의 음으로 된 화음을 4화음, 5개의 음으로

된 화음을 5화음이라 부르기도 하나, 3도씩의 겹침에 따라 가장 밑의 음과 가장 위의 음 사이가 7도가 되는 것을 7화음, 9도가 되는 것을 9화음이라고 하는 것이 보통이다. 화음은 보통 협화음과 불협화음으로 나누며, 협화음에는 장 3화음, 단 3화음 및 그 자리바꿈 화음이 포함되고, 그 밖의 화음은 불협화음이다.

3화음 · 7화음 · 9화음

음악과 화성

음악은 선율, 리듬, 화성의 세 가지 요소를 갖고 있다. **선율**은 다양한 음높이들이 나열된 것이고, **리듬**은 다양한 음길이의 배열이다. **화성**은 다양한 음들이 함께 울리는 것을 말한다. 그러나 음들이 함께 울린다고 해서 음들의 막연한 결합이 모두 화성을 갖는 것이라고 볼 수 없다. 화성은 조를 바탕으로 한 음계의 여러 음이 일정한 규칙에 의해 함께 울리면서 나타난다. 화성에서의 규칙은, 조의 으뜸음이 5도 위 · 아래의 음과 밀접한 관계를 갖고 있다는 연결성과, 한 음 위에 형성되는 화음이 3도 간격으로 쌓아올려 만들어진다는 구조성에 기초한다.

조와 조성

조(調, key)는 중심음과 딸림음에 의한 기능적인 질서를 가진 음들의 정형화된 배열을 뜻하며, 장조 · 단조로 일컬어지는 서양의 두 음조직이 조라는 명칭 아래 쓰인다. 이러한 음조직은 음계로 표시된다. 장음계의 제6음에서 시작하면 음정의 배열을 바꾸지 않고 단음계를 만들 수 있다. 같은 음높이의 기본음을 갖는 장음계와 단음계를 만들려면 음계를 구성하는 음정 배열을 바꾸어야 한다. **조성**은 한 조가 가지고 있는 특성, 즉 장조 또는 단조를 구분하는 용어로, 일반적으로 조라는 용어와 혼용하여 사용한다.

조옮김과 조바꿈

조옮김은 곡 전체의 음역을 그대로 높이거나 낮추며 새로운 조로 옮기는 것을 뜻한다. 조를 옮기면 으뜸음의 위치에 따라 붙여주는 조의 이름도 달라진다. 예를 들어 다장조 곡의 모든 음들을 4도씩 올리거나 5도씩 내리면 바장조의 곡이 되는데, 이것을 다장조에서 바장조로의 조옮김이라고 한다. **조바꿈**은 곡이 진행되는 중간에 곡의 분위기를 바꾸거나 다른 음악적 효과를 위해 일시적으로 조바꿈 하는 것을 뜻한다. 조바꿈 시에는 조표를 바꾸지 않고 임시표로 처리하며, 주로 관계조로 조바꿈을 한다.

악장

악장은 소나타나 교향곡 등 규모가 큰 여러 부분들이 연결되어 있는 작품에서 독립적인 끝맺음을 가진 단위이다. 악장들 사이에는 조나 박자, 그리고 빠르기 등 음악적인 요소들이 서로 대비를 이루면서도 전체적으로 연관성을 확보할 수 있도록 통일성이 중요시된다. 악장은 작품에서의 순서(예: 제1악장)나 그 악장에 붙여진 연주 지시어(예: Allegro)로 불린다. 하나의 악장 안에는 다시 작은 단위를 형성하는, 그리고 서로 대비와 조화를 이루는 여러 부분이 있을 수 있다(예: 소나타 악장 형식).

피타고라스 콤마와 신토닉 콤마

수학적으로 순정한 음은 배음렬의 음정에서는 오로지 기초음이 이루는 음정뿐이다. C음에서 열두 번 완전5도 진행을 상행하면 b#4음에 이르는데, 진동수에서 동일한 출발음인 C음에서 도달하는 일곱 옥타브 위의 C^5 옥타브 음보다 약간 높다. 이 미소한 차이를 **피타고라스 콤마**라고 하며, 큰 온음과 작은 온음의 차이, 즉 미소음정을 나타내는 **신토닉 콤마**와 함께 중요한 개념이다.

조율

서양음악사에서 피타고라스 콤마와 신토닉 콤마를 해소시켜 음정을 산출하는 여러 가지 방법이 시도되었는데, 이것을 **조율**이라고 한다. 여러 가지 조율법은 무엇보다도 건반악기에서 음정들이 가능한 한 순정하게(비율대로 정확히) 울리도록 하는데 목적을 두었다. 모든 조율은 공통적으로 옥타브의 비례를 2:1로 하고, 다른 음정들은 각각 여러 가지 다른 체계로 다르게 조율되었다.

음계

음계는 음악에서 음높이 순서로 된 음의 집합을 말한다. 악곡을 주로 구성하는 음을 나타낸 것이며, 음계의 종류에 따라 곡의 분위기가 달라진다. 또한 음계의 음정뿐만 아니라 음계를 만드는 음의 수가 한 문화권의 음악에 독특한 음악적 특징을 가지게 한다. 동양의 5음계(궁상각치우), 서양의 12음계가 이에 해당한다.

■ 온음계와 반음계

온음계는 일곱 개의 음으로 구성된 옥타브가 반복되는 음계로, 옥타브마다 5개의 온음과 2개의 반음이 있다(C, D, E, F, G, A, B, C…). 반음계는 12개의 반음으로 이루어진 음계를 말한다(C, C#, D, D#, E, F, F#…).

장음계와 단음계, 장조와 단조

한 옥타브 안에 5개의 온음과 2개의 반음을 포함하는 음계를 **온음계**라고 한다. 피아노 흰건반을 도에서부터 시까지 차례대로 누르면 그것이 온음계이다. 온음계는 장음계와 단음계로 나뉜다. **장음계**로 된 곡조인 장조는 으뜸음의 계이름을 '도'로 하며, 계이름의 순서는 '도레미파솔라시도'이다. 장조로 된 곡은 '도, 미, 솔' 중 한 음으로 시작하고, 끝날 때는 장조의 으뜸음인 '도'로 마치게 된다. 장조로 된 곡은 밝고 희망적이며 명랑한 분위기로 경쾌한 곡들이 대부분이다. **단음계**로 된 곡조인 단조는 으뜸음의 계이름을 '라'로 하고, 계이름 순서는 '라시도레미파솔라'이다. 단조로 된 곡은 '라, 도, 미' 중 한 음으로 시작하고, 끝날 때는 단조의 으뜸음인 '라'로 끝난다. 단조로 된 곡은 어둡고 고요한 분위기로 조용한 곡들이 대부분이다.

음률

음률이란 음악에 사용되는 음높이의 상대적인 관계를 규정한 것을 말한다. 오늘날 서양음악에서는 12평균율이 주요한 위치를 차지하고, 동양 및 한국의 전통음악에서는 십이율이라고 해서 삼분손익법에 의해 구해진 음률이 통용되고 있다. 하나의 음계가 일정한 음률만으로 규정된다고는 할 수 없으며 민족, 연대, 악곡의 종류, 연주 악기 등에 따라 여러 가지 음률이 쓰이고 있다.

순정률과 평균율

현(줄)의 길이를 수학적 비율로 나눠 음정을 가렸는데 이를 **순정률**이라고 한다. 음향적으로 주어진 자연배음렬을 토대로 하여 필요한 음소재를 음악 실제에서 계산하면 순정률이 되지만, 이러한 산출법은 음의 거리를 확정하는데 큰 어려움을 주며, 음과 음 사이에 세분되는 음정이 서로 어울리기 힘든 경우가 발생한다. **평균율**은 옥타브를 똑같은 비율로 나눈 음률로, 몇 개 음들의 거리의 비순수성을 최소화함으로써 순정률에서 생기는 어려움을 피하기 위한 보완된 조율이다. 제일 많이 쓰이는 것은 옥타브를 열두 개의 반음정으로 나눈 12평균율로, 대부분의 서양 조성 음악에 쓰인다.

기보법

음악의 고저장단을 여러 방법으로 표시하는 방법이다. **오선보**가 가장 널리 쓰인다. 서양 음악에서는 고대부터 문자로 음의 높이를 나타내는 문자보가 있었고, 중세에는 네우마(neuma) 악보가 있었으며, 12세기에는 5선에 음의 길이를 나타내는 유량악보가 나왔다. 17세기에는 오늘날에 쓰는 것과 거의 같은 5선악보가 정비되었고 이것이 오늘날 세계적인 악보가 되었다. 특히 정량기보법 이후 박자 개념이 도입되면서 박자표와 마디줄이 생겼다.

음표

음표는 음악에서 문자 기호의 가장 중요한 상징이다. 음표의 위치는 음의 높이를 알려 주며, 그 모양은 음의 길이를 나타낸다. 음표는 모양에 따라서 빈 머리(흰머리)와 채워진 머리(까만 머리), 여러 개의 꼬리와 기가 붙을 수 있는 기둥, 그리고 점으로 표시된다. 빈 머리(온음표, 2분 음표)는 큰 음길이를, 꼬리가 달린 음표(8분 음표, 16분 음표)는 작은 음길이를 표시한다. 음표에서 기둥이 붙거나 머리가 채워지고 꼬리가 붙는 것은 절반의 길이를 나타내기 위한 것이다.

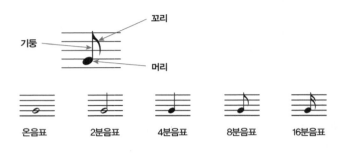

음이름

절대적인 음높이의 표현을 **음이름(절대음)**이라고 한다. 음이름은 알파벳에서 유래한다(abcdefg). 오늘날 사용되고 있는 7음 음계의 기본 음렬은 cdefgab(c)로서 우리나라에서는 '다, 라, 마, 바, 사, 가, 나, (다)'로 쓰고 있다.

계이름

음계의 구성음들이 갖는 상대적 높이에 이름을 붙인 것이다. 귀도는 노래를 쉽게 배울 수 있도록 '도레미' 창법을 고안했는데, '도레미파솔라시도'에서 미-파와 시-도 사이는 항상 반음이다. 계이름이 곧 음이름의 역할까지 할 수 있도록 하면 **고정도법**이 되고, 음높이에 얽매이지 않고 음계 안의 관계만 갖게 하면 이동도법이 된다. **이동도법**은 모든 노래를 계이름에 의해 쉽게 배우고 익힐 수 있는 장점이 있고, 고정도법은 정확한 음감을 기르는 데 도움이 된다.

음자리표

음의 정확한 높이를 나타내기 위하여 오선의 맨 앞에 음자리표를 두어 음의 자리를 정해준다. **음자리표**는 크게 높은음자리표라고 부르는 '사(G) 음자리표'와 낮은음자리표인 '바(F) 음자리표' 그리고 가온음자리표라고 부르는 '다(C) 음자리표'로 나뉜다.

쉼표

한 악곡에는 흔히 여러 박을 연주하지 않거나 노래하지 않는 부분이 있다. 이와 같이 음악에서 음이 울리지 않는 침묵의 시간을 표시하기 위하여 음표의 박 수와 일치하는 일정한 시간적 길이를 나타내는 표가 필요하다. 이러한 기호를 **쉼표**라고 한다.

늘임표

한 음표나 쉼표가 그 시가를 벗어나서 확대될 때에는 지속 기호로서 **늘임표**(페르마타)가 쓰인다. 페르마타는 기본 속도에서 대개 그 음표나 쉼표 길이의 2~3배가 확대된다. 마디의 세로줄에 표시된 페르마타는 쉼표를 의미한다. 그밖에 페르마타는 돌림노래의 마침을 뜻하는 기호로도 사용된다.

변화표

변화표란 원음을 그 자리에서 반음 올리거나 내릴 때, 또는 변화된 음을 원음으로 되돌릴 때 쓰는 표를 말하며, 다음의 다섯 종류가 있다. 반음을 올려주는 올림표(#, sharp), 반음을 내려주는 내림표(♭, flat), 반음을 두 번(온음) 올려주는 겹올림표(##, double sharp), 반음을 두 번(온음) 내려주는 겹내림표(♭♭, double flat), 그리고 변화된 음을 제자리로 변화시키는 제자리표(♮, natural)가 사용된다. 이 기호들은 음표의 왼쪽에 붙으며, 임시표라고도 불린다.

성악

성악의 연주 형태는 독창(솔로)과 제창(유니슨), 중창(앙상블), 합창(코러스)으로 나눌 수 있다. 성악의 목소리의 갈래와 음역은 다음과 같다.

구분	여성	남성
높은 소리	소프라노	테너
중간 소리	메조소프라노	바리톤
낮은 소리	알토	베이스

한편, 합창은 성별에 따라 여성 합창, 남성 합창, 혼성 합창 그리고 성부에 따라 2부 합창, 3부 합창, 4부 합창으로 구분된다.
- 여성 3부 합창: 소프라노+메조소프라노+알토
- 남성 3부 합창: 테너+바리톤+베이스
- 혼성 4부 합창: 소프라노+알토+테너+베이스

모음곡

모음곡은 서로 다른 여러 개의 춤곡들을 조합하여 하나로 만든 여러 악장으로 된 기악곡으로, 조곡(組曲)이라고도 한다. 모음곡은 고전 모음곡과 근대 모음곡으로 나뉜다. 고전 모음곡은 18세기경까지의 모음곡으로서 춤곡으로 구성되어 있다. 근대 모음곡은 춤곡뿐 아니라 몇 가지 표제를 가진 소품을 짜 맞춘 것이 많다. 차이콥스키의 발레 모음곡인 〈호두까기 인형〉, 바르토크의 무용 모음곡인 〈오케스트라를 위한 무용 모음곡〉, 쇤베르크의 〈현악기를 위한 모음곡〉 등이 유명하다.

푸가

푸가는 동시에 진행하는 선율들을 하나의 주제로 모방하고 그것들을 합쳐서 만든 성악곡이나 기악곡을 말한다. 음악 형식이라기보다는 작곡 방식으로 볼 수 있다. 대개 반주 없는 주제가 먼저 등장하여 곧이어 다른 성부로 이어진다. 주제에 갇히지 않은 자유로운 부분과 주제 제시를 위한 성부 선택의 자유로움은 푸가가 엄격한 대위법적 모방 양식을 사용하는 카논과 구별되는 점이다. 바흐의 <브란덴부르크 협주곡> 중 제5번의 Ⅲ이 대표적이다.

론도

중세의 성악곡 형식에서 유래하여, 17~18세기에 발달한 기악형식이다. **론도**는 주제와 삽입부를 사이에 두고 되풀이되면서 나타나는 형식으로 18세기 후반부터 19세기 초에 유행하였다. 베토벤의 <피아노 소나타> 작품 13 '비창'에서 주제와 삽입부에 인용한 것이 대표적인 예이다.

변주곡

변주곡은 하나의 주제를 여러 가지 방법에 의하여 변화시켜 다른 가락으로 만드는 형식의 악곡을 가리킨다. 즉 주제의 리듬, 조, 화성, 박자 등을 변화시켜 엮어 나가는 형식이다. 변주곡은 그 자체가 독립된 곡 종류이기도 하며, 또한 소나타나 교향곡 등 고전적 기악곡의 한 악장을 이루는 일도 많다. 요한 제바스티안 바흐의 〈골드베르크 변주곡〉은 변주곡 가운데 가장 중요한 작품 중 하나로 손꼽는다.

칸타타

칸타타는 기악으로 반주되는 성악곡으로, 원래 기악곡인 소나타에 대칭되는 용어로 쓰였다. 독창과 중창, 합창으로 구분되며, 대개 처음과 끝 곡은 합창으로 하고, 규모가 큰 곡에서는 악곡 전체의 분위기를 암시하는 서곡을 두기도 한다. 초기에는 주로 독창곡이며 세속적인 가사를 갖는 '실내 칸타타'가 발달하였지만, 나중에는 종교적인 내용의 '교회 칸타타'가 나오게 되었다. 칸타타는 오라토리오보다 가사의 길이가 짧고 서정적이어서 극의 줄거리를 해설하는 '낭송자'가 없다.

오라토리오

오라토리오는 성경에 나오는 종교적인 이야기를 내용으로 하는 큰 규모의 극음악이다. 오라토리오는 오페라처럼 독창, 합창, 관현악을 극에서 보여주고, 주인공의 감정을 나타내는 아리아도 들려준다. 또 대화식으로 부르는 '레치타티보'도 있다. 오라토리오를 주도하는 사람은 '낭송자'로, 저음 반주에 의해 낭송하듯 성경 대본을 노래하고, 다른 사람들은 주로 합창을 한다. 점차 시간이 흐르면서 반드시 종교적인 내용이 아니더라도 관현악이 함께하는 큰 규모의 성악곡을 오라토리오라고 부르게 되었다. 오페라는 세속적인 내용을, 오라토리오는 종교적인 내용을 담고 있는 점에서 차이 난다. 또한 오라토리오는 이야기의 줄거리를 이야기하는 '낭송자'가 있는 반면 칸타타는 낭송자가 없다는 점에서 차이를 보인다.

협주곡

협주곡은 독주 악기와 관현악이 함께 연주하기 위해 만들어진 곡으로, **콘체르토**(concerto)라고도 한다. 초기 협주곡 중에는 독주자가 여러 명인 경우가 많은데 이런 협주곡을 '합주 협주곡'이라고 한다. 합주 협주곡에는 독주자의 기량을 마음껏 과시할 수 있는 시간이 마련되는데, 이를 '카덴차'라고 부른다. 협주곡은 독주 악기가 무엇이냐에 따라서 달라진다. 비발디의 〈사계〉처럼 독주 악기가 바이올린이면 '바이올린 협주곡'이 되고, 독주 악기가 피아노면 '피아노 협주곡', 첼로면 '첼로 협주곡'이 된다. 협주곡은 독주 악기와 관현악의 조화로운 어울림이 무엇보다도 중요하다.

서곡

오페라·오라토리오·발레·모음곡 등의 앞부분에 나오는 기악곡을 **서곡**이라고 한다. 서곡은 주로 극에 나오는 주된 선율을 사용하여 극의 내용을 간접적으로 나타내는 것이 대부분이다. 대표작으로는 베토벤의 <에그몬트 서곡>과 멘델스존의 <헤브리덴>을 꼽을 수 있다. <에그몬트 서곡>은 연극 작품을 상연하기 전에 연주되는 곡이고, <헤브리덴>은 관현악 연주곡으로 쓰인다.

뮤지컬

뮤지컬은 19세기 후반에 시작되었으며 20세기 초 미국에서 하나의 예술 형식으로 정착하게 되었다. 초기에는 클래식 오페라에 가까운 형태를 보였지만 점차 팝, 발라드, 록, 재즈 등의 다양한 대중음악을 흡수함으로써 대중가수의 콘서트와 같은 화려함을 보여 주며 관객이 쉽게 다가갈 수 있게 만들었다. '캣츠', '오페라의 유령', '레 미제라블', '미스 사이공'은 세계 4대 뮤지컬로 불린다.

프리마 돈나

이탈리아어로 '제1의 여인'이란 뜻으로, 오페라의 여주인공 역을 맡은 소프라노 가수를 말한다. **프리마 돈나**는 오페라의 간판 가수가 되는 셈이며, 이에 해당하는 남자 가수를 **프리모 우오모**라고 한다.

관현악

여러 가지 악기로 이루어진 합주체로, **오케스트라**라고 한다. 기악 합주 중 가장 규모가 크며, 주로 오페라나 발레, 가곡 등의 반주에 사용된다. 60~120명 정도의 인원이 연주에 참여하고, 지휘자의 통제 하에 연주가 이루어지고, 현악기, 목관악기, 금관악기, 타악기 순서로 배치된다.

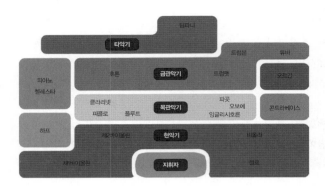
〈대규모 오케스트라의 악기 배치〉

서양 악기의 분류

서양 악기는 크게 줄을 켜거나 타는 현악기, 두드려 소리를 내는 타악기, 건반이 있는 건반 악기, 기다란 관을 부는 관악기 이렇게 네 가지로 분류된다.

■ 현악기

현악기는 줄의 진동으로 소리를 내는 악기이다. 현악기로는 바이올린, 비올라, 첼로, 콘트라베이스와 같이 활로 줄을 그어서 소리를 내는 악기와 손가락으로 줄을 퉁겨서 소리를 내는 하프, 기타 등이 있다.

■ 관악기

금속, 나무 등의 관을 입으로 불어 관 속의 공기를 진동시켜 소리를 내는 악기를 관악기라고 한다. 관악기는 악기의 재료에 따라 관을 금속으로 만들면 금관 악기, 나무로 만들면 목관 악기로 나뉜다. 플루트는 오늘날 거의 금속 재료로 만들지만 처음에는 나무로 만들었기 때문에 목관 악기로 분류된다.

■ 타악기

타악기는 악기 자체를 두드리거나 서로 부딪쳐서 소리 내는 악기를 말한다. 타악기는 일정한 음정이 없는 것과 있는 것으로 구분한다. 음정이 없는 악기는 큰북, 작은북, 트라이앵글, 캐스터네츠 등이 있고, 음정이 있는 악기는 팀파니, 실로폰, 첼레스타, 차임 등이 있다.

■ 건반 악기

건반 악기는 피아노처럼 건반을 가지고 있는 악기 모두를 말하며, 화음과 선율 모두를 만족한다. 건반 악기는 그리스 시대의 오르간에서부터 시작되었다. 처음에는 오르간이 연주의 중심이었지만, 오르간에서 발전하여 쳄발로가 등장하고 그 이후에 피아노로까지 발전하게 되었다.

바이올린

가운데가 잘록한 타원형의 몸통에 네 줄을 매어 활로 문질러서 소리를 낸다. **음역이 넓고**, 음색이 순수하고 화려하여 독주, 실내악, 관현악 등에 널리 쓰인다.

비올라

바이올린보다 조금 크고 네 줄로 되어 있다. 바이올린족 악기에서 바이올린의 바로 아래 음역을 맡는다. **중저음의 편안한 소리**를 내며, 주로 독주보다는 합주 악기로 쓰인다.

첼로

바이올린족의 대형 저음 현악기로, 현이 네 줄이며 의자에 앉아 동체를 무릎 사이에 끼고 활을 수평으로 하여 연주한다. 침착하고 **차분한** 음색을 가지고 있어 독주 또는 합주 악기로 쓴다.

플루트

옆으로 잡고 불며 구멍에 입김을 불어넣어 소리를 내는 목관 악기이다. **아름답고 맑은** 음색을 지녔으며, 예전에는 흑단 등의 재료로 만들었으나 현재는 대부분 금속으로 만든다.

오보에

목관 악기의 하나이다. 길이는 약 70cm로, 하단은 깔때기 모양이고 상단은 금속관 위에 두 개의 서가 있다. 높은 음을 내며 부드럽고 슬픈 음조를 띤다. 실내악, 관현악 등에 널리 쓰이며, 합주 때 **기준 음**이 된다.

클라리넷

목관 악기의 하나이다. 오케스트라에 들어가는 목관 악기 중 유일하게 한 개의 서를 사용하며 음량 조절이 자유롭다. 아름다운 음색과 **넓은 음역**으로 각종 합주에서 중요한 역할을 한다.

바순

오보에보다 두 옥타브 낮은 목관 악기이다. 관현악에서 **중저음부**를 담당하는 중요한 악기로, 두 개의 서가 있고 원추관을 둘로 구부린 구조를 가지며, 음역은 약 3옥타브 반이다.

호른

금관 악기의 하나로, 활짝 핀 나팔꽃 모양이며, 음색은 부드럽고 **애조**를 띤다.

트롬본

트롬본은 두 개의 'U'자 모양의 관을 맞추어 만든 금관 악기이다. 관을 뽑거나 당기는 슬라이드 장치로 음의 높이를 변화시킨다. 알토, 테너, 베이스의 세 가지 종류가 있다.

트럼펫

트럼펫은 직경이 작은 원통형의 관으로 된 금관 악기이다. 원래 신호용 나팔이 발달한 것으로 밸브나 피스톤을 3개로 하여 소리가 더 잘 나도록 한 것이다. 음색이 높고 날카로우며 명쾌하여 남성적인 매력이 있다. 관현악이나 취주악에 사용하기도 하고 재즈 음악에도 많이 쓰인다.

팀파니

북 가운데 **정확한 음정**을 내는 유일한 타악기이며, 구리로 만든 반구형의 몸체 위에 쇠가죽을 댄 북이다. 북채로 두드려 소리를 내며 몸체 둘레의 나사로 음률을 조절한다. 음역은 저음이며, 크기는 32, 29, 26, 23인치로 오케스트라 레퍼토리의 대부분을 이 4대의 팀파니로 연주한다.

피아노

건반을 눌러서 이와 연결된 해머가 금속 현을 때려 소리를 내는 건반 악기이다. 18세기 초 이탈리아에서 크리스토포리가 고안하여 독일에서 완성하였으며, 음역이 넓고 **표현력이 풍부**하다.

국악의 음계와 선법

음계(音階)란 음악에 쓰인 음들을 한 옥타브 안에 차례로 높이의 순서에 따라 배열해 놓았을 경우 그 나열된 음렬을 말하며, 음의 수에 따라 5음 음계, 3음 음계 등으로 구분한다. 중국계 아악은 7음 음계를 사용하고 있는 반면, 우리나라의 음악은 5음 음계(궁·상·각·치·우)를 바탕으로 4음 음계와 3음 음계가 사용된다. **선법**(旋法)이란 음계의 구조를 더욱 구체적으로 설명하는 것으로 평조와 계면조가 있다.

장단

장단(長短)이란 가락과 함께 국악을 구성하는 2대 요소 중 하나로 반주 리듬(장구 리듬)을 말하며, 리듬 형태는 물론 속도나 강약까지 포함하는 포괄적인 개념이다. 장단을 치는 대표적인 악기는 장구이다. 장단의 종류는 가곡, 가사, 시조, 영산회상 등 정악에 사용되는 정악 장단과 판소리, 잡가, 민요, 산조, 농악, 무악 등 민속악에 사용되는 민속악 장단으로 나눌 수 있다. 정악 장단은 정형화된 기본형만을 쳐 나가는데 반해, 민속악 장단은 연주자와 반주자의 호흡과 감정 등 그때그때의 상황에 따라 기본형을 변화시켜 쳐 나가는데 묘미가 있다.

민요

민요(民謠)는 일반 서민 대중과 더불어 전승되어 온 전통적이며 소박한 노래로서, 시대를 넘어 작사자와 작곡자를 모른 채 구비 전승되는 점이 특징이다. 민요는 전파 정도와 세련도에 따라 토속민요(향토민요)와 통속민요로 분류되기도 하고, 토리에 따라 경기민요, 남도민요, 서도민요, 동부민요, 제주민요로 분류하기도 한다.

판소리

판소리는 '판놀음으로 벌이는 소리'라는 뜻으로, 한 사람의 소리꾼과 한 사람의 고수가 호흡을 맞춰 서사적인 긴 이야기를 엮어나가는 성악극이다. 18세기에 형성되었으며, 원래 12마당이었으나 지금은 '춘향가', '심청가', '흥부가', '수궁가', '적벽가'의 다섯 마당만 남아 있다. 1964년 대한민국 중요무형문화재로 지정되었으며, 2003년 유네스코 인류무형문화유산으로 선정되었다.

단가

일명 **영산**(靈山)이라고도 하는데, 판소리를 부르기에 앞서 목을 풀기 위해 부르는 짧은 노래를 말한다.

시나위

서민들 사이에서 불리던 '**민속악**'의 한 종류이다. 남도 지방의 무악에서 유래했던 것으로 본다. 무당이 부르는 무가에 맞춰 즉흥적으로 연주되었으므로 고도의 음악성과 연주기술이 요구된다. 요즘은 굿과 관계없이 그 같은 스타일의 기악 합주 모드를 시나위라 칭한다.

산조

산조(散調)란 '허튼가락'을 한자로 나타낸 말로, 시나위에 바탕을 둔 기악독주곡이다. 현재 산조에는 가야금산조를 비롯하여 거문고산조, 대금산조, 해금산조, 피리산조, 태평소산조, 퉁소산조 등 여러 종류의 산조들이 있는데, 이러한 산조들은 유파라는 것이 있어 나름대로의 특징을 갖고 있다.

아악

아악(雅樂)이란 중국 송나라의 정악을 일컫는 말이지만, 좁은 의미에서는 고려 예종 때 우리나라에 전해진 중국의 정악을 일컫는다. 이 아악은 우리나라의 궁정 행사 등을 비롯하여 제사와 연향에 두루 쓰였다. 현재는 문묘악 하나만이 전한다.

■ 아악곡

아악은 악(즐거움)과 애(슬픔)를 절제한 음악으로 정대하고 화평하며 느린 것이 특징이다. 따라서 장단도 주로 느린 장단이 사용되며 흥청거리는 장단은 쓰지 않는다. **아악곡**은 기악곡과 성악곡으로 구분할 수 있는데, 기악곡에는 여민락, 취타, 정읍, 영산회상 등이 있으며, 성악곡에는 가곡, 가사, 시조 등이 있다. 이 밖에 악(樂), 가(歌), 무(舞) 일체로 연주되는 음악으로 문묘악과 종묘악이 있다.

정악

정악(正樂)이란 조선시대 후기 풍류방을 중심으로 선비나 중인 계층에 의해 형성된 음악으로, 가곡과 영산회상으로 대표된다.

사물놀이

사물놀이는 풍물(농악)에서 주요 가락만 뽑아 현대의 무대 공연을 위하여 새롭게 구성한 것이다. 풍물은 마을 제사나 굿을 할 때 풍물패가 각 가정을 돌며 복을 빌어 주던 것으로, 농경 생활과 함께 발달하였다. 꽹과리, 징, 장구, 북, 소고, 태평소, 나발 등의 악기가 사용되며, 마당 또는 무대 위에서 자연스럽게 움직이며 연주하는 '선반' 연주의 한 형태를 보인다. 이러한 풍물을 무대에 앉아서 연주하는 형태인 '앉은반'으로 구성하여 네 사람이 각각 꽹과리, 징, 장구, 북으로 연주하는 것이 사물놀이다.

병창

악기를 타면서 소리 하는 것을 **병창**(竝唱)이라고 한다. 병창곡은 따로 있는 것이 아니라 판소리, 단가, 민요 등에서 따다가 부르는데, 판소리 대목으로는 사랑가, 토끼화상 등이 있으며, 단가로는 만고강산, 강상풍월 등이 있고, 민요로는 새타령, 진도 아리랑 등이 많이 불린다.

가야금

현악기의 하나로, 오동나무 공명판에 명주실을 꼬아서 만든 **12개의 줄**을 12개의 안족으로 받쳐 놓고 뜯거나 퉁겨서 소리를 낸다. 청아하고 부드러운 음색을 내며, 거문고, 향비파와 함께 통일 신라 시대의 3현의 하나로 꼽힌다. 줄풍류를 비롯하여 가곡 반주, 산조, 병창 등 한국 음악 전반에 걸쳐 사용되는 악기이다.

거문고

현악기의 하나로, 오동나무와 밤나무를 붙여 만든 울림통 위에 명주실을 꼬아 만든 **6개의 줄**이 괘와 안족 위에 걸쳐져 있으며, 줄을 뜯어서 연주한다.

해금

향악에 사용하는 칠현 악기이다. 고려 예종 때 송나라에서 들여온 것으로, 대나무 뿌리의 한쪽에 오동나무 판을 대어 공명통을 만들고 그 위에 긴 나무를 세워 두 줄을 걸고, **활로** 문질러 소리를 내는 악기이다.

아쟁

고려 시대부터 전해오는 당악기로, 소아쟁은 8줄, 대아쟁은 10줄을 주로 사용한다. 조선 성종 무렵에 향악에도 사용하였다. 활로 줄을 문질러 연주하는데, 현악기 중에서 가장 좁은 음역을 가진 **저음 악기**이다.

소금

신라 시대의 삼죽(三竹) 중 하나로, 대금, 중금과 함께 전승되어온 전통 관악기이다. 관악기 중 **가장 높은 음역**의 소리를 내며, 화려한 음빛깔과 풍부한 장식음으로 '수제천'과 같은 궁중 관악 합주 및 관현악 합주에 편성된다. 또한 소금 특유의 밝고 맑은 소리 때문에 창작 국악에 널리 쓰인다.

대금

우리나라의 전통적인 관악기로, 삼죽 가운데 가장 크며 묵은 황죽이나 쌍골죽으로 만든다. 여섯 개의 지공과 청공, 그리고 칠성공이 있으며, **음역이 넓어서** 다른 악기의 음정을 잡아주는 역할을 한다.

단소

짧은 통소라는 뜻으로 세로로 부는 관악기이다. 언제 처음 연주되었는지 확실하지 않으며, 조선 초기의 여러 문헌에도 나타나지 않은 것으로 보아 비슷하게 생긴 통소를 개량하여 조선 후기에 생겨났을 것으로 추측하고 있다. **단소**는 음량이 작아 소규모 편성이나 독주 악기로 많이 사용되며, 가곡 · 가사 · 시조의 반주, 생황과 함께 연주(생소병주) 하는 악기로 널리 쓰인다.

태평소

나무로 만든 관에 여덟 개의 구멍을 뚫고, 아래 끝에는 '동팔랑'이라는 깔때기 모양의 놋쇠를 달며, 부리에는 갈대로 만든 서를 끼워 분다. **태평소**를 '호적' 또는 '쇄납'이라고 부르기도 한다.

생황

화음을 낼 수 있는 유일한 관악기이며, 생소병주와 독주로 많이 쓰인다. 박이나 나무로 판 통에 죽관을 돌려세우고, 아래에 있는 부리로 불게 되어 있다.

꽹과리

놋쇠로 만든 **타악기**로, 채로 쳐서 소리를 내는 악기이다. 징보다 작으며 주로 풍물놀이에서 상쇠가 치고 굿에도 사용한다.

장구

오동나무로 허리는 가늘고 잘록하게 만든 몸체의 양면에 가죽을 씌운 타악기이다. 왼쪽은 손이나 궁굴채로, 오른쪽은 열채로 치는데, 그 음색이 각기 다르다. 정악과 민속악에 두루 쓰이며, 주로 **반주**의 역할을 한다.

징

풍물놀이, 무악, 대취타 등에 쓰이는 타악기로, 놋쇠로 대야같이 만들어 두 개의 구멍을 내어 끈을 꿰고 **채**로 쳐서 소리를 낸다. 음색이 부드럽고 장중하다.

편종

16개의 종을 아래위 두 단으로 나누어 각 단에 8개씩 매달아 놓고 종 아래쪽 둥근 모양을 쳐서 소리를 낸다. 종의 크기는 모두 동일하고 두께가 약간씩 다른데, 종이 두꺼우면 소리가 높고 얇으면 소리가 낮다. **편종**은 고려 때부터 사용되었으며, 현재 문묘악과 종묘악 등의 연주에 널리 쓰인다.

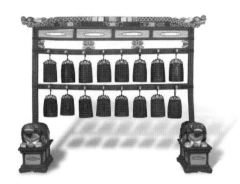

편경

'ㄱ'자 모양으로 된 16개의 경돌을 아래위 두 단으로 나누어 각 단에 8개씩 매달아 놓고 각퇴로 쳐서 소리를 낸다. 경(磬)의 두께가 두꺼울수록 음이 높다. **편경**은 특히 음높이가 변하지 않아 모든 악기의 조율의 표준이 되기도 한다.

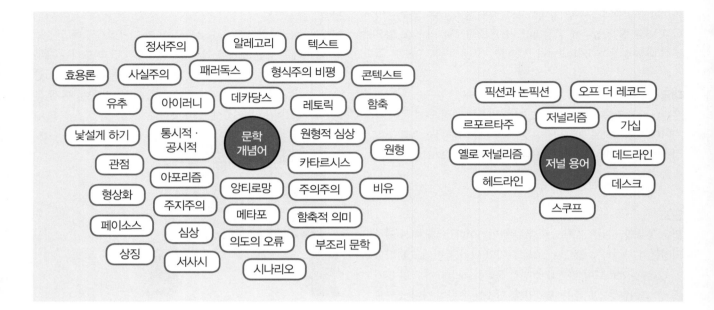

데카당스

19세기 후반 프랑스에서 시작되어 유럽 전역으로 전파된 퇴폐적인 경향 또는 예술운동을 가리키는 용어이다. 프랑스의 보들레르·랭보·베를렌, 영국의 오스카 와일드 등이 선구적 역할을 했다. 이들은 지성보다는 관능에 치중하고, 도덕이나 고전 질서에서의 탈출을 시도하며, 암흑과 문란 속에서 미를 발견하는 등 현실 부정의 **전위적인** 문학 활동을 추구했다.

앙티로망

사실적인 묘사와 이야기의 치밀한 구성을 중요하게 여기는 전통적인 소설의 형식을 부정하고, 작가가 자신의 머릿속에 떠오른 순간적인 생각이나 기억을 새로운 형식과 기교를 통해 재현하려는 경향의 소설을 의미한다. 특정한 줄거리가 없기 때문에 독자는 직접적으로 작품에 참여해서 적극적인 독서를 해야 한다. 1950년대 프랑스에서 등장했다. 제2차 세계대전 후 사르트르의 실존주의 문학의 뒤를 이어 프랑스의 신진 작가들에 의해 시도됐다. 대표적으로는 로브그리예의 『질투』, 베케트의 『고도를 기다리며』 등이 있다. **누보로망**과 같은 의미로 쓰인다.

아이러니

의미를 강조하거나 특정 효과를 유발하기 위해 자기가 생각하고 있는 것과는 **반대**되는 말을 하여 그 이면에 숨겨진 의도를 은연중 나타낼 때 사용하는 수사법의 일종이다. 연극에서 화자로 하여금 관중들은 쉽사리 알아챌 수 있지만 자신은 무의식적으로 **숨겨진** 의미를 가진 말을 하게 하는 극적 아이러니도 있

다. 또 의도적인 무지(無知)를 사용하여 상대방을 점차 **모순**으로 빠져들게 하여 스스로 무지를 깨닫게 하는 소크라테스적 아이러니가 있다. 소크라테스 이후로 아이러니는 부정적인 의미로 많이 사용되고 있다.

레토릭

효과적인 언어 표현을 이용하여 읽는 이나 듣는 이에게 감명을 주는 수사법이다. 고대 그리스에서 레토릭은 상대를 설득하기 위한 수단으로 사용됐다. 플라톤은 소피스트들이 진리와 상관없이 말로 상대방을 구워삶는 방법만 가르친다고 비판했는데, 그 때문에 지금까지도 레토릭이라는 단어 속에는 '**번지르르한 말**(미사여구)'이라는 비꼬는 뉘앙스가 담겨 있다.

메타포

'은유'라고 번역된다. 어원적으로 '전이'의 뜻이며 '숨겨서 비유하는 수사법'이라는 뜻이다. 사물과 사물이 지닌 속성의 **유사성**을 연결하여 나타낸다. 아리스토텔레스는 '어떤 사물을 다른 영역의 사물과 겹치게 함으로써 두 가지 의미를 지니게 하는 것'을 메타포라고 했다. 메타포를 이용하면 함축이 풍부한 언어로 표현할 수 있다. 메타포는 상상력을 자극함으로써 그만큼 풍부한 뜻과 언어적 묘미를 발휘하는 수사법이라 할 수 있다.

아포리즘

깊은 체험적 진리를 간결하고 압축된 형식으로 나타낸 짧은 글로, **금언·격언·경구·잠언** 따위를 가리킨다. 인생의 깊은 체

험과 깨달음을 통해 얻은 진리를 간결하고 압축적으로 기록한 명상물로서 가장 짧은 말로 가장 긴 문장의 설교를 대신하는 것이라고 할 수 있다. 아포리즘을 최초로 사용한 이는 그리스의 명의 히포크라테스로 그는 "인생은 짧고, 예술은 길다."라는 명언을 남겼다.

카타르시스
아리스토텔레스 『시학』의 비극 이론에 나오는 용어이다. '정화'라는 종교적 의미로 사용되는 한편, 몸 안의 불순물을 배설한다는 의학적 술어로도 쓰인다. 카타르시스는 예술 작품을 감상할 때 주인공과 감정이입함으로써 마음에 솟아오른 슬픔이나 공포의 기분을 토해내고 마음을 정화하는 것을 뜻한다. 정신분석에서는 인간의 정신 내면에 억압되어진 관념이나 감정을 표출시킴에 따라 불안이나 긴장 등을 해소시키는 것을 의미한다.

패러독스
'모순' 또는 '역설'이라고 번역한다. 패러독스는 일반적으로 인정되고 있는 원칙이나 견해에 대립하는 주장, 혹은 언어의 사용이 일관되지 않은 논리적 내지 심리적 상태를 가리킨다. 그 대표적인 것이 '제논의 역설'로, 아킬레스가 꾸준히 달리는 느림보 거북이를 영원히 따라잡을 수 없다는 주장은 언뜻 그럴싸한 논리로 느껴지지만 실제로는 모순된 발상이라고 할 수 있다.

알레고리
알레고리는 어떤 추상적 관념을 드러내기 위하여 구체적인 사물에 비유하여 표현하는 수사법을 말한다. 알레고리는 암시적인 비유를 뜻하는 '메타포(상징)'와 비슷한 개념이다. 메타포가 추상적인 것을 눈에 보이는 사물로 표현한다면, 알레고리는 보다 은유적이고 의인화된 것으로 표현한다. 『동물농장』이나 『이솝우화』에 추상적 개념이나 동물이 의인화되어 나오는데 이런 경우가 바로 알레고리에 해당한다.

주지주의
주지주의는 **지성** 또는 이성이 의지나 감정보다 우위에 있다고 생각하는 철학의 입장이다. 데카르트처럼 인식은 감관에 의한 것이 아니라 지성에 의해서 생긴다고 보는 합리론은 넓은 뜻의 주지주의라 할 수 있다. 헤르바르트처럼 모든 심적 현상을 지적 표상으로 환원해서 이해하는 것은 심리학에서의 주지주의에 해당한다.

주의주의
주의주의는 주지주의에 대립하여 **의지**가 지성보다 우위에 있다고 생각하는 철학의 입장이다. 의지가 세계나 세계 안의 여러 현상의 본질이며 본체라고 보는 쇼펜하우어는 형이상학적 주의주의를 대표한다. 의지를 인간 마음의 근본 기능으로 보고 의식이나 감정도 모두 의지에 입각한다고 생각하는 분트는 심리학적 주의주의를 대표한다.

정서주의
20세기에 들어와서 주지주의는 의지를 상위에 두는 주의주의(主意主義)와 반대되는 의미로 사용되었으며, 문학에서 주지주의는 모더니즘의 하위개념으로서 **감정**을 상위에 두는 정서주의(情緖主義)와 대립되어 사용되었다.

통시적 · 공시적
'**통시적**'이라는 것은 시대의 변화에 따라 달라지는 것을 의미하고, '**공시적**'이라는 것은 같은 시대에 관련된 것을 의미한다. 언어와 관련하여 공시적 언어 이해는 어느 한 시대의 언어 현상을 파악하는 것이고, 통시적 언어 이해는 시대의 흐름에 따라 언어 현상을 파악하는 것을 뜻한다.

함축
함축이란 겉으로 드러나지 않았지만 궁극적으로 말하고 싶은 주장이자 글의 **속뜻**을 말한다. 그렇기에 이것을 확인하려면 글의 맥락적인 이해가 무엇보다 중요하다. 여기서 맥락적인 이해라 함은 글에 담긴 속뜻을 파악해내는 것으로서, 글에 담긴 작가의 주제의식이나 가치관, 시대적 상황 등 텍스트 밖의 요소를 포괄하는 개념이다.

심상
심상이란 영어의 이미지를 번역한 말로, 언어에 의해 마음속에 재현된 사물의 감각적 영상을 뜻한다. 예를 들어 '겨울 바다'라는 말을 듣거나 글을 읽었을 때, 언젠가 본 적이 있는 겨울 바다의 기억이 되살아나 그때 본 겨울 바다의 모습이나 느낌이 우리의 마음속에 재현되는 것을 말한다. 심상을 제시하는 방법에는 서술과 묘사, 비유와 상징 등이 있는데, 비유의 방법이 가장 많이 쓰인다.

원형
원형이란 민족이나 문화를 초월하여 신화, 전설, 문예, 의식 따위의 주제나 모티브로 되풀이되어 나타나는 것을 말한다. 원형은 오랜 역사 속에서 겪은 조상의 경험이 전형화되어 계승된 결과물이라고 할 수 있다. 프레이저의 인류학과 융의 심리학의 영향을 받아 문학 비평에 이 방법이 원용되어졌다. 인간의 원초적 경험들이 인간 정신의 구조적 요소가 되어 집단적 무의식을 통해 유전되며 그것이 문학에서 상징적인 형태로 나타난다는 입장이다.

원형적 심상

원형적 심상이란 원형이 바탕이 되어 환기되는 심상을 뜻한다. 예를 들어 '물'은 창조의 신비, 삶과 죽음, 부활, 풍요로운 성장, 정화, 시간의 흐름, 문명 등의 의미를 환기하는데, 그것이 문학 작품에서 구체적으로 지니는 의미는 글의 맥락에 의해 결정된다.

상징

상징이란 추상적인 개념이나 사상을 구체적이고 감각적인 사물로 나타내는 것 또는 사물 그 자체를 뜻하는 말이다. 즉 상징은 감각적 실체 또는 구체적 사물이나 이미지의 형태로 나타나며, 그것이 표상하는 내용은 내적 경험, 정서, 사상 등이다. 일반적인 의미의 상징은 어떤 사물을 나타내는 기호나 표시물을 뜻한다. 예컨대 면사포는 결혼을 상징하고, 태극기는 대한민국을 상징하는 것이 그것이다.

비유

비유는 표현하고자 하는 사물이나 관념(원관념)을 그것과 유사하거나 관련성이 있는 다른 사물이나 관념(보조관념)에 빗대어 표현하는 방법이다. 두 사물이나 관념 사이의 유사성을 유추의 방법에 의해 연결함으로써 표현하고자 하는 사물이나 관념에 함축적이고 복합적인 연상을 불러일으키는 효과를 거둘 수 있다. 비유의 대표적인 방법으로는 은유와 직유가 있다.

형상화

형상화는 현실에 대한 작가의 인식(내용·주제)을 문학의 여러 가지 요소를 통해 실감나는 모습으로 그려내는 것을 말한다. 작자의 상상에 의한 노력이 독자에게 감동의 형식으로 인식될 때 형상화되었다고 한다. 형상화는 문학을 다른 글과 구별 짓는 기준이 되기도 한다. 신문 기사나 논문 등이 주제를 직접적으로 전달한다면, 문학은 형상화의 과정을 거쳐 주제를 전달한다.

함축적 의미

함축적 의미는 사전적 의미와 대립되는 개념으로 사용되며, 사전적 의미에 덧붙여 연상이나 관습 또는 맥락에 의하여 형성되는 의미를 말한다. 연상적 의미, 내포적 의미라고도 한다.

관점

관점은 사물을 보는 입장으로, 어떤 판단과 행위의 기준틀이 되는 사상이나 사고방식을 말한다. 글쓴이가 글을 쓸 때 동일한 상황이나 대상을 소재로 삼더라도 어떤 관점을 가지느냐에 따라서 그 내용은 완전히 달라지므로, 글을 읽을 때에는 글쓴이의 태도나 관점을 파악하는 것은 매우 중요하다. 쟁점, 논점이라고도 한다.

낯설게 하기

낯설게 하기란 말은 러시아의 작가 빅토르 쉬클로프스키가 처음 사용했다. 그는 문학을 문학답게 하는 문학성은 언어를 사용하는 방식과 관련된다고 생각했고, 이때 낯설게 하기의 방식에 의해 문학적 특성이 드러난다고 했다. 낯설게 하기는 시와 소설 등 그 장르적 특징에 따라 다른 방식으로 드러난다. 일반적으로 시에서는 일상 언어가 갖지 않거나 중요하게 생각하지 않는 리듬, 비유, 역설 등의 규칙을 사용하여 일상 언어와 다른 결합 규칙을 드러내고, 소설에서는 사건을 있는 그대로 제시하는 것이 아니라 플롯을 통해 낯설게 하고 주의를 환기시킨다.

유추

유추는 둘 또는 그 이상의 현상들이 어떤 속성·관계 또는 구조·기능에서 일치하거나 유사하다는 것으로부터, 그 현상들이 다른 속성·관계·구조·기능에서도 일치하거나 유사할 것이라고 추리하는 논리적 과정을 말한다.

형식주의 비평

문학을 언어적 형식 또는 언어적 구조로 보고 작품 그 자체에 내재한 문학의 존재성·독자적 자율성 등을 객관적으로 밝히려는 비평 방법이다. 즉, 언어적 제 조건을 통하여 객관적으로 분석하려는 비평 방법이다. **형식주의 비평**은 작품의 주제가 그 자체를 벗어나서는 예술로 존재할 수 없으며, 문학 작품은 그 자체의 법칙과 질서 체계를 가지고 있다고 본다. 따라서 문학 작품의 형식과 원리를 고찰하는 데 관심을 기울인다.

사실주의

사실주의는 기본적으로는 고전주의나 낭만주의, 모더니즘에 대립되는 문예사조적 태도를 일컫는 말로, 객관적 사물을 있는 그대로 재현하려는 사조이다. 미술이나 문학에서 이 용어가 쓰이게 된 것은 콩트가 주장한 실증주의의 영향으로 인해 고전주의와 낭만주의에 대한 반발이 생겨나고 나서부터이다. 문학에서는 특히 사회적 상황을 세밀하게 관찰해서 쓴 사실주의 소설이 발달했는데 발자크나 스탕달, 플로베르 등의 작가를 예로 들 수 있다.

의도의 오류

의도의 오류는 작가 위주로 작품을 해석하려는 전통적인 방법의 타성을 벗어나서 작품을 수용하는 독자의 입장에서 이해하려는 현대 형식주의 비평의 한 방법이다. 이에 따르면, 작품 창작에 있어서 작가의 창작 의도가 곧 그 작품의 의미와 직결되는 것은 아니다. 글 속에서 작가의 본래 의도와 작품에서 성취된 의미 사이에는 근본적인 차이가 있음을 밝히고, 그것들을 혼동하는 데서 작품의 이해와 평가가 잘못되었다는 사실을 이끌어낸다.

페이소스

동정과 연민의 감정, 또는 비애감을 뜻하는 그리스어이다. 특정 시대, 특정 지역, 특정 집단을 지배하는 이념적 원칙과 도덕적 규범을 지칭하는 에토스와는 구별되는 말이다. **페이소스를** 정서적 호소력이라고 규정할 때, 어떤 문학 작품이나 문학적 표현에 대해 독자가 '페이소스가 있다', '페이소스가 강렬하다'라고 반응하는 것은 그 문학 작품이나 문학적 표현이 정서적 호소력을 지니고 있다는 사실을 확인하는 경우라 할 수 있다.

텍스트

텍스트는 일관되게 엮어진 기호의 복합체로 규정할 수 있다. 좁은 의미의 텍스트는 기호 중에서도 특히 구어 혹은 문어 등의 언어로 이루어진 복합체를 뜻한다. 롤랑 바르트에 따르면 문학 작품은 공간의 한 부분을 차지하는 실체의 단편이나, 텍스트는 방법론적인 영역으로 그 자체로는 무의미하며 작업이나 생산에 의해서만 체험될 수 있는 것이다. 이는 전통적인 작품 개념을 텍스트로 대체함으로써 경외하고 찬탄해야 할 대상이 아닌, 적극적으로 분석하고 해석해야 하는 대상으로 전환하는 것이다.

콘텍스트

텍스트란 좁은 의미에서 '언어로 이루어진 문장이나 이야기' 등을 뜻한다. 이에 비해 **콘텍스트**는 '텍스트'를 이해하는 데 필요한 '맥락' 또는 '문맥'을 말한다. 텍스트는 대개 그 자체만으로는 내용이 충분히 전달되기 어렵다. 예를 들어 어떤 문장을 제대로 이해하려면 전체 글에서 앞뒤 맥락과 당시 상황 등을 함께 고려할 필요가 있다. 어떤 사실, 환경, 맥락, 이론 등 텍스트의 진의를 짐작하는 데 필요한 모든 것을 '콘텍스트'라고 부른다. 즉 텍스트를 제대로 이해하려면 콘텍스트가 필요하다.

서사시

역사적, 국가적, 종교적, 전설적으로 의미를 지니는 주제를 다루거나 영웅적 업적을 찬양하는 내용을 다룬 이야기 형식의 장시를 말한다. **서사시**의 주된 특징으로는 군사적, 종교적, 민족적으로 중요한 영웅을 주인공으로 삼는다는 것과, 초자연적 존재의 개입과 방대한 지리적 배경 등을 들 수 있다. 전형적인 서사시로는 기원전 800년경 그리스의 시인 호메로스의 『일리아스』와 『오디세이아』가 있다.

효용론

효용론은 독자의 반응에 초점을 둔 문학관이다. 독자에게 미친 어떤 효과를 노린 것으로 보는 관점이다. 그리고 그러한 목적을 획득하는가의 성과 여부에 따라 효용론은 작품의 가치를 판단한다. 시가 독자에게 불러일으키는 효용은 크게 보아 두 가지가 있는데, 그 하나는 심리적 효과이며, 다른 하나는 교훈적 효과이다.

시나리오

영화의 대본이다. 주로 대사를 통해 사건이 전개되며, 장면 단위로 구성된다. 스크린을 통해 표현되므로 촬영을 고려해야 하며, 특수한 용어가 사용된다. **시나리오**의 구성 요소로는 대사, 지문, 장면 표시, 해설 등이 있다. 대사는 배우들이 서로 주고받는 말이나 혼잣말을 뜻하며, 지문은 등장인물의 동작, 표정, 말투, 심리 등이나 조명, 음향 효과, 배경 음악, 카메라의 위치 등을 지시하는 글이다. 장면 표시는 사건의 배경이 되는 장면의 설정이나 장면 번호로서 'S#(scene number)'로 나타낸다. 해설은 시나리오의 첫머리에 등장인물, 때와 장소, 배경 등을 설명해 놓은 부분이다. 넓게 보면 시나리오는 소설, 시, 희곡 등과 같은 문학의 한 장르이며, 좁게 보면 영화의 촬영 대본을 지칭한다.

부조리 문학

제2차 세계대전 이후 기존의 인간 중심적인 전통문화와 문학에 대한 신념과 가치에 대한 반발로 나타난 극과 소설로, **실존주의**에 근거를 두고 있다. 알베르 카뮈의 『시지프의 신화』에 의해 본격적으로 대두되었다. 대표적인 작품으로는 장 폴 사르트르의 『구토』, 알베르 카뮈의 『이방인』, 사뮈엘 베케트의 『고도를 기다리며』 등이 있다.

미의 범주

문학작품에서 다루는 미의 범주에는 다음의 것들이 있다. **숭고미**는 일상생활에서 벗어난 크고 위대한 것을 추구하는 데에서 오는 아름다움으로, 고고한 정신적 경지를 체험할 수 있게 하는 미의식이다. **우아미**는 일상생활에서 오는 작고 친근한 것을 추구하는 데서 오는 아름다움으로, 고전적인 기품과 멋을 드러내는 미의식이다. **비장미**는 숭고한 이념을 긍정하려는 투쟁에서 오는 아름다움으로, 한의 정서를 표출함으로써 형상화되는 미의식이며, **골계미**는 구속을 거부하고 삶을 긍정하려는 각성에서 오는 아름다움을 나타내는 미의식이다. 광대극과 같은 것은 골계미의 전형적인 형태를 보여준다.

액자소설

이야기 속에 또 하나의 이야기가 액자처럼 끼어들어 있는 소설을 말한다. 이러한 소설 형식은 이야기 밖에 또 다른 서술자의 시점을 배치함으로써, 전지적 소설 방식에서 탈피하여 다각적으로 이야기를 전개해 갈 수 있는 장점을 안고 있다. 대표적인 **액자소설**로는 김동인의 『배따라기』, 김동인의 『광화사』, 전영택의 『화수분』 등이 있다.

모방론

플라톤과 아리스토텔레스에 의해 문학의 본질을 설명하는 핵심 개념이다. 흔히 **재현** 또는 **모방**이라는 뜻으로 사용되며, 이는 문학은 결국 흉내 내기의 결과라는 생각을 담고 있다. 플라톤이 『국가론』에서 모방을 본질적인 것과는 거리가 먼 거짓으로 규정한 반면, 아리스토텔레스는 모방을 긍정적 의미로 설명했다.

신화

역사상의 근거는 없으나, 그 씨족이나 부족 또는 민족에 있어서는 신격(神格)을 주동자로 하여 엮어져 전해 내려오는 설화를 말한다. **신화**는 예술적인 요소를 가지고 있으며, 문학의 최초 형태라고 볼 수 있다. 신화는 현존하는 세계의 기원을 설명한 거룩한 이야기로서 삶의 근거이자 규범으로 기능하며, 그 대표적인 것으로는 우주 발생 신화, 인간 탄생 신화, 문명 기원 신화 등이 있다. 우리에게 잘 알려진 건국 신화는 문명 기원 신화에 속한다. 한국의 건국 신화는 『삼국유사(三國遺事)』『삼국사기(三國史記)』 등을 통해 전해 내려온다. 주요 건국 신화로는 단군 신화 · 주몽 신화 · 혁거세 신화 · 수로왕 신화 등이 있다.

전설

신화보다 후에 형성되었고, 신화보다 좀 더 사실적으로 느껴지게 하는 설화로 실재하는 장소와 시대, 인물을 구체적 내용으로 하고 있다. **전설**은 지방의 구체적 사물에 결부되어 토착성과 고정성이 현저하게 나타난다. 구전되어 전해오다가 차츰 예술적으로 세련된 형식을 갖추게 되었다.

민담

설화를 구성하는 하위 갈래 중 하나이다. 역사적으로 보면 원시 시대 · 고대국가 시대에는 신화가 널리 향유되었으나, 인간에 대한 보편적 이해가 커지면서 신화는 위축되고 전설이나 민담이 널리 생산되고 향유되었다. **민담**은 전설과 상보적 관계를 유지하면서 당대인의 소박한 현실적 소망을 간접적으로 만족시켜 주었다.

에피소드

에피소드는 이야기나 사건 등의 줄거리 사이에 끼워 넣는 짧은 이야기로, 문학이나 영화 등의 서사물에서 원줄기와 별로 관계는 없지만 다양한 효과를 낳는 주변 이야기를 말한다. 이러한 이야기를 삽입하면 작품에 변화를 주거나 그 내용을 풍부하게 만들 수 있으며, 때로는 플롯에서 중요한 의미를 띠게 할 수도 있다.

세계관

우주 또는 세계 만물의 본성이나 발전, 인류의 발생 · 발전 · 미래 등 인간 삶의 의미와 문화적 가치 등 근본적 문제에 대한 견해를 일컫는 말이다. 그러므로 세계관에는 철학적 · 윤리적 · 미적 · 자연과학적 견해가 일정한 방식으로 녹아 있다. 문학에서는 골드만이 인문 · 사회과학 연구 방법론으로써 세계관을 제시한 바 있다. 골드만에 의하면 한 그룹의 성원을 모아 주고 다른 그룹에 대립되게 하는 한 그룹의 감정이나 사고의 총체를 **세계관**이라고 한다.

동일시

동일시는 대상과 주체를 동일한 것으로 여기는 심리 작용이다. 문학 작품에서 등장인물이 다른 등장인물을 자기 대신이라고 보는 경우나, 독자가 등장인물을 자기 대신이라고 보는 경우를 들 수 있다. 예를 들어 자기 자신을 마치 문학 작품이나 연극 속의 인물처럼 느끼거나, 어머니가 스스로 이루지 못했던 소원을 자식을 통해서 이루려는 경우이다.

패러디

패러디는 한 작가의 스타일이나 습관을 흉내 내어 원작을 우스꽝스럽게 개작하거나 변형시키는 것을 말한다. 본질적으로는 풍자와 위트, 아이러니를 내포하고 있고, 이러한 기법들 속에는 당대의 지배적인 신념 체계 속에 내포된 억압적 특성이나 허위의식을 폭로하려는 예술가의 태도가 반영되어 있다.

모티브

문학 창작에서 표현이나 창작의 동기가 되는 것 또는 동기가 되는 사상이나 주제, 소재를 의미한다. 작가는 소재를 통해 주제를 얻는데, 이때 작가의 내부에서 무엇인가를 표현하려는 창작 의욕이 생기는데, 이와 같은 것을 **모티브**라고 한다.

콩트

가장 짧은 단편소설을 말한다. 일반 단편소설이 인생의 진실을 온건한 태도로 그려나가는 데 반해, **콩트**는 한 사건의 어느 순간을 포착하여 그것을 예리한 비판력과 압축된 구성법, 해학적인 필치로써 반어적으로 표현한다. 사실적이라기보다는 기상천외한 발상을 바탕으로 재치와 기지를 주된 기법으로 한다. 콩트는 부담 없이 읽힐 수 있는 가볍고 일상적인 이야기를 소재로 하며 예상을 뒤엎는 경이로운 결말을 그 특징으로 한다.

하드보일드

하드보일드는 1930년을 전후하여 미국 문학에 등장한 새로운 사실주의 기법을 말한다. 또는 폭력적인 테마나 사건을 감정이 없는 냉혹한 시선으로 또는 도덕적인 판단을 배제한 관점에서 묘사한 문학을 말한다. 이 기법은 특히 추리소설에서 추리보다는 행동에 중점을 두는 하나의 유형으로 확립되었으며, 해밋, 가드너의 추리소설이 이에 속한다.

패관문학

패관(稗官)이란 고대 중국에서 왕이 민간의 풍속이나 정사를 살피기 위해 가설항담(거리의 뜬소문)을 모아 기록하게 했던 벼슬아치에서 유래한 것으로, 이 뜻이 발전하여 이야기를 짓는 사람도 패관이라고 부르게 되었다. 후에 이러한 가설항담이 일종의 문학 장르를 이루게 되어 이를 **패관문학** 또는 패관소설이라고 한다. 박인량의 『수이전』, 이인로의 『파한집』, 이규보의 『백운소설』 등이 이에 속하며, 이들은 후에 소설이 발달하는 데 모태가 되었다.

르포르타주

특별한 사건이나 현장에서의 체험 등을 소재로 해서 필자의 주관을 섞지 않고 객관적으로 서술한 보고 기사 또는 기록문학으로, 소재의 생동감과 박진감을 그 생명으로 한다. 줄여서 '**르포**'라고도 한다.

스쿠프

신문·잡지, 라디오, 텔레비전 등의 보도기관에서 경쟁사보다 앞질러 독점 보도하는 특종 기사를 일컫는 말이다. **비트**라고도 불린다. 보도보다는 기획·논평·오락 등이 중시되는 오늘날에도 스쿠프는 여전히 속보 경쟁의 꽃으로서 대중의 기대와 흥미를 끌고 있다.

저널리즘

활자나 전파를 매체로 하는 보도나 그 밖의 전달 활동, 또는 그 사업을 일컫는다. 신문이나 잡지 또는 방송 등과 같은 매스 미디어를 통해 세계에서 일어나고 있는 최신 사건들을 신속하고 공정하며 정확하게 보도하고, 그에 대한 해설이나 논평을 제공하는 언론 활동을 총칭하여 **저널리즘**이라고 한다.

옐로 저널리즘

인간의 불완전한 감정을 자극하는 범죄, 괴기 사건, 성적 추문 등을 과대하게 취재·보도하는 신문의 경향을 말한다. 이런 현상은 신문이 일부 지식 계층만을 상대로 하던 시대로부터 널리 일반 대중을 독자로 삼는 현재의 신문으로 발전하는 과정에서 나타났다. 1880년대 미국에서 시작된 것으로, 노골적인 사진과 흥미 있는 기사 등을 게재해서 독자들의 감각을 자극하여 발행 부수 확장 등을 노린다. **옐로 페이퍼**, 황색 신문이라고도 한다.

가십

가십은 어떤 사람에 대한 흥미 본위의 뜬소문이나 신문·잡지 등의 내막 기사를 말한다. 유럽이나 미국에서는 원래 사교계 명사의 소문을 뜻하였으나, 매스커뮤니케이션의 발달에 따라 유명 인사나 배우 등에 관한 언론매체 상의 소문이나 기사, 이야깃거리를 의미한다.

픽션과 논픽션

픽션은 상상에 의한 창작, 허구, 꾸며낸 이야기 또는 소설을 말한다. 이에 대하여 꾸며내지 않고 진실을 전하는 르포르타주(보고서 또는 보고문학), 기록 문학, 수기 등을 **논픽션**이라고 한다.

데드라인

데드라인은 기사 마감 시간을 뜻한다. 방송에서 이 시간을 초과하면 그날은 보도할 수 없기 때문에 신속한 보도를 위하여 치열한 취재 경쟁이 벌어지게 된다.

데스크

데스크는 사건 담당 기자 또는 외근 기자로부터 뉴스 원고를 받아 기사를 작성하거나 취재를 지시하는 기자(일반적으로 각 부서의 부·차장)를 말하는 신문 용어이다.

오프 더 레코드

기록에 남기지 않는 비공식 발언이라는 뜻이다. 소규모 집회나 인터뷰에서 인터뷰 대상자가 **오프 더 레코드**로 발언했을 경우, 기자는 그의 이야기를 정보로서 참고할 뿐 기사화해서는 안 된다는 것을 뜻한다.

헤드라인

신문기사나 광고의 표제를 **헤드라인**이라고 한다. 기사의 내용을 함축하여 간결하게 만든 표현으로, 큰 활자를 사용하여 독자의 주의를 환기시키고 본문으로 유도하는 역할을 한다. 일러스트레이션·카피와 함께 광고 제작물을 구성하는 중요 요소의 하나이다.

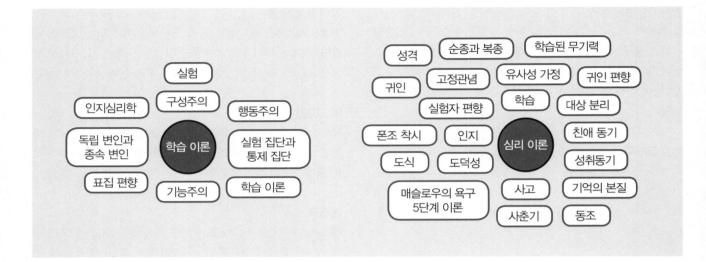

구성주의

인간의 정신, 특히 의식을 구성하는 요소와 그 구조를 분석하고자 했던 최초의 심리학파이다. 물리학자들이 물질의 기본 요소인 분자를 연구하는 것처럼 분트, 티치너 등 **구성주의** 심리학자들도 감각, 감정, 심상과 같은 의식적인 경험의 기본 요소를 분석하고 연구했다. 구성주의 심리학자들은 경험적 요소를 밝히기 위해 주로 내성법을 사용했다. 내성법은 일종의 자기관찰법으로 개인이 자신의 의식적 경험을 조심스럽게 체계적으로 관찰한 후 그 경험을 스스로 분석하게 하는 방법이다.

기능주의

미국에서 시작된 **기능주의**는 의식 구조보다는 기능과 목적에 초점을 둔 연구를 주창했다. 기능주의 심리학의 거장인 제임스는 진화론의 기본 개념을 인간에게 적용했다. 그는 의식은 인간의 중요한 특징이기 때문에 그 구조나 요소보다는 기능을 연구해야 한다고 주장하면서, 의식적 경험 요소를 분석하게 되면 의식 자체의 본질을 연구할 수 없다고 보았다.

행동주의

왓슨에 의해 확립된 행동주의는 '과학적 심리학은 관찰 가능한 행동만을 연구해야 한다.'고 주장한다. 왓슨은 내적 의식에 의지하는 종래의 구성주의적 의식심리학의 비과학성을 강하게 비난하고, 심리학이 과학으로서의 자율성과 엄밀성을 확립하기 위해서는 의식을 배제하여 객관적으로 관찰 가능한 행동만을 문제로 삼아야 한다는 것을 주장했다. 심리학에서의 이러한 입장을 **행동주의**라고 부른다.

인지심리학

인지란 모든 형태의 지식을 일컫는 용어다. 여기에는 주의 집중, 기억, 추리, 상상, 예상하기, 계획하기, 의사결정, 문제 해결, 아이디어의 전달 등과 분류나 해석과 같은 주변 세상에 대한 정신적 표상과 관련된 처리 과정이 포함된다. 이러한 정신적 과정과 구조에 대해 연구하는 심리학을 **인지심리학**이라고 한다. 인지심리학자들은 사람들이 정보를 취하고 조작 · 전달하는 방식을 연구한다.

■ 심리학의 이론적 관점 비교

관점	주요 학자	연구 대상	기본 가정
행동주의	왓슨, 파블로프, 스키너	외적 행동에 대한 환경의 영향	관찰 가능한 사상만이 연구 가능하다.
정신 분석학	프로이트, 융, 아들러	무의식적 결정 인자	초기 아동기의 무의식적 동기와 경험이 성격과 정신장애를 결정한다.
인본주의	로저스, 매슬로우	인간 경험의 독특성	인간은 성장 잠재력을 실현하려는 이성적 존재로 동물과 근본적으로 다르다.
인지주의	피아제, 촘스키, 사이먼	사고와 정신 과정	인간 행동은 정보를 획득, 저장, 처리하는 방식을 통해 이해할 수 있다.
생리주의	올즈, 스페리	행동의 생리적 기초	유기체의 기능은 생물학적 과정을 통해 설명 가능하다.

학습 이론

학습을 통해 나타난 행동의 변화를 일으키게 한 과정 혹은 기제가 무엇인지를 설명하고 해석하는 이론 체계를 일컬어 **학습 이**

론이라고 한다. 학습 이론은 크게 관찰 가능한 행동의 변화에 초점을 맞추는 행동주의 이론, 행동 자체보다는 행동을 유발하는 뇌에서 일어나는 인지적 과정에 초점을 둔 인지주의 이론, 그리고 학습은 개별 학습자가 자신의 선행 지식과 경험을 바탕으로 새로운 아이디어와 개념을 적극적으로 구성해 나가는 과정으로 보는 구성주의 이론으로 나눌 수 있다.

■ 학습 이론 비교

행동주의 학습 이론	인지주의 학습 이론	구성주의 학습 이론
● 학습은 행동 변화를 가져오는 과정이다. ● 반응, 훈련 등 관찰 가능한 행동에 초점을 둔다. ● 사고가 필요 없는 단순한 자극-반응의 연합을 통한 습관 형성에 초점을 둔다. ● 학습 과제의 위계적 제시, 학습 목표의 세분화를 특징으로 한다.	● 학습은 인지구조의 습득과 변형이다. ● 게슈탈트 심리학(형태심리학)의 영향을 받아, 통합된 전체로서의 지각과 학생들의 의식 활동에 기초한 학습을 강조한다. ● 지각 · 기억 · 문제 해결과 같은 개인의 내적 인지 과정을 설명하기 위한 접근 방법으로, 정보처리의 구조와 과정을 연구한다.	● 학습은 학습자의 능동적인 지식 구성이다. ● 행동 변화뿐만 아니라, 의미 파악, 의사결정, 비판적 사고, 고차원적 사고의 습득에 초점을 둔다. ● 이해와 반성의 유용성에 대한 이론적 토대를 제시한다. ● 실제 수업에서 학생은 전혀 예상치 못한 방식으로 의미를 구성하기도 한다.

실험

실험은 연구자가 통제된 조건에서 어느 한 변인을 조작하고 그 변인이 다른 변인에 어떤 영향을 주는지를 관찰하는 것이다. 실험은 다른 어떤 연구 방법도 제공해주지 못하는 인과관계에 관한 자료를 제공하는 강력한 방법이라 할 수 있다. 실제 실험을 하기 위해서는 결과에 영향을 주는 많은 요인들을 고려해야 하기 때문에 아주 복잡하고 힘든 과정이다.

독립 변인과 종속 변인

실험의 목적은 한 변인(X)의 변화가 다른 변인(Y)에 미치는 영향을 밝히기 위한 것이다. 여기서 영향을 주는 X를 독립 변인이라고 하고, 영향을 받는 Y를 종속 변인이라고 한다. **독립 변인**은 실험자가 다른 변인에 미치는 영향을 알기 위해 의도적으로 변화시킨 조건 또는 사상이다. 반면 **종속 변인**은 독립 변인의 조작을 받는 변인으로 독립 변인의 효과를 말한다.

실험 집단과 통제 집단

전형적인 실험에서 연구자는 독립 변인을 처치한 집단과 처치하지 않은 집단을 비교한다. 전자를 실험 집단이라고 하고 후자를 통제 집단이라고 한다. 다시 말해, **실험 집단**은 연구자가 독립 변인을 의도적으로 처치한 집단을 말하고, **통제 집단**은 다른 여러 측면에서는 동일하지만 독립 변인의 처치만 받지 않은 집단을 말한다.

표집과 모집단

표집(sample)이란 경험적 연구를 위해 연구 대상에 포함되어 있는 전체 모집단에서 선발한 피험자 집단을 말한다. 그리고 **모집단**이란 특정 연구의 피험자가 될 수 있는 전체 집단으로 연구 결과를 일반화시킬 수 있는 피험자 집단을 말한다.

표집 편향

표집을 대상으로 한 연구 결과를 모집단에 일반화할 수 있다는 말은 표집이 모집단을 가장 잘 대표한다는 합리적 가정에 근거를 둔다는 의미이다. 만약 표집이 모집단을 대표하지 못한다면 연구 결과를 모집단에 일반화시킬 수 없다. 이러한 잘못된 표집을 **표집 편향**이라고 한다.

실험자 편향

실험자 편향이란 연구자의 기대가 실험 결과에 영향을 미치는 것을 말한다. 실험자 편향은 연구 결과에 심각한 영향을 줄 수 있다.

대상 분리

우리가 뇌의 사물 인식에서 풀어야 할 가장 어려운 문제 중 하나는 대상 분리의 문제이다. **대상 분리**란 시야의 모든 사물들이 투영되어 있는 망막 상에서 지각 대상을 분리해내는 작업이다. 예를 들어 이 책을 읽고 있는 동안 우리는 책상에서 책을, 책에서 글줄이나 그림을, 글줄에서 글자나 단어를, 그리고 그림에서 특정 대상을 분리할 수 있어야 그것이 무엇인가를 기억과 대조하여 인식할 수 있다. 글을 읽는 동안 우리의 뇌는 책상에서 책을, 책에서 글줄을, 글줄에서 단어와 글자를 분리하는 작업을 즉각 수행하면서 글에서 대상을 분리하여 인식한다.

폰조 착시

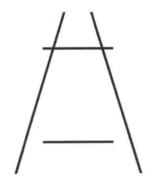

여러 가지 크기의 착시 현상은 깊이 있는 단서에 의한 무의식적 추론이 지각에 커다란 영향을 끼칠 수 있음을 보여준다. 이는 '폰조 착시'라는 도형을 통해 확인된다. 아래 도형에 있는 두 개의 가로 선분은 그 길이가 실제로는 똑같지만 위쪽에 있는 것이 아래쪽에 있는 것보다 긴 것으로 지각된다. 이것은 양변의 선분이 마치 소실점을 향해 수렴하는 기찻길의 일부처럼 되어 있어 발생되는 착시이다. 길이가 똑같은 막대를 하나는 가까이, 하나는 멀리 놓으면 멀리 있는 것이 가까이 있는 것보다 망막에 작은 상을 맺게 된다. 이 착시 현상에 대한 설명 중 가장 보편적으로 받아들여지는 것은,

두 가로 선분의 망막상의 크기는 동일하지만, 양변의 조망 단서가 위에 있는 선분을 더 먼 곳에 있는 것처럼 보이게 만들어 아래 선분보다 더 길게 보이도록 만든다는 것이다.

기억의 본질

기억은 두 가지 의미를 지니고 있다. 하나는 각종 대상이나 사건에 대한 지식을 쌓아 두는 저장고로서의 의미이며, 다른 하나는 '기억에 저장해 넣고 저장된 것을 꺼낸다.'는 과정의 의미이다. 과정의 의미로서의 기억은 지식을 축적하고 사용하는 과정이다. 기억은 저장 기간의 길이와 의식되는가 여부에 따라 크게 단기기억과 장기기억으로 나눌 수 있다. 단기기억은 작업기억이라고도 하는데, 이는 수 초 동안 우리가 현재 의식하고 있는 경우의 기억이며, 장기기억은 우리가 계속 의식하고 있지는 않지만 분명히 어떤 정보가 저장고 속에 오랫동안 남아 있어 후에 이를 다시 꺼낼 수 있는 기억이다.

■ 과정으로서의 기억

과정으로서의 기억은 **부호화**(획득), **파지**(저장), **인출**(되꺼냄)의 세 기억 과정으로 나누어 볼 수 있다. 부호화란 외부에서 들어오는 자극 내용을 정보화하여 기억에 넣는 과정이며, 파지(把持)란 이렇게 기록된 정보를 보유하여 유지하는 과정이다. 저장되는 정보는 자연 소멸되어 망각되거나 간섭을 받아 망각될 수 있다. 인출이란 필요한 정보를 저장고에서 찾아내어 우리가 의식할 수 있게 하는 과정이다.

학습

경험을 통해 일어나는 행동과 사고의 변화를 **학습**이라고 한다. 학습은 경험의 결과로 나타나는 비교적 영속적인 행동 또는 행동 잠재력의 변화로, 심리학의 가장 기본적인 개념 가운데 하나이다. 인간 행동의 대부분은 학습된 행동으로, 학습 과정에서 환경 자극에 대한 반복적인 경험을 강조하기보다는 내적 정신 과정을 중시하는 입장을 **인지학습이론**이라고 한다.

사고

사고란 인지 과정, 즉 인간의 정신 활동을 총괄하는 의미이다. 분명하게 정의를 내릴 수는 없으나 일반적으로는 어느 대상·사태 또는 그러한 것들의 측면을 지각의 작용에 직접 의존하지 않으면서도 그것과 서로 상보적 작용으로 이해하고 파악하는 활동 또는 과정을 가리킨다.

인지

인지란 지식이나 사고를 지칭하는 의미, 또는 지식을 습득, 저장, 인출 및 활용하는 과정을 지칭한다. 정보를 획득하고, 파지하고, 활용하는 과정을 인지라고도 한다. 지각 과정과 기억은 인지 과정의 한 부분이다. 그리고 주의, 학습, 언어 처리, 문제 해결적인 사고, 추론, 판단과 의사 결정 등도 모두 인지 과정이라 할 수 있다.

도덕성

개인이 속해 있는 사회체계 속에서 규정되어지는 삶의 규칙이나 관습을 지켜야 된다는 생각이나, 모든 인간의 삶에서 공통적으로 적용되는 보편적인 선악 판단에 내재된 심리적 기제를 **도덕성**이라고 한다. 개인의 도덕성은 그 사람의 행동 방향을 결정하는 주요한 요인으로, 성격 발달과도 밀접한 관련을 갖는다.

사춘기

사춘기란 신체적 성장과 성적 성숙이 급격히 일어나는 청년기 초기를 말한다. 이 시기는 호르몬 변화에 따라 신체 성장과 성적 분화가 급격하게 진행된다. 사춘기가 되면 아동은 신장과 체중이 급격하게 증가하며, 신체의 구성 비율이 변하고, 여러 심리적 변화를 겪게 된다.

친애 동기

친애 동기란 다른 사람과 친밀한 관계를 맺고 사회적 관계를 유지하려는 동기(사람들을 어떤 방향으로 움직이게 하는 요구, 바람, 흥미, 갈망)이다. 친애 동기는 교제, 우정, 사랑 및 사회집단에 대한 소속감이 포함된다. 매슬로우는 친애 동기를 욕구 위계 중 세 번째 수준이라고 보았다. 친애 동기가 만족되지 않으면 사람들은 상당한 스트레스를 경험한다. 고독감과 우울감은 친애 동기와 관련이 깊다.

성취동기

성취동기는 어려운 도전을 극복하고 다른 사람보다 우월하려는 욕구이자, 다른 사람과 경쟁해서 이기려는 욕구이다. 매슬로우의 욕구 위계에서 성취동기는 네 번째 수준에 속하는 동기로, 자존감을 유지하려는 욕구에 속한다. 성취동기는 사회적 훈련의 산물이라는 견해가 지배적이다.

성격

성격은 개인이 속한 사회에서의 적응과 연관이 있는 독특하고 일관성 있는 행동, 사고, 감정의 경향성이라고 할 수 있다. 대부분의 심리학자들은 환경의 영향을 받아서 성격이 형성된다고 믿으며, 다른 요인이 있다고 하더라도 환경의 영향이 성격을 형성하는 주된 요인이라고 보고 있다.

도식

일반적으로 우리는 어떤 특정한 인물 또는 일반적인 사람에 대해 '그는 이런 사람이다.' 또는 '그런 부류의 사람은 바로 이런 사람이다.'라는 생각을 가지고 있다. 이렇게 어떤 일 또는 사람에 대해 가지고 있는 일정하고 구조화된 지식 체계를 '도식(scheme)'이라고 하는데, 특히 사람에 대해 가지고 있는 도식을 '사람 도식'이라고 한다. 예를 들어 '외향적인 사람'에 대한 우리의 도식에는 '활발하다', '사교적이다', '자신감이 있다'와 같은 특성들이 서로 관련을 맺고 항상 함께 어우러져 있는 것으로 받아들여진다.

고정관념

고정관념이란 어떤 사회적 범주에 대해 사람들이 공유하고 있는 문화적 경험에서 비롯된 도식의 한 유형이다. 고정관념 자체는 특정 범주의 사람들을 개별적으로 이해하는데 필요한 시간과 노력을 절약해 주는 매우 정상적이고 자동적인 인지과정이지만, 대인 지각에서 부정확한 기대와 신념을 낳기도 한다. 우리 사회에서 문제가 되고 있는 여성에 대한 편견, 인종 편견 및 지역 편견들은 모두 여성, 특정 인종 및 특정 지역 사람들에 대한 잘못된 고정관념과 이에 의한 도식적 정보 처리의 단점으로부터 나오는 경우가 많다.

유사성 가정

일반적으로 사람들은 타인들이 자기와 비슷하다고 생각하는 경향이 있다. 이를 '유사성 가정'이라고 하는데, 이는 특히 상대방과 연령, 인종, 국적, 고향 등이 같을 때에 두드러지게 나타나는 현상이다. 즉 내가 누구를 좋게 생각하면 다른 사람도 그럴 것이라고 생각하고, 또 내가 어떤 음식을 좋아하면 다른 사람도 그 음식을 좋아할 것이라고 생각하는 식이다.

귀인

우리는 사람이 어떤 행동을 하는 것을 보고, 그 행동의 진실한 원인이 어디에 있는지를 알아내려고 한다. 이는 마치 과학자들이 어떤 현상을 관찰하고 그 원인이 무엇인지를 알아내려고 하는 것과 마찬가지다. 이렇게 행동의 원인을 추측해서 알아내는 과정을 '귀인(歸因)'이라고 한다. 이러한 귀인을 거쳐 그러한 행동을 한 사람에 대한 이해가 이루어지고, 그의 앞으로의 행동에 대한 예측이 달라진다. 예를 들면, 어떤 사람이 어려운 시험에 합격했을 때 이를 그의 능력이 뛰어났기 때문이라고 볼 것인가, 아니면 운이 좋았기 때문이라고 볼 것인가에 따라 그 사람에 대한 평가가 달라진다.

■ 내부 귀인과 외부 귀인

어떤 사람의 행동을 보고 그가 왜 그렇게 행동했는가, 또는 왜 그러한 결과가 나왔는가를 알아보려 할 때, 우리는 대체로 두 가지 방향에서 그 원인을 찾게 된다. 하나는 그런 행동을 한 당사자의 성격, 능력, 노력, 동기 등 내적 특성에서 원인을 찾는 것인데, 이를 '내부 귀인'이라고 한다. 또 하나는 상황적인 압력이나 강요 또는 우연 등 행동을 한 당사자의 외부에 있는 요인에서 원인을 찾는 것인데, 이를 '외부 귀인'이라고 한다. 대체로 이 두 가지 방향의 귀인 중에서, 내부 귀인을 하게 되면 우리는 그 사람이 어떤 성향을 가진 사람인지를 대략 알 수 있게 되지만, 외부 귀인을 하게 되면 그 사람이 어떤 성향을 가진 사람인지를 알 수 없는 것이 보통이다.

귀인 편향

귀인은 외적인 행동을 관찰하여 겉으로 드러나지 않는 원인을 알아보는 과정이다. 하이더는 일상생활에서 사람들은 마치 자연과학자들과 마찬가지로 합리적인 법칙에 따라 귀인을 하게 될 것이라고 보았다. 그러나 귀인 과정이 항상 합리적으로만 이루어지는 것은 아니며, 이러한 경향을 '귀인 편향'이라고 한다. 귀인 편향의 예로, 사람들은 보통 자기 자신의 행동에 대해서는 외부 귀인을 하고, 다른 사람의 행동에 대해서는 내부 귀인을 하는 경향이 강하다.

동조

우리는 다른 사람들이 모두 똑같은 행동을 하면, 알게 모르게 이를 따라서 하는 경우가 있다. 예를 들어, 거리를 지나가고 있을 때에 많은 사람들이 하늘을 쳐다보고 있다고 생각하자. 이런 경우 대체로 나 자신도 하늘을 쳐다보게 될 것이다. 이때, 다른 사람들이 나에게 하늘을 쳐다보도록 강요하거나 지시한 것은 아니다. 이렇게 아무런 요구나 강요, 지시가 없는데도 다른 사람들이 하는 대로 따라 하는 행동을 '동조'라고 한다. 일상생활에서 볼 수 있는 가장 전형적인 동조 행동으로는 유행 현상을 들 수 있다.

순종과 복종

다른 사람의 요구나 강요 또는 명령이나 지시에 따르는 행동을 '순종'이라고 한다. 이 중에서 요구를 하는 사람의 지위가 높고, 이에 따르는 사람의 지위가 낮을 때에 일어나는 순종을 '복종'이라고 한다. 이러한 복종은 사회에서 가장 흔히 보는 순종의 예인데, 이는 어떤 권위에 대한 순종인 셈이다. 순종이 없이는 사회 질서가 유지되기 힘들고 또 사회가 효과적으로 기능을 발휘할 수 없다. 순종은 동조와 마찬가지로 사회의 유지와 존속에 기여하는 가치를 가지는 사회 행동으로, 부모와 학교 및 사회는 어려서부터 아이들에게 순종하는 버릇을 길들인다. 하지만 문제는 이런 버릇이 때로는 맹목적인 복종을 불러일으킨다는 데 있다.

학습된 무기력

행동주의 이론에 따르면, 사랑하는 사람을 잃거나 직장이나 학교에서 좌절을 거듭하게 되면 그만큼 긍정적인 강화를 받을 기회가 감소하고, 그 결과로 점차 매사에 수동적이며 위축될 수 있다. 일단 수동적 태도를 취하게 되면 대인 관계에서 긍정적 경험을 하게 될 기회는 보다 줄어들게 되어 더욱 우울해지고, 갈수록 위축되는 등 악순환이 시작된다. 이처럼 사람들이 보이는 무기력하고 수동적 행동을 회피할 수 없는 불쾌한 상황을 경험하면서 얻은 수동적이고 위축된 감정을 '**학습된 무기력**'이라고 한다.

매슬로우의 욕구 5단계 이론

미국의 심리학자 매슬로우에 따르면, 인간 행동은 각자의 필요와 욕구에 바탕을 둔 동기에 의해 유발된다. 이러한 인간의 동기에는 위계가 있어서 각 욕구는 하위 단계의 욕구들이 어느 정도 충족되었을 때 비로소 지배적인 욕구로 등장하고, 점차 상위 욕구로 나아간다. 그는 인간에게는 생리적 욕구 · 안전 욕구 · 소속 및 애정 욕구 · 자존 욕구가 있으며, 이 4가지 욕구가 순서대로 충족됐을 때 자신의 가능성을 높이고 싶다는 **자아실현 욕구**가 생긴다고 보았다. 사람마다 욕구 불만의 정도 및 욕구 실현 단계는 제각각이지만, 욕구는 사람을 성장하게 하는 원천이기도 하다. 상위의 욕구를 충족함으로써 사람은 성장을 이루어 가는 것이다.

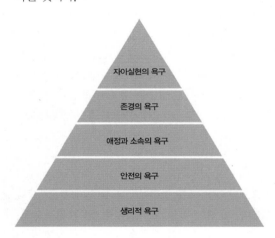

〈매슬로우의 욕구 5단계〉

10 행동경제학 · 심리 현상

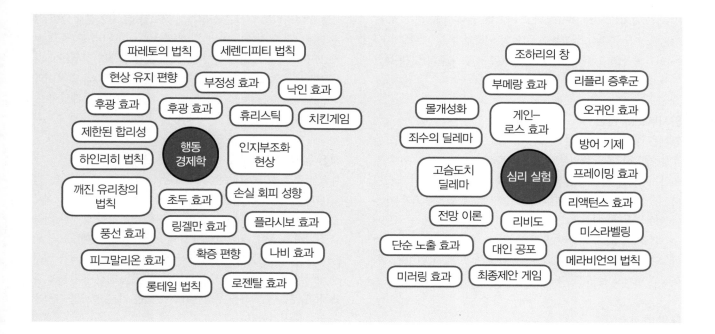

제한된 합리성

인간은 기본적으로 (합리적인 방향으로) 이기적이라고 보는 경제이론만으로는 인간의 행동을 정확하게 예측할 수 없다. 행동경제학 · 인지심리학은 인간 행동의 불합리성을 강조하는데, 허버트 사이먼은 '사람들이 언제나 옳게 행동하는 것은 아니다.'라는 인식의 오류 가능성을 '**제한된 합리성**(bounded rationality)'이란 용어로 설명했다. 우리의 일상에서 나타나는 갖가지 편향적인 사고들은 인간이 반드시 합리적으로만 행동하는 것은 아님을 보여준다.

휴리스틱

현실의 상황을 판단하는 일이 너무 복잡하기 때문에 이를 단순화하기 위해 사용하는 '**주먹구구식 사고**'를 휴리스틱(heuristics)이라고 한다. 사람들은 이것저것 꼼꼼히 따져가며 판단한 후 의사결정을 내리기보다는, 자신이 잘 알고 있거나 과거의 선험적 경험에 따라 대충 판단하고 의사결정을 내린다. 이러한 사고는 지적 능력의 결함과 정보 부족을 메워주는 긍정적인 측면과 더불어, 사물에 대한 객관적 인식을 방해하는 부정적인 측면을 동시에 갖고 있다.

확증 편향

사람들은 자신의 입맛에 맞는 정보는 쉽게 받아들이지만, 그렇지 않은 정보는 애써 무시하려 드는데, 이러한 경향을 '**확증 편향**'이라고 한다. 즉 확증 편향은 믿고 싶은 것만 믿으려는 선택적

지각 현상에 따른 결과이다. 참고로 '편향(bias)'은 확률 이론이나 통계 이론에서 제시하는 기준에서 벗어나는 판단을 말한다.

현상 유지 편향

사람들은 현재의 상황에서 좀체 벗어나려 하지 않는 습성을 갖고, 현재의 상황이 유지되기를 바라는 성향을 갖고 있는데, 이를 '현상 유지 편향'이라고 한다. '**닻 내림 효과**'라고도 하는데, 닻을 내린 곳에 배가 머물듯이 사람들이 자신에게 친숙한 기억 체계를 반복적으로 활용하려 드는 현상 또는 그러한 심리를 일컫는다. 사람들은 제시된 기준을 그대로 받아들이지 않고 나름의 기준점을 토대로 그것에 약간의 조정 과정을 거쳐 의사결정을 하게 되지만, 그러한 조정 과정 역시 불완전하므로 처음 단계에 제시된 기준에 영향을 받아 결정을 내리는 경우가 많다.

보유 효과

어떤 물건에 대한 가치 평가가 그것의 소유 여부에 따라 달라지는 현상으로, 그 물건을 갖고 있는 사람이 평가하는 가치는 그것을 갖고 있지 않은 사람이 평가하는 가치보다 일관되게 더 높은 것으로 드러난다. 사람들은 일반적으로 같은 액수의 기회비용(대안적 선택 비용)과 실제로 지불한 비용 중에서 후자를 더 소중하게 평가하는 경향을 보이는데, 이처럼 양쪽이 같은 크기였다 해도 손실 회피 성향에 따라 실제로 지불한 비용은 과대평가되고 기회비용은 경시되는 현상을 '**보유 효과**'라고 한다.

손실 회피 성향

'프로스펙트 이론'의 하나로, 손해를 볼 때의 괴로움이 이익을 볼 때의 기쁨보다 큰 경향을 말한다. 일반적으로 사람들은 이익의 체감 가치에 비해 손실의 체감 가치를 두 배 정도 더 크게 느끼는데, 이는 "손실의 고통이 이익의 기쁨보다 두 배나 크다."는 인간의 심리를 나타낸다. 손실 회피 편향은 주식 및 부동산 투자, 도박·투기 등에서 자주 나타난다.

인지부조화 현상

인간은 때때로 불합리한 행동을 하는데, 예를 들어 다이어트 할 것을 결심하고는 "내일부터 다이어트 할 거니까, 오늘 실컷 먹어야지."라고 애써 합리화해가며 폭식을 일삼는 행동이 그것이다. 이와 같은 인간의 비합리성을 설명할 때 '인지부조화 이론'이 이용되는데, 인간은 인식과 행동의 모순이 빚어내는 고통에서 벗어나기 위해 희망적인 관측과 둘러대기 변명을 만들어낸다. 한번 정한 결정을 끊임없이 번복하는 것 역시 인지부조화 현상의 하나로 볼 수 있다.

후광 효과

어떤 사람에 대해 일단 '좋은 사람'이라는 인상이 형성되면, 그는 능력도 뛰어나고 친절하다는 등 긍정적인 특성을 모두 가지고 있을 것이라고 생각한다. 이를 '후광 효과'라고 하는데, 서로 논리적으로는 관계가 없지만 긍정적인 특성들은 긍정적인 특성들끼리, 그리고 부정적인 특성들은 부정적인 특성들끼리 함께 모여 있을 것이라고 추론하는 경향이다. 이는 특히 용모에 의해 다른 사람의 인상을 형성하는 경우에 두드러지게 나타난다. 즉 용모가 아름다운 사람은 능력도 뛰어나고, 성격도 좋으며, 장래 전망도 밝을 것으로 생각하게 된다.

부정성 효과

어떤 사람이 긍정적 특성과 부정적 특성을 함께 가지고 있을 때, 부정적 특성이 인상 형성에 더 큰 비중을 차지한다. 이를 '부정성 효과'라고 한다. 즉 긍정적 특성과 부정적 특성 중에서 부정적 특성이 인상 통합 과정에서 더 큰 영향을 끼치게 된다.

초두 효과

먼저 받은 정보가 나중에 받은 정보보다 최종적으로 형성되는 인상에 더 큰 영향을 미치게 되는 것을 '초두 효과'라고 한다. 즉 좋은 평가를 먼저 듣고 나쁜 평가를 나중에 들으면 좋은 사람이라는 인상이 형성되지만, 반대로 나쁜 평가를 먼저 듣고 좋은 평가를 나중에 들으면 나쁜 사람이라는 인상이 형성된다. 다른 사람에 대한 첫인상이 중요한 것은 아마도 초두 효과가 작용한 때문일 것이다. 초두 효과와 상반되는 개념으로 익숙할수록, 친할수록 인식과 이미지에 질적 도약을 가져 오는 것을 **최신 효과**라고 한다.

하인리히 법칙

큰 사고가 일어나기 전에 반드시 유사한 작은 사고와 사전 징후가 선행한다는 경험법칙이다. 1931년 미국 보험회사에서 근무하던 하인리히는 수많은 산업재해 자료를 분석한 결과 의미 있는 통계학적 규칙을 찾아냈다. 평균적으로 한 건의 큰 사고 전에 29번의 작은 사고가 발생하고 300번의 잠재적 징후들이 나타난다는 것으로, **하인리히 법칙**을 흔히 '1:29:300의 법칙'이라고도 한다. 한마디로 대부분의 대형 사고는 예고된 재앙이며, 무사안일주의가 큰 사고로 이어진다는 것이다.

깨진 유리창의 법칙

사소한 것들을 방치해두면 나중에는 큰 범죄로 이어진다는 범죄 심리학 이론이다. 건물 주인이 건물의 깨진 유리창을 그대로 방치해두면, 지나가는 행인들은 그 건물을 관리를 포기한 건물로 판단하고 돌을 던져 나머지 유리창까지 모조리 깨뜨리게 된다. 나아가 그 건물에서는 절도나 강도 같은 강력 범죄가 일어날 확률도 높아진다. 즉 '깨진 유리창 법칙'은 깨진 유리창과 같은 작은 부분이 도시를 무법천지로 만드는 나쁜 결과를 가져올 수 있음을 시사한다.

나비 효과

나비 효과란 '작은 사건 하나에서 엄청난 결과가 나온다.'라는 뜻으로, 지구 한쪽의 자연 현상이 언뜻 보면 아무 상관이 없어 보이는 먼 곳의 자연과 인간의 삶에 커다란 영향을 미친다는 이론이다. 즉, 작은 변화가 결과적으로 엄청난 변화를 초래할 수 있다는 것을 뜻한다. 1960년대 미국 매사추세츠 공대의 기상학자 에드워드 로렌츠가 기상 모델을 연구하면서 **나비 효과**를 발표하여 카오스 이론의 이론적 발판을 마련하였고 그 후 활발한 연구가 이루어졌다.

링겔만 효과

링겔만 효과는 혼자서 일할 때보다 집단 속에서 함께 일할 때 사람들은 노력을 덜 기울인다는 현상을 말한다. **링겔만 효과**는 집단 속에서 개인의 잘잘못이 명확하게 드러나지 않을 때 주로 나타난다. 자신에게 책임과 권한이 주어지는 업무와 달리 집단의 이름으로 책임과 권한이 주어지면 개인은 익명성이라는 그늘에 숨어버리게 된다. 그래서 최선을 다하지 않는다는 것이다. 시너지 효과의 반대말로 마이너스 시너지 효과를 뜻하는 링겔만 효과는 경제학의 '무임승차' 현상을 설명하는 이론적 근거가 되기도 한다.

세렌디피티 법칙

준비된 우연을 뜻하는 '세렌디피티 법칙'은 우연한 기회에, 혹은 실험에 실패하면서 중대한 발견이나 발명을 하는 것을 말한다.

우리는 역사적으로 새로운 발견, 새로운 이론이 나오는 과정에서 이 우연이 중요한 모티브가 되었다는 이야기를 많이 들었다. 노벨의 다이너마이트 발견, 플레밍의 페니실린 발견, 뉴턴의 만유인력 법칙, 에디슨의 발명은 우연한 아이디어와 영감의 산물처럼 이야기한다. 그러나 에디슨이 이야기하는 1%의 영감도 우연이 아니라 99% 노력의 산물이라는 것이다.

풍선 효과

어떤 현상이나 문제를 억제하면 다른 현상이나 문제가 새로이 불거져 나오는 상황을 가리키는 말이다. 풍선의 한쪽을 누르면 다른 쪽이 불룩 튀어나오는 모습에 빗댄 표현이다. 예를 들어 특정 지역의 집값을 잡기 위해 규제를 강화하면 해당 지역 집값은 통제가 될지라도 수요가 이동해서 다른 지역의 집값이 오르는 현상도 이에 속한다. **풍선 효과**에 의하면 어떤 경제정책을 강제로 시행하면 부작용이 나타나면서 보호하려는 계층의 이익을 오히려 해치게 되는 경우가 일어난다.

파레토의 법칙

'80 대 20 법칙'이라고도 한다. 전체 결과의 80%가 전체 원인의 20%에서 일어나는 현상을 가리킨다. 예를 들어, 20%의 고객이 백화점 전체 매출의 80%에 해당하는 만큼 쇼핑하는 현상을 설명한다. 또 기업 성과의 80%는 전체 임직원 중 상위 20%가 발휘하는 노고 덕분이라거나, 교통사고의 80%는 20%의 운전자가 집중적으로 일으킨다거나, 건강보험 재정의 80%를 20%의 환자가 사용한다는 사실은 파레토 법칙의 예라고 할 수 있다.

롱테일 법칙

롱테일 법칙은 파레토법칙과는 거꾸로 80%의 '사소한 다수'가 20%의 '핵심 소수'보다 뛰어난 가치를 창출한다는 이론으로서, 이 때문에 '역(逆) 파레토법칙'이라고도 한다. 예를 들면, 온라인 서점 아마존 닷컴의 전체 수익 가운데 절반 이상은 오프라인 서점에서는 서가에 비치지도 않는 비주류 단행본이나 희귀본 등 이른바 '팔리지 않는 책'들에 의하여 발생한다는 사실이 그것이다.

플라시보 효과

의사가 효과 없는 가짜 약 혹은 꾸며낸 치료법을 환자에게 제안했는데, 환자의 긍정적인 믿음으로 인해 병세가 호전되는 현상이다. 심리적 요인에 의해 병세가 호전되는 현상으로 **가짜 약(僞藥) 효과**라고도 한다. 성공도 마찬가지다. 성공하겠다고 결심한다고 해서 성공하는 것이 아니라, 열심히 노력해서 성공하는 과정을 즐겁게 상상하는 사람이 성공하는 것이다. 이를 '유인력의 법칙'으로 부르기도 한다.

치킨게임

상대가 무너질 때까지 출혈 경쟁을 하는 것을 일컬으며, 어느 한 쪽이 양보하지 않을 경우 양쪽이 모두 파국으로 치닫게 되는 극단적인 게임이론이다. **치킨게임**은 한밤중에 도로의 양쪽에서 두 명의 경쟁자가 자신의 차를 몰고 정면으로 돌진하다가 충돌 직전에 핸들을 꺾는 사람이 지는 경기를 일컫는다. 핸들을 꺾은 사람은 겁쟁이, 즉 치킨으로 몰려 명예롭지 못한 사람으로 취급받는다. 그러나 어느 한 쪽도 핸들을 꺾지 않을 경우 게임에서는 둘 다 승자가 되지만, 결국 충돌함으로써 양쪽 모두 자멸하게 된다. 정치학뿐 아니라 경제 분야 등에서 여러 극단적인 경쟁으로 치닫는 상황을 가리킬 때 자주 인용된다.

피그말리온 효과

타인이 상대를 존중하고 긍정적으로 기대하는 태도를 보일 경우, 상대는 그 기대에 부응하는 행동을 하면서 만족스런 결과를 가져오는 현상을 '**피그말리온 효과(Pygmalion Effect)**'라고 한다. 이는 그리스신화에 나오는 조각가 피그말리온의 이름에서 유래한다. 조각가였던 피그말리온은 아름다운 여인상을 만들고, 그 여인상을 진심으로 사랑하게 된다. 이에 미의 여신 아프로디테는 그의 사랑에 감동하여 여인상에게 생명을 주었다는 데서 용어가 비롯됐다.

로젠탈 효과

피그말리온 효과를 교육학에 접목한 것을 '**로젠탈 효과(Rosenthal effect)**'라고 하는데, 이는 교사가 학생들을 교육할 때 능력 있는 학생으로 기대하고 인정하는 태도를 보이면 그 학생의 능력은 더욱 신장되지만, 그와 반대로 능력이 없는 학생으로 기대하고 대하면 그들의 능력은 신장되지 못하는 현상을 말한다. 즉 교사가 학생 개개인을 어떤 관점으로 대하느냐에 따라 학생의 학업성취도가 달라진다는 것으로, '할 수 있다'는 기대치를 가지고 아이들을 바라보는 것이 얼마나 중요하는지를 보여주는 사례이다.

낙인 효과

피그말리온 효과와는 반대되는 현상으로 '**낙인 효과(Labelling effect)**'가 있는데, 이는 다른 사람들에게 무시당하고 부정적으로 낙인찍히면 행동이 나쁜 쪽으로 변화하는 현상을 말한다. 사회심리학에서 일탈행동을 설명하는 이론의 하나인 낙인 효과는, 남들이 자신을 긍정적으로 대하면 그 기대에 부응하려고 노력하지만, 반대로 부정적으로 평가해 낙인을 찍게 되면 나쁜 행태로 나타나는 경향성을 말한다. '**스티그마 효과(Stigma effect)**'라고도 한다.

죄수의 딜레마

'죄수의 딜레마(Prisoner's Dilemma)'는 협력을 통해 서로 이익이 되는 상황을 선택하지 못하고, 더욱 불리한 상황을 선택하는 문제가 발생할 수 있음을 보여주는 유명한 사례다. 함께 행동하면 모두가 이익을 볼 수 있음에도 불구하고 서로를 믿지 못하여 다 같이 손해를 보는 나쁜 결과를 선택하게 된다는 것이다. 인간 행동을 연구하는 게임이론의 하나인 '죄수의 딜레마 게임'은 사람들이 협력을 통해 모두에게 이로운 결과인 플러스섬의 상황을 유지하는 것이 왜 어려운지를 설명해 준다.

최종 제안 게임

인간이 이기적인 태도를 취할 수 있는 상황에서 정말로 그런 행동을 하는가를 설명하는 실험이 **최종 제안 게임**(최후통첩 게임이라고도 한다)이다. 실험 대상이 되는 두 사람에게 일정한 금액의 돈을 건네주고 일정한 절차에 따라 이를 나눠 가지라는 실험에서, 이기적·경제적 인간처럼 행동하는 사람은 거의 찾아볼 수 없었고, 대부분의 사람들은 상대방에게 30~50%의 금액을 제안하는 것으로 나타났다. 이 실험에서 명백하게 드러난 사실은, 사람들은 자기 자신의 이익에만 연연하는 것이 아니라, 공정성이라는 중요한 가치를 위해 자신의 이익을 선뜻 포기하는 행동도 마다하지 않는다는 것이다. 이를 통해 알 수 있듯이, 인간은 기본적으로 이기적인 성향을 갖는다고 보는 경제이론만으로는 인간의 행동을 정확하게 예측할 수 없다.

프레이밍 효과

사람들이 어떤 틀에 의해 상황을 인식하느냐에 따라 행동이 달라지는 것을 가리켜 '틀 짜기 효과(framing effect)'라고 부른다. 심리학자들은 사람들이 선택을 할 때 특정한 '결정 틀'을 사용한다고 설명한다. 그 선택과 관련한 행동, 결과, 그리고 대상을 여러 가지 다른 시각에서 인식할 수 있듯이, 선택과 관련한 문제를 여러 가지의 다른 틀로 인식할 수 있으며, 그중 어떤 틀에 의해 인식하느냐에 따라 행동은 달라질 수 있다는 것이다. '위험 회피(risk aversion) 성향'과 '위험 추구(risk-taking) 성향'처럼 같은 문제이더라도 대안을 어떻게 제시하느냐에 따라 선택이 달라지는 것은 바로 **프레이밍 효과** 때문이다.

전망 이론

'전망이론(Prospect Theory)'은 사람들이 이익보다는 **손해를 더욱 크게** 느낀다는 이론이다. 그림을 보면, 손해의 기울기가 훨씬 아래로 처져 있다. 우리가 합리적인 사고를 한다고 치면, 좌우편이 대각선으로 대칭을 이루어야 하는데, 실제로는 그렇지 않다. 사람들은 손해 보는 것을 너무나 싫어하기 때문에, 의사 결정 시에 이성적 판단보다는 감성적 판단이 앞설 수 있다는 얘기다. 결국 이익을 볼 수 있는 경우에는 상대적으로 손해가 없

는 좀 더 안전한 선택을, 손해가 예상되는 경우에는 혹시 최소한의 이익이라도 낼 수 있는 위험한 선택을 선호하게 된다.

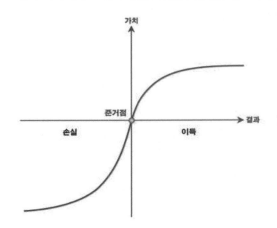

콤플렉스

일정한 감정(정서)을 중심으로 하여 집합된 정신적 여러 요소 및 이로부터 연상되는 집합 요소로 이루어진 복합 감정을 일컫는다. 프로이트는 이것을 억압된 관념 복합체라고 해석하면서, 그 자체는 무의식이지만 의식적인 사고, 감정, 행동에 영향을 미친다고 하였다. 정신분석학에서는 남자아이의 어머니에 대한 과도한 애정이 아버지의 존재에 의해 억압되지 않고 그대로 정착되고 마는 경우의 의식형태를 **오이디푸스 콤플렉스**라고 한다. 여아가 부친에게 애정을 갖고 모친에게 유감을 나타내는 경향은 **엘렉트라 콤플렉스**라 불린다.

자아 인식

자아 인식은 자신에 대한 필요, 동기, 태도, 감정 등의 심리 상태와 인격의 특징에 대한 인식과 판단을 가리키며, 자기 지각이라고도 한다. 우리가 겪는 대부분의 일은 자아 인식과 관련이 있다. 다른 사람과의 관계 역시 자아 인식과 깊은 관련이 있다. 어떤 경우든 자신을 정확히 인식하기란 결코 쉬운 일이 아니므로, 항상 객관적으로 자기를 관찰할 수 있도록 노력할 필요가 있다.

자기 평가

개인이 스스로 내리는 평가를 **자기 평가**라고 한다. 자기 평가가 높은 사람들은 매사에 긍정적으로 생각하며 상황에 적극적으로 대처하는 경향을 보이는 반면, 지나치게 겸손한 사람이나 타인의 시선을 크게 의식하는 사람들은 실패를 두려워해 문제 해결에 소극적인 경향을 보인다. 자기 평가가 낮은 사람은 늘 불안한 마음을 보이므로, 자신과 마주 보는 방법을 바로 세울 필요가 있다.

자존 감정

자신을 긍정적으로 평가하는 감정을 **자존 감정**이라고 한다. 자

존 감정(자존감, 자존심)이 강한 사람은 자신과 타인을 비교했을 때 열등감에서 오는 자극을 심하게 받지 않는다. 반대로 자존 감정이 약한 사람은 자극을 쉽게 받는다. 자존 감정을 높이기 위해서는 '남은 남이고, 나는 나'라는 생각으로 자신을 인정하는 것부터 시작할 필요가 있다.

자기 과시
자신의 존재를 인정받기 위하여 타인에게 자신을 과장하여 드러내는 심리 상태를 말하며, **자기 과시 욕구** 또는 현시 욕구라고도 한다. 다른 사람을 즐겁게 하기 위해 충격과 흥분을 준다거나, 대화를 독점하려는 경향은 모두 자기 과시 욕구에서 비롯된 행동이다.

방어 기제
상처받고 싶지 않은 마음의 상태를 안정시키기 위해 무의식중에 욕구 불만이나 불안한 마음을 회피하려는 경향을 **방어 기제**라고 하며, 변명이나 거짓말에는 종종 방어 기제가 포함되어 있다. 방어 기제에 의한 행동은 일시적으로 긴장과 스트레스를 해소하고 자아를 유지하는 데 도움을 주지만, 방어를 위한 반응이 지나쳐 습관화되면 그것이 새로운 스트레스 유발 요인으로 작용하는 등으로, 심각한 부적응의 원인이 된다. 주요 방어 기제로는 동일시, 분리, 보상, 합리화, 억압, 자학, 승화 등이 있다.

조하리의 창
조하리의 창은 자신의 진짜 성격을 알기 위한 분석틀로, '마음의 창'이라고도 한다. 대인관계에 있어서의 마음의 상태를 '열린 창'(타인과 내가 모두 아는 자아의 영역), '숨겨진 창'(타인은 모르는데 나만 아는 자아의 영역), '보이지 않는 창'(타인은 아는데 나는 모르는 자아의 영역), '암흑의 창'(타인과 나 모두 모르는 자아의 영역)의 네 가지 영역으로 나타낸다. 이를 통해 타인에게 속마음을 털어놓거나 자신이 어떤 성격을 보이는지 타인에게 물어보는 과정에서, 자기 개시된 부분인 열린 창의 넓이가 다른 창보다 넓어진다. 그렇게 되면 좁아진 나머지 세 개의 창에도 빛이 닿아서 그때까지 미처 알지 못했던 자신의 장단점을 발견할 수 있다.

리비도
리비도란 '**욕망**'을 뜻한다. 프로이트는 인간이 태어날 때부터 갖고 있는 본능적 에너지로서의 성적 충동을 리비도라고 불렀으며, 문화·예술을 비롯한 모든 인간 활동은 리비도의 변형이라고 해석했다. 한편 융에 따르면 리비도는 인간의 다양한 마음 그 자체로, 우정, 부성애, 연애 같은 것이 이에 속한다고 주장했다. 그는 리비도가 밖으로 향하여 협조성을 중시하는 사람을 외향적 성격, 안으로 향하여 타인을 간섭하지 않는 사람을 내향적

성격으로 구분 지었다.

리액턴스 효과
사람은 자신의 의견이나 행동을 타인에 의해 제한 혹은 강요받으면 그것에 반발하여 자신의 의견이나 행동을 더욱 고집하거나 금지된 일일지라도 하고 싶은 충동을 느끼게 되는데, 이렇게 반대 행동을 취하는 것을 **리액턴스 효과**라고 부른다. 리액턴스 효과는 반항기 아동에게서 자주 나타나는 심리로, 장난감을 만지지 말라고 하면 더 만지고 싶어 하는 심리가 그것이다.

군중 심리
타인의 행동을 무심코 따라하는 심적 현상을 **군중 심리**라고 한다. 길게 줄이 서 있는 가게에 나도 모르게 무심코 줄을 서는 것처럼, 사람들은 집단으로 모였을 때 개별적으로는 할 수 없는 일을 동질화의 감정을 느끼면서 쉽게 따라 하는 경향을 보인다. 이는 다른 사람은 다 하는데 자신만 참가하지 않으면 왠지 손해를 볼 것 같은 불안감을 갖거나, 타인의 행동에 정당성을 느끼기 때문에 일어난다.

부메랑 효과
타인을 설득할 때에 처음 의도했던 것과는 다르게 상대방이 반발하여 역효과를 가져오는 현상을 **부메랑 효과**라고 한다. 상대방이 설득에 반감을 표시하는 것은 자신의 행동이나 태도의 자유를 지키기 위한 것으로, 부메랑 효과를 피하기 위해서는 상대방을 설득할 때 긍정적 정보뿐 아니라 부정적인 정보도 함께 전달해서 직접 결론을 내도록 유도할 필요가 있다.

대인 공포
대인 공포는 다른 사람들 앞에서 당황하거나 바보스러워 보일 것 같은 사회 불안을 경험한 후 다양한 사회적 상황을 회피하게 되고, 이로 인해 사회적 기능이 저하되는 현상이다. 대인공포증을 가진 사람들은 다양한 사회적 상황에서 창피를 당하거나 난처해지는 것에 대한 지나친 두려움을 갖는다. 예를 들면 많은 사람 앞에서 이야기할 때, 대중 화장실에서 소변을 볼 때, 그리고 이성에게 만남을 신청할 때 심한 불안감을 경험하게 된다.

고슴도치 딜레마
너무 가까이하기도, 그렇다고 너무 멀리 떨어져 있기도 어려운 인간관계를 일컬어 **고슴도치 딜레마**라고 말한다. 고슴도치 딜레마는 남에게 상처를 주기도, 받기도 싫어서 혼자 고립되려는 현대인의 고립된 감정을 일컫는 용어이다. 고슴도치가 누군가와 가까워지려 하면, 자신에게 달린 가시들로 그 상대를 다치게 해 누구와도 가까워질 수 없는 상태를 인간의 마음 상태에 빗대어 표현한 것이다.

몰개성화

블로그나 SNS 등 인터넷상에서는 자신의 존재감이 희박해지기 때문에 악성 댓글을 다는 행위가 거리낌 없이 일어난다. 이처럼 집단으로 행동하는 상황에서 구성원 개개인의 정체성과 책임감이 약화되어 집단 행위에 민감해지는 현상을 몰개성화라고 한다. 개인이 **몰개성화** 상태가 되면 죄책감이나 공포, 부끄러움 등의 감정에 둔감해져 통제력이 약화된다. 그 결과 집단 구성원들은 불법적이거나 폭력적인 행위 등 개인적으로는 좀처럼 행하지 않을 다양한 반사회적인 일탈 행위를 비교적 쉽게 행하게 된다.

메라비언의 법칙

대화에서 시각과 청각 이미지가 중요시된다는 커뮤니케이션 이론이다. UCLA 심리학과 **메라비언** 교수의 발표에 따르면, 대화를 통하여 상대방에 대한 호감 또는 비호감을 느끼는 데에서 상대방이 하는 말의 내용이 차지하는 비중은 7%로 그 영향이 미미하다. 반면, 말을 할 때의 태도나 목소리 등 말의 내용과 직접적으로 관계가 없는 요소가 93%를 차지하여 상대방으로부터 받는 이미지를 좌우한다. 특히 짧은 시간에 좋은 이미지를 주어야 하는 직종의 사원 교육으로 활용되는 이론이다.

미스라벨링

상대방에게 성급한 이미지 딱지를 붙이는 것을 **미스라벨링**이라고 한다. 예를 들어 처음 만났을 때 상대가 우연히 몸이 안 좋은 상태에서 한 행동을 보고 '무뚝뚝하다'는 첫인상을 갖게 되고, 그 후에도 계속 같은 감정을 갖는 것이 그것이다. 한 번 정착한 이미지를 바꾸는 것은 어렵지만, 불가능한 것은 아니다. 나중의 인상이 가장 큰 영향을 미친다는 심리이론인 **신근 효과**가 그것으로, 첫인상이 나빠도 다음에 만났을 때 더 좋은 이미지를 줄 수 있다.

■ 신근 효과

먼저 제시된 정보보다 나중에 제시된 정보가 그 사람의 인상에 강하게 영향을 주는 경우가 있는데, 이를 신근 효과라고 한다. 상대방의 성격을 인식하는 힘이 단순한 사람일수록 신근 효과에 영향을 받기 쉽다.

게인-로스 효과

게인 효과와 로스 효과를 합친 말이다. **게인 효과**는 상대방이 처음에도 상냥하게 대하고 나중에도 상냥하게 대하는 경우보다 처음에는 냉정하게 대했지만 나중에 상냥하게 대하는 경우 상대에게 더 호감을 느끼는 현상이다. 반면 **로스 효과**는 상대방이 처음부터 끝까지 냉정하게 대하는 경우보다 처음에는 상냥하게 대했으나 나중에는 냉정하게 대하는 경우 상대방을 더 싫어하게 되는 현상을 말한다. 상대방으로부터 뭔가 얻어내야 하는 협

상에서 자주 활용된다.

오귀인 효과

감정을 착각하는 현상 또는 행동을 틀린 원인과 연결 짓는 심리 현상을 **오귀인 효과**(誤歸因)라고 한다. 예를 들어 커피를 마시며 데이트를 할 경우, "이 사람 때문에 내 심장이 두근거리는 걸까?"라고 착각해 사랑에 빠질 확률이 높아지는 오귀인 효과가 나타날 수 있다. 실제 보지 않았는데도 보았다고 하거나, 들은 적이 없는데도 들은 것으로 기억하는 것 역시 오귀인 효과에서 비롯된 것이라고 할 수 있다.

단순 노출 효과

단순 노출 효과는 처음에는 싫어하거나 무관심했지만 대상에 대한 반복 노출이 거듭될수록 호감도가 증가하는 현상으로, 에펠탑 효과라고도 한다. 예를 들어 드라마에서 특정 상품을 PPL(간접광고)로 반복해서 보여 줌으로써 시청자의 구매를 이끌어내는 것이 이에 해당한다. 반복 노출 효과는 상품에만 국한되는 것이 아니라 인간관계에서도 적용된다. 서로 안 시간이 길어지거나 상대방을 잘 알게 되면 점점 더 좋아지게 된다.

미러링 효과

미러링 효과란 상대방의 말이나 행동 등을 거울 속에 비친 것처럼 따라하는 행동을 일컫는다. 사람들은 자신과 비슷한 용모나 가치관(심리학에서는 이를 '유사성'이라고 한다)을 가진 사람에게 호감을 느끼는 경향이 있는데, 사람들은 마음에 둔 사람과 친해지고 싶을 때 그를 미러링 함으로써 상대방과의 거리를 좁히고, 보다 호감을 느끼게 된다.

친화 욕구

인간은 불안에 사로잡히면 다른 누군가와 함께 하고 싶은 마음이 생기고, 자신과 같이 불안한 마음을 가지고 있는 사람들과 함께 하고 싶어 한다. 이처럼 인간의 기본 욕구 중에는 타인과 우호적인 관계를 유지하고 싶어 하는 심적 기제가 있는데, 이를 **친화 욕구**라고 한다.

망상성 인지

자신의 성격으로 성급하게 판단하는 것을 **망상성 인지**라고 한다. 상대방의 진의를 확인하지 않고 혼자 마음속으로만 해결하려고 하면 나쁜 방향으로 해석되어 망상성 인지가 발생하게 된다. 심리학에서는 타인의 동기를 악의적으로 해석하고 광범위한 불신과 의심을 지니는 성격 장애를 일컫는다.

로미오와 줄리엣 효과

연인들에게 있어서 부모 반대나 주위의 장애는 오히려 로미오와

줄리엣처럼 그 사랑을 더 깊게 하는 효과를 나타낸다는 것에서 비롯된 말이다. **로미오와 줄리엣 효과**는 자신의 자유에 위협을 받거나 주변에서 자신의 생각과는 정반대의 반응을 나타내 반대에 부딪힐 경우, 그것을 원상태로 회복하기 위해 더 강하게 저항하는 심리적 현상이라고 할 수 있다. 금지된 것일수록 더 해보고 싶은 심리를 지칭하는 리액턴스 효과와 비슷한 개념이다.

유사성 효과
인간은 자신과 닮은 외모나 비슷한 의견 및 가치관을 가진 사람에게 호감을 가지게 마련인데, 이를 **유사성 효과**라고 한다. 정치적 성향이라든지 경제 수준, 학력 등 매우 의미 있고 중요한 유사성은 물론, 좋아하는 브랜드나 가수, 즐겨하는 운동이나 취미 등 일상적이고 덜 심각한 유사성 역시 서로 간의 친밀감을 불러일으키는 데 중요한 역할을 한다. 유사성이 높을수록 함께 나눌 대화의 화제가 풍성해지고 경험을 함께 할 기회가 많아지기 때문이다.

상보적 관계
인간은 자신과 닮은 사람에게 친근감을 느끼는 경향이 있지만, 이와는 반대로 자신에게는 없거나 부족한 면을 가진 사람에게 끌리는 경우도 있다. 서로 부족한 부분을 채워 줌으로써 좋은 관계를 쌓을 수 있기 때문으로, 이를 상보성이라고 하고, 서로 이런 감정을 가지는 것을 상보적 관계라고 한다. **상보적 관계**는 연인 관계에서 많이 볼 수 있다.

카타스트로피 이론
사랑과 미움이라는 상반된 감정이 갑자기 서로 뒤바뀌어 나타나는 심리를 **카타스트로피 이론**이라고 한다. 카파스트로피란 '파국'을 뜻하는데, 심리학에서는 상대방에 대한 감정이 정반대로 변화하는 것을 말한다. 상대방에 대한 애정이 깊으면 깊을수록 한 번 증오를 느끼면 그 감정이 한층 더 강해진다.

자세 반향
마음을 연 상대방과 자신 사이에 신뢰 관계가 형성될 때, 사람들은 상대방이 취한 행동을 무의식적으로 똑같이 따라 하게 된다. 그 결과 둘 사이에 말투나 표정 등이 서로 비슷해지는데, 이를 **자세 반향**이라고 한다. 자세 반향을 적절히 활용하면 대화를 부드럽게 이끌어갈 수 있는 유용한 도구가 된다.

사회적 역할
사회적 역할이란 개인과 그의 사회적 지위, 신분에 맞는 행동 방식 및 그에 상응하는 심리 상태를 가리킨다. 사회적 역할은 특정한 지위에 있는 개인의 행동에 대한 기대로, 사회적 집단 형성의 기초가 되기도 한다. 사람들은 사회 내에서의 역할을 수행하는 과정에서 종종 갈등과 장애를 겪게 되며 심지어 실패하기도 하는데, 이를 역할 부적응이라고 한다. 개인의 역할이 사회의 기대에 부합할수록 우리는 사회에서 제대로 자리 잡을 수 있다.

사회적 태만
사회적 태만이란 조직 내의 여러 구성원들이 어떤 일을 할 때 혹은 개인의 활동에 다른 사람들이 동참할 때, 각각의 구성원이 쏟는 노력이 혼자 할 때보다 줄어들어 개인의 활동에 대한 적극성과 효율이 감소하는 현상을 말한다. 관료제 조직에서 자주 나타나며, 개인의 수행 정도를 평가할 수 없어 개개인의 과업 수행이 집단에 묻힌다고 생각될 때, 결과에 대한 책임이 전체 구성원에게 분산되어 사람들이 열심히 노력하지 않아도 된다고 생각될 때 주로 발생한다.

책임감 분산
책임감 분산이란 자신이 사건이나 과업을 책임질 유일한 사람이 아니라고 느끼면서, 곤경에 처해 도움을 기다리는 사람의 행동을 지켜만 보는 것을 말한다. 실제로 자신에게 책임이 있을 경우 사람들은 단호하게 행동에 나서지만, 현장에 많은 사람이 있어서 책임감이 분산되면 누가 행동에 나서야 할지 불분명해지고, 그렇게 해서 무심한 구경꾼으로 전락하고 만다.

연극성 인격 장애
감정 표현이 과장되고 주변의 시선을 받으려는 성향의 **히스테리성 인격 장애**를 뜻한다. 연극성 인격 장애는 심리 발육이 미성숙한 특징을 보이는데, 특히 감정 발달이 미성숙한 편이다. 이런 인격을 가진 사람들은 가장하기를 좋아하며, 기분을 과도하게 드러내고, 항상 사람들의 주목을 받고 싶어 하며, 언행에서 실제와 큰 차이를 보이는 특징이 있다.

리플리 증후군
리플리 증후군은 자신이 꿈꾸는 허구의 세계를 진실이라고 믿으며, 이에 따른 거짓된 말과 행동을 하는 반사회적 인격 장애를 뜻한다. 리플리 증후군은 성취욕구가 강한 무능력한 개인이 마음속으로 강렬히 원하는 것을 현실에서 이룰 수 없는 사회 구조적 문제에 직면했을 때 많이 발생한다. 자신의 욕구를 충족시킬 수 없어 열등감과 피해 의식에 시달리다가 상습적이고 반복적인 거짓말을 일삼으면서 이를 진실로 믿고 행동한다.

제3장　사회 · 경제

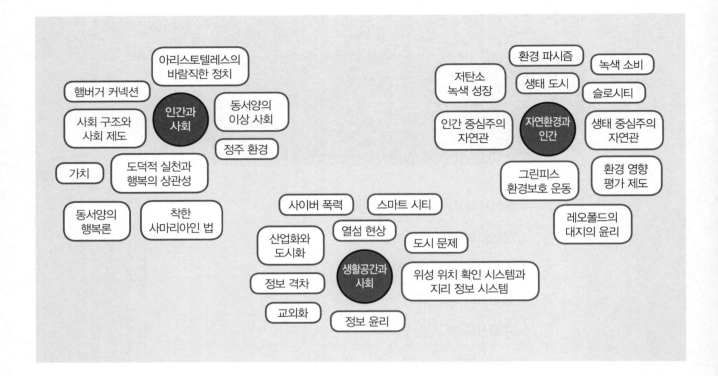

인간, 사회, 환경을 바라보는 다양한 관점

복잡한 현대 사회에서 일어나는 현상을 하나의 관점으로만 설명한다는 것은 거의 불가능하다. 사회 현상의 속성을 이해하고 사회 문제의 해결책을 모색하기 위해서는 **시간적 · 공간적 · 사회적 · 윤리적** 관점을 통해 종합적으로 이해하려고 노력할 필요가 있다.

■ 인간, 사회, 환경을 바라보는 시각

구분	내용
시간적 관점	시대적 배경과 맥락을 통해 오늘날의 사회 문제를 해결하고, 미래를 예측
공간적 관점	인간 생활과 사회 현상을 위치와 장소, 분포 유형과 형성 과정, 이동과 네트워크 등 공간적 맥락에서 이해
사회적 관점	사회 현상을 사회 제도 및 사회 구조와의 관련성 속에서 이해
윤리적 관점	도덕적 가치 판단과 규범적 방향성에 초점을 두고 사회 현상을 이해

사회 구조와 사회 제도

한 사회에서 개인이 일정한 행동을 하도록 정형화된 사회적 관계의 틀을 **사회 구조**라고 한다. 그리고 사회 구성원들의 원활한 상호 작용을 가능하게 해 주는 관습화된 절차 및 규범 체계를 **사회 제도**라고 한다.

■ 사회적 관계

사회적 관계란 개인이나 사회 속에서 다른 사람이나 집단들과 끊임없이 상호 작용하면서 형성한 일정한 관계를 말한다.

가치

가치는 우리가 소중하게 생각하여 추구하려는 것으로, 도구적 가치와 본질적 가치로 나눌 수 있다. 물질적 가치는 주로 **도구적 가치**에 속하며 이를 통해 우리는 감각적 즐거움을 느낄 수 있다. 그러나 인간이 행복해지기 위해서는 도구적 가치보다는 선(善), 사랑, 지혜, 아름다움 등 **본질적 가치**를 추구하도록 노력해야 한다.

동서양의 행복론

행복의 의미와 기준은 동서양의 문화권과 시대에 따라 다양하게 나타났다. 동양 사상에서는 행복에 대한 직접적인 언급이 많지 않다. 그러나 동양 사상은 몸과 마음을 바르게 하는 수양을 통해 인간 본성을 실현하는 것을 이상적인 삶으로 강조한다는 점에서 결국 행복에 이르는 길을 모색한다고 볼 수 있다. 한편 서양에서는 서양 윤리 사상의 출발점인 고대 그리스 시대에서부터 근대에 이르기까지 행복에 관한 다양한 논의가 이루어졌다.

동양의 행복론	서양의 행복론
• **유교**: 하늘로부터 부여받은 도덕적 본성을 보존하고 함양하면서 다른 사람과 더불어 살아가며 인(仁)을 실현하는 것을 행복이라고 보았다. • **불교**: 청정한 불성을 바탕으로 '나'라는 의식을 벗어버리기 위한 수행과 고통받는 중생을 구제하는 실천을 통해 해탈의 경지에 이르는 것을 행복이라고 보았다. • **도교**: 타고난 그대로의 본성에 따라 인위적인 것이 더해지지 않은 자연 그대로의 모습으로 살아가는 것을 행복이라고 보았다.	• **고대 그리스**: 아리스토텔레스는 행복을 삶의 궁극적 목적으로 보았으며, 행복은 이성의 기능을 잘 발휘할 때 달성된다고 하였다. • **헬레니즘 시대**: 에피쿠로스학파는 육체에 고통이 없고 마음에 불안이 없는 평온한 삶을 행복이라고 보았다. 스토아학파는 정념에 방해받지 않는 초연한 태도로 질서에 따라 사는 것을 행복이라고 보았다. • **근대**: 의무론 사상가인 칸트는 행복을 자신의 복지와 처지에 관한 만족이라고 여겼다. 그는 인간이 마땅히 지켜야 할 도덕 법칙을 실천하는 사람은 행복을 누릴만한 자격이 있다고 하였다. 공리주의 사상가 벤담과 밀은 행복을 쾌락이라고 여겼으며, 이를 삶의 목적으로 제시하였다. 이들은 최대 다수에게 최대의 행복을 가져다주는 행위를 할 것을 강조하였다.

정주 환경

인간이 생명을 유지하고 행복한 삶을 누리기 위해서는 일정한 공간에 자리 잡고 살아갈 수 있는 다양한 주변 환경이 필요한데, 이를 **정주 환경**이라고 한다. 정주 환경은 좁게는 주거 환경에서부터 넓게는 문화, 여가, 자연환경 등 일상생활의 전 영역을 광범위하게 일컫는 말로, 우리의 지각, 태도, 감정에 영향을 미친다.

동서양의 이상 사회

공자는 지도자가 도덕으로 공동체를 다스리고, 공동체 전체를 한 가족처럼 여겨서 모든 사람이 보호받는 **대동사회**를 이상 사회로 제시하였다. 모어는 가상의 섬나라인 **유토피아**를 이상 사회로 제시하면서 빈부 격차 없이 모든 인간이 경제적으로 풍족하며 소유와 생산에서 평등한 사회로 그렸다.

아리스토텔레스의 바람직한 정치

아리스토텔레스는 모든 사람들이 행복할 수 있는 바람직한 정치의 핵심은 **공공의 이익**을 추구하는 것이라고 보았다. 그는 저서인 『정치학』에서 사회 통합을 위해서는 매일의 생존에 쫓기지 않고 충분히 숙고하며 정치에 참여할 수 있는 중간 계층이 많아야 하고, 그들의 역할이 중요하다고 하였다.

착한 사마리아인 법

자신에게 위험이나 피해를 초래하지 않는데도 불구하고 제삼자의 위험을 고의로 무시하며 돕지 않는 사람에 대하여 처벌하는 법을 **착한 사마리아인 법**이라고 한다.

도덕적 실천과 행복의 상관성

도덕적 실천을 통해 행복해질 수 있다고 생각하는 사람들은 삶의 목적인 행복이 자기 자신만을 만족시키는 단순한 쾌락이 아닌 인간다운 덕의 실현을 통해 이루어진다고 본다. 그러므로 행복은 **도덕적 완성**이나 다름없다는 것이다. 달라이 라마는 "상대방에 대한 순수한 배려, 행복을 위한 마음이 진정한 행복을 가져다준다."라고 말하면서, 행복은 다른 사람을 배려하고 다른 사람의 행복을 진정으로 바랄 때 생긴다고 강조한다.

햄버거 커넥션

우리가 햄버거를 한 개 먹을 때마다 열대림의 나무 한 그루가 사라진다고 한다. 흔히 패티라고 부르는 햄버거용 소고기를 만들기 위해 소를 대량으로 사육하는 과정에서 열대림을 파괴하여 목초지를 조성하게 된다. 이렇게 열대림이 파괴되는 과정을 **햄버거 커넥션**이라고 부른다.

인간 중심주의 자연관

자연의 가치를 인간의 이익에 따라 평가하는 관점을 인간 중심주의 자연관이라고 한다. **인간 중심주의 자연관**은 인간과 자연을 분리하여 바라보는 이분법적 세계관으로, 자연을 이용함으로써 인간의 삶이 더 윤택하고 행복해질 수 있다고 주장한다. 이는 인간을 자연보다 우월한 존재로 인식하고, 자연을 인간의 욕구 충족을 위한 도구로서 자연이 지니는 유용성을 중시하는 도구적 자연관에 근거한다. 인간 중심주의 자연관은 오늘날 산업화·도시화 과정에서 발생한 환경 파괴의 주된 요인이자 환경 위기를 초래한 원인이라는 비판을 받고 있다.

■ 이분법적 세계관

데카르트나 베이컨 등 서양 근대 철학자들은 모든 존재를 정신과 물질로 구분하였다. 이러한 이분법적 세계관에 따르면 자연은 정신 혹은 영혼이 없는 단순한 물질로, 하나의 기계에 불과하기 때문에 인간이 마음대로 이용하고 지배할 수 있는 대상이 된다. 때문에 이를 기계론적 세계관이라고도 한다.

생태 중심주의 자연관

생태 중심주의 자연관은 모든 생명체는 자연의 일부이며, 인간도 자연으로부터 독립된 존재가 아니라 자연의 일부라고 본다. 자연의 가치는 인간에게 얼마나 이익이 되는 가로 평가해서는 안 되며, 생태계의 모든 것이 존재의 이유가 있으므로 그 자체의 가치를 존중해야 한다는 것이다. 그리고 인간과 자연은 서로 끊임없이 영향을 주고받는 관계로서 서로 조화와 균형을 이루어야 함을 강조한다. 인간의 가장 중요한 의무는 생태계의 안정을 유지하도록 노력하는 것으로 보면서, 오늘날의 환경 문제 해결을 위한 실마리를 제공한다.

레오폴드의 대지의 윤리

레오폴드가 주장하는 대지의 윤리는 생태계 전체를 하나의 유기체로 보고 공동체의 범위를 인간에서 동물, 식물, 토양, 물을 포함한 대지까지 모두 포괄하는 것으로 확대하려는 입장이다. 이에 따르면 대지는 경제적 가치로만 평가될 수 없으며 무생물과 식물, 곤충, 각종 동물 등이 유기적으로 연결되어 균형을 이루며 살아가는 **생명 공동체**이다. 이러한 관점에서 보면 인간 역시 생명 공동체의 한 구성원이므로, 인간은 생태계의 안정을 유지할 의무가 있으며, 생태계의 균형을 파괴하는 무분별한 개입을 자제해야 한다.

환경 파시즘

환경 파시즘은 생태계 전체의 이익을 위해 개별 구성원의 희생을 강요할 수 있다고 보는 생태 중심주의의 한 입장을 비판적으로 가리키는 용어이다. 환경 파시즘을 경계하는 학자들은 생태주의 학자들이 전 지구적 차원에서 인구, 자원, 에너지 문제 등을 해결하려고 할 때, 자칫 인간 혐오주의나 전체주의에 빠지지 않도록 균형 잡힌 시각을 갖출 것을 강조한다.

생태 도시

생태 도시는 인간과 자연환경이 조화를 이루며 공생할 수 있는 체계를 갖춘 지속 가능한 도시로, 브라질의 쿠리치바와 스웨덴의 예테보리가 대표적이다. 생태 도시를 통해 자원을 절약하고 오염 물질 배출을 최소화하는 등 예방적인 차원에서 도시 환경을 관리할 수 있을 뿐만 아니라 주민들의 삶의 질을 높일 수 있다.

슬로시티

슬로시티는 공해 없는 자연 속에서 전통문화와 자연을 잘 보호하면서 느림의 삶을 추구하는 국제 운동이다. 기본적으로 슬로푸드 먹기와 느리게 살기를 표방하며 시작된 운동으로, 1999년 '국제 슬로시티 운동'이 출범한 이후 전 세계로 확산되고 있다.

환경 영향 평가 제도

정부 기관 또는 민간에서 대규모 개발 사업 계획을 수립할 때, 개발 사업이 환경에 미치는 영향을 미리 **예측·평가**하는 제도이다. 환경에 미치는 영향을 미리 평가받아 그에 따른 환경 보전 방안도 함께 마련하도록 하는 것이다. 우리나라를 비롯한 세계 각국 정부에서 자국의 사회 환경과 특성을 고려하여 다양한 형태로 시행하고 있다.

저탄소 녹색 성장

저탄소 녹색 성장이란 화석 에너지에 대한 의존도를 낮추고 청정에너지의 보급 및 기술 개발을 통해 온실가스 배출량을 적정 수준 이하로 줄이기 위한 노력을 말한다. 또한 청정에너지와 녹색 기술을 연구 개발하여 새로운 일자리를 창출해나가는 등 경제와 환경이 조화를 이루는 성장을 말한다.

그린피스 환경보호 운동

1979년에 창설된 **그린피스**는 각국에 지부를 둔 영향력 있는 국제 시민단체이다. 그린피스는 반핵, 군비 축소, 남극 보호, 에너지 절약과 재생 가능한 에너지 개발, 삼림 보호, 해양 생태계 보호 등을 주요 활동 영역으로 설정하고 있다.

녹색 소비

녹색 소비란 제품을 구매하고 사용한 후 버릴 때까지의 전 과정에 걸쳐 친환경적인 소비 행동을 하는 것을 말한다. 녹색 소비의 실천에는 인간과 자연의 관계를 바르게 인식하고 바람직한 관계를 맺고자 하는 환경 윤리 의식이 전제되어야 한다.

산업화와 도시화

산업화란 농업 중심의 사회가 공업과 서비스업 중심의 사회로 변화해 가는 현상을 말한다. 이 과정에서 경제 활동의 기회가 더 많은 도시로 인구가 이동하면서 도시화가 빠르게 진행된다. **도시화**란 한 국가 내에서 도시에 거주하는 인구의 비율이 높아지는 현상, 또는 도시적 삶의 방식이 확대되어 가는 현상을 말한다. 이와 같은 산업화와 도시화에 따라 인간의 거주 공간과 생태 환경에는 많은 변화가 일어난다.

교외화

교외화란 대도시의 인구나 기능, 시설 등이 도시 주변으로 확산되는 현상을 말한다. 교외화로 대도시와 주변 지역이 기능적으로 밀접한 관계를 가지면서 확산되는데, 특히 교통의 발달에 따라 대도시권의 범위가 점차 확대된다.

열섬 현상

도시 지역 온도가 주변 지역보다 높게 나타나는 현상을 열섬 현상이라고 한다. 도시의 **열섬 현상**은 산업화와 도시화가 가장 큰 원인으로 꼽힌다. 도시 내부에서 인공 열이 발생할 뿐만 아니라, 콘크리트 구조물이나 아스팔트 도로가 흙으로 된 땅보다 더 많은 태양열을 흡수하고 서서히 열기를 뿜어내며, 병풍처럼 둘러쳐진 아파트가 바람이 지나가는 길을 차단하기 때문이다.

도시 문제

도시 사회에서 일어나는 각종의 생활 문제 및 사회 문제를 말한다. 증가하는 인구를 수용할 수 있는 도시 기반 시설이 제대로 충족되지 않거나 일자리가 부족할 경우, 주택 부족과 불량 주택 등의 주택 문제, 교통 체증과 주차 공간 부족과 같은 교통 문제, 수질 및 대기 오염과 같은 환경 문제, 범죄 등 여러 가지 **도시**

문제가 발생한다.

■ 도시 기반 시설
대중교통, 도로, 시장, 공원 등 도시인의 생활이나 도시 기능의 유지에 필요한 물리적인 요소를 도시 기반 시설이라고 한다.

위성 위치 확인 시스템과 지리 정보 시스템
위성 위치 확인 시스템(GPS)은 인공위성을 활용하여 현재 위치를 알려주는 시스템으로, 일상 생활에서 가장 많이 활용되는 분야는 길안내기(내비게이션)라고 불리는 차량 항법 시스템이다. **지리 정보 시스템(GIS)**은 공간 정보 자료를 수치화하여 컴퓨터에 입력·저장하고, 이를 사용자의 요구에 따라 분석·가공하여 각종 분야에 활용하는 정보 처리 시스템이다.

■ 공간 기술 정보의 활용 분야

구분	활용 분야
농업	토양 관리
해양	어장 관리, 해양 에너지 탐사 개발
도시	수자원 관리, 국가 기반 시설 입지
재난·재해	홍수·지진 예측, 산사태 위험지역 관리

정보 격차
정보 격차란 사회적, 경제적, 지역적, 신체적 여건으로 인해 정보 통신 서비스에 접근하거나 이용할 수 있는 기회에 차이가 생기는 것을 말한다. 정보의 소유와 접근 정도에 따라 계층 간 정보 격차가 더욱 심화되며, 따라서 정부는 정보 격차를 줄이기 위해 정보 소외 계층에 대한 복지를 늘려야 한다.

정보 윤리
정보 윤리란 정보 사회의 구성원으로서 지켜야 할 올바른 가치관과 행동 양식을 말한다. 정보 윤리는 자신과 타인에 대한 존중, 자신의 행동에 대한 책임, 타인의 권리를 침해하지 않고 정보의 진실성과 공정성을 추구하는 정의, 타인에 대한 해악 금지를 기본 원칙으로 한다.

사이버 폭력
사이버 폭력은 가상공간에서 언어, 영상 등을 통해 타인에게 피해나 불쾌감을 주는 행위로, 사이버 언어폭력, 스토킹, 명예 훼손, 성폭력, 신상 정보 유출, 따돌림 등을 포함한다.

스마트 시티
스마트 시티는 정보 통신 기술을 이용해 도시의 공공 기능을 네트워크화 하여 교통 혼잡과 같은 각종 문제를 해결하는 도시이다. 에스파냐의 바르셀로나는 세계에서 스마트 시티가 가장 잘 구현되고 있는 도시이다.

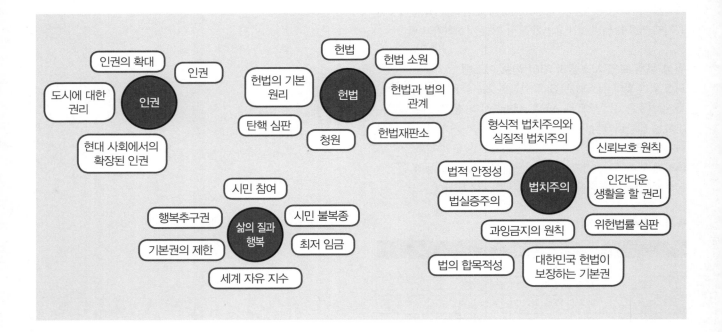

인권

인권이란 인간 존엄성을 유지하며 살아갈 수 있도록 모든 사람이 누려야 하는 기본적인 권리이다. 인권은 인간이 태어나면서부터 당연히 가지는 권리이며, 국가의 법이나 일정한 문서로 보장되기 이전에 자연적으로 주어지는 권리이다. 따라서 인권은 국가나 다른 사람이 함부로 침해할 수 없으며, 인간이라면 누구나 동등하게 누릴 수 있는 권리이다.

■ 인권 확장의 역사적 전개 과정

영국 명예혁명(1688): 영국은 명예혁명 이후 권리장전에 의회가 국왕의 권력을 제한하는 내용을 규정하여 시민의 자유와 권리를 보장하였다. ▶ **미국 독립선언**(1776): 미국은 영국과의 독립 전쟁 과정에서 국민 주권의 원리, 저항권 등이 담긴 독립선언문을 발표하였다. ▶ **프랑스 인권선언**(1789): 시민이 주도한 프랑스 혁명의 결과 재산권 보장, 자유권, 평등권 등이 명시된 인권선언(인간과 시민의 권리 선언)이 발표되었다. ▶ **영국 차티스트 운동**(1838~1848): 19세기 영국의 노동자들은 선거권의 확대를 요구하는 인민헌장을 발표하고 차티스트 운동을 전개하였다. ▶ **영국 여성 참정권 운동**(1910년대): 남성과 동등한 참정권을 보장받지 못한 여성들은 1910년대에 적극적으로 참정권을 요구하는 운동을 벌였다. ▶ **독일 바이마르 헌법**(1919): 독일 바이마르 공화국은 모든 국민이 인간다운 생활을 누릴 수 있도록 하기 위해 처음으로 헌법에 사회권을 규정하였다. ▶ **세계 인권 선언**(1948): 제2차 세계 대전의 참혹한 결과를 반성하고, 인권을 존중하기 위해 국제 연합 총회에서 세계 인권 선언을 채택하였다. ▶ **흑인 민권 운동**(1960년대): 미국의 노예 제도가 폐지된 후에도 흑인이 여전히 차별을 받자, 마틴 루서 킹은 흑인도 백인과 동등한 권리가 있음을 주장하였다.

인권의 확대

인권은 인권 보장의 시간적 개념을 고려하여 세대로 구분하기도 한다. 근대 시민 혁명으로 보장된 1세대 인권(**자유권**)은 개인의 자유를 보호하기 위해 국가의 개입을 경계하는 반면, 2세대 인권(**사회권**)은 사회적 약자의 인간다운 삶을 보장하기 위해 국가의 개입을 어느 정도 필요로 한다. 2세대 인권은 바이마르 헌법에서 최초로 보장하였으며, 세계 인권 선언 이후 전 세계로 확산되었다. 3세대 인권(**연대권**)은 인종 차별, 국가 간 빈부 격차 등으로 인권을 누리지 못한 개인과 집단에 대한 각성에서 나온 권리로 국가와 개인의 관계를 넘어선 전 지구적 차원의 권리이다.

현대 사회에서의 확장된 인권

오늘날 인권 의식이 높아지고 사회가 변화하면서 새롭게 요구되는 인권이 등장하였으며, 인권으로 보장하는 권리의 범위가 넓어지고 그 내용 또한 구체화하였다. 현대 사회에서 **확장된 인권**의 내용으로는 주거와 안전, 환경, 문화에 대한 권리, 정보화 사회에서 필요한 권리 등이 대표적이다.

■ 주거권

주거권이란 물리적 · 사회적 위험에서 벗어나 쾌적하고 안정된 주거 환경에서 인간다운 주거 생활을 할 권리이다. 이를 보장하려고 국가와 지방자치단체는 주거비를 일정 수준으로 유지하고, 노후 주택을 개량하여 주거 환경을 정비하며 사회적 취약 계층에게 임대 주택을 우선 공급하는 등의 정책을 시행한다.

■ 안전권

안전권이란 폭력을 비롯하여 생명과 안녕을 위협하는 여러 위험으로부터 안전할 권리이다. 오늘날에는 서로 다른 경제적, 종교적, 문화적 배경을 가진 사람들이 모여 살면서 다양한 갈등 상황이 나타나므로 안전할 권리를 보장받는 것이 중요하다. 인구 밀도가 높은 도시에서 전염병이나 재해가 발생한다면 피해가 크므로 정부가 이를 예방하고 관리하는 것도 안전권을 보장하기 위한 노력에 포함된다.

■ 환경권

환경권은 건강하고 쾌적한 환경에서 살 권리이다. 오늘날 미세 먼지와 황사로 대기의 질이 나빠지는 등 환경오염이 심각해지면서 환경권에 관한 관심이 더욱 커지고 그 중요성이 강조되고 있다.

■ 문화권

문화권은 계층, 민족, 문화적 배경에 상관없이 누구나 문화생활에 참여하고, 자신의 문화적 정체성을 유지할 권리이다. 노약자, 장애인, 도서 지역 주민 등은 문화생활을 누릴 기회가 상대적으로 적다. 또한 다문화 사회의 이주민은 모국의 언어, 음식, 종교 등을 자유롭게 누릴 권리가 제한될 때가 많다. 따라서 모든 사람에게 문화권을 보장하려는 여러 가지 노력을 기울이고 있다.

■ 잊힐 권리

잊힐 권리는 인터넷상에서 유통되는 정보, 특히 개인 정보를 당사자가 삭제하거나 수정해달라고 요청할 권리이다. 개인 정보를 비롯하여 자신이 원하지 않는 민감한 정보들이 포털 사이트 등에서 많은 사람에게 공개되지 않도록 정보를 통제할 수 있는 권리를 보장해야 한다는 생각이 확산하면서 등장하였다.

■ 알 권리

알 권리는 국민 개개인이 정치 · 사회 현실 등에 관한 정보를 자유롭게 알 수 있는 권리이다. 알 권리는 정부와 국민 사이, 국민과 국민 사이의 의사소통을 촉진하여 일반인의 정치적 무관심을 타파하고 공공문제에 대한 다양한 표현과 참여를 유도함으로써 민주주의의 실질적 구현에 기여하고 있다.

도시에 대한 권리

도시에 대한 권리는 모든 주민을 존중하여 그의 재산이나 토지 소유 여부와 관계없이 도시의 공간, 서비스, 문화 등에 공정하게 접근할 수 있도록 하는 인권이다. 도시에 대한 권리는 도시에 거주하는 주민 누구나 도시가 제공하는 편익을 누릴 권리, 도시 정치와 행정에 참여할 권리, 자신들이 원하는 도시를 만들 권리를 포함한다.

헌법

헌법은 국가의 통치 조직과 운영 원리 및 국민의 기본적 인권을 규정한 최고 규범이다. 법이 우리의 일상생활을 규제하고 보호한다면, 헌법은 법의 전체적인 질서를 나타낸다. 따라서 법은 헌법에 위배될 수 없으며, 모든 법은 헌법을 기준으로 만들어진다.

■ 주권

주권은 국가 의사를 최종적으로 결정할 수 있는 최고의 권력을 말한다. 안으로는 최고의 절대성을 띠고, 밖으로는 독립성을 가진다.

헌법의 기본 원리

우리나라 헌법에서는 국민 주권, 권력 분립, 법치주의, 입헌주의 등의 원리를 규정하고 있다.

■ 국민 주권의 원리

국민 주권의 원리는 주권이 국민에게 있다는 원리로, 국민 투표를 통해 헌법을 개정하거나 국민 선거에 의하여 대통령과 국회의원을 결정하는 것 등으로 실현된다.

■ 권력 분립의 원리

권력 분립의 원리는 국가 권력을 나누어 각각 다른 기관에 맡겨 서로 견제하고 균형을 이루게 함으로써 국민의 인권을 보장하는 것이다.

■ 입헌주의

국민의 기본적 인권을 보장하기 위해 국가의 통치 작용 및 공동체 생활이 헌법에 따라 이루어져야 한다는 정치 원리를 **입헌주의**라고 한다. 입헌주의의 궁극적인 목적은 인간 존엄성의 실현이다. 인간 존엄성 실현을 위해 대부분의 민주 국가는 헌법에 기본적 인권의 내용과 이를 보장하기 위한 다양한 제도적 장치를 명시하고 있다.

■ 법치주의

법치주의는 국가의 운영이 국회에서 제정한 법률에 근거하여 수행되어야 한다는 민주 정치의 원리로서, 국가 권력을 법에 구속함으로써 국민의 인권을 보장한다. 법치주의의 궁극적 목적은 국민의 자유와 권리를 보장하는 데 있고, 이를 위해 국가의 조직이나 기능은 견제와 균형의 원리에 따라 행해져야 한다.

헌법과 법의 관계

한 국가의 최고이자 최상의 근본법은 헌법이다. 헌법의 내용에 따라 법률을 규정하고, 이에 따라 국가기관이 활동을 하며, 국민의 기본권을 제한할 수 있다. 그러므로 헌법에 의해 제정된 법률은 헌법을 위배할 수 없다. 만약 법률이 헌법에 위배된다면 그것은 위헌 법률이 되는데, 이러한 법률은 효력을 상실하게 된다. 우리 헌법에서는 법률이 헌법에 위반되는지를 판단하는 제도가 존재하는데, 이것이 **위헌법률 심판**과 **헌법소원 제도**이다.

청원

청원은 국민이 법률에 의한 절차에 따라 법률, 명령 등의 개정이나 공무원의 파면 등을 국가 기관에 문서로 청구하는 것을 말한다. 모든 국민은 청원권을 가지며 국가기관은 국민으로부터 청원이 있을 때 이를 접수하여 성실히 처리할 의무가 있다. 여기서 국가기관이란 행정기관 · 입법기관은 물론 법원까지 포함된다.

헌법재판소

헌법재판소는 법의 합헌성 여부를 심판하기 위해 설치된 헌법재판기관으로, 위헌법률 심사, 탄핵 심판, 정당의 해산 심판, 헌법소원 심판, 국가기관 사이의 권한쟁의에 관한 심판 등을 관장한다. 헌법재판소는 최고법인 헌법에 비추어 법률이 인권을 침해하거나 공권력이 기본권을 침해했다고 판단될 때 위헌 결정을 내린다.

헌법 소원

헌법 소원은 공권력의 행사 또는 불행사, 헌법에 위배되는 법률 때문에 기본권을 침해받은 자가 직접 헌법재판소에 그 권리를 구제해 주도록 청구하는 것을 말한다.

■ 헌법 불합치 결정

헌법 소원의 대상이 된 법률이 사실상 위헌이기는 하지만 위헌 결정으로 법이 효력을 잃으면 사회적으로 혼란이 생길 수 있을 때, 법이 개정될 때까지만 그 효력을 유지하는 결정이다.

탄핵 심판

탄핵 심판이란 보통의 징계 절차로는 처벌하기 곤란한 고위 공무원 등이 법적으로 어긋나는 행위를 했을 때, 헌법재판소의 판단을 통해서 파면 여부를 결정하는 심판을 말한다.

법치주의

법치주의는 법에 의한 통치 즉, 법의 지배를 의미한다. 법치국가에서 국가의 모든 활동과 국가 공권력의 행사는 국민의 대표가 제정한 법률에 근거하여 법에 정한 절차에 따라 이루어져야 한다.

형식적 법치주의와 실질적 법치주의

형식적 법치주의는 국가 공권력의 행사가 법률에 적합하도록 요구하는 것일 뿐, 그 내용이나 목적을 문제 삼지 않는 것을 말한다. 즉, 법에 규정되어 있으면 그것으로 국가 공권력의 행사는 정당성을 부여받는다. 하지만 오늘날 법치주의는 법률에 의한 것만이 아니라 그 내용과 목적이 정의와 공평의 원리에 부합할 것을 요구한다. 이것이 **실질적 법치주의**로, 이는 인간의 존엄성 존중과 자유와 평등의 실현을 목적으로 하고, 정의의 실현을 내용으로 하는 법에 의한 통치를 요구한다. 즉 이러한 목적을 가지지 못한 법은 정당한 법치주의를 실현하지 못한다.

신뢰보호 원칙

신뢰보호 원칙은 국민이 법을 믿고 신뢰하면 그 신뢰를 보호함으로써 국민의 법적 안정성을 보장하고, 그에 따라 실질적 정의를 실현할 수 있는 원리를 말한다. 법은 국민의 신뢰를 보호함으로써 국민 생활에 안정을 갖게 되며, 이때 **신뢰보호 원칙**은 국민의 기본권 보장의 기능을 수행한다. 즉 행위 당시에 존재했던 법을 믿은 국민의 신뢰는 마땅히 보호되어야 한다. 이러한 신뢰보호의 원칙은 특히 형법권 부과의 기준으로 소급 입법 금지의 원칙 또는 국가행정에 대한 국민의 이해와 신뢰를 보호하기 위한 수단으로 기능하게 된다.

과잉금지의 원칙

국가가 기본권을 제한할 때 있어서 지켜야 할 방법상의 한계를 **과잉금지의 원칙**이라고 하는데, 국가가 국민의 기본권을 제한하는 내용을 법으로 제정함에 있어서 지켜야 할 기본 원칙 또는 입법 활동의 한계를 규정한 것이다. 과잉금지의 원칙은 국민의 기본권을 제한하려는 입법 목적이 헌법 및 법률상의 정당성과 부합해야 하고(목적의 정당성), 목적 달성을 위한 방법은 효과적이고 적절하여야 하며(방법의 적절성), 입법권자가 선택한 기본권 제한 조치는 필요한 최소한에 그쳐야 하며(피해의 최소화), 보호하려는 공익이 침해받는 사익보다 더 커야 한다는(법익의 균형성), 법치 국가의 원칙에서 당연히 파생되는 헌법상의 기본원리를 말한다.

법실증주의

법실증주의는 법의 이론이나 해석 · 적용에 있어서 어떠한 정치적 · 사회적 · 윤리적 요소도 고려하지 않고, 오직 법 자체만을 형식 논리적으로 파악하려는 입장이다. 따라서 실정법을 초월하는 자연법의 존재를 인정하지 않는다는 점에서 자연법 사상과 대립한다. 법실증주의는 실정법 체계의 완전무결성에 대한 확신을 바탕으로 법관에 의한 법 창조 내지 자의적 판단을 배제하려는 사상으로, 법학이론 및 실정법의 발전과 이를 통한 국가 권력의 확립에 크게 기여했다.

인간다운 생활을 할 권리

인간다운 생활을 할 권리는 인간의 존엄성의 이념에 따라 건강하고 문화적인 생활을 할 권리를 말한다. **인간다운 생활권**은 물질적 최소 생활을 보장하고, 더 나아가 문화적 최저 생활의 보장까지도 포함하는 개념이다. 인간다운 생활권은 우리 헌법 제34조에 규정되어 있는데, 이것은 인간의 존엄과 가치를 실현하기 위한 사회권적 기본권의 핵심 목적에 해당하며, 나머지 개별적으로 존재하는 사회권적 기본권은 이를 위한 수단에 불과하다.

법의 합목적성

합목적성이란 법이 존재하는 그 시대의 사회나 국가의 이념에 부합해야 한다는 원칙을 말한다. 법은 그 시대를 반영하고 그 시대를 규율하게 된다. 따라서 법은 그 시대 그 사회가 추구하는 가치 기준과 운영 목적에 부합해야 한다. 이러한 원칙을 **법의 합목적성**이라고 한다. 합목적성은 그 시대의 법적 안정성과 법을 유지시키는 이념이며, 법이 따라야 하는 가치나 기준을 제시한다. 합목적성의 핵심 요소는 **정의**이다.

법적 안정성

법적 안정성이란 국민의 일반 생활을 규율하는 데 있어서 법이 안정적으로 기능하고 작용하는 것을 말한다. 법이 국민으로부터의 신뢰를 얻기 위해서는 법적 안정성에 대해 일반인들이 확신을 가져야 한다. 일상생활에서 분쟁이 발생했을 때 흔히 하는 말로 "법대로 하자."라고들 한다. 이는 법이 사람들 상호 간의 이해관계를 규율하고 대립을 해소하는 장치로서 작동하고 있음을 의미한다. 이러한 상태가 법이 안정적으로 기능하고 있다는 의미이다.

위헌법률 심판

법률이 헌법에 합치하는가의 여부를 심판하여 위반된다고 판단되는 경우에는 그 효력을 상실케 하는 제도를 말한다. **위헌법률 심판**을 제청하기 위해서는 그 법률이 재판의 전제가 되어야 하며, 따라서 아직 문제 되는 소송이 없는 경우나 재판과는 관련이 없는 법률 조항에 대하여는 위헌법률 심판의 제청을 신청할 수 없다.

대한민국 헌법이 보장하는 기본권

우리 헌법에서는 다양한 기본권을 규정함으로써 인권을 보장한다. 헌법 제10조에서는 모든 국민이 인간으로서의 존엄과 가치, 행복을 추구할 권리를 가지며, 국가는 기본적 인권을 보장할 의무를 진다고 명시되어 있다. 우리 헌법에서 명시한 기본권에는 **자유권, 평등권, 참정권, 사회권, 청구권** 등이 있다.

■ 자유권

자유권은 국가로부터 개인의 자유로운 생활이나 활동을 간섭받지 않을 권리이다. 즉, 국가 권력이 행사되지 않음으로써 보장되는 소극적 권리이자, 국가 권력에 의한 침해를 배제하는 방어적 권리이다. 신체의 자유, 사생활과 비밀의 자유, 양심의 자유, 언론 · 출판 · 집회 · 결사의 자유 등이 대표적이다.

신체의 자유	죄형 법정주의, 적법 절차의 원리, 고문 금지 및 묵비권, 영장 제도, 구속 적부 심사제, 일사부재리의 원칙, 연좌제 금지 등
정신적 자유	양심의 자유, 종교의 자유, 언론 · 출판 · 집회 · 결사의 자유, 학문 · 예술의 자유 등
사회 · 경제적 자유	거주 · 이전의 자유, 직업 선택의 자유, 주거의 자유, 사생활의 비밀과 자유, 통신의 자유, 재산권 행사의 자유 등

■ 평등권

평등권은 어떠한 조건에 상관없이 모든 국민이 평등할 권리로서, 법 앞에서의 평등과 차별받지 않을 권리 등이 대표적이다. 다른 기본권을 실현하기 위한 전제 조건이 된다. 여기에서 의미하는 평등이란 절대적 · 형식적 평등이 아니라 상대적 · 실질적 평등을 의미한다.

■ 참정권

참정권은 국민이 국가의 주인으로 참여하는 능동적 권리로서, 선거권, 공무 담임권, 국민 투표권 등이 대표적이다. 국민이 국가의 정치에 참여할 수 있는 권리이기 때문에 참정권을 정치적 기본권이라고도 한다.

■ 청구권

청구권은 다른 기본권들이 침해되었을 때 침해를 막고 보상을 받을 권리로서, 청원권, 재판 청구권, 국가에 대한 손해 배상 청구권 등이 대표적이다. 청구권은 기본권 보장을 위한 수단적 권리이며, 실제적 기본권을 실현하기 위한 절차적 권리라는 성격을 가진다.

■ 사회권

사회권은 인간다운 삶을 위한 조건을 국가에 요구할 수 있는 권리로서, 교육을 받을 권리, 근로의 권리, 사회 보장을 받을 권리 등이 대표적이다. 사회권은 국가에 대해 인간다운 생활의 보장을 요구한다는 점에서 적극적 권리이며, 기본권 중에서 가장 최근에 등장한 현대적 권리이다.

행복추구권
행복추구권은 헌법에 열거된 기본권으로서 행복 추구의 수단이 될 수 있는 개별적 기본권 이외에, 헌법에 열거되지 아니한 신체를 훼손당하지 않을 권리, 자유로운 생활 영위권, 평화적 생존권, 휴식권, 수면권, 일조권, 스포츠권 등이 있다.

기본권의 제한
우리 헌법에서는 기본권을 제한할 수 있는 조건을 제37조 제2항에 규정하였는데, 기본권을 제한하려면 **국가 안전 보장, 질서 유지, 공공복리**라는 세 가지 목적 중 하나를 충족해야 한다. 이러한 목적을 위해서라도 필요한 때에만 법률로써 제한해야 한다고 규정함으로써 국민의 기본권이 국가에 의해 함부로 침해당하지 않도록 보장하고 있다. 이때에도 자유와 권리의 본질적인 내용은 침해할 수 없다.

시민 참여
시민 참여는 정부 정책 결정과 집행에 일반 시민이 직접 참여해 영향을 미치는 행위를 말한다. 시민 참여는 대표에 의해서 정책 결정이 이루어지는 오늘날의 대의민주주의 시대에서 시민의 의사를 정책에 제대로 반영하고 자신의 권리를 지키는 방법이다. 또한 국가 권력이 남용되지 않도록 감시하는 역할도 한다. 시민 참여의 유형으로는 선거, 이익 집단 활동, 시민 단체 활동, 자원봉사 활동, 1인 시위 등 다양하다.

■ 사회 운동
사회 운동은 구체적인 사회 문제를 해결하거나 현존 사회 체제를 근본적으로 개혁하기 위하여 대중이 자발적으로 하는, 조직적이고 집단적이며 지속적인 행위를 말한다.

시민 불복종
시민 불복종은 잘못된 법이나 정의롭지 못한 정책에 대하여 비폭력적 수단으로 복종을 거부하는 것을 말한다. 시민 불복종은 민원 제기, 청원 운동, 집회 참가 등과 같은 합법적인 수단만으로 해결 불가능할 때 최후의 수단으로 선택하는 방법으로, 제재와 불이익을 감수하면서도 잘못된 제도에 저항하는 행위이다. 시민 불복종은 공익성, 비폭력성, 최후의 수단, 처벌 감수 등의 조건을 갖출 때 정당화된다.

최저 임금
최저 임금은 노동자의 생활 안정과 노동력의 질적 향상을 목적으로 임금의 최저 수준을 보장하고자 매년 정하는 한 시간당 임금을 말한다. 많은 청소년이 근로계약서를 쓰지 않고 일하거나, 최저 임금을 받지 못하는 등 부당한 대우를 받고 있다. 따라서 제도적 차원에서 청소년이 노동, 특히 최저 임금과 관련해서 인권 침해를 받지 않도록 법적 보호가 이루어져야 한다.

세계 자유 지수
'프리덤 하우스'는 민주주의, 정치적 자유, 인권 등의 증진을 위해 활동하는 비정부 기구로, 매해 세계 국가를 대상으로 **세계 자유 지수**를 발표한다. 이 지수는 법, 정치, 경제 등과 관련된 질문들을 기준으로 각국의 정치적 권리와 시민의 자유 수준을 7개 등급으로 각각 분류하고, 각 등급을 평균을 산출하여 나타낸다.

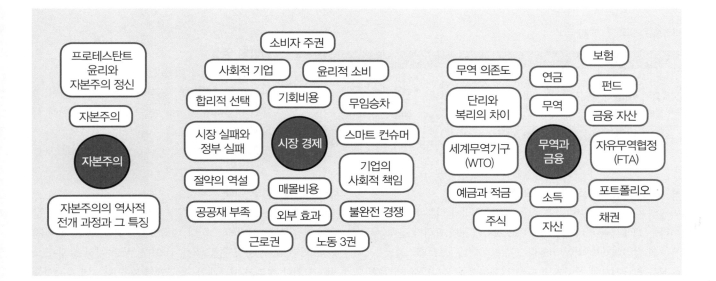

자본주의

자본주의는 사유 재산 제도를 바탕으로 자유로운 경제 활동을 할 수 있도록 보장하는 시장 경제의 운용 원리를 말한다. 자본주의는 개인과 기업의 소유권과 사적 이윤 추구를 인정한다. 그 이유는 각 경제 주체가 자신의 이익을 추구하기 위하여 경쟁하는 과정에서 사회 전체의 부도 증가한다고 보기 때문이다. 이에 따라 자본주의 사회에서는 개인과 기업이 시장에서 자유롭게 재화와 서비스를 거래하고, 이를 통해 효율적인 자원 배분이 이루어진다.

■ 사유 재산 제도

개인이 재산을 가질 수 있도록 하는 제도이다. 구체적으로 토지나 공장, 기계와 같은 생산 수단을 개인이 소유, 관리, 처분할 수 있도록 허용하고 이러한 권리를 법으로 보호하는 것이다.

자본주의의 역사적 전개 과정과 그 특징

자본주의적 경제 운용 방식은 그 효율성을 인정받아 오늘날 거의 모든 국가에서 자본주의를 채택하고 있다. 그리고 그 운영 과정에서 나타나는 크고 작은 문제점들을 보완하면서 지속적으로 발전하고 있으며, 인류의 경제적 성장에 크게 이바지하면서 오늘에 이르고 있다.

■ 산업 자본주의

자본주의는 16세기 유럽에서 태동하여 18세기 영국을 중심으로 일어난 산업 혁명을 거쳐 확립되었다. 유럽 절대 왕정의 중상주의 정책에 힘입어 상품의 유통 과정에서 이윤을 추구하는 상업 자본주의가 발전하였고, 이후 영국에서 시작된 산업 혁명으로 공장제 기계 공업의 발전 등을 통해 대량 생산이 가능해지면서 **산업 자본주의**가 전개되었다. 당시 애덤 스미스는 수요와 공급을 조절하는 시장의 가격 기능인 '보이지 않는 손'의 역할을 강조하면서 국가의 간섭을 최대한 배제하려는 자유방임주의 사상을 제시하였다.

■ 독점 자본주의

19세기 말 자본주의가 고도로 발달하면서 거대한 소수 기업이 시장에 대한 지배력을 행사하는 **독점 자본주의**가 전개되었다. 한편, 자본주의의 발달에 따른 소득 분배 불평등과 같은 문제를 비판하면서 사회주의 사상이 19세기 초부터 확산되었다.

■ 수정 자본주의

1929년 대공황이 발생하여 은행과 기업이 도산하고 실업자가 늘어나자 **수정 자본주의**가 등장하였다. 케인스는 시장 경제의 문제점을 보완하려면 정부가 시장에 개입해야 한다고 주장하여 대규모 공공사업으로 구매력을 높이려는 정부 정책을 뒷받침하였다.

■ 신자유주의

1970년대에 들어 두 차례의 석유 파동으로 경기 침체와 동시에 물가가 상승하는 스태그플레이션이 발생하였다. 당시 이를 해결하려는 정부의 정책이 효과를 보지 못하자, 정부가 시장에 개입하면 오히려 더 비효율적인 상황이 나타나므로 시장 원리에 맡기는 것이 최선이라는 주장이 다시 등장하였는데, 이를 **신자**

유주의라고 한다. 신자유주의는 세계화와 자유 무역 확대의 사상적 바탕이 되었으며, 국가 간 빈부 격차 확대 등 새로운 경제 문제를 낳았다.

■ 자본주의의 전개 과정

구분	고전적 자본주의	수정 자본주의	신자유주의
특징	• 자유방임주의 • 시장의 역할 신뢰 • 국가 개입 최소화	• 시장 실패의 가능성 인정 • 다양한 정책 및 규제를 통한 적극적 시장 개입	• 정부 실패의 가능성 인정 • 정부 기능의 축소 • 개인의 자유와 시장 경제의 확대
문제	• 시장 실패	• 정부 실패	• 시장 실패의 반복 가능성

프로테스탄트 윤리와 자본주의 정신

독일의 사회학자 베버는 『프로테스탄트 윤리와 자본주의 정신』이라는 책에서 루터나 칼뱅 등 종교 개혁가들의 교리가 근대 자본주의 발전의 원동력이 되었다고 주장하였다. 프로테스탄트는 현실을 적극적으로 살아가되 항상 절제하고 금욕하라는 세속적 금욕주의를 강조하였다. 베버는 **세속적 금욕주의와 직업윤리**가 확산되면서 사람들이 현세의 직업 활동을 도덕적이고 윤리적인 행위로 인식하였고, 자신의 직업에 최선을 다하게 되었다고 보았다. 그리고 이 과정에서 개인의 이익 추구가 당연시되고 자본이 축적될 수 있었다고 주장하였다.

합리적 선택

자본주의는 개인의 합리성을 전제로 한다. 개인은 언제나 자신에게 이익이 되는 방향으로 행동을 한다는 것이다. 따라서 개인이 어떤 경제적 선택을 할 때 그로 인해 얻을 수 있는 편익이 일정하다면 비용을 최소화하는 쪽으로 선택할 것이고, 들어가는 비용이 일정하다면 편익을 최대로 얻을 수 있는 쪽으로 선택할 것이다. 편익은 어떤 선택을 통해 얻어지는 만족이나 이득을 말하는데, 결국 합리적 선택이란 가급적 최소의 비용으로 최대의 편익을 얻을 수 있도록 선택하는 것이다. 이를 **비용—편익 효과**라고 한다.

기회비용

선택에 따르는 비용을 고려할 때는 기회비용을 포함해야 한다. **기회비용**이란 어떤 것을 선택함으로써 포기한 것들 가운데 가장 가치 있는 것을 의미한다. 합리적 선택을 위해서는 선택에 따른 편익이 기회비용보다 큰 것을 선택해야 한다.

매몰비용

합리적 선택을 하려면, 선택함으로써 새롭게 발생하는 비용과 편익만 비교해야 한다. 이때 사람들은 종종 매몰비용 때문에 비합리적인 선택을 하게 된다. **매몰비용**이란 이미 지급하고 난 뒤 회수할 수 없는 비용을 말한다. 기회비용은 선택할 때 발생하는 비용이므로 반드시 고려해야 하지만, 이미 써 버려 회수할 수 없는 매몰비용은 선택으로 발생하는 비용이 아니므로 고려해서는 안 된다.

절약의 역설

개인들이 절약과 저축을 열심히 한 결과 경기가 위축되어 불황이 더욱 심해지는 것을 일컬어 **절약의 역설**이라고 한다. 절약의 역설은 개인이 합리적 선택을 하였음에도 불구하고 시장의 기능이 효율적으로 작동하지 못하는 현상을 보여준다.

시장 실패와 정부 실패

불완전 경쟁 등으로 시장이 효율적인 자원 배분을 달성하지 못하는 것을 '**시장 실패**'라고 한다. 이의 주요 원인으로는 **불완전 경쟁, 외부 효과, 공공재** 등을 들 수 있다. 한편 시장 실패를 교정하기 위한 정부의 시장개입 및 규제가 자원 배분의 효율성을 높이기보다 오히려 해치는 경우가 있는데 이를 '**정부 실패**'라고 한다. 정부 실패는 규제자의 불완전한 지식과 정보, 규제 수단의 불완전성, 규제자의 경직성 등의 이유로 발생한다.

불완전 경쟁

시장 경제 체제에서는 수요자와 공급자가 자유롭게 경쟁하여 시장 가격이 결정되고 자원이 효율적으로 배분된다. 그러나 현실에서는 하나 또는 소수의 기업이 시장을 지배하는 **독점 시장**이나 **과점 시장**의 모습이 나타난다. 이러한 상황에서 공급자들은 서로 담합하여 생산량을 줄여 가격을 올림으로써 이윤을 높이려 하고, 이에 따라 시장에서의 자원 배분이 효율적으로 이루어지지 못한다.

■ 담합

서로 경쟁할 때보다 더 높은 이익을 얻기 위해 비슷한 상품을 생산하는 기업들끼리 생산량과 가격, 판매 지역 등에 관한 협정을 맺어 서로 경쟁을 제한하는 불공정 거래 행위를 말한다.

공공재 부족

국방 및 치안 서비스, 가로등, 공원 등과 같이 모든 사람이 공동으로 이용할 수 있는 재화와 서비스를 공공재라고 한다. **공공재**는 일반적인 재화나 서비스와는 다른 특성을 가진다. 대가를 지불하지 않아도 누구든지 사용할 수 있으며, 한 사람이 공공재를 소비한다고 해서 다른 사람이 소비할 수 있는 몫이 줄어들지 않는다. 따라서 공공재의 공급을 시장 기능에만 맡겨 둘 경우 아무도 공공재를 생산하려고 하지 않아 사회에 필요한 만큼 충분히 공급되지 않는다.

무임승차

공공재는 사람들이 대가를 지급하지 않아도 같은 서비스를 누릴 수 있으므로 무임승차 문제가 발생한다. **무임승차**란 어떤 재화나 서비스를 소비하여 이득을 보았음에도 불구하고 이에 대한 대가를 지급하지 않는 행위를 말한다. 무임승차는 자원이 비효율적으로 배분되면서 공공재나 공공 서비스의 공급 부족 현상을 불러오고, 공유자원의 남용으로 인해 공공시설물 파괴 및 환경오염 등과 같은 사회 문제를 일으키는 등 시장 실패를 초래할 수 있다.

외부 효과

어떤 경제 주체의 행동이 제3자에게 의도하지 않은 혜택이나 손해를 가져다주면서도 이에 대한 아무런 경제적 대가를 치르거나 받지 않는 경우를 **외부 효과**라고 한다. 시장 경제에서는 외부 효과로 발생하는 비용이나 혜택이 계산되지 않기 때문에 재화나 서비스가 사회적으로 적정한 수준보다 많거나 적게 생산되어 자원이 효율적으로 배분되지 않는다.

■ 외부 경제와 외부 불경제

외부 효과는 다른 사람에게 혜택을 주는지, 손해를 끼치는지에 따라 외부 경제와 외부 불경제로 나뉜다. **외부 경제**는 다른 사람에게 혜택을 주지만 그에 대한 대가를 받지 않는 경우이다. 이 때문에 외부 경제가 발생하는 재화나 서비스는 사회적으로 적정한 수준보다 적게 생산 또는 소비된다. 반대로 **외부 불경제**는 다른 사람에게 손해를 끼치지만 그에 대한 보상을 하지 않는 경우로서, 외부 불경제가 발생하는 재화나 서비스는 사회적으로 적정한 수준보다 많이 생산 또는 소비된다.

■ 정부의 외부 효과 개선 정책

정부는 외부 효과에서 비롯하는 시장 실패를 개선하고자 오염물질 배출량 제한, 정화 장치 설치의 의무화 등 직접 규제하는 정책을 주로 사용한다. 이와 함께 세금이나 보조금 지급 등의 유인 정책을 이용하기도 한다. 외부 경제에 대해서는 세금 감면, 보조금 지급 등의 혜택을 주어 생산이나 소비를 늘리고, 외부 불경제에 대해서는 세금이나 벌금을 부과하여 생산이나 소비를 줄이도록 유도한다.

기업의 사회적 책임

기업의 **사회적 책임**이란 이윤 창출을 통한 주주 가치 증대 및 법령 준수와 같은 경제적·법적 영역을 벗어나 주주뿐만 아니라 소비자, 지역 사회와 같은 광범위한 이해관계자, 더 나아가 사회 전체의 이익을 위해 기업에게 요구되는 책임을 말한다.

■ 캐롤(Carroll, A.)의 기업의 사회적 책임 피라미드

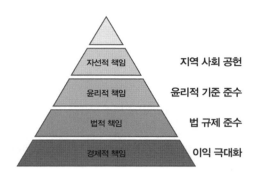

사회적 기업

비영리조직과 영리기업의 중간 형태로, 사회적 목적을 추구하면서 영업 활동을 수행하는 기업을 말한다. **사회적 기업**은 취약 계층에게 사회서비스 또는 일자리를 제공하여 지역 주민의 삶의 질을 높이는 등 사회적 목적을 추구하면서, 재화 및 서비스의 생산·판매 등 영업 활동을 수행한다.

근로권

우리나라의 헌법은 노동자가 일을 통해 자아를 실현하고 행복한 삶을 살게 하기 위해 **근로권**을 규정하고, 국가가 이를 보장해야 할 의무가 있음을 확인하고 있다. 이에 근거하여 국가는 노동자의 생활 안정과 노동력의 질적 향상을 위하여 근로기준법, 최저임금법 등을 제정하였다. 또한 노동자가 사용자와 대등한 위치에서 협상할 수 있도록 하기 위해 **노동 3권**을 보장하고 있다.

노동 3권

노동자가 헌법상의 기본권으로 가지는 단결권·단체교섭권·단체행동권의 세 가지 권리로, 근로 3권이라고도 한다. 노동자의 권익과 근로조건의 향상을 위하여 헌법상 보장되는 기본권으로서 **생활권**(생존권 또는 사회권)에 속한다.

■ 노동 3권

단결권	노동자들이 근로 조건을 개산하기 위해 노동조합을 결성할 수 있는 권리
단체교섭권	노동조합을 통해 사용자와 자주적으로 교섭할 수 있는 권리
단체행동권	사용자 외의 노사 분쟁이 발생한 경우 단체행동을 할 수 있는 권리

소비자 주권

소비자는 합리적 소비를 위해 상품의 품질이나 가격 등에 대해 충분한 정보를 수집하여 비판적으로 분석하고, 계획에 따른 소비를 할 필요가 있다. 소비자 개개인의 선택은 결국 기업이 무엇을 어떻게 생산할지에 영향을 준다. 이와 같이 자본주의 경제에서 생산물의 종류와 수량을 결정하는 최종적 권한이 소비자에게 있다는 것을 **소비자 주권**이라고 한다.

윤리적 소비

윤리적 소비는 소비자가 상품이나 서비스를 구매할 때 윤리적인 가치 판단에 따라 의식적인 선택을 하는 것, 또는 윤리적으로 올바른 선택을 하는 행위를 말한다. 예를 들면, 농가와 직거래를 통해 농산물을 구매하여 유통 마진을 줄이고 농가를 돕는 구매 방식, 저개발국가의 노동력 착취로 생산되는 제품의 불매 운동 등이 해당한다. 윤리적 소비는 소비자의 구매력을 통해 환경과 노동, 인권, 동물 보호 등 여러 분야에서 세상을 바꿔나갈 수 있다는 생각에 기초하고 있다.

스마트 컨슈머

스마트 컨슈머는 소비자의 합리적인 선택에 필요한 각종 소비자 정보를 종합적으로 제공함으로써 소비자의 권익 향상과 주권 확립을 돕는 소비자 정보 종합 포털 사이트이다. 공정거래위원회와 한국소비자원이 운영하는 스마트 컨슈머는 중앙 부처와 지방자치단체, 공공 기관, 소비자 단체와 연계하여 정보를 제공하며 소비자의 참여로 만들어진다.

무역

한 국가가 상대적으로 더 적은 기회비용으로 상품을 생산할 수 있을 때 비교 우위가 있다고 말한다. 국가별로 비교 우위에 따라 각자의 특수한 환경에 가장 적합한 상품을 특화하여 생산하는 현상이나 관계를 **국제 분업**이라고 하며, 국가 간 국경을 넘어 상품, 서비스, 생산 요소 등을 거래하는 것을 **국제 거래**, 즉 무역이라고 한다. 국제 분업과 무역을 통해 거래 당사국 모두가 이익을 얻을 수 있다.

세계무역기구(WTO)

무역 자유화를 통한 전 세계적인 경제 발전을 목적으로 하는 **국제기구**이다. 세계 무역 장벽을 없애기 위해 등장하였으며, 회원국 간의 무역 분쟁 조정, 관세 인하 요구 등의 법적인 권한과 구속력을 행사한다. 우리나라는 1995년 WTO 출범과 함께 회원국으로 가입하였다.

자유무역협정(FTA)

자유무역협정은 국가 간 상품, 서비스, 투자, 지식재산권 등에 관한 관세 및 비관세 장벽을 완화하여 상호 교역 증진을 도모하는 경제 통합 협정을 말한다. 특히 관세 철폐에 초점을 두고 있으며, 양자주의 원칙에 따라 서로 협약을 맺은 상대에게 차별 없이 대우하는 경제 협약이다. 우리나라는 2003년 칠레와의 협정 체결을 시작으로 싱가포르, 인도, 유럽 연합, 페루, 미국, 터키 등과 차례로 자유 무역 협정을 맺었다.

무역 의존도

무역 의존도란 한 국가의 경제가 어느 정도 무역에 의존하고 있는가를 나타내는 지표로, 각국의 국내총생산(GDP)에서 무역이 차지하는 비율로 나타낸다. 국제 무역의 확대로 무역 의존도가 높아지면 국내 산업이 위축되면서 관련 분야의 많은 사람들이 일자리를 잃는 등 다양한 문제가 발생한다.

소득

소득은 경제 활동의 대가로 얻는 돈을 말한다. 개인 또는 법인이 노동·토지·자본 등 생산요소를 제공하거나 사회적 생산에 참가하여 얻는 재화를 **소득**이라고 한다.

■ 소득의 유형

근로 소득	사업자에 고용되어 노동력을 제공하고 받는 임금
사업 소득	직접 기업을 경영하여 얻은 이윤
재산 소득	금융 이자, 지대 등 재산을 활용하여 얻은 소득
이전 소득	생산에 직접 참여하지 않고 무상으로 얻는 소득

자산

자산은 개인이나 단체가 보유한 경제적 가치가 있는 유형·무형의 재산을 의미한다. 현금을 비롯한 예금, 주식, 채권 등의 금융 자산과 자동차, 부동산 등의 실물 자산으로 구분할 수 있다.

금융 자산

자산 중에서 토지, 건물, 골동품같이 실물로 이루어진 비금융 자산을 제외하고, 금융 회사와 연결된 예금, 주식, 채권 등의 자산을 **금융 자산**이라고 한다. 금융 자산을 잘 관리하려면 자산 관리에 대한 기본 원리를 잘 알고 있어야 하는데, 자산 관리를 할 때는 안전성, 수익성, 유동성을 고려해야 한다.

예금과 적금

예금은 목돈을 일정 기간 은행에 예치하여 만기일에 원금과 이자를 받는 것이며, **적금**은 계약 기간 동안 일정한 금액을 여러 번 납입하여 만기 시에 원금과 이자를 받는 것이다. 예금과 적금은 가장 기본적인 금융 자산으로서, 예금자 보호 제도를 통해 보호를 받으므로 안정적이라는 장점이 있다. 하지만 수익률(금리)이 다른 금융 자산에 비해 상대적으로 낮은 편이라서 큰 수익을 기대하기는 어렵다.

■ 예금자 보호 제도
금융 기관이 경영 악화 등으로 예금을 지불할 수 없는 경우 예금보험공사에서 대신 원금과 이자를 합하여 1인당 최대 5천만 원까지 돌려줄 수 있도록 하는 제도이다.

주식
주식은 기업이 사업 자금을 조달하기 위해 발행하는 것으로서, 자금을 투자한 사람에게 그 대가로 회사 소유권의 일부를 준다는 증표이다. 주식 투자자들이 얻을 수 있는 투자 수익에는 배당과 시세 차익이 있다.

■ 배당
주식을 발행하여 사업 자금을 조달하는 회사를 주식회사라고 한다. 주식회사는 투자자들에게 회사 경영을 통해 얻은 이익 가운데 일부를 투자 지분에 따라 나눠 주는데, 이를 배당이라고 한다.

■ 시세 차익
투자자들이 주식 가격이 낮게 형성되어 있을 때 샀던 주식을 가격이 오른 시점에 내다 팔아서 얻는 이익을 시세 차익이라고 한다.

채권
채권은 국가나 공공기관, 금융회사, 기업 등이 미래에 일정한 이자를 지급할 것을 약속하고 돈을 빌린 후 제공하는 증서를 말한다. 채권을 보유함으로써 얻을 수 있는 수익으로는 채권기관에서 약속한 이자가 있다.

펀드
펀드는 투자자들로부터 모은 자금을 전문적인 운용 기관이 주식이나 채권 등에 투자하여 그 결과를 투자자들에게 돌려주는 간접 투자 상품을 말한다. 펀드는 개인이 적은 돈으로 투자할 수 있으며, 투자 전문가가 어려운 투자를 대신해 준다는 장점이 있는 반면, 펀드가 투자하는 자산의 가격이 변동하면 펀드의 가치도 바뀌게 되므로 그만큼 위험성이 높다.

보험
보험은 사고, 질병, 사망 등 미래에 발생할 수 있는 다양한 위험에 대비하기 위하여 보험사에 보험료를 내어 기금을 만든 후 사고가 나면 약속한 보험금을 지급받는 제도이다. 보험은 크게 생명 보험, 손해 보험 등 위험 보장에 중점을 둔 보장성 보험과 만기에 일정 금액을 돌려주는 저축성 보험으로 구분할 수 있다.

연금
연금은 경제 활동을 하는 동안 일정 금액을 적립해 두었다가 은퇴 등으로 소득이 없어지는 시기에 일정 금액을 정기적으로 지급받는 것이다. 연금에는 국가에서 운용하는 사회 보험의 하나인 국민연금, 근로자의 퇴직 시 금융기관이 지급하는 퇴직연금, 민간 보험 회사에 개인이 개별적으로 가입하여 약정한 기간이 흐른 후 받는 개인연금 등이 있다.

포트폴리오
포트폴리오의 원래 의미는 간단한 서류 가방이나 자료 수집철을 뜻한다. 금융에서는 금융회사나 개인이 보유하고 있는 **금융 자산**을 뜻하는 말로 사용되는데, 투자의 위험을 줄이기 위해 다양한 투자 대상에 분산하여 투자한다는 의미를 지닌다.

■ 포트폴리오 구성
일반적으로 금융 상품은 투자 수익이 크면 투자 위험도 커지기 때문에 안전성, 수익성, 유동성을 모두 갖춘 자산을 찾기는 어렵다. 따라서 자산을 합리적으로 관리하려면 투자의 목적과 기간에 따라 안전성, 수익성, 유동성을 모두 고려하여 다양한 금융 상품에 적절히 배분하는 것이 바람직하며, 이를 포트폴리오라고 한다.

단리와 복리의 차이
금리(이자율) 적용 방식에는 크게 단리와 복리가 있다. **단리**는 단순히 일정 기간 동안 원금에 대한 이자를 계산하는 방법이며, **복리**는 일정 기간마다 이자를 원금에 합쳐 그 합계 금액에 대한 이자를 다시 계산하는 방법이다. 투자 기간이 짧거나 이자율이 낮은 경우에는 복리와 단리가 큰 차이가 나지 않지만, 장기간 예금을 유지하는 경우나 이자율이 높을 때는 복리로 예금하는 것이 단리로 예금하는 것보다 훨씬 큰 이자 수익을 얻을 수 있는 방법이다.

■ 단리 예금과 복리 예금의 이자 차이
100만 원을 연 10%의 이자로 3년간 예금한다고 가정할 때, 단리로 계산하면 매년 10만 원의 이자가 생겨 130만 원이 된다. 그런데 이를 복리로 계산하면 3년 후 133만 1천 원이 된다.

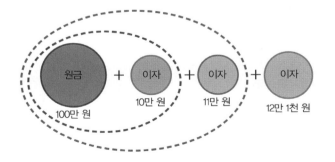

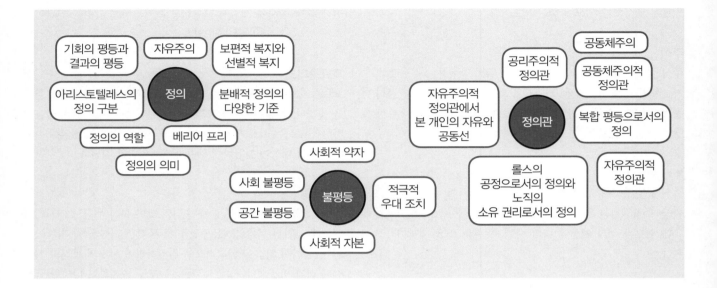

정의의 의미

동서고금을 막론하고 사람들은 정의에 많은 관심을 가져왔다. 동양의 유교에서는 의로움(義)을 정의로 이해했다. 서양은 고전적 의미에서 각자에게 그의 몫을 주는 것을 정의라고 여겼다. 사회 구조가 복잡해지고 다양한 가치의 분배를 둘러싼 갈등이 심해지면서, 오늘날 정의는 주로 **사회 정의**를 의미하며, 이를 사회 제도가 추구해야 할 최고 덕목으로 여긴다. 이렇듯 정의에 대한 관점은 시대와 장소에 따라 다양하지만, 대체로 정의는 개인이 지켜야 할 올바른 도리 또는 사회를 구성하고 유지하는 공정한 도리로, 개인이나 사회가 추구해야 할 기본적인 덕목이라고 할 수 있다.

정의의 역할

정의는 개인의 권리와 의무, 공동체가 이룩한 성과와 공동체가 져야 할 부담을 어떻게 배분하는 것이 공정한지를 결정하는 기준이 된다. 정의를 통해 개인은 자신의 노력에 알맞은 보상을 받을 수 있으며 공동체 전체의 나아갈 방향에 대한 합의에 도달할 수 있다. 이렇듯 정의는 개인선과 **공동선**을 조화롭게 유지시켜 사회적 갈등을 최소화해주는 역할을 한다.

■ 개인선과 공동선

개인선은 존엄한 존재인 인간의 가치 및 개인의 행복 추구와 자아실현을 중시하는 것을 의미한다. 공동선은 공동체의 가치와 전통에 따라 공동체 구성원의 자아실현과 인격 완성을 추구하고, 개인의 이익보다는 공동의 이익을 중시하는 것이다.

아리스토텔레스의 정의 구분

아리스토텔레스는 정의를 일반적 정의와 특수적 정의로 구분하고, 특수적 정의를 다시 교정적 정의, 분배적 정의, 교환적 정의로 구분하였다. **일반적 정의**는 법을 준수하는 것을 의미한다. 아리스토텔레스는 법을 준수하는 사람은 정의로운 사람이고 법을 지키지 않은 사람은 부정의하다고 주장하였다. **교정적 정의**는 다른 사람에게 해를 끼치면 그만큼 보상하게 하고, 다른 사람에게 이익을 주었으면 그만큼 받게 함으로써 서로 간의 동등하지 않음을 바로잡는 것이다. 한편, **분배적 정의**는 각자의 가치에 따라 권력, 명예, 재화를 분배함으로써 공정함을 실현하는 것이다. 또한 **교환적 정의**는 같은 가치를 지닌 두 물건을 교환하게 함으로써 교환의 결과를 공정하게 하는 것이다. 아리스토텔레스는 공정한 사람은 정의로운 사람이고, 불공정한 사람은 부정의한 사람이라고 주장하였다.

분배적 정의의 다양한 기준

정의는 인류가 추구하는 보편적인 가치로, 특히 현대 사회에서 분배적 정의 실현은 각자가 자신의 몫을 정당하게 누리며 살아가도록 하는데 필수적이다. **업적, 능력, 필요**는 분배적 정의를 실현하는데 적용하는 대표적인 실질적 기준으로, 적절한 기준을 설정하는 것이 중요하다.

■ 업적에 따른 분배 기준의 특징과 한계

업적에 따른 분배는 당사자들이 성취하고 이바지한 정도에 따라 분배하는 것이다. 업적은 평가하는 것이 비교적 어렵지 않아 분배의 몫을 정하기가 쉽고, 생산성을 높이는 동기를 제공할 수 있다는 장점이 있어 분배 기준으로 광범위하게 사용되고 있다. 하지만 이는 다음과 같은 한계를 보일 수 있다. 서로 다른 종류의 업적은 비교하기 어려우며, 빈부 격차가 커지거나 사회적 약자에 대한 배려가 부족할 수 있다. 또한 업적을 내려는 경쟁이 과열되어 비인간적인 사회가 될 수 있다.

■ 능력에 따른 분배 기준의 특징과 한계
능력에 따른 분배는 육체적·정신적인 능력에 따라 분배하는 것이다. 이를 통해 자격증 소지자처럼 능력이 뛰어난 사람을 우대할 수 있다. 한편, 능력이 뛰어나도 노력하지 않거나 여건이 여의치 않다면 업적을 이루기 어려우므로, 능력과 업적이 꼭 비례하는 것은 아니다. 능력에 따른 분배는 이를 평가하는 정확한 기준을 마련하기가 쉽지 않다. 또한 능력은 노력뿐만 아니라 선천적인 자질이나 부모의 사회적·경제적 지위 등 우연적인 요소에 영향을 받아 형성되는 것이기에 한계가 따른다.

■ 필요에 따른 분배 기준의 특징과 한계
필요에 따른 분배는 인간다운 삶을 보장하는데 기본적인 욕구를 충족할 수 있도록 분배하는 것이다. 이렇게 하면 사회적 약자를 위해 더 많은 재화를 사용할 수 있다. 복지 정책을 통해 생계비나 의료비를 지원하는 일 등이 이에 해당한다. 하지만 사회적·경제적 가치는 한정되어 있으므로 모두의 필요를 충족하기가 쉽지 않으며, 열심히 일하려는 동기를 약화하여 경제적 효율성을 높이는 것이 어려울 수 있다.

기회의 평등과 결과의 평등
기회의 평등이란 사람들이 인종, 가치, 계급, 종교, 나이 등 여러 가지 선택할 수 없는 요소들로 인해 차별받지 않고, 모두에게 동등한 기회가 주어지는 것을 말하며, 기회균등이라고도 한다. **결과의 평등**은 모든 사람의 기본적 삶의 조건을 보장하기 위해 능력이나 배경 등 사회적 조건에서 열세에 있는 사람에게 다양한 혜택을 제공하는 합리적 차별을 말한다.

분배의 기준에 관한 다양한 관점
업적, 능력, 필요 등 분배적 정의의 실질적 기준은 오늘날 우리 사회의 다양한 분야에서 수용되고 있다. 이때 분배의 기준은 시대와 사회, 학자에 따라 달라서, 분배적 정의에 대한 다양한 입장이 나타난다.

■ 아리스토텔레스
아리스토텔레스는 분배적 정의를 시민들 사이에 분배되는 권력, 명예, 재화와 관련이 있는 것으로 보았다. 각자의 가치에 비례하는 몫의 분배를 추구하는 것을 분배적 정의로 보고, 권력과 명예, 재화가 각자의 가치에 따라 분배되어야 한다고 주장하

였다. 아리스토텔레스 이후 분배적 정의의 실질적 기준은 업적, 능력, 필요, 평등 등으로 다양하게 제시되었다.

■ 자본주의
누구나 자유로운 경제 활동을 통해 합리적으로 이윤을 추구할 수 있다고 보며, 이를 위해 모두가 평등한 기회를 얻는 것을 중시하였다. 기회가 평등하게 주어진다면, 능력이나 노력, 업적 등에 따라 결과의 차이가 발생하는 것은 자연스러운 것이라고 보았다. 하지만 복지 정책 등을 통해 사회 안전망을 강화하는 등 경제적 불평등에 따른 부작용을 최소화하려고 노력하고 있다.

■ 사회주의
자본주의 체제에서 발생하는 부의 불평등한 분배를 해소하고, 모두가 차별받지 않고 살아가는 평등한 사회를 추구하였다. 인간으로서의 존엄을 유지하려면 경제적 평등이 실현되어야 한다고 보았으며, 필요에 따른 분배를 강조하였다.

■ 절차적 정의
분배의 기준보다는 분배의 절차를 강조하는 새로운 흐름에 따라 등장한 견해로, 절차나 과정이 공정하다면 그에 따른 결과도 공정하다고 본다. 다양하게 제시되는 분배 기준이 서로 충돌할 수 있고, 모두가 동의하는 분배의 기준을 만드는 것이 쉽지 않은 상황에서 주목받고 있다.

보편적 복지와 선별적 복지
보편적 복지는 소득 수준에 상관없이 모든 국민에게 복지 혜택을 제공해야 한다는 입장이다. 모두가 복지 수급 대상자가 됨으로써, 특정인의 소득이 낮은 사실이 공개되지 않도록 배려할 수 있다. **선별적 복지**는 소득 수준이 낮거나 복지 혜택이 절실히 필요한 국민에게 선별적으로 복지 혜택을 제공해야 한다는 입장이다. 특정 집단에 한정하여 지원함으로써, 재정 부담이 적고 자원을 효율적으로 활용할 수 있다.

베리어 프리
베리어 프리(barrier free)는 사회적 약자들이 살기 좋은 사회를 만들기 위해 물리적·제도적 장벽을 허물자는 범사회적 운동이다. 주택이나 공공시설을 지을 때 문턱을 없애는 등의 물리적인 개념뿐만 아니라 자격, 시험 등을 제한하는 제도적·법률적 장벽을 비롯해 각종 차별과 편견, 나아가 장애인이나 노인에 대해 사회가 가지는 마음의 벽을 허물자는 의미로 폭넓게 사용되고 있다.

자유주의
자유주의는 개인의 자유가 무엇보다 소중한 가치라고 여기는 사상이다. 자유주의에 따르면 모든 인간은 존엄하며, 타인이나

사회의 억압과 구속에서 벗어나 자신이 원하는 삶을 살 수 있는 자유와 권리가 있다. 자유주의는 개인이 사회에 우선하고, 사회는 자유롭고 독립적인 개인들의 합에 지나지 않는다고 보는 관점이다. 그렇지만 자유주의는 개인이 자유를 누리기 위해서는 타인의 자유도 존중해야 한다고 보는 점에서, 타인의 자유를 침해하면서까지 자기의 이익만을 추구하는 극단적 이기주의와는 구별된다.

■ 자유주의 사상의 이념적 스펙트럼

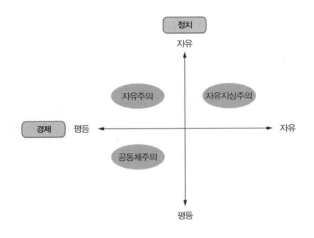

자유주의적 정의관

자유주의적 정의관은 자유주의와 개인주의에 기반을 두고 개인의 자유로운 선택과 노력에 의해 얻은 결과물에 대한 소유권을 개인의 생명권과 마찬가지로 절대적인 가치로 인정한다. 그리고 이러한 이익의 추구가 타인에게 피해를 주지 않는 한, 국가는 이러한 개인들의 삶에 개입하거나 간섭하지 않고 자유를 최대한 보장하는 것이 사회 전체적으로 더욱 효율적인 결과를 가져온다고 본다.

공리주의적 정의관

공리주의적 정의관은 '최대 다수의 최대 행복'을 기준으로 사회 전체의 유용성과 효율성을 강조한다. 전통적인 정의관의 입장에서 각자의 몫을 결과의 정의로움에서 찾고자 하였다. 그러나 공리주의적 정의관은 사회적 효율성을 증가시킨다는 명분 아래 개인의 권리를 무시하는 문제를 일으킬 수 있다. 최대의 행복을 달성하기 위해 구성원에게 혜택을 불평등하게 분배할 수 있기 때문이다.

롤스의 공정으로서의 정의와 노직의 소유 권리로서의 정의

자유주의적 정의관을 대표하는 롤스와 노직은 모두 자유주의 사상가로, 자유를 무엇보다 중요한 가치라고 보았다. 그럼에도 둘은 다음의 면에서 차이를 보인다. 롤스는 모든 사람은 동등한 기본적 자유를 최대한 누려야 한다고 주장하였으며, 공정한 절차를 통해 합의된 것이라면 정의롭다고 보는 **공정으로서의 정의**를 주장하였다. 한편 노직은 자유지상주의의 입장에서 개인의 자유와 소유 권리를 최우선으로 보장하는 것이 정의롭다고 보는 **소유 권리로서의 정의**를 주장하였다. 롤스는 사회적 · 경제적 불평등을 최소화하려는 국가 역할의 필요성을 인정하는 반면, 노직은 개인이 가진 권리와 재산을 강도, 절도, 사기 등으로부터 보호하는 선에서만 행동하는 최소 국가를 정의롭다고 여겼다.

롤스의 사회 정의 원칙

롤스는 그의 정의관을 설명하기 위해 사회계약론의 기본 개념을 차용하였다. 그는 사람들이 선택하는 정의의 원칙들에 대한 공정성을 확보하기 위하여 원초적 입장이라는 개념을 도입하였는데, 이는 고전 사회계약설의 자연 상태에 해당한다. 그것은 하나의 순수한 가정 상황으로, 무지의 베일에 싸인 상태이기 때문에 **공정성**을 확보할 수 있다는 것이다.

■ 원초적 입장

현실에서 사람들은 자신이 우연히 갖게 된 재능이나 지위, 가정 환경이나 경제적 여건, 가치관 등에 따라 이해관계가 다르기 때문에 공정한 선택을 하기 어렵다. 그래서 롤스는 자유롭고 평등한 개인이 공정한 조건에서 사회 정의의 원칙을 선택하는 가상적인 상황을 설정한다. 이를 원초적 입장이라고 한다. 그리고 이러한 **원초적 입장**에 서기 위해 롤스는 무지의 베일이라는 조건을 설정한다.

■ 무지의 베일

무지의 베일이란 이해관계에 영향을 끼칠 수 있는 개인적 정보를 마치 베일을 씌우는 것처럼 없애는 것이다. 이로 인해 사람들은 지위, 계층, 능력 등 자신과 타인의 특수한 조건을 알 수 없게 된다. 롤스는 무지의 베일을 통해 모든 사람이 자신의 이익을 위해 유리한 조건을 악용하지 않고, 이해관계를 벗어나 공정하게 판단하고 선택할 수 있다고 보았다.

■ 사회 정의의 원칙

롤스는 원초적 입장의 당사자들이 다음과 같은 사회 정의의 원칙에 합의하게 될 것이라고 보았다.

제1의 원칙: 각 개인은 기본적 지위에 있어서 평등한 권리를 가져야 한다(평등한 자유의 원칙).
제2의 원칙: 사회적 · 경제적 불평등은 ①최소 수혜자에게 최대의 이익을 보장하도록 이루어져야 하고(차등의 원칙), ②공정한 기회균등의 원칙에 따라 모든 사람에게 개방된 직책이나 직위와 결부되도록 배정되어야 한다(기회균등의 원칙).

롤스는 제1의 원칙이 보장된다는 전제하에, 사회적·경제적 불평등이 모든 사람의 처지를 향상시킨다면 이러한 불평등은 구성원에 의해 정당한 것으로 인정될 수 있다고 보았다. 그는 정당하게 인정될 수 있는 불평등을 제2의 원칙을 통해 제시하였다. 롤스는 이처럼 공정한 절차를 통해 사회 구성원이 합의한 원칙이 사회 제도의 기반이 되는 사회야말로 정의롭다고 보았다. 이를 **공정으로서의 정의**라고 한다. 롤스의 정의관은 개인의 기본적 자유를 보장하면서도 복지 정책과 같은 재분배 장치를 통해 사회 정의를 구현해야 할 국가 역할의 중요성을 보여주었다.

자유주의적 정의관에서 본 개인의 자유와 공동선

자유주의적 정의관에서는 개인의 이익 추구가 궁극적으로 **공동선**에 이바지한다고 본다. 국가는 개인의 자유로운 경제 활동에 개입하거나 통제하려 들어서는 안 되며, 국가가 나서 소득 재분배를 위한 조세 정책이나 복지 제도를 시행하는 것에 반대하거나 이에 소극적이다. 그러나 우연적 조건이나 운에 의해 형성된 분배가 지속될 경우 모든 사람이 동등한 기회를 얻을 수 없고, 특히 배려가 필요한 사회적 약자를 경쟁에서 도태시키는 등으로, 공동선이 사라지고 구성원 모두가 피해를 입는 결과가 나타날 수도 있다.

공동체주의

공동체주의는 인간의 삶이 공동체에 뿌리를 두고 있음을 강조하는 사상이다. 공동체주의는 개인이 사회적 역할을 수행함으로써 자신의 정체성을 형성하고, 공동체의 문화와 역사 등의 영향을 받으며 자신의 삶을 구성하는 존재라는 관점에 기반을 둔다. 그렇지만 공동체주의는 개인과 공동체의 유기적인 관계 속에서 개인과 사회의 행복 증진을 추구한다는 점에서, 집단의 이익과 목적을 위해 개인의 희생을 강요하는 집단주의와 구별된다.

공동체주의적 정의관

공동체주의에서는 공동체의 구성원들이 서로에 대한 유대감을 바탕으로 각자의 역할과 의무를 다하며, **공동체의 선**을 실현하는 것을 정의롭다고 여긴다. 그러므로 개인이 공동체의 가치와 목적을 내면화하고, 공동체에 관한 소속감을 지니며 자신에게 주어진 책무를 충실하게 이행하며 살아갈 수 있도록 공동체가 이를 장려하고 이끌어주어야 한다고 본다.

■ 자유주의와 공동체주의가 보는 공동체

자유주의	공동체주의
개인의 자유와 권리를 실현하기 위한 수단	개인의 정체성을 형성하고 삶의 방향을 설정하는 기반

복합 평등으로서의 정의

공동체주의자 왈쩌는 정의의 원칙을 규정하는 단일한 기본적 가치란 존재하지 않으며, 각 사회의 특수성에 따라, 그리고 한 사회 내에서도 다양한 사회적 가치가 존재한다고 보았다. 따라서 다양한 영역을 형성하는 고유의 사회적 가치들은 각각에 적합한 정의의 원칙에 따라 분배되어야 한다. 예를 들어 부와 상품이라는 가치는 '자유 교환', 공직이라는 가치는 '업적'이라는 서로 다른 정의 원칙에 의해서 분배되어야 한다. 이러한 과정을 통해 평등에 복합적으로 접근할 수 있다는 점에서 왈쩌는 이를 **복합 평등**이라고 불렀다. 그리고 사회적 가치들이 자신의 고유한 영역 안에 머무름으로써 복합 평등이 실현될 때 정의로운 사회가 될 수 있다고 보았다. 이를 복합 평등으로서의 정의라고 한다.

공동체주의적 정의관에서 본 개인의 자유와 공동선

공동체주의 입장에서 개인의 권리와 의무는 다른 구성원과의 관계 속에서 상대적이고 특수하게 적용된다. 이 입장에서 정의란 공동체 구성원 사이에 공유하고 있는 합리적인 분배 기준에 따라 각자에게 각자의 몫을 주는 것이다. 이를 위해 개인은 사익만을 추구하는 이기주의적 태도를 버리고 **연대 의식**을 가지고 사회 문제를 해결해야 하며, **공동선**을 달성하기 위해 자발적인 봉사와 희생정신을 발휘해야 한다고 본다. 그렇더라도 공동체주의가 연고주의와 같이 개인의 능력이나 노력과 관계없이 그가 속한 집단에 따라 가치를 불평등하게 배분하는 행위나 공동체의 목표 달성을 위해 인류의 보편적 가치를 위협하는 행위까지 정당화해서는 안 된다.

사회 불평등

사회 불평등 현상은 한 사회에서 부, 권력, 명예 등의 희소한 자원이 개인이나 집단에 차등적으로 분배되어 사회 구성원들이 차지하는 위치가 서열화 되어 있는 상태를 말한다. 사회 불평등은 소득과 같은 경제적 측면, 권력과 같은 정치적 측면, 교육 기회·건강관리와 같은 사회적 측면 등 다양한 측면에서 나타난다. 현대 사회의 대표적인 사회 불평등 현상은 재산과 소득 분배에서의 격차와 같이 경제적 측면에서 나타난다. 경제적 측면의 불평등은 삶의 전반에 영향을 미치며, 양극화 현상이 심해지면서 계층 간 갈등으로 이어질 수 있다.

사회적 약자

사회적 약자는 출신 국가, 민족, 성별, 장애, 나이, 출신 학교, 소득 수준, 거주 지역 등 다양한 측면에서 사회적으로 불리한 위치에 있는 사람들을 말한다. 사회적 약자들이 경험하는 차별과 불이익 등의 불평등은 이들이 사회적 주류 집단과 다르다는 비합리적인 이유로 나타나는 것이기에 문제가 된다. 사회적 약자들이 경험하는 사회 불평등은 현대 사회의 가장 큰 사회 문제 가운데 하나이다.

공간 불평등

공간 불평등이란 지역 간에 경제적 · 사회적 · 문화적 수준의 차이가 나타나는 현상을 의미한다. 공간 불평등은 선진국과 개발 도상국의 격차, 수도권과 비수도권의 격차, 도시와 촌락의 격차 등 공간 규모에 따라 다양한 양상을 보인다. 이러한 격차는 기본적으로 지역마다 자연환경 및 생산 요소가 다르게 분포하기 때문에 발생하는데, 최근에는 지역 개발 과정에서 공간 불평등이 심화하기도 한다. 공간 불평등은 경제적인 차원뿐만 아니라 교육, 의료, 문화 등 생활환경 전반적인 불평등으로 이어지므로, 장기적으로 국토의 효율적인 이용과 안정적인 국가 발전에 악영향을 미친다.

적극적 우대 조치

우리나라는 사회적 약자에게 실질적인 기회의 평등을 보장하기 위해 일정한 혜택을 부여하는 등 다양한 정책들을 실시하고 있는데, 이를 **적극적 우대 조치**라고 한다. 여성고용할당제나 탈북자나 장애인 의무 고용 등이 적극적 우대 조치의 예로, 이러한 정책을 실시할 때에는 그 혜택의 정도가 과도하여 역차별의 문제가 발생하는 일이 없도록 유의해야 한다.

■ 역차별

부당한 차별을 받는 쪽을 보호하기 위하여 마련한 제도나 장치가 너무 강하여 오히려 반대편이 차별을 받는 것을 말한다.

사회적 자본

사회적 자본이란 사회 구성원이 힘을 합쳐 공동의 목표를 효율적으로 추구할 수 있게 해주는 공유된 제도를 말한다. 사회 구성원 간의 협력이나 사회적 거래를 촉진시키는 일체의 신뢰, 규범 등의 사회적 자산을 포괄하는 개념이다.

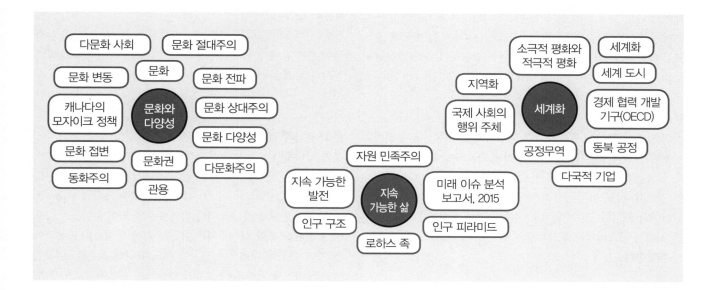

문화

오래전부터 인간은 환경에 적응하거나 환경을 극복하면서 살아왔다. 이렇게 인간이 환경과 상호 작용을 하면서 형성한 의식주, 풍습, 종교, 언어 등의 공통된 생활양식을 **문화**라고 한다. 문화는 그 지역의 환경을 바탕으로 형성되므로 지역마다 다르게 발달한다.

문화권

세계에는 다양한 문화가 나타나지만, 자연환경이 유사하거나 거리가 가까운 지역 간에는 비슷한 문화가 발달하기도 한다. 이처럼 의식주, 종교, 민족, 언어, 전통적인 산업 등의 문화 요소가 비슷하게 분포하는 공간적 범위를 **문화권** 또는 문화 지역이라고 한다. 하나의 문화권은 오랜 기간 동안 비교적 넓은 범위에 걸쳐 형성되고, 그 지역에서는 비슷한 생활양식과 문화 경관을 찾아볼 수 있다. 일반적으로 문화권의 경계는 주로 산맥, 하천, 사막 등의 지형에 의해 정해지며, 문화권과 문화권이 만나는 곳에 점이 지대가 나타난다.

문화 변동

문화는 고정되어 있지 않고 지속해서 변화한다. 한 사회의 문화가 그 사회 내적으로나 다른 사회의 영향을 받아서 크게 변화하는 양상을 **문화 변동**이라고 한다. 사회 내적인 문화 변동은 주로 발명과 발견에 의한 것이다. 발명은 새로운 문화 요소를 만들어내는 것이며, 발견은 이미 존재하고 있지만 알려지지 않은 것을 찾아내는 것이다. 발명과 발견으로 한 사회 내부에 새로운 문화 요소가 등장하면서 기존의 문화가 변화하기도 한다.

■ 문화 요소

문화를 구성하는 기본 요소를 말하며, 이러한 문화 요소에는 기술, 언어, 예술, 가치, 규범 등이 있다.

문화 전파

문화를 구성하고 있는 요소들은 그 사회 안에서 형성된 것도 있지만 다른 사회에서 전파된 것도 있다. 이렇게 한 사회가 다른 사회와 교류하거나 접촉하는 과정에서 새로운 문화 요소가 전달되어 정착하는 현상을 **문화 전파**라고 한다. 오늘날에는 교통·통신 수단이 빠른 속도로 발달하면서 문화 전파가 문화 변동의 주요 요인으로 작용하고 있다.

■ 문화 전파의 종류

문화 전파에는 두 문화 간의 직접적인 접촉으로 이루어지는 직접 전파, 인쇄물·인터넷 등과 같은 매체를 통해 이루어지는 간접 전파, 다른 사회의 문화 요소에서 아이디어를 얻어 새로운 문화 요소를 발명하는 자극 전파가 있다.

문화 접변

서로 다른 문화를 가진 두 사회가 접촉할 경우 한 사회의 문화 요소가 다른 사회로 전파된다. 그리고 두 문화 체계가 장기간에 걸쳐 전면적인 접촉을 하면서 변동이 일어나는데 이를 **문화 접변**이라고 한다. 문화 접변으로 인한 문화 변동의 양상은 다양하게 나타나며, 여기에는 문화 병존, 문화 동화, 문화 융합 등이 있다.

■ 문화 병존

두 사회의 문화가 접촉한 결과 외부에서 들어온 문화가 기존의 문화와 섞이거나 흡수되지 않는 경우가 있다. 이 경우 한 사회 내에서 다른 두 사회의 문화가 각각의 독립성을 유지하면서 존재하게 되는데 이를 **문화 병존**이라고 한다. 예를 들어 외래 종교를 믿는 사람들과 토착 종교를 믿는 사람들이 함께 공존하는 우리나라의 종교 문화가 이에 해당한다.

■ 문화 동화

문화 병존과 달리 기존의 문화가 외부에서 들어온 문화에 의해 완전히 흡수되기도 하는데 이를 **문화 동화**라고 한다. 이러한 문화 동화는 한 사회의 문화가 사라지고 새로운 문화로 대체된다는 점에서, 한 사회의 문화적 정체성의 상실을 가져올 수 있다. 남아메리카 지역 원주민들이 자신들의 언어 대신에 그들을 식민 지배한 에스파냐나 포르투갈의 언어를 사용하는 경우가 이에 해당한다.

■ 문화 융합

문화 융합은 한 사회의 기존 문화가 외부에서 들어온 문화와 접촉한 결과 기존의 두 문화 요소와 성격이 다른 새로운 문화가 형성되는 것을 말한다. 예를 들어 기존 한국의 음식 재료를 외국의 요리 방식과 결합하여 만든 새로운 융합(퓨전) 음식이 이에 해당한다.

문화 다양성

문화는 그 지역의 환경이나 시대의 흐름에 따라 의식주, 언어뿐만 아니라 법과 관습 같은 제도, 종교와 도덕 등에서 다양하게 나타나는데, 이를 **문화 다양성**이라고 한다. 다양한 문화를 경험하는 것은 우리의 삶을 풍부하게 만들어주므로 각 문화의 고유성과 특수성을 보호할 필요가 있다. 또한 현재 세대와 미래 세대의 더 나은 삶을 위해서도 문화 다양성을 보장하고 이를 증진하기 위해 노력해야 한다.

문화 절대주의

문화를 평가하는 절대적 기준이 있다고 보고, 그 기준에 비추어서 문화의 선악이나 우열을 가릴 수 있다고 여기는 태도를 **문화 절대주의**라고 한다. 문화 절대주의에는 자문화 중심주의와 문화 사대주의가 있다. 이 두 가지 관점은 우수하다고 생각하는 문화가 자기 문화냐 다른 문화냐에 차이가 있기는 하지만, 문화에 우열이 있다고 본다는 점에서 공동적이다.

■ 자문화 중심주의

자문화 중심주의는 자신의 문화만이 우수하다고 여겨 그것을 기준으로 다른 문화를 평가하고 우열을 가리는 태도이다. 이는 다른 민족이나 인종, 문화에 대한 차별을 불러올 수 있고, 타 문화와 갈등을 빚을 수 있다.

■ 문화 사대주의

문화 사대주의는 타 문화를 맹목적으로 동경하며 자신의 문화를 열등하게 여기는 태도이다. 문화 사대주의는 자기 문화의 존속이나 발전을 어렵게 하고, 주체적인 문화 형성을 저해할 수 있다.

문화 상대주의

문화 상대주의는 각각의 문화가 고유성과 가치를 지닌다고 보고, 문화 간의 선악이나 우열에 대한 평가를 단정적으로 내릴 수 없다고 보는 태도이다. 한 사회의 문화를 이해하기 위해서는 그 사회의 환경과 역사적 맥락 속에서 편견 없이 문화를 바라보아야 한다는 문화 상대주의는 다른 문화에 대해서는 관용적이고 자기 문화에 대해서는 겸손한 태도를 갖게 해준다. 이러한 관점은 과거에 비해 문화 교류가 활발하게 이루어지고 있는 오늘날에 다른 문화들을 이해하는데 큰 도움을 준다.

■ 극단적 문화 상대주의

모든 문화를 상대주의 관점에서 인정해야 하는 것은 아니다. 문화에 대한 상대주의 관점만을 내세운다면, 인류가 보편적으로 받아들이기 어려운 문화 현상까지도 인정하는 극단적 문화 상대주의에 빠질 위험이 있기 때문이다. 문화 상대주의 관점이 지나쳐 극단적 문화 상대주의로 흐를 경우, 예를 들어 식인 풍습의 옳고 그름을 판단하지 않으려는 태도처럼, 살인이나 폭력 등 인간의 생명과 존엄성을 위협하는 행위도 잘못되었다고 말할 수 없는 한계가 나타난다.

보편 윤리의 관점에서 문화 성찰

문화가 상대적이라고 해서 윤리의 상대성(윤리 상대주의 관점)을 인정해야 하는 것은 아니다. 문화는 다양한 모습으로 나타나지만, 각각의 문화를 보편 윤리의 관점에서 평가할 수 있기 때문이다. 황금률과 같은 **보편 윤리**는 모든 인간과 사회에 적용되는 일반적인 도덕 원리로, 인간의 존엄성, 생명 존중, 자유와 평등, 평화와 정의 등 도덕적 가치를 인류가 보편적으로 추구해야 한다고 본다. 그러므로 문화를 올바르게 이해하려면 문화 상대주의의 태도를 바탕으로 각 문화의 고유한 가치를 인정하면서도, 보편적인 윤리의 관점에서 자 문화와 타 문화를 비판적으로 성찰해야 한다.

■ 윤리 상대주의

윤리 상대주의란 윤리가 문화마다 다양하고 상대적이어서 옳고 그름에 대한 보편적인 기준은 존재하지 않는다고 보는 관점이다.

■ 황금률
수많은 종교와 도덕, 철학에서 볼 수 있는 원칙의 하나로, '다른 사람이 너에게 해 주었으면 하는 행위를 다른 사람에게 하라.'는 윤리 원칙이다.

다문화 사회
인종 · 언어 · 문화적 배경이 서로 다른 다양한 집단이 하나의 공동체 안에서 함께 살아가는 사회를 **다문화 사회**라고 한다. 세계화에 따른 교류의 확대로, 우리 사회도 외국인 노동자, 결혼 이민자, 유학생 등의 이주민이 급속하게 증가하면서 다문화 사회로 변화하고 있다. 다문화 사회에서는 새롭게 유입되는 문화와 기존의 문화 간의 차이로 이전에 없던 새로운 사회 갈등이 발생하기도 한다. 반면, 새로운 문화 유입으로 다양한 문화적 경험을 할 수 있고 더욱 풍요로운 문화를 형성하면서, 이전보다 더욱 창조적인 공동체로 발전할 수 있다.

캐나다의 모자이크 정책
캐나다는 1971년 다문화주의를 선언하고 각각의 인종이나 민족이 자신의 특성을 유지하면서 모든 사람이 평등하게 캐나다 사회에 참여하는 정책을 실시하였다. 이러한 정책은 여러 개의 조각이 조화를 이루어 하나의 작품이 되는 모자이크와 같다고 하여, 이를 **모자이크 정책**이라고 한다.

동화주의
동화주의는 기존 사회의 문화와 가치 속에 다양한 문화권에서 온 이민자들을 융합하거나 흡수해야 한다고 보는 사회 통합의 관점이다. 동화주의 관점은 이민자가 자신의 언어와 문화, 사회적 특성을 포기하고, 기존 사회의 일원이 되는 것을 목표로 한다.

■ 용광로 이론
용광로 이론은 다른 사람도 나와 같아야 한다고 보는 동일성의 논리를 바탕으로, 수많은 이민자가 미국 사회에 정착하는 과정에서 백인 주류 문화에 융해되어 미국인이라는 새로운 인종으로 바뀐다는 이론이다. 미국 사회를 용광로에 비유하고, 수많은 이민자를 용광로에서 녹아 하나가 되는 철광석에 비유한 것이다.

다문화주의
다문화주의는 한 사회나 국가 안에서 주류 문화의 중요성을 부각하기보다는, 다양한 문화가 평등하게 인정되어야 함을 강조하는 사회 통합의 관점이다. 사회 통합을 위해서는 이민자들이 자신의 문화를 유지하면서도 국가의 구성원으로 살아갈 수 있도록 해야 한다는 것이다.

■ 샐러드볼 이론
샐러드볼 이론은 샐러드가 각각의 채소와 과일이 고유의 맛과 색을 유지하면서도 동등하게 뒤섞여 전체적인 맛과 조화를 이루듯이, 다양한 민족이 자신의 문화를 유지하면서도 다른 문화들과 조화를 이루어 새로운 문화를 형성해나가야 한다고 보는 견해이다.

관용
관용은 다른 사람이나 집단의 문화가 자기 집단의 문화와 다를지라도 이를 존중하는 태도이다. 관용은 편견과 차별을 극복하게 할 뿐만 아니라, 다른 문화를 지닌 사람이나 집단의 권리를 인정함으로써 문화 간 갈등을 예방 및 해결하고, 문화 다양성을 더욱 풍성하게 만든다.

■ 소극적 관용과 적극적 관용
소극적 관용은 싫어하고 거부하는 것에 대해 반대하거나 간섭하지 않는 것으로, 나는 그렇게 하지 않겠지만 타인이 그렇게 하는 것은 용인하는 태도이다. **적극적 관용**은 싫어하고 거부하는 것이라도 다른 사람이 행한다면 그 권리를 인정해주는 것으로, 다른 사람도 나처럼 인권을 존중받고 평화로운 삶을 살 수 있는 조건을 창출하기 위해 노력하는 태도이다.

세계화
세계화란 교통 · 통신의 발달에 따라 지역 간의 상호 의존성이 높아지고, 전 세계가 단일한 생활권을 형성해나가는 범세계적인 흐름과 추세를 말한다. 세계화가 진행되면 국경의 의미가 약해져 전 지구적 규모로 경제적 상호 의존과 협력이 나타나는 한편, 경쟁이 더욱 치열해진다. 또한 사회, 문화적인 측면에서도 지역 간 연계가 더욱 뚜렷해지면서 다양한 영역에서 국경을 초월한 세계 문화가 나타나기도 한다.

지역화
지역화란 특정 지역이 그 지역의 고유한 전통이나 특성을 살려 세계적인 경쟁력을 갖추려고 노력하는 과정을 의미한다. 세계화의 흐름 속에서, 지역화를 통해 하나의 지역이 지닌 특수한 요소들이 지역 수준을 넘어 세계적인 가치를 얻게 된다. 지역화 전략을 통해 특정 지역이 다양한 측면에서 세계적인 가치를 갖게 되면 지역 경제가 활성화되고, 특수한 지역적 요소들이 지역의 수준을 넘어 세계적으로 가치를 인정받기도 한다.

세계 도시
세계 도시란 자본, 정보, 상품의 유통 중심지로, 다른 지역과의 상호 작용이 매우 활발할 뿐만 아니라 경제력이 커서 세계의 많은 자본이 집중되고 축적되는 도시이다. 세계 도시에는 다국적 기업의 본사, 국제 금융 업무 기능, 생산자 서비스 기능 등이 집중되어 있어서 세계 정보의 흐름을 주도하고, 문화 활동과 국제 정치 활동 등에서 중심적인 역할을 수행하고 있다.

다국적 기업

다국적 기업이란 세계 여러 국가에 자회사, 지점, 생산 공장 등을 두고 세계적인 규모로 생산과 판매 활동을 하는 기업을 말한다. 세계화가 진행되면서 활동과 영향력이 증가되고 있는 다국적 기업은 공간적 분업을 통해 세계 각 지역의 경제에 큰 영향을 끼친다. 다국적 기업의 산업 시설이 들어선 지역은 일자리가 늘어나면서 지역 경제가 활기를 띠지만, 경쟁력이 취약한 지역 내 소규모 기업의 피해를 불러오기도 한다.

공정무역

공정무역이란 생산자의 노동에 정당한 대가를 지불하면서 소비자에게는 좀 더 좋은 제품을 공급하는 윤리적인 무역을 말한다. 윤리적 소비의 관점에서 개발도상국에서 선진국으로 수출되는 상품 중 주로 농산물에 초점이 맞추어져 있다. 공정무역은 보다 투명하고 공정한 방식의 무역을 통해 개발도상국의 소규모 생산자들을 지원한다. 약자인 이들에게 지속적인 생산을 보장해 주는 최저 가격을 지원하고 해당 지역의 지속 가능한 발전을 위해 지원하는 방식 등이 주로 사용된다.

국제 사회의 행위 주체

국제 사회는 다양한 행위 주체가 여러 이해관계를 가지고 서로 영향을 주고받으며 갈등하는 모습을 보이고 있다. 국제 사회 행위 주체에는 **국가, 국제기구, 비정부 기구** 등이 있으며, 최근 세계화가 활발하게 진행되면서 다국적 기업도 국제 사회의 행위 주체로서 영향력을 행사하고 있다.

■ 국가

일정한 영역과 국민을 바탕으로 주권을 가진 국가는 국제 사회의 가장 기본적이고 대표적인 행위 주체이다. 국제법에 따르면 모든 국가는 국제 사회에서 평등하고 독립적인 주체이다. 국가는 국제 사회에서 자국의 이익을 최우선으로 추구한다.

■ 국제기구

국제기구는 각 나라의 정부를 구성단위로 하여 평화 유지나 경제 · 사회 협력 등 국제적 목적이나 활동을 위해 두 국가 이상으로 구성된 조직체이다. 대표적인 국제기구로 국제연합(UN)을 들 수 있다.

■ 비정부 기구

비정부 기구(NGO)는 개인이나 민간단체 주도로 만들어진 조직이다. 이들은 환경이나 평화, 인권 등 인류 공동의 이익을 위해 활동하는데, 오늘날 시민사회의 영향력이 강화되면서 그 역할이 확대되고 있다. 대표적인 비정부 기구로 그린피스, 국경없는 의사회, 국제 앰네스티 등을 들 수 있다.

경제 협력 개발 기구(OECD)

세계 경제의 발전과 무역 촉진을 위해 만들어진 국제기구로, 회원국의 경제 성장과 금융 안정을 추구한다.

소극적 평화와 적극적 평화

평화는 소극적 평화와 적극적 평화로 나눌 수 있다. **소극적 평화**는 전쟁, 테러, 범죄, 폭행 등의 물리적 폭력이 발생하지 않아 직접적인 폭력의 사용이나 위협이 없는 상태를 의미한다. 이와 달리 **적극적 평화**는 직접적 폭력뿐만 아니라 빈곤, 기아, 정치적 억압, 종교와 사상의 차별 등과 같은 구조적이고 문화적 측면의 폭력까지 제거하여 모든 사람이 인간답게 살아갈 삶의 조건이 조성된 상태를 가리킨다. 실질적인 국제 평화를 이루려면 소극적 평화에 머무르지 말고 적극적 평화를 실현하도록 노력해야 한다.

동북공정

동북공정은 중국 동북부 지역의 동북 3성(지린, 랴오닝, 헤이룽장)에 관한 역사, 지리, 민족 문제 등을 다루는 중국의 국가적 연구 사업이다. 중국 정부는 소수 민족을 통합하여 현재의 영토를 확고히 하기 위한 방법의 하나로 동북공정을 추진하였다. 중국 정부는 동북공정을 통해 한반도 북부와 만주에서 활동하였던 고조선, 고구려, 발해 등의 역사를 모두 중국의 역사라고 주장하면서 다양한 방식으로 우리 고대사를 계속 왜곡하고 있다.

인구 구조

인구는 연령, 성, 인종과 같은 자연적 특성과 직업, 국적, 종교와 같은 사회적 특성에 따라 인구 구성의 상태가 다르게 나타나는데, 이를 **인구 구조**라고 한다. 인구 구조는 성별 인구 구조, 연령별 인구 구조, 산업별 인구 구조 등이 있다. 특히 연령별 인구 구조는 생산 연령 인구와 인구 부양비 등을 파악할 수 있어 미래의 인구 구성을 예측하는 기준이 된다.

■ 생산 연령 인구

생산 활동을 할 수 있는 15~64세의 청장년층 인구를 말하는데, 경제 활동 인구라고도 부른다.

■ 인구 부양비

청장년층 인구에 대한 유소년층과 노년층 인구의 비율을 말한다.

인구 피라미드

인구 피라미드는 인구의 성별, 연령별 구성을 따라 피라미드 모양으로 나타낸 그래프로, 가로축에는 남녀 인구수 또는 비율을 표시하고, 세로축에는 나이를 5세 단위로 표시한다. 인구 피라미드를 보면 어떤 국가나 지역의 인구 구조를 한눈에 알 수 있으며, 앞으로 어떤 인구 문제가 발생할지 유추해볼 수 있다.

■ 중위 연령

특정 지역이나 국가의 전체 인구를 연령 순서로 세웠을 때 그 중앙에 위치한 사람의 연령을 말한다. 선진국은 개발도상국에 비해 중위 연령이 높게 나타나는 편이다.

자원 민족주의

자원 민족주의는 자원을 보유한 국가가 자원을 전략적 무기로 이용하는 것을 말한다. 특정 자원을 보유한 국가들이 합심하여 자원의 생산과 공급을 통제함으로써 자국의 이해를 극대화하려는 움직임이 이에 해당한다. 대표적인 자원 민족주의는 석유수출국기구(OPEC)에서 표출되었으며, 최근에는 천연가스, 철광석, 쌀 등을 생산하는 국가들도 비슷한 움직임을 보여 자원 갈등의 빌미가 되고 있다.

지속 가능한 발전

지속 가능한 발전이란 지속 가능성에 기초하여 경제 성장, 환경 보호, 사회의 안정과 통합이 균형을 이루는 발전을 말한다. 여기서 말하는 지속 가능성이란 미래 세대가 사용할 경제·환경·사회 등의 자원을 낭비하거나 여건을 저해하지 않는 범위 내에서 현세대의 필요를 충족하는 것이다.

■ 다양한 국제 환경 협약

구분	내용
람사르 협약	습지 보호
몬트리올 의정서	프레온 가스의 생산 및 사용 규제
바젤 협약	유해 폐기물의 국가 간 이동·처리 통제
기후 변화 협약	온실가스 배출량 규제
생물 다양성 협약	생물종 보호
사막화 방지 협약	사막화 방지

로하스 족

로하스(LOHAS: Lifestyles of Health and Sustainability)란 개인의 신체적·정신적 건강은 물론, 환경, 사회 정의 및 지속 가능한 소비에 높은 가치를 두고 생활하는 사람들의 새로운 생활 방식을 말한다. 로하스는 개인의 웰빙을 뛰어넘어 사회가 함께 웰빙 하자는 이른바 사회적 웰빙을 뜻하며, 이를 실천하기 위한 대표적 활동에는 일회용품 줄이기, 장바구니 사용하기, 천 기저귀나 대안생리대 쓰기, 재활용 캠페인 등이 있다.

미래 이슈 분석 보고서, 2015

미래창조과학부 미래준비위원회는 광범위한 자료 및 인식 조사를 통해 10년 후의 관점에서 중요하게 생각하는 10대 주제를 선정했다. 저출산·초고령화 사회, 불평등 문제, 미래 세대 삶의 불안정성, 고용 불안, 국가 간 환경 영향 증대, 사이버 범죄, 에너지 및 자원 고갈, 북한과 안보·통일 문제, 기후 변화 및 자연재해, 저성장과 성장 전략 전환이 이에 해당한다. 이것들 중 대부분은 발생 가능성이 높으며, 우리 사회에 미칠 영향력이 큰 것으로 나타났다.

■ 분야에 따른 미래 전망 분석 대상

정치	식량 안보, 주변국과 지정학적 갈등, 북한과 안보·통일 문제, 전자 민주주의, 글로벌 거버넌스
경제	초연결 사회, 저성장과 성장 전략 전환, 디지털 경제, 고용 불안, 제조업의 혁명, 산업 구조의 양극화
사회	저출산·초고령화 사회, 불평등 문제, 미래 세대 삶의 불안정성, 삶의 질 중시, 다문화 확산, 가족 개념 변화, 경쟁적 교육, 젠더 이슈 심화, 난치병 극복, 사이버 범죄
환경	재난 위험, 에너지 및 자원 고갈, 기후 변화 및 자연재해, 국가 간 환경 영향 증대, 원자력 안전 문제, 생물 다양성의 위기, 식품 안전성

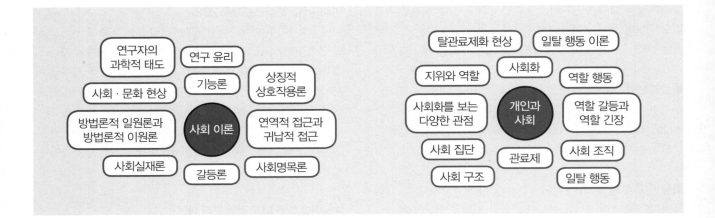

사회 · 문화 현상

우리가 일상생활에서 직간접적으로 체험하는 인간의 모든 사회 활동 및 이와 관련된 현상을 **사회문화 현상**이라고 한다. 즉, 개인 혹은 다양한 형태의 공동체가 다른 개인 및 공동체와 관계를 맺으면서 일어나는 모든 현상을 의미한다. 사회 · 문화 현상을 이해하는 관점에는 기능론, 갈등론, 상호작용론이 있다.

기능론

기능론은 사회구성원 간의 유기체적 조화와 균형에 주목하며, 사회 유지를 강조한다. 사회 구성원들은 사회 질서를 위하여 사회 속의 한 부분으로서 기능을 담당한다. 사회 변화나 사회 갈등은 안정적인 상태가 아니지만, 결국에는 사회를 안정시키는 방향으로 귀결된다. 사회에서 공유하는 합의의 산물인 가치나 규범을 지키지 않는 것은 사회 질서를 깨뜨리는 위험한 행위로 간주한다. 기능론의 관점은 사회 갈등과 변동의 중요성을 간과하며, 혁명과 같은 급격한 사회 변동을 설명하는 데 한계가 있다.

갈등론

갈등론은 사회 내의 집단 갈등과 대립에 초점을 두며, 사회 변화를 강조한다. 갈등은 모든 사회에 존재하며, 사회 내의 권력이나 재화와 같은 희소가치 한정에 따라 일어나는 현상이다. 사회 통합은 구성원의 동의보다는 지배 집단의 기득권을 유지하기 위해 강제로 이루어진 것이기에, 사회 변동은 언제든지 일어날 수 있다. 갈등론에서는 모든 사회 · 문화 현상을 집단 간 갈등 때문에 발생하는 현상으로 이해하기에, 사회의 존속과 통합을 경시하며, 사회의 각 구성 요소가 합리적으로 잘 유지되는 상황을 설명하는 데 한계가 있다.

■ 사회문제를 보는 시각

기능론의 관점에서 보면, 사회문제는 사회의 균형이 깨진 상태로, 개인이나 집단의 병리나 일탈적인 하위문화와 부실한 제도 때문에 생겨난다. **갈등론**의 관점에서 보면, 사회문제는 지배계층의 잘못된 통치에 따른 것으로, 지배계층의 기득권을 유지하는 과정에서 필연적으로 발생하는 사회적 불평등 때문에 일어난다.

상징적 상호작용론

상징적 상호작용론은 인간의 사회적 행위에 초점을 맞추고, 구성원 간의 상호작용에 주목한다. 상징적 상호작용론에서는 사회 · 문화 현상을 개인 행위자들이 일상생활에서 상징 행위를 통해 상호작용을 한 결과로 발생한 주관적인 의미가 담긴 것으로 본다. 결국, 사회는 상징 행위를 통한 상호작용이 복잡하게 얽혀 있는 다양한 유형의 형태로 이루어진 것이다. 바로 이런 점에서 개인 행위자의 상호작용에 영향을 미치는 사회구조의 힘을 경시한다는 비판을 듣는다.

사회실재론

사회실재론은 개인은 단지 사회를 구성하는 하나의 단위에 불과하다고 보는 견해로, 사회를 개인들이 모인 집합체 이상의 객관적인 존재로 본다. 사회실재론에 따르면 하나의 실체인 사회는 개인과는 다른 고유한 특성을 지니며, 사회를 구성하고 있는 개개인의 삶에 영향을 미치기도 하고, 때로는 개인의 삶을 구속하기도 한다. 사회실재론의 시각으로 개인과 사회를 바라보는 관점으로 사회 유기체설이 있다.

사회명목론

사회명목론에서는 사회가 개인 외부에 별도로 존재하는 것이 아니며, 단지 개인들의 집합체에 붙여진 이름에 불과하고, 실재하는 것은 개인뿐이라고 본다. 사회의 구조나 실체를 인정하지 않고, 실제로 존재하는 것은 사회가 아니라 사회를 이루고 있는 개인이며, 사회는 단지 명목상으로만 존재한다. 사회 자체보다도 사회를 구성하는 개인의 특성과 행동 양식을 고찰해야 한다고 본다. 사회 명목적인 시각으로 개인과 사회를 바라보는 관점으로 사회계약설이 있다.

방법론적 일원론과 방법론적 이원론
양적 연구 방법을 선호하는 실증주의 연구자들은 자연 과학의 연구 방법을 사회·문화 현상의 탐구에 적용할 수 있다고 보고, **방법론적 일원론**을 취해야 한다고 주장한다. 이를 통해서 인간과 사회에 대한 지식이 과학적일 수 있다는 것이다. 한편, 질적 연구 방법을 선호하는 연구자들은 자연 과학의 연구 방법을 가치 함축적인 사회·문화 현상의 탐구에 적용할 수 없다고 보고, **방법론적 이원론**을 취해야 한다고 주장한다. 사회·문화 현상의 의미를 파악하려면 고유한 방법을 개발해야 한다는 입장을 취해야 한다는 것이다.

연역적 접근과 귀납적 접근
사회 과학 연구의 과정은 하나의 순환을 거친다. 기존 이론으로부터 새로운 가설을 설정하고 경험적 자료를 수집하여 검증하며, 검증된 이론은 다시 새로운 가설을 설정하고 검증하려는 다른 연구의 기초 이론으로 축적된다. 이와 같은 순환 과정에서 가설을 설정하고 자료 수집 및 분석을 통해 가설의 수용 여부를 결정하는 과정을 **연역적 접근**이라고 하며, 자료 수집에서 이론을 도출하는 과정을 **귀납적 접근**이라고 한다.

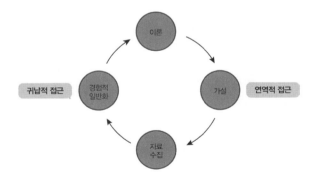

연구자의 과학적 태도
사회·문화 현상을 과학적으로 탐구하기 위해서는 객관적 태도, 개방적 태도, 상대주의적 태도가 필요하다. **객관적 태도**란 연구자가 자신의 주관적 가치관이나 선입견을 배제하고 제삼자의 입장에서 사실 그대로를 관찰하는 자세를 말한다. **개방적 태도**는 특정 이론을 무조건 추종하거나 배격하지 않는 자세이다. **상대주의적 태도**는 연구 대상이 속한 역사적 특수성 및 사회적 맥락에서 연구 대상에 접근하는 자세이다.

연구 윤리
사회·문화 현상을 탐구하는 연구자가 연구 과정이나 결과의 활용에서 인간의 존엄성을 존중하는 태도를 **연구 윤리**라고 한다. 연구자는 연구 결과가 반인격적이거나 비민주적인 목적에 악용되지 않도록 유의해야 하며, 조사 대상자의 인권을 침해해서는 안 된다. 또한 연구자는 수집된 연구 대상자의 개인 정보를 연구 이외의 목적에 활용해서는 안 되며, 반드시 익명성을 보장해야 한다.

사회화
인간은 사회 속에서 성장하면서 자아 정체감을 형성하고 사회의 구성원으로서 살아가고자 그 사회의 행동 방식과 사고방식을 배우는데, 이를 '**사회화**'라고 한다. 인간은 사회화를 통해 인간다운 품성과 자질을 획득해나가며 사회적 존재로 살아갈 수 있다. 즉, 사회화는 개인을 사회에 적응할 수 있도록 하며 동시에 사회를 존속시키는 역할을 한다.

■ 재사회화
사회화는 특정 시기에만 이루어지는 것은 아니며, 평생에 걸쳐 이루어진다. 사회 변화에 맞추어 과거와는 다른 새로운 지식, 규범과 가치 등을 내면화하는 것을 **재사회화**라고 한다.

■ 평생에 걸친 사회화 과정

아동기	언어와 문자, 기본적인 생활 방식에 관한 사회화가 이루어진다.
청소년기	기본적인 지식과 규범, 자아 정체성 등이 사회화를 통해 형성된다.
성인기	개인적인 필요나 취향 등에 의해 선택적인 사회화가 이루어진다.
노년기	변화된 사회에 적응하기 위한 재사회화가 이루어진다.

사회화를 보는 다양한 관점
사회화를 보는 데에는 사회 구조의 맥락에서 개인의 사회화를 바라보는 **거시적 관점**과 개인 혹은 집단과의 상호 작용에 의해 사회화가 이루어지는 과정에 초점을 둔 **미시적 관점**이 있다. 거시적 관점에는 기능론과 갈등론, 미시적 관점에는 상징적 상호 작용론이 있다.

■ 기능론 관점
기능론 관점에서는 사회화를 사회 구조의 안정과 질서 유지를 위해 반드시 필요한 과정으로 파악한다. 사회화의 내용과 방법 등은 개인과 사회의 필요에 의해 합의된 것이며, 사회화를 통해 사회가 존속·유지되고 동시에 개인은 사회적으로 바람직한 방법으로 욕구를 충족하며 자아실현을 할 수 있다는 것이다.

■ 갈등론 관점

갈등론 관점에서는 사회화를 불평등한 사회 구조를 유지하기 위한 기제로 본다. 기득권 집단이 자신들의 지배 체제를 유지하기 위하여 그들에게 유리한 가치 체계를 학습시킴으로써 피지배 집단으로 하여금 자신들이 지배받는 것을 수용하게 한다는 것이다. 즉, 사회화는 현재의 불평등한 구조를 정당화하려는 것이다.

■ 상징적 상호작용론 관점

상징적 상호작용론 관점은 사회 구성원들 간의 상호작용을 통해 사회화가 이루어지는 과정에 초점을 맞춘다. 개인은 일상의 다양한 상황에서 접하는 타인의 눈을 통해 자아를 형성해 가는데, 자신과 접하는 타인들의 반응에 따라 어떻게 생각하고 행동하는 것이 바람직한지 학습하게 되며, 이 과정이 사회화라는 것이다.

지위와 역할

사회 내에서 개인이 차지하고 있는 위치를 **지위**라고 한다. 지위에는 귀속 지위와 성취 지위가 있다. 귀속 지위는 선천적으로 주어진 지위로서 남자나 여자, 맏딸, 손자 등과 같은 지위이다. 성취 지위는 후천적으로 취득한 지위로서 어머니, 아버지, 학생, 학급회장, 연예인 등이 이에 해당한다. 한편, 개인이 차지한 지위에 대하여 사회에서 기대되는 행동 양식을 **역할**이라고 한다. 개인은 사회화를 통해 각 지위에 상응하는 역할을 습득하게 된다.

역할 행동

동일한 지위와 역할을 갖고 있어도 개인마다 그 역할을 수행하는 방식은 다르다. 개인이 자신의 역할을 수행하는 구체적인 방식을 **역할 행동**이라고 한다. 사회 내에서의 역할 행동을 통해 개인의 가치관이나 목표 등을 알 수 있다.

역할 갈등과 역할 긴장

한 개인이 동시에 여러 가지 역할을 수행해야 하는 상황에서 역할 간 충돌이 발생하는 것을 역할 갈등이라고 한다. **역할 갈등**은 두 가지 이상의 지위에서 서로 다른 역할이 요구되고 이를 동시에 수행해야 할 때 발생한다. 이와는 달리 동일한 지위에서 두 가지 이상의 역할이 상충하여 발생하는 긴장 상태를 **역할 긴장**이라고 한다.

사회 집단

두 사람 이상의 사람들이 지속적이고 반복적인 상호 작용을 하며, 그 집단에 대한 소속감 혹은 공동체 의식이 있을 때 그 공동체를 **사회 집단**이라고 한다. 인간은 가족, 또래 집단, 학교, 직장 등 다양한 사회 집단에 속해 있다. 그리고 그 안에서 지위를 차지하고 역할을 부여받으며 사회적 인간으로 성장한다. 따라서 개인의 행동 양식이나 자아 정체성은 개인이 속한 사회 집단의 영향을 받는다.

사회 조직

사회 조직은 뚜렷한 목표를 중심으로 구성원의 지위와 역할이 명백하게 구별되고 체계화된 집단을 말한다. 엄격한 규범에 따라 운영되기 때문에 구성원의 행동이 제한되며, 공식화된 목적이 분명하기 때문에 이를 중심으로 형식적 · 사무적인 관계가 형성된다. 구성원에 대한 보상과 제재 역시 목적을 얼마나 효율적으로 달성했는가에 따라서 이루어진다. 오늘날 사회가 분화되고 전문화되면서 사회 조직은 증가하고 있는 추세이다. 일반적으로 사회 조직이라고 할 때에는 공식 조직을 의미한다.

■ 비공식 조직

공식 조직 안에서 형성되는 또 다른 성격의 조직을 **비공식 조직**이라고 한다. 학교 내 동아리와 같은 비공식 조직은 공식 조직 내에서 구성원들의 만족감과 사기를 높여 공식적인 과업의 능률을 올리고 조직의 효율성을 높여준다. 하지만 개인이 지나치게 비공식 조직의 활동에 빠질 경우 오히려 공식 조직의 업무 달성을 방해할 수도 있다.

■ 자발적 결사체

자발적 결사체란 구성원들의 공동의 관심사나 이해관계를 기반으로 자발적 의사에 의해 형성된 조직을 말한다. 가입과 탈퇴가 자유롭고, 1차 집단과 2차 집단의 성격이 공존한다는 특징이 있다. 동호회나 시민 단체 등 자발적 결사체는 사회의 다양성을 실현하게 해주며 현대 사회에서 그 영향력이 점점 커지고 있다.

관료제

대규모화된 조직을 효율적으로 운영하기 위해 등장한 사회 조직 운영 방식을 **관료제**라고 한다. 관료제는 사회적 업무를 수행하기 위하여 수많은 사람들의 활동을 체계적으로 조직할 수 있는 가장 효율적인 제도이다. 관료제는 효율적 운영에 매우 큰 효과가 있지만 지나친 업무의 세분화 · 전문화는 개인의 창의성과 자율성을 발휘할 기회를 주지 않고, 인간을 수단화하여 소외 현상을 유발하며, 수직적 위계질서와 연공서열주의로 인해 복지부동의 태도와 더불어 조직의 경쟁력을 약화시키는 등의 문제점을 유발하기도 한다.

탈관료제화 현상

기존의 관료제는 세계화와 정보화로 빠르게 변화하는 사회에 유연하게 대처하기 어려우며 인간의 창의성을 극대화하기도 어려워졌다. 이 때문에 관료제를 다양한 형태의 새로운 조직으로 탈바꿈하려는 시도가 나타나고 있는데, 이를 **탈관료제화** 현상이라고 한다. 탈관료제화는 조직의 유연성을 강화하고, 구성원 간의 수평적인 관계를 추구하며, 능력과 성과에 따른 보상을 추구한다.

사회 구조

사회 구조란 하나의 사회 단위 내에서 개인과 집단들이 상호 관계를 맺는 방식이 정형화되어 안정된 틀을 이루고 있는 상태이다. 즉, 사회적 관계와 제도가 통일적 · 조직적 총체를 이루고 있는 체계이다. 사회 구조는 안정성을 가지며, 오랜 기간 지속된다. 또한 어느 정도의 강제성을 가지고 있어서 사회 구성원들의 사고와 행동을 제약할 수도 있다.

일탈 행동

인간은 사회가 요구하는 규범의 틀 속에서 생활하며, 사회적으로 용인되는 행동의 범주를 벗어나게 되면, 그에 따른 제재를 받게 된다. 이렇게 규범을 벗어나는 행동을 **일탈 행동**이라고 하며, 이에 대한 각종 제재는 사회의 질서를 유지하기 위한 제도적 장치라고 볼 수 있다. 어떤 행동이 일탈 행동인가 아닌가 하는 것은 시대와 사회마다 다르다. 이는 사회적 행동을 평가하는 가치관이나 규범이 사회적 조건이나 상황에 따라 달라지기 때문이다.

일탈 행동 이론

사회적 상호작용 이론인 기능론과 갈등론은 모두 비행이나 범죄, 일탈이 일어나는 이유를 사회 구조에서 찾는다. 그러나 사회 구조가 일시적으로 문제가 생긴 것으로 보는 기능론과 달리 갈등론은 사회 자체의 불평등 때문이라고 설명한다. 일탈 행동 이론에는 아노미론, 사회 해체론, 하위문화론, 차별적 교체 이론, 낙인이론 등이 있다.

■ 아노미론

자본주의가 급격히 발달하는 과정에서 사회 해체가 일어나고 사회 규칙이 붕괴되는 무규범 상태인 아노미가 발생하는데, 그 사회에서 중요하게 여기는 목표를 성취할 만한 합법적인 수단을 갖지 못하는 괴리로 인해 일탈이 발생한다고 본다. 아노미적 일탈 이론은 비행이나 일탈행동의 원인을 사회 구조와 개인의 관계 속에서 찾으려 한다. 즉 일탈이나 비행은 사회생활을 하는 개인이 가치 혼란 속에서 자신의 욕망을 누르지 못하거나 제도화되지 않은 비합법적인 수단을 사용하기 때문에 생긴다고 본다.

■ 사회 해체론

급격한 사회 변화로 인해 인간관계나 사회 규범이 무너지면서 기존의 사회 질서의 해체가 일어나고, 그에 따라 일탈이 발생한다고 본다. 사회 해체론은 주로 근대화 과정에서 도시화를 경험하는 지역에서 발생하는 범죄와 일탈을 설명하는 이론으로 많이 사용된다.

■ 하위문화론

여성문화, 청소년문화처럼 한 사회에서 부분을 이루는 집단들에게서 나타나는 특이한 문화를 하위문화라고 하는데, 그 계층에 속한 문화를 학습한 결과 비행이나 일탈을 하게 된다고 본다. 하위문화론은 주로 하류층에서 일탈이나 비행이 일어나는 이유를 설명하는데, 지배문화에 대항하기 위해 또는 자신이 속한 계급 문화를 사회화한 결과 일탈이 일어난다는 것이다.

■ 차별적 교체 이론

일탈자 또는 일탈 집단과의 상호작용의 빈도가 높으면 일탈할 가능성이 높다고 본다. 즉 '누가 범죄를 저지르고 일탈하는가'라는 문제는 누구와 교제하고 무엇을 학습하는가에 따라 차별적인 상황에서 일어나는 상호작용의 과정으로, 그 과정에서 범죄나 일탈 행위를 학습하고 그것을 실행하게 된다는 것이다.

■ 낙인이론

사회적 낙인에 의해서 일탈이 발생한다고 보는 이론으로, 한번 일탈을 경험한 사람이 사회적으로 낙인이 찍히면 지속적으로 일탈을 반복하게 된다는 것이다. 낙인이론은 일탈을 어떻게 규정하느냐에 따라 달라지는 상대적인 개념으로 파악하기도 한다.

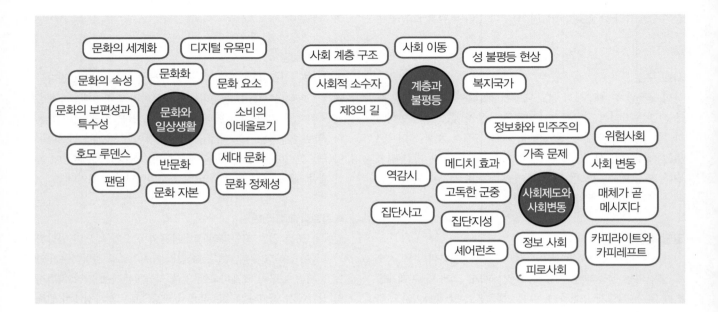

문화화

어떤 문화에 속한 개인이 그 문화에 적응하고 문화적 요소를 습득해나가는 과정을 '**문화화**'라고 부르는데, 이 과정에서 개인의 문화적 사회화가 이루어진다. 개인이 문화에 적응해가는 과정은 문화에 대한 개인의 일방적인 의존관계가 아니라, 문화와 개인의 역동적인 상호작용 관계에서 파악할 수 있다. 이러한 문화화 과정은 주관적인 내면화와 사회적인 객관화의 상호작용을 기초로 하고 있다.

문화의 보편성과 특수성

문화는 인간이 사회생활을 통하여 이루어 놓은 정신적 · 물질적 산물 전체를 의미한다. 따라서 문명사회든 미개사회든 어느 사회에나 문화는 존재하며 언어, 결혼, 가족 등은 모든 문화에 공통으로 존재한다. 이것을 문화의 '**보편성**'이라고 한다. 동시에 각 사회는 독특한 자연환경과 역사적 배경 속에서 각기 고유한 문화를 발전시킨다. 이것을 문화의 '**특수성**'이라고 한다.

문화의 속성

문화는 사회마다 다양한 모습으로 전개되지만 문화라고 통칭할 수 있는 독특한 속성을 지니고 있다. 모든 문화는 **학습성, 공유성, 총체성, 변동성, 축적성**을 가지고 있다. 문화는 본능에 의한 것이 아니라 후천적인 학습을 통해 얻어지며(문화의 학습성), 한 사회 내의 구성원들은 문화에 대해 다 함께 알고 또 공유하게 된다(문화의 공유성). 한 사회의 문화들은 서로 관련을 맺으면서 상호 간에 영향을 미치고(문화의 총체성), 그 내용은 시간의 흐름과 함께 변화하며(문화의 변동성), 구전 · 기록되어 전해지면서 다음 세대로 누적된다(문화의 축적성).

문화 요소

문화는 식기나 운송 수단에서부터 법이나 종교 교리에 이르기까지 그 요소가 매우 다양하고 광범위한데, 문화로 통칭하는 개별 대상들을 **문화 요소**라고 한다. 문화 요소에는 자동차, 컴퓨터처럼 우리가 보고 만질 수 있는 물질문화의 요소뿐만 아니라, 언어, 지식, 가치관 등과 같이 비물질 요소도 있다. 문화 요소 중 우리의 일상생활에 가장 광범위하고 큰 영향을 미치는 것으로 기술, 상징, 언어와 문자, 예술, 가치, 규범 등이 있다.

■ 가치와 규범

가치는 옳고 그름과 좋고 나쁨에 대하여 사람들이 가지는 신념으로, 인간 행동의 기본적인 방향을 결정하는 힘을 지니고 있다. 즉, 가치란 하나의 문화권에 속하는 구성원들 사이에서 어떤 것이 옳고 그른가에 대한 기초적인 판단 기준을 제공한다. 가치가 행동의 일반적인 방향에 대한 신념이라면, **규범**은 생활 영역에서의 체계화된 행동 지침이라고 할 수 있다. 규범은 사회의 구성원들이 다른 이들과 더불어 살아갈 때 준수해야 할 행위 양식을 규정한다. 규범의 종류는 다양하며, 그 강제성이나 제재 방식에도 차이가 난다.

호모 루덴스

네덜란드의 철학자 요한 하위징아는 인간을 **호모 루덴스**, 즉

'유희하는 인간'이라고 표현하였다. 그러나 이때의 유희는 단순히 논다는 것이 아니라 상상력을 발휘하여 정신적인 창조 활동을 즐길 줄 안다는 뜻이다. 하위징아에 따르면 문학, 음악, 미술, 연극 등은 모두 창조 활동의 산물이며, 이러한 창조 활동은 인간의 본질이다. 즉, 하위징아는 유희가 단순히 문화의 한 요소가 아니라 문화 그 자체가 유희의 성격을 가지고 있다고 보았다.

세대 문화
세대란 공통의 체험을 공유하는 일정 폭의 연령층을 말한다. 한 세대는 특정한 역사적 경험과 사고방식 및 생활양식에서 공통점을 지니는데, 특정 세대가 공유하는 문화를 **세대 문화**라고 한다. 최근 급격한 사회 변동에 따라 다양한 세대 문화가 등장하고 있으며, 이들 간 문화 격차도 더욱 커지고 있어 새로운 사회 문제가 되고 있다.

반문화
사회 구성원 중에는 그 사회의 기득권자 혹은 주류 구성원들의 가치와 규범인 주류 문화를 거부하는 집단이 존재하는데, 그러한 집단에 공유되는 하위문화를 **반문화**라고 한다. 히피 문화는 가장 대표적인 예로, 기성세대의 주류 문화에 저항하는 청년 문화를 만들기도 하였다.

팬덤
팬덤이란 특정 인물이나 분야를 열성적으로 좋아하는 사람들, 나아가 그 인물이나 분야에 대해 가진 '팬 의식'을 일컫는다. 팬덤 문화는 주류 문화의 주변 문화로서 지배적인 가치나 윤리 체계에 맞지 않는 이미지, 또는 문화 중독자라는 부정적 이미지를 가지고 있었다. 그러나 최근에는 대중문화의 **적극적·능동적 수용자**라는 인식이 확산하고 있다.

문화 정체성
문화 정체성은 한 문화에 속한 사람들이 공유하는 동질감 또는 그 문화에 대한 자긍심을 말한다. 문화 정체성은 오랫동안 공유한 역사적 경험과 운명 공동체 의식 등을 토대로 형성된다. 따라서 문화 정체성은 사회 안정의 중요한 자원일 뿐만 아니라 개인의 자아 정체감이나 소속감 형성에도 중요하다. 세계화 시대에 올바른 문화 정체성을 유지하면서도 변화하는 세계에 적합한 문화 변동을 주도해나갈 수 있어야 한다.

문화의 세계화
문화의 세계화는 우리 문화를 세계에 알리고 보급하는 것을 의미한다. 우리 문화를 세계화한다는 것은 문화적 정체성을 지킨다는 의미 외에도 정보 사회에서 국가 경쟁력을 강화하는 한편, 전 지구적 문화 다양성과 인류의 문화 발전에 이바지한다는 중요성이 있다. 이를 위해서는 문화의 창조자로서의 주체 의식을 갖고 우리의 것을 세계적인 것으로 만들어 감으로써 우리 문화의 발전을 위해 노력해야 한다.

디지털 유목민
디지털 유목민은 국경이나 민족을 초월해서 전 세계를 무대로 끊임없이 움직이면서 새로운 가치를 창조하는 디지털 혁명이 만들어낸 새로운 세력을 일컫는 말이다. 아탈리는 미래 역사의 주인공을 디지털 노마드족(유목민)이라고 했다. 정보·통신 기술의 발달을 통해서 이제 인류는 한곳에 정착할 필요가 없어졌다는 것을 뜻한다. 즉 시간적·공간적 제약으로부터 자유로울 수 있는 인터넷, 모바일 컴퓨터, 휴대용 통신기기 등 디지털시스템 하에서의 인간의 삶은 '정착'을 거부하고 '유목'으로 변모해 간다는 것이다.

문화 자본
아비투스의 대표적인 것이 바로 교육이다. 아비투스는 **교육**을 통해 상속되며, 그것도 복잡한 교육체계를 통해 이루어지는 무의식적인 사회화의 산물이다. 현대사회에서 지배계급은 더 이상 예전과 같이 경제적인 상속만으로는 자신의 계급을 자식에게 온전히 세습하기 어려움을 깨닫고, 교육을 통해 자신의 사회적 지위를 물려주려고 한다. 이러한 지식이나 문화의 형태로 된 자산을 가리켜 '**문화 자본**'이라고 한다. 현대사회에서는 경제적 자본의 지배보다 문화 자본에 의한 지배가 강화되며, 이것이 타자를 지배하는 권력의 기제로 작동한다.

소비의 이데올로기
구조주의 철학자 장 보드리야르는 현대사회를 소비에 의해 확장되며 발전하는 '소비사회'로 규정한다. 소비사회에서 중요한 것은 상품의 사용가치나 교환가치가 아니라 사회적으로 의미가 부여된 **기호가치**다. 현대에서 소비는 단순히 물건 자체를 구매하는 것이 아니라 물건이 재현하는 기호를 구매하는 행위다. 사람들이 물건 대신 기호를 욕망하며 소비할수록 이미지의 비중은 커져 간다. 더 나아가 이러한 기호 체계가 현실 자체를 구성하고 창출한다. 모든 것이 기호로 변하고 소비를 가능케 하는 일회성과 파편성만 남게 된다. 기호가 표상하는 이미지와 상징이 실재보다 더 실재 같은 사회, 이것이 보드리야르가 현대 소비사회를 보는 시선이다.

사회 계층 구조
일반적으로 사회의 희소한 자원들이 불평등하게 분배된 결과에 따라 사회 계층을 상층, 중층, 하층으로 구분한다. 사회 계층의 모습이 일정하게 틀지어진 형태를 **사회 계층 구조**라고 한다. 사회 계층 구조는 대체로 정형화된 모습을 띠고 있다. 계층을 구분하는 기준은 사회에 따라 각각 다르며, 같은 사회 내에서도 시대에 따라 각각 다르다. 이러한 특성 때문에 사회 계층 구조를 살펴보면 한 사회의 희소한 자원이 어떠한 모습으로 분배되어 있는지를 알 수 있다.

사회 이동

개인이나 집단이 속해 있는 계층은 고정되어 있지 않고 본인의 노력과 능력에 따라 또는 사회 구조적 변화에 의해 계층적 위치가 바뀔 수 있는데, 개인이나 집단의 계층적 위치가 변화하는 현상을 **사회 이동**이라고 한다. 사회 이동은 방향에 따라 수평 이동과 수직 이동으로 나누어진다. 또 사회 이동이 이루어진 세대 범위에 따라 세대 내 이동과 세대 간 이동으로 구분한다. 그리고 이동의 원인에 따라 개인적 이동과 구조적 이동으로 나눌 수 있다.

성 불평등 현상

사회의 여러 부문에서 성별의 차이로 인해 특정 성이 차별받고 억압받는 현상을 **성 불평등 현상**이라고 한다. 성 불평등은 남성과 여성 모두에게 적용될 수 있는데, 대체적으로 남성에 비해 여성이 불평등한 처우와 사회적 불이익을 더 많이 경험한다.

■ 생물학적 성과 사회적 성

생물학적 성(sex)은 생물학적 특징에 근거하여 남성 혹은 여성을 결정하는 유전적 · 신체적인 것을 말한다. 반면에 사회적 성(gender)은 생물학적 성을 기초로 사회 · 문화적인 과정에서 획득되고 형성된 것을 말한다.

사회적 소수자

사회적 소수자란 일반적으로 육체적 또는 문화적 특성 때문에 자신들이 살고 있는 국가나 사회로부터 불평등한 대우를 받으며, 경우에 따라서는 특정 집단으로부터 차별을 당하는 사람들을 말한다. 사회적 소수자는 그 수가 많고 적음에 관계없이 사회적 약자로 분류되는 경우가 많다. 소수자는 상대적인 개념이어서 상황과 여건에 따라 누구도 얼마든지 사회적 소수자가 될 수 있다. 예컨대, 종교적 신념이나 가치관의 변화, 불의의 사고, 노년기에 진입함에 따라 사회적 소수자로 취급받아 차별의 대상이 될 수 있다.

복지국가

복지국가는 정부가 나서서 국민의 삶의 질을 보장하고 끌어올리는 국가를 말한다. 이는 민주국가를 전제로 한다. 복지국가는 사적 영역인 자본주의 경제체제와 공적 영역인 민주주의의 원칙을 충실히 받아들이되, 그에 기초하여 사회보장권의 확대를 위한 사회구성원 간의 정치적 합의가 이뤄져야 한다. 그 결과, 복지국가는 자본주의적 분배에 더하여 정치적 합의를 통한 분배, 즉 '평등적 재분배'를 지향한다. 복지국가에서는 사회권적 기본권이 중시되며, 국민들의 실질적 평등을 구현하기 위해 노력한다.

사회 안전망

공동선 실현을 위해 국가는 사회적 약자를 위한 다양한 사회복지 제도부터 마련, 시행해야 한다. 예를 들어 국가가 나서서 장애인 의무고용 제도나 최저임금제도, 의료보험 등과 같은 사회복지 제도를 구축하는 것으로, 이를 **사회 안전망**이라고 한다. 국가가 사회적 약자를 위한 사회 안전망을 구축해나갈 때, 국가의 정당성은 확보되고 공동선은 달성 가능해진다.

제3의 길

유럽의 사회민주주의와 신자유주의를 절충한 새로운 정치 이념이다. 제1의 길은 유럽의 기존의 사회민주주의를 말하며, 제2의 길은 신자유주의를 말한다. 제3의 길의 핵심은 보호와 책임의 균형, 생산적 복지, 소외와의 투쟁, 개인의 창의성 존중, 사회세력 간의 합의에 근거한 발전에 있다. 영국의 사회학자 기든스는 신자유주의와 기존의 사회민주주의의 문제점을 비판하면서, 경제적 효율의 달성과 사회적 약자 보호를 동시에 주장하는 **'제3의 길'**을 제창하였다.

가족 문제

가족 문제는 가족의 기능이 제대로 수행되지 못하는 현상을 말하며, 이는 가족 구성원의 생활을 곤란하게 할 뿐만 아니라 가족의 경계를 넘어 사회적인 문제로 나타나기도 한다. 현대 사회의 가족 문제로는 가족 해체 문제, 노인 부양 문제, 자녀 양육 문제 등이 있다.

■ 가족 해체

이혼, 별거, 사망, 가출, 유기 등으로 정상적인 가족의 형태가 깨어진 상태를 일컫는다.

사회 변동

사회의 물질적 혹은 비물질적 요소가 부분적으로나 전체적으로 변화하는 사회 · 문화 현상을 **사회 변동**이라고 한다. 사회 변동의 속도와 양상은 사회의 영역마다 다르다. 물질 영역은 가치관이나 사고방식에 비해 변화 속도가 비교적 빠르다. 또한 어느 한 영역에서의 변화는 다른 영역의 변화를 유발하거나 촉진하기도 한다. 사회 변동은 오랜 시간에 걸쳐서 원만하게 이루어지기도 하지만, 갈등과 대립을 수반하며 급속하게 이루어지기도 한다.

정보 사회

정보 사회란 정보와 지식이 생활의 중요한 자원이 되고, 정보와 지식을 다루는 정보 산업이 경제의 주축을 이루며, 정보 혹은 지식을 다루는 사람들이 사회의 중심 세력을 형성해 가는 사회를 뜻한다. 컴퓨터의 발명과 정보 통신 기술의 급격한 발달로 인해 사회 전반에 걸쳐 정보화의 영향력이 한층 높아지고 있다. 정보 사회의 발달은 사람들의 생활을 보다 편리하게 만들었지만, 사생활 침해, 악성 댓글, 정보 격차 등과 같은 많은 문제점을 초래하기도 하였다.

매체가 곧 메시지다

대표적 매체 이론가인 마셜 맥루한은 "매체가 곧 메시지다."라고 주장했다. 이는 매체가 전달하는 내용보다 매체의 독특한 특성 자체가 사회에 더 큰 영향을 미친다는 것이다. 맥루한은 **매체의 형식과 구조**가 인간이 세상을 인식하고 이해하는 데 영향을 미치며, 인간은 매체의 강력한 영향력에서 벗어날 수 없다고 주장했다.

집단사고

집단사고란 유사성과 응집성이 높은 집단에서 나타나는 의사 결정 양식을 일컫는다. 집단사고는 비슷한 생각을 하는 사람들끼리는 어떤 문제에 대해 쉽게 합의하려 드는 경향이 있어서, 의사 결정 시에 발생할 수 있는 문제점을 심사숙고하기 어렵게 만든다. 현대사회는 과거에 비해 집단지성보다는 집단사고를 더 선호하는 경향을 보이고 있는데, 그에 따라 집단사고의 위험성은 갈수록 높아지고 있다.

집단지성

집단지성은 다수의 사람들이 서로 협력하거나 경쟁을 통하여 얻게 된 지적 능력의 결과로 얻어진 집단적 능력을 일컫는다. 예를 들어 다국적 온라인 백과사전인 '위키피디아'처럼 전문가 집단이 아니더라도 다수의 일반인들이 다양한 의견을 쏟아낼 경우, 전문가들의 의사 결정 결과물보다 훨씬 값진 정보와 의견을 만들어낼 수 있다는 것이다.

카피라이트와 카피레프트

카피라이트(Copyright)는 지적 재산권이라는 뜻으로, 음악·영화·예술품이나 기술과 같은 지적 활동의 결과로 만들어진 창작물을 원작자의 동의 없이 함부로 인용하거나 복제할 수 없도록 하는 것이다. 한편 **카피레프트**(Copyleft)는 저작권을 뜻하는 카피라이트의 반대 개념으로, 지식과 정보는 인류 전체의 공동 자산으로 모두가 자유롭게 접근하고 무상으로 사용할 수 있도록 하는 것이다.

역감시

역감시란 국민이 국가를 감시하는 것을 뜻한다. 민주주의 사회에서는 국민이 주권자이고 국가는 그 대행자가 되므로 국민이 국가를 감시하는 것은 당연하다. 그럼에도 통상적으로 감시는 국가의 기능이라고 여겨지므로, 국가에 대한 국민의 감시를 역감시라고 부른다. 역감시의 개념은 모든 국민이 실시간으로 국가를 감시하게 되면 부정부패를 줄이고 더욱 민주적인 국가를 만들 수 있다는 생각에서 출발했다.

정보화와 민주주의

정보화는 민주주의를 발전시키고 직접 민주주의를 실현할 수 있는 기술적 가능성을 가지고 있다. 인터넷이 '언론·집회·결사의 자유'를 시공간의 제약으로부터 완전히 해방시켰고, **시민들의 정치 참여** 기회를 증폭시켰기 때문이다. 정보화는 '보통 사람들'이 정치에 적극 참여할 수 있는 계기를 마련해주었을 뿐만 아니라, 정치·사회·법규 관련 정보에 대한 접근성을 높여, 정치 참여 욕구와 비판능력을 두루 갖춘 시민의 출현을 가능케 했다. 즉 정보화는 정치권력에 대한 시민들의 감시와 통제 기능을 현저히 향상시켰다.

고독한 군중

고독한 군중은 미국의 사회학자 리스먼이 지은 책 제목으로, 현대사회 대중의 모습을 표현한 용어이다. 고독한 군중은 대중 속에서 어울려 사는 듯 보이지만, 속으로는 고립감과 외로움을 느낀다. 따라서 이들은 타인으로부터 인정받고 그들에게서 격려되지 않으려고 끊임없이 노력하는 타자 지향적인 특징을 보인다.

위험사회

울리히 벡 교수는 저서 『위험사회』에서 성찰과 반성이 없이 근대화를 이룬 현대사회를 비판했다. 그에 따르면 산업화와 근대화를 통한 과학기술의 발전이 현대인들에게 물질적 풍요를 가져다주었지만 동시에 새로운 위험을 몰고 왔다는 것이다. 그에 따르면, 현대사회의 위험은 '분명히 존재하지만, 직접적으로 감지되지 않는 위험'이다. 현대사회의 위험은 환경오염, 생태계 파괴, 핵 위협, 유전자 변형 농산물, 시스템 마비 등 인간 스스로 만들어낸 **제조된 위험**이다. 지식과 기술 발전으로 인해 인간이 자연에 개입하면서 생겨난 위험이라는 것이다.

피로사회

한병철 교수는 『피로사회』에서 우리 사회에 만연한 **과잉 성과주의**를 비판한다. 그는 우리를 피곤하게 하는 것은 금지, 강제, 규율, 의무, 결핍과 같은 부정적 패러다임이 아니라 능력, 성과, 자기 주도, 과잉과 같은 긍정의 패러다임이라고 말했다. 현대 피로사회에서 개인은 자신의 특기와 적성을 찾아가기보다는 획일주의에 휩쓸려 내가 누군지 모른 채 무작정 욕망을 키워가게 된다. 이 상황에서 긍정적 동기 부여인 '할 수 있다'는 자신감은 오히려 자신을 옥죄는 덫이 되어, 자칫 스스로 정한 욕망을 충족하지 못하여 좌절감과 우울증에 빠지게 된다.

셰어런츠

공유를 뜻하는 셰어(share)와 부모(parents)의 합성어로, 블로그·트위터·페이스북 등의 SNS에 자녀의 일거수일투족을 올리는 부모를 이르는 말이다. **셰어런츠**가 자녀의 일상을 SNS에 올리는 행위를 일컬어 셰어런팅이라고 한다. 영국의 일간지 가디언이 만든 말이다. 가디언은 셰어런팅으로 SNS 공간에 노출되는 디지털 발자국 때문에 아이들이 가장 큰 피해를 입고 있다고 지적했다. 이미 노출된 정보는 개개인이 통제하기 쉽지 않은데, 아이들이 자신의 의지와 무관하게 공개된 정보들로 인해 수년 뒤 곤란한 일을 겪을 수도 있다는 것이다.

메디치 효과

메디치 효과는 서로 다른 분야의 요소들이 결합할 때 각 요소들이 갖는 에너지의 합보다 더 큰 에너지를 분출함으로써, 보다 창조적이고 혁신적인 시너지를 창출하는 현상을 말한다. 서로 다른 분야의 전문가들이 함께 소통할 수 있도록 지원을 아끼지 않았던 메디치 가문에서 유래하며, 서로 관련이 없는 분야의 결합을 통해 폭발적인 아이디어 창출과 뛰어난 생산성을 만들어 낸다는 것이다.

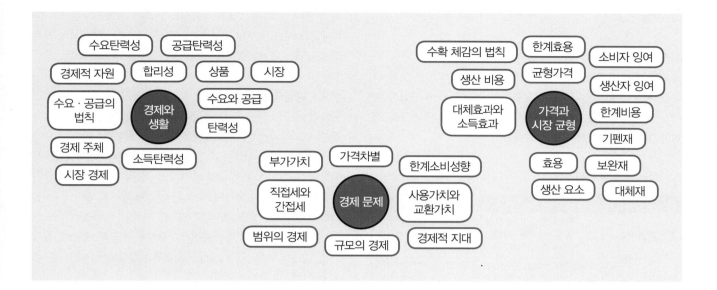

합리성

경제학에서는 모든 경제 주체가 합리적이라는 기본 가정을 채택하고 있다. **합리성**은 경제학에서 추구하는 올바른 선택의 전제조건이다. 여기서 말하는 합리성은 수단의 합리성을 뜻하는 것으로, 목표 그 자체 혹은 윤리성과는 별 관련이 없다. 다시 말해 어떤 목표가 주어졌다고 할 때 어떻게 하면 이를 가장 효율적으로 달성할 수 있는지와 관련된 합리성이라는 뜻이다.

경제적 자원

넓은 의미에서의 경제적 자원이란 우리가 아껴 써야 하는 모든 것을 뜻한다. 이에 비해 좁은 의미에서의 경제적 자원은 노동이나 자본처럼 생산과정에 투입되어 우리가 소비하는 상품으로 변화될 수 있는 **생산요소**를 뜻한다.

상품

상품은 사람들이 소비하기를 원해 시장에서 사고파는 모든 물건을 뜻한다. 상품은 눈에 보이는 **재화**와 보이지 않는 **서비스**의 두 종류로 나눌 수 있다.

■ 자유재와 경제재

공기나 흙처럼 쓸모가 있는데도 너무나 흔해 거래의 대상이 되지 않는 재화를 자유재라고 한다. 반면, 공급이 제한되어 있어 거래의 대상이 되는 재화를 경제재라고 부르는데, 우리가 보는 대부분의 물건들이 이 범주에 속한다. 경제학의 주된 관심의 대상이 되는 것은 바로 경제재의 성격을 갖는 재화이다.

경제 주체

한 나라의 경제를 가리켜 국민경제라고 부르는데, 이 국민경제를 이루는 세 부분인 가계, 기업, 정부를 경제 주체라고 한다. 이 세 주체는 서로 긴밀하게 연결되어 한 나라의 국민경제를 움직인다.

■ 가계

가계는 **소비**의 주체로, 효용 극대화를 추구한다. 가계는 생활에 필요한 재화와 서비스를 소비하기 위해 기업 및 정부로부터 획득한 임금 및 이자 등의 소득으로 충당한다. 가계의 소비가 모아져 사회의 수요가 되고, 가계의 저축은 사회의 투자와 밀접한 관계를 맺는다. 소비자 선호의 변화는 생산에 영향을 주어 사회의 산업 구조를 바꾸기도 한다.

■ 기업

기업은 **생산**의 주체로, 이윤 극대화를 추구한다. 가계로부터 노동과 자본 등의 생산 요소를 제공받아 재화와 서비스를 생산, 공급하여 이윤을 획득한다. 기업은 보다 많은 이윤을 획득하고, 경쟁에 있어 보다 유리한 위치를 차지하기 위해 생산성을 제고하고 생산비를 낮추려고 한다. 그 과정에서 기술 개발, 경영 개선이 이루어지고, 경제 발전을 가져온다. 한편, 기업에게는 환경 보전, 소비자 보호, 사회 공헌 등 사회적 책임도 뒤따른다.

■ 정부

정부는 국가 **재정**의 주체로, 후생 극대화를 도모한다. 정부는 기업과 가계로부터 조세 및 국·공채 발행 등의 형태로 자금을 조달하고, 그것으로 기업의 생산물과 가계의 생산 요소를 구입한다. 또 저소득층에게 사회 보장적 성격의 지원을 제공하고, 치안, 국방 등의 정부 서비스를 생산하여 국민 모두에게 골고루 제공한다. 이 밖에도 도로, 철도, 상·하수도 등 공공재를 공급한다.

시장

재화나 용역 서비스가 거래되어 가격이 결정되는 장소 또는 기구를 **시장**이라고 한다. 즉, 자유경쟁의 원칙에 의해 공급자(생산자 및 상인)와 수요자(소비자)가 자유의사에 의해 가격을 조정하여 거래를 형성하는 곳을 말한다.

■ 시장의 유형 및 특징

구분	특징
자유경쟁시장	경쟁하는 방법에 따라 여러 가지 종류의 시장 형태가 있다. 가장 바람직한 시장은 자유경쟁시장으로, 자유경쟁시장에서 형성된 가격을 자유가격이라고 한다.
완전경쟁시장	자유경쟁시장에서 생산자와 소비자가 시장가격 결정에 아무런 영향을 미치지 못하고 완전한 경쟁에 의하여 가격이 결정되는 시장을 말한다.
독점적 경쟁시장	같은 종류의 상품을 생산하는 생산자는 많지만 그 제품이 차별화되어 시장에서 독점력을 가지는 생산자가 있는데, 이런 시장 형태를 독점적 경쟁시장이라고 한다.
과점 시장	소수의 생산자가 시장을 장악하고 공급을 조정하여 가격을 결정하는 시장 형태로 소비자가 피해를 입을 수 있다.
독점 시장	오직 한 사람이나 한 기업이 만든 상품과 서비스만 거래되는 시장을 말한다. 경우에 따라서는 정부에서 보장하는 독점 시장도 있다.
독과점 시장	과점과 독점을 합한 시장으로, 정부에서는 독과점 시장이 생기지 않도록 늘 공정거래위원회를 통하여 시장을 감시하고 있다.

■ 각 시장 형태의 특징

구분	독점	과점	독점경쟁	완전경쟁
시장 안의 기업 수	1	소수	다수	다수
가격에 대한 통제력	있음	있음	약간 있음	없음
상품의 동질성	–	동질적 혹은 차별화	차별화	동질적
진입장벽	매우 높음	상당히 높음	거의 없음	없음
비가격 경쟁의 존재	–	있음	있음	없음

시장 경제

사유재산 제도를 토대로 하는 자본주의 경제 체제하에서는 토지·노동·자본 등의 생산 요소가 대부분 사유화되어 상품으로 매매되므로, 생산·교환·분배·소비의 모든 경제 활동이 가격 기구 즉 시장 기구에 의해 이루어진다. 이처럼 각 경제 주체가 자기 책임 하에 자유로이 이익을 추구하는 활동을 통해 기본적인 경제 문제가 해결되도록 하는 경제 체제를 **시장 경제**라고 한다.

수요와 공급

정해진 기간 동안 어떤 가격 하에서 상품을 구매하고자 하는 의도를 '**수요**'라고 하고, 상품을 판매하고자 하는 의도를 '**공급**'이라고 한다. 수요를 그래프 상에서의 가격과 수요량의 관계로 나타낸 것을 수요 곡선이라고 하고, 공급을 그래프 상에서의 가격과 공급량의 관계로 나타낸 것을 공급 곡선이라고 한다.

수요·공급의 법칙

수요와 공급이 일치하는 점에서 '**균형가격**'이 형성된다. 균형가격은 수요와 공급의 변동에 의해 움직이게 된다. 이때 수요가 증가하면 가격은 상승하고 반대로 수요가 감소하면 가격은 하락한다. 마찬가지로 공급이 증가하면 가격은 하락하고 공급이 감소하면 가격은 상승한다. 수요와 공급이 동시에 증가 또는 감소하는 경우에는 어느 힘이 더 큰가에 따라 가격의 움직이는 방향이 결정된다. 이처럼 자유경쟁시장에서 수요와 공급이 일치되는 점에서 시장 가격과 균형 거래량이 결정된다는 원칙을 **수요·공급의 법칙**이라고 한다.

탄력성

경제량의 상호 변동 관계를 나타내는 개념을 탄력성이라고 한다. 탄력성은 반응의 크기를 분석하는 데 의미가 있다. 충격을 주는 쪽과 반응하는 쪽의 변화율을 비교하여 같은 경우를 '**단위 탄력적**'이라고 하고, 반응하는 쪽의 변화율이 더 높으면 '**탄력적**', 작으면 '**비탄력적**'이라고 한다. 예를 들어 공급탄력성은 공급량의 변화율을 가격의 변화율로 나누어 측정한다(공급량의 변화율÷가격의 변화율). 만일 1%의 가격 상승이 1%보다 더 큰 공급량 증가를 가져오면 공급은 '탄력적'이라고 하며, 1%의 가격 상승이 1%보다 더 적은 공급량 증가를 가져오면 공급은 '비탄력적'이라고 한다.

수요탄력성

상품의 가격 변화 비율에 대한 수요량의 변화 비율을 '**수요의 가격탄력성**'이라고 한다. 수요의 가격탄력성의 경우, 한 상품의 가격의 변화 비율과 수요량의 변화 비율이 동일할 경우 수요의 가격탄력성은 1이 되며, 이 경우 수요가 단위 탄력적이라고 한다. 수요량의 변화 비율이 가격의 변화 비율보다 낮아 수요의 가격탄력성이 1보다 작으면 수요가 비탄력적이라고 한다. 반면 수요량의 변화 비율이 가격의 변화 비율보다 높아서 수요의 가격탄력성이 1보다 크게 되면 수요가 탄력적이라고 한다.

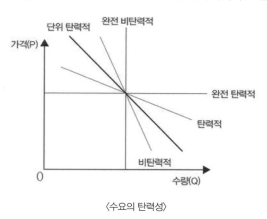

〈수요의 탄력성〉

공급탄력성

공급탄력성은 가격 변화에 대한 공급의 민감도를 측정하는 척도이다. 공급량 변화율과 가격 변화율이 같다면 공급탄력성은 1이고, 공급은 '단위 탄력적'이라고 한다. 어떤 재화의 공급량이 가격 변동에 전혀 영향을 받지 않는다면 공급의 가격탄력성은 영(0)이고, 이 재화의 공급은 완전 비탄력적이라고 하며 이 재화의 공급곡선은 **수직선**의 형태를 보인다. 반대로 한 재화의 공급곡선이 수평선일 때 이 재화의 공급은 완전 탄력적이며 공급탄력성은 **무한대(∞)**가 된다. 공급탄력성은 가격의 상승과 하락에 따라 공급량을 조절하는 생산자의 능력에 따라 달라진다.

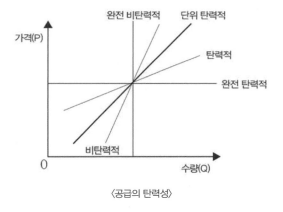

〈공급의 탄력성〉

소득탄력성

소비자의 소득에 생긴 작은 변화가 어떤 상품의 수요(량)에 얼마만큼의 변화를 가져오는지를 나타내는 수치로, 수요(량)의 변화 비율을 소득의 변화 비율로 나눈 값이다. 예를 들어 A의 용돈이 1% 늘어났을 때 아이스크림 수요(량)가 2% 늘어났다면 **수요의 소득탄력성**은 2의 값을 갖는다. 가격탄력성의 경우와 달리 소득탄력성을 구할 때는 분수 앞에 −부호를 붙이지 않는다. 어떤 상품의 소득탄력성이 크다는 것은 소득이 커짐에 따라 그 상품에 대한 수요가 더 큰 폭으로 늘어난다는 것을 뜻한다.

균형가격

경쟁적인 시장에서 초과공급량이 존재하면 가격이 하락하고, 초과수요량이 존재하면 가격이 상승하게 마련이다. 초과공급량도 없고 초과수요량도 없는 상태, 즉 시장 공급량과 시장 수요량이 같은 상태에서는 가격이 상승하거나 하락할 이유가 없다. 가격이 수요와 공급에 의해 상승 또는 하락의 압력을 받지 않아 더 이상 움직이지 않는 상태를 시장이 균형 상태에 있다고 말하고, 이 가격 수준을 **균형가격**이라고 부른다.

■ 균형가격의 결정

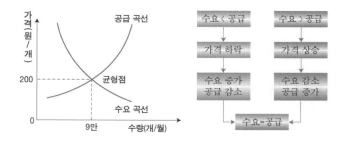

소비자 잉여

소비자 잉여는 소비자가 어떤 상품을 구입하기 위해 지불할 용의가 있는 금액에서 실제로 지불한 금액을 뺀 나머지로서, 소비자가 그와 같은 교환에서 얻는 이득을 의미한다. 즉 소비자가 높은 가격을 지불하고라도 얻고 싶은 재화를 생각보다 낮은 가격으로 구매한 경우 그것으로 얻는 복리 또는 잉여 만족을 말한다. 예컨대 성냥, 소금, 신문 등은 이러한 재화가 없을 때 겪어야 할 불편함에 비해 값이 싼 재화라고 할 수 있다. 즉 소비자 잉여가 매우 큰 것이다.

생산자 잉여

생산자 잉여란 생산자가 상품을 시장에 판매할 때 얻는 수입이 생산자가 꼭 필요로 하는 최저수입보다 커서 추가적으로 발생하는 잉여를 말한다. 즉, 생산자가 상품을 판매하고 실제로 받은 금액 중 최소한 받아야겠다고 생각하는 부분을 초과하는 부분을 뜻한다.

효용

효용은 소비자가 재화를 소비함으로써 얻는 주관적인 만족의 정도를 말한다. 같은 재화의 효용은 상황에 따라 서로 다르게 나타날 수 있다. 재화의 소비량이 증가되어 갈 때의 추가 1단위당의 효용을 한계효용이라고 하고, 재화 소비량 증가와 함께 한계효용이 차츰 감소하는 것을 한계효용 체감의 법칙이라고 한다.

한계효용

어떤 상품을 일정한 양만큼 소비했을 때 느끼는 만족감의 크기를 **총효용**이라고 한다. 그리고 어떤 상품이나 서비스의 소비를 한 단위 늘림에 따라 추가로 증가한 효용을 **한계효용**이라고 한다. 여기서 '한계'라는 것의 의미는 '추가적'이라는 뜻과 동일하다. 한계효용은 총효용의 변화분을 소비량의 변화분으로 나눔으로써 계산할 수 있다.

■ 한계효용 체감의 법칙

일반적으로 소비량이 증가함에 따라 전체 효용은 증가하지만, 한계효용은 그 크기가 점차 줄어드는데, 이를 **한계효용 체감의 법칙**이라고 한다. 그렇게 해서 한계효용이 영(0)인 경우 총효용은 가장 커진다. 정리하면, 효용이 증가하는 한 한계효용의 값은 양(+)이고, 효용이 감소하면 한계효용의 값은 음(−)이다. 효용이 극대일 때 한계효용 수준은 영(0)이다.

대체효과와 소득효과

대체효과는 어떤 상품이 다른 상품에 비해 상대적으로 더 싸졌기 때문에 그것의 소비량이 늘어나는 것을 의미한다. 한편, 상품 가격의 변화는 소비자의 실질소득에 변화를 가져오게 되는데, 이로 인해 수요량이 변하는 것을 **소득효과**라고 한다. 고려 대상이 되는 상품이 정상재인지 아니면 열등재인지에 따라 대체효과와 소득효과는 같은 방향으로 작용할 수도 있고 반대되는 방향으로 작용할 수도 있다.

기펜재

일반적으로 재화는 수요의 법칙에 따라 가격이 하락하면 수요량이 늘어난다. 하지만 예외적으로 재화의 가격이 하락할 때 수요량이 감소하는 경우도 있는데, 수요의 법칙에 위배되는 재화를 '기펜재'라고 부른다. 기펜재는 열등재의 일종이다. 즉 소득이 증가함에 따라 수요가 감소하는 재화를 **열등재**라고 하는데, 열등재 중에서도 열등성이 매우 커서 소득효과가 가격하락에 따른 수요량 증가의 대체효과를 초과하여, 결과적으로 가격의 하락이 수요량의 감소를 가져오는 것으로 분석할 수 있다. 가격이 상승할 경우에는 반대의 방향으로 설명할 수 있다.

대체재

비슷한 만족을 얻을 수 있어 서로 경쟁 관계에 있는 재화 또는 서비스를 말한다. 핫도그와 햄버거, 스웨터와 셔츠처럼 어느 한 제품이 다른 제품을 대신하여 사용할 수 있을 때 이 두 제품은 서로 **'대체 관계'**에 있다고 한다. 또 두 제품 중 어느 한 제품의 가격 상승이 다른 재화의 수요 증가를 초래할 때 이 두 제품은 서로 대체관계에 있다고 한다. 값이 오른 삼겹살 대신 닭고기를 구매했다면 두 상품은 서로 대체재이다. 이 같은 구분은 사람들의 평균적인 소비행태에 기초한 것이므로 사람에 따라서는 다르게 느낄 수도 있다.

보완재

두 가지 이상의 재화가 함께 사용됨으로써 효용을 얻을 수 있는 재화로, 한 재화의 가격이 하락함에 따라 다른 한 재화의 수요가 증가하는 관계에 있는 재화를 말한다. 소비자 효용의 관점에서 볼 때, 소비자는 보완재 관계에 있는 두 재화를 따로 소비할 때의 효용이 함께 소비할 때의 효용보다 줄어든다. 승용차와 휘발유, 컴퓨터와 소프트웨어 등은 **'보완재'**의 예이다.

생산 요소

공장, 기계, 노동력, 원자재 등 생산과정에 투입되는 모든 것을 통틀어 **생산 요소** 또는 **투입 요소**라고 한다. 생산 요소에는 노동력이나 원자재처럼 생산량이 늘어날 때 그 투입량도 따라서 늘어나게 되는 가변 투입 요소와 기계와 같이 일단 그 규모가 정해지면 생산량이 변화한다고 해서 곧바로 규모를 늘리거나 줄일 수 없는 고정 투입 요소로 구분된다.

수확 체감의 법칙

어떤 생산물을 만드는 데 필요한 자본·노동·토지 등의 생산 요소 가운데 자본과 토지는 일정하게 유지하고 노동의 투입량을 증가시킬 경우, 생산물 전체는 증가하지만 추가로 투입되는 노동량 1단위당 생산물의 증가는 차차 감소한다는 법칙이다. **'한계생산력 체감의 법칙'**이라고도 한다.

생산 비용

어떤 상품을 생산하기 위해 기업이 지출한 돈을 가리켜 비용이라고 부른다. 어떤 상품의 생산비용은 그것을 생산하기 위해 사용되는 생산 요소 구입에 드는 비용을 뜻한다. 고정 투입 요소와 관련된 비용을 **고정 비용**이라고 하는데, 이것은 생산량과 관계없이 항상 일정한 크기를 갖는다. 한편 가변 투입 요소와 관련된 비용은 **가변 비용**이라고 부르는데, 이것은 생산량이 늘어남에 따라 함께 늘어나게 된다. 어떤 양의 상품을 생산하는데 드는 **총비용**은 이 두 가지 비용, 즉 고정 비용과 변동 비용을 합친 것이 된다.

한계비용

한계비용은 재화나 서비스 한 단위를 추가로 생산할 때 필요한 총비용의 증가분을 말한다. 전형적인 한계비용함수는 U자형을 취한다. 즉 0의 생산량에서 출발하여 생산량이 증가함에 따라 한계비용이 점차 감소하다가 어느 생산량을 지나면 점차 증가하기 시작하는데, 이때 한계비용곡선이 평균비용곡선의 최저점을 아래에서 위로 지나가게 된다. 비용함수 그래프상의 최저점의 왼쪽, 즉 한계비용이 평균비용보다 작을 때에는 평균비용은 계속 줄어들게 된다. 반면 최저점의 오른쪽에서는 한계비용이 평균비용보다 크고, 이에 따라 평균비용은 계속 늘어난다.

규모의 경제

일반적인 경우 기업이 재화 및 서비스 생산량을 늘려감에 따라 추가적으로 소요되는 평균 생산비용도 점차 늘어난다. 그런데 일부 재화 및 서비스 생산의 경우에는 생산량이 늘어날수록 평균비용이 감소하는 현상이 나타나는데 이를 '규모의 경제'라고 한다. 이런 현상은 초기 생산 단계에서 막대한 투자비용이 필요하지만 생산에는 큰 비용이 들지 않는 기간산업에서 나타나는데, 이들 산업은 생산이 시작된 이후 수요가 계속 늘게 되면서 평균 생산비용도 감소한다. 또한 분업에 따른 전문화로 이익이 발생하는 경우에도 규모의 경제가 나타난다.

범위의 경제

한 기업이 여러 제품을 함께 생산할 경우에 그 기업이 한 종류의 제품만을 생산하는 경우보다 평균 생산비용이 적게 들 때 '범위의 경제'가 존재한다고 말한다. 승용차와 트럭을 같이 생산하는 기업의 경우 소재부품이나 조립라인 등의 생산시설을 공동으로 사용할 수 있는 이점을 갖게 된다. 연구개발·생산·판매는 공동으로 하면서 제품의 종류만 달리할 경우 비용이 절감될 수 있다.

경제적 지대

토지 사용에 대한 대가를 지대라고 한다. 반드시 토지가 아니더라도 공급이 고정되어 있는 생산 요소라면 그것에 대한 보수를 모두 지대라고 부를 수 있다. 이러한 지대의 개념을 일반화하여 어떤 생산 요소의 공급이 비탄력적이기 때문에 추가로 지급되는 보수를 뜻하는 의미를 **경제적 지대**라고 한다. 따라서 경제적 지대란 공급이 제한되어 있는 또는 공급탄력성이 극히 낮은 생산 요소(토지·노동·자본)에 발생하는 추가적 소득이라고 보면 된다.

한계소비성향

개인의 소득은 소비와 저축으로 나누어지는데, 소득 중에서 소비로 쓰이는 비율을 '소비성향', 저축에 들어가는 비율을 '저축성향'이라고 한다. **한계소비성향**은 새로 늘어난 소득 중에서 소비로 지출되는 비율을 가리킨다. 즉 소득의 증가분을 △Y, 소비의 증가분을 △C로 하여 △C÷△Y로 나타낸다. 일반적으로 물가 상승기에는 한계소비성향이 높고 또 저소득층은 고소득층에 비해 한계소비성향이 높은 경향이 있다.

직접세와 간접세

조세는 납세의무자와 실제 세금을 부담하게 되는 조세부담자가 일치하는지 여부에 따라 간접세와 직접세로 구분된다. 납세의무자와 조세부담자가 일치하여 조세부담이 전가되지 않는 조세를 '**직접세**'라고 하며, 소득세, 법인세, 상속세, 증여세, 종합부동산세 등이 있다. 이와 달리 납세의무자와 조세부담자가 일치하지 않고 조세의 부담이 타인에게 전가되는 세금을 '**간접세**'라고 하며, 부가가치세, 개별소비세, 주세, 인지세, 증권거래세 등이 있다. 간접세는 조세에 대한 저항이 적고 징수가 간편하여 조세 수입의 확보가 쉽다.

■ 조세의 전가

간접세는 개인 사정을 고려하는 누진세율이 차등 적용되지 못하고 비례세율이 일률적으로 적용됨으로써, 소득이 적은 자에게 상대적으로 높은 조세부담률이 적용된다. 이를 '**조세의 전가**'라고 하는데, 결과적으로 간접세는 역진성을 띠게 되므로 공평부담의 원칙에 어긋난다.

사용가치와 교환가치

상품은 '사용가치'와 '교환가치'라는 두 요소로 구성되어 있다. 사물의 유용성 또는 효용을 일반적으로 **사용가치**라고 한다. 사용가치는 사용 또는 소비함으로써 실현된다. 한편 상품은 사용가치와 함께 다른 상품과 교환할 수 있는 가능성을 동시에 가진다. 이와 같은 상품끼리의 교환비율이나 교환의 양적 관련을 **교환가치**라고 한다. 즉 상품은 다른 상품이나 화폐와 교환되는 값어치를 지닌다. 이것이 상품의 교환가치이고, 이 교환가치가 화폐량에 의해 측정될 경우에 이것을 '**가격**'이라고 한다.

부가가치

부가가치(Value Added)란 각 생산단계에서 새로이 창출한 가치를 뜻하며, 생산된 상품의 가치에서 사용된 중간 투입물의 가치를 빼면 그 값을 얻을 수 있다. 여러 종류의 최종재가 생산되고 있는 경우에도, 각 최종재의 가치는 그것과 관련된 각 생산단계의 부가가치를 모두 더한 것과 같다는 관계가 성립한다. 따라서 경제 전체에서 만들어진 부가가치의 합은 최종재 가치의 합과 같아지는 결과가 나타나므로, 국내총생산을 계산할 때는 각 생산단계에서 창출된 부가가치의 합으로 이를 구하는 방법을 쓰게 된다.

■ 각 생산단계에서의 부가가치

각 생산단계에서 만들어진 부가가치를 모두 합치면 30억 원으로, 최종재, 즉 빵의 가치와 일치하는 것을 볼 수 있다.

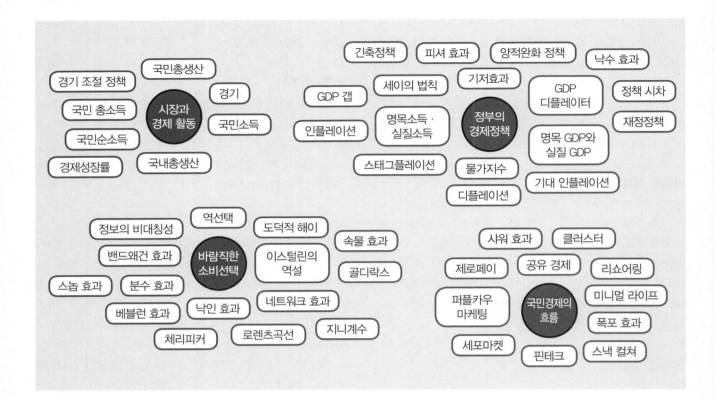

경기 조절 정책 · 국민총생산 · 경기 · 국민 총소득 · 국민소득 · 국민순소득 · 경제성장률 · 국내총생산 / **시장과 경제 활동**

긴축정책 · 피셔 효과 · 양적완화 정책 · 낙수 효과 · 세이의 법칙 · 기저효과 · GDP 갭 · 명목소득 · 실질소득 · GDP 디플레이터 · 정책 시차 · 인플레이션 · 재정정책 · 명목 GDP와 실질 GDP · 스태그플레이션 · 물가지수 · 기대 인플레이션 · 디플레이션 / **정부의 경제정책**

정보의 비대칭성 · 역선택 · 도덕적 해이 · 속물 효과 · 밴드왜건 효과 · 이스털린의 역설 · 골디락스 · 스놉 효과 · 분수 효과 · 베블런 효과 · 낙인 효과 · 네트워크 효과 · 체리피커 · 로렌츠곡선 · 지니계수 / **바람직한 소비선택**

샤워 효과 · 클러스터 · 제로페이 · 공유 경제 · 리쇼어링 · 퍼플카우 마케팅 · 미니멀 라이프 · 폭포 효과 · 세포마켓 · 핀테크 · 스낵 컬쳐 / **국민경제의 흐름**

경기

경기는 일상생활에서 경제적인 형편을 뜻하는 말로 자주 사용된다. 장기적 관점에서 경기는 항상 일정한 수준을 유지하는 것이 아니라 생산·물가·고용이 상승하는 시기와 하락하는 시기가 주기적으로 순환을 반복하는 경제활동의 상황을 의미한다. 경기는 '호황기→후퇴기→불황기→회복기→호황기'가 반복되면서 끊임없이 변동하며, 이렇게 경기의 일정한 움직임이 되풀이되는 것을 경기의 **'순환'**이라고 한다.

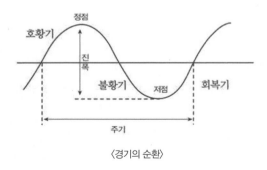

〈경기의 순환〉

경기 조절 정책
/ 경제 안정화 정책

경기 조절 정책 또는 **경제 안정화 정책**은 경기가 지나친 확장 또는 수축 현상을 보일 경우 이를 정상 수준으로 되돌리기 위해 정책당국이 취하는 제반 조치를 말한다. 정책당국은 경제 전체의 총수요 수준을 변동시킴으로써 경기 수위를 조절하는 데 초점을 맞추고 있다.

■ 경제 안정화 정책의 실행

실제 경제 안정화 정책의 운영에 있어서는 정부 지출과 세율을 조정하는 **'재정정책'**이 이용되거나 통화량과 금리 수준을 조절하는 **'통화정책'**이 활용된다. 경기가 정상 수준을 큰 폭으로 밑도는 불황에 직면하게 될 경우 정부는 재정지출을 늘리거나 조세를 줄이는 재정정책 수단을 동원한다. 한편 중앙은행은 통화량을 늘리거나 금리를 내리는 정책수단을 활용한다. 이와는 반대로 경기가 지나치게 과열될 경우 정책 당국은 재정 측면에서는 정부 지출을 줄이거나 조세를 늘리고, 통화 측면에서는 통화량을 줄이거나 금리를 올리는 조치를 취한다.

국민소득

국민소득(NI: National Income)이란 넓은 의미로 볼 때 한 나라 안에 있는 가계, 기업, 정부 등의 모든 경제 주체가 일정 기간에 생산한 재화와 용역의 가치를 화폐 단위로 평가하여 합산한 것이다. 좁은 의미의 국민소득은 요소비용에 의한 국민소득으로 한 나라 국민이 제공한 생산요소에서 발생한 소득의 총액, 즉 노동에 대한 대가인 피용자보수와 자본 및 경영에 대한 대가인 영업잉여의 합계로서, 감가상각(고정자본소모)와 순생산 및 수입세는 포함되지 않는다.

국민소득 3면 등가의 법칙

국민소득이란 한 국가의 국민 전체가 일정 기간에 새로 벌어들인 소득의 총합이라고 할 수 있다. 한 국가 내에서 생산된 총생산물의 가치를 측정하면 이를 '생산국민소득'이라고 하고, 가계의 총지출 가치를 측정하면 '지출국민소득'이라고 하며, 한 국가 내 전체 구성원의 총소득의 가치를 측정하면 '분배국민소득'이라고 한다. 개념상 **'생산국민소득 = 지출국민소득 = 분배국민소득'**의 관계가 성립하며, 국민소득이 생산, 지출, 분배의 3가지 관점 중 어느 부문에서 측정하더라도 항상 동일해야 한다는 사실을 국민소득 3면 등가의 법칙이라고 한다.

국민 총소득

국민 총소득(GNI: Gross National Income)은 한 나라의 국민이 생산 활동에 참여한 대가로 받은 소득의 합계로서 외국으로부터 국민(거주자)이 받은 소득(국외수취 요소소득)은 포함되고 국내총생산 중에서 외국인에게 지급한 소득(국외지급 요소소득)은 제외된다. 한편, 국내총생산은 국내에 거주하는 모든 생산자가 생산한 부가가치를 합산한 것이므로 국외거래에 의하여 발생하는 생산은 고려하지 않아 양자는 국외순수취요소소득 만큼의 차이가 발생하게 된다. 즉, 국민 총소득은 국내총생산에서 **국외순수취요소소득**을 더하여 산출할 수 있다.

국민순소득

본원소득이라고도 한다. 제도 단위(비금융법인, 금융법인, 일반정부, 가계)가 생산 과정에 참여하거나 생산을 위해 제공된 자산을 소유함에 따라 발생하는 소득으로, 이는 생산에 의해 창출된 부가가치에서 지급된다. **국민순소득**(NNI: Net National Income)은 국민 총소득에서 감가상각(고정자본소모)를 뺀 것이다. 구체적으로 피용자보수에 영업잉여, 순생산 및 수입세, 순재산소득을 더하여 계산한다. 국민순소득 = 피용자보수 + 영업잉여 + 순생산 및 수입세 + 순재산소득

국내총생산

국내총생산(GDP: Gross Domestic Product)은 한 나라의 영역 내에서 가계, 기업, 정부 등 모든 경제 주체가 일정 기간 동안 생산 활동에 참여하여 창출한 부가가치 또는 최종 생산물을 시장가격으로 평가한 합계로서, 여기에는 국내에 거주하는 비거주자(외국인)에게 지급되는 소득도 포함된다.

■ 명목 GDP와 실질 GDP

GDP는 가격의 적용 방법에 따라 **'명목 GDP'**와 **'실질 GDP'**로 구분된다. 명목 GDP는 국가경제의 규모나 구조 등을 파악하는 데 사용되며 실질 GDP는 경제성장, 경기변동 등 전반적인 경제활동의 흐름을 분석하는 데 이용된다. GDP = 총지출 = 실질국민소득(Y) = [소비(C)+투자(I)+정부 지출(G)+NX(순수출=수출−수입)]

국민총생산

국민총생산(GNP: Gross National Product)은 한 나라 국민이 국내 또는 해외에서 1년 동안 새로이 생산한 재화와 서비스의 시장 가치를 합산한 것을 의미한다. 예를 들어 미국 영토에서 한국 사람이 자본을 투자하여 생산한 재화는 한국의 GDP에는 포함되지 않지만 한국의 GNP에는 포함된다. GNP와 GDP는 본질적으로 비슷한 개념이지만, 경제 개방화에 따라 노동이나 자본의 나라 간 이동이 활발해지면서 요즈음에는 한 나라의 전반적인 생산수준을 나타내는 지표로서 GNP보다 **GDP**를 더 많이 쓰고 있다.

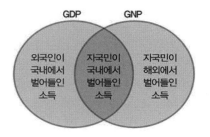

〈GDP(나라 안 기준) / GNP(자국민 기준)〉

경제성장률

경제성장률이란 일정 기간(분기 또는 연간) 중 한 나라의 경제 규모, 즉 국민소득 규모가 늘어난 정도를 백분율로 표시한 것이다. 경제성장률을 계산하는 데 가장 일반적으로 쓰이는 국민소득은 각 경제활동 부문에서 창출해낸 실질 부가가치의 합계, 즉 실질국내총생산(실질GDP)이다. 따라서 경제성장률은 대부분의 경우 **실질GDP 증가율**을 의미한다. 경제성장률(%) = [(금년 실질GDP − 전년 실질GDP) ÷ 전년 실질GDP] x 100

기대 인플레이션

기대 인플레이션은 향후 물가 상승률에 대한 경제 주체의 주관적인 전망을 나타내는 개념이다. 기대 인플레이션은 임금협상, 가격 설정, 투자 결정 등 경제 주체의 의사 결정에 반영되면서 최종적으로 실제 인플레이션에 영향을 미친다. 기대 인플레이션 상승은 실질금리를 하락시켜 부동산·주식 등의 자산에 대

한 투자를 증가시킨다. 인플레이션 상승이 예상되는 경우 소비를 앞당기고자 하는 유인이 커져 가수요가 증가하면서 실제 물가가 상승하게 된다. 따라서 물가 안정을 추구하는 중앙은행으로서는 기대 인플레이션의 안정적 관리가 필수적이다.

기저효과

기저효과는 경제지표를 평가하는 과정에서 기준시점과 비교시점의 상대적인 위치에 따라서 경제 상황에 대한 평가가 실제보다 위축되거나 부풀려지는 등의 왜곡이 일어나는 것을 말한다. 즉 호황기의 경제 상황을 기준시점으로 현재의 경제 상황을 비교할 경우 경제지표는 실제보다 위축된 모습을 보이는 반면, 불황기의 경제 상황을 기준시점으로 비교하면 경제지표가 실제보다 부풀려져 나타날 수 있다. 기저효과는 물가 상승률을 설명할 때도 자주 이용된다.

긴축정책

경기 과열 우려가 있는 경우에 재정 또는 통화정책으로 국민의 소득을 감소시켜 재화 및 서비스에 대한 수요를 위축시키고 경기의 과열을 방지하려는 정책을 '**긴축정책**'이라고 한다. 경기가 과열되어 물가 급등에 대한 염려가 커지면 정부나 지방자치단체는 지출을 삭감·억제하는 정책을 취한다. 한편, 중앙은행은 물가 급등에 대한 우려가 커지면 시중에 유통되는 통화량을 줄이거나 금리를 인상한다. 이렇게 되면 두 경우 모두 국민의 소득을 줄이게 되고, 소득이 줄어든 국민은 재화 및 서비스에 대한 소비를 줄이게 되어 물가가 하락하게 된다.

낙수 효과

정부가 경제정책으로 대기업과 고소득층 또는 부유층의 소득과 부를 먼저 늘려주게 되면, 이들의 소비와 투자 증가를 통해 전체 경제활동이 활발해지면서 결국에는 중소기업과 저소득층도 혜택을 볼 수 있다는 주장이다. 이를 '**낙수 효과**'라고 한다.

인플레이션

물가수준이 지속적으로 상승하여 화폐가치가 하락하는 현상을 '**인플레이션**'이라고 한다. 인플레이션은 물가 상승 지속기간 및 상승폭, 제품의 질적 수준 향상 여부, 정부의 가격통제에 따른 암시장 가격 상승 여부와 같은 점을 고려할 때 언제 인플레이션이라고 정의할 것인가에 대해 이견이 있을 수 있다. 통상 연 4~5% 정도의 물가 상승률이 관측되면 일반적으로 인플레이션이 발생했다고 판단한다.

디플레이션

물가가 지속적으로 하락하는 현상을 말한다. **디플레이션**이 발생하는 원인은 생산물의 과잉공급, 자산거품의 붕괴, 과도한 통화 긴축정책, 생산성 향상 등 다양하다. 디플레이션이 발생하면 통화의 가치는 상승하고 실물 자산의 가치는 하락한다. 또한 총수요 감소, 고용 및 생산 감소, 경제활동 위축 등의 문제를 일으킬 수 있다.

명목소득 · 실질소득

명목소득은 측정할 당시의 화폐액으로 표시된 소득을 말한다. 명목소득은 물가 변동에 따라 영향을 받으므로, 소득 산정 시에는 물가 변동에서 오는 영향을 제거할 필요가 있다. **실질소득**은 명목소득에서 물가 변동분을 제외한 소득. 명목소득을 소비자물가지수로 나눈 뒤 100을 곱해 계산한다. 예컨대 물가가 전년도에 비해 10% 올라 소비자물가지수는 110인데 올해 월평균 소득은 지난해와 같은 2백만 원일 경우 실질소득은 1백 81만 8천 원이 된다.

물가지수

물가지수(PI: Price Index)는 물가의 변화를 한눈에 알아볼 수 있도록 기준연도의 물가수준을 100으로 놓고 비교되는 다른 시점의 물가를 지수의 형태로 나타낸 것을 말한다. 물가지수는 경제성장, 국제수지 등과 함께 한 나라 거시경제의 움직임을 나타내는 중요한 경제지표이다. 물가지수를 이용하면 일정 기간 동안의 생계비 또는 화폐가치의 변화를 측정할 수 있고 명목금액으로부터 실질금액을 산출할 수 있으며, 물가 수준을 통해 경기 변동을 가늠할 수 있다.

스태그플레이션

실업과 인플레이션이 동시에 증가하는 현상을 **스태그플레이션**이라고 한다. 스태그플레이션이란 스태그네이션(경기 침체)과 인플레이션(물가 상승)을 합성한 용어이다. 즉 국민소득의 증가세가 축소되는 경기 침체와 전반적인 물가수준이 지속적으로 상승하는 인플레이션이 동시에 발생하는 현상을 말한다. 스태그플레이션이 발생하게 되면 실업률과 물가 상승률이 모두 상승하므로 국민의 경제적 고통은 크게 늘어나게 된다.

양적완화 정책

양적완화 정책이란 금리 인하를 통한 경기 부양 효과가 한계에 봉착했을 때, 중앙은행이 국채 매입 등을 통해 유동성을 시중에 직접 공급함으로써 신용경색을 해소하고 경기를 부양시키는 통화 정책을 말한다. 양적완화는 정책 금리가 0에 가까운 초저금리 상태여서 더 이상 금리를 내릴 수도 없고, 재정도 부실할 때 경기 부양을 위해 사용된다. 이는 중앙은행이 기준금리를 조절하여 간접적으로 유동성을 조절하던 기존 방식과 달리, 보다 직접적인 방법으로 시장에 통화량 자체를 늘리는 통화 정책이다.

재정정책

정부의 지출과 조세를 정책수단으로 사용하는 정부의 제반 정책을 일컬어 '재정정책'이라고 한다. 재정정책의 목표는 일반적으로 완전고용, 물가 안정, 국제수지 균형, 경제성장, 소득재분배 등이 있다. 그러나 좁은 의미 또는 단기적으로는 정부 지출과 조세수입의 양과 구조를 의도적으로 변화시켜 총수요를 조절함으로써 경제 안정을 도모하려는 확장 혹은 긴축 재정활동만을 재정정책이라고 한다.

정책 시차

정책 시차란 어떤 경제정책을 시행해야 하는 원인이 발생하여, 동 정책을 수립하는 데까지 걸리는 시간과 아울러 수립된 정책이 실제로 집행되어 정책 효과가 나타나는 데 걸리는 시간을 말한다. 전자를 **내부 시차**라 하고 후자를 **외부 시차**라고 한다. 일반적으로 재정정책은 정책이 수립되기까지의 내부 시차가 긴 반면, 정책 효과가 나타나는 데 걸리는 외부 시차는 짧다.

조세부담률

조세부담률은 국민계정에서 조세수입이 국민 총소득(GNI)에서 차지하는 비중으로 정의된다. 이는 국민 전체의 조세부담 정도를 나타내 주는 지표로 조세의 누진 정도, 국가의 조세 징수능력 등에 따라 결정된다. 반면, 재정통계의 조세부담률은 국가 및 지방자치단체가 거둬들인 국세 및 지방세 수입이 경상금액 기준 국내총생산에서 차지하는 비율로 파악된다. 조세부담률이 높다는 것은 국민들이 벌어들인 소득 중에서 세금으로 납부하는 비중이 높다는 것이다.

피셔 효과

시중금리와 인플레이션 기대심리와의 관계를 말해주는 이론으로, 시중의 명목금리는 **실질금리와 예상 인플레이션율의 합계**와 같다는 것을 말한다. 시중의 명목금리가 상승했다면 그것은 실질금리의 상승이 원인일 수도 있고, 기대 인플레이션의 상승이 원인일 수도 있는 것이다. 따라서 인플레이션 기대심리를 자극하지 않는 범위 내에서 통화를 신축적으로 운용하면 실질금리의 하락을 통한 시중 명목금리의 하락을 가져올 수 있다.

명목 GDP와 실질 GDP

명목 국내총생산(Nominal GDP)은 한 나라 안에서 생산된 최종 생산물의 가치를 그 생산물이 생산된 기간의 가격을 적용하여 계산한 것으로 경상 GDP라고도 부른다. **명목 GDP**의 변동분에는 최종생산물의 수량과 가격 변동분이 혼재되어 있다. 명목 GDP는 경제규모 등의 파악에 이용된다. 반면 실질 국내총생산(Real GDP)은 한 나라 안에서 생산된 최종생산물의 가치를 기준 연도의 가격으로 측정한 것으로 불변가격 GDP라고도 불린

다. 실질 GDP는 경제성장, 경기변동 등 전반적인 경제활동의 흐름을 분석하는데 이용된다.

GDP 갭

GDP 갭은 국내총생산의 실제 움직임과 장기 추세 사이의 차이를 뜻한다. 실제의 국내총생산이 장기 추세치보다 클 때 이것이 양의 값을 가진다. GDP 갭은 양의 값을 갖다가 음의 값을 갖고, 그러다가 다시 양의 값으로 돌아오는 일이 반복됨을 알 수 있는데, 이는 경제가 활발한 움직임을 보일 때와 침체된 상태일 때가 주기적으로 반복되고 있음을 뜻한다. 이와 같은 현상을 가리켜 경기변동 또는 경기순환이라고 부른다.

■ 경기 변동

실제의 국내총생산이 장기 추세치 주위에서 더 높아지기도 하고 더 낮아지기도 하는 일이 반복되는 현상을 경기 변동이라고 부른다.

GDP 디플레이터

명목 GDP를 실질 GDP로 나누어 얻어지는 값을 'GDP 디플레이터'라고 한다. GDP를 추계할 때는 생산자물가지수(PPI)나 소비자물가지수(CPI) 뿐만 아니라 수출입물가지수, 임금 등 각종 가격지수가 종합적으로 활용된다. 따라서 GDP 디플레이터는 한 나라 경제에서 생산되는 모든 재화와 서비스의 집합물이라 할 GDP의 가격을 측정하므로, 모든 물가 요인을 포괄하는 가장 종합적인 물가지수이다.

세이의 법칙

'공급은 스스로 수요를 창조한다'는 세이의 주장으로, 공급이 수요를 창출하여 국민 총수요가 항상 총공급과 일치하게 된다는 경제 법칙이다. 즉, 어느 한 시장의 초과수요나 초과공급은 다른 시장의 초과공급이나 초과수요에 의해 상쇄되기 때문에 경제 전체적으로는 과부족의 상태가 발생하지 않는다는 것이다. **세이의 법칙**은 19세기 고전경제학의 핵심 이론의 하나이다.

기업 공개

기업 공개란 기업이 최초로 외부 투자자에게 주식을 공개 매도 하는 것으로 보통 코스닥이나 나스닥 등 주식시장에 처음 상장하는 것을 말한다. 주식공개상장이라고도 하며, 기업의 원활한 자금조달과 재무구조 개선을 도모하고, 국민의 기업참여를 장려하여, 국민경제의 건전한 발전에 기여한다.

분식 회계

분식 회계란 기업이 고의로 자산이나 이익 등을 크게 부풀리고 부채를 적게 계상함으로써 재무 상태나 경영 성과, 그리고 재무

상태의 변동을 고의로 조작하는 것을 의미한다. 예를 들어 100원어치 재고를 갖고 있는데 1만 원어치로 적고, 주식투자를 해서 손실이 났는데도 원래 산 가격으로 적는 것이다. 이렇게 분식 회계를 통해 그 기업의 가치를 실제보다 부풀리고 투자자들은 그 가치를 믿고 투자를 했다가 손해를 보게 된다.

정보의 비대칭성

정보의 비대칭성은 시장에서 거래의 당사자인 쌍방 간에 상호작용에 필요한 정보량의 차이가 있는 상황을 말한다. 예를 들면, 내부자인 경영자가 자신의 기업에 대해 외부 투자자들이 보유하고 있지 않은 정보를 가지고 있는 경우가 비대칭 정보 상황의 하나다. 이러한 정보의 비대칭성은 효율적인 자원배분을 불가능하게 하며 역선택이나 도덕적 해이 등의 문제를 낳는다.

도덕적 해이

정보가 비대칭적인 경우, 주인을 대신해서 어떤 일을 수행하는 대리인은 주인의 이익보다는 자기 자신의 이익을 좇아 행동할 수 있다. 주인이 대리인의 행동을 일일이 감시할 수 없기 때문이다. 이러한 상황에서 발생하는 문제를 **도덕적 해이**라고 한다. 예를 들어 고용관계에서 기업은 주인이고 근로자는 대리인이다. 이 경우 도덕적 해이 문제는 기업이 근로자의 행동을 완벽하게 감시할 수 없기 때문에 근로자들이 직무를 게을리할 유혹을 받는다는 데서 발생한다.

■ 주인-대리인 문제

계약관계에서 권한을 위임하는 사람을 주인이라고 하며 권한을 위임받는 사람을 대리인이라고 한다. 이때 주인은 대리인에게 자신의 권한을 위임하면서 주인을 위해 노력해줄 것을 약속받고 그에 따른 보상을 해주기로 계약을 맺는다. 하지만, 정보의 비대칭성으로 인해 대리인이 최선의 노력을 다하지 않는 도덕적 해이가 발생하면서 주인의 경제적 효율성이 달성되지 않거나 피해를 입을 수도 있는데, 이러한 상황을 가리켜 **주인-대리인 문제**라고 한다.

역선택

역선택이란 정보의 비대칭이 있을 때 즉, 거래의 당사자 중 정보가 한쪽에만 있는 상황에서, 정보가 없는 쪽은 바람직하지 못한 상대방과 거래할 가능성이 큰 것을 의미한다. 중고차 시장에서 상등품의 중고차가 사라지는 경우나, 생명보험 시장에서 건강한 사람은 보험에 가입하지 않고 건강하지 않은 사람들만 보험에 가입하는 현상이 이에 해당한다. 이러한 역선택은 자원의 효율적 배분을 저해할 뿐만 아니라 시장을 위축시키는 심각한 문제를 발생시킬 수 있으므로 정보의 비대칭성을 없애고 적절한 유인을 통해 역선택을 완화할 필요가 있다.

낙인 효과

어떤 사람이 실수나 불가피한 상황에 의해 사회적으로 바람직하지 못한 행위를 한 번 저지르고 이로 인해 나쁜 사람으로 낙인찍히면 그 사람에 대한 부정적 인식이 형성되고 이 인식은 쉽게 사라지지 않는다. 이를 '**낙인 효과**'라고 한다. 경제 분야에서도 이러한 현상이 발생한다. 예를 들어, 과거에 신용 파산한 개인이 이후 건전성을 회복했다 하더라도 은행으로부터의 충분한 신뢰를 얻지 못하면서 금융 거래에 불이익을 받는 경우가 이에 해당한다.

분수 효과

분수 효과란 정부가 경제정책으로 저소득층과 중산층의 소득을 먼저 늘려주면 이들의 소비 확대가 생산과 투자로 이어지면서 전체 경제활동이 되살아나고 이로 인해 고소득층의 소득도 늘어날 수 있다는 말이다. 즉 분수의 물이 아래에서 위로 솟아나는 것처럼 저소득층에서 시작된 소득과 소비 증대의 효과가 점차 상위 계층으로 확산되면서 전체 경제도 좋아질 수 있다는 것이다. 이는 분배보다는 성장에, 그리고 저소득층보다는 고소득층에 중점을 두어 경제정책을 운용해야 한다는 **낙수 효과**와는 상반되는 개념이다.

네트워크 효과

네트워크 효과는 어떤 사람의 수요가 다른 사람의 수요에 의해 영향을 받는 것을 가리키는 용어이다. 그 상품을 쓰는 사람들이 일종의 네트워크를 형성해 다른 사람의 수요에 영향을 준다는 뜻에서 이런 이름이 붙었다. 네트워크 효과가 존재할 경우에는 시장 수요곡선이 개별 소비자의 수요곡선을 수평 방향으로 더한 것과 다르게 된다. 네트워크 효과의 구체적 사례로 유행 효과와 속물 효과가 있다.

밴드왜건 효과

밴드왜건 효과는 '친구 따라 강남 간다.'는 식으로, 남들이 어떤 제품을 쓰는 것을 보고 나서 수요가 덩달아서 늘어나는 현상을 말한다. 밴드왜건은 대열의 선두에서 행렬을 이끄는 악대 차를 일컫는다. **유행 효과**라고도 한다.

스놉 효과

스놉 효과는 밴드왜건 효과와는 반대로, 물건을 살 때 남과 다른 나만의 개성을 추구하는 방식의 의사 결정을 말한다. '스놉'은 속물 또는 금권주의자라는 뜻으로, 이들은 단지 남과 다른 것이 아니라 자신을 더 고급스럽게 만들어 줄 가능성이 있는 제품을 사는 경향이 있으며, 그런 점에서 스놉 효과는 비대중적 고급 취향의 개성 추구 성향이라고 할 수 있다.

속물 효과

개성을 추구하는 사람들은 단지 다른 사람들이 많이 구입한다는 이유만으로 특정 물품을 구입하지 않거나 심지어 자신의 옷과 똑같은 옷을 입은 사람을 보면 그 옷을 더 이상 입지 않는다. 명품 브랜드 소비에서 흔히 일어나는 현상인데 이를 **속물 효과**라고 한다. 즉 특정 상품을 소비하는 사람이 많아질수록 그 상품에 대한 수요는 줄어들고 값이 오르면 오히려 수요가 늘어난다. 이와는 반대로 전시효과는 상품을 소비하는 사람이 많아질수록 수요도 증가하는 경우를 가리킨다.

베블런 효과

가격이 상승하면 수요량이 감소하는 수요의 법칙에 반하는 재화를 베블런재라 부른다. 사치재 또는 명품 등이 이에 해당하는데 이러한 재화는 가격이 비쌀수록 소비가 증가하는 경향이 있다. 이러한 과시 욕구를 반영한 소비현상을 **베블런 효과**라고 부른다.

로렌츠곡선

로렌츠곡선은 소득의 불평등 정도를 측정하기 위해 인구의 누적 비율을 가로축에 소득의 누적 점유율을 세로축에 놓고 이들의 관계를 그림으로 표시한 곡선을 말한다. 소득의 분포가 완전히 균등하면 곡선은 대각선과 일치한다. 곡선과 대각선 사이의 면적의 크기가 불평등도의 지표가 된다. 그림에서 로렌츠곡선이 OO′선에 가까워질수록 분배 상태가 평등하고, OTO′선에 가까워질수록 불평등 정도가 높다고 판단할 수 있다. 즉 아래 도표에서 곡선과 대각선 사이의 면적의 크기인 A는 로렌츠곡선의 기울기에 따라 면적이 달라지기 때문에 불평등도의 지표로서 활용된다. A의 면적이 커질수록 불평등은 심화되는 것이다.

지니계수

로렌츠곡선은 한 나라의 소득 분배 상태를 그림으로 볼 수 있다는 장점이 있으나 그 정도를 정량적으로 표시할 수 없다는 단점이 있다. 소득분배 상태를

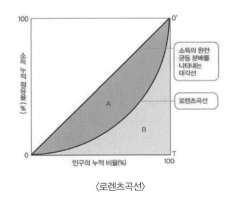

〈로렌츠곡선〉

정량적으로 파악하기 위해서는 지니계수를 이용하여야 한다. **지니계수**는 대각선과 로렌츠곡선 사이의 면적(A)을 대각선 아래 삼각형 면적 전체(A+B)로 나눈 것으로, 소득분배가 완전히 평등하다면 대각선과 로렌츠곡선 사이의 면적이 0이 되어 지니계수는 0이 된다. 반대로 소득분배가 완전히 불평등하다면 대

각선과 로렌츠곡선 아래의 면적이 대각선 아래 전체 면적과 같게 되므로 지니계수는 1이 된다.

이스털린의 역설

미국의 경제사학자 이스털린은 그의 논문을 통해 "소득이 높아져도 꼭 행복으로 연결되지 않는다."고 주장했다. 그는 빈곤국과 부유한 국가, 그리고 사회주의와 자본주의 국가 등 30개 국가의 행복도를 연구했는데, 소득이 어느 일정 지점을 지나고 기본 욕구가 채워지면 행복도가 그와 비례하지 않는다는 현상을 발견했다. 즉 1인당 국민소득이 일정한 수준을 넘어서면 더 이상 소득 증가가 행복도나 삶의 질 향상에 거의 영향을 미치지 못한다는 것이다. 이를 '**이스털린의 역설**'이라고 한다.

골디락스

골디락스란 높은 성장률을 기록하면서도 물가상승 압력이 거의 없는 이상적인 경제 상황을 뜻한다. 일반적으로 경기가 호황일 때는 물가가 지속적으로 상승하는 인플레이션이 발생하게 되며, 경기가 침체기에 있거나 제자리걸음을 하면 물가는 안정되나 실업률이 상승할 수 있다. 하지만 골디락스 경제는 높은 성장에도 물가가 안정적으로 유지되기 때문에, 국민들의 삶의 여건이 호전되는 '가장 이상적인'의 경제 상태라 할 수 있다.

체리피커

체리피커(Cherry Picker)란 체리가 장식된 케이크에서 하나뿐인 체리를 빼먹는 사람처럼, 상품이나 서비스의 여러 기능 중에서 자신에게 필요한 기능이나 혜택만 누리고 매출에는 별로 기여하지 않는 '영악한 소비자'를 일컫는 경제용어이다. 예를 들어 카드사의 각종 할인 제도나 포인트 제도는 적극 이용하면서 실제로 카드로 상품을 구매하지 않는 사람이 이에 해당된다.

■ 디마케팅

기업들이 수익에 도움 되지 않는 고객을 배제하는 마케팅을 말한다. 금융기관이 거래실적이 별로 없는 휴면계좌를 정리하는 것, 포털 사이트 등을 포함한 온라인 기업이 이용 실적이 부진한 회원을 정리하는 것 등이 이에 해당된다.

공유 경제

한 번 생산된 제품을 여럿이 공유해 쓰는 협업 소비를 기본으로 한 경제를 의미한다. 쉽게 말해 나눠 쓰기란 뜻으로 자동차, 빈방, 책 등 활용도가 떨어지는 물건이나 부동산을 다른 사람들과 함께 공유함으로써 자원 활용을 극대화하는 경제 활동이다. 소유자 입장에서는 효율을 높이고, 구매자는 싼값에 이용할 수 있게 하는 소비 형태인 셈이다. 미국 시사 주간지 타임은 2011년 '세상을 바꿀 수 있는 10가지 아이디어' 중 하나로 **공유 경제**를 꼽았다.

제로 페이

제로 페이는 소상공인들의 카드 결제 수수료 부담을 덜어주기 위해 도입된 간편 결제 시스템이다. 제로 페이는 카드가 아닌 스마트폰 결제 어플을 통해 거래하는 방식으로, 이용자가 QR 코드를 찍으면 소비자 계좌에서 판매자 계좌로 돈이 이체되는 직거래 시스템이다. 이때 발생하는 이체 수수료는 협약을 맺은 은행 및 간편 결제 사업자가 부담한다.

리쇼어링

리쇼어링(re-shoring)은 해외에 나가 있는 자국 기업들을 각종 세제 혜택과 규제 완화 등을 통해 자국으로 불러들이는 정책을 말한다. 싼 인건비나 판매시장을 찾아 해외로 생산기지를 옮기는 오프쇼어링의 반대 개념이다. 리쇼어링은 요즘 세계 각국 정부의 화두가 되고 있다. 특히 미국은 국가전략 차원에서 리쇼어링을 통해 세계의 패권을 되찾는다는 '일자리 자석' 정책을 추진 중이어서 주목된다.

세포마켓

1인 미디어가 급증하면서 인스타그램이나 페이스북 등 소셜네트워크서비스(SNS)를 통해 이뤄지는 1인 마켓을 말한다. 세포마켓은 기존의 쇼핑몰이나 오픈마켓이 아닌 SNS에서 판매자가 자신의 일상을 공유하며 상품을 거래하는 형태로 SNS 마켓, 블로그 마켓 등이 대표적이다. 세포마켓은 투자비용이 적으며, 재고 관리에 따른 위험이 낮고, 소비자가 콘텐츠에 공감하고 공유하기 쉽다는 장점이 있어 유통 시장에서 또 하나의 핵심 축이 되고 있다.

폭포 효과

폭포 효과는 상류층의 소비자에 마케팅을 집중하면 그 효과가 자연스럽게 아래 계층으로 퍼져 나가는 현상을 말한다. 산꼭대기에 물을 쏟으면 그 물이 스스로 산 아래로 흘러 내려가는 것처럼 목표 소비자의 정상에 마케팅력을 집중하면 그 효과가 자연스럽고 빠르게 전체로 퍼져 나간다는 의미로, 오피니언 리더층을 공략하는 마케팅 기법을 뜻한다.

샤워 효과

샤워 효과는 위층에 고객을 유인하기 위해 마련된 이벤트가 아래층에도 고객을 유인하는 것을 말한다. 샤워 효과가 가지는 이미지는 폭포 효과와 유사하지만, 백화점의 위층에 고객을 유인하려는 상품을 마련해 놓으면 고객이 자연스럽게 아래층으로 내려가며 다른 물건도 쇼핑을 하게 된다는 것으로 폭포 효과가 가지는 의미와 다르다. 반대로 아래층의 이벤트가 위층의 고객을 유인하는 것을 분수 효과라고 한다.

클러스터

산업 집적지를 뜻하며, 비슷한 업종에서 다른 기능을 수행하는 기업과 기관들이 한곳에 모여 있는 것을 말한다. 클러스터는 직접 생산을 담당하는 기업뿐만 아니라 연구개발 기능을 담당하는 대학, 연구소와 각종 지원 기능을 담당하는 벤처캐피털, 컨설팅 등의 기관이 한곳에 모여 있어서 정보와 지식 공유를 통한 시너지 효과를 노릴 수 있다. 미국의 실리콘밸리가 대표적이다.

핀테크

핀테크(FinTech)는 Finance(금융)와 Technology(기술)의 합성어로, 금융과 IT의 융합을 통한 금융 서비스 및 산업의 변화를 통칭한다. 모바일, 소셜네트워크서비스(SNS), 빅데이터 등의 첨단 기술을 활용해 기존 금융 기법과 차별화한 새로운 형태의 금융기술을 의미한다. 즉, 점포 중심의 전통적 금융 서비스에서 벗어나 소비자 접근성이 높은 인터넷, 모바일 기반 플랫폼의 장점을 활용하는 송금, 결제, 자산관리, 펀딩 등 다양한 분야의 대안적인 금융 서비스다.

퍼플카우 마케팅

퍼플카우는 보는 순간 사람들의 시선을 확 잡아끌거나 화젯거리가 되는 제품이나 서비스를 가리키는 말이다. 미국의 저명한 마케팅 전문가 세스 고딘은 혁신과 차별화의 중요성을 일깨우면서, 주목할 만한 가치가 있고, 예외적이고, 새롭고, 흥미진진한 마케팅 전략을 세울 것을 강조했다.

스낵 컬처

스낵 컬처는 과자를 먹듯 짧은 시간에 문화 콘텐츠를 소비하는 라이프스타일 또는 문화 트렌드를 말한다. 시간적·경제적 부담감을 느끼지 않는 범위에서 소소하게 문화와 여가를 즐기려는 현대인의 성향을 반영하고 있으며, 스마트 기기가 대중화되면서 다양한 콘텐츠를 소비하고 있다. 웹툰, 웹소설, 웹드라마가 대표적이다.

미니멀 라이프

불필요한 물건이나 일 등을 줄이고, 일상생활에 꼭 필요한 적은 물건으로 살아가는 단순한 생활방식을 뜻한다. 미니멀 라이프는 불필요한 것을 제거하고 사물의 본질만 남기는 것을 중심으로 단순함을 추구하는 예술 및 문화 사조인 미니멀리즘의 영향을 받아 2010년대 즈음부터 나타나기 시작했다. 인생에서 정말 소중하고 본질적인 것에 집중하여 자기 본연의 모습을 찾아가는 데에서 행복을 찾을 수 있다는 깨달음이 미니멀 라이프의 근간이다.

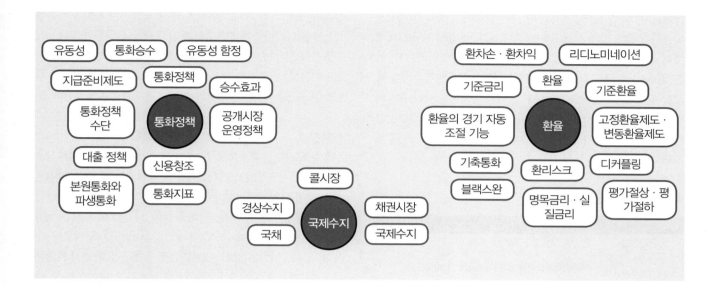

통화정책

통화정책이란 중앙은행이 통화량이나 금리에 영향을 미쳐 물가 안정, 금융 안정 등을 달성함으로써 경제가 지속 가능한 성장을 이룰 수 있도록 하는 정책을 말한다. 통화의 방만한 공급을 차단하여 물가를 안정시키는 것이 통화정책의 주된 목표이다. 재정정책과 함께 정부의 핵심 경제정책이다. 금융정책이라고도 한다.

통화정책 수단

통화정책 수단이란 통화정책의 운용 목표인 이자율과 통화량을 조절·통제하기 위해 통화 당국이 직접적으로 사용하는 정책 도구를 말한다. 중앙은행이 활용하고 있는 통화정책 수단으로는 지급준비제도, 공개시장 운영제도, 재할인정책 등이 있다.

지급준비제도

중앙은행이 금융기관으로 하여금 예금 등과 같은 채무의 일정 비율에 해당하는 금액을 중앙은행에 예치토록 하는 제도이다. 은행이 예금 고객의 지급 요구에 응하기 위해 미리 준비해 놓은 유동성 자산을 지급준비금이라고 하고, 적립 대상 채무 대비 지급준비금의 비율을 지급준비율이라고 한다. 지급준비금은 은행이 중앙은행에 예치하고 있는 자금(지준예치금)과 보유하고 있는 현금(시재금)으로 구성된다. 지급준비제도는 중앙은행이 지급준비율 변경으로 본원통화를 조절하면 **승수효과**를 통해 통화량에 영향을 주는 유동성 조절 수단으로 효과가 있다.

지급준비율 확대 ⇒ 통화승수↓ ⇒ 통화량 감소
지급준비율 축소 ⇒ 통화승수↑ ⇒ 통화량 증가

공개시장 운영정책

공개시장 운영은 중앙은행이 금융시장에서 금융기관을 상대로 국공채 등 증권을 매매하여 시중 유동성이나 시장금리 수준에 영향을 미치는 통화정책 수단이다. 공개시장 운영은 다른 통화정책 수단(지급준비제도, 여수신제도 등)에 비해 시기와 규모를 신축적으로 정할 수 있고 금융시장의 가격메커니즘에 따라 이루어지므로 시장친화적인 데다 즉각적인 매매 거래만으로 **신속하게** 정책을 시행할 수 있다는 장점이 있다. 대부분의 선진국 중앙은행들은 공개시장 운영을 주된 통화정책 수단으로 사용하고 있다.

국·공채 매각 ⇒ 시중 자금의 흡수 ⇒ 통화량 감소
국·공채 매입 ⇒ 시중에 자금 방출 ⇒ 통화량 증가

대출 정책

일반은행이 기업이나 개인에게 자금을 대출해주는 것과 마찬가지로 중앙은행이 금융기관에 돈을 대출해주는 정책을 말한다. 중앙은행이 은행에 빌려주는 돈의 양이나 금리를 변동시킴으로써 시중의 돈의 양을 조절한다. 이 제도는 중앙은행 제도 초기에 은행이 기업에 할인해 준 어음을 다시 할인·매입하는 형식으로 자금을 지원했기 때문에 **재할인율 제도**라고도 한다. 또한 중앙은행의 대출금리는 재할인금리라고 한다.

재할인율 인상 ⇒ 은행의 이자율 인상 ⇒ 은행의 대출액 감소 ⇒ 통화량 감소
재할인율 인하 ⇒ 은행의 이자율 인하 ⇒ 은행의 대출액 증가 ⇒ 통화량 증가

통화지표

한 나라의 경제가 건강하게 유지되려면 경제규모에 맞는 적정량의 통화가 필요하다. 경제규모에 비해 돈이 너무 많으면 인플레이션이, 너무 적으면 디플레이션이 발생하여 물가의 지속적 상승이나 실업 등의 문제가 발생한다. 때문에 중앙은행은 경제에서 유통되는 화폐의 양을 적정 수준으로 관리해야 하는데, 이를 위해서는 우선 시중에서 유통되는 통화의 양을 정확하게 측정할 필요가 있다. 시중에 유통되고 있는 통화량을 나타내는 척도가 곧 통화지표이다. 통화지표는 통화를 어떻게 정의하는가에 따라 여러 가지가 있는데 우리나라에서는 M1과 M2를 **통화지표**로, Lf와 L을 **유동성 지표**로 이용하고 있다.

■ 우리나라의 각종 통화지표

통화지표	구성 내역
현금통화	민간이 보유하는 지폐 및 주화
M1 (협의통화)	현금통화+요구불예금+수출입식 저축성예금
M2 (광의통화)	M1+정기 예적금 및 부금*+시장형 상품+실적 배당형 상품+금융채*+기타 *만기 2년 이상은 제외
Lf (금융기관 유동성)	M2+만기 2년 이상 정기 예적금 및 금융채+생명보험회사의 보험계약 준비금 및 기타
L (광의의 유동성)	Lf+정부 및 기업 등이 발행한 금융 상품(국채, 지방채, 기업어음+회사채 등)

본원통화와 파생통화

본원통화는 중앙은행이 공급하는 현금통화를 말하며, 화폐발행액과 예금은행이 중앙은행에 예치한 지급준비예치금의 합계로 측정된다. 중앙은행이 예금은행에 대하여 대출을 하든지 외환을 매입하든지 혹은 정부가 중앙은행에 보유하고 있는 정부예금을 인출하는 경우 본원통화가 공급된다. 이렇게 공급된 통화의 일부가 예금은행으로 환류될 경우 예금은행은 일부를 지급준비를 위해 중앙은행에 예치하거나 시재금으로 보유하며 나머지는 대출, 유가증권 매입으로 운용하는데 이러한 과정이 반복되면서 신용과 예금을 창출하게 된다. 이와 같이 중앙은행이 일차적으로 공급한 통화는 파생적으로 예금 통화를 창출하는 기초가 되므로 이를 **본원통화**(RB)라고 하며, 이를 기초로 창출된 통화를 **파생통화**라고 한다. 이러한 과정을 수식화하면 '통화량=통화승수×본원통화'가 된다.

본원통화(RB)

= 화폐발행액 + 금융기관 지준예치금

= 민간 보유 현금 + 금융기관 시재금 + 지준예치금

= 민간 보유 현금 + 금융기관 총지급준비금

통화승수

중앙은행이 공급한 본원통화는 예금은행의 신용창출 과정을 통해 이의 수배에 달하는 통화를 시중에 유통하게 한다. '**통화승수**'는 본원통화 한 단위가 이것의 몇 배에 달하는 통화를 창출하였는가를 나타내주는 지표로서 통화 총량을 본원통화로 나누어 산출한다. 통화승수는 현금통화 비율과 지급준비율에 의하여 결정되는데, 현금통화 비율은 단기적으로는 안정적이라 할 수 있으며 지급준비율은 중앙은행에 의해 정책적으로 결정된다.

신용창조

신용창조는 일반적으로 은행이 예금과 대출 업무를 반복적으로 취급하는 과정에서 예금통화를 만들어내는 현상을 말한다. 예를 들어 중앙은행이 A 은행에 100만큼의 본원통화를 공급하면 A 은행은 이중 10%(지급준비율 10%, 민간의 화폐 보유 성향 0% 가정)를 지급준비금으로 남겨두고 나머지 90을 대출로 운용한다. 대출받은 사람이 이를 B 은행에 예금을 하면 B 은행은 다시 이 가운데 9를 지급준비금으로 남겨두고 나머지 81을 다시 대출하게 된다. 이러한 과정이 무한정 반복되면 결국 예금은 1,000만큼 늘어난다. 즉, 100이라는 본원통화가 신용창조(신용창출)를 통해 1,000이라는 예금통화가 창출된다.

승수효과

본원통화와 통화량 사이의 관계를 통화승수라고 하는데 앞의 통화승수는 10이다(1000÷100). 이처럼 통화승수를 통해 최종 산출된 통화량의 파급 정도를 **승수효과**라고 한다. 지급준비율을 변경하면 승수효과를 통해 신용창출 효과(통화량)에 영향을 주기 때문에 지급준비제도는 중앙은행의 핵심 유동성 조절 수단이다. 지급준비율을 인하하면 통화승수가 커지기 때문에 통화량이 늘어나고 반대로 지급준비율을 인상하면 통화승수가 줄어들기 때문에 통화량이 감소한다. 그래서 중앙은행은 통화 완화가 필요한 경우에는 지급준비율 인하를 통해, 통화 긴축이 필요한 경우에는 지급준비율 인상을 통해 통화량을 조절하게 된다.

유동성

기업의 자산을 필요한 시기에 손실 없이 화폐로 바꿀 수 있는 안전성의 정도를 의미한다. 유동성은 시중의 현금과 다양한 금융상품 중 어디까지를 통화로 정의할지 구분하는 기준으로 사용된다. 우리나라에서는 유동성이 높은 정도에 따라 통화 및 유동성 지표를 **현금통화, M1, M2, Lf, L**로 구분한다. 또한 유동성은 현금을 비롯하여 유동성이 높은 통화 그 자체와 같은 뜻으로 사용되기도 한다.

유동성 함정

중앙은행은 정책금리를 낮추고 유동성을 공급한다. 그러나 금리를 계속 낮추는데도 경기가 회복되지 않고 이 이후에 명목이자율을 더 이상 낮출 수 없어 확대 통화정책을 통한 경기 진작이 어려워지는데 이를 **유동성 함정**에 빠졌다고 표현한다. 유동성 함정 하에서 명목이자율이 0%에 가까운 매우 낮은 상황이라 하더라도 가계와 기업이 직면하는 실질이자율은 오히려 높은 수준이 유지되어 투자와 소비가 감소한다. 또한 총수요 감소는 추가적인 물가 하락과 이에 따른 실질이자율의 상승으로 이어져 경제를 더욱 악화시킬 수 있다.

콜시장

콜시장은 금융기관들이 일시적인 자금 과부족을 조절하기 위해 상호 간에 초단기로 자금을 차입하거나 대여하는 시장이다. 금융기관은 고객을 상대로 예금을 받고 대출을 하는 과정에서 수시로 자금이 남기도 하고 모자라기도 하는데, 이러한 자금 과부족을 콜시장에서 금융기관 간 자금 거래를 통하여 조절한다.

채권시장

채권은 정부, 공공기관, 민간기업 등이 비교적 장기로 불특정 다수로부터 거액의 자금을 조달하기 위해 정해진 이자와 원금의 지급을 약속하면서 발행하는 증권을 말한다. 채권시장은 **발행시장**(제1차 시장)과 **유통시장**(제2차 시장)으로 나뉜다. 발행시장은 채권이 자금 수요자에 의해 최초로 발행되는 시장이며, 유통시장은 이미 발행된 채권이 투자자들 사이에서 매매되는 시장이다. 채권 투자자는 채권을 발행시장에서 인수하거나 유통시장에서 매입할 수 있다.

국제수지

일정 기간 동안 한 나라의 거주자와 비거주자 간에 발생한 경제적 거래에 따른 **수입과 지출의 차이**를 의미한다. 국제수지는 크게 경상수지, 자본수지, 금융계정, 오차 및 누락 등 4개의 계정으로 구성되어 있다.

국채

국채란 정부가 다양한 목적의 재정자금을 조달하기 위해 발행하는 채권을 말한다. 일정 시점에서 한 나라 정부가 지고 있는 빚의 총액이기도 하다. 국채는 자금 용도에 따라 국고채권, 재정증권, 국민주택채권 및 보상채권으로 나누어지는데 **국고채권**이 국채의 대부분을 차지한다.

경상수지

경상수지는 재화나 서비스를 외국과 사고파는 거래, 즉 경상거래의 결과로 나타나는 수지를 말한다. 경상수지는 상품수지, 서비스수지, 본원소득수지 및 이전소득수지로 구성된다.

환율

환율은 각각 다른 나라에서 발행한 돈을 서로 바꿀 때 적용하는 비율, 곧 통화 간 교환 비율을 말한다. 우리나라에서 환율이라고 말할 때는 주로 원화와 미국 달러의 환율**(원/달러 환율)**을 말할 때가 많다. 환율은 그 나라 돈의 대외 가치를 보여준다. 원화의 대외 가치를 알려면 원화와 다른 통화의 교환 비율을 보면 된다.

환율 상승(원화가치 하락/ $1 : ₩1,000 → $1 : ₩1,200): 수출 증가, 수입 감소, 국제수지 개선, 통화량 증가, 물가 상승, 해외여행 불리

환율 하락(원화가치 상승/ $1 : ₩1,000 → $1 : ₩900): 수출 감소, 수입 증가, 국제수지 악화, 통화량 감소, 물가 하락, 해외여행 유리

환율의 경기 자동 조절 기능

환율은 **실물경제**와 **금융시장**에 많은 영향을 미친다. 실물경제에서 높은 환율 수준은 수출 증진에 도움이 되지만, 원자재 가격 상승을 초래함으로써 수입 물량을 줄이는 효과도 있다. 반대로 낮은 환율 수준은 수입을 증가시키고 수출에 부정적으로 작용한다. 금융시장에서 높은 환율 수준은 중·장기적으로 주가지수 상승과 시장금리 하락을 이끈다. 이 시기에는 외국인 투자자들이 주가지수 및 채권 가격의 상승을 기대하고 국내 투자시장에 들어오므로, 이로 인해 시중에 외화 공급이 많아져 환율이 하락하고 주가지수와 채권 가격이 상승하기도 한다. 반대로 환율이 낮은 수준에서 장기간 유지될 때는 외국인들은 수출 기업의 채산성이 악화되고, 수입 증가에 따라 경상수지가 악화될 것을 우려하여 보유 주식 및 채권을 매도하여 선진국 시장으로 이동한다. 이로 인해 주가지수가 하락하고 환율이 상승하는 경향이 있다.

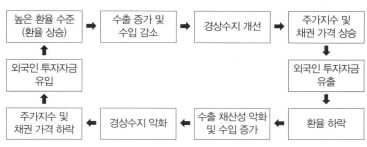

〈환율의 실물경제 및 금융시장 자동 조절 기능〉

고정환율제도 / 변동환율제도

고정환율제도는 외환의 시세 변동을 반영하지 않고 환율을 일정 수준으로 유지하는 환율 제도이다. 반면 자유변동환율제도는 환율이 외환시장에서 외환의 수요와 공급에 의해 자율적으로 결정되도록 하는 환율 제도를 말한다. 어떤 환율 제도라도 통화정책의 자율성, 자유로운 자본 이동, 환율 안정 등 세 가지 정책 목표

를 동시에 만족시키기는 현실적으로 어려우며, 이를 **삼불원칙**이라고 한다. 우리나라는 변동환율 제도를 취하고 있다.

기준금리

한국은행 금융통화위원회에서 결정하는 **정책금리**로, 금리체계의 기준이 되는 금리를 말한다. 한국은행과 금융기관 간에 환매조건부채권매매와 대기성 여수신 등의 자금 거래를 할 때 기준으로 적용된다. 기준금리는 통화정책 파급경로(정책금리 변경 → 단기 및 장기 시장금리 변동)의 원활한 작동을 위해 중요하다.

기준환율

기준환율이란 자국 통화와 여러 외국 통화 간의 환율 결정에서 다른 외국 통화 환율 결정의 기준이 되는 환율을 의미한다. 우리나라의 경우 **원/달러 환율**이 바로 기준 환율이며, 원/엔, 원/유로, 원/파운드 등 여타 각국 통화의 환율은 원/달러 환율을 기초로 하여 자동적으로 산출(재정환율) 된다.

기축통화

기축통화란 국제 간의 결제나 금융거래의 기본이 되는 통화를 지칭한다. 구체적으로는 국제무역 결제에 사용되는 통화, 환율 평가 시의 지표가 되는 통화, 대외준비자산으로 보유되는 통화 등의 의미를 포함한다. 2차 세계대전 이후 전 세계 외환 거래 및 외환보유액의 상당 부분을 차지하는 미국 **달러화**가 기축통화로 인정받고 있다.

디커플링

디커플링이란 어떤 나라나 지역의 경제가 인접한 다른 국가나 전반적인 세계 경제의 흐름과는 다른 모습을 보이는 현상을 말한다. 주가나 금리, 환율 등 일부 경제 변수의 흐름이 국가 간 또는 특정국가 내에서 서로 다른 흐름을 보이는 현상도 디커플링이라고 할 수 있다. 국가 간의 경우 양국의 주가가 다른 방향으로 움직이거나, 한 국가 내에서 주가가 하락함에도 해당국 통화가 강세 현상을 보이는 경우 등을 들 수 있다. 반대로 한 나라 또는 지역의 경제가 인접한 다른 국가나 세계경제 흐름과 유사한 흐름을 보이는 것을 **커플링(동조화)**이라 한다.

명목금리 / 실질금리

금리는 돈의 가치 즉 물가 변동을 고려하느냐의 여부를 기준으로 명목금리와 실질금리로 구분할 수 있다. 명목금리는 돈의 가치 변동을 고려하지 않고 외부로 표현된 표면상의 금리를 말한다. 이에 비해 실질금리는 **물가 상승률**을 고려한 금리를 의미한다. 예컨대 금년 중 1년 만기 정기예금의 명목금리가 3%이고 물가 상승률이 1%일 경우 명목금리는 3%이지만 실질금리는 2%(=3%-1%)가 된다. 실질금리 = 명목금리 − 물가 상승률

평가절상 / 평가절하

환율은 일반적으로 거래 대상물인 외국환(외국 통화) 한 단위와 교환되는 자국 통화의 양으로 정의된다. 환율이 오르면 자국 화폐가치가 내려가는데 이를 '**평가절하**(원화 가치 하락)'라고 하고, 반대로 환율이 내리면 자국 화폐가치가 올라가는데 이를 '**평가절상**'이라고 한다. 예를 들면 1달러=900원이었던 것이 1달러=1,000원으로 오르면 자국 통화의 가치가 하락(평가절하) 한다. 자국 통화가치를 평가절하하면 수출상품의 외화표시 가격이 내려가게 되어 수출 증진을 기대할 수 있으나, 이때 수입품의 가격은 올라 인플레이션을 가져올 수도 있다. 변동환율제도 하에서는 환율이 시장의 수급에 의해 결정된다.

환리스크

장래의 예상하지 못한 **환율 변동**으로 인해 보유한 외화표시 순자산(자산−부채) 또는 현금흐름의 가치가 변동될 수 있는 불확실성을 의미한다. 환리스크는 기본적으로 외환포지션(외환보유고)의 보유 형태와 규모, 장래의 환율 변동 방향과 변동 폭에 따라 결정된다.

환차손 / 환차익

외화자산 또는 부채를 보유하고 있을 경우, 환율 변동에 따라 자국 통화로 평가한 자산(부채)의 가치가 변동하게 된다. 이러한 상황에서 손실이 발생한 경우를 '**환차손**', 반대로 이익이 발생한 경우를 '**환차익**'이라고 한다. 즉, 환율이 오르거나 내려서 이익을 보면 환차익이 발생한 것이고 손해를 보게 되면 환차손이 발생한 것이다.

J커브 효과

이론적으로 환율이 상승할 경우 수출은 늘어나고 수입은 줄어들어 경상수지가 개선된다. 그러나 현실에서는 초기에 경상수지가 악화되다가 어느 정도의 시간이 지난 후에야 경상수지가 개선되는 효과가 나타나는데, 이를 **J커브 효과**라고 한다. 이는 환율의 상승으로 경상수지가 실질적으로 개선되기까지는 어느 정도의 시간이 소요되기 때문이다. 환율 상승으로 국내 수출품 가격이 하락하더라도 이에 대응하여 수출 물량이 증가하기까지는 시간이 소요될 수밖에 없으며, 이에 따라 단기적으로는 수출 금액이 오히려 감소하면서 경상수지가 악화될 수 있다.

리디노미네이션

리디노미네이션(re-denomination)은 한 나라에서 통용되는 화폐의 액면가를 낮은 숫자로 변경하는 조치, 즉 화폐 단위를 하향 조정하는 것을 말한다. 이를테면 1,000원을 1원으로 하는 식이다. 리디노미네이션은 경제 성장과 인플레이션의 지속으로 화폐로 표시되는 금액이 점차 증가하는 데서 오는 계산상의 불

편함을 해소하기 위해 실시한다. 리디노미네이션은 거래의 편의성을 높이고, 인플레이션 기대심리를 억제하며, 자국 통화의 국제적 위상을 높이는 이점이 있는 반면, 화폐 변경에 따른 막대한 비용 발생, 물가 상승, 사회적 혼란 등의 문제점도 있다.

토빈세
노벨경제학상 수상자인 제임스 토빈이 주장한 세제로, 단기성 외환 거래에 부과하는 세금을 말한다. 국제 투기 자본을 규제하기 위한 방안으로, 단기적 자금 이동에 **토빈세**라는 세금을 부과해 거래 비용을 높임으로써 투기적 거래를 억제하는 것이다. 벌어들인 세수로는 빈국을 지원하고 환경 문제를 해결하기 위한 재원으로 활용할 수 있다.

블랙스완
원래의 뜻은 실제로 일어날 수 없는 것을 의미하는 말이었지만, 18세기 호주에서 검은 백조가 실제 발견된 이후로 관찰과 경험에 의존한 예측을 벗어나 예기치 못한 극단적 상황이 일어나는 일을 뜻하는 용어로 의미가 변경되어 사용되고 있다. 2008년 금융위기를 예언한 나심 탈레브의 『**블랙스완**』에서 유래한 이 용어는 극단적으로 예외적이어서 발생 가능성이 없어 보이지만 일단 발생하면 엄청난 충격과 파급효과를 가져오는 사건을 가리킬 때 사용된다.

■ 화이트스완
반복되어 오는 위기임에도 불구하고 뚜렷한 해결책을 제시하지 못하는 상황을 이르며, 역사적으로 되풀이돼 온 금융위기를 가리키는 말이다. 루비니 교수는 **화이트스완**이라는 용어를 통해 금융위기는 충분히 예측 가능하며 예방도 할 수 있는데, 다만 제 시기에 적절한 대응책을 마련하지 못해 닥치는 상황이라고 설명하였다. 예측이 가능하다는 점에서 도저히 일어날 것 같지 않은 일이 발생하는 것인 블랙스완에 상반되는 말이다.

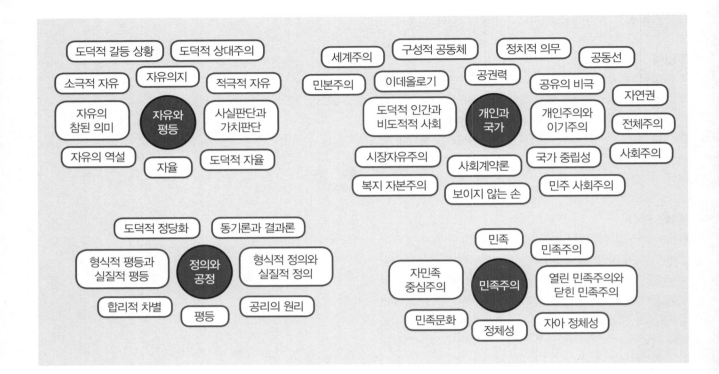

자유의 참된 의미

자유는 인간을 자율적 이성을 갖춘 존재로서 전제하고, 자신의 행동의 옳고 그름을 판단할 줄 아는 것에서부터 시작된다. 인간은 이성적이고 합리적인 사고를 통해 자기 스스로 의사를 결정하고, 결정한 의사에 따라 자율적으로 행동하며, 어떠한 이유로 이를 방해받거나 구속되지 않는다. 자신의 운명과 선택을 스스로 결정하며, 그에 따른 책임 또한 자신이 진다. 오늘날 자유는 '~으로부터 벗어난'이라는 소극적 의미 외에 '자기 하고 싶은 대로 할 수 있는'이라는 적극적 의미와 함께 '자신이 세운 법칙에 자신을 종속시키는' 의미로서의 자율적 의미를 가진다.

자유의지

자유의지는 외부의 제약이나 구속을 받지 않고 어떤 목적을 스스로 세우고 실행할 수 있는 내면적인 힘을 말한다. 그렇기에 인간 행위의 문제는 어디까지나 자신의 자유로운 결단에 달려 있다. 만약 어떠한 개별적인 사물이나 현상들이 인과 관계라는 엄격하고도 정밀한 기계적 법칙에 의해 완전히 지배된다는 유물론적 또는 형이상학적 결정론에 따른다면, 오로지 나 스스로의 내적인 힘, 즉 자유의지는 실재할 수 없다.

결정론

결정론은 세상의 모든 일은 자연법칙과 인과 관계에 의해 결정되어 있다고 보며, 사람의 운명 또한 미리 정해져 있다고 보는 이론이다. 이러한 결정론의 관점에서는 인간의 자유가 인정되지 않는다.

소극적 자유

자유는 어떤 구속이나 간섭도 없고, 아무런 제약도 없이 마음대로 할 수 있는 상태를 말한다. 그런 상태의 자유를 '**소극적 자유**'라고 하는데, 이는 아무런 외부의 제약이 없음을 의미한다. 소극적 자유가 있으려면 달리 행동할 수 있는 가능성이 있어야 한다. 소극적 자유는 제약이 없어 어떤 행동을 마음대로 할 수 있으면서 동시에 그것을 하지 않을 가능성도 열려 있어야 한다. 어떤 행동을 하는 데 제약이 없지만, 그것을 하지 않을 자유가 없다면 자유가 없는 것이다.

적극적 자유

'**적극적 자유**'의 의미는 두 가지이다. 첫째, 적극적으로 어떤 것을 할 수 있는 능력으로서의 자유이다. 적극적 자유를 가지려면 먼저 다른 사람의 간섭이나 방해가 없어야 하기에 소극적 자유가 먼저 보장되어야 한다. 둘째, 합리적으로 선택하고 행위를 할 수 있는 능력으로서의 자유다. 합리적으로 선택할 수 있는 능력이 없으면 스스로 결정할 수 있는 능력이 없다. 소극적 자유는 국가나 타인이 개인의 행동을 방해하거나 간섭하지 않으면 보장되지만, 적극적 자유는 소극적 자유가 전제되는 동시에 개인이 자유를 누릴 수 있는 여러 가지 수단을 국가가 지원해야 만 보장될 수 있다. 따라서 적극적 자유에는 국가의 적극적 의 무가 따르게 된다.

자유의 역설
우리 헌법에서 국가 안보, 질서 유지, 공공복리 등을 위해 개인 의 권리 제한을 인정하는 것은 적극적 의미에서의 자유를 보장 하기 위해서이다. 자유권은 천부적인 권리이지만 공동체 속 타 인과의 관계에서 발생하는 권리이기 때문이다. 이러한 의미에 서 자유는 개인의 구속을 지양(止揚)하지만, 타인과의 관계에서 자유를 보장받기 위해 **사회적 구속**에 의존해야 한다는 역설적 특징을 지닌다.

자율
자율은 합리적 개인이 스스로 결정을 내릴 수 있는 능력을 말한 다. 진정한 자율은 외부의 억압이나 강제에서 벗어나 자기 스스 로 판단하고 결정해서 실천할 때 이룰 수 있다. 자율적 인간은 스스로 명령하고 스스로 복종한다. 이럴 때 우리는 자기 행위의 주인이 된다. 또 그럼으로써 우리 스스로 존엄한 존재라고 말할 수 있게 된다. 자율은 인간 존엄성의 근거이다.

도덕적 자율
도덕적 자율은 본능이나 욕망에 구속되지 않고 이성의 명령에 스스로 복종하는 것이다. 도덕적 자율은 이성을 통해 자신의 행 동을 스스로 지배할 때 가능하다. 따라서 도덕적 자율은 이성적 존재의 자기 지배라고 할 수 있다. 진정한 자유는 나와 나를 둘 러싼 세계에 대해 바르게 판단하고 스스로 행위의 주체가 되었 을 때 누릴 수 있다. 도덕적 자율의 세계는 이러한 자유의 의미 를 함축하고 있는 세계이다.

도덕적 갈등 상황
인간의 욕구와 도덕규범 또는 도덕규범들 사이에 충돌이 일어 나는 상황을 **도덕적 갈등 상황**이라고 말한다. 도덕적 갈등은 우 리의 일상생활에서 여러 가지 형태로 나타난다. 도덕적 갈등은 개인의 내적 갈등, 개인과 개인, 개인과 집단, 집단과 집단 간의 갈등으로 나눌 수 있다.

■ 도덕규범
인간이 윤리적으로 생활함에 있어 지켜야 할 도리나 행동 규칙 을 말한다.

사실판단과 가치판단
도덕적 갈등을 해결하기 위해서는 올바른 판단 과정을 거쳐야

한다. 이때 판단 과정에서 **사실판단**과 가치판단을 구분할 필요 가 있다. 사실판단은 관찰이나 과학적 혹은 역사적 탐구 등과 같이 객관적인 사실을 근거로 한 판단이다. **가치판단**은 좋고 나 쁨, 옳고 그름, 아름다움과 추함, 고귀함과 저속함 등 주관적 가 치를 근거로 한 판단이다. 즉 가치판단이란 어느 것이 어떤 목 적에 유용할지를 판단하는 것으로, 일 그 자체에 관한 것과는 구별된다.

■ 도덕 판단
도덕 판단은 사람의 인품이나 행위에 대해 내리는 가치판단의 한 종류다. 가령, "그는 좋은 사람이다.", "거짓말은 나쁘다." 등 이 도덕 판단이다.

도덕적 상대주의
도덕적 상대주의란 모든 사람이 준수해야 할 객관적이며 보편 타당한 도덕규범의 존재를 부정하고, 모든 도덕적 관점은 동등 한 가치를 지닌다고 보는 입장을 말한다. 도덕적 상대주의 입장 에서 생명 중시나 인권 존중과 같은 보편적 가치를 부정하게 되 면 자칫 도덕규범의 근거가 흔들릴 수 있다.

도덕적 정당화
자신이 제시한 주장에 대해 도덕적인 근거와 관계된 사실을 통 해 이해와 동의를 얻어내는 과정을 **도덕적 정당화**라고 한다. 어 떤 행동 원리가 도덕적으로 정당화되어 우리 모두가 받아들일 수 있기 위해서는 그 행동의 원리나 주장이 자신을 포함한 모든 사람들에게 보편적으로 적용될 수 있어야 한다. 또한 사회에서 통용되고 있는 규범에 어긋나지 말아야 한다. 즉, 사회의 일반 적 도덕규범이나 가치관에 비추어 어떤 행동 원리가 정당한지 살펴보아야 한다.

동기론과 결과론
행위에 대한 도덕적 정당화의 근거를 동기에서 찾을 것이냐, 아 니면 결과에서 찾을 것이냐 하는 문제가 있다. 그 이론적 관점 을 놓고 동기론과 결과론으로 나뉜다. **동기론**은 언제 어디서나 지켜야 할 행위의 근본 원칙, 즉 선한 동기를 따르는 행위가 선 하고 옳은 행위라는 입장이다. 이에 반해 **결과론**은 좋은 결과를 가져오는 행위가 선하고 옳은 행위라는 관점이다.

평등
평등이란 누구나 인간을 동등하게 대하는 것이다. 인간은 누구 나 천부 인권을 소지하는 자로써 권리 측면에서 대등하고, 차별 적 대우를 받지 말아야 한다는 사회 구성 원리이다. 현대사회의 핵심 가치의 하나로서의 평등은 인간을 제한하는 불합리를 걷 어내고 개인 모두가 자신의 능력에 따라 생활을 영위할 수 있도

록 요구하고 있다.

형식적 평등과 실질적 평등

평등은 누구나 동등한 대우를 하는 것을 말한다. 동일한 개인에게 동일한 기회를 부여하여야 하고 여기에 차별을 두어서는 안 된다. 이것이 형식적 평등이다. 즉, **형식적 평등**은 법적 정치적으로 누구에게나 동등한 기회를 보장해야 하고, 또 이로써 족하다는 관점이다. 이에 비해 **실질적 평등**은 사람들 간 차이를 인정하고 선천적인 문제나 후천적인 차이를 고려하여 약자에게 혜택을 주는 것을 의미한다. 국민이 실질적으로 균등한 지위에 설 수 있도록 국가가 적극적으로 사회적 약자를 배려하여, 동등한 조건을 가질 수 있도록 조건을 창출해주어야 하는 원칙을 말한다.

합리적 차별

합리적 차별은 선천적 조건과 후천적 차이를 고려한 차별로 평등의 원칙에 부합한다. 남자에게만 병역의 의무를 부과하는 것, 여성에게만 생리 휴가를 주는 것, 누진세 제도, 가중 처벌 제도, 미성년자 관람 불가 공연 인정 등이 이에 해당한다.

형식적 정의와 실질적 정의

분배적 정의에서는 분배 대상에 대한 기준을 설정하는 것이 관건이다. 이때 **형식적 정의**는 "같은 경우에는 같게, 다른 경우에는 다르게 대우해야 한다."라는 입장을 따른다. 분배 대상을 특정 기준에 따라 분배하는 경우, 같은 경우인데도 다르게 대우하거나 다른 경우인데도 똑같이 대우한다면, 이는 불공정하다고 할 수 있다. 형식적 정의의 원리는 공정한 분배가 이루어지기 위한 필요조건이지만, 충분조건은 아니다. 공정한 분배가 이루어지기 위해서는 개인의 특성이나 분배 상황을 고려하는 **실질적 정의**의 기준 또한 충족되어야 한다. 사회적 이익의 분배를 위한 실질적 정의의 기준으로는 평등, 필요, 능력, 업적 등을 들 수 있다.

공리의 원리

정의의 원칙이 보편적으로 적용될 수 있는 일반적 원리로 '**최대 다수의 최대 행복**'의 원리인 공리의 원리가 있다. 공리주의자인 밀은 정의는 공리의 원리에 의해 설명될 수 있다고 하였다. 밀에 따르면, 정의로운 행위나 제도는 최대 다수에게 최대 행복을 가져다주며, 결국 옳음과 그름, 정의로움과 정의롭지 않음을 구별하는 기준은 사람들이 실제 소망하는 것, 즉 행복뿐이다. 다시 말해, 공리주의에서 행복의 기준은 개인의 최대 행복이 아니라 전체의 최대 행복의 합이다. 하지만 이러한 공리주의 관점을 따를 경우, 개인은 다른 사람이나 전체의 선(즉 '공동선'으로서의 행복)을 위해 자신의 행복을 포기할 수 있음은 물론이다.

공권력

공권력은 국가 또는 공공단체가 우월한 의사 주체로서 국민에게 명령하고 강제할 수 있는 권력이나 그 권력을 행사하는 국가 자체를 뜻한다. 공권력은 법률에 근거를 두고 있으며 공익을 위해 쓰는 경우 인정된다. 국가나 기타 행정 주체가 특히 공권력의 주체로서 행하는 행정상 법률관계를 **권력관계**라고 한다. 권력관계는 행정 주체가 공권력을 행사하기 때문에 국민에 대하여 일방적으로 명령·강제하는 행정 작용으로 이루어진다.

■ 국가주의와 무정부주의

국가주의는 국가의 우월성을 인정하고 국가의 공동체적 이념을 강조하는 사상을 말한다. **무정부주의**는 제도화된 모든 정치 조직·권력·사회적 권위를 부정하고 개개인의 자유를 최상의 가치로 내세우는 사상을 말한다.

■ 공화제와 입헌군주제

공화제는 형식적이든 실제로든 주권이 그 구성원에게 있는 정치 체제로, 군주제에 상대되는 개념이다. **입헌 군주제**는 군주의 권력이 헌법에 의하여 일정한 제약을 받는 정치 체제로, 군주가 절대적인 권력을 행사하는 전제 군주주의의 상대 개념이다.

이데올로기

이데올로기는 관념 체계, 의식 체계 등을 의미한다. 이데올로기는 시간의 흐름에 따라 부정적인 의미로 사용되기도 했다. 이를테면 어떤 사회 체제를 유지하기 위해 마련된 왜곡된 관념과 신념으로서의 사회사상을 의미하는 말로 쓰이기도 하였다. 오늘날 이데올로기는 복잡한 현실 사회를 체계적으로 설명하고 이러한 이해를 바탕으로 구체적인 행동과 실천으로 이어지게 한다는 긍정적 측면과, 이상적인 이념에 치우쳐 현실 사회를 왜곡하여 파악하고 극단적인 경우 변혁을 위한 폭력성을 내포한다는 부정적 측면을 동시에 가지고 있는 것으로 이해된다.

자연권

자연권은 인간이 태어날 때부터 가지는 고유한 권리이자 하늘로부터 부여받은 불가침의 권리이다. 이러한 자연권 개념은 개인의 자유와 권리를 특정한 사회나 제도를 초월하여 누구에게나 보장되어야 하는 기본적 권리로서 인식할 수 있도록 하였다. 자유주의는 이러한 자연권의 확립 과정에서 등장하였다.

■ 자연권 개념의 발달과 확립 과정

오늘날 주로 논의되는 자연권의 적극적 의의를 발견한 것은 홉스, 로크, 루소 등의 근대 사상가들이다. 홉스는 자연 상태의 사람들이 자기를 보전할 권리를 타고난다고 보았고, 로크는 자기 보존 외에 자유와 재산권도 자연권에 포함시킴으로써 자본주에 기초한 근대 시민 사회의 성립에 중요한 이론적 기초를 부여하였다. 이러한 자연권 개념은 모든 인간은 자유, 평등과 같은 권리를 지닌다는 인권 사상이 발전하는데 토대가 되었다.

사회계약론

모든 사람은 국가가 성립되기 이전인 자연 상태에서 이미 생명 · 자유 및 재산에 대한 자연법 상의 권리를 갖고 있었으며, 이 권리(자연권)를 확실히 보장하기 위해 사회 구성원들의 합의에 의한 계약에 따라 국가라는 조직을 성립시켰다는 이론이다. 따라서 만약 정부가 인민의 신탁을 배반하고 자연권을 침해하게 되면, 인민은 정부에 저항하여 정부를 다시 구성할 권리를 가진다고 주장하였다. **사회계약설**은 홉스 · 로크 · 루소 등의 자연법론자들에 의하여 주장되었으며, 근대 시민사회 성립의 이데올로기로서의 역할을 담당하였다.

■ 홉스, 로크, 루소의 사회계약 사상

구분	홉스	로크	루소
인간 본성	성악설	성무선악설	성선설
자연 상태	고독 · 투쟁	자유 · 평등	자유 · 행복
계약 당사자	국민과 국왕	국민 상호간	국민 상호간
주권 소재	군주 주권론	국민 주권론	국민 주권론
정치 체제	절대군주제	입헌군주제	직접민주제
저항권	불인정	인정	인정

■ 저항권과 혁명권

저항권은 국민의 기본권을 침해하는 국가 권력의 불법적 행사에 대항하여 그 복종을 거부하거나 실력 행사를 통하여 저항할 수 있는 국민의 권리를 말한다. 저항권이 헌법 질서를 보장하기 위한 수단임에 반하여, **혁명권**은 실정법 질서 그 자체를 변혁하고자 하는 권리이다.

국가 중립성

국가는 사회 구성원이 서로 다른 신념 체계를 지닐 수 있음을 인정하고, 각자가 원하는 가치를 추구하며 살아갈 수 있도록 해야 한다. 따라서 국가는 특정 가치를 편파적으로 지원하거나 장려하여서는 안 되며, 다양한 신념 체계에 대해 중립적이어야 한다. 이를 **국가 중립성**이라고 한다.

공유의 비극

개인이 이기심을 추구하는 과정에서 공유자원을 남획할 경우에 그것이 궁극적으로 사회적 자산인 공유재를 고갈시키는 문제점을 불러오는데, 이를 **공유의 비극**(Tragedy of the Commons)이라고 한다. 공유의 비극은 모든 개인이 자신의 자유만을 따라서 살아가는 사회에서 발생하는 문제를 알 수 있도록 한다. 더

불어 적절한 규칙을 정하여 사람들이 이러한 규칙을 따르도록 하고, 그렇지 않을 경우 책임질 수 있도록 하는 등 권리에 따른 의무와 책임을 지도록 하는 사회가 장기적으로 더 많은 사람이 더 오랫동안 자유와 권리를 누릴 수 있도록 한다는 점을 알려준다. 그런 점에서 공유의 비극 개념은 애덤 스미스가 말한 개인의 이기심이 공동체 전체의 발전을 견인하는 동인으로 작동한다는 '건강한 이기심'과 정면으로 부딪힌다.

구성적 공동체

샌델은 이익을 얻기 위한 수단으로만 공동체를 보게 되면, 구성원 간의 공동체 의식을 발휘하기 어렵다고 주장한다. 그는 개인의 성취마저도 다른 구성원의 협력이 있기 때문에 가능하다는 점을 고려해야 하며, 따라서 각 개인은 공동체 구성원으로서의 정체성과 소속감을 가지고, 구성원이 도덕적으로 상호 연관된 구성적 공동체를 이루어야 한다고 주장한다. **구성적 공동체**는 나의 자산을 공동선을 위한 공동 자산으로 간주하며, 구성적 공동체에서 개인은 처음부터 상호 간에 빚을 졌으며 도덕적으로 연관된 존재라 할 수 있다.

공동선

한 사회에는 그 사회가 지향하는 공동의 목표와 공동의 가치가 있는데 이것을 **공동선(共同善)**이라고 한다. 공동선의 추구는 다양한 구성원과 복잡한 사회 체계를 지닌 현대 사회를 건강하게 움직이는 핵심 원리이다. 인간은 사회 속에서 함께 살아가야 하는 존재이기 때문에 개개인이 공익보다 사익을 앞세우면 공동체는 혼란에 빠지고 연대의식은 무너지고 만다. 따라서 인간 개개인의 가치와 존엄성 존중은 물론, 모든 구성원이 다 함께 인간다운 삶을 영위할 수 있도록 공동선의 가치를 적극 추구할 필요가 있다.

도덕적 인간과 비도덕적 사회

미국의 신학자이며 문명 비평가인 니부어는 『도덕적 인간과 비도덕적 사회』에서 도덕적인 인간으로 구성된 사회일지라도 비도덕적일 수 있다고 주장하였다. 개인은 양심적이고 도덕적이라 할지라도 그러한 개인들로 구성된 사회집단은 **집단 이기주의**로 인해 이기적이고 부도덕할 수도 있다는 것이다. 즉 집단의 도덕성이 개인의 도덕성보다 떨어지는 이유는 집단 이기주의 때문이라는 것이다.

■ 집단 이기주의

집단 이기주의는 개인의 이기적 충동들의 복합으로서, 그 같은 개인의 이기주의적 충동들이 공통된 충동으로 연합될 때는 그것들이 개별적으로 나타날 때보다 더욱 뚜렷하게, 그리고 누가(累加)된 결과로 나타난다. 니부어는 사회집단의 이기심을 억

제하기 위해 강제력이 뒷받침된 정책이나 제도가 필요하다고
보았다.

개인주의와 이기주의
개인주의는 개인의 정치적·경제적 자유와 권리를 보장하고 물
질적 풍요와 편리를 가져다주는 데 기여한 반면에, 지나친 자유
경쟁과 개인의 이익 추구 현상으로 인해 이기주의의 확산, 빈부
격차의 증대, 인간 소외의 심화 등과 같은 부정적인 측면을 야
기하기도 했다. 시민사회의 전개 과정에서 자신만의 자유와 권
리를 주장하는 **개인이기주의**나 자신이 속한 집단만의 이익을
추구하는 **집단이기주의**를 초래했다.

님비와 핌피
지역이기주의를 가리키는 **님비**(NIMBY) 현상은 'Not In My
Back Yard'의 줄임말로, 자신이 속한 지역에 쓰레기 소각장이
나 교도소 같은 이롭지 못한 시설이 들어오는 것을 반대하는 현
상이다. 이와 반대로 지하철이나 백화점과 같이 이로운 시설을
자신이 속한 지역에 유치하려는 것을 **핌피**(PIMFY, Please In
My Front Yard) 현상이라고 한다.

사회윤리
개인의 도덕성, 즉 개인의 행위, 품성, 삶의 도덕성과 관련되는
개인윤리와 달리, **사회윤리**는 법, 정책, 관습 등과 같은 사회구
조나 제도의 도덕성과 관련되는 공동체 윤리를 말한다. 니부어
가 주장한 바와 같이 사회의 구성원들이 도덕적이어도 그 사회
는 비도덕적일 수 있기에, 개인의 도덕성에 주로 관심을 갖는
개인윤리만으로는 사회의 도덕적인 문제를 올바로 해결할 수
없다. 여기서 사회제도나 구조의 도덕성과 관련되는 사회윤리
의 필요성이 대두된다.

연대 의식
자유로운 개인이 더불어 살아가는 공동체는 **연대 의식**을 바탕
으로 한다. 연대 의식은 각 개인이 공동체 내에서 상호 의존하
며 살아간다는 점을 인식하여 다른 구성원과 함께하려는 태도
이다. 연대 의식을 바탕으로 하는 공동체에서는 개인적 선의 실
현과 공동선의 실현이 상호 보완하는 관계를 이루고, 이 과정을
통해 공동체는 자율적이고 주체적인 개인에 의해 더욱 큰 발전
을 이루고, 건강한 공동체는 구성원 개인의 자유와 권리를 더욱
충실히 보장한다.

정치적 의무
정치적 의무는 국가 또는 정치 공동체의 구성원으로서 가져야
할 책무를 말한다. 개인은 국가 안에서 인간으로서의 기본적 권
리를 누리는 것과 동시에 국가의 권위를 인정하고 정치적으로

부여되는 구성원으로서의 다양한 의무, 즉 정치적 의무를 수행
해야 한다. 그 내용은 헌법을 비롯한 법률의 준수, 국방의 의무
등 국가의 여러 제도를 유지하는 역할을 수행하는 것이다.

■ 정치적 의무의 도덕적 근거
개인이 정치적 의무를 수행해야 하는 도덕적 근거로는 인간 본
성, 동의, 공공재 및 관행의 혜택, 자연적 의무 등을 들 수 있다.
아리스토텔레스는 정치적 의무가 **인간 본성**에서 발생한다고 보
고, 인간은 최고선을 추구하는 공동체인 국가 발전을 위해 책임
과 의무를 다해야 한다고 주장하였다. 사회계약론자들은 정치
적 의무의 문제를 자유로운 개인의 계약이라는 관점에서 바라
보면서, 국가 구성에 자발적으로 **동의**한 시민들에게는 그에 합
당한 정치적 의무가 발생한다고 보았다. 그 외에 국가가 국민에
게 제공하는 공공재와 관행의 혜택을 근거로 정치적 의무를 정
당화하거나, 인간이라면 마땅히 따라야 하는 **자연적 의무**로서
의 정의, 행복 등의 도덕적 선을 증진시키기 위해 정치적 의무
를 정당화하는 견해도 있다.

민족 정체성·국가 정체성
개인 자신이 민족 및 국가와 운명을 같이 하는 운명 공동체라는
인식을 **민족 정체성** 혹은 **국가 정체성**이라고 한다. 민족 정체성
및 국가 정체성은 우리가 개인의 발전과 더불어 국가의 발전을
함께 도모할 수 있는 원동력이 된다. 하지만 이를 지나치게 강
조할 경우 오직 자신이 속한 민족과 국가를 중심으로 모든 것을
바라보는 자민족·자국가 중심주의로 변질될 위험이 있다.

세계주의
세계 정부를 통해 국가들 간의 갈등과 분쟁을 평화롭게 해결하
고 환경 문제와 같은 인류 공동 문제의 해결을 추구하는 이념을
세계주의라고 한다. 세계주의(코즈모폴리터니즘)는 국가주의를
초월한다는 점에서는 국제주의(인터내셔널리즘)와 공통이지만,
각 민족이나 국민국가를 매개로 하지 않는다는 점에서, 이와 대
립되는 사상이다.

민본주의
민본주의는 백성을 위하는 정치가 바른 정치임을 강조하는 동
양의 정치 이념이다. 이때 민본(民本)은 "백성이 나라의 근본이
니, 근본이 튼튼해야 나라가 평안하다."라는 서경(書經)의 구절
에서 유래하였다. 민본주의는 군주가 백성을 사랑해야 한다는
애민 정신과 백성을 위해야 한다는 위민 정신을 담고 있으며,
인륜성, 도덕성, 호혜성을 중시한다.

보이지 않는 손
'**보이지 않는 손**'은 애덤 스미스의 유명한 표현으로, 자유 경쟁

시장에서는 어떤 재화를 얼마만큼 생산할지를 계획하는 사람이나 기구가 필요하지 않으며, 시장은 자연스럽게 개인의 이익과 사회의 이익을 일치시키는 기능을 수행함을 의미하는 말이다.

가치 전도 현상과 인간 소외 현상

자본주의 사회는 돈이나 상품과 같은 물질적 가치를 지나치게 중시함으로써 **가치 전도 현상**과 인간 소외 문제를 낳았다. 가치 전도 현상은 가치의 순서나 위치가 거꾸로 되는 것을 일컫는 말로, 본래적·정신적 가치보다 도구적·물질적 가치를 앞세우며 이에 집착하는 것이다. **인간 소외 현상**은 인간이 자신의 생활을 풍요롭게 하기 위해 만들어낸 물질이 인간으로부터 독립하여 거꾸로 인간을 지배하게 되는 현상을 말한다.

사회주의

사회주의는 자본주의의 불평등 문제를 비판하면서 새롭게 대두한 사상으로, 모든 사람이 평등하게 살아가는 사회를 구현하는 것을 기본 정신으로 삼는다. 그리고 이를 구현하기 위해 무엇보다 경제적 평등의 실현이 필요하다고 주장한다. 사회주의는 개인이 아닌 사회 중심의 경제를 기본 원리로 삼고, 인간을 독립적인 존재가 아니라 사회 속에서 살아가는 상호 의존적인 존재로 본다. 따라서 자유 경쟁을 통한 효율성의 추구보다 평등한 분배의 문제를 더욱 중요시한다.

민주 사회주의

민주 사회주의(사회 민주주의)는 현실 속에서 구현된 사회주의 체제, 즉 공산주의와 일정한 거리를 유지하고 차별화를 시도하기 위한 과정에서 대두되었다. 민주 사회주의는 정치적·경제적·사회적 영역을 포함한 인간 생활의 모든 영역에 민주주의를 확장함으로써 독재 정치를 부정하거나 배격하고, 생산수단의 공유화를 축소하거나 제한함으로써 사적 소유를 인정하며, 혁명적 사회주의인 마르크스주의에 반대한다는 특성을 지닌다. 이를 바탕으로 민주 사회주의는 경제적 불평등뿐만 아니라 정치적 독재에도 저항하면서 민주주의와 사회주의를 결합하여 민주 복지 국가를 건설하려는 국제적 이념 및 운동으로 정착되었다.

전체주의

전체주의는 국가나 민족을 우위에 두고, 개인은 전체의 존립과 발전을 위해서만 존재한다는 이념 아래 개인의 자유를 억압하는 사상이다. 독일의 나치즘이나 구소련의 스탈린주의가 대표적이다.

복지 자본주의

자본주의를 비판하고 그 대안으로 제시되었던 사회주의가 오히려 몰락의 길을 걸은 데 반해, 서구 선진 국가들은 오늘날 복지 자본주의의 모습을 띠고 있다. 이것은 자본주의가 그 내재적 모순과 갈등을 해소하기 위한 체제 변신의 노력을 꾸준히 경주해 왔기 때문이다. **복지 자본주의**는 자유 경쟁을 강조하는 자본주의의 문제점을 해결하기 위해 사회 보장 제도를 도입하여 평등 사회와의 조화를 모색한다. 개인의 자유로운 이익 추구와 소득의 공정한 재분배를 통해 자유 경쟁 사회와 평등 사회를 조화시키고자 노력한다.

시장자유주의

시장자유주의는 자유시장 경제를 신봉하는 사상으로서, 시장근본주의, 시장만능주의, 자유시장주의 등으로 불리기도 한다. 스미스의 자유시장 경제 원리에 따라, 재산(자본)의 사적 소유에 기초하여 시장에서의 자유로운 경제 활동을 옹호하는 이념이다. 시장자유주의자들은 시장에서의 자유로운 경쟁은 합리적인 경제 활동과 효율적인 자원 배분을 가져다주는 것이기에, 분배 정의를 위한 국가의 개입은 개인의 자유를 박탈하여 시장 질서를 훼손하는 것이며, 따라서 자유로운 사회와 양립할 수 없다고 본다. 1970년대 케인스주의 복지국가의 위기 이후 서양에서 확산된 신자유주의 사상의 기초가 되었다. 대표적인 사상가로는 하이에크와 프리드먼이 있다.

민족

민족을 정의하는 방식은 크게 다음 두 가지로 나누어 볼 수 있다. 하나는 소속감, 일체감, 정체성에 의한 결속 의식을 기준으로 삼으면서 '주체의식'을 강조하는 경우이고, 다른 하나는 혈통·체질의 동질성, 생활공간의 공통성, 언어, 종교, 풍속 관습 등 객관적인 구성 요소를 기준으로 삼아 '객관적인 특성과 조건'을 강조하는 경우이다. 오늘날까지 가장 널리 퍼져 있는 민족의 정의 방식은 **문화공동체**에 가깝다고 말할 수 있다. 인종이 주로 생물학적 집단 개념으로 간주되는 반면에 민족은 문화적 개념으로 이해된다.

민족주의

민족주의란 그 어떤 단위보다 민족을 으뜸으로 생각하는 사상이라고 할 수 있다. 모든 민족이 각각 다른 민족에게 피해를 입히지 않으면서 자기 민족의 이익을 추구한다면 민족주의의 한계는 발생하지 않을 것이다. 그러나 민족주의는 일반적으로 모든 민족에 대해 동일한 대우를 해줄 수 없다는 점에서 한계를 지니고 있다. 즉 민족주의 안에서 우리 민족과 다른 민족은 그 가치가 다르다는 것이다.

자민족 중심주의

한 민족이 다른 민족에 대해 배타적인 태도를 취할 때, 이를 **자민족 중심주의**라고 한다. 자민족 중심주의는 자기 민족을 중심으로 모든 것을 바라보는 관점으로, 모든 다른 집단이나 사람들을 자기 민족을 기준으로 측정하고 평가하는 것을 의미한다. 이는 자기 민족 간의 고유한 정서를 형성하며, 자기 문화를 좋은 것으로 생각하는 자애(自愛)의 경향을 보인다. 그리고 의사소통을 통해 같은 민족임을 느끼는 기준으로 작용하여 민족의 문화적 특성을 나타나게 한다. 자민족 중심주의가 지나치면 극단적인 배타주의로 나아갈 수 있다.

열린 민족주의와 닫힌 민족주의

민족주의는 자유로운 사회를 지향하는 열린 민족주의와 배타적인 성향을 지닌 닫힌 민족주의로 나눌 수 있다. 자민족 중심주의가 폐쇄적인 성격을 띠어 자기 민족을 절대시할 때, 닫힌 민족주의가 되어 거친 열정을 불러일으키며 혹독한 대가를 치르게 된다. 또한 세계주의가 극단적 성격을 띠어 민족의 정체성을 무시할 때 세계는 다양성을 잃어버리고 획일화하게 된다. 따라서 민족 간 갈등과 분쟁을 낳는 닫힌 민족주의를 넘어서 **열린 민족주의**를 추구해야 한다.

■ 양성 평등

여성과 남성이 정치, 경제, 사회, 문화 등 삶의 모든 영역에서 동등한 참여를 보장받고, 동등한 지위에서 동등한 권리와 이익을 누리는 것을 의미한다.

민족문화

민족문화는 특정한 민족이 겪어 온 경험과 생활방식의 총체를 의미한다. 한 민족의 문화 발전 과정에는 외부로부터 전파되어 온 외래문화가 영향을 끼칠 수 있는데, 일상생활 속에 용해되어 흡수된 외래문화 역시 민족문화에 포함된다. 민족문화는 개개인에게 초개인적인 동질성을 부여하고, 민족의 정체성을 확립하는 근거로 작용한다.

■ 세계화 시대의 바람직한 민족문화

현대 민주 사회에서 비록 개인의 자율성을 강조한다고 해서 그것이 결코 전통 · 문화 · 종교 · 민족 등을 통한 결속을 부정하는 것은 아니다. 오늘날의 세계화 시대에 우리에게 필요한 것은 전통적인 민족문화와 보편적인 세계 문화의 조화로운 **공존**을 추구하는 태도다. "가장 한국적인 것이 가장 세계적인 것이다."라는 말처럼 세계의 각 민족이나 사회는 각기 문화적 특수성을 가져야 하며, 그 다양한 문화적 특징이 모여 조화를 이룰 때 비로소 바람직한 세계 문화를 형성할 수 있다.

정체성

동일성과 유사한 개념으로, 변하지 아니하는 존재의 본질을 깨닫는 성질, 또는 그 성질을 가진 독립적 존재를 일컫는 말이다.

정체성은 국가 정체성, 민족 정체성, 성 정체성, 자아 정체성 등 다양한 의미로 규정된다. 예를 들어 자아 정체성의 경우, 타자와의 관계 속에서 실존적이고 사회적인 자아로서의 존재감을 규정하는 의미 체계를 일컫는다.

■ 정체성과 동질성의 관계

정체성은 문화적 상호작용을 통해 형성되고, 공동체적 동질성으로 발현된다. 따라서 문화적 상호작용의 불균형은 공동체적 동질성을 저해함으로써 자칫 정체성을 훼손할 수 있다. 시간의 흐름에 따라 공동체적 동질성이 저하되지만, 그렇더라도 결코 이것이 정체성의 근본을 뒤흔들 수는 없다. 내적 자아 인식에 따른 자발적인 주체성의 확립이 정체성을 더욱 굳건히 하기 때문이다.

자아 정체성

자아 정체성이란, 개인이 자신에 대해 갖고 있는 생각 또는 의식을 의미한다. 자아 정체성은 개인의 특성, 자신이 속한 사회의 문화, 다른 사람과의 사회적 관계 등에 영향을 받아 점진적으로 형성되며, 살아가는 동안에 변화하거나 새롭게 형성되기도 한다. 현대사회에서 자아 정체성은 직업, 가치관, 신념 등의 영향을 크게 받는다. 자아 정체성은 개인적 · 주체적 요인과 외부적 · 환경적 요인에 의해 형성된다. 전자는 자기 스스로를 깊이 생각하는 과정에서 자아를 발견하는 것이며, 후자는 가족이나 친구, 자신이 속한 사회, 대중매체 등의 영향을 받아 형성된다.

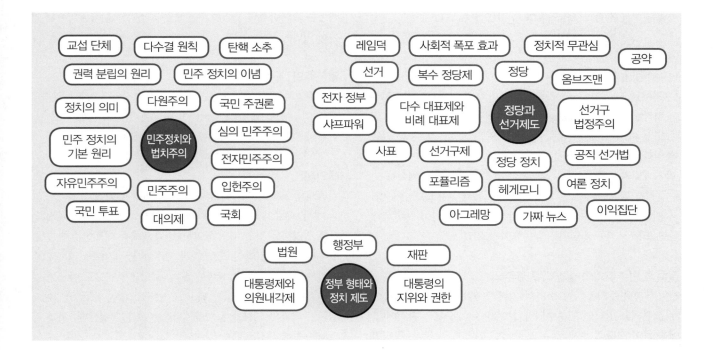

정치의 의미

정치란 개인 또는 집단 수준에서 나타나는 갈등을 합리적으로 해결하고 구성원 간의 이해관계를 조정하는 활동을 의미한다. 그리고 이러한 조정을 거쳐 경제적 부나 정치적 권력과 같은 사회적 희소가치가 권위적으로 배분된다. 여기서 말하는 권위란 정당성을 가지고 권력을 행사할 수 있는 능력을 말한다.

■ 좁은 의미의 정치와 넓은 의미의 정치

좁은 의미의 정치는 정치권력의 획득과 유지 및 행사 과정에서 공동체의 목표를 추구하고 정책을 결정하며 사회 질서를 확립해가는 과정을 뜻한다. 이는 대통령의 국정 운영, 국회의원의 입법 활동 등과 같이 주로 국가나 정부, 국회나 정당에 관련된 활동을 정치라고 본다. **넓은 의미의 정치**는 국가 수준은 물론이고 개인이나 집단의 일상생활 영역에서 사회 구성원들 간의 다양한 이해관계나 갈등을 합리적으로 조정하고 해결해가는 과정 자체를 정치로 본다. 따라서 지역 사회의 문제를 놓고 주민들이 서로의 견해 차이를 조정하는 과정도 정치에 포함된다.

라스웰의 권력 개념

미국의 정치학자 라스웰은 **권력**을 의사 결정 과정에서 나타나는, 다른 사람을 지배하는 힘으로 보았다. 만일 A가 정책 결정에 참여하면서 B가 제안한 정책에 영향을 미치게 될 경우, A는 B에 대해 권력을 갖는 것이라고 설명하였다.

다원주의

사회는 경쟁·갈등·협력 등에 의하여 민주적으로 운영된다고 보는 사상을 **다원주의**라고 한다. 정치적 의미에서 다원주의는 전통적인 국가지상주의 관점에 반대하면서, 사회가 독립적인 이익 집단이나 결사체로 구성되어 있으며, 집단 간의 경쟁·갈등·협력 등에 의해 민주적으로 운영되는 것으로 본다. 다원주의 개념은 종교, 문화, 사회, 가치 등 여러 측면에서 사용되고 있다.

민주 정치의 이념

민주 정치가 추구하는 핵심 이념은 **인간의 존엄성** 실현이다. 인간의 존엄성을 실현한다는 것은 모든 인간이 인간이라는 이유만으로도 동등하게 대우받으며 자신의 의지에 따라 자유롭게 살아가는 것을 의미한다. 인간의 존엄성을 존중하고 실현하기 위해 민주 정치는 자유와 평등의 조화로운 발전을 추구한다.

민주 정치의 기본 원리

민주 정치는 국민 주권의 원리, 입헌주의의 원리, 대의제의 원리, 권력 분립의 원리, 국민 자치의 원리를 추구하며 역사적으로 발전해 왔다. **국민 주권의 원리**는 국가의 의사를 결정하는 최고 권력인 주권이 국민에게 있으며, 국가 권력은 국민의 동의와 지지를 바탕으로 행사되어야 한다는 것이다. **국민 자치의 원리**는 주권을 가진 국민이 스스로 국가를 다스려야 한다는 것이다. **입헌주의의 원리**는 국민의 기본권 보장과 국가 기관의 운영 원리를 헌법에 규정하고 그에 따라 통치해야 한다는 것이다. **권력 분립의 원리**는 국가 권력을 입법 · 사법 · 행정으로 분리하여 독립된 국가 기관이 나누어 맡도록 하는 것을 말한다.

민주주의

민주주의란 국민이 지배를 하는 정치형태를 말한다. 민주주의를 영어로 democracy라고 표현하는데, 이는 고대 그리스로부터 시작된다. 어원은 demos와 kratos의 합성어로, demos는 민중이라는 뜻이고 kratos는 권력 · 지배를 뜻한다. 이는 곧 **민중에 의한 지배**를 의미한다. 즉 민주주의란 다수의 민중이 지배하고 지배받기도 하는 정치형태를 말한다. 고대 그리스에서는 민주주의가 정치형태의 한 측면으로 중시됐다. 현대로 넘어오면서 민주주의는 단순한 정치형태의 의미를 뛰어넘어 생활형태 측면 또는 사회구성 원리로 받아들여지고 있다.

절차적 민주주의와 실질적 민주주의

절차적 민주주의는 민주주의의 기본 정신이 절차적인 부분에서 실현되고 있다면 민주주의가 실현된 것으로 보는 관점이다. 예를 들어 정당의 존재 유무, 민주적인 권력 창출 방식, 공명한 통치 지배, 합법적이고 안정된 정권 교체 등의 절차적 안정성이 그것이다. 반면 **실질적 민주주의**는 단순히 표면적인 부분뿐만 아니라 그 구체적인 권력 소유와 행사의 구조에 대해 좀 더 실질적인 측면에서 민주주의 정신이 실현되었을 때 민주주의가 실현된 것으로 보는 관점이다. 예를 들어 정부의 국민에 대한 의사 존중과 국민의 대표성 여부, 시민사회의 역동성, 다양한 이익집단의 존재, 다수 및 소수의 의사 존중 가능성이 있다.

자유민주주의

자유민주주의 또는 정치적 민주주의는 자유주의와 민주주의가 결합된 정치원리 및 공화제 입헌 정부 형태이다. 자유주의와 민주주의가 결합하게 된 것은 그것들이 갖는 한계 때문이다. 자유민주주의는 자유주의와 민주주의의 결합을 통해, 개인의 자유 방임과 같은 자유주의의 탈선은 민주주의가 견제하고, 다수의 소수에 대한 횡포와 같은 민주주의의 독선은 자유주의가 견제하도록 하기 위한 것이다. 자유민주주의의 가치는 인간 존엄성의 존중, 자유와 평등의 추구, 권력의 분립과 경쟁의 보장을 들 수 있다.

국민 주권론

국민 주권론은 주권이 국민에게 있다는 이론이다. 또 국가의 모든 권력의 정당성을 국민이 부여한다는 의미를 가진다. **국민 주권론**은 근대국가 탄생의 이론적 기반으로 작용했으며, 근대국가를 거쳐 현대에 이르기까지 여전히 유효한 정치이론으로 작

동하고 있다. 국민 주권론은 군주 주권론에 대응하면서 발전해 왔다. 즉 절대왕정을 지지해오던 군주 주권론의 한계를 극복하고, 절대왕정에 반대하는 혁명적 이론으로 사용되었다. 국민 주권론은 절대왕정의 붕괴를 가져왔던 시민혁명을 정당화하는 이론적 기반이 됐다.

입헌주의

입헌주의는 국민의 기본권을 헌법으로 보장하고, 국가 권력의 행사 역시 헌법에 따라 행해져야 한다는 정치적 이념이다. 단, 이때의 헌법은 국민의 합의에 따른 것이어야 한다.

대의제

대의제는 국민이 국가의 정치적 의사 결정에 직접 참여하지 않는 대신, 대표자를 선출하여 국민을 대리하여 국가의 정치적 의사를 결정하는 정치 제도를 말한다. 대의제는 **대표민주제, 간접민주제, 국민대표제** 등으로 불리기도 한다. 대의제는 직접민주주의가 실현 불가능한 상황에서 하나의 정치 제도로 탄생한 것이다. 현대 사회는 영토가 넓고 또 인구가 많아 모든 국민에게 일일이 국가의 의사를 물어볼 수 없는 한계가 있는데, 이를 대의제를 통해 해결코자 한 것이다.

■ 직접 민주 정치 요소

현대 사회에서 대의 민주 정치를 보완하기 위해 시행하는 직접 민주 정치 제도는 국민 투표제, 국민 소환제, 국민 발안제 등이 있다.

다수결 원칙

사회가 유지되기 위해서는 다양하게 표출된 개인이나 집단의 의사를 합리적으로 조정하는 과정이 필요하다. 이런 견해의 대립이나 이해관계의 충돌을 조정하기 위한 방법으로서 일반적으로 채택되고 있는 것이 **다수결의 원리**이다. 다수결의 원리는 다수가 소수를 절대적으로 지배하는 원리가 아니라, 다수가 소수의 의견을 존중하면서 사회의 공공의사를 만들어내는 원리라고 할 수 있다. 따라서 소수의 의견도 존중되어야 하고 또 소수자가 다수자의 의견을 자유롭게 비판할 권리가 보장되어야 한다. 이는 다수결이 **중우정치**로 빠지는 것을 방지하는 중요한 장치이기도 하다.

■ 중우정치

현명하지 못한 다수의 민중이 이끄는 정치라는 뜻으로, 선동과 군중 심리에 의해 다수가 비합리적인 판단을 내릴 수 있는 민주주의의 단점을 부각시킨 말이다. 민주주의가 중우정치로 변모하는 것을 막기 위해서는 토론과 상호 설득을 전제로 한 다수결이 이뤄져야 한다. 또한 표현의 자유를 바탕으로 소수자의 의견

도 존중돼야 하며, 이를 통해 대중의 비합리적인 결정을 보완할 수 있어야 한다.

국민 투표
국민 투표는 직접 민주제의 대표적인 방식으로, 크게 레퍼런덤과 플레비지트의 두 가지로 구분된다. **레퍼런덤**은 헌법상 제도화된 국민 투표로서 헌법 개정안이나 국가의 중요한 사항을 국민의 표결에 부쳐 결정하는 것을 의미한다. 이와 관련하여 우리나라는 헌법으로 국민 투표의 시행 요건과 절차를 규정해두고 있다. **플레비지트**는 헌법상 제도화되어 있지는 않지만, 통치권의 정당성 내지는 통치자의 신임 여부를 국민 투표로 결정하는 것을 의미한다.

심의 민주주의
심의 민주주의는 시민이나 이익집단이 정책 결정 과정에 직접 참여하여 민의를 충실히 수렴하고, 토론과 숙의를 통해 집단적 의사를 결정하는 '질'의 정치이다. 다수결로 선출된 대리인이 전체 시민의 이익을 제대로 반영하지 않고 자기 이익을 추구하는 경향을 보이는 대의 민주 정치의 현실적 한계를 극복하기 위해 도입됐다. 심의 민주주의는 현재 여러 국가에서 각국의 상황에 따라 다양한 형태로 시행되고 있다.

전자민주주의
전자민주주의는 정보통신 기술의 발달로 새롭게 등장한 민주주의의 모습이다. 기술 발달로 인해 넓은 영토와 많은 인구수의 한계를 넘어서 직접적인 주민 참여를 기초로 한 민주주의의 이상이 현실화되어 가고 있다. 앞으로 인터넷을 통한 광범위하면서도 통제받지 않는 쌍방향 대화가 현실 정치의 중심이 될 것이다. 온라인으로 수많은 정보가 제공됨으로써 어떤 조직이나 기관도 더 이상 정보의 자유로운 흐름을 차단하거나 의견 형성을 통제하지 못할 것이다. 이런 정보 통신 기술의 발달은 사실상 직접 민주정치를 가능하게 할 것이다.

권력 분립의 원리
권력 분립의 원리란 국가 권력을 여러 국가기관에 분산함으로써 권력 상호 간 견제와 균형의 원리를 실현하고, 이를 통해 국민의 자유와 권리를 보장하는 국가 통치기관의 구성 원칙을 말한다. 권력 분립의 원리는 국가 권력을 단순하게 나누어놓아 국가기관을 형성한다는 것이 아니라, 이를 통해 국민의 자유를 보장하기 위한 이념을 가지고 있다. 또 권력 분립의 원리는 소극적으로는 국가 권력의 제한을 통해 권력의 남용을 억제하고, 적극적으로는 권력을 나누어 국가기관을 형성하는 조직을 구성하는 기능을 지닌다.

■ 권력 분립의 형태
권력 분립의 형태는 각 국가마다 다양하게 나타난다. 집행부가 입법부에 종속하는 형태로 나타나기도 하고(의회 정부제), 오히려 국가원수가 입법부와 집행부를 장악한 형태로 국가원수 의회 해산권을 가지는 집행부 우위형도 있다(권위주의적 대통령제). 또 입법부와 집행부가 서로 협조하는 관계를 유지하는 형태로 나타나기도 한다(의원내각제). 그리고 미국처럼 3권이 엄격하게 분립되어 상호 통제와 균형을 이루고 있는 형태도 있다(대통령제).

지방 자치 제도
지방 자치 제도는 국가 권력의 일부를 지방 정부로 이양하고, 이를 통해 중앙과 지방이 국가 기능을 분담하려는 제도이다. 삼권 분립의 경우 입법부, 행정부, 사법부가 서로 대등한 관계인 수평적인 권력 분립이며, 지방 자치 제도는 중앙 정부와 지방 정부의 수직적인 권력 분립에 해당한다.

국회
국민의 대표가 모여 나라의 중요한 일을 논의하고 결정하는 곳을 의회라고 하고, 우리나라에서는 이를 **국회**라고 부른다. 우리 헌법상 국회는 국민대표 기관, 입법 기관 및 국정 통제 기관의 지위를 가진다. 국민대표 기관으로서 국회는 국민의 다양한 이익을 대변하고 여론을 수렴하여 정책에 반영하는 일을 한다. 입법 기관으로서 국회는 법률을 제정하거나 개정해 나감으로써 정치 문제의 해결 과정에 참여한다. 국정 통제 기관으로서의 국회는 국정을 감시하고 비판하는 일을 한다.

교섭 단체
교섭 단체는 일정 수 이상 국회 의석을 가진 정당에 소속된 의원들로 구성되는 원내의 정당 또는 정파를 말한다. 현재 국회법은 20인 이상의 소속 의원을 가진 정당은 하나의 교섭 단체가 된다고 규정하고 있으며, 교섭 단체의 대표를 원내대표라고 한다.

헌법 개정과 법률 제정 · 개정
국회는 입법과 관련하여 헌법 개정에 관한 권한, 법률 제정 및 개정에 관한 권한, 조약 체결에 관한 권한 등을 가진다. **헌법 개정**은 국회 재적 의원 과반수 또는 대통령의 발의로 제안되며, 제안된 헌법 개정안은 국회 재적 위원 3분의 2 이상의 찬성으로 의결되고, 국민 투표로 최종 확정된다. **법률 제정 및 개정**은 국회의원 10인 이상 또는 정부가 법률안을 제출하는 것으로 시작되며, 제출된 법률안은 소관 상임위원회의 심사를 거쳐 본 회의에 회부되고, 국회 재적 의원 과반수 출석과 출석 의원 과반수의 찬성으로 의결된다.

탄핵 소추

탄핵 소추란 탄핵을 발의해 파면을 요구하는 것을 말한다. 국회는 대통령을 비롯하여 법률이 정한 공무원이 헌법이나 법률을 위반하여 직무를 집행하였을 때 탄핵 소추를 의결하고 헌법 재판소에 탄핵 심판을 청구할 수 있다.

행정부

행정이란 법률을 집행하고 국가의 목적이나 공익을 적극 실현하기 위하여 여러 가지 정책을 수립하고 실행하는 국가의 작용을 의미하며, 이러한 일을 담당하고 있는 기관을 **행정부**라고 한다. 행정부는 입법부나 사법부보다 방대한 조직으로 다양한 업무를 수행하기 때문에 국민 생활에 직접적인 영향을 끼치며, 정책이 효과를 나타내는 데 가장 실질적인 역할을 담당한다. 현대 복지 국가에서 행정의 규모와 전문성은 더욱 커진다.

대통령제와 의원내각제

현대 민주 국가의 대표적인 정부 형태는 권력 분립의 원칙에 의한 입법부와 행정부 간의 관계에 따라 대통령제와 의원내각제로 구분된다. **대통령제**는 입법부와 행정부가 엄격히 분리되어 상호 견제와 균형이 이루어지는 정부 형태이다. 대표적인 나라로는 미국이 있다. **의원내각제**는 영국처럼 입법부와 행정부가 상호 밀접한 관계를 유지하며 국정을 운영하는 정부 형태이다.

■ 대통령제와 의원내각제 비교

의원내각제와 대통령제는 몇몇 분야에서 차이가 난다. 첫째, 대통령제는 엄격한 권력 분립으로 상호 독립적으로 존재하나, 의원내각제는 행정부와 입법부가 상호 의존적 형태로 존재하게 된다. 둘째, 대통령제에서 행정부는 일원적으로 구성되나, 의원내각제는 이원적으로 구성된다. 셋째, 대통령제는 임기 중 정치적 책임을 지지 않으나, 의원내각제는 내각에 대해 정치적 책임 추궁이 가능하다. 넷째, 두 정치 제도를 본질적으로 구분하는 것은 내각 불신임권과 의회 해산권이다.

대통령의 지위와 권한

대통령은 국가의 원수이자 행정부 수반으로서의 지위를 동시에 갖는다. 대통령은 행정부 수반으로서 행정부를 지휘하고 감독할 권한을 가지며, 대외적으로 국가를 대표하고 국가의 계속성과 헌법을 수호할 권한을 가진다. 아울러 대통령은 국정을 조정할 수 있는 권한을 가지며, 일정한 헌법 기관을 구성할 권한을 가진다.

법원

국가가 법을 적용하여 옳고 그름을 밝히는 것을 **사법**(司法)이라고 하고, 이러한 사법 작용을 담당하는 기관이 **법원**이다. 법원에서는 국가와 국민 간 또는 국민 상호 간에 발생한 법적인 권리 · 의무에 관한 분쟁을 해결하거나 국가의 형벌권을 실행하기 위한 재판권을 행사한다. 즉, 법원은 법에 따라 재판을 실시하여 사회 질서를 유지하고 국민의 권리와 이익을 보호하는 역할을 한다.

재판

재판이란 구체적인 분쟁 사건에 대하여 사법 기관인 법원이 일정한 절차를 거쳐서 종국적으로 내리는 공적인 판단 작용으로, 법원이 담당하는 가장 중요한 기능이다. 이러한 재판을 통하여 개인 간 분쟁이 해결되고, 사회의 안전과 질서가 유지되어 공공의 이익을 달성할 수 있으며, 인권과 정의를 지켜나가게 되는 것이다.

■ 재판의 종류

구분	내용
민사 재판	개인 간의 관계에서 발생하는 분쟁을 대상으로 하는 재판. 개인 사이의 채권 · 채무 관계 등이 이에 속한다.
형사 재판	범죄의 유무를 가리고 형벌을 부과하기 위한 재판
행정 재판	행정청의 위법한 처분이나 부작위로 말미암아 국민의 권리 또는 이익이 침해되었을 때 이를 구제하기 위한 재판
선거 재판	선거의 효력이나 당선의 유 · 무효에 관한 재판
군사 재판	군인이나 군무원의 범죄를 다루는 재판

정당

정당은 정치적 견해를 같이하는 사람들이 정당이 추구하는 기본 정책이나 이념을 뜻하는 정강을 만들고 이를 실현하기 위해 만든 단체이다. 정당은 정권 획득을 목표로 하면서 정책 실현을 통해 국민 전체의 이익 증진을 추구하는 정치 집단이다.

정당 정치

현대 대의민주주의에서 국민은 국가 권력을 직접 행사하지 않고, 대표자를 통해 행사한다. 정당은 각종 선거에 후보자를 추천하고, 국민은 이들 중에서 대표자를 선출하여 의회를 구성하게 한다. 국민은 여러 정당의 정책을 비교하는 가운데 정당의 후보를 지지하거나 비판함으로써 정치에 참여한다. 이처럼 오늘날에는 국민의 정치적 요구나 의사가 정당을 통해 표출되기 때문에 현대 민주 정치를 **정당 정치**라고도 부른다.

복수 정당제

복수 정당제는 여러 개의 정당이 국민의 지지를 얻기 위해 경쟁하는 정당 제도를 말한다. 오늘날 모든 민주 국가는 국민의 다양한 의사를 정책에 반영할 수 있는 복수 정당제를 채택하고 있다. 복수 정당제에는 양당제와 다당제가 있다.

선거

선거는 국민이 주권을 행사하는 가장 기본적인 수단이다. 국민은 선거를 통해 국가를 운영할 국민의 대표자를 선출하고, 국민의 의사와 이익을 정치에 반영한다. 민주 정치의 성패는 선거가 결정한다고 말할 정도로 그 의미가 크다. 민주 국가에서는 공정한 선거를 위해 보통·평등·직접·비밀 선거의 원칙을 따르고 있다.

공약

공약은 선거 때 후보자나 정당이 유권자에게 하는 공적인 약속이다. 후보자가 당선되면 유권자들을 위해 주로 어떤 일을 해 나갈 것인지를 밝히게 되므로 투표할 때 중요한 선택 기준이 되며, 책임 정치를 실현하는 근거가 된다.

다수 대표제와 비례 대표제

선거의 당선자를 결정하는 대표 선출 방식에는 다수 대표제, 소수 대표제, 비례 대표제가 있다. **다수 대표제**는 일반적으로 소선거구제에서 대표를 선출하는 제도로, 많은 수를 득표한 1명이 대표자가 되는 방식이다. 선거 관리가 쉽지만 대량의 사표가 발생할 수 있다. **비례 대표제**는 각 정당이 획득한 득표수에 비례하여 당선자를 배분하는 제도이다. 소수 정당에게도 득표에 따른 의석을 부여하기 때문에 사표를 줄일 수 있는 반면, 선거 절차와 방법이 복잡하다.

선거구제

지역 대표제를 채택하고 있는 대다수 국가에서 대표자는 선거구라고 하는 지역 단위별로 선출된다. 선거구 제도는 한 선거구에서 선출되는 대표자의 수에 따라 소선거구제, 중·대선거구제로 나뉜다.

■ 선거구제의 종류별 특징

구분	소선거구제	중·대선거구제
내용	한 선거구에서 1명의 대표자를 선출	한 선거구에서 2명 이상의 대표자를 선출
특징	• 양당제를 촉진하여 정국이 안정된다. • 선거 비용이 적게 들고 선거 관리가 용이하다. • 사표가 많이 발생한다.	• 국민의 의사가 선거에 더 잘 반영된다. • 군소 정당의 난립으로 정국 불안정이 우려된다. • 정치 신인의 당선 가능성이 비교적 높다.

사표

사표란 선거에서 당선자가 획득한 표를 제외한 나머지 표, 즉 낙선자가 획득한 표로서 대표자를 당선시키는데 이바지하지 못한 표를 일컫는다. 사표가 많다는 것은 투표에 참여한 유권자의 민의가 제대로 반영되지 못했다는 의미로, 선거 제도를 보완하여 사표를 줄이기 위해 노력할 필요가 있다.

공직 선거법

공직 선거법은 대통령 선거, 국회의원 선거, 지방 의회 의원 및 지방자치단체의 장 선거가 국민의 의사에 따라 공정하게 이루어지도록 하기 위해 만들어진 법이다. 헌법과 지방자치법에 의한 선거가 국민의 자유로운 의사와 민주적인 절차에 의하여 공정히 행하여지도록 하고, 선거와 관련한 부정을 방지함으로써 민주 정치의 발전에 기여함을 목적으로 한다.

선거구 법정주의

선거구 법정주의는 특정 정당이나 특정 인물에 유리하도록 선거구가 정해지는 것을 방지하기 위하여 선거구를 법률로써 획정하는 제도이다. 선거구는 지리적 여건이나 인구 수, 행정 구역 등을 고려하여 획정하는데, 선거인 수와 의원 정수의 비율이 선거구마다 일치하도록 하여 평등 선거의 원칙에 위배되지 않도록 도모한다. 우리나라의 경우 국회 안에 선거구 획정 위원회를 두어 선거구를 합리적으로 획정하도록 하고 있다.

정치 참여

정치 참여란 주권자인 시민이 정치 현상에 관심을 가지고 정치 및 정책 결정 과정에 참여하는 것을 말한다. 나아가 정치적 의사 결정에 영향을 끼치는 모든 활동, 즉 정치활동에 대해 지지를 보내거나 반대하는 행동을 포함한다. 오늘날 사회가 갈수록 분화하고 전문화되면서 시민들의 이해관계가 다양하게 표출되고 있다. 시민들은 정책 결정 과정에 영향력을 행사하여 자신들의 요구를 관철시키고자 노력하며, 그 결과 시민의 정치 참여는 더욱 늘어난다.

정치적 효능감

정치적 효능감은 정치적 행위자로서의 개인이 정치 과정이나 지도자의 행동에 얼마나 효과적으로 영향을 미칠 수 있는지를 느끼는 정도를 의미한다. 정치적 효능감이 높을수록 정치 참여에 적극적인 자세를 보여 투표율이 높아지는 경향이 있다.

옴브즈맨

옴브즈맨은 정부의 독주를 막기 위한 일종의 행정 감찰관 제도이다. 행정기관에 의해 침해받는 각종 국민의 자유와 권리를 제3자의 입장에서 신속·공정하게 조사·처리해 주는 보충적 국민 권리 구제 제도라고 할 수 있다. 우리나라에서는 행정 옴브즈맨 제도의 일환으로 국민고충처리위원회가 국무총리 소속으로 설치되었다. 방송에서도 옴브즈맨 제도가 도입되어, 시청자와의 대화, 불만 수렴, 의견 청취 및 입장 표명을 실시하고 있다.

여론 정치

여론은 특정한 사회문제나 사회적 쟁점에 대한 사회 내 다수 구성원의 공통된 의견이나 생각을 말한다. 이러한 국민의 여론을 정책에 구체화시켜 정치를 하는 것을 **여론 정치**라고 한다. 현대 간접 민주 정치에서는 정당이나 이익집단이 국민의 여론을 정치에 반영하는데, 여론 정치가 바르게 이루어지기 위해서는 국민들의 다양한 의견이 자유롭고 소신 있게 제시될 수 있도록 언론·출판과 집회·결사의 자유가 보장되어야 한다.

정치적 무관심

현대 민주 사회에서 주권자인 국민이 정치 참여에 부정적이고, 정치적 문제와 현상에 대해 관심을 보이지 않는 태도를 정치적 무관심이라고 한다. 국민들의 **정치적 무관심**은 집권자에 대한 국민의 감시를 소홀히 하는 결과를 낳고, 무능한 정치인을 양성하며, 정치권의 부패 현상을 불러오고, 정당 정치와 의회 정치의 약화를 초래하며, 국민의 대표기관인 의회의 기능을 약화시키고, 민주주의의 이념을 제대로 실현하지 못하는 폐해를 가져온다.

포퓰리즘

포퓰리즘이란 정치인들이 당장 대중의 인기를 끌 수 있는 정책 등을 통해 긍정적인 여론을 만들어 내고, 그렇게 해서 형성된 대중의 지지를 권력 유지의 기반으로 삼는 인기영합주의 정치 형태이다. 대중이 원하기 때문에 그렇게 한다는 것인데, 이런 식으로 여론을 등에 업는 것은 민주주의 구현과 거리가 멀다. 대중의 지지를 바탕으로 한다는 포퓰리즘은 결국 특정 지도자나 독재자의 권력을 공고히 하는 행태로 이어진다.

헤게모니

헤게모니란 한 집단이나 국가, 문화가 다른 집단이나 국가, 문화를 지배하는 것을 말한다. 그러나 이때의 지배는 폭력이나 강제력이 아닌 사고방식이나 제도, 사상과 같은 자연스러운 것처럼 보이는 방식의 지배이다. 안토니오 그람시는 헤게모니를 지배계급에 의한 피지배계급의 종속이 거부감 없이 받아들여지는 과정이라고 설명했다. 피지배계급과 그들의 문화가 지배계급의 이익에 동의하도록 부추기는 조정 과정에 헤게모니가 작용한다는 것이다.

게리맨더링

게리맨더링은 미국에서 유래된 것으로, 특정 정당이나 특정인에 유리하도록 선거구를 확정하고 선거인단을 구성하는 것을 뜻한다. 다수의 집권 여당이 유리하도록 선거구를 정하거나 변형함으로써, 대의제에 역행하는 나쁜 결과를 가져온다.

이익집단

이해관계를 같이하는 사람들이 공동의 이익을 실현하기 위해 정부의 정책 결정 과정에 영향력을 행사하는 단체를 의미한다. 복잡하고 다원화된 현대 사회는 각 분야별로 특수성과 전문성을 띄고 있으며, 그에 따라 시민들의 이해관계 역시 날로 복잡해지고 또 세분화되는 경향을 보인다. 시민들은 자신에게 유리한 정책을 이끌어내기 위해 정책 결정 과정에 개입하려 들고, 그 과정에서 자신들의 의사를 적극 반영할 수 있도록 갈수록 집단화하는 경향을 보인다.

전자 정부

전자 정부란 정부의 정보화를 의미한다. 정보 기술을 활용하여 정부의 조직과 기능을 혁신하려는 것으로서 정부 개혁과 정보 기술을 결합시키는 새로운 정치 운동이라고 볼 수 있다. 전자 정부는 '성과에 기초하고 고객 지향적인 정부', '반응성과 효율성이 높은 정부'를 구현하는 데 목표를 두고 있다. 우리나라의 정부 각 부처들은 민원 서비스 개선을 위한 행정 정보의 DB 구축, 전자 문서 교환, 정보 공동 활용, 일회 민원 처리 서비스 확대 등을 추진하고 있다.

샤프파워

샤프파워란 막대한 경제력과 시장 지배력을 무기로 다른 국가에 위협을 가하여 자국의 영향력을 확대 행사하는 방식을 일컫는 말이다. 군사력과 경력 같은 '하드파워'나 문화적 힘인 '소프트파워'와 달리 샤프파워는 회유와 협박은 물론 교묘한 여론 조작 등을 통해 영향력을 행사하여 상대로 하여금 강제로 따르도록 하는 힘이라 할 수 있다. 자국의 이익을 앞세운 중국의 샤프파워 전략에 서방 국가들이 앞다퉈 우려의 목소리를 전하고 있다.

가짜 뉴스

뉴스의 형태를 띠고 있지만 실제 사실이 아닌 거짓된 뉴스로, '페이크 뉴스(Fake News)'라고도 한다. 인터넷이 발달하고 사회관계망 서비스가 급속히 확산되면서 언론사가 아닌 개인들이 사실이 아닌 내용을 진짜 뉴스처럼 퍼뜨리는 사태가 많이 일어나면서, 가짜 뉴스가 사회 문제로 대두되고 있다. 특히 가짜 뉴스의 광범위한 확산으로 여론을 호도하거나 선거에 영향을 미친다는 논란이 제기되면서 전 세계에서 가짜 뉴스를 타파하려는 움직임이 거세지고 있다.

사회적 폭포 효과

사회적 폭포 효과는 사람들이 판단을 내릴 때 타인의 생각과 행동에 의존하려는 경향을 뜻한다. 자신의 주변에 있는 사람들이 어떤 루머를 사실이라고 신뢰하면 자신 역시 신뢰하게 되고, 특히 그 내용이 자신이 잘 알지 못하는 것일수록 더욱 신뢰하는 현상을 말한다. 사회적 폭포 효과는 일종의 집단 사고에서 비롯된 현상으로, 근거 없는 소문이 확산되는 현상인 '가짜 뉴스' 문제를 설명하는데 적절하다.

아그레망
외교사절을 파견하는 데는 상대국의 사전 동의가 필요하며, 이 상대국의 동의를 **아그레망**(agrement)이라고 한다. 사절의 임명 그 자체는 파견국의 권한에 속하나 외교사절을 받아들이는 접수국은 개인에 대한 이유를 내세워 기피할 수 있다. 현재의 관행으로는 미리 접수국의 의향을 확인하게 되는데, 이 조회에 대해 이의가 없음을 회답하는 것을 '아그레망을 부여한다'고 하며, 아그레망을 받은 사람을 페르소나 그라타('호감이 가는 사람'이란 뜻), 아그레망을 받지 못한 사람을 페르소나 논그라타(persona non grata)라고 한다.

레임덕
레임덕은 임기 만료를 앞둔 공직자의 권력 누수 현상을 절름발이 오리에 빗대어 표현하는 말이다. 선출된 대표나 지도자의 지도력에 공백이 생기는 현상으로, 임기에 제한이 있는 경우나 임기가 만료된 경우, 집권당이 중간선거에서 다수 의석을 확보하지 못한 경우 등에 발생한다.

브래들리 효과
백인 유권자들이 여론조사 때 흑인 후보를 지지한다고 답한 뒤 실제 투표장에서는 백인 후보를 지지하는 현상을 일컫는다. **브래들리 효과**는 인종주의적 시각을 금기로 삼는 사회적 분위기 때문에 백인 유권자가 본심과 다른 대답을 한 데서 비롯된 결과라 할 수 있다.

언더독 효과
개싸움에서 밑에 깔린 개(underdog)가 이겨주기를 바라는 것처럼 경쟁에서 뒤지는 사람에게 동정표가 몰리거나 지지도가 올라가는 현상을 말한다. 여기에 빗대어 **언더독 효과**란 사람들이 상대적으로 약자를 응원하게 되는 현상을 말하는데, 언더독이 강자인 탑독(Topdog)을 이길 경우가 더 극적인 효과를 보인다.

■ 왝더독 현상
'꼬리를 흔들어 몸통이 흔들리는 것'에 빗대어 주식시장에서 선물시장이 거대화하면서 현물시장을 흔드는 현상을 일컫는다. 이와 같이 주로 주객이 전도된 상황을 **왝더독 현상**이라고 한다.

엽관 제도
선거를 통해 정권을 잡은 사람이나 정당이 관직을 지배하는 정치적 관행을 말한다. 정당에 대한 공헌이나 인사권자와의 개인적 관계를 기준으로 공무원을 임용하는 일종의 인사 관행을 일컬으며, 이러한 관료제를 흔히 정당 관료제라 부른다. 19세기 중반 미국 상원 의원인 마시가 '전리품은 승리자의 것'이란 발언에서 따온 것으로, **엽관주의**라고도 한다.

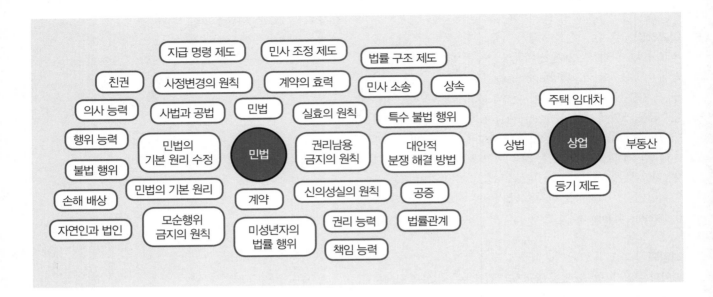

사법과 공법

사법은 개인 간의 권리와 의무 관계를 규율하는 법으로, 민법, 상법 등이 있다. 공법은 국가의 조직과 기능, 사회 공통의 이익과 관련한 생활 관계를 규율하는 법으로 헌법, 형법, 행정법, 소송법 등이 있다. 사법은 개별적 수평적 관계를 규율하고 있으며, 공법은 수직적 관계를 다루는 점에서 차이 난다.

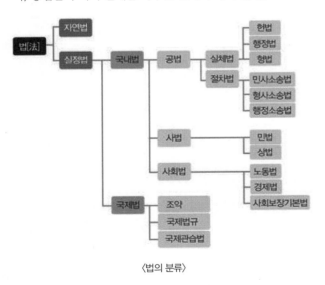

〈법의 분류〉

민법

민법은 재산 관계나 가족 관계에 대해 규율하는 대표적인 사법으로, **재산**과 관련된 권리와 의무, 또는 **가족**과 관련된 권리와 의무 등을 규정하고 있다. 구체적으로 재산 관계와 관련된 내용으로는 재산권의 종류와 계약의 종류 및 내용, 위반 시의 효과, 타인에게 미친 손해에 대한 배상 등을 다룬다. 가족 관계와 관련된 내용에는 약혼, 혼인, 부모와 자, 친족, 유언, 상속 등이 포함된다.

민법의 기본 원리

근대 민법은 다음 세 가지 원칙으로 자리 잡았다. 첫 번째는 **사적 재산권 존중**의 원칙으로, 개인은 자신이 소유하는 재산에 대해 절대적인 지배권을 가지고, 국가나 다른 개인은 이를 간섭하거나 제한할 수 없다는 것으로, 소유권 절대의 원칙이라고도 불린다. 두 번째는 **사적 자치의 원칙**으로, 개인은 자기의 의사에 따라 상대방과 평등한 위치에 서서 자유로이 법률관계를 맺을 수 있다는 것으로, 계약 자유의 원칙이라고도 한다. 세 번째는 **과실 책임의 원칙**으로, 개인은 자기의 고의 또는 과실로 다른 사람의 권리를 침해하여 손해가 발생한 경우에만 책임을 진다는 것으로, 귀책성의 원칙이라고도 한다.

민법의 기본 원리 수정

현대 민법에서는 개인의 사회적 책임을 강조하는 방향으로 기본 원리를 수정하게 되었다. 소유권 절대의 원칙은 **소유권 공공복리의 원칙**으로 보완하고 있다. 개인의 재산권은 법에 따라 보장되지만, 공공복리에 적합하도록 행사되어야 한다. 계약 자유의 원칙은 **계약 공정의 원칙**으로 수정되었다. 계약은 원칙적으로 자유롭게 이루어지지만, 그 내용이 사회 질서에 반하지 않고 공정해야 한다. 과실 책임의 원칙은 **무과실 책임의 원칙**을 일부 인정하는 것으로 변화하였다. 제조물 책임이나 근로자 재해 보상과 같은 기업의 사회적 책임이 이에 해당한다.

신의성실의 원칙

신의성실의 원칙은 권리의무의 양 당사자는 권리를 행사하거나 의무를 이행함에 있어서 신의와 성실로써 행동해야 한다는 민법상의 대원칙이다. 줄여서 '신의칙'이라고도 한다. 이는 상대방의 정당한 이익을 고려하고 상대방의 신뢰를 저버리지 않도록 행동해야 하며, 형평에 어긋나지 않아야 함을 의미한다.

권리남용 금지의 원칙

권리남용 금지의 원칙은 권리를 행사함에 있어서 이를 남용해서는 안 되고, 이를 위반하는 권리의 남용은 곧 신의칙 위반으로서 법이 권리 행사에 효력을 부여하지 않는다는 원칙이다. 권리의 남용은 목적에 반하여 권리를 행사하는 경우에 발생하며, 이러한 권리의 행사에 대하여는 이것을 인용할 필요가 없거나 불법행위로서 손해배상을 청구할 수 있다.

사정변경의 원칙

법률관계의 양 당사자의 행위에 있어서, 당사자들이 예견할 수 없었던 중대한 사정 변경 사유가 발생했을 경우에, 행위 당시의 행위를 요구한다면 오히려 당사자에게 부당한 결과가 발생할 수 있다. 이러한 경우에 신의칙에 입각하여 당사자 상대방에게 행위의 내용을 변경할 수 있도록 하거나 계약을 해지 또는 해제할 수 있도록 하여야 한다는 원칙이 **사정변경 원칙**이다.

모순행위 금지의 원칙

권리자의 권리행사에 있어서, 그것이 당초 행한 행위와 모순된다면 권리자의 권리행사를 인정하지 않는 것이 **모순행위 금지의 원칙**이다. 이는 권리자의 행위를 신뢰한 상대방을 보호하고 권리자의 부당한 권리 행사를 방지하기 위함이다.

실효의 원칙

실효의 원칙이란 권리자가 그의 권리를 장기간 행사하지 않아 상대방이 이제는 그 권리를 행사하지 않을 것으로 믿을 만한 정당한 사유가 발생한 경우에, 권리자의 새삼스런 권리의 행사는 권리남용으로서 허용되지 않는다는 원칙이다. 모순행위 금지의 원칙과 마찬가지로 상대방의 정당한 신뢰를 보호하는 기능을 하고, 권리자의 부당한 권리행사를 제한하는 역할을 한다.

계약

거래를 위해서는 사람과 사람 사이에 일정한 합의 또는 약속이 있어야 하는데, 두 사람 사이에 체결되는 법률적인 합의 또는 약속을 **계약**이라고 한다. 계약은 계약 자유의 원칙에 따라 법적으로 문제가 되지 않는 한 계약을 하는 사람들 간에 자유롭게 이루어진다. 계약을 체결할 것인지 아닌지, 누구와 계약을 체결할 것인지, 계약 내용을 어떻게 할 것인지 등은 당사자들의 의사에 따라 자유롭게 결정된다.

■ 계약의 종류

계약에는 가게에서 물건을 사고파는 **매매**, 도로 건설이나 건물 건축과 같이 어떤 일을 완성하는 대가로 보수를 지급하는 **도급**, 임금을 받기로 하고 노동력을 제공하는 **고용** 등이 있다. 물건을 빌려 사용하는 대가로 차임을 지급하는 **임대차**, 다른 사람에게 재산을 무상으로 주는 **증여**, 서로의 물건과 물건을 맞바꾸는 **교환** 등도 계약에 속한다.

■ 계약의 성립

계약이 성립하려면 두 명 이상인 당사자 간의 의사 표시인 합치, 즉 합의가 있어야 한다. 합의는 계약을 체결하고 싶다는 의사 표시인 **청약**과 이를 받아들이겠다는 의사 표시인 **승낙**을 통해 이루어진다. 즉, 청약과 승낙의 내용이 일치하면 계약은 성립하며, 이때 계약이 반드시 문서로 이루어져야 하는 것은 아니다.

계약의 효력

계약의 효력이 정상적으로 발생하려면 일정한 요건이 요구된다. 당사자는 의사 능력과 행위 능력이 있어야 하고, 계약의 내용이 적법해야 하며, 의사 표시에 흠이 없어야 한다. 이러한 요건을 갖추지 못하여 계약 내용이 반사회적이거나 계약 체결 과정에 일정한 문제가 발생한 경우에는 계약을 무효로 하거나 취소할 수 있다.

■ 무효

무효란 법률 행위에 어떤 흠이 있어서 법률 행위의 효력이 처음부터 발생하지 않는 것을 말한다. 예를 들어 도박에 의한 채무 부담과 같이 선량한 풍속 및 사회 질서에 반하는 내용의 계약이나 당사자 간에 지나치게 불공정한 계약은 그 효력을 인정하지 않는다.

■ 취소

취소란 일단 법적으로 효력이 있는 법률 행위에 대해 일정한 사유를 근거로 하여 소급하여 무효로 하는 것을 말한다. 미성년자와 같은 제한 능력자의 법률 행위나 착오에 의한 법률 행위, 사기나 강박에 의한 법률 행위는 당사자나 대리인이 취소할 수 있다.

■ 무효와 취소의 차이

무효는 무효인 법률 행위를 한 사람이 굳이 무효임을 주장하지 않아도 당연히 무효가 되지만, 취소는 취소할 수 있는 법률 행위를 한 사람이 일정 기간 내에 취소권을 행사하지 않으면 취소할 수 없고 유효한 법률 행위가 된다는 점에서 차이가 있다.

의사 능력

의사 능력이란 법률 행위를 구성하는 의사 표시를 함에 있어서 그 의사를 단독으로 형성 및 판단할 수 있는 능력을 말한다. 의사 능력은 자기 행위의 의미나 그에 따른 결과를 정상적으로 인식하고 합리적으로 판단하며, 자기의 의사를 결정할 수 있는 능력을 말한다. 의사 능력은 행위 당시의 의사를 구체적으로 판단하여 결정하는 것을 목적으로 하며, 따라서 의사 능력이 결여된 상태에서의 의사 표시인 의사 무능력은 무효로 한다.

행위 능력

행위 능력이란 권리 주체가 독자적으로 유효하게 법률 행위를 할 수 있는 지위를 말한다. 행위 능력은 일괄적으로 정해지며, 권리 능력을 보유한 권리 주체는 일반적으로 행위 능력을 갖는다. 문제는 행위 능력이 없는 자로, 민법에서 이들을 규정하여 보호하는 제도가 행위무능력자 제도이다. 자연인 가운데 미성년자, 한정치산자, 금치산자가 행위무능력자로, 이들이 단독으로 법률 행위를 하는 것에 제한을 두어 보호하려는 것이 행위무능력자 제도의 취지이다.

미성년자의 법률 행위

민법에서는 만 19세 미만인 사람을 **미성년자**로 규정하고, 미성년자는 단독으로 유효한 법률 행위를 할 수 있는 행위 능력이 제한된다고 본다. 따라서 민법에서는 미성년자가 법률 행위를 할 때는 법정 대리인의 동의를 얻어야 한다고 규정하고 있다. 하지만 미성년자가 하는 모든 행동에 법정 대리인의 동의가 필요한 것은 아니다. 부담 없는 증여의 승낙과 같이 단순히 권리만을 얻거나 의무만을 면하는 행위는, 미성년자가 단독으로 법률 행위를 할 수 있다. 또한, 법정 대리인이 처분을 허락한 경우에는 법정 대리인의 동의 없이 법률 행위를 할 수 있다.

■ 미성년자의 계약

법정 대리인의 동의가 필요한 사안임에도 미성년자가 동의를 얻지 않고 계약을 하였다면, 그 계약은 유효하지만 미성년자 본인이나 법정 대리인이 이를 취소할 수 있다(이를 **유동적 무효**라고 한다). 이는 아직 의사 결정을 할 수 있는 능력이 부족한 미성년자를 보호하기 위해서이다. 계약이 취소되면 처음부터 무효인 것으로 되고, 계약으로 받은 이익을 현존하는 한도에서 상환할 책임이 있다.

불법 행위

어떤 사람이 고의 또는 과실로 인한 위법 행위로 다른 사람에게 손해를 끼치는 행위를 **불법 행위**라고 한다. 예를 들어 타인의 생명이나 신체에 위험을 가하는 행위, 사생활을 침해하는 행위 등이 불법 행위가 될 수 있다. 이때 불법 행위를 저지른 가해자는 자신의 행위 때문에 발생한 피해의 정도에 따라 피해자에게 손해를 배상할 책임을 지게 된다. 불법 행위가 성립하려면 가해자에게 고의 또는 과실이 있어야 하고, 가해자의 행위에 위법성이 있어야 하며, 가해자에게 책임 능력이 있어야 한다. 또한 가해자의 행위 때문에 피해자가 손해가 발생해야 하고, 가해자의 위법 행위와 피해자의 손해 사이에 인과 관계가 있어야 한다.

■ 민법에서의 고의와 고실

고의란 자신의 행위가 어떤 결과를 가져올 것을 인식하면서 행동하는 것이다. 그리고 과실은 부주의로 자신의 행동이 가져올 결과를 인식하지 못하는 것을 말한다.

손해 배상

불법 행위가 성립하면 가해자는 피해자에게 그 손해를 배상해야 한다. 위법한 행위로 발생한 손해를 보전해주는 것을 **손해 배상**이라고 한다. 민법에서는 손해에 대해 금전으로 배상하는 것을 원칙으로 하고 있다. 손해 배상의 범위는 책임의 원인인 불법 행위와 손해 사이의 인과 관계를 바탕으로 정한다. 명예 훼손에 의한 손해 배상의 경우에는 금전 배상 외에도 명예를 회복하는 적당한 처분(예: 정정 보도문 게재)으로 배상받을 수 있다.

■ 징벌적 손해 배상 제도

징벌적 손해 배상 제도란 가해자의 행위가 악의적이고 반사회적일 때 그런 행위를 다시 못하도록 실손해보다 훨씬 많은 손해 배상을 부과하는 처벌적 성격의 제도를 말한다. 일반적으로 기업이 불법 행위를 통해 영리적 이익을 얻은 경우 이익보다 훨씬 더 큰 금액을 손해 배상액이나 과징금으로 부과하는 방식이다.

특수 불법 행위

일반적인 불법 행위의 경우 불법 행위를 저지른 사람이 자신의 행위에 대해 책임을 지는 것이 원칙이다. 그러나 자신이 한 행위에 대해서만 손해 배상을 한다면 피해자가 온전한 손해 배상을 받지 못하는 경우가 있다. 이러한 경우에 피해자의 손해를 구제하기 위해 타인의 행위에 대해서도 책임을 지도록 하는데, 이를 **특수 불법 행위**라고 한다. 민법에서는 책임 무능력자를 감독하는 사람의 책임, 피고용자의 행위에 대한 사용자의 책임, 공작물 등을 점유 또는 소유하는 자의 책임, 동물 점유자의 책임, 공동 불법 행위 등을 특수 불법 행위로 규정하고 있다.

권리 능력

권리 능력이란 권리를 행사하고 의무를 부담하는 지위 내지 자격을 말한다. 권리 능력이 있는 자만이 권리를 보유하고, 행사하며, 그에 따르는 의무를 부담하게 된다. 권리 능력을 가지는 자를 권리 주체 또는 권리 능력자라고 한다. 권리 능력을 가진

자는 그에 따른 의무를 부담하는 것이기에, 권리 능력이 있는 자는 동시에 의무 능력자이기도 하다. 민법에서 권리 능력을 보유할 수 있는 자, 즉 권리 주체는 자연인과 법인이다.

책임 능력

책임 능력이란 자신의 행위가 타인의 법익을 위법하게 침해한 경우에 이를 인식할 수 있는 충분한 판단 능력을 말한다. 즉, 자기의 행위를 인식하는데 그치지 않고 법률상의 책임을 인식할 수 있는 능력을 말한다. 자연인의 경우 책임 무능력자의 행위에 대해서는 채무불이행 책임이나 불법 행위 책임을 물을 수 없다. 법인의 책임 능력을 판단할 때는 의사 능력과 마찬가지로 개별적으로 판단한다.

법률관계

사람들의 생활 관계에서 법에 의하여 규율되는 관계를 법률관계라고 한다. 법률관계는 법에 규정되어 있거나, 당사자 간의 의사 합치로서 형성된다. 법률관계에는 개인과 개인 사이에서 발생하는 법적 생활관계와 사람과 물건 사이에서 발생하는 물적 생활 관계로 나뉜다. 전자를 **채권 관계**라고 하고 후자를 **물권 관계**라고 한다. 채권 관계는 상대방에 대해 특정 행위를 청구할 수 있고 상대방은 그것을 이행해야 하는 의무를 지는 관계이다. 물권 관계는 개인이 물건을 사용 · 수익 · 처분하는 권능을 보유하고 다른 사람과 이 내용에 대해 맺는 법적 구속 관계를 말한다.

■ 채무

일반적으로 채무는 '빚'과 같은 의미로 사용되지만, 법에서 채무는 특정인이 다른 특정인에게 어떤 행위를 하여야 할 의무를 의미한다.

공증

공증이란 재산이나 가족 관계에 대한 사실이나 법률관계의 존재를 공적으로 증명하는 제도이다. 공증은 사실이나 법률관계에 대한 증거를 보전하고 권리자가 쉽게 권리를 실행할 수 있도록 돕기 위한 것이다. 공증을 이용하면 권리 · 의무 관계를 명확히 하여 법률관계에서 발생하는 다양한 분쟁을 미리 예방할 수 있다. 분쟁이 발생한 때도 유력한 증거로 활용할 수 있으며, 분쟁을 해결할 때 재판 절차를 거치지 않고 간편하게 권리를 실행할 수 있는 장점이 있다.

민사 조정 제도

민사 조정 제도는 민사 소송을 제기하기 전에 조정 담당 판사 또는 법원에 설치된 조정위원회가 양측의 주장을 듣고 여러 사정을 고려하여 조정안을 제시하면, 당사자들이 서로 양보와 타협을 통하여 합의할 수 있도록 돕는 제도이다. 이 제도는 법적

절차 중 간단한 방법이어서 비용이 적게 들고 간편한 절차로 진행된다는 장점이 있다.

지급 명령 제도

지급 명령 제도는 돈을 빌린 사람이 돈을 갚지 않으려고 하는 경우 활용하는 제도이다. 지급 명령이란 채권자의 일방적인 신청이 있으면 법원이 채무자를 심문하지 않고 채무자에게 그 지급을 명하는 재판으로, 독촉 절차라고도 한다. 따라서 법정에 나오지 않고도 적은 비용으로 분쟁을 해결할 수 있다는 장점이 있다.

대안적 분쟁 해결 방법

대안적 분쟁 해결이란 법적 해결에 앞서 당사자 간 또는 제3자의 관여를 통해 교섭하고 타협하는 방법으로 대표적으로 협상, 조정, 중재가 있다.

■ 협상

협상은 분쟁 당사자들이 직접 문제를 해결하기 위해 의견을 나누고, 모두가 납득할만한 합의를 도출해가는 방식이다.

■ 조정

조정은 제3자인 조정자가 양측의 의견을 검토하고 합리적인 해결책을 제시하는 것으로, 분쟁 당사자가 반드시 조정안을 받아들여야 하는 것은 아니다. 우리나라에서는 노동 쟁의나 가사 소송의 경우 재판을 신청하기 전 미리 조정을 거치도록 하고 있다.

■ 중재

중재는 분쟁 당사자가 분쟁 상황을 해결할 일정한 자격이 되는 사람을 중재자로 설정하면 중재자가 결정하는 것으로, 중재자가 내린 결정에 무조건 따라야 한다는 점에서 조정과 차이가 있다. 상거래나 노동 문제에서 분쟁이 발생하는 경우 중재를 통해 해결하는 절차를 두고 있다.

민사 소송

민사 소송은 개인 사이에 일어나는 사법상의 권리 또는 법률관계에 대한 다툼을 법원이 국가의 재판관에 의해 법률적 · 강제적으로 해결하기 위한 절차이다. 원고가 소장을 제출하면 재판이 시작되며, 원고와 피고가 각각의 주장을 펼치고 상대방의 주장에 대해서는 항변하는 과정을 거치게 된다. 양측의 주장을 듣고 난 후 법원에서 판결을 내리면 소송이 종료된다. 판결이 확정되고도 상대방이 이행하지 않을 때에는 강제 집행 절차를 밟아 권리를 구제받을 수 있다.

법률 구조 제도

법률 구조 제도란 법을 몰라서 또는 법률 서비스를 받는데 드는 비용을 감당할 수가 없어서 법의 보호를 충분히 받지 못하는 이들에게 법률 사무에 관한 각종 서비스를 지원하여 권리를 보장하는 사회 복지 제도이다. 담당 기관으로는 한국 가정 법률 상담소, 대한 변호사 협회 법률 구조 재단, 대한 가정 법률 복지 상담원, 대한 법률 구조 공단 등이 있다.

친권

친권은 부모가 미성년인 자녀에 대해 갖는 신분·재산상의 여러 권리와 의무로, 자녀가 성년이 되면 친권은 소멸한다. 친권은 부모가 공동으로 행사하는 것이 원칙이며, 부모 중 한쪽이 친권을 행사할 수 없을 때에는 다른 한쪽이 행사한다. 부모가 이혼한 경우에는 부모의 협의로 친권을 행사할 사람을 정하지만, 협의가 되지 않을 때에는 가정 법원이 정한다.

상속

상속은 사람의 사망으로 인한 재산상 법률관계의 포괄적 승계를 말한다. 이때 상속에 대한 유언이 있으면 유언 상속이 이루어지고, 유언이 없으면 법에서 정한 비율대로 법정 상속이 이루어진다. 상속은 자연인에게만 이루어지는데, 뱃속의 태아도 상속의 권리를 인정받는다. 상속의 대상에는 동산, 부동산, 지적 재산권 등 모든 재산뿐만 아니라 채무도 포함된다. 이때 상속인은 상속 재산보다 채무가 많거나 비슷하면 상속 포기나 한정 승인을 할 수 있다.

자연인과 법인

자연인은 법이 권리의 주체가 될 수 있는 자격을 인정하는 살아 있는 진짜 사람을 말한다. 한편, 사회가 발전하면서 여러 사람이 모인 단체나 장학재단 등 재산에 대해서도 법률관계의 주체로 인정할 필요가 생겼다. 이렇게 법으로 사람과 같은 권리 능력이 인정되는 대상을 **법인**이라고 한다.

상법

상법은 개인과 상인 간의 관계를 규율하는 법으로, 상인들 간의 특수성을 다루는 법이다. 민법의 특별법이기도 하다. 상법은 기업의 영리 활동을 활발하게 하며, 거래의 안전을 보장하여 자본의 재생산 활동을 일으키고, 나아가서 국민 경제에 이바지함을 목적으로 한다.

부동산

부동산이란 토지와 그 정착물을 말한다. 토지의 정착물은 토지에 고정적으로 붙어 있어 쉽게 움직일 수 없는 물건으로 건물, 다리, 도로, 수목, 경작물 등이 대표적인 예이다. 반면에 부동산을 제외한 나머지 물건을 동산이라고 한다.

등기 제도

등기 제도는 부동산에 관한 권리관계와 부동산에 대한 사항들을 공적 장부인 등기부에 기록하여 일반인에게 공시하는 것으로, 사람들에게 권리의 내용을 명백하게 밝혀주는 역할을 한다. 부동산에 관한 권리가 생기거나 이전 또는 변경되었을 때에는 등기되어야만 법적인 효력이 생긴다.

■ 공시

권리의 변동을 점유, 등기, 등록과 같이 타인이 인식할 수 있는 표상으로 나타내는 것을 말한다.

주택 임대차

주택 임대차란 주택을 소유한 사람이 다른 사람에게 주택을 사용할 수 있게 빌려주고 그 대가로 돈을 받기로 하는 계약이다. 이때 주택을 빌리는 사람을 임차인, 주택을 빌려주는 사람을 임대인이라고 부른다. 전세 계약과 월세 계약이 대표적인 주택 임대차 계약의 사례에 해당한다.

14 법 ② 사회생활과 법

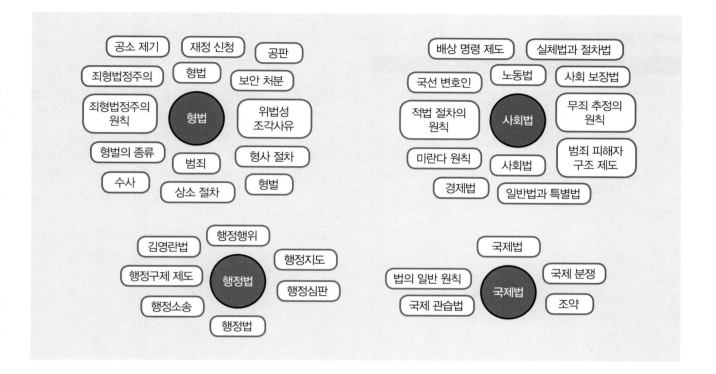

형법

형법은 범죄와 형벌의 관계를 규정한 법률이다. 형법은 일반 국민이 보다 안전한 생활을 할 수 있도록 범죄를 예방하고 방지하며, 사회 질서의 근본적 가치를 보호하는 역할을 한다. 또한 형법은 국가의 형벌권의 범위를 분명히 하여 자의적인 형벌로부터 국민의 자유와 권리를 보장하는 기능을 한다.

죄형법정주의

죄형법정주의는 어떠한 행위가 범죄에 해당하고, 그에 따른 형벌은 무엇인지를 반드시 국회에서 제정한 법률에 의해 규정해야 한다는 형사법의 대원칙을 말한다. 법률이 없으면 범죄가 없고 형벌도 없다는 근대 형법의 기본 원리를 죄형법정주의라고 한다. 죄형법정주의는 국가의 자의적인 형벌권 남용으로부터 국민의 자유를 보장하고, 법률에 의해 국가 형벌권을 통제하기 위한 법률 원칙이다.

죄형법정주의 원칙

죄형법정주의는 다음과 같은 원칙을 그 내용으로 한다. 첫째, **성문 법률주의**로, 범죄와 형벌은 대표 기관인 의회가 제정하는 성문 법률에 규정되어야 한다. 둘째, **명확성**의 원칙으로, 범죄와 형벌은 일반 국민이 이해할 수 있도록 명확하게 규정해야 한다. 셋째, **소급효 금지**의 원칙으로, 형법의 효력을 소급 적용해서는

안 된다. 넷째, **유추 해석 금지**의 원칙으로, 법률에 규정이 없는 사항은 그것과 유사한 규정을 규정해서는 안 된다. 다섯째, **적정성**의 원칙으로, 범죄에 대한 형벌은 과도해서는 안 된다.

범죄

범죄란 실질적 의미로 사회에 위해가 되는 행위 또는 국가가 보호하는 이익과 가치를 침해하는 행위라고 할 수 있다. 그러나 이러한 의미의 범죄는 사회마다 가치관에 따라 달라질 수 있다. 그래서 범죄는 형식적으로 형벌 법규에 따라 형식을 부과하는 행위를 의미하며, 죄형법정주의 원칙상 범죄는 이러한 형식적 의미의 범죄를 말한다.

■ 범죄의 성립 요건
범죄가 성립하려면 그 행위가 구성 요건에 해당하고 위법해야 하며, 그 행위를 한 사람에게 법적인 책임 능력이 있어야 한다.

위법성 조각사유

위법성은 범죄의 성립요건 중 하나로, 어떠한 행위가 법규에 반해 허용되지 않는다는 성질을 의미한다. 그러나 어떤 행위가 범죄의 구성요건에 해당하지만 위법성을 배제함으로써 적법하게 되는 사유를 **위법성 조각사유**라고 한다. 우리나라 형법은 위법성에 관하여 적극적인 규정을 두지 않고 위법성이 조각되는 사

유만을 두고 있다. 헌법에서 규정한 위법성 조각사유에는 정당 방위, 긴급피난, 자구행위, 피해자의 승낙, 정당행위의 다섯 가지가 있다.

■ 위법성 조각사유의 종류

구분	내용
정당방위	자신 또는 다른 사람의 법익에 대한 현재의 부당한 침해를 방위하기 위한 행위로서 상당한 이유가 있는 행위
긴급피난	자신 또는 다른 사람의 법익에 대한 현재의 위난을 피하기 위한 행위로서 상당한 이유가 있는 행위
자구행위	자신의 청구권을 보전하기 위하여 법적 절차를 기다릴 수 없는 긴급한 상황에서 스스로 권리를 구제·실현하는 행위
피해자의 승낙	피해자가 가해자에게 자신에게 손해가 되는 행위를 하도록 허락한 행위
정당행위	법령이나 업무로 인한 행위 또는 사회 상규에 위배되지 않는 행위

형벌

형벌은 국가가 범죄를 저지른 행위자에게 공권력을 행사하여 부과하는 처벌을 의미한다. 형벌에는 전통적으로 범인이 범죄 행위에 대한 대가를 치른다는 의미와 범인 또는 범인 이외의 다른 사람이 범죄에 이끌리지 않도록 예방한다는 의미가 함께 내포되어 있다.

형벌의 종류

우리나라의 형벌에는 **사형, 징역, 금고, 구류, 자격 상실, 자격 정지, 벌금, 과료, 몰수** 등 9가지가 있다. 사형은 생명을 박탈하는 형벌이며, 징역과 금고, 구류는 신체를 구금하는 형벌이다. 징역은 노역이 강제되고 금고는 노역이 없는 구금을 말한다. 구류는 1일 이상 30일 미만을 교도소에 있는 경우를 말하며, 자격 상실과 자격 정지는 공무원이 되는 자격이나 선거권, 피선거권 등을 박탈하거나 일시적으로 정지시키는 형벌이다. 벌금과 과료, 몰수는 재산을 박탈하는 형벌이다.

보안 처분

보안 처분이란 형벌 이외의 형사 제재로서 범인이 다시 범행할 위험을 막기 위하여 행하는 개선 교육이나 보호 등의 처분을 말한다. 우리나라의 보안 처분으로는 보호 관찰과 치료 감호가 대표적이다. 보호 관찰은 범죄인을 교도소나 기타의 시설에 수용하지 않고 사회생활을 영위하면서 개선·갱생시키는 제도이다. 치료 감호는 정신 장애자, 마약 중독자, 알코올 중독자 등이 범죄를 범한 경우 형벌을 대신하여 치료 감호소에 수용되어 받게 되는 치료 처분을 말한다.

형사 절차

범죄가 발생하면 국가는 수사와 재판을 통해 사건의 실체적 진실을 밝히고 죄가 확인되면 형벌을 부과하여 형을 집행한다. 이러한 일련의 절차를 **형사 절차**라고 하는데, 이는 크게 수사 절차, 공판 절차, 형 집행 절차로 구분할 수 있다.

수사

수사란 범죄가 발생하였거나 발생한 것으로 생각되는 경우 범인을 찾고 증거를 수집하는 활동이다. 수사는 검사와 사법 경찰이 수행하고, 수사의 대상이 되는 사람을 피의자라고 한다. 수사 기관은 고소나 고발, 자수, 현행범 체포, 불심 검문, 범죄 신고 등이 있을 때 수사를 개시하는데, 이를 입건이라고 한다.

■ 고소와 고발

고소와 고발은 수사 기관에 범죄 사실을 신고하여 범인을 처벌해달라고 요구하는 절차로서 고소는 범죄의 피해자가, 고발은 제3자가 하는 것이다.

공소 제기

수사가 끝나고 피의자의 범죄 혐의가 인정되면 검사는 법원에 재판을 요청하는데, 이를 **공소 제기** 또는 **기소**라고 한다. 반대로, 범죄의 혐의가 인정되지 않거나 공소 시효가 지난 경우에는 기소를 하지 않고 사건을 종결하는 불기소 처분을 한다. 한편, 범죄가 인정되는 경우에도 다시 성실한 삶을 살 수 있도록 검사가 기소하지 않고 용서해 주는 것을 **기소 유예**라고 한다.

재정 신청

고소인이 기소 유예나 불기소 처분을 받아들일 수 없을 때, 직접 법원에 불기소 처분의 옳고 그름을 가려 달라고 신청할 수 있는데, 이를 **재정 신청**이라고 한다. 재정 신청을 하려면 검찰에 불기소 처분의 재심사를 요청하는 항고를 거쳐야 한다.

공판

공소가 제기되면 형사 재판이 시작되고 피의자는 피고인이 된다. 형사 재판에서는 피고인에 대하여 유·무죄를 가리고, 유죄로 인정되는 경우에 형벌을 부과하게 되는데, 이러한 형사 재판을 **공판**이라고 하고 재판은 삼심제로 운영한다.

상소 절차

재판이 확정되기 전에 상급법원에 취소·변경을 구하는 불복 신청을 **상소**라고 한다. 피고인이나 검사는 제1심 판결 결과에 대하여 수긍할 수 없으면 판결 선고일로부터 7일 이내에 **항소**할 수 있다. 제2심 판결에 대하여 불복할 경우에는 판결 선고일로부터 7일 이내에 **상고**할 수 있는데, 상고는 형사 소송법이 정하는 일정한 사유가 있어야 한다.

적법 절차의 원칙

헌법은 "누구든지 법률에 의하지 아니하고는 체포·구속·압수·수색 또는 심문을 받지 아니하며, 법률과 적법한 절차에 의하지 아니하고는 처벌, 보안 또는 강제 노역을 받지 아니한다."라고 하여 **적법 절차의 원칙**을 규정하고 있다. 이 원칙은 죄형 법정주의와 함께 국가 형벌권의 남용으로부터 국민의 인권을 보호한다.

무죄 추정의 원칙

무죄 추정의 원칙이란 형사 피의자와 피고인은 유죄 판결이 확정될 때까지는 무죄로 추정된다는 원칙이다. 무죄 추정의 원칙에 따라 수사와 재판은 불구속으로 하는 것이 원칙이며, 고문은 금지된다.

국선 변호인

누구든지 수사 단계와 공판 절차에서 변호인의 도움을 받을 권리가 있다. 형사 소송법은 피고인이 구속된 때, 미성년자, 70세 이상 고령자, 농아자 또는 심신 장애인, 중범죄로 기소된 경우 등에 **국선 변호인**을 선정해 준다. 그 밖에 영장 실질 심사 또는 구속 적부 심사의 경우에 국선 변호인을 선정해 준다.

미란다 원칙

경찰이나 검찰이 범죄 용의자를 연행할 때 그 이유와 변호인의 도움을 받을 수 있는 권리, 진술을 거부할 수 있는 권리 등이 있음을 미리 알려 주어야 한다는 원칙을 말한다. 비록 강력 범죄 피의자라 하더라도 재판 과정에서 **미란다 원칙**이 규정한 피의자 권리가 고지되지 않은 채 체포된 사실이 드러나면 범인에 씌워진 모든 혐의가 무효가 되는 강력한 인권보호 장치이다.

범죄 피해자 구조 제도

범죄 피해자 구조 제도란 생명 또는 신체에 해를 끼치는 범죄 행위로 인하여 피해를 당한 경우 국가가 피해자와 그 가족들의 생활을 위해 구조금을 지급하는 제도를 말한다. 이는 범죄 피해자가 범죄 피해 상황에서 조속히 벗어나 인간다운 생활을 할 수 있는 권리를 보장하기 위한 것이다.

배상 명령 제도

배상 명령 제도는 범죄 피해자가 형사 재판에서 간편하게 민사적인 손해 배상 명령을 받을 수 있는 제도를 말한다. 배상 명령을 신청할 수 있는 형사 사건은 상해, 폭행, 과실 치상, 절도나 강도, 사기·공갈, 횡령·배임, 손괴, 강간·추행 등에 한정된다.

실체법과 절차법

실체법이란 권리·의무의 내용, 종류, 범위, 발생, 변경, 소멸 등 법률관계의 실체에 관한 법이다. **민법, 상법, 형법**이 대표적인 실체법이다. 절차법이란 실체법과 대립되는 개념으로, 실체법에 규정된 권리와 의무의 내용을 실행하기 위한 절차를 규정한 법이며, 소송 또는 재판 절차에 대해 규정해 놓은 법이다. **형사소송법과 민사소송법, 행정소송법** 등이 이에 해당하며, 호적법이나 부동산등기법도 절차법이다.

일반법과 특별법

일반법과 특별법은 법의 효력 범위에 따른 구별이다. **일반법**은 주체와 상황에 제한 없이 일반적으로 국민의 모든 관계를 규율하는 법이다. 일반법은 개인의 지위를 막론하고 누구에게나 적용되고, 장소적 제약이 따르지 않으며, 대상에 대하여도 차별을 두지 않는다. **특별법**은 특별한 사람이나 사항에 대하여 적용되는 법이다. 특별법은 그 대상을 정하는 행위나 사건에 한정하여 적용하게 된다. 특별법은 사회 변화로 날로 복잡해지면서 특별한 사항에 대처할 필요성이 강하게 제기됨에 따라 등장한 것으로, 그 필요성이 갈수록 증가하고 있는 추세이다.

■ 일반법과 특별법의 종류

민사에 대한 일반법으로 민법이 있고, 형사에 대한 일반법으로는 형법이 있다. 그 밖에 국가공무원법 등이 일반법에 해당한다. 특별법으로는 민사에 관한 상법, 주택임대차보호법, 제조물 책임법 등이 있고, 형사에 관하여 군형법, 폭력행위 등 처벌에 관한 법률 등이 있다. 교육공무원법도 특별법의 한 형태이다.

사회법

원래 사법 관계에서는 국가가 개입하지 않는 것이 원칙이고, 개인의 자유의사에 따라 관계를 형성하고 문제를 해결한다. 그러나 사회법의 목적은 사법 관계에서 국가가 개입함으로써 사회적 약자를 보호하고 **실질적 평등**을 추구하는 데 있다. 이로써 사회법은 사법을 공법화하는 특징을 갖는다. 사회법은 근대사회의 형식적 평등을 극복하고 실질적 평등을 이룰 수 있도록 국가가 후견적으로 배려하는데 그 특징이 있다. 사회법의 영역은 갈수록 확대되는 추세이다. 사회법은 크게 노동법, 사회 보장법, 경제법 영역으로 구분할 수 있다.

■ 시민법과 사회법

근대 시민 사회에서 등장한 **시민법**은 자유주의, 개인주의, 소극적 국가, 형식적 평등을 주요 원리로 한다. 이와 달리 **사회법**은 구체적 인간을 전제로 한 균등주의, 적극적 국가, 실질적 평등을 주요 원리로 한다.

노동법

노동법은 근로자의 생존권 확보와 사회적 지위 향상을 도모하기 위해 마련된 법 영역이다. 노동법에는 근로의 주 조건과 기준을 정하여 경제적 약자인 근로자를 보호하는 근로기준법과 근로자의 단체 결성과 노사 관계에서 발생한 문제를 해결하기 위한 노동조합 및 노동관계 조정법 등이 있다.

사회 보장법

사회 보장법은 국민의 인간다운 생활을 보장하기 위한 사회 복지 제도를 확립하고 운영하기 위하여 마련된 법 영역이다. 대표적인 사회 보장법에는 사회 보장에 관한 기본적인 사항을 규정한 사회 보장 기본법이 있다. **사회 보장 기본법**에서는 사회 보장을 실현하기 위한 구체적인 제도로서 사회 보험과 공공 부조, 사회 복지 서비스 등을 규정하고 있다.

■ 고용 보험과 산업 재해 보상 보험

대표적인 사회 보험으로 고용 보험 제도와 산업 재해 보상 보험 제도가 있다. **고용 보험**은 감원 등으로 직장을 잃은 실업자에게 실업 보험금을 주고, 직업 훈련 등을 위한 장려금을 지원하는 제도이다. **산업 재해 보상 보험**은 근로자가 일하다가 부상, 질병, 사망 등 피해를 당했을 때 그 손실을 보상해주기 위해 마련된 사회 보험 제도이다.

경제법

경제법은 국민 경제의 균형적 발전을 목적으로 마련된 법 영역으로 기업 간의 공정하고 자유로운 경쟁을 보장하고, 기업에 비해 상대적으로 불리한 위치에 있는 소비자를 보호한다. 경제법에는 경제력 집중을 방지하고 공정한 경쟁과 창의적인 기업 활동을 보장하기 위한 독점 규제 및 공정 거래에 관한 법률과 소비자의 권익 향상을 위한 소비자 기본법 등이 있다.

행정법

행정법은 행정권이라는 공권력에 의해 국민의 권리가 침해된 때 그 권리 구제의 내용과 방법에 대해 규정하는 법체계이다. 또한 행정법은 국가의 행정작용을 규율하는 법률이다. 행정작용은 목적 달성이나 공익 실현을 위해 국가가 행사하는 능동적이고 적극적인 활동으로, 입법 활동과 사법 활동과 더불어 국가 권력의 핵심을 이룬다. 따라서 행정작용은 국가의 치안유지 활동이나 국방 활동, 국민의 자유와 복지를 증진시키는 일련의 모든 활동을 포함한다.

행정행위

행정행위는 행정주체가 국민을 상대로 특정 행위를 명령하고 강제하면서 권리와 의무를 부여하는 과정을 말한다. 행정행위는 행정청의 의사표시를 구성요소로 하면서 의사표시대로 효과가 발생하는 행정활동을 규정하는 **법률적 행정행위**와, 의사표시가 아닌 관념, 행정기관의 판단과 인식 등의 단순한 정신적 작용을 요소로 하면서 그 효과는 법률로 규정하는 **준 법률적 행정행위**로 나뉜다.

행정지도

행정작용은 행정 부처가 행정목적을 달성하기 위해 행하는 모든 행위를 말한다. 여기에는 행정행위뿐만 아니라 행정지도와 행정구제도 포함된다. 행정행위, 즉 행정처분은 국가가 높은 지위에서 국민에 대해 일방적이고 권위적으로 명령을 하는 것이고, **행정지도**는 행정기관 등에서 행정활동의 달성을 위해 국민에게 임의적 동의나 협력을 전제로 하는 행정작용을 말한다. 따라서 행정지도는 강제력을 부과하지 않으며, 국민의 자발적 동의하에 행정활동이 이루어진다는데 특징이 있다.

행정구제 제도

행정구제 제도는 국가의 행정작용으로 발생한 국민의 신체 및 재산상의 손해, 권리침해에 대해 국가 또는 공공단체가 이를 구제해주는 제도를 말한다. 행정활동으로 인해 국민의 권리가 침해되었을 때 이를 구제하는 것으로는 사전적 구제수단과 사후적 구제수단이 있다. 사전적 구제수단에는 청문, 민원처리, 옴부즈맨 제도가 있으며, 사후적 구제수단으로는 행정쟁송 제도와 행정상 손해전보 제도가 있다.

■ 행정쟁송 제도

행정쟁송 제도는 행정행위에 대한 정당성 여부를 판단하여 국민의 권리를 구제하는 것을 목적으로 한다. 행정쟁송에는 행정기관이 주체가 되어 행정행위를 판단하는 행정심판과, 사법기관인 법원이 주체가 되어 행정행위를 판단하는 행정소송으로 나누어진다.

행정심판

행정심판 제도는 행정행위에 의해 권리를 침해받은 국민이 행정기관의 처분이나 부작위의 시정을 행정기관에 요구하는 제도를 말한다. 행정심판은 행정기관이 판단의 주체가 됨으로써 행정행위에 대한 자기반성에 의해 자신의 오류를 시정하는 기회를 부여하고, 행정기관의 전문성을 살려 합법적이고 적절한 행정행위를 함으로써 국민의 이해를 도모할 수 있다. 행정소송보다는 절차가 간편하고 권리 구제에 걸리는 시간과 비용이 저렴하다는데 그 특징이 있다.

행정소송

행정소송은 행정행위에 대해 사법부인 법원이 주체가 되어 행정상의 유·무효나 법률관계에 관한 분쟁을 심리하고 판단하는 소송 절차이다. 행정소송을 제기하기 전에 행정심판 과정을 거칠 수 있으며, 행정심판 과정을 통해 권리 구제가 된 경우의 행정소송은 소(訴)의 이익이 없어 부적법 사유로 각하된다.

김영란법
정확한 명칭은 **'부정 청탁 및 금품 등 수수의 금지에 관한 법률'** 이며, 2012년 김영란 전 국민권익위원장이 추진해서 김영란법으로 널리 알려져 있다. 법안은 당초 공직자의 부정한 금품 수수를 막겠다는 취지로 제안됐지만 입법 과정에서 적용 대상이 언론인, 사립학교 교직원 등으로까지 확대됐다. 공직자를 비롯한 법안 대상자들이 부정한 청탁을 받고도 신고하지 않거나, 직무 관련성이나 대가성에 상관없이 1회 100만 원(연간 300만 원)이 넘는 금품이나 향응을 받으면 형사 처벌하도록 하는 법률을 말한다.

국제법
국제법은 국제 사회의 관계를 규율하는 법이다. 국제법은 전통적으로 국가 간의 관계를 규율하였으나 최근에는 국제 조직체와 개인에 대하여도 규율한다. 국제법은 국가 간의 합의로 성립되므로 이를 강제적으로 집행할 기구도 없다. 따라서 국제법의 이행을 강제할 수 없으며, 단지 개별 당사국의 의지에 맡길 수밖에 없다. 국제법의 법원으로는 조약, 국제 관습법, 법의 일반 원칙 등이 있다.

조약
조약은 문서의 형식으로 국가 간에 체결한 합의를 말하며 국제법의 가장 중요한 법원이다. 우리나라에서는 조약이 국내법과 같은 효력을 가진다. 대부분의 민주국가에서는 중요한 조약은 국회의 동의를 거쳐 비준하도록 되어 있다. 조약은 헌장, 협정, 협약, 의정서, 규정 등으로 표현된다.

■ 비준
조약을 헌법상의 조약 체결권자가 최종적으로 확인·동의하는 절차로 우리나라에서는 대통령이 국회의 동의를 얻어 행한다.

■ 의정서
외교상의 회의 의사록을 기입하는 기록이다. 오늘날에는 회의의 당사자가 승인하는 의사록을 의미한다.

국제 관습법
국제 관습법은 국가들이 오랜 기간 일반적으로 그렇게 행동해 온 관행들이다. 이러한 관행들이 국제 관습법으로 인정되기 위해서는 계속성과 일반성을 지녀야 한다. 대표적인 국제 관습법은 국내 문제 불간섭 원칙, 외교관 면책 특권, 전쟁 포로에 대한 인도적 대우 등이 있다.

법의 일반 원칙
법의 일반 원칙은 여러 국가의 국내법에 공통으로 발견되는 원칙을 의미한다. 예컨대, 신의 성실의 원칙, 권리 남용 금지의 원칙, 손해 배상 책임의 원칙, 신법 우선의 원칙, 금반언의 원칙 등이 있다.

국제 분쟁
국제 분쟁은 국제 사회의 행위 주체 간에 다툼을 가리키는 말이다. 국제 분쟁에는 물질적인 이해관계의 차이로 인한 무역 분쟁, 자원 분쟁 등이 있고, 신념이나 이념과 같은 관념적인 요인들의 갈등으로 인한 종교 분쟁, 이념 분쟁 등이 존재한다.

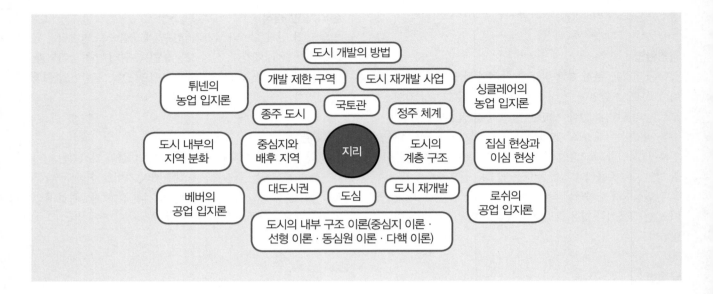

국토관

사람들이 자신이 살고 있는 장소에 대해 공통적으로 이해하는 인식의 틀을 **국토관**이라고 한다. 국토관은 사람들의 생각과 행동, 경관의 형성, 취락의 입지 등에 영향을 미친다. 국토에 대한 인식은 시대에 따라 달라지기 때문에 시대가 바뀌면 그 사회가 공유하는 국토관도 변하게 된다.

지역 개발 방식

지역 개발 방식에는 두 가지가 있다. 개발도상국에서는 효율성을 중시하는 **성장 거점 개발 방식**을 추구한다. 이는 빠른 성장이 가능한 거점 도시를 집중적으로 개발하여 그 효과가 주변 지역으로 파급되는 것을 기대하는 것인데, 실제로는 지역 격차가 심화되기 쉽다. 반면 경제적으로 성장한 선진국은 형평성을 중시하는 **균형 개발 방식**을 추구한다. 이는 상대적으로 낙후된 지역에 우선 투자하여 균형 발전을 도모하려는 것이다.

정주 체계

한 국가 또는 한 지역에 분포하는 촌락과 도시의 일련의 집합을 정주 체계라고 하며, 촌락과 도시는 상호 의존적인 관계를 맺고 있다. 정주 체계 중에서 도시만을 대상으로 한 것이 **도시 체계**이다.

중심지와 배후 지역

주변 지역에 거주하는 소비자에게 재화나 서비스를 공급하는 곳을 **중심지**라고 하며, 중심지로부터 재화나 서비스를 공급받는 지역을 **배후 지역**이라고 한다. 중심지의 크기는 배후 지역에 제공하는 재화나 서비스의 종류에 따라 달라진다. 일반적으로 중심지의 규모가 크면 배후 지역의 범위도 넓고, 중심지의 규모가 작으면 배후 지역의 범위도 좁다.

■ 재화 도달 범위

중심 기능이 유지되는데 필요한 최소한의 인구수를 최소 요구치라고 하며, 중심지로부터 중심 기능을 제공받는 최대한의 범위, 즉 중심 기능에 대한 수요가 0이 되는 곳까지를 **재화의 도달 범위**라고 한다. 중심지가 성립하기 위해서는 최소 요구치를 만족하는 범위보다 재화의 도달 범위가 넓어야 한다.

도시의 계층 구조

도시는 다양한 중심 기능이 모여 있는 곳으로, 주변 지역에 대해 중심지로서의 역할을 수행한다. 대도시뿐만 아니라 중소 도시도 중심지로서의 기능을 갖는다. 대도시와 같이 주변에 넓은 배후 지역을 갖는 중심지는 고차 중심지이며, 중도시나 소도시는 대도시보다 낮은 계층의 중심지가 된다. 고차 중심지와 중 · 저차 중심지는 중심지의 수, 중심 기능, 배후지의 면적 등에서 차이가 있다. 이러한 대도시와 중소 도시 간의 공간 관계를 **계층 구조**라고 한다.

종주 도시

수위 도시의 인구 규모가 제2 도시의 인구 규모보다 2배 이상 많은 수위 도시를 종주 도시라고 한다. 우리나라는 급속한 산업화 과정에서 많은 인구가 대도시로 유입되었고, 특히 서울로의 집중 현상이 과도하게 나타나면서 **종주 도시화** 현상을 보이게 되었다. 또한 서울 외곽으로 대도시권이 광역화되는 현상이 나타났다.

도시 내부의 지역 분화

도시 내에서 비슷한 종류의 기능이 집적하거나 분산되는 과정을 통해 각기 다른 특성을 갖는 지역이 형성되는데, 이를 **도시 내부의 지역 분화**라고 한다. 특히 대도시에서는 도시의 중심부에 도심이 형성되고, 교통이 편리한 일부 지역에서는 부도심이 형성되기도 한다. 그 외 지역에는 상업 기능, 공업 기능, 주거 기능 등이 형성되면서 지역 분화가 나타나게 된다.

■ 접근성과 지대

도시는 내부의 지역 분화에 의해 상업·주거·공장·녹지 등의 다양한 토지 이용이 나타난다. 이러한 토지 이용의 차이를 유발하는 가장 큰 요인은 **접근성**과 **지대**이다. 일반적으로 도심에서 외곽으로 갈수록 접근성과 지대(토지 이용을 통해 얻을 수 있는 대가 또는 수익)가 낮아지며, 토지 이용도 상업 지역, 공업 지역, 주택 지역 등으로 분화된다.

■ 도시 내부 구조

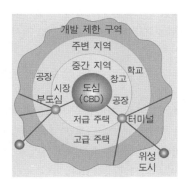

집심 현상과 이심 현상

도심은 도시에서 접근성이 가장 높은 곳으로, 지가와 지대가 매우 높은 지역이다. 지가와 지대 차이로 인해 전문 상업 기능이나 업무 기능이 도심으로 집중되는 현상을 **집심 현상**이라고 하며, 주택이나 학교, 공장 등이 외곽으로 빠져나가는 현상을 **이심 현상**이라고 한다.

도심

도심은 관청이나 대기업의 본사, 금융 기관의 본점, 백화점, 전문 상가와 같이 전문 상업 기능과 중심 업무 기능이 밀집한 지역을 말한다. 그리고 지대가 높아 토지를 집약적으로 이용하기 위해 고층 빌딩이 집적하게 된다. 도심에는 업무 및 상업 공간이 많기 때문에 주간에는 유동 인구가 많지만, 야간에는 상주인구가 적어 인구 공동화 현상이 나타난다.

■ 인구 공동화 현상

인구 공동화 현상이란 도심 지역에서 주거 기능의 약화로 상주인구 밀도가 감소하는 현상을 말한다. 도시의 규모가 커지면 접근성과 지대의 차이로 인해 도시 내부에서 기능 지역의 분화가 일어난다. 도시 내의 중심 업무 지구를 포함한 도심 지역은 지가와 지대가 크게 상승하기 때문에 일반 주택은 도시의 외곽 지역으로 이동하게 된다. 그 결과 도심 지역에서는 주간 인구는 계속 증가하는 반면, 야간 인구는 점차 감소하게 된다. 이처럼 도심의 상주인구가 감소하는 현상을 **인구 공동화 현상** 또는 도넛 현상이라고 한다.

개발 제한 구역

개발 제한 구역은 도시의 경관을 정비하고 환경을 보전하기 위해서 설정된 녹지대로, **그린벨트**라고도 한다. 생산녹지와 차단녹지로 구분되며, 건축물의 신축·증축, 용도변경, 토지의 형질 변경 및 토지 분할 등의 행위가 제한된다.

대도시권

교통이 편리한 대도시 주변에서는 근교 농촌 지역이 빠르게 성장하거나 위성 도시가 들어서면서 대도시와 기능적으로 밀접한 관계를 맺게 되는데, 이러한 지역을 **대도시권**이라고 한다. 대도시권은 교통수단의 발달과 교통망의 확충에 따라 그 범위가 점점 더 광역화되는 경향이 있다. 대도시권의 광역화 현상으로 인해 대도시 근교의 농촌 지역에서는 도시적 경관으로 변모하고, 도시적 생활양식이 보편화되는 현상이 나타난다.

■ 대도시권의 범위

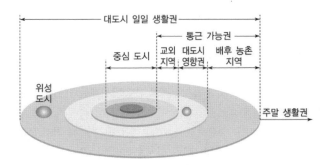

· 중심 도시: 주변 지역에 대해 중심지 기능을 수행한다.
· 교외 지역: 주거·공업·서비스업 등의 기능을 수행하는 곳으로, 도시적 면모를 확실하게 갖추고 있다.
· 대도시 영향권: 도시 경관과 농촌 경관이 혼재하거나 도시적인 모습으로 점점 변모하고 있으며, 대도시와는 기능적으로 밀접한 관계를 맺고 있다.
· 배후 농촌 지역: 농촌적 요소와 경관이 강하게 나타나는 지역이지만, 대도시 통근권의 경계를 이룬다.

· 주말 생활권: 대도시권에 거주하는 사람들이 주로 주말이나 휴가를 이용하여 방문하거나 체험 활동을 하는 농촌 지역에 해당한다.

도시 재개발

도시 재개발은 오래된 건물이나 주거지의 일부 또는 전부를 철거, 수리, 개조하거나, 낙후된 지역을 새롭게 활성화된 지역으로 변모시키는 활동을 말한다. 이러한 도시 재개발은 기존 도시와 도시 공동체에 새로운 미래 비전을 제시해줄 수 있고, 지속 가능한 도시 환경 정비와 기존 자원의 활용 가치를 높여줄 수 있기 때문에 최근 그 필요성과 중요성이 커지고 있다.

도시 재개발 사업

도시 재개발 사업은 지역 경제를 되살리기 위한 경제적 목적과 함께, 지역 내 미관을 개선하고 생활환경에 필요한 시설들을 개선하는 등 주민들의 인간적인 삶을 보장하기 위해 시행된다. 도시 재개발 사업은 대상 지역에 따라 도심 재개발 사업, 산업 지역 재개발 사업, 주거지 재개발 사업 등으로 구분된다.

도시 재개발의 방법

전면 재개발은 철거를 위주로 하는 사업으로, 건축물이 전반적으로 악화되어 있거나, 기본적 생활이나 경제 활동에 장애가 되는 지역에서 주로 이루어진다. **수복 재개발**은 환경이 악화되거나 기능이 저하될 우려가 있을 때, 기존의 골격을 유지하면서 필요한 부분을 수리하고 개조하는 사업이다. **보존 재개발**은 노후화·불량화를 방지하기 위해 채택되는 방법으로, 역사적·문화적 건축물이 많은 지역에서 건축 제한이나 용도 제한 등을 통해 해당 지역의 생활환경 악화를 예방하고 건축물의 유지·관리를 강화하는 사업이다.

베버의 공업 입지론

A. 베버에 의해 체계화된 공업입지론이다. 베버는 입지를 결정하는 요인으로서 **원료 운송비 · 제품 운송비 · 제품 단위당 노동비**를 들고, 이 세 요인을 고려하여 비용이 가장 적게 드는 곳에 공업이 입지한다고 주장하였다. 다른 비용이 같을 때 최소 운송비가 드는 지점을 공업의 최적 입지로 보았다. 원료 운송비는 원료 산지에 접근할수록, 제품 운송비는 시장에 가까울수록 저렴하므로 원료의 무게가 제품의 무게보다 더 무거우면 공장은 원료 산지에 가까이 입지하는 것이 유리하다. 그러나 노동비가 최소 운송비 지점보다 저렴한 지점이 있을 때 노동비 절감액이 총 운송비 증가분보다 많으면 공업의 최적 입지는 노동비 절약 지점이 된다. 또한 관련성이 큰 생산 시설이 한 장소에 모여 입지하면 집적 이익이 발생하는데, 집적 이익이 총 운송비의 증가분보다 많으면 집적 이익 지점도 최적 입지가 될 수 있다.

■ 베버의 공업 입지론

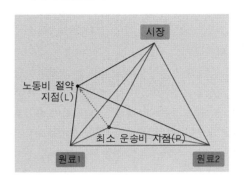

로쉬의 공업 입지론

로쉬는 베버의 입지론이 지나치게 정태적이고 또 수요나 원재료 공급의 변동을 고려하지 않았다고 비판하면서 **수요를 중시한 공업 입지론**을 전개하였다. 즉 총소득이 최대가 되는 지점(수요를 최대로 하는 지점)이 이윤을 극대화시킬 수 있기 때문에 공업 입지의 최적점이라고 하였다. 그는 공장으로부터의 운송 거리에 따라 제품의 가격이 증가하고, 수요량은 감소하여 일정 거리에 이르면 수요가 0이 된다. 이 수요가 0이 되는 지점을 한계로 하는 원이 공장이 독점할 수 있는 시장 범위가 되며, 공장은 그 원의 중심에 위치함으로써 이윤을 극대화할 수 있다고 보았다. 그는 공장의 입지 패턴을 6각형의 벌집 모형으로 제시하였다.

튀넨의 농업 입지론

튀넨은 특정 작물의 시장 가격이 같고 생산비가 동일하면, 지대는 시장까지의 운송비에 의해 결정된다는 입지 지대 개념을 제시하였다. 그는 시장까지의 거리가 가까울수록 집약적 농업을, 멀어질수록 조방적 농업을 해야 한다고 주장하였다. 그의 이 같은 주장은 토지 비옥도가 동일하더라도 지대 차이가 나타날 수 있음을 보여 주었다는 점에서 높이 평가되지만, 현실에 적용하는 데 한계가 많은 **고립국 이론**이라는 비판이 따른다.

싱클레어의 농업 입지론

싱클레어는 튀넨과 다르게 도시 쪽으로 갈수록 토지의 이용이 조방적으로 이루어지고, 오히려 도시 외곽에서 원예 농업 등을 발달시켜 집약적인 농업 형태로 토지를 이용한다고 보았다. 도시화가 진행된 곳에서는 농업보다는 투기의 목적으로 토지를 가지려는 사람이 많아, 도시 쪽으로 갈수록 비싼 토지를 농업용으로 이용하지 않기 때문이라는 것이다. 이러한 싱클레어 모형은 **도시 근교 농업**을 설명할 때 많이 이용된다.

도시의 내부 구조 이론

도시가 성장하면서 어떻게 공간 구조를 이루고 내부 구조를 형성해 가는가를 설명하는 이론에는 크리스탈러의 중심지 이론, 호이트의 선형 이론, 버제스의 동심원 이론, 해리스와 울먼의 다핵 이론 등이 있다.

■ 중심지 이론

도시 지역 내의 입지, 규모, 자연 및 공간화에 관한 이론으로서, 독일 크리스탈러가 제창하였다. 중심지 이론에 의하면 한 지역의 중심지 기능의 수행 정도는 그 지역의 인구 규모에 비례한다. 도시는 중심 지역을 둘러싼 배후 지역에 대해 다양한 상품과 서비스를 제공하고 교환의 편의를 도모해 주는 장소를 말하며, 일반적으로 모든 도시는 중심지 기능을 수행한다.

■ 선형 이론

호이트가 제창한 도시 형성의 이론으로, 그는 동심원 이론을 인정하면서도 도시 거주에 있어서의 계층적 배치는 교통 간선에 따라 일정한 방향성을 갖는다고 주장하였다. 도시의 성장은 주요 수송도로망을 따라 발생하는 경향이 있으며, 새로운 거주 지역은 같은 종류의 구지역의 변두리에서 나타난다. 이러한 도시 발전은 성장의 집중적인 경향과 그 주변적인 변화로 인해 부채꼴 모양의 형태를 이룬다는 것이다.

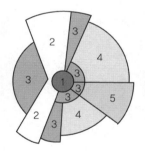

1. 중심 업무 지구
2. 도매·경공업 지구
3. 저급 주택 지구
4. 중산층 주택 지구
5. 고급 주택 지구

■ 동심원 이론

도시 성장은 사회 계층의 공간적 분화 과정에 의하여 중심 업무 지구를 중심으로 동심원적으로 확대된다고 하는 이론이다. 버제스는 도시의 구조를 중심 업무 지대, 점이 지대, 자립 근로자 거주 지대, 중산층 거주 지대, 통근자 거주 지대의 다섯으로 분류하고, 이들 지대는 동심원적 구조를 이루어 제각기 외측에 인접한 지대를 잠식하면서 팽창해가는 것이라고 하였다. 그리고 이와 같이 주택 지구의 공간 분화가 나타나는 이유는 각 지대의 거주자들이 보다 좋은 환경의 지대로 이주하려는 경향 때문이라고 주장하였다.

■ 다핵 이론

해리스와 울먼이 호이트의 선형 이론 및 버제스의 동심원 이론을 수정하여 주장한 이론이다. 그들은 도시의 생태학적 배치를 호이트처럼 단일의 중심 주변에 형성되는 것으로 파악하지 않

고, 몇 개의 별개 핵심이 되는 중심지 주위에 토지 이용의 생태적 배치가 형성된다고 주장하였다. 예컨대 소매업은 밀집되어 있어야 하고, 공업은 토지·수리·교통이 좋은 지역에서 이루어져야 하며, 주택은 되도록 공업지대에서 멀리 떨어져 있는 것이 좋다는 것이다. 그리고 이러한 요인을 종합하여 중앙 비지니스 지구, 도매업 및 경공업 지구, 중공업 지구, 주택 지구, 소핵심 지구, 교외 지구와 위성도시의 여섯 지구를 설정하였다.

젠트리피케이션

최근 세계 곳곳에는 도심 가까이에 위치한 황폐한 공간을 재개발하는 사업이 활발히 이루어지고 있다. 재개발이 이루어지면 과거보다 더 높은 이윤을 창출하는 사무실, 상업 시설 그리고 고소득층을 위한 주거지가 들어서며, 원래의 거주자들은 다른 지역으로 쫓겨나게 된다. 도심에 가까운 낙후 지역에 고급 상업 및 주거지역이 새로 형성되는 이 같은 변화를 **젠트리피케이션**(gentrification: 도시 재활성화)이라고 부른다. 젠트리피케이션이 이루어지면 지역은 한층 활기를 찾게 되고, 주민들의 평균 소득도 향상되며, 지역에 대한 주민들의 소속감도 높아진다. 하지만 그 과정에서 원래의 거주민들은 대부분 오랫동안 살아왔던 동네를 떠날 수밖에 없으며 기존의 지역 생태계는 파괴되는 등의 문제가 따른다.

제4장   인문 · 철학

1

철학의 분야 형이상학 · 인식론 · 윤리학 · 미학 · 논리학

철학의 분야는 크게 기본 분야와 응용 분야로 나눌 수 있다. 기본 분야는 다섯 가지 영역으로 구분한다. 형이상학(존재론, 우주 · 존재의 문제), 인식론(지식의 문제), 윤리학(가치의 문제), 미학(아름다움과 예술의 본질), 논리학(사고의 규칙)이 그것이다. 한편 응용 분야는 우리 삶을 이루는 여러 요소들과 관련되어 있다. 삶의 현장에서 나타나는 여러 가지 현상들의 법칙성을 연구하는 학문에서 시작하여, 더 포괄적이고 더 근원적으로 탐구해 들어가는 정치철학이나 법철학, 교육철학, 언어철학, 예술 철학, 역사철학, 종교철학 등이 있다.

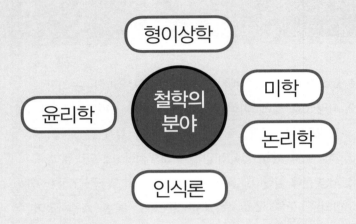

형이상학

자연과학에 우선하는 초월 학문. 형이상학의 어원은 '메타피지카(metaphysica)'이다. 이는 '자연과학 너머'라는 뜻으로, 곧 자연과학에 우선하는 학문이라는 의미이다. 형이상학은 세계의 궁극의 근거를 연구하는 학문이라 할 수 있다. 바위를 예로 들어 설명하면, '바위는 어떤 원리에 따라 구르는가?', '바위는 무엇으로 이루어져 있는가?'를 탐구하는 것이 자연과학이라면, 형이상학은 '바위란 무엇인가?', '바위는 왜 세상에 존재하는가?' 등을 고찰하는 학문이다.

아리스토텔레스에게 있어서 '바위란 무엇인가'를 고찰한다는 것은 곧, 바위의 실체를 탐구하는 것이다. 플라톤에게 있어서는 바위의 보편적 특성으로서의 이데아가 실체이지만, 아리스토텔레스는 구체적 개별 사물로서의 바위 그 자체가 실체이다. 즉, 아리스토텔레스에게 있어서는 눈앞에 놓여 있는 바위가 곧 실체이다. 그러한 구체적 개별 사물은 '형상'과 '질료'가 결합하여 성립된 것이라고 아리스토텔레스는 생각했다. 초자연적 원리를 토대로 사물의 초월적 본질을 고찰하는 **형이상학**은 우주의 탄생에 관해서도 자연의 원리로 분석하지 않고 신의 의지나 인간의 정신으로 논하려 든다. (형이상학은 존재론의 한 분야이자, 아리스토텔레스의 『형이상학』에서 유래한 서양철학의 기초 학문이다.)

인식론

인식의 기원과 본질, 방법 등을 연구하는 철학의 분야. 인식론은 지식을 뜻하는 그리스어 '에피스테메(episteme)'에서 유래한다. 인식론은 참다운 지식(앎)은 어떤 것이고, 지식을 가능하게 하거나 제한하는 조건은 무엇인지, 그리고 보편타당한 지식은 어떻게 만들어지는지를 연구하는 철학의 분야이다. 지식의 연구는 고대 자연철학자 때부터 계속되었지만, 철학의 중심 과제가 된 것은 근대 들어 데카르트의 **합리론(이성주의)**과 로크의 **경험론(경험주의)**이 대립하면서부터이다.

그들은 인간에게 타고난 지식이 있는지에 관해 논쟁했다. 합리론은 인간은 본유관념을 갖고 태어난다고 주장한 데 비해, 경험론은 이를 부정했다. 관념은 경험을 통해 마음속에 그려지는 것이라고 경험론자들은 생각했다. 이후 독일의 칸트는 지식은 경험적 실재인 동시에 선험적 관념의 영역이라고 보고, 합리론과 경험론을 종합하여 자신만의 독특한 철학체계를 수립했다. 그는 '현상'과 **'물자체(物自體)'**를 구별했다. 칸트에 따르면, 현상은 우리가 경험으로 알 수 있는 것을 말한다. 그러나 그 경험을 가능케 하는 전제는 우리가 경험으로 알 수 없는 것이다. 그것이 바로 물자체이다. 물자체는 우리 지식의 한계라고도 할 수 있다. 지식의 문제에서 근본적인 것이 감각적 경험에 따른 것인지, 이성적 정신에 의한 것인지에 따라서 인식론의 입장은 달라질 수 있다. 어느 쪽이든 지식의 체계적 구성으로 대상의 옳은 판단이 가능할 때 비로소 그것은 참다운 지식(앎)이 될 수도 있고, 반대로 거짓된 지식이 될 수도 있는 것이다.

윤리학
인간의 태도와 행위를 결정하는 선(善)에 관해 질문을 던지는 학문 분야. 윤리학(가치론)은 인식론 및 존재론(형이상학)과 함께 철학의 기본 분야 가운데 하나이다. 윤리학은 인간 행동의 규범, 그 원리 또는 규칙, 그리고 인간의 실천 행동에 관해 연구하는 것이기에 **도덕철학** 분야라고 할 수 있다. 윤리는 한편으로는 공동체적 질서를 강조하는 사회 규범에 의해, 다른 한편으로는 인간의 자유의지에 따른 행동에 의해 규정된다. 인간은 자기 멋대로가 아닌 도덕적 실천 규범에 따라 의지로 행동하기 때문에 인간 행동의 규칙이나 원리를 연구할 필요성이 생겨났다. 윤리학에서는 선(善)을 추구하는 내면의 의무와 양심, 또는 자유의지에 따른 행동이 어떻게 해서 도덕법칙이란 가치규범을 따르게 되는지를 연구한다. 올바른 삶이란 무엇인지, 정의나 행복의 개념은 실제 무엇을 의미하는지, 그 개념적 가치를 바르게 실현하려면 어떻게 해야 하는지, 이를 위해 우리는 어떻게 행동해야 하는지 등에 관한 고찰은 윤리학의 토대를 이룬다.

미학
예술 자체, 미적 판단, 미적 감각, 체험 등에 질문을 던지는 학문 분야. 미학은 아름다움을 논하는 철학의 한 분야이다. 아름다움은 자연의 아름다움(자연미)과 예술의 아름다움(예술미)으로 구분된다. 산과 들, 꽃과 나무, 인간과 동물의 아름다움 등은 **자연미**에 속하고, 음악과 무용, 그림과 건축의 아름다움 등은 **예술미**에 속한다. 예술을 대하는 아름다움에는 우아미, 숭고미, 비장미, 골계미가 있다. 미학은 아름다움에 대한 느낌, 즉 미적 판단을 연구하는 학문이다. 우리는 지성의 분별력으로 아름다움을 분석하지는 않는다. 느낌에 의해서 아름다움을 판단한다. 때문에 미학은 **미적 체험**과 **미적 대상**을 주제로 삼는다. 아름다움은 아름다움을 느끼는 주관의 체험과 아름다운 대상에 의해 성립한다. '설악산은 아름다운 산이다.'라고 말할 때 설악산이 아름답다고 체험하는 것은 바로 주관으로서의 '나'이며, 아름다운 대상은 설악산이다. 미학에서는 아름다움을 인식함으로써 미적 판단을 구하려고 노력한다.

논리학
체계적으로 사고하는 방법을 연구하는 분야. 철학이 모든 학문의 기초라면 논리학은 철학의 예비 학문이다. 논리라는 말의 원천은 **로고스(logos)**이며, 로고스는 이성이나 법칙, 언어, 명제 등의 의미이다. 논리학은 문장을 통해 나타난 사고의 규범을 연구한다. 이 규범은 심리적이거나 자연적인 것이 아니라 형식적이고 법칙적인 사실이다. 논리학은 인간이 옳게 생각할 수 있는 능력을 키워 잘못을 범하지 않는 방법을 연구한다. 논리학은 또한 사고의 특정 법칙과 형식을 지킬 때 인간은 참다운 지식을 얻을 수 있다는 것을 보여준다. 직관적 느낌이나 앎을 대상으로 하지 않는 논리학은 사고된 형식적 판단을 문제 삼는다. 논리학은 고대 그리스에서 시작되었으며 아리스토텔레스가 지금의 논리학으로 체계를 잡았다.

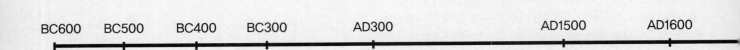

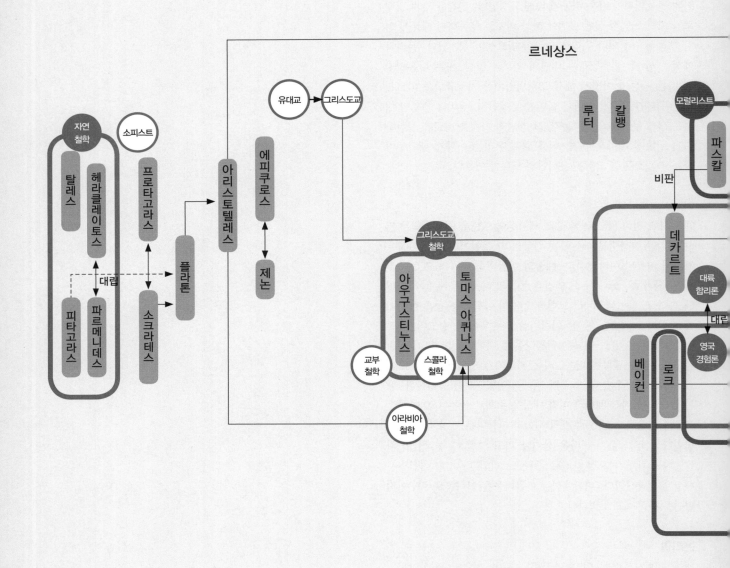

BC600　BC500　BC400　BC300　AD300　AD1500　AD1600

르네상스

유대교 → 그리스도교

루터　칼뱅　　모럴리스트

파스칼

비판

자연철학　소피스트

탈레스　헤라클레이토스　프로타고라스　아리스토텔레스　에피쿠로스

데카르트

대립

대륙합리론

피타고라스　파르메니데스　플라톤　제논

소크라테스

그리스도교철학

아우구스티누스　토마스아퀴나스

영국경험론

대립

교부철학　스콜라철학

베이컨　로크

아라비아철학

AD1700　　　AD1800　　　AD1900　　　　　　　　　AD2000

프랑크
푸르트학파

독일
관념론

호르크
하이머　→　프롬　　하버마스

언어학

분석철학

비판

몽테스키외

칸트　→　헤겔　　비판

키르케고르

소쉬르

러셀　비트겐슈타인

롤스　매킨타이어　샌델

스피노자

사르트르

실존주의

대립

노직

공동체주의

대립

정치철학

버클리　흄

쇼펜하우어

대립

베르그송　후설　하이데거

레비스트로스

리오타르　보드리야르

현상학

구조주의

포스트
모던

사회
계약론　루소

마르크스

사회주의

니체　생의철학

푸코

들뢰즈　데리다

포스트
구조주의

공리주의

벤담　밀

실용주의　제임스

계보학

포퍼　쿤

프로이트　→　융

　→　라이히

과학철학

정신
분석학

231

2

서양 고대 철학

이성의 철학: 자연철학 · 소피스트 · 소크라테스 · 플라톤 · 아리스토텔레스 · 헬레니즘 철학

철학은 기원전 6세기 무렵 그리스에서 시작되었다. 초기 자연철학자들은 자연을 대상으로 그 속에 존재하는 변화하지 않는 본질을 탐구하였다. 이후 기원전 5세기 후반이 되자 철학자들은 지금까지 자연을 대상으로 하던 것에서 인간 문제로 관심을 돌리게 되었다. 소피스트들이 그들이었는데, 이전 철학자들이 우주, 통일성, 차이점 등 위대한 질문에 관심을 가졌다면 소피스트는 인간 그 자체와 행동에 더 큰 관심을 보였다. 프로타고라스는 "인간은 만물의 척도"라고 말하면서 상대주의 진리관을 추구하였다.

한편 소크라테스는 인간의 이성을 철학의 주제로 삼았다. 소피스트와 달리 소크라테스에게 철학은 직업이 아니라 삶의 방식이었다. 그에게 있어 지식은 곧 미덕이며, 악의 으뜸 원인은 단연코 무지라 할 수 있다. 소크라테스가 죽자 그의 사상은 제자인 플라톤에게, 다시 플라톤의 제자인 아리스토텔레스에게 이어졌다. 플라톤은 오늘날 서양 사상 체계의 근본을 이루는 독특한 이데아 사상을 만들었으며, 그 제자인 아리스토텔레스는 스승의 사상을 이어받으면서 독자적인 철학체계를 만들었다. 이 아테네 시기의 철학은 고대철학의 최전성기였다.

아리스토텔레스 이후, 금욕주의를 표방한 스토아학파와 쾌락주의를 추구하는 에피쿠로스학파 등이 활동했다. 이들은 인간 자신의 힘으로 마음의 평정을 구하려 했는데, 고대 말기에 이르러 점차 인간을 뛰어넘는 초월적인 신을 찾아 이로부터 구원을 얻으려는 사상이 출현했다. 신플라톤학파의 철학이 대표적이다.

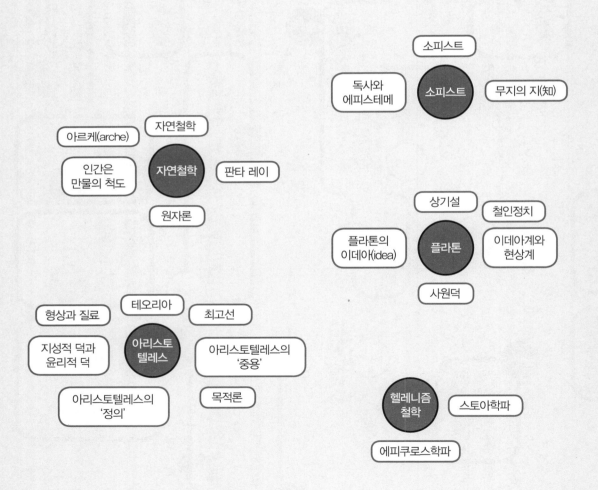

자연철학

세계(자연)의 근원, 즉 '아르케'가 무엇인지 밝히는 과정에서 비롯된 서양 최초의 철학이다. 자연철학은 자연을 초자연적인 힘으로 설명하려 했던 신화의 시대와 달리, 인간 자신의 이성으로 우주 세계의 근원을 탐구하고자 했다. 고대 자연철학자들은 자연의 궁극적 존재와 원리에 대해 탐구했으며, 소크라테스 시대에 이르러 '인간의 철학'이 중시되면서 철학의 중심 영역은 자연에서 인간으로 전환되었다.

아르케(arche)

아르케는 '시작'을 의미하는 그리스어로, 철학 용어로는 '만물의 근원'이라는 의미이다. 자연철학자들은 신화나 전설을 따르기보다는 합리적인 사고로 만물의 근원을 탐구했다. 최초의 철학자로 불리는 탈레스는 물을, 아낙시메네스는 공기를, 헤라클레이토스는 불을, 데모크리토스는 원자를 각각 만물의 근원이라고 주장했다. 아리스토텔레스는 아르케를 '학문의 기본 원리'라는 의미로도 사용했다. 반의어는 '완성', '목적'을 뜻하는 텔로스(telos)이다.

판타 레이

이 세상의 모든 것은 변화한다는 뜻으로, 고대 그리스의 철학자 헤라클레이토스 사상의 바탕을 가리키는 말이다. 헤라클레이토스는 "만물은 유전하며 같은 상태로 존재하지는 않는다"라고 주장하면서, 만물에는 **변화의 원리**가 있다고 생각했다. 한편, 파르메니데스는 헤라클레이토스와 반대로, 세계는 변화하지 않는다고 말했다. 그는 존재의 이치를 "있는 것은 있고 없는 것은 없다"라고 하여 존재의 유무를 외형이 아닌 **이성**으로 파악했다.

원자론

자연철학자들은 존재하는 모든 사물은 더 이상 나눌 수 없는 궁극적 미립자, 즉 '원자(아톰, atom)'로 구성되어 있다고 보았다. 데모크리토스에 따르면, 세계는 공허한 공간과 원자로 구성되어 있고, 모든 변화는 원자의 이합집산 과정이다. 무(無)에서는 아무것도 생성될 수 없고 존재하는 것은 소멸되지 않는다. 모든 현상은 필연적으로 일어나며 우연적인 것은 없다. 이러한 원자론은 16세기 이후 자연과학의 중요한 관심사가 되어 발전한다.

인간은 만물의 척도

소피스트 프로타고라스는 이 세상 모두에게 공통인 절대적 진리는 없다고 생각하고 '인간은 만물의 척도'라는 말을 남겼다. 그는 하나의 물질에 관해서 모든 사람이 다양한 판단을 내릴 수 있기 때문에 어느 것이 옳고, 어느 것이 그른가를 구별하지 못한다고 주장했는데, 이러한 사상을 **상대주의**라고 한다.

소피스트

소피스트는 '지혜로운 자'를 뜻하는 그리스어에서 유래한다. 설득이 목적인 논변술을 강조하였으며, 진리와 정의를 상대적 기준으로 바라보았다. 프로타고라스는 "인간은 만물의 척도다."라는 말로 진리의 주관성과 **상대주의**를 강조했다. 그때까지의 철학이 자연에 초점을 맞추었던 것과 달리 소피스트는 '인간'을 중심으로 사고하는 한편, 인간 사유의 한계를 지적하고, 설득 도구로써 언어의 중요성을 역설했다. 플라톤과 아리스토텔레스는 소피스트들을 철학적 사유 없이 공허한 말장난을 일삼고 언어의 기술적 측면만을 강조하는 궤변론자라고 비난했다.

무지의 지(知)

소크라테스는 '너 자신을 알라'는 말을 통해 무지(無知)에 대한 자각을 강조했으며, 이러한 자각을 바탕으로 끊임없이 앎을 추구해 나가야 한다고 주장했다. 그리고 앎을 추구하는 방법으로 계속 묻고 답하는 형식의 이성적이고 논리적인 대화법(문답법)을 사용했다. 소크라테스는 모르면서 안다고 생각하는 사람보다 자신이 모른다는 것을 아는 사람이 현명하다고 생각하였는데, 이를 '무지의 지'라고 한다.

■ 소피스트의 상대주의 진리관과 소크라테스의 보편주의 진리관

소피스트들은 **상대주의 진리관**을, 소크라테스는 **보편주의 진리관**을 주장했다. 소피스트들은 개인의 감각과 경험이 지식의 근원이고, 따라서 세상 모든 것에 대한 판단 주체는 개인이며, 각 개인의 판단 기준에 따라 상대적 진리만이 존재한다는 점을 강조했다. 소크라테스는 소피스트들의 상대주의 진리관을 반대하면서, 보편적이고 절대적인 진리가 존재하며 인간은 이성을 통해 이를 파악할 수 있다고 말한다.

독사와 에피스테메

독사(doxa)는 감각기관(오관)을 통해 들어온 정보를 거르지 않고 그대로 받아들인 생각으로, 근거가 박약한 지식, 즉 **억견(臆見)**을 일컫는다. 반대로 정보를 이성적으로 판단해 얻은 **객관적 지식**을 에피스테메(episteme)라고 한다. 플라톤은 선하게 살려면 독사를 멀리하고 이성을 통해 객관적 지식을 얻어야 한다고 주장했다.

플라톤의 이데아(idea)

이데아는 플라톤 철학의 핵심 개념으로, 모든 존재와 인식의 근거가 되는 항구적이며 초월적인 **실재**를 뜻한다. 이데아는 우리가 눈으로 확인할 수 있는 형태가 아니라, 이른바 마음의 눈으로 통찰하는 사물의 진정한 모습 혹은 사물의 원형을 가리킨다. 감각으로 파악할 수 있는 존재는 시간이 지날수록 모습을 바꾸지만, 이데아는 **영원불변**하다. 모든 사물은 이데아의 그림자에 지나지 않기 때문에 우리는 그것의 진정한 모습을 찾아내야 한다고 플라톤은 주장했다. 반의어는 '현상'이라고 할 수 있다.

이데아계와 현상계

플라톤은 이데아로 구성된 영원불멸의 세계와 감각으로 파악할 수 있는 현실 세계를 구분했다. 전자를 이데아계(영원, 불멸, 절대, 불변, 보편, 완전), 후자를 현상계(유한, 소멸, 상대, 가변, 변화, 불완전)라 한다. 그리고 현상계에 존재하는 사물을 '현상'이라고 부른다. 끊임없이 변화하는 현상계는 영원히 변하지 않는 이데아계를 모방(미메시스)하여 존재한다. 현실의 세계는 항상 이상 세계를 모범으로 삼는다. 인간의 감각으로는 이상 세계를 직접 인식할 수 없고 오직 **이성**을 통해서만 가능하다. 이러한 사고를 현실과 이상의 **이원론적 세계관**이라고 한다.

■ 플라톤의 이상주의와 아리스토텔레스의 현실주의

아리스토텔레스는 스승인 플라톤의 이데아 사상을 따르면서도, 그의 이상주의적 사고를 비판했다. 아리스토텔레스는 사물의 본질이 이상 세계에 있는 것이 아니라, 오히려 현실 속에 있다고 주장했다. 두 사람의 입장 차이는 라파엘로의 유명한 벽화 '아테네 학당'에서도 잘 묘사되어 있다. 이 작품에서 플라톤은 손가락으로 하늘을 가리키고 있고, 아리스토텔레스는 손바닥을 땅으로 향하고 있다. 플라톤은 이상과 현실이 분리되어 있다는 **'이원론적 사고'**를, 아리스토텔레스는 이상은 현실의 실체라는 **'일원론적 사고'**를 주장하는 표상이라고 할 수 있다.

상기설

플라톤은, 우리가 불완전한 원을 보고도 완벽한 원을 머릿속에서 그려볼 수 있거나, 사랑 · 정의 등에 대한 개념적 정의를 이해할 수 있는 이유에 대해 설명했다. 이는 인간의 영혼이 태어나기 전 천상계에서 본 그것들의 이데아에 대한 기억을 현상계(현실 세계)에서 다시 떠올리는(상기하는) 것이 가능하기 때문이라고 하였다. 이를 **상기설**(아남네시스)이라고 한다. 상기설은 인간이 태어날 때부터 이성을 지녔다는 데카르트의 본유관념 사상으로 이어진다.

사원덕

플라톤에 따르면, 인간의 영혼은 이성 · 의지 · 욕망의 세 가지로 이루어져 있으며, 이것이 올바로 작동하면 각각 지혜 · 용기 · 절제의 덕이 된다. 그리고 이 세 가지가 조화를 이루면 정의의 덕이 된다고 그는 생각했다. 플라톤에게 정의란 사회에 이익이 되는 것을 가리키며, 지혜 · 용기 · 절제에 정의를 더한 네가지 덕을 **사원덕**(四元德)이라고 한다.

철인정치

플라톤은 인간의 영혼은 '이성 · 의지 · 욕망'으로 이루어져 있다고 말했다(영혼의 3분설). 그는 이데아에 대한 지식은 오직 이성을 통해서만 얻을 수 있으며, 선(善)의 이데아를 모방함으로써 최고의 선을 실현할 수 있다고 주장했다. 선의 이데아에 대한 인식과 실현이 가능한 인간을 철인(哲人)이라고 불렀으며, 이상 국가를 이룩하기 위해서는 철인에 의한 통치가 필요하다고 생각했다. 이렇듯 이성의 능력이 가장 잘 발달한 사람, 즉 철학자가 통치자가 되어 정치를 펼치는 것을 **'철인정치'**라고 말했다.

형상과 질료

플라톤은 현실 세계의 사물은 이데아의 불완전한 복사본이라고 말했지만, 아리스토텔레스는 달리 생각했다. 그는 사물의 본질인 이데아가 눈에 보이지 않는 관념적인 모습으로 존재하는 것이 아니라, 개별 사물 그 자체에 내재되어 있다고 생각했다. 이때 **사물의 본질**은 무엇인가의 구체적 형태를 띠고 있는데, 이를 **'형상**(形相)'이라고 한다. 의자의 본질은 의자의 형상이고, 컵의 본질은 컵의 형상이라 할 수 있다. 그리고 **개별 사물의 소재**를 **'질료**(質料, 질량이 아니다)'라고 한다. 이를테면 나무의자의 질료는 목재이고, 유리컵의 질료는 유리이다. 같은 질료를 가지고 여러 가지 다른 사물을 만드는 것이 형상이다.

■ 아리스토텔레스의 현실주의 사상

아리스토텔레스는 사물의 실체는 형상과 질료로 구성되어 있다고 말했다. 집을 짓는데 사용되는 목재가 질료라면 형상은 집의 개념에 상응하는 구조상의 형태를 가리킨다. 말하자면, 형상이란 설계도 같은 것이고, 질료란 재료 같은 것이다(아리스토텔레스에 있어서의 '형상' 개념은 플라톤의 '이데아'에 해당한다). 이때 사물 저마다의 형상이 다른 까닭은 그것들의 사용 **'목적'**이 다른 때문으로, 개체는 형상과 질료가 어우러져 성립한다는 것이다. 이처럼 아리스토텔레스는 플라톤의 추상적인 이데아론과 달리 현실주의 사상을 펼쳤다. 즉, 플라톤에게는 이데아가 실체였지만, 아리스토텔레스는 구체적인 개체가 실체이다.

테오리아

아리스토텔레스에 따르면, 어떤 것이 가장 행복한 상태는 그것이 지닌 고유 기능을 충분히 발휘할 때이다. 그는 인간 고유의 기능인 이성을 사용하여 사물을 탐구할 때 인간은 가장 행복하다고 주장했다. 이러한 상태를 **테오리아**라고 한다. 테오리아는 진리를 순수하게 고찰하는 관조적 상태로, 인간은 이데아를 탐구하는 것이 아니라 현실적인 사원인(형상인, 질료인, 작용인, 목적인)을 탐구함으로써 행복에 이를 수 있다. 테오리아는 이론을 뜻하는 theory의 어원이기도 하다.

목적론

아리스토텔레스는 모든 자연물은 목적을 추구하는 본성을 타고나며, 외적 원인이 아니라 내재된 본성에 따른 운동을 한다는 **목적론**을 제시했다. 그는 자연 사물은 단순히 목적을 갖는 데 그치는 것이 아니라 목적을 실현할 능력도 타고나며, 그 목적은 방해받지 않는 한 반드시 실현될 것이고, 그것의 실현은 운동 주체에 항상 바람직한 결과를 가져온다고 믿었다. 아리스토텔레스는 이러한 자신의 견해를 "자연은 헛된 일을 하지 않는다!"라는 말로 요약했다.

■ 의무론과 목적론

의무론과 목적론은 서양윤리의 근간을 이루는 사고이다. 의무론은 인간이 지켜야 할 행위의 원칙이 의무로서 주어져 있다고 보고 이것에서 좋고 나쁨과 옳고 그름의 기준을 제시하는 이론이다. 목적론은 인간의 행위뿐만 아니라 역사적 현상이나 자연 현상을 포함한 세계 만물이 목적에 의하여 규정되고 지배된다는 철학 견해이다. 의무론적 사고와 목적론적 사고는 이후 철학에서 '**의무론적 윤리설**'과 '**목적론적 윤리설**'이라는 규범윤리 이론으로 발전했다.

최고선

아리스토텔레스에 따르면 인간의 모든 행위는 어떤 목적을 추구하는데, 그 목적에 해당하는 것이 곧 '**선(善, good, 좋음)**'이다. 그런데 이러한 각각의 선은 또 다른 상위의 선을 목적으로 한다. 예를 들어 악기를 만드는 기술은 좋은 소리를 내는 악기를 만들기 위한 것이고, 좋은 소리를 내는 악기는 더 좋은 연주를 하기 위한 것이다. 이렇게 각각의 선이 상위의 목적으로 점점 올라가다 보면 더 이상 올라갈 수 없는 선의 최종 목적에 도달하게 되는데, 아리스토텔레스는 이것을 '**최고선**'이라고 말했다.

지성적 덕과 윤리적 덕

아리스토텔레스는 덕을 인간의 고유한 기능인 이성이 탁월하게 발휘되는 상태로 보았다. 아리스토텔레스에 의하면 인간이 행복해지기 위해서는 '**덕(德)**'을 지녀야 한다. 그러한 덕을 지성적 덕과 윤리적 덕으로 구분한다. 지혜(소피아), 판단력(프로네시스), 기술(테크네)이 지성적 덕에 해당하며, **윤리적 덕**은 용기나 절제 같은 것을 말한다. 아리스토텔레스는 사람이 윤리적 덕을 몸에 지니기 위해서는 항상 '**중용**'을 기르는 습관을 마음속에 체화해야 한다고 하였다.

아리스토텔레스의 '중용'

아리스토텔레스는 윤리적 덕의 특성을 '**중용(中庸)**'으로 설명했다. 중용이란 지나침과 부족함 사이의 적절한 상태를 의미한다. 아리스토텔레스에 따르면, '선'은 모든 사람들이 추구해야 할 목표로, 미덕 실현을 위한 이성의 능동적 활동이다. 미덕은 결정을 필요로 하는데, 그 바람직한 결정이 바로 중용이다. 중용의 상태는 단순히 중간이나 평균에 머무르는 것이 아니며, 상황과 조건에 따라 달라진다.

아리스토텔레스의 '정의'

아리스토텔레스는 "인간은 공동체적 동물이다."라고 하였다. 공동체를 위해서는 '**정의(正義)**'를 따라야 한다고 보고, 공동체적 정의를 크게 전체적 정의와 부분적 정의로 구분했다. 그리고 부분적 정의를 분배적 정의와 교정적 정의로 나누어 고찰했다. 아리스토텔레스는 분배적 정의와 교정적 정의를 행하는 것이 공동체를 위해 반드시 필요하다고 주장했다.

에피쿠로스학파

스토아학파와 함께 헬레니즘 시기를 대표하는 철학의 한 학파이다. 에피쿠로스학파의 철학자들은 쾌락을 인생 목표로 삼고 철학의 기본 가치로서 추구했다. 스토아학파가 플라톤과 아리스토텔레스의 사상을 이어받아 인간 이성을 통한 엄격한 금욕주의적 태도를 중시한 데 반해, 에피쿠로스학파는 인간의 감각적 경험과 정신적 쾌락 등 현실 세계에서의 행복을 중시하면서 '**아타락시아(ataraxia, 평정심)**'를 추구했다. 그리고 그 달성 조건으로 죽음의 공포로부터 벗어나고, 최소한의 욕망에 만족하며, 우정을 중요하게 생각해야 한다고 말했다.

■ 에피쿠로스학파가 후대에 끼친 영향

에피쿠로스학파의 사상은 고통을 피하고, 있는 그대로의 상태를 즐기라고 강조하는 것이기에 겉보기에는 쾌락을 추구하는 사상으로 보인다. 그 때문에 스토아학파가 로마제국 공인 도덕이 된 것과 달리 에피쿠로스학파는 스토아학파와 기독교의 비난을 받으며 로마 제정 시대에 쇠퇴했다. 하지만 에피쿠로스 사상가들은 검소하면서도 욕심 없는 삶을 가르쳤는데, 이 정신은 훗날 **사회계약설**의 시초가 되었고, 영국 경험론과 **공리주의** 윤리설의 형성에 영향을 끼쳤다.

스토아학파

스토아학파는 헬레니즘 시대의 철학적 주류를 형성한 학파이다. 플라톤과 아리스토텔레스의 사상을 따르되, 형이상학 철학 체계와 이상주의 사유를 좇기보다는 현실의 행복을 추구하고자 개인의 지혜와 윤리적 삶을 중요하게 여겼다. 철학은 개인이 행복을 얻을 수 있도록 금욕과 절제를 가르치는 방향으로 나아가야 하며, 이를 위해 자연과 일치된 삶을 추구할 것을 강조했다. 인생 목표인 행복을 얻기 위해서는 갖은 감정과 욕망 등의 정념으로부터 해방된 상태, 즉 '**아파테이아(apathia, 부동심)**'의 경지에 이르러야 한다고 강조했다.

기원후 고대 로마 세력은 정치적으로 문화적으로 약화되어 갔다. 초기 그리스도교는 로마 문화에 흡수됐지만, 5세기 로마 제국 몰락 이후 서구 세계를 지배하는 사상으로 발돋움하면서 이후 약 1천 년 동안 그 권위를 유지하였다. 종교적 교리에서 독립하여 이성적 고찰에 치중하던 그리스 철학 사상은 그리스도교의 부흥으로 불안정한 시기를 맞게 되었다. 그런 가운데 아우구스티누스와 같은 초기 그리스도교 철학자들은 그리스 철학을 그리스도교에 통합하려 들었다. 아우구스티누스는 신을 닮고자 하는 인간의 영혼을 모르고는 진정 신에게 다가갈 수 없다는 발상에 근거해 고대의 철학적 삶을 종교와 결합하고자 하였다.

로마제국이 쇠퇴를 거듭하다 결국 몰락하자 유럽은 '암흑시대(Dark Ages)'로 빠져들었고, 그리스 철학은 신학 앞에 무기력해졌다. 그러던 중 일부 학자들은 이슬람 세력의 영향을 받아 그리스 수학과 철학을 재발견하기 시작했다. 고대 그리스 철학, 특히 아리스토텔레스의 사상은 중세 그리스도교 안에서의 철학 사상 부활을 촉발했다. 플라톤의 철학은 신에 대한 믿음과 인간 불멸의 영혼을 위한 이성적 타당성을 제시했기 때문에 그리스도교에 쉽게 동화된 반면, 아리스토텔레스의 사상은 교회의 권위 때문에 신임을 얻지 못하였다. 그럼에도 불구하고 아퀴나스, 오컴을 포함한 기독교 철학자들은 아리스토텔레스 철학을 열렬히 포용하여 마침내 교회를 설득하였고, 기독교 신앙과 공존할 수 있게 만들었다.

아가페
아가페는 기독교에서 말하는 조건 없는 사랑을 뜻한다. 신이 인간에게 주는 아낌없는 사랑을 말한다. 기독교에서 신은 부족함이 없는 완벽한 존재이므로 아무것도 원하지 않는다. 일방적으로 사랑을 베풀기만 하는 존재이다. '가족애' 역시 조건 없는 사랑이라고 할 수 있다. 자식에 대한 부모의 사랑에서 볼 수 있듯이, 아무런 보상을 바라지 않고 자신을 희생하면서까지 사랑을 베풀기 때문이다. 그런 의미에서 가족애는 아가페라 할 수 있다.

원죄
인간이 태어나면서부터 짊어지는 죄를 말한다. 아우구스티누스는 인간은 오직 신의 은총에 의해서만 **원죄**로부터 구원받을 수 있다고 주장했다. 그는 인간이 신이 아닌 자기 자신을 믿으려고 하는 경향이 남아있는 이상 원죄는 계승된다고 말하면서, 자유의지를 따라 올바른 생활을 한다면 신의 은총 없이도 구원받을 수 있다고 설파한 펠라기우스와 격렬하게 대립했다.

교부철학
교부철학은 중세 들어 교회 내부의 다양한 의견을 통일하고 이교도에 대항하여 교회와 교리를 수호하는 과정에서 형성되었다. 대표적 교부철학자인 아우구스티누스는 그리스 철학자 플라톤의 사상 즉, **이데아의 관점**에서 성경을 이해하고자 했다. 그러나 점차 이성을 강조하는 플라톤의 이원론적 세계관의 이해뿐만 아니라 실존적 진리를 추구해야 한다는 사실을 깨닫고, 신을 실존을 통해 만나야 하는 인격체로 파악하게 됐다. 그는 유한한 인간이 참된 행복을 찾는 것은 영원하고 완전한 존재인 신과 하나가 될 때 가능하다고 보았다. 더불어 인간이 원죄로부터 벗어나려면 독실한 신앙을 가지고 사랑을 실천해야 한다고 주장했다.

스콜라철학

서양 중세 후기 이후부터는 신학과 철학, 신앙과 이성, 자연과 인간의 조화를 꾀함으로써 그리스도교의 교리를 철학적으로 논증하고 합리적으로 설명하고자 한 스콜라철학이 등장했다. 교부철학이 신앙 중심이었다면, 스콜라철학은 인간 이성에 대해 더 많은 관심을 가지고 이를 신앙과 조화시키고자 노력했다. 대표자는 토마스 아퀴나스다. 그는 처음에는 **아리스토텔레스의 목적론**을 받아들여 사상을 전개했으나, 이후 점차 종교적 차원으로 나아갔다.

■ 철학은 신학의 시녀

아퀴나스는 아리스토텔레스의 철학을 비판하면서 이성과 신앙의 양립을 증명하려고 했다. 그는 아리스토텔레스의 철학으로는 사후 세계나 우주 원리 등의 문제는 자연의 빛인 인간의 이성으로 도달하지 못하며, 오직 **은총의 빛**인 신학의 영역에서만 가능하다고 주장하면서, 신학과 철학에 명확한 상하관계를 만들었다. 그는 아리스토텔레스가 주장한 덕은 인간에게 현세적이고 일시적인 행복만을 가져다 줄 수 있는 것으로, 인간은 이러한 일시적인 행복에 만족하지 말고 종교적 덕을 추구함으로써 신과 하나가 되는 영원한 행복을 얻어야 한다고 주장했다.

보편논쟁

중세 스콜라철학의 주된 논쟁 주제로, 보편은 실제로 존재하느냐 하지 않느냐와 보편과 개별에 대한 우위 여부를 두고 벌어진 철학적 논쟁이다. 아리스토텔레스와 플라톤의 철학에서 시작됐으며, 중세에 들어서는 격렬한 신학적 논쟁으로 전개되어 후세에까지 영향을 끼쳤다. 보편논쟁에서는 보편의 존재 여부와 그 의미를 논하고 있는데, 이에 대한 중세 스콜라철학자들의 입장은 크게 둘로 나눌 수 있다. 보편은 현실에 존재하며 개별적인 것들보다 더 우위에 선다는 '**실재론(實在論)**'과, 보편은 인간이 만들어낸 말일 뿐이므로 현실에 존재하지 않는다는 '**유명론(唯名論)**'이 그것이다. 실재론자들은 플라톤에게서 그리고 유명론자들은 아리스토텔레스에게서 각각의 근거를 찾았으며, 이들의 논리는 신의 존재를 설명하는 데 사용됐다.

■ 보편논쟁이 중세 내내 뜨거운 쟁점이 된 이유

중세 스콜라철학에서 보편논쟁이 큰 의미를 가졌던 결정적인 이유는 이 모든 것이 중세 지식인들과 철학을 사로잡았던 신학과 긴밀하게 결부됐기 때문이다. 만약 '인간'이라는 보편이 존재하지 않는다면, 우리는 원죄를 짊어질 필요가 없으며, 우리를 구원하는 중개 역할을 하는 교회도 필요 없다. 이러한 이유로 보편의 유무는 기독교 사상에서 아주 중요한 문제로 다뤄졌다. 중세 내내 보편논쟁은 삼위일체설과 같은 다양한 그리스도교 논리와 현실에서 신의 존재 여부를 규명하는 데 집중했다. 보편논쟁은 토마스 아퀴나스가 나서서 조정을 시도했지만, 이후 오컴이 유명론을 주장하면서 논의가 재연됐다.

오컴의 면도날

보편은 실제 존재하느냐 하지 않느냐를 고찰한 중세 후기의 인물이 오컴이다. 그는 신 안에 존재하는 관념들이 독립적이고 영원한 실재라는 이전 스콜라철학자들의 견해를 거부하고, 그것들은 단지 이름에 불과하다고 주장했다. 철학의 세계에서 그는 '오컴의 면도날' 이론을 통해 모든 스콜라주의적인 편협함을 날려버린 것으로 유명하다. 오컴의 면도날은 "면도날로 잘라내듯 모든 가정(假定)을 도려낸 뒤 남는 단순한 것, 그것이 바로 본질이다."라는 것이 그 핵심 내용이다. 그는 언제나 합리적이어야 하는 철학을 '인간'이라는 보편이 실재한다고 보는 신학과 분리해서 생각해야 한다고 주장했다.

■ 철학과 신학을 분리하여 고찰

오컴은 설명은 최대한 단순한 것이 좋다는 사실을 강조했다. "필요 없이 실재를 다수화해서는 안 된다."는 식의 사고절약의 원리인 '오컴의 면도날'은 관찰된 사실, 논리적 자명성, 신적 계시 등을 규명할 경우 충분한 근거 없이는 그 어떤 명제도 주장해서는 안 된다고 규정한다. 이 이론을 이용하여 지식과 신앙을 갈라놓은 그의 유명론(唯名論)은 신의 존재와 그 인식에서 개개인의 신앙 및 이성의 중요성을 강조함으로써 르네상스 이후, 종교 개혁가들이 등장하고 근대 윤리사상이 싹트는 데 중요한 역할을 했다.

4 서양 근대 철학 ①

주체의 철학: 계몽주의 · 영국 경험론 · 대륙 합리론 · 모럴리스트 · 독일 관념론(칸트 · 헤겔 · 쇼펜하우어)

중세가 끝나는 시기인 14세기 말부터 그리스도교의 교리에 구애받지 않고 자유롭게 사고하려는 시대 사조가 일어났다. 중세의 속박에서 벗어나 근대정신을 태동한 시기가 바로 르네상스 시대이다. 이 시기의 철학은 먼저 그리스 철학의 부흥에서 시작된다. 이를 인문주의 사상이라고 한다.

근대에 이르러 유럽을 중심으로 대륙의 합리론과 영국에서 비롯된 경험론이 탄생했다. 이 두 사상은 서로 대립하면서 발전했다. 합리론은 데카르트의 사상으로부터 시작되었다. 그는 인간 이성을 신뢰하면서 이성적으로 확실한 것을 추구해 나가다 보면 진리를 깨달을 수 있다고 생각했다. 경험론은 인간의 인식에서 경험의 역할을 중시하였다. 베이컨은 경험을 중요시하면서 과학 연구에서의 귀납적 연역의 중요성을 역설했다. 이후 칸트는 합리론과 경험론의 대립을 넘어 둘을 체계적으로 종합하면서, 선험적이면서도 종합적인 판단이 가능하다고 보았다.

칸트를 이어 독일에서는 독일 관념론이 발전하였다. 헤겔은 칸트와 달리 인식 가능한 대상에는 그 어떤 한계가 없으며, 근본적으로 '모든 것이 서로 관계를 맺고 있다.'고 생각했다. 그는 최종 실재는 '절대정신'이라고 말하면서 진리는 역사 속에서 자기를 실현해나가는 것이라고 주장했다.

서양 근대 철학을 한마디로 요약하면, 사물을 이루는 실체로서 물질(대상)보다는 정신(이성)을 우위에 두고 세상을 인식하는 '주체의 철학'이라고 말할 수 있다.

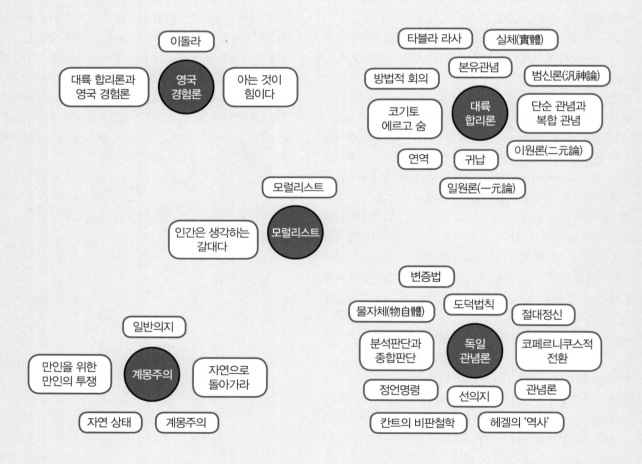

대륙 합리론과 영국 경험론

유럽의 대륙 철학자인 프랑스의 데카르트, 네덜란드의 스피노자, 독일의 라이프니츠 등은 태어나면서부터 인간에게 보편적으로 주어진 이성의 힘으로 진리에 도달할 수 있다고 생각했다. 이를 '대륙 합리론, 합리주의 · 이성주의'라고 부른다. 한편 영국의 베이컨, 로크, 흄 등은 인간은 선천적으로 관념을 갖고 태어나는 것이 아니며 모든 지식은 경험에 근거한다고 주장했다. 이를 '영국 경험론, 경험주의'라고 부른다. 대륙 합리론과 영국 경험론은 칸트에 의해 종합 · 체계화되어 18세기 독일 관념론으로 발전했다.

이돌라

경험주의의 선구자인 베이컨은 엄밀한 경험적 관찰과 이를 통한 지식의 획득을 중시했다. 그는 올바른 지식 습득을 방해하는 선입견과 편견을 '이돌라(우상)'라고 부르고, 이를 네 가지로 구분했다. 그리고 우상을 제거할 때 인간은 자연을 있는 그대로 관찰하여 올바른 지식을 획득할 수 있다고 주장했다. 그는 이러한 방법을 통해 얻어낸 올바른 지식을 이용함으로써 자연을 지배하고 인간의 생활 방식을 개선하여 많은 사람에게 행복을 가져다 줄 수 있다고 믿었다. 이러한 그의 믿음은 "아는 것이 힘이다."라는 표현에서 잘 드러난다.

■ 베이컨의 네 가지 우상

- 종족의 이돌라: 감각에 의한 착각
- 동굴의 이돌라: 개인적인 편견
- 시장의 이돌라: 소문에 의한 편견
- 극장의 이돌라: 권위에 대한 맹신

아는 것이 힘이다

근대 경험론의 선구자 베이컨의 격언으로, 자연을 관찰해서 도출해낸 경험적 지식을 중시하는 생각이 반영된 말이다. 베이컨은 스콜라철학으로는 학문적 기초 지식을 확립할 수 없다고 생각하면서, 학문이 자연법칙을 발견하고 그 법칙에 따라 자연을 지배하는 힘을 가져야 한다고 주장했다. 그는 교양이 아니라 경험을 통해 자연의 구조를 이해함으로써 생활의 향상을 이룰 수 있다고 생각했다. '아는 것이 힘이다'의 '앎'은 실용 지식을 의미하며, 지식은 자연을 지배하는 힘이 될 수 있다는 사고방식이 담겨 있다.

코기토 에르고 숨

이성주의 전통의 기초를 닦은 데카르트는 감각 경험이 우리에게 확실한 지식을 주지 못한다고 보고, 의심할 여지없이 확실한 지식을 찾기 위해 방법적 회의를 통해 모든 것을 의심해 보았다. 그는 방법적 회의를 통해 모든 것을 의심한 결과 결코 의심할 수 없는 한 가지 사실에 이르게 되었는데, 그것은 '생각(의심)하는 나'가 있다는 것이다. 그리하여 "나는 생각한다. 그러므로 나는 존재한다(cogito ergo sum)."라는 확고부동한 진리를 얻을 수 있었다. 데카르트는 이것을 철학의 제1원리로 삼고, 이성을 사용하여 이로부터 확실한 지식을 연역하고자 했다.

방법적 회의

데카르트가 "나는 생각한다. 그러므로 나는 존재한다(cogito ergo sum)."라는 철학의 제1원리를 도출하기 위해 사용했던 사유 방법론이다. 이 세상에 존재하는 온갖 편견이나 불확실한 것을 배제하기 위해 의심할 여지가 있는 것 전부를 배제하고 난 뒤 진리를 이끌어내는 방법이다. 방법적 회의는 모든 것을 거짓이라고 판단하는 흄의 '회의론'과는 달리, 진리를 얻기 위한 방법적 사유라고 할 수 있다.

본유관념

본유관념(생득관념, 生得觀念)은 인간이 태어나면서부터 가지고 있는 지식 또는 관념(자기 스스로 의식하고 있는 생각의 대상)을 말한다. 선악 구별, 절대 지식처럼 경험에 의해 학습되지 않는 지식이 그것이다. 데카르트는 인간은 그 어떤 지식을 갖고 태어난다고 생각했으며, 그 지식을 통해 자연의 원리를 알아낼 수 있다고 보았다. 그리고 자연의 원리를 판단하는 근거는 신이 존재하기 때문이라고 여겼다. 신이라는 궁극의 근거가 올바로 판단할 수 있는 능력을 인간에게 부여했기 때문에 인간의 타고난 지식은 항상 옳게 작용한다는 것이다.

■ 습득관념

데카르트가 주장한 본유관념에 이의를 제기한 사람은 경험론자 로크였다. 그는 경험이야말로 마음에 지식을 새기는 것이라고 주장했다. 이른바 백지처럼 하얀 마음에 경험한 것들을 그려 넣음으로써 사람은 비로소 지식을 얻을 수 있다고 생각하면서(백지설), 본유관념의 존재를 부정하고 경험에 의한 '습득관념'을 지지했다.

귀납

귀납과 연역이란, 경험론과 합리론의 사상적 입장에 대응하는 두 가지 논리적 사고법을 말한다. 둘 다 사물을 추론하기 위한 방법론이다. 귀납은 개별적 경험에서부터 일반적 결론을 이끌어내는 논리적 추론 방법이다. 예를 들어, 곤충이나 토끼 등 서로 다른 생물을 여러 마리 관찰해보면 관찰한 모든 생물이 세포로 이루어졌음을 알 수 있다. 위 사실을 바탕으로 '일반적으로 생물은 세포로 이루어졌다.'라는 일반 법칙을 도출할 수 있다. 이것이 귀납적 사고로, 개별적인 경험을 중시한다는 점에서 경험론으로 결론짓는다. 귀납적 방법을 준수하면서 인간의 인식

문제와 도덕적 행위의 근거를 탐구하려는 사상적 흐름을 '**경험주의**'라고 한다.

연역

연역은 확실한 원리로부터 이성적 추론을 통해 지식을 얻어내는 논리적 추론 방법이다. 일반 전제에서 삼단논법 등의 논리 법칙을 거쳐 개별 사실을 이끌어내는 방법이 이에 해당한다. 예를 들어 '인간은 언젠가는 죽는다.'는 사실과 'K는 인간이다.'라는 사실을 통해 '따라서 K는 언젠가 죽는다.'라는 결론을 이끌어내는 사유 도출 방식을 말한다. 이것은 개별적이고 경험적인 사실을 배제하고 일반적인 법칙을 전제로 내세운다는 점에서 합리론으로 결론짓는다. 연역적 방법을 중시하면서 그 문제를 탐구하려는 사상적 흐름을 '**이성주의**'라고 한다.

■ 귀납과 연역 추론의 전제와 결론의 관계

귀납은 이미 알고 있는 개별적인 사실들에서 그러한 사실을 포함하는 일반적인 명제를 이끌어내는 추론이므로, 개별적인 사실들이 모두 옳을지라도 결론이 반드시 옳지는 않은 속성이 있다. 반면 연역은 이미 알고 있는 일반적인 명제를 전제로 삼아 구체적인 사실을 이끌어내는 추론이므로, 전제가 옳다면 결론은 반드시 옳은 속성이 있다.

일원론(一元論)

일체의 존재를 포함한 세계 전체를 한 가지 원리로 설명하려는 철학적 세계관에 대한 입장이다. 일원론은 세계의 다종다양한 존재를 부정하는 것은 아니다. 세계 내에서 다양한 것으로 존재하는 기초가 무엇인가에 대한 사고방식이다. 그 기본이 되는 것을 '**물질**'로 보는 유물론적 견해와 '정신' 또는 '**관념**'으로 보는 관념론적 견해가 있다. 마르크스주의의 변증법적 유물론은 자연 및 사회를 물질의 기본적 원리로 하여 파악하는 유물론적 일원론이다. 관념론적 일원론을 대표하는 것으로는 '**절대이념**'을 세계의 기본에 둔 헤겔의 철학을 꼽을 수 있다.

이원론(二元論)

세계 전체가 서로 독립된 이질적인 두 개의 근본 원리로 되어 있다고 보는 사고방식이다. 이원론을 대표하는 것으로는 변화하는 현상의 세계와 변하지 않는 이념(**이데아**)의 세계를 대립시킨 플라톤의 철학이 있다. 플라톤의 이원론적 사고는 이데아를 '정신적인 것', 변화하는 세계를 '신체적인 것'으로 생각하여 데카르트의 '**심신이원론**'을 끌어낸 원동력이 되었다. 데카르트는 정신과 육체는 분리된 것이지만 정신이 육체를 지배한다는 입장을 취하면서, 사고하는 정신이야말로 가장 확실한 것이며, 신체는 물체에 지나지 않는다고 바라봤다.

■ 서양 근대사상의 핵심 이론 체계

어떤 문제에 대해, 두 개의 상반되는 별개의 것을 대립의 근본으로 인식하는 사고체계를 '**이원론**'이라 부른다. 이원론적 사고는 인류의 사상사를 통해 학문적 이론 체계를 갖추는 데 중요한 방법으로 사용됐다. 종교에서의 신과 세계, 윤리학에서의 선과 악은 물론, 철학에서의 물질과 관념, 신체와 정신, 주관과 객관, 보편과 특수, 절대와 상대, 본질과 현상, 일반성과 특수성, 존재와 인식 등 다양한 이원론적 관점이 존재한다. 일상생활에서의 이론과 실제, 내용과 형식, 진짜와 가짜, 긍정과 부정처럼 쌍을 이루는 범주들도 이원론적 구조를 가지고 있다.

■ 인식론적 체계로서의 일원론과 이원론의 흐름

■ 데카르트의 상호작용설(실체이원론)과 스피노자의 심신병행설(성질이원론)

데카르트의 심신이원론을 정신철학에서는 '**실체이원론**'으로 부른다. 마음(의식)과 몸은 별개의 실체로 뇌를 통해 연결되면서 상호작용한다. 데카르트는 우리가 육체적 통증을 느끼는 것은 우리의 마음이 몸을 움직이기 때문이라고 보았다. 마음(의식)과 육체는 뇌를 통해 상호작용한다는 것이다. 데카르트는 생각하는 '나(사유=마음=의식=정신)'와 공간을 점유하는 것(연장=몸=물질=육체)을 뚜렷하게 구별함으로써 근대적 자아를 확립했다. 스피노자의 '**성질이원론**'은 마음과 몸은 동일한 것으로 마치 동전의 양면처럼 2개의 성질을 갖고 있다고 보았다. 스피노자는 마음과 몸은 별개라는 이원론의 관점을 따르지만, 마음이 몸을 움직이는 것은 아니라고 보았다.

범신론(汎神論)

범신론은 세상 모든 곳에 신이 깃들어 있다는 생각을 말한다. 자연이 곧 신이고 신이 곧 자연이라고 생각하면서, 자연과 우주 만물을 신으로 여기는 사고이자 세계관이다. 스피노자는 모든 것은 하나의 신이라는 일원론의 관점에서, 신은 자연을 창조한 인격적 신이 아니라, 스스로가 자신의 존재 원인인 자연 그 자체를 의미한다고 주장했다. 그는 신, 즉 자연을 이성적 질서에 따라 움직이는 하나의 커다란 기계로 보고, 자연에서 일어나는 모든 일은 원인과 결과의 필연적인 관계로 연결되어 있다고 보았다. **신과 자연은 동일한 존재의 각각 다른 측면**으로, 인간은 자연과 하나가 되어야 진정한 자유와 마음의 평화를 누릴 수 있다는 것이다.

타블라 라사

로크는 경험론의 입장에서 대륙 합리론의 본유관념(생득관념)에 의문을 제기했다. 그는 인간은 본유관념을 가지고 태어난다고는 생각하지 않았다. 인간은 아무 것도 그려져 있지 않은 **'백지 상태(타블라 라사)'**와 같은 마음으로 태어나서 주변 환경과의 상호작용과 후천적 교육을 통해 마치 빈 종이를 채워가듯이 성숙한 인간으로 거듭난다는 것이다. 그는 선악의 관념 또한 개인의 고유하고 선천적인 속성이 아니라 환경 등에 의해 결정된다고 주장했다. 로크의 이 견해는 이후 프로이트, 브룸, 왓슨 등 수많은 행동주의 및 경험주의 심리학자와 교육학자로부터 지지받았다. 로크의 백지설은 중국 고자(告子)의 **성무선악설**에 부합하는 사고라고 할 수 있다.

단순 관념과 복합 관념

로크는 오로지 경험만이 정신에 관념을 선사한다면서, 이를 둘로 나누었다. 하나는 '보다, 듣다' 등 감각을 통해 얻는 관념이고, 다른 하나는 '사고, 믿음' 등 여러 가지 정신 과정에서의 반성을 통해 얻는 관념이다. 이를 갖고 그는 관념을 다시 '단순 관념'과 '복합 관념'으로 구분하면서 경험 지식이 만들어지는 과정을 설명했다. 관념은 단순한 형태에서 출발한다. 감각적 관념이 먼저고, 다음은 반성을 통해 얻는 관념이다. 이때 정신은 근본적으로 수동적이다. 그러나 나중에는 정신이 단순 관념을 조합하거나, 서로 보충하거나 일부를 무시함으로써 능동적으로 실체·양상·관계라는 **복합 관념(=지식)**으로 나아간다.

존재하는 것은 지각되는 것이다

버클리는 물질세계의 인식은 감각의 관념에서 유래한다는 로크의 견해를 따랐지만, 사물의 존재가 앞서고 우리가 이를 경험으로 지각한다는 생각에는 반대했다. 버클리는 "존재하는 것은 지각되는 것이다."라고 하여, 우리가 사물을 지각하는 것이 아니라 사물은 우리가 지각함으로써 존재하는 것이라고 생각했다. 그는 인간은 '감각의 관념'을 지각할 수는 있지만 결코 만들어 낼 수는 없는 것이며, 따라서 그것은 인간 정신의 소산이 아니라고 주장했다. 그것을 만들어 내는 것은 인간의 유한한 정신을 넘어선 **'무한한 정신'**, 즉 신이어야만 한다고 말하면서, 세계의 존재 근거를 '지각'에서 구하는 철저한 주관적 관념론으로서의 경험론을 전개했다.

지각의 구속

흄은 정신이나 자아가 그 자체로 독립적이거나 동일성을 갖고 있는 것이 아니라 보고 듣고 느끼는 다양한 체험(지각)을 반복하고 있는데 지나지 않는다고 여겼다. 흄에 따르면 정신이 따로 있는 것이 아니라 관념과 인상의 다발만 있을 뿐이다. 흄은 나, 주체, 자아, 정신으로 불리던 것들은 인상과 관념의 묶음, **지각의 다발**일 뿐이라고 주장했다. 그는 이를 두고 '인간은 지각의 구속을 받는다.'라고 표현했다. 흄에게 있어서는 지각(감각)이 확실히 존재한다고 해서 그것이 '나'라는 실체는 아닌 것이다. 이러한 생각은 칸트의 비판 철학에 영향을 주었다.

■ 로크, 버클리, 흄의 존재와 대상의 관계

존재와 대상과의 관계에 있어 로크, 버클리, 흄은 관점을 달리한다. 로크는 대상(예를 들어 '사과')의 크기나 형태는 객관적으로 존재하지만, 색상·향기와 같은 감각은 실재하지 않으며 인식 주체('나')의 주관에 따른 것이라고 했다(존재○, 대상○). 버클리는 대상의 존재 자체를 부정하면서, 대상은 인식 주체가 자각하지 않으면 존재하지 않는다고 했다(존재○, 대상×). 로크와 버클리는 대상을 보고 있는 '나'라는 존재 자체는 의심하지 않았다. 하지만 흄은 '나'라는 존재 자체까지 의심했다(존재×, 대상×). '나'라는 존재는 물질적으로 존재하지 않으며, 사과라는 대상 또한 물질적으로 존재하지 않는다는 것이다.

실체(實體)

'**실체**(사물의 근원·본질)란 구체적으로 무엇인가?'라는 문제를 놓고 많은 철학자들이 고민했다. 플라톤에 따르면, 실체는 곧 이데아이다. 아리스토텔레스에 따르면, 실체는 형상과 질료로 이루어진 개별 사물이다. 데카르트는 "무한으로서의 실체가 곧 신이다. 유한한 실체는 정신과 물질로 나뉜다."라고 했다. 스피노자에게 있어 실체는 범신론적 신(神)이다. 라이프니츠에게 있어 실체는 곧 모나드(單子)다. 헤겔은 정신이 절대지식으로 나아가는 과정이 곧 실체라고 했다. 현대철학은 실체에 대한 이러한 사고에 비판적이다. 사물은 각자 관계를 맺으면서 저마다의 가치를 지니고 있다는 '관계주의' 시각에서 실체를 논의하는 사고가 주류를 이루고 있다.

모럴리스트

모럴리스트는 도덕에 관해 논한 사상가들을 뜻한다. 인간의 존재 양식을 고찰하고 도덕적 삶에 관해 제언한 16~18세기 작가와 사상가들을 일컬어 모럴리스트라고 부른다. 모럴리스트들은 어떠한 규범을 제시하거나 체계를 구축하려 들지 않았다. 그들은 인간 세상을 전체적으로 포괄하는 체계적인 사상은 있을 수 없다고 생각했다. 그들의 목적은 어디까지나 자신의 체험을 바탕으로 도덕을 묘사하되, 이를 에세이나 잠언과 같은 비교적 자유로운 글로 표현하는 데 있었다. 몽테뉴는 『수상록』에서 자신의 체험을 **에세이** 형식으로 표현했다.

인간은 생각하는 갈대다

파스칼의 저서 『팡세』에 들어 있는 말로, 자연적인 존재로서의 인간은 약하지만, '**생각하는**' 존재로서의 인간은 고귀하고 위대하다는 것을 나타낸 말이다. 하지만 이를 두고 '인간은 갈대이지만 생각할 수 있어서 모든 것을 이길 수 있다.'라고 받아들여서는 안 된다. 파스칼은 몽테뉴와 마찬가지로 서양 지성의 폭주를 예언하면서, 근대인의 '실존'을 가리켜 이러한 표현을 한 것이다.

자연 상태

자연 상태는 국가에 의한 질서가 부재한, 어떠한 권위도 존재하지 않는 상태를 말한다. 개인 간 계약에 의해 국가를 형성한다는 **사회계약설**에서 전제로 둔 개념이다. 홉스는 국가공동체가 형성되기 이전의 자연 상태를 이른바 '만인의 만인에 대한 투쟁 상태'로 규정했다. 이와 달리 로크와 루소는 자연 상태는 자연법에 지배받는 자유롭고 평화로운 상태로 보았지만, 사유재산을 둘러싸고 불평등이 발생하면서 갈등과 투쟁의 장으로 변모하게 된다고 보았다. (롤스는 사회계약설의 '자연 상태' 개념에 착안하여 『정의론』에서 '무지의 장막'이란 개념을 정립)

만인에 대한 만인의 투쟁

홉스는 국가 구조에 대해 논리적으로 고찰했다. 그는 공적 권력 아래 놓여 있지 않은 상태(자연 상태)에서 사람들은 서로 자유를 쟁취하기 위해 '만인의 만인에 대한 투쟁'이 일어난다고 주장했다. 그러한 상태에서 개인은 자유를 보장받지 못한다. 따라서 사람들이 서로 싸우지 않기 위해서는 그 어떤 계약을 체결할 필요가 있다. 사람들은 사회계약을 체결함으로써 자신들의 권리 일정 부분을 포기한다. 이를 통해 절대 권력을 가진 하나의 인위적인 인간, 공적 권력으로서의 **국가**가 만들어진다. 그 국가는 개인들의 총합을 의미한다.

■ 리바이어던

홉스는 공적 권력을 가진 국가를 구약성서 욥기에 나오는 리바이어던이라는 무시무시한 바다 괴물로 비유했다. 국가는 리바이어던처럼 강력한 힘을 가지고 있어야 제 기능을 발휘할 수 있

다고 그는 생각했다. 홉스는 왕권신수설에 의지하지 않고 국가 구조에 대해 설명했지만, 그럼에도 그의 논리는 절대군주제를 옹호하는 방편으로 작용했다.

일반의지

루소는 사회의 필요악과 최선의 자연 상태를 결합시켜 주는 계약은 '일반의지'를 통해서 만들어진다고 했다. 일반의지는 개인의 사적 이익 추구를 위한 특수의지를 단순히 합한 것에 불과한 전체의지와는 다른 개념이다. 일반의지는 **모두의 의지**로서 오로지 **공동의 이익**, 즉 자유와 평등만을 염두에 둔다. 주권은 실제 통용되는 일반의지를 표현하며, 그런 이유로 언제나 옳다. 루소는 공권력은 필요 없으며, 인간이 나서부터 공통적으로 지니고 있는 서로 협력하는 마음(일반의지)을 확인하기 위해서는 모든 사람이 논의하고 모든 사람이 국가를 통치하는 직접민주제를 채택해야 한다고 생각했다.

■ 홉스 · 로크 · 루소의 사회계약론 비교

구분	홉스	로크	루소
자연 상태에 대한 규정	●만인에 대한 만인의 투쟁 상태로, ●갈등과 경쟁으로 인한 대립 구도 심화	●자연법에 지배받는 평화로운 상태이나, ●재산권 보장이 불확실하여 잠재적 투쟁 가능성 발생	●자연 상태에서 자유롭고 평화로운 상태이지만, ●사회제도와 사유재산제가 생기면서 불평등 발생
사회계약의 형태 (권리의 양도와 행사)	●자연권 전부를 국가에 양도	●자연권의 일부를 국가에 위임	●일반의지에 의한 국가 위임
	●무조건 복종	●저항권 행사	●다수결의 원칙
국가관과 정치사상	●국가와 법률의 절대적인 정당성 확보 ●따라서 시민은 국가와 군주에 대해 절대 복종 강제	●국가는 자연권(자유 · 생명 · 재산) 보장을 위해서만 정당성 확보 ●따라서 시민은 신탁을 배반한 국가에 대해 저항권 행사 가능	●국민 주권론 주장 ●시민의 일반의지에 입각한 정치공동체 구성
정치 형태	●절대군주제	●간접민주제(입헌군주제)	●직접민주제

자연으로 돌아가라

『인간불평등 기원론』, 『사회계약론』 등에서 자연 상태를 해설하거나 불평등에 대해 논의한 루소의 핵심 사상을 나타내는 말이다. 루소는 이 언명을 통해 인위적으로 생긴 **사회악**의 죄를 묻는다. 루소는 부의 사유화 등으로 타락한 문명사회와 결별하고, 다시 문명사회 이전의 선량한 인간 공동체를 추구해야 한다고 주장했다.

계몽주의

계몽주의는 이성의 힘과 인류의 진보를 믿는 사상운동을 뜻한다. 특히 이성의 계몽을 통해 구습을 타파하고 사회를 개혁하려는 데 목적을 두었다. 18세기 유럽은 이성적 · 진보적 · 자유주의적 · 과학적 이념이 확산되면서 계몽의 시대를 열었다. 로크,

루소 등 계몽 사상가들은 전제 왕권 국가나 교회의 지배에서 벗어나 인민 스스로 통치하는 시민사회를 형성하는 데 이론적 기초를 제공했다. 그들은 합리적 사고방식을 절대시하면서 **사회계약론** 보급에 힘을 쏟았다. 그 결과 영국의 명예혁명과 프랑스혁명을 이끌어내면서, 시민을 절대왕정으로부터 해방시켰다.

분석판단과 종합판단

칸트는 『순수이성비판』에서 사고의 진정한 범위와 한계를 찾아내는 일을 시작했다. 이를 위해 칸트는 분석판단과 종합판단이라는 전통적인 구분을 얘기했다. 분석판단은 단순히 단어만을 설명할 뿐이고('당구공은 둥글다'), 종합판단은 단순한 단어 설명의 차원을 넘어 선다('이렇게 친 흰색 당구공이 원인으로 작용하여 검은색 당구공을 화살표 방향으로 굴러가게 만들었다'). 칸트는 종합판단에다 경험과 무관한 단순한 사색에서 나오는 선험적 인식과 경험에서 비롯되는 경험적 인식이라는 두 가지 표현을 덧붙였다. 칸트는 '당구공이 어느 방향으로 굴러가게 될 것인지 확실하게 알 수 있다'고 말하면서 **선험적이면서도 종합적인 판단**이 가능하다고 강조했다.

물자체(物自體)

플라톤 이후 철학은 주로 대상의 본질에 대해 관심을 쏟았다. 그러나 칸트는 대상을 인식하는 **주체**에 주목하면서, 우리가 감각할 수 없지만 존재하는 그 자체를 초월적 실체 또는 '**물자체(物自體)**'라고 했다. 칸트에 따르면 우리는 물자체를 생각할 수 있을 뿐, 이를 직접 인식할 수 없다. 왜냐하면 물자체는 우리의 감성과 오성을 거쳐서, 그리고 사유와 경험을 거쳐서 단지 '**현상**'으로만 주어지기 때문이다. 따라서 우리는 현상으로서의 사물이 감각을 촉발함으로써 그것이 우리 내부에 생겨나도록 하는 표상만을 알 수 있을 뿐이다. 우리가 인식하는 것은 오직 현상의 세계일 뿐이라고 그는 생각했다.

카테고리

카테고리는 '**범주(範疇)**'를 뜻하며, 대상과 사물을 분류하는 기준이자 머릿속 척도라 할 수 있다. 우리는 오감에 의해 지각한 대상을 감성 형식에 의해 공간적·시간적으로 파악한다. 이어서 오성의 범주(카테고리)가 대상을 인식한다. 인간의 인식에는 12개의 카테고리(감각을 현실화하는 데 필요한 일종의 기본적인 개념군)가 구비되어 있다고 칸트는 주장한다. 그 하나가 원인과 결과에 의해 사고하는 방식이다. 칸트는 이러한 일련의 체계를 '**이성**'이라고 불렀다. 그러한 체계는 선험적으로 갖추어져 있는 것이라고 했다.

■ 칸트의 '현상' 인식

인간이 대상을 공간적·시간적으로 파악하여 이를 카테고리에

따라 분석한 것으로서의 '대상(실재·본체, 누메논)'의 모습을 칸트는 '현상(페노메논)'이라고 불렀다. 바꿔 말하면, 물자체를 사람들이 잘 인식할 수 있도록 연결한 상태가 곧 '현상'이다. 기존 사고방식은 '대상=현상'인데 비해, 칸트의 사고방식은 '**대상≠현상**'이라 할 수 있다. 칸트 이전에는 대상(실재)은 인간이 인식한 모습(현상)과 동일하다고 생각했지만, 칸트의 종합 인식에 따르면 대상은 인간이 인식한 모습(현상)과 동일하지 않다. 그는 현상(페노메논의 세계)과 실재(누메논의 세계)를 구분하고, 대상의 실체, 즉 '물자체'는 알 수 없고 다만 이를 **인식**할 뿐이라면서, 인식에 명확한 한계를 그었다.

코페르니쿠스적 전환

칸트는 대상이 먼저 있고 인식 주체인 우리가 그 대상을 향함으로써 대상을 인식하게 된다는 전통 형이상학으로는 인식의 객관성을 얻을 수 없다고 생각했다. 그는 인식의 방향을 완전히 바꾸어 대상이 인식의 주체 쪽으로 향한다고 생각하고, 감각을 통해 대상에 대해 알게 된 것을 초월론적 자아가 조직하여 인식이 완성된다고 주장했다. 이런 방향 전환을 '**코페르니쿠스적 전환**'이라고 한다. 코페르니쿠스적 전환은 칸트의 초월론적 관념론의 핵심을 집약한다.

도덕법칙

인간 행위의 기초가 되는 도덕 원칙으로, '도덕률'이라고도 한다. 자연세계는 자연법칙이 있고, 인간세계는 사람들이 마땅히 따라야만 하는 도덕법칙이 있다고 칸트는 생각했다. 도덕적으로 행동하는 것을 선한 것으로 여기는 이성은 인간에게 선천적으로 부여된 것이기 때문이다. 도덕법칙은 '**양심의 소리**'로, "네가 다른 사람으로부터 대접받기를 원하는 것처럼 다른 사람을 대접하라."와 같은 법칙(**정언명령**)이 그것이다. 칸트에 따르면, 도덕은 수단이 아닌 목적 그 자체로, 모든 인간에게 무차별적으로 동일한 행위 법칙을 적용하는 것이 도덕적이다. 그는 각자 자신의 개인적 판단이 언제나 보편적 자연법칙에 어긋나는지 반성해야 한다고 촉구했다.

■ 이론이성과 실천이성

칸트는 인간의 이성을 이론이성과 실천이성으로 나누었다. 카테고리 등에 따라 사물을 인식하는 능력을 '이론이성'이라 하고, 인간이 도덕적으로 행동할 것을 실천하는 이성을 '실천이성'이라 한다. 어느 것이든 인간에게 선천적으로 부여된 것이라고 칸트는 생각했다. 도덕법칙은 **실천이성**을 따르며, 행위 결과보다 동기를 중시한다.

선의지

칸트는 오직 '선의지'만이 도덕적 행위의 유일한 근거라고 주장

했다. 선의지란 옳은 행위를 오로지 옳다는 이유에서 마땅히 해야 할 의무로 받아들이고 따르려는 의지이다. 만약 우리가 강도를 만나 상처를 입고 골목에 쓰러져 있는 사람을 본다면, 우리는 두려움을 느끼고 그를 그냥 지나칠 수도 있지만, 마음속으로는 상처 입은 사람을 마땅히 도와주어야 한다고 생각하게 된다. 이렇게 곤경에 처한 사람을 마땅히 돕고자 하는 것이 바로 선의지다. 칸트는 오직 의무로부터 나온 행위만이 선의지에 의한 행위이자 **최고선**을 지향하는 도덕적 행위라고 주장했다.

정언명령

칸트에 의하면 의무에 따라 행동하는 것은 곧 도덕법칙에 따르는 것이다. 그러나 인간이 도덕법칙을 따르는 일은 저절로 되는 것이 아니며, 그 과정에서 '자연적 경향성'을 극복해야 하기 때문에 도덕법칙은 명령의 형식으로 이루어져야 한다고 봤다. 그리고 의지가 따르는 도덕법칙이 절대적이고 무조건적으로 선하려면, 도덕법칙이 어떤 다른 목적을 달성하기 위한 수단으로서의 명령이 아니라 그 자체가 목적인 무조건적 명령으로 되어야 한다고 주장했다. 그는 도덕법칙이 '만일 ~ 하려거든 ~ 하라.'와 같이 어떠한 조건이 붙은 '가언명령'이 아니라 '무조건 ~ 하라.'와 같은 절대적인 명령의 형식을 지녀야 한다고 했는데, 이를 '**정언명령**'이라고 한다.

■ 자연적 경향성

자신의 이익을 추구하려는 욕구나 두려움, 동정심 같은 감정처럼 인간이 자연스럽게 가지게 되는 경향성을 말한다.

격률

어떤 행위가 도덕적인지 판정할 때 우리는 격률을 기준으로 삼는다. 격률이란 각 개인별로 정립한 행위의 규칙으로, '**준칙**'이라고도 한다. 도덕법칙으로서 정언명령의 핵심은 격률의 **보편화** 가능성이다. 칸트에 의하면 우리는 이러한 격률에 의해서 행동한다. 그는 행위의 격률이 보편타당성을 지닐 때 비로소 도덕법칙이 될 수 있다고 보고, 도덕법칙으로서 정언명령을 "네 의지의 준칙이 언제나 동시에 보편적 입법 원리가 될 수 있도록 행위 하라."고 제시했다. 스스로 부과한 행위의 원리가 항상 남에게도 인정받는 내용이어야 그 행위가 옳다는 것이다.

칸트의 비판철학

칸트의 비판철학은 이성에 대해 비판한다. 여기서 비판은 이성을 부정하는 뜻에서의 의미가 아니라, 사물을 구성하는 근본을 철저히 따져 살펴야 한다는 의미이다. 칸트는 형이상학이 독단론이나 회의론에 빠지는 것을 경계하면서, 그리고 인간의 이성 능력을 철저히 의심하면서 형이상학 세계를 인식해야 한다고 주장했다. 그의 비판주의 철학 사상을 '**비판철학**'이라고 부른다.

19세기 후반 자연과학의 발전과 마르크스 철학의 대두에 자극받아 나타난 신칸트학파는 방법론적 측면에서 이 입장을 계승하였다.

관념론

관념론은 사물의 존재가 우리의 주관, 즉 인식에 근거를 둔다는 데카르트의 사상에서 출발했다. 물질보다는 정신에 가치를 둔 철학 사상으로, **실재론** 및 **유물론**과 반대 성격을 갖는다. 관념론은 정신에 의해 세계가 만들어진다고 주장하며, 의식과 독립한 사물이 아닌 인간의 의식이 만들어낸 관념적인 것만이 세계에 관한 지식이 될 수 있다고 본다. 관념론은 사물의 세계를 인정하지 않고 정신적 의식 세계만을 인정하며, 물질적 세계의 실재에 대한 인식론적 입장을 나타내기도 한다.

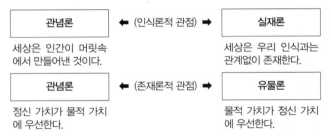

관념론	← (인식론적 관점) →	실재론
세상은 인간이 머릿속에서 만들어낸 것이다.		세상은 우리 인식과 관계없이 존재한다.
관념론	← (존재론적 관점) →	유물론
정신 가치가 물적 가치에 우선한다.		물적 가치가 정신 가치에 우선한다.

■ 독일 관념론

독일 관념론은 18세기 후반에서 19세기 초반에 걸쳐 독일에서 융성한 철학 사상의 일파이다. 특히 칸트의 영향을 받은 피히테, 셸링, 헤겔의 사상을 말한다. 그들의 공통된 생각은 사물의 존재가 인간의 주관, 즉 **이성**에 의해 파악된다고 본 것이다. 독일 관념론은 칸트의 이원론적 입장을 넘어서서 일원론적인 통일 체계를 수립하기 위해 각기 다른 입장에서 계승됐으며, 헤겔에 이르러 완성되었다.

절대정신

아리스토텔레스 이래로 대부분의 철학자들은 '실재'는 정신과 떨어져 홀로 존재한다는 이원론적 사고를 보였지만, 헤겔은 달리 생각했다. 헤겔에게 최종 실재는 '**절대정신**'이었다(일원론적 사고). 그는 완전한 인식능력을 지닌 정신이자 사물의 숨은 본질을 절대정신이라고 불렀다. 그에 따르면, 이데아(관념)는 외화(外化)하여 자연으로 전화(轉化)하며, 인간에 있어 주관적 정신으로 출발하여 그 최후 단계에서 주관(관념)과 객관(물자체)의 일치라는 인식에 도달한다. 이러한 이데아의 자기 인식에 도달한 정신이 바로 '절대정신'이다. 이때 절대정신과 자연과 인간 정신으로 이루어진 실재를 한데 묶어 주는 것이 사고의 3단계 운동인 '**변증법**'으로, 헤겔의 정신철학에서 정신은 주관적 정신 → 객관적 정신 → 절대정신으로 전개된다.

■ 주관적 정신, 객관적 정신, 절대적 정신

헤겔은 마음을 주관적 정신, 객관적 정신, 절대적 정신으로 구분한다. 주관적 정신은 개인의 마음을, 객관적 정신은 시대정신과 국가정신과 같은 집단적인 마음을, 절대적 정신은 자연과 정신의 전체를 관철하는 자각적이고 역사적 흐름을 가진 마음으로 이해된다. 이후 딜타이는 헤겔의 영향을 받아 삶이 밖으로 표현된 것을 '**객관정신**'이라고 말했다.

변증법

헤겔은, 인간은 변증법적 사고 과정을 통해 절대적이고 보편적인 진리를 알아낼 수 있다고 하였다. 변증법은 절대 관념(절대 지식)에 도달하기 위한 논리적 사고방식이다. 어떤 입장을 긍정하는 단계인 정립(正, 즉자, 테제)과 그 입장을 부정하고 두 입장이 서로 모순을 일으켜 대립하는 단계인 반정립(反, 대자, 안티테제)이 서로 충돌하고 대립함으로써 더욱 고차원적인 종합(合, 지양, 진테제)으로 발전한다는 사고를 뜻한다. 이러한 작용을 **지양(止揚)**이라고 하며 변증법적 과정은 **절대 관념(절대 지식)**에 도달할 때까지 영원히 지속된다. 헤겔에게 있어 변증법은 단순한 절충적 사고가 아니라, 더 좋은 해결책을 찾기 위한 사고 방법이라고 할 수 있다.

헤겔의 '역사'

헤겔은 자유가 변증법에 의해 현실 사회에서 실현되는 과정을 '역사'라고 생각했다. 즉 역사는 인간이 자유를 손에 넣기까지의 **진보 과정**이라는 것이다. 그는 역사의 근저를 움직이는 것은 인간 이성의 자기실현 과정을 통해 자유롭고 싶어 하는 의식, 곧 '**절대정신**'이라고 생각했다. 그 의식은 소수의 인간이 자유를 누리는 시대로부터 인간 모두가 자유를 누리는 시대로 역사를 움직이며, 최종적으로 '**인륜**'이라는 공동체를 만들어낸다고 봤다. 그는 역사를 '세계를 가로지르는 이성의 전진'으로 보았고, 인간이 만든 각종 제도를 변증법적 과정의 산물로 여겼다.

현대철학 사상은 19세기 중엽 이후 헤겔 철학에 대한 반동으로 태동하였다. 헤겔 사후, 본질을 추구하는 이성주의 철학, 인간 이성의 우월성을 강조하는 주체 중심의 철학에 대한 비판이 일어난다. 이른바 '반이성의 철학', '탈주체의 철학'이 시작된 것이다.

헤겔 철학에 대한 비판은 유물론의 입장과 비합리주의 입장을 중심으로 전개됐다. 유물론 입장에서의 비판은 헤겔학파 내부, 포이어바흐 및 마르크스로부터 시작됐다. 마르크스는 유물론적 사고를 바탕으로 사회 변혁을 꾀하였다. 마르크스주의는 이후 실증주의, 실용주의, 분석철학 등에 영향을 끼쳤다.

한편 쇼펜하우어와 키르케고르는 헤겔 철학의 낭만주의적 반작용으로 비합리주의 철학을 주도했다. 쇼펜하우어는 세계의 본질은 이성이 아니라 비합리적이고 맹목적인 삶의 의지라고 주장했다. 키르케고르는 실존으로서의 인간 입장에서 바람직한 삶의 태도를 진지하게 고민하면서 실천 철학을 제시했다. 이러한 비합리주의 경향은 현대의 생의 철학과 실존철학으로 발전하는 계기가 되었다.

이 시기의 또 다른 결정적인 인물은 니체와 프로이트이다. 니체는 감정을 중시하고 보편성보다는 개별성과 구체성을 중시했다. 인간 본성을 놓고 니체가 보여준 급진적인 견해는 철학사에 획기적인 변혁을 가져왔다. 한편 프로이트는 '무의식이 인간 행동을 지배한다'면서, 기성 이성 만능의 사상은 '인간의 과대 망상하는 버릇'에서 비롯된 것일 뿐이라며 인류 사상사에 모욕을 가하였다. 그의 주장은 당시에는 맹렬한 비판을 받았지만, 이후 현대 자연과학 분야와 심리학, 정신분석학에 크게 영향을 미쳤다.

특히 마르크스, 니체, 프로이트 세 사람은 자신이 살아가는 시대, 사회, 사고방식 등에 근본적인 의심을 품고 그것을 철저하게 분석함으로써 전혀 다른 대안을 제시했다. 그런 점에서 세 사람은 모두 반시대적인 사상가들이었다. 그들이 대결한 시대를 근대라고 한다면, 그들을 '근대 비판의 사상가'라고 표현해도 크게 무리 없다. 그런 의미에서 그들은 '현대사상의 개척자'라고 할 수 있다.

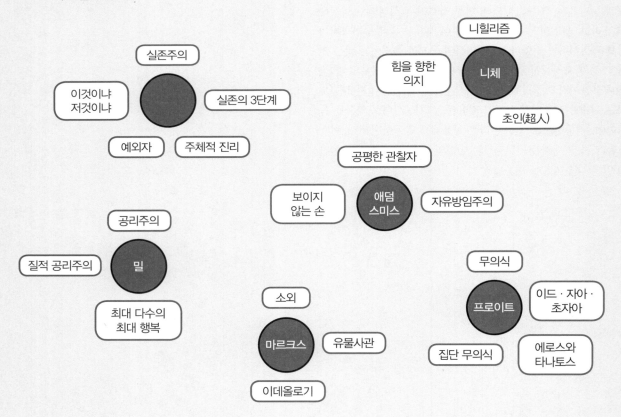

이것이냐 저것이냐

헤겔에게 있어 진리는 모두가 납득하는 보편적인 것이지만, 키르케고르가 중요하게 생각한 진리는 **나에게 진리인 진리**이다. '이것도 저것도' 포함해서 보편적인 진리를 탐구하는 방법이 헤겔의 변증법이라면, '이것이냐 저것이냐'를 선택해서 자신의 진리를 믿는 것이 키르케고르의 사상이라 할 수 있다. 키르케고르는 '이것이냐 저것이냐'의 어느 한쪽을 선택하는 실존적 자유를 주장하면서, 그 지향점이 탐미적이냐 윤리적이냐의 양자택일을 촉구하였다.

주체적 진리

헤겔에 있어 진리는 광의의 보편적 의미라 할 수 있다. 이와 달리 키르케고르에 있어서 진리는 '우리가 진리라고 말할 수 있는 진리' 즉, 주체적인 것이다. 그에 따르면 법칙이나 체계가 아닌 주관성이 바로 진리다. 전자를 객관적 진리, 후자를 주체적 진리라고 한다. 키르케고르는 진리는 객관적이라기보다 **앎의 주체**라고 생각했다. 즉 진리의 인식에 있어서 객관적으로 진술될 수 없는 주체적인 영역이 존재하며, 여기에서 최고의 진리는 **실존하는 사람**이라는 것이다.

예외자

헤겔은 모든 사람들이 공통된 보편 가치를 추구하기 위해서는 예외적인 가치가 희생되어도 어쩔 수 없다고 생각했다. 이에 반해 키르케고르는 보편 가치가 내포하지 않은 '예외자'로 존재하는 것이야 말로 진정한 가치라고 생각했다. 예외자는 이를테면 고독과 불안과 절망을 억누르고 자신이 추구하는 가치를 준수하는 존재를 일컫는다. 키르케고르는 인간이 예외자로서의 삶을 살기 위해서는 대중적인 사고에 매몰되지 않고 자신의 신념(그의 경우에는 '신'을 뜻한다) 앞에 당당한 개인으로 마주하는 '신 앞에 선 **단독자**'가 되어야 한다고 말했다.

실존주의

인간 존재의 본질 규정으로서의 '실존'이란 인간이 언제나 스스로 자기의 존재를 규정하는 식으로(사물들 같이 태어날 때부터 이미 주어진 어떤 본질 규정을 지니지 않은 채로) 존재한다는 것을 의미한다. 키르케고르는 이것을 가리켜 '주체성은 곧 진리'라는 말로 표현했다. 이러한 철학적·문학적 사상을 '**실존주의**'라고 부르며, 개인의 자유, 책임, 주관성을 중요시한다. 19세기 키르케고르에 의하여 주창된 이 사상은 이후 야스퍼스와 가브리엘 마르셀로 대표되는 유신론적 실존주의와 하이데거, 사르트르, 메를로 퐁티, 보부아르 등의 무신론적 실존주의의 두 가지 형태로 나타났다. (문학에서는 도스토예프스키, 카프카, 카뮈 등이 실존주의 작가이다.)

실존의 3단계

키르케고르는 인간이 참된 존재에 도달하기 위한 길을 세 단계로 구분했는데, 이를 '실존의 3단계'라고 한다(실존의 3단계는 '질적 변증법'에 따라 전개된다). 즉 미적 실존(쾌락의 추구), 윤리적 실존(의무나 규범에 복종), 종교적 실존(단독자로서 신과 마주함)의 세 단계가 그것이다. 그에 따르면, 미적 실존 단계와 윤리적 실존 단계에서는 향락에 싫증을 내거나 자신의 무력함을 깨닫고 절망에 빠진다. 그러나 그것을 극복하고 단독자로서 신과 마주하면 종교적 실존이라는 참된 실존에 이를 수 있다. 높은 단계의 삶으로 옮겨가는 것은 자신의 주체적 결단과 도약에 의해서만 가능한데, 그가 '**개인의 주체성**'을 강조한 이유가 여기에 있다.

니힐리즘

니힐리즘은 기존 가치 체계와 이에 근거를 둔 일체의 권위를 부정하는 사상으로, '**허무주의**'라고도 한다. 니체는 붕괴된 가치체계 속에서 무의미한 삶을 살아가는 '소극적 니힐리즘'을 버리고 삶의 의의를 적극 긍정하면서 기성 가치의 전도(顚倒)를 지향하는 '적극적 니힐리즘'을 주창했다. 이러한 적극적 니힐리즘의 흐름은 2차 세계대전 이후 까뮈, 사르트르를 중심으로 한 현실 참여 실존주의로 이어졌으며, '참된 그리스도교' 정신에 의해 현대인의 절망과 환멸을 극복하려 했던 하이데거, 야스퍼스의 사상에 영향을 끼쳤다.

힘을 향한 의지

'힘에의 의지(권력의지)'는 인간이 신의 지배를 받는 것이 아니라 스스로의 힘으로 더욱 강해지기 위해 자기 긍정을 계속하는 상태를 가리킨다. 니체는 모든 사상과 행동의 동기는 의지이며, 이 의지는 맹목적이기보다는 자기 보존, 삶의 기쁨 만끽, 생존 능력 향상, 강건함 획득과 같은 뚜렷한 목표를 가지고 있다고 생각했다. 이런 생각을 바탕으로 니체는 모든 기성 가치의 전복을 시도하면서 인간 행동의 원리를 제시했다. 그에게 있어 힘의 의지는 곧 **자기극복 의지**로, 긍정적 의지와 자발적 힘을 대표하는 인간상이 자유정신을 구현한 **초인**, 디오니소스다.

초인(超人)

삶의 고통을 극복하고 힘 있게 자기 향상을 시도하는 인간상으로, 니체가 생각한 이상적인 인간상이다. 니체는 영원회귀의 순환적인 삶 속에서 인간은 삶을 긍정하면서 강인하게 살아야 한다면서 기존 가치를 뛰어넘는 새로운 가치를 지닌 인간상을 제시하면서, 이를 '**초인(超人)**'이라고 불렀다. 초인은 인간이 초극해 나아가야 할 목표로, 노예도덕에서 벗어나 올곧고 강인하게 자기 삶을 영위하는 자이다. 그는 자라투스트라라는 인물을 내세워 초인을 예찬했다.

공평한 관찰자

애덤 스미스는 인간의 본성은 이기적일지라도 타인에 대한 공감과 동정을 느끼고 도덕적으로 행동할 수 있다고 생각했다. 그는 인간 내면에는 제3자의 관점에서 사람들의 행동을 바라보는 공평한 관찰자가 존재하기 때문에 타인으로부터의 공감과 동정을 이끌어내는 것이 가능하다고 보았다. 이것을 **공평한(중립적인) 관찰자**라고 하는데, 그의 입장에서 자기 행동을 바라보고 공감을 얻을 수 있는 범위 안에서 행동할 때, 인간은 비로소 이기심에 기초한 이익을 추구하는 것이 용인된다고 주장했다.

자유방임주의

개인의 경제활동의 자유를 최대한으로 보장하고, 이에 대한 국가의 간섭을 가능한 한 배제하려는 경제 사상 및 정치 정책을 일컫는다. 근대 자본주의 생성기에 중상주의에 반대하는 프랑스의 중농주의자들이 처음 주장했으며, 이 사상을 학문으로 체계화한 것은 애덤 스미스였다. 스미스는 개인의 이익을 추구하는 자유로운 경제활동이야말로 사회 전체의 이익과 부를 가져온다고 생각했다. 그는 '**보이지 않는 손**'이라는 자율적 시장 기능이 부의 공정하고 효율적인 배분을 실현하고 사회 발전을 가져올 수 있음을 이론적으로 논증하고자 했다.

보이지 않는 손

보이지 않는 손은 애덤 스미스가 『국부론』에서 사용한 개념이다. 개개인의 이익 추구가 모이면 결과적으로 전체의 이익이 된다는 뜻으로, 시장경제의 조정 형태를 말한다. 그는 개인의 이익 추구는 (신의) **보이지 않는 손**에 인도되어 자연히 모두의 이익으로 연결된다고 봤으며, 따라서 국가가 시장에 개입할 필요가 없다고 주장했다. 더불어 생산성을 높이는 분업을 중시했고, 이기적인 영리 활동도 사회적 분업이라고 파악했다.

공리주의

공리주의는 사회 전체의 쾌락 증대와 고통 감소를 기준으로 도덕과 입법 판단이 가능하다는 정치·윤리 사상이다. 어떤 행위의 옳고 그름은 그 행위가 인간의 이익과 행복을 늘리는 데 얼마나 기여하는가에 따라 결정된다고 본다. 넓은 의미에서 공리주의는 효용·행복 등의 쾌락에 가장 큰 가치를 두는 철학적·사상적 경향을 통칭한다. 고유한 의미에서의 공리주의는 19세기 영국에서 벤담, 밀 등을 중심으로 전개된 사회사상을 가리킨다. 공리주의는 **공리功利와 공리公利** 둘 다 중시하는 사상이라 할 수 있다.

■ 공리주의의 사회적 효용성

공리주의는 쾌락을 객관적으로 계량할 수 있다는 벤담의 '**양적 공리주의**'와 쾌락의 수준 차이를 인정한 밀의 '**질적 공리주의**'로 나뉜다. 공리주의는 쾌락과 행복을 추구하는 개인의 이기심을 전제하므로 경제적 자유주의 사상을 뒷받침한다. 공리주의 관점에서는 사회전체의 공리 증대에 도움이 된다면 정부의 간섭과 분배를 위한 **사회적 강제**도 정당화된다. 공리주의는 '다수결 원리'에 기초한 민주주의 정치 제도와 사유재산 보호의 틀 안에서의 점진적인 분배 평등을 강조하는 복지사상 발달에 큰 영향을 끼쳤다.

최대 다수의 최대 행복

벤담은 쾌락계산에 따른 점수의 총합이 높은 사회를 행복한 사회라고 생각했다. 이를 위해 벤담은 가능한 많은 사람들이 가능한 높은 쾌락지수를 가져야 한다고 생각했다. 그는 이것을 '**최대 다수의 최대 행복**'이라고 표현하고 입법 준칙으로 삼았다.

질적 공리주의

밀은 벤담과 달리 쾌락에는 질적 차이가 있다고 보고, 쾌락의 양뿐만 아니라 질적 차이도 고려해야 한다고 주장했다. 이를 '**질적 공리주의**'라고 한다. 밀은 육체적 쾌락보다 정신적 쾌락을 높게 평가하면서, 정신적 쾌락은 타인의 행복에 의해 추가로 얻을 수 있다고 믿었다. 낮은 수준의 쾌락은 더 강렬한 만족을 주지만 이를 지나치게 추구하면 고통을 일으키는 반면, 높은 수준의 쾌락은 장기적이고 지속적이며 점진적인 경향이 있다는 것이다. 그는 "만족한 돼지보다는 불만족한 인간이 낫다."라고 말하면서, 공리주의를 보다 이상적인 방향으로 이끌었다.

소외

소외(疏外)란 인간으로서 응당 누려야 할 권리가 박탈된 상태를 의미한다. 소외는 인간 활동의 본질이 상실되어 가는 과정(이를 '외화'라고 한다)으로, 마르크스는 노동이 자기실현이 아닌 고통으로 변하는 것을 (노동의) **소외**라고 불렀다. 그는 자본주의 사회에서 노동자는 상품으로부터 소외되고, 이어서 노동으로부터 소외되며, 마침내 인간으로부터 소외된다고 주장했다. 마르크스는 이러한 소외로부터 벗어나기 위해서는 혁명을 일으켜 생산수단을 모두 노동자가 공유하는 방법밖에 없다고 주장했다.

■ 자본주의 사회에서 소외가 일어나는 원리

모든 부는 노동에서 나온다. 사유재산은 한 계급의 노동 산물을 다른 계급이 몰수함으로써 생긴다. 자본주의 사회에서는 부가 부를 낳는다. 노동자들은 살아남기 위해 일하고, 자본가들은 이익을 내기 위해 일한다. 노동자는 자신의 노동력을 그 가치에 상응하는 대가, 즉 노동력 재생산에 필요한 비용을 받고 팔아넘긴다. 그러나 노동자가 실제로 생산하는 것에는 잉여가치가 들어 있다. 잉여가치는 자본가에게 이윤을 남긴다. 이 모든 과정에서 원래 노동자 계급의 몫인 노동력의 '**잉여가치**'를 자본가 계급에게 착취당하는 것이 소외가 일어나는 핵심 원인이다.

이데올로기
마르크스는 자신이 살고 있는 시대의 생산관계를 의식하고 그에 맞게 자신의 의견을 내세우는 주의나 주장을 '이데올로기'라고 했다. 자본주의 사회에서 사람들은 자신이 자유롭다고 상상하면서 자신들의 이념 세계에 가상의 자유를 그려 넣고, 그것의 존재를 규정하는 하나의 이데올로기를 만들어 낸다. 하지만 마르크스는 의식이 그들의 존재를 규정하는 것이 아니라 반대로 그들의 사회적 존재가 의식을 규정하는 것이기에, 이데올로기는 '허위의식'에 지나지 않다고 비판했다. 현대사회에서 이데올로기는 사회집단이 공유하고 있는 관념이나 신념 체계를 의미하며, 행동 지향적인 특성을 지닌다.

유물사관
인간 의식이 역사 추진의 동력이라고 생각했던 헤겔과 달리, 마르크스는 사회와 역사를 움직이는 것은 의식과 같은 정신적인 것이 아니라 물질적인 것이라고 주장했다. 이러한 역사관을 '유물사관' 또는 '사적史的 유물론'이라고 한다. 물적 생산 활동을 위해 인간은 그 시대의 기술 수준에 맞는 생산관계를 결정한다. 그렇게 해서 생산관계가 토대(하부구조)가 되는 정치제도나 문화(상부구조)가 만들어진다. 기술 발전으로 생산력이 향상되고 생산성이 높아지면 생산관계에 모순이 일어나고, 그 모순을 타파하기 위한 계급투쟁이 일어난다. 그 결과 역사는 '원시공산제→노예제→봉건제→자본주의→사회주의→공산주의'의 순서로 발전한다고 그는 생각했다.

■ 유심론(唯心論)
만물의 궁극적 존재를 비물질적·정신적·생명적인 것으로 생각하고, 그것에 의해 물질적·비생명적인 것을 일원론적으로 해명할 수 있다는 철학적 입장을 의미한다.

무의식
데카르트 이후, 자아는 곧 자기의식을 의미하며, 의식은 이성으로 통제할 수 있다는 생각이 철학의 상식으로 자리 잡았다. 하지만 프로이트는 인간 행동의 대부분은 이성으로 통제할 수 없으며, 무의식의 지배를 받는다고 생각했다. '무의식'은 개인이 의식하지 못한 채 어떤 행동을 결정하게 만드는 심리적 영역을 말한다. 그에 따르면 개인이 잊고 있는 기억은 의식되지 않는 부분으로 머릿속에 잠재되어 있으며, 평상시에는 억압되어 있다. 그러한 기억은 평상시에는 의식되지 않지만 어떤 계기로 의식화되거나 불안심리로 표출된다. 프로이트는 무의식의 개념을 통해 인간의 합리성을 뒤엎으면서 인간 본성과 문화에 대한 새로운 개념을 제시했다.

이드, 자아, 초자아
프로이트가 생각한 '자아(에고, ego)'는 인간의 본능적 충동 욕구(리비도, libido)인 '이드(id)'와 이를 억압하는 도덕적 '초자아(슈퍼에고, superego)' 사이의 균형을 갖추기 위해 후천적으로 만들어진 심리적 방어기제이다. 그는 자아는 데카르트가 생각한 것처럼 확고한 것이 아니라 무의식의 영역을 포함하는 불안정한 것이라고 생각했다. 프로이트는 자아(에고)를 본능(이드)과 규범의식(초자아) 사이에서 양쪽의 갈등을 조정하는 **마음의 기능**이라고 보았다. 따라서 자아의 일차적 기능은 강력한 본능적 갈망(이드)과 괴로운 현실 경험(자아), 그리고 죄책감 및 그와 관련한 환상(초자아)에서 비롯된 불안으로부터 자신을 방어하는 데 있다고 할 수 있다.

에로스와 타나토스
프로이트는 인간에게는 죽음을 갈구하는 욕구(본능)가 있는데, 이를 **타나토스**(죽음의 본능)라고 불렀다. 이와 반대로 성적 욕구나 자기보존 욕구 등 미래를 향해 나아가는 욕구를 **에로스**(생의 본능)라고 했다. 프로이트는 에너지의 원천은 본능이고, 그 본능이 심리적 행동에 힘과 방향을 주는 것으로 생각했다. 그는 인간 행동에 동기를 부여하는 원천에 대한 상대 개념으로서 생의 본능과 죽음의 본능을 생각했다. 생의 본능은 건설적인 행위, 사랑과 이타적 행위를 촉진하고 죽음의 본능은 파괴적 행위나 증오, 공격을 이끈다고 보았다.

집단 무의식
집단 무의식(**집합적 무의식**)은 융의 분석심리학 개념으로, 개인 경험을 넘어 집단이 공통적으로 지니고 있는 무의식을 말한다. 융은 집단 무의식은 무의식의 한 부분으로 인간 누구에게나 공통되는 일반적인 내용을 담고 있다고 생각했다. 즉 개인 무의식이 '어떤 개인이 어릴 때부터 쌓아온 의식적 경험이 무의식 속에 억압됨으로써 그 사람의 생각, 감정, 행동에 영향을 주는 것'인 데 비해, 집단 무의식은 '옛 조상이 경험했던 의식이 쌓인 것으로서 모든 사람들에게 공통된 정신의 바탕이며 경향'이라는 것이다.

■ 원형
옛사람들의 의식적 경험은 상징을 통해 집단 무의식으로 전승된다. 멀리 떨어진 각기 다른 문화에서 동일한 신화를 공유하거나, 정신분열증 환자가 이전에 경험한 적 없는 심상을 품고 있는 이유가 바로 집단 무의식 때문이다. 이런 집단 무의식의 내용을 가리켜 '원형'이라고 부른다. 원형은 인간이 공통적으로 갖는 정신의 틀 또는 질서로서, 이것이 의식으로 나타나면 엄청난 영향력을 발휘한다고 그는 주장했다. 대표적인 원형으로 페르소나, 남성 속의 여성성(아니마), 여성 속의 남성성(아니무스)을 들 수 있다.

본격적인 현대철학 시기는 20세기부터로 볼 수 있다. 이 시기 이후 현대철학 사상은 일반적으로 프랑스 · 독일을 중심으로 한 대륙철학과 영미 분석철학으로 크게 나눌 수 있다. 대륙철학은 독일 출신 철학자 후설의 현상학 탄생을 기점으로 한다. 후설의 현상학은 니체의 철학을 융합한 이래 하이데거를 거쳐 가다머의 해석학과 사르트르의 실존주의 철학을 낳았다.

한편, 구조주의를 주창한 레비스트로스는 실존주의를 인간중심주의 사상이라고 비판하면서 다양한 문화에 눈길을 돌렸다. 이후 구조주의는 해체주의, 포스트모더니즘 등 포스트구조주의로 발전했다. 유대인을 중심으로 한 프랑크푸르트학파는 마르크스주의를 근간으로 반파시즘 사상을 전개했다. 대륙철학자로는 베르그송, 가다머, 벤야민, 라캉, 알튀세르 등이 있다.

오늘날 현대철학은 '유사와 상사'로 대변되는 다양화 · 다원화의 철학적 흐름으로 분파되어 발전을 거듭하고 있다. 특히 '실존주의 → 구조주의 → 포스트구조주의'로 이어지는 프랑스 현대사상의 흐름은 오늘날의 포스트모더니즘 사상 전 영역에 걸쳐 막강한 영향력을 발휘하고 있다.

■ 프랑스 현대 사상의 전개

	1960년대	1970년대
실존주의 인간=자율적 주체	**구조주의** 인간=구조에 의해 규정	**포스트구조주의** 구조를 타파하는 것은 불가능한가?
사르트르 (1905~1980)	레비스트로스 – 야생의 사고, 브리콜라주	들뢰즈와 가타리 – 안티 오이디푸스, 욕망하는 기계, 리좀
	라캉 – 거울 단계론, 무의식의 구조	데리다 – 탈구축, 차연
	푸코 – 지식과 권력, 에피스테메	보드리야르 – 시뮬라크르, 소비사회의 기호론
	알튀세르와 바르트 – 국가 이데올로기 장치, 저자의 죽음과 텍스트	

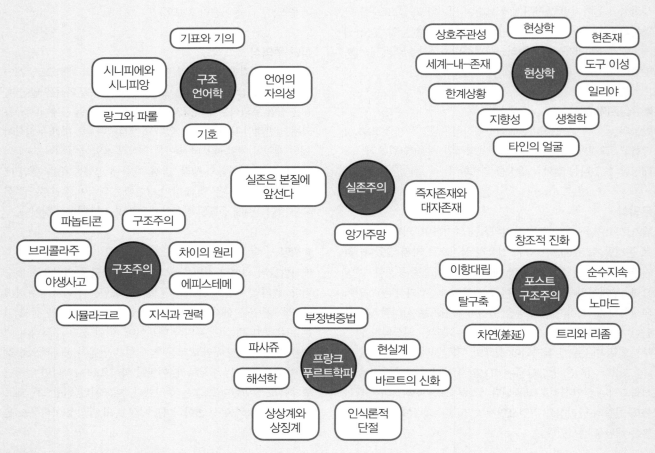

250

랑그와 파롤

소쉬르는 언어를 '랑그(langue)'와 '파롤(parole)'의 두 측면으로 분류해서 고찰했다. **랑그**는 언어의 규칙 및 문법 체계를 의미하고, **파롤**은 개별 발화 행위를 일컫는다. 다시 말해, 랑그는 언어 사회의 구성원들이 공유하는 일반적이고 추상적인 언어체계이며, 이것이 실제로 개개인의 언어생활에서 발현되는 것이 파롤이다. 이 랑그와 파롤을 어우르는 언어활동(language)을 '언어'라고 말한다. 소쉬르 언어학은 랑그를 분석하는 데 중점을 두고 있다.

기호

소쉬르는 언어를 '기호'라고 생각했다. 기호는 '개념'에 '청각영상'을 더한 것이다. 개념(문자와 음성)을 '시니피에'라고 하고, 청각영상(소리이미지)을 '시니피앙'이라고 한다. 소쉬르에 따르면 시니피에와 시니피앙이 합쳐진 것이 바로 기호, 즉 **'언어기호'**다.

시니피에와 시니피앙

소리는 물리적 현상이지만, 소리이미지는 사람 머릿속에 있는 '심리적' 실체이다. 머릿속에 담긴 소리이미지를 말한다. 우리는 입을 다물고도 '나비'라는 소리이미지를 떠올릴 수 있다. 그 소리이미지, 곧 시니피앙과 개념, 다시 말해 시니피에가 합쳐진 것이 **기호**이다. 이처럼 소리이미지와 蝶이라는 뜻이 합쳐져서 '나비'라는 언어기호가 생겨난다. 그렇게 해서 우리는 나비라는 기호가 [nabi]라는 소리이미지 즉 시니피앙과, '날개 두 쌍으로 날아다니는 예쁜 곤충'이라는 개념 즉 시니피에의 결합이라는 것을 알고 있다.

언어의 자의성

한국어밖에 모르는 홍길동이 있다고 하자. 그는 蝶이라는 개념을 가진 곤충을 당연히 [nabi]라는 소리이미지와 결합한다. 蝶이라는 시니피에와 [nabi]라는 시니피앙은 홍길동의 머릿속에서 너무 단단히 결합되어 있어서, 이를 읽는 사람들은 '蝶=[nabi]'를 너무 당연하게 생각한다. 그런데 이를 영국 사람들은 [nabi]라고 부르지 않고 '버터플라이'라고 부르고, 독일 사람들은 '슈메털링'이라고 부르며, 프랑스 사람들은 '파피용'이라고 부른다. 세상 사람들 모두가 蝶이라는 시니피에를 [nabi]라는 시니피앙과 결합시키는 것은 아니다. 이렇게 시니피에와 시니피앙의 결합이 제멋대로인 것, 蝶이라는 시니피에가 [nabi]와도 결합하고 [butterfly]와도 결합하는 것, 다시 말해 사물과 언어의 연결 관계에 필연성이 없고 또 아무런 규칙이 없는 것을 **언어의 자의성**이라고 한다.

기표와 기의

언어는 관념을 표현하는 '기호'로 된 하나의 체계로, 수화(手話)나 군대에서 사용하는 신호와 비슷하다. 기호가 있는 곳에 체계가 있다. 그렇더라도 기호는 자의적이다. 단어와 소리, 개념, 이미지가 서로 제멋대로 관계를 맺고 있다는 것이다. 언어는 '**기표(記標)'**와 '**기의(記意)'**로 구분된다. 기표는 '들리는 소리와 쓰인 문자'를 말한다. 기의는 '기표가 나오는 실제 관념, 즉 의미'를 뜻한다. 기표와 기의는 자연스런 관계가 아니다. 체계가 기호에 의미를 부여하며, 기호가 있는 곳에는 반드시 체계가 있다. 이런 이유로, 언어학은 기호학의 모델이고, 기호학은 차이의 체계를 연구하는 **구조주의**의 모델이라고 말할 수 있다.

현상학

후설은 세계는 '의미'의 집합체라고 말하면서, 존재(삶과 세계, 지식과 진리)와 얽혀있는 의미를 질문하는 철학적 사유를 현상학이라고 말했다. 현상에 대한 로고스(앎)가 우리 의식 안에서 어떻게 가능한지를 의식 구조 분석을 통해 밝히는 것이다. 이처럼 현상학은 관찰자의 관조를 통해 나타나는 사물들과 그 세계를 묘사하고 기술하는 철학적 방법론을 일컫는다. 이 방법론은 어떠한 철학적 전제나 선입견 없이 세계 또는 사물을 있는 그대로 받아들이고 이해하려는 태도를 갖는다. 즉 현상학은 독립적 존재로서의 본질에 대해 어떤 가설도 세우지 않고 우리 의식에 나타나는 범위까지만(**현상으로 존재하는 그 자체만을**) 탐구하는 철학적 접근방식이다.

지향성

후설은 의식의 의미부여 작용을 지향성으로 설명했다. 지향성은 의식이 항상 대상과 관계하며 그것에 어떤 의미를 부여하는 성질을 말한다. 예를 들어, 사랑에 빠진 연인의 의식에 나타난 세상은 과학자의 그것과는 확연히 다른데, 이는 의식의 지향성이 다르게 작용했기 때문이다. 지향성을 통해 인간 의식은 그 자체로 닫힌 자족적인 실체가 아니라 항상 어떤 대상과 관계되는 한에서만 존재할 수 있는 본질을 지니므로, 의식은 항상 '무엇에 대한 의식'일 수밖에 없다는 것이 밝혀진다. 이러한 의식의 성질을 후설은 **지향성**이라고 불렀다.

상호주관성

세계는 인식 주관 바깥에 실재하고 있다고 섣불리 단정할 수 없다. 그럼에도 우리는 세계는 실재한다고 확신한다. 무슨 이유에서일까? 후설은 우리가 세계의 실재를 확신하기까지의 일련의 사고 방법을 알고 있기 때문이라고 생각했다. '**상호주관성(간주관성)**'이 그것이다. 상호주관성은 말하자면 나도 타자도 '동일한 세계를 이루고 있음'을 확신하고 있다는 것을 내가 확신하는 것이라 할 수 있다. 이로써 객관적 세계가 만들어진다. 즉 내가 어느 세계에 살고 있다는 것은 다른 주체들과 함께 그 세계를 경험하고 공유함을 뜻하는 것이라 할 수 있다.

현존재

하이데거는 존재하는 것으로서의 사물과 대비되는 의미로서의 존재적 인간을 '현존재'라고 불렀다. **현존재(다자인, 실존)**라는 말은 존재한다는 사실을 명확히 의식하고 존재에 관해 묻는 인간의 독자적인 속성을 표현한 것이다. 그는 인간에게 두 가지 삶의 방식이 있다고 주장했다. 하나는 '비본래성'으로서의 삶으로, 일상생활 속에 파묻혀 자기 자신을 잃어버린 채 무의미한 삶을 산다는 뜻이다. 다른 하나는 **'본래성'**으로서의 삶으로, 인간이 자신의 존재 가능성을 의식하고 열심히 사는 것을 말한다. 하이데거는 '본래성'으로서의 삶을 이상으로 삼고, 그 실현을 위해 **'시간성'**이라는 개념을 제시했다. 인간은 죽음이라는 **유한성**을 깨달아야 비로소 시간의 소중함을 자각하고, 자기 삶의 주인으로서 미래를 향해 적극 나아갈 수 있다는 것이다.

세계-내-존재

하이데거에 따르면, 무엇인가가 '존재한다'는 개념은 인간에게만 해당하는 고유한 특성이다. 세계는 그러한 개념에 따라 완성되어 있다. 세계는 인간이 해석할 수 있는 성질의 것이 아니다. 그럼에도 인간은 언제나 세계를 해석하려 든다. 그러한 인간을 지칭하는 형식적이고 실존론적 표현을 **'세계-내-존재'**라고 한다. 그에 따르면, 인간은 세계 안에서 여러 가지 사물과 관련을 맺고 그 사물을 배려하면서 살아간다. 자신의 존재 가능성을 의식하고 세계와 관계를 맺으면서 열심히 살아가는 현존재로서의 인간의 본질적 구조가 곧 '세계-내-존재'인 것이다.

기투와 피투

하이데거에 따르면, 인간은 곧 죽을 수밖에 없는 존재임에도 불구하고 어쩔 수 없이 이 세상을 살아가야 한다는 사실을 자각한다. 이때 인간이 자신의 기분을 통제할 수 없는 상태를 **피투성(被投性)**이라고 한다. 그는(그리고 사르트르는) 인간은 개인의 의지와 상관없이 세상에 태어나지만(피투적 존재), 그와 동시에 미래를 향해 열려 있는 다양한 가능성을 만들어가는 존재(기투적 존재)라고 생각했다. 인간은 현재를 초월하면서 미래를 향해 자신의 가능성을 던지는 **'기투(企投)'**적 행위를 통해 자신의 가능성과 대면하면서 앞으로 나아간다. 하이데거는 인간은 죽을 수밖에 없는 존재임을 자각하고는 어떻게 살 것인가를 진지하게 생각하는 선구자적 결의를 통해 자신의 가능성을 자기 스스로 만들어나가야 한다면서, 이를 **'기투'**라고 불렀다.

한계상황

야스퍼스에 따르면, 인간은 실존을 깨닫는 순간 한계상황(극한 상황이라고도 한다)에 직면하게 된다. 한계상황은 죽음, 죄책감, 전쟁, 고뇌, 우연한 사고 등 과학으로 설명할 수 없고 기술로도 해결할 수 없는 인생의 장벽으로, 스스로의 힘으로는 변화시킬 수 없는 상황을 말한다. 그는 한계상황을 **긍정적**인 시각에서 보았다. 인간은 살아있는 한 불가피하게 한계상황과 직면하며, 이를 통해 인간은 자신의 유한성을 각성하고 실존을 회복한다는 것이다. 어쩔 수 없는 현실의 장벽에 적극 맞서야 비로소 인간은 그 벽 너머에 존재하는 '초월자(신)'의 모습을 발견할 수 있다는 것이다. 초월자란 바꿔 말하면 한계를 극복하고 성장한 **자신의 모습**을 의미한다.

일리야

'실존자 없는 실존'의 비인칭적 양상을 나타내기 위해 레비나스가 사용한 개념이다. 일리야는 원래 ' ～ 가 있다'라는 말이지만, 그는 역설적으로 '익명의 무(無)', '어떠한 존재도 아니지만 순수한 무도 아닌' 것을 표현하는 의미로 사용했다. 인간은 '존재에 대한 불편한 마음(이유 없는 불안이나 두려움)'을 느끼게 하는 세계의 모습을 뜻하는 일리야의 고독으로부터 도피할 수 있을까? 그의 대답은 부정적이다. 그는 자기중심의 세계를 이룬다 해도 결코 일리야로부터의 고독에서 빠져나올 수 없다고 봤다. 결국에는 자신이 이해하지 못하는 범위 안에서의 세계를 구축할 수밖에 없다는 것이다. 일리야로부터 빠져나오는 것은 불가능한 것인가? 레비나스는 **'타인의 얼굴'**에서 길을 찾아야 한다고 생각했다.

타인의 얼굴

레비나스의 '얼굴'은 실제 얼굴이 아니라, 타자(좀처럼 알 수 없는 상대이자 깨달음의 계기가 되는 그 무엇)의 '타자성(즉, 거울에 비친 타자의 모습으로 '자아'를 뜻한다)'을 의미하는 비유적 개념이다. 레비나스는 일리야로부터 빠져나오는 데 있어서의 핵심이 바로 **'타인의 얼굴'**이라고 생각했다. 타인의 얼굴은 '사람을 죽여서는 안 된다.'는 정언명령처럼, 인간은 이성으로서가 아니라 무조건 타인에게 윤리적으로 책임을 느껴야만 한다는 규범적 의미로서 이해된다. 레비나스는 서로 이해하지 못하는 타자와의 관계라 하더라도 얼굴을 마주함으로써 이해의 가능성을 교환하고, 이로써 관계성을 파괴하는 사태를 막을 수 있다고 생각했다.

■ 타자의 윤리

인간은 결코 자율적이지 못하다. 타인은 자신이 해석한 세계로부터 빠져나올 수 있도록 돕는 무한성을 지닌 존재이다. 나 자신과 타인은 세계 안에서 공존하며, 서로 떼려야 뗄 수 없는 관계이기 때문에 우리는 타인을 무한히 책임져야 할 의무가 있다. 그런 점에서 볼 때, 자신과 타인의 관계 그 자체가 윤리라고 할 수 있다. 그 얼굴과 관계할 때, 바꿔 말해 타인의 얼굴에 책임을 질 때, 인간은 일리야의 공포로 인해 전체주의로 변질된 자기중심 세계를 뛰어 넘어 무한한 타인을 향해 나아갈 수 있다고 레비나스는 주장했다.

생철학
생철학은 19세기 중엽부터 20세기 초엽에 성행한 현대철학의 한 경향으로, 삶을 무시해온 전통 철학에 반기를 들고 **삶**의 의의, 가치, 본질을 중시했다. 생철학자들은 이성보다는 감정과 의지를, 합리성보다는 비합리성을, 개념보다는 직관과 체험을, 기계적 필연보다는 자유로운 창조를 존중한다. 대표적인 철학자로는 쇼펜하우어, 니체, 베르그송, 딜타이, 짐멜이 있다. 생철학은 이후 실존철학에 큰 영향을 주었다.

도구 이성
프랑크푸르트학파 일원인 호르크하이머와 아도르노는 나치즘과 파시즘이 저지른 인류 학살은 근대 이후 계속되어온 이성 만능주의 사고의 한계를 보여주는 것이라고 주장했다. 근대 이후 이성은 점점 행위의 목적을 망각하고 오로지 수단 실현을 위한 '도구'로 자리 잡았고, 비판 능력을 상실한 채 도구가 되어버린 인간 이성은 자신에게 주어진 불합리한 명령을 거리낌 없이 실행했다는 것이다. 그 어떤 목적 달성을 위해 쓰여야 할 '**도구 이성**'은 전체주의 사상과 결합하여 나치즘을 위한 정책 수립과 전쟁무기 개발의 도구로써 이용되어 왔다는 것이다. 아도르노와 호르크하이머는 '인간은 계몽되면 될수록, 점점 더 야만에 가까워진다.'라고 말했다.

■ 대화 이성
하버마스는 이성에는 도구 이성뿐 아니라 '**대화 이성**'도 있다고 주장했다. 자신의 논리를 타자에게 강제하는 도구로써 이성을 사용하려 들기보다는 대화 이성으로 자신과 타자의 생각을 적극 개선하는 방향으로 나아가야 한다고 보았다. 그는 근대 이성이 지닌 도구적 측면을 비판하는 프랑크푸르트학파의 사상을 계승하는 한편, 대화 이성을 적극 활용할 것을 주장했다.

전체주의
전체주의는 개인보다 전체를 우선하는 사상으로, 개인보다 국가, 민족, 인종 등 집단을 우선한다. 중앙집권적 정치체제를 통해 사회 전체를 통제하려 드는 것이 특징이다. 한나 아렌트는 근대 계급사회가 붕괴된 이후, 이어진 대중사회 출현이 민중의 고립화를 가속화하면서 '**전체주의**'를 불러왔다고 주장했다. 현대 대중사회에서 사람들은 고독과 불안에 빠져들고, 소속감이나 일체감을 찾으려 들게 된다. 그 결과 서로를 이어주는 이데올로기를 원하고, 민족이나 인종을 기반으로 한 사상 집단에 쉽게 동화되면서 생각 없이 행동한다는 것이다.

실존은 본질에 앞선다
사르트르는 실존주의를 "실존은 본질에 앞선다."라는 말로 표현했다. 여기서 실존이란 인간 존재를 의미하며, 본질은 사물이 사물로서 존재하기 위해 필요한 조건이라 할 수 있다. 사르트르는 오직 인간에게만 "실존은 본질에 앞선다."는 말을 했다. 이는 실존을 결정하는 것은 인간 이외에는 없다는 뜻이다. 그에 따르면 먼저 인간이 있고 그런 다음에야 비로소 삶의 본질을 발견할 수 있다. 이때 인간은 자아와 세상 사이에 있는 공허함을 발견하는데, 이것이 바로 실존을 파고드는 '**무(無)**'라는 것이다. 사르트르는 인간은 기존의 어떠한 본질에 지배되는 존재가 아니며, 자기 스스로 인생을 개척해나가는 **실존적 존재**라고 주장했다.

즉자존재와 대자존재
사르트르에 의하면, 즉자존재는 사물처럼 처음부터 본질로서 고정된 존재이다. 그리고 즉자존재인 절대자아를 의식하는 것에서부터 '나' 자신의 본질을 만들어 나가는 인간이 곧 '**대자존재**'이다. 그에 따르면, 즉자존재 인간은 타인이 부여하는 역할을 억지로 떠맡게 될지 모른다는 불안을 애써 회피하려 든다. 또한 인간은 무언가 해결책이 있을 것이라고 생각하면서 현실의 선택의 자유로부터 도피하려 든다. 하지만 대자존재는 고정된 존재에 머무르지 않고 언제나 그것을 부정하고 새로운 미래의 존재를 향해 나아가는 인간이기에, 현실의 불안과 모순과 부조리를 부정하고 항거하면서 스스로 자유로울 수 있다고 역설했다.

■ 즉자와 대자
사르트르에 앞서 즉자와 대자 개념을 설명한 철학자는 헤겔이다. 그는 즉자와 대자는 사물이 발전하는 과정이라고 주장했다. '즉자(即自)'는 사물의 원래 상태, 다른 것과 관계없는 있는 그대로의 상태를 가리킨다. '대자(對自)'는 그 사물이 원래 상태에서 다른 형태로 바뀌는 것을 일컫는다. 그리고 '즉자대자'는 사물이 원래 상태에 대항하여 완전한 상태로 정리되는 모습을 나타낸다. 헤겔은 모든 사물은 영원불변하게 존재하지 않고 반드시 변화한다고 보았다. 그는 사물은 자기 내부에 품은 모순을 원동력으로 삼아, 변증법적 과정을 따라 스스로 변화하면서 존재와 인식의 최고 단계인 즉자대자의 상태에 이른다고 주장했다.

앙가주망
사르트르는 개인의 적극적 사회참여로 자유를 실현할 때 역사, 곧 사회는 발전한다고 보았다. 사회참여는 그 사회에 구속되지 않으면서도 자신은 물론 사회 변화를 일으키는 동력으로 작용한다는 것이다. 이러한 지식인의 적극적 사회참여를 '**앙가주망**'이라고 한다. 참여문학을 일컫는 말로 쓰이기도 한다. 사르트르는 '스스로의 의지로 선택한다.'는 전제하에 사람들이 주체적으로 앙가주망에 뛰어들 것을 권유했다. 이런 사르트르의 실존주의 사고는 자기 행동을 통해 사회혁명을 실현하는 이론으로 정립됐다.

구조주의

프랑스에서 태어난 20세기 대표 사상의 하나로, 사물이나 현상에 오랫동안 영향을 미치는 체계를 분석해 현상 기저에 있는 구조(본질)를 밝히려는 사상이다. 소쉬르의 언어학 등을 바탕으로 1960년대 문화인류학자 레비스트로스가 광범위하게 전개했다. 레비스트로스는 인간은 자유로우며 주체적으로 행동해야 한다고 주장한 후설과는 생각을 달리했다. 그는 인간의 사고나 행동은 그 근저를 이루는 '**사회 구조**'에 의해 지배받는다고 생각했다. 따라서 어떤 사회 현상에서 이유를 찾아내는 작업을 그만두고, 전체를 구조로서 파악해야 한다고 생각했다. 구조주의를 대표하는 사상가로는 레비스트로스 이외에 라캉, 알튀세르, 푸코 등이 있다.

야생사고

레비스트로스는 열대우림 원시부족의 브리콜라주식 무의식적 사고를 서양의 문명사고(과학적 사고)와 견주어 '**야생사고**'라고 불렀다. 그는 서구 문명이 원시 문명보다 결코 우월하다고 말할 수 없으며, 물질문화 못지않게 정신 가치 또한 중요하다고 생각했다. 야생사고가 담고 있는 브리콜라주적 발상으로 문명 진보(역사 발전)에 대항하는 것만이 오늘날의 심각한 환경 및 사회 문제를 극복할 수 있는 현실적 대안이라고 보았다. 일체의 사물은 어느 쪽으로도 일방적인 것이 아니라는 사실을 구조적으로 성찰하여 야생사고와 문명사고를 서로 보완하는 방향으로 나아갈 때, 인류는 현대 물질문명이 초래한 위험으로부터 벗어날 수 있다는 것이다.

브리콜라주

레비스트로스는 '손재주'를 뜻하는 브리콜라주 개념을 이용하여 세상을 보았다. 세상은 우리가 논리적으로 이해할 수 있는 영역만으로 구성되어 있는 것은 아니라고 생각했다. 세상은 마치 브리콜라주와도 같다는 것이다. 그는 브리콜라주를 신화적 사고에서 찾을 수 있다고 말하면서, 그동안 비합리적인 것으로 천대받던 신화적 사고를 재평가했다. **신화적 사고**는 과학적·이성적 사고와는 대비되는 원초적·감각적 사고이다. 우리는 그동안의 획일적이고 편협한 시각에서 세상을 보았던 사고의 틀에서 벗어나, 세상을 좀 더 다양하고 다각적인 시각에서 바라볼 수 있도록 브리콜라주적 사고를 갖추어야 한다고 그는 생각했다.

포스트구조주의

구조주의는 인간을 포함한 사물의 존재 가치를 상대적 관점에서 파악하면서 모든 것을 '관계'의 틀 안에서 인식하려 들었다. 그렇더라도 이 역시 사물을 고정된 그 무엇으로 보고 있는 점에서 전통 철학과 크게 다를 바 없다. 사물을 고정된 그 무엇으로 보는 사고방식을 반성하면서 '주체 전복'의 새로운 철학을 모색한 푸코, 데리다, 들뢰즈 등 후기 구조주의 철학자들의 사상을 '**포스트구조주의**'라고 부른다.

■ 탈주체

해체주의 및 현상학과 긴밀히 관계하는 포스트구조주의는 세계 질서를 바꾸는데 엄청난 영향력을 행사했다. 정치·경제·사회·문화 전 영역에서 이성 만능·주체 중심 사고의 '근대성'을 해체하고 포스트모던한 세계를 열었다. 포스트구조주의 사상은 포스트모더니즘의 사상적 기반으로 작용하면서 사회 전반의 **탈주체화·탈중심화** 현상을 이끌어냈다는 평가를 받고 있다.

포스트모더니즘

포스트모더니즘은 20세기 후반 이후, 사회의 다양하고 복잡한 양상을 설명하기 위해 **다의적인** 맥락에서 사용하는 용어이다. 포스트모더니즘은 20세기 후반의 인간과 세계를 파악하는 사고방식이라 할 수 있다. 모더니즘이 현대 문명의 기능주의와 결부되어 있었던 것에 비해 포스트모더니즘은 후기 산업사회로의 변화, 소비사회의 확대, 다원주의 사회의 등장 등을 배경으로 기성 가치와 이념을 해체하면서 변화하는 삶의 지평을 성찰하는 과정과 결합한다. 포스트모더니즘에 대한 다양한 논의는 프랑스의 철학자 푸코, 들뢰즈, 데리다 등의 이론에서부터 출발하여 21세기 들어 음악·미술·문학·영화 등으로 폭넓게 확대되고 있다.

차이의 원리

보드리야르는 현대 소비사회에서 인간은 상품(물건뿐만 아니라 정보·문화·서비스 등을 포괄한다)을 구매하는 것이 아니라 타인과의 '차이'를 만들어내는 '기호'를 구매하는 것이라고 말했다. 소비사회에서 중요한 것은 상품의 사용가치나 교환가치가 아니라 사회적으로 의미가 부여된 '**기호가치**'다. 현대 소비사회는 상품을 계속해서 만들어내고, 이는 소비욕구를 끊임없이 이끌어낸다. 그 결과 사람들은 소비에 점점 더 예속된다. 이제 상품의 역할은 본래의 사용 목적으로부터 자신의 개성을 뽐내고 타인과의 차이를 드러내는 기호(이미지)로 전환된다. 소비는 곧 '기호(記號)'를 소비하는 것으로, 기호는 '차이'를 만들고, 그 차이는 사회 지위와 권위를 나타내는 상징으로 뒤바뀐다. 그렇게 해서 현대사회에서 소비는 곧 권력이 된다.

■ 차이의 원리

현대사회에서는 무엇을 소비하느냐에 따라 그 사람의 계급이 그대로 드러난다. 상품은 효용성으로 평가되는 것이 아니라 자신의 권위와 성공을 드러내는 기호로서 자리 잡게 되는 것이다. 보드리야르는 이를 '차이의 원리'라고 불렀다. 현대 소비사회에서 개인의 실체는 상품 소비를 통해 다른 사람과의 차이를 기대하는 '욕망'인 것이다. 이것이 보드리야르가 현대 소비사회를 보는 시선이다.

시뮬라크르

보드리야르는 플라톤의 모방 이론을 차용하여 '시뮬라크르'를 설명했다. 시뮬라크르는 '모방'을 의미한다. 철학에서 말하는 시뮬라크르가 보통의 '모방'과 다른 점은 '원본이 없다.'는 것이다 (완벽한 원본이자 실체인 이데아는 관념으로만 존재한다). 보드리야르에 따르면, 현대 소비사회에서 기호(이미지)는 상품(원본)을 대체하기 위해 상품을 모방한다. 소비사회에서는 상품보다 기호, 즉 모방된 이미지가 중요하다. 처음부터 이미지의 생산이 목적이다. 상품은 현실의 욕망을 반영한 모조품에 불과하다. 그런 상황에서 원본과 복제품, 현실과 가상의 양자 대립은 의미를 잃는다. 시뮬라크르인 가상의 실재가 진짜 실재를 지배하고 대체하는 것이다.

■ 하이퍼리얼리티

보드리야르는 더 이상 모사할 실재가 없어진 시뮬라크르로서의 실재보다 더 실재 같은 사회를 '하이퍼리얼리티'라고 불렀다. 하이퍼리얼리티(가상현실)에서는 진짜가 존재하지 않기 때문에 각 사물은 의미를 상실하고, 시뮬라크르가 오히려 우리 일상을 규제하게 된다. 이렇게 가상현실이 인간을 지배하는 시대를 우리는 마치 현실인 양 알고 살아가게 된다. 즉 현대인은 이미지를 소비하는 사회를 살고 있는 것이다.

에피스테메

에피스테메는 그리스어로 '학문적 인식' 곧 지식을 뜻한다. 푸코는 이성을 이끌어내는 보편 지식을 일컫는 에피스테메를 개별 지식이 아니라 '한 시대의 모든 학문에 공통되는 지식의 토대'라는 뜻으로 생각했다. 이를 '담론(談論)'이라고 한다. 그는 권력이 복잡한 사회 구조를 통해 효력을 발생시키는 과정에 주목했다. 푸코에 따르면, 진리란 그 자체로 존재하는 것이 아니라 담론에 의해 규정되는 하나의 지식일 뿐이다. 즉 지식은 시대에 따라 변하는 것으로, 각각의 지식마다 나름대로 추구하는 진리가 다르다고 그는 생각했다.

규율 권력

근대 들어 이성은 권력으로 자리 잡았다. 근대 부르주아 사회에서 이성은 '나'와 '타자'를 구분하고, 더 나아가 모든 사회 질서에 의미를 부여하는 기제로 작동함으로써 권력 재생산에 기여했

다. 이성은 그 과정에서 사회의 보편적 사고방식으로 자리 잡기 위해 자신과는 다른 사고방식을 배척했다. 푸코는 『감시와 처벌』에서 각 시대의 권력이 어떻게 개인을 통제하고 구속해 왔으며, 개인이 권력의 작용에 의해 어떻게 변화되어 왔는지를 형벌제도 변화를 갖고 추적한다. 푸코는, 감옥을 감시자와 감시당하는 자가 명확히 대비되는, 즉 '보이지 않는 규율 권력'이 행사되는 전형적인 사례로 보았으며, 그 생생한 증거를 감옥과 정신병원에서 찾았다.

파놉티콘

푸코는 현대 민주주의가 만들어낸 권력을 규율 권력(생활 권력)이라고 불렀다. 그는 민주국가를 파놉티콘이라고 불리는 감옥에 비유했다. 원형감옥 '파놉티콘'에서 권력을 쥔 간수는 죄수의 모든 행동을 지켜볼 수 있는 반면 감시당하는 죄수는 간수를 볼 수 없다. 때문에 죄수는 간수가 자신을 보든 안 보든 매 순간 감시당하고 있다는 불안과 공포를 느끼게 되고, 결국에는 감시의 시선을 계속 의식하면서 스스로 자기검열을 해가며 점차 권력에 순응하고, 마침내 규율에 순순히 복종하게 된다. 이처럼 죄수들 각자가 권력의 시선을 내면화하여 스스로를 통제하도록 만드는 것이 바로 원형감옥 파놉티콘의 무서운 위력이라고 푸코는 말했다.

지식과 권력

현대사회에 들어오면서 권력은 차츰 눈에 보이지 않게 몸을 숨기되, 보이지 않는 생활영역에서 그리고 일상의 세세한 부분까지 우리의 신체를 감시·통제하고 있으며, 그에 따라 개인은 모두 그리고 언제나 감시 가능한 공간 안에 묶이게 됐다. 권력이 통제와 감시를 원활하게 하려면 일정한 기준이 필요한데, 이때 지식의 도움을 받아 '정상'과 '일탈'을 구분하는 것처럼 효율적이고 효과적인 방법은 없다. 그것에 맞춰 우리는 다양한 생활공간에서 다양한 규범적 판단에 의해 다양한 방법으로 규제된다. 그리고 그 지식이 정한 범주를 벗어나는 일체의 행동은 모두 부적절하고 일탈적인 행위로 간주되어 감시와 처벌과 교정의 대상이 된다. 지식 권력이 일상 행위의 가장 미세한 부분까지 침투하고 있는 현실 세계를 우리는 살고 있는 것이다.

이항대립

서양철학을 관통하는 사고는 '선과 악', '옳음과 그름', '주관과 객관', '주체와 객체', '이성과 감성', '정신과 육체', '현전과 부재', '서양과 동양', '남성과 여성' 등 '이항대립'적 위계를 따르면서, 전자가 후자보다 우위에 있다고 간주하는 것이라고 구조주의 철학자 데리다는 지적했다. 하지만 후자가 전자보다 열등하다는 생각은 근거 없는 착각이자 환상이라는 것이 데리다의 주장이다. 이러한 이분법적 위계질서가 그동안 부당하게 행해졌던

억압들을 합리화하고 정당화하는 논리로 작동해왔다는 것이다.

■ 해체
이항대립을 상정하여 우열관계를 만들게 되면 약자는 철저히 배제되고 만다. 그는 서양 중심의 인식론적 표현과 형이상학적 사고는 철저히 이원론적 대립에 바탕을 두고 있으며, 특정 표현과 진술에는 억압을 가하고 대척점에 있는 것들에 특권을 부여한다고 주장했다. 데리다는 서양 중심의 철학은 진리를 말하는 대신 자신들과는 사상을 달리하는 표현들을 억압하고, 제외시키고, 깎아내리는 데 몰두하고 있다고 주장했다. 따라서 서구적 사고에 의해 쫓겨나고, 은폐되고, 무시당한 것들을 찾아내기 위해서는 '탈구축'의 방법으로 이러한 폭력적 위계를 '해체'해야 한다고 말하면서, 인간을 구속하는 우열관계의 해체를 시도했다.

탈구축
데리다는 탈구축하는 방법을 원본과 복사본의 관계로 설명하면서, 둘의 관계를 뒤바꿔 버렸다. 그는 느낌과 언어의 예에서처럼 원본과 복사본의 우열관계는 언제든지 뒤바뀔 수 있으며, 이항대립 또한 존재하지 않는다고 보았다. 데리다는 서양 근대철학 체계에 자리 잡은 이분법적 사고를 해체하고자 했다. 그것이 '탈구축'이라는 개념이다. 그는 하이데거의 '해체'라는 용어에서 탈구축이라는 개념을 착안했는데, 핵심은 단순히 기성 고정관념을 해체하는 것만이 아니라 이를 발전적으로 다시 구축한다는 것이다. 이러한 데리다 사상은 그동안 서양 인문·사회과학을 지배해온 이성중심주의, 서구중심주의, 남성중심주의를 비판한 포스트모더니즘, 포스트콜로니얼리즘(탈식민주의), 페미니즘에 큰 영향을 미쳤다.

차연(差延)
데리다는 음성에서 문자로 전환할 때처럼 원본과 복사본이 차이를 함유하면서 변화하는 것을 '차연(差延)'이라고 불렀다. 문자와 음성이 일치하지 않는 이상, 문자는 음성을 대신하는 것이 아니라 둘을 동시에 품는 것이다. 음성은 완전한 원본이 아니다. 인간은 자신이 알고 있는 언어 가운데 타당한 것들을 선택하여 생각하게 된다. 지금껏 어딘가에서 본 문자가 차연되어 음성으로 될 가능성 또한 충분하다. 그에 따르면 사물은 '원본 → 복사본 → 원본 → 복사본 →'으로 영원히 차연된다. 따라서 둘 간의 우열은 없다. 그는 끝없이 차이를 일으키는 차연 작용이야말로 사물의 근원이자, 모든 텍스트와 모든 통일된 체계를 해체하는 원동력이라고 주장했다.

■ 주체의 전복
서양에서는 타아보다 자아가 옳다는 식의 이분법적 가치관이 널리 퍼져 있다. 그러나 자아의 존재를 확인하려면 지금 현재의 자신이 아니라 과거의 자신을 기준으로 삼아야만 가능하다. 과거의 자신과 비교해 현재 자신이 어떤 모습인지 확인할 수 있기 때문이다. 주목할 점은 과거의 자신을 지금의 입장에서 보면 '타자'라는 것이다. 따라서 자아는 타아의 도움을 받는다고 할 수 있다. 자아가 타아보다 우위에 있는 듯 보이지만 사실 자아는 타아를 바탕으로 하는 것이기에 자신이 올바르다고 여기는 가치로 모든 것을 통일하기는 불가능하다. 모든 이원론적 대립관계의 해체가 불가피한 것이다.

트리와 리좀
서구의 이원론적 사고는 미리 정해 놓은 그 어떤 절대 가치를 따라 전개하는 사유체계라고 들뢰즈와 가타리는 생각했다. 그는 '트리(나무)'를 예로 들어 설명하면서, 하나의 체계로 구조화하여 사고하려 해서는 안 된다고 주장했다. 그는 일목요연하게 뻗어나가는 수목(트리)적 사유체계에 대항하는 것으로서 전방위로 뻗어나가 방향을 종잡을 수 없는 사유 모델인 '리좀(뿌리)적 사유체계'를 제창했다. 트리는 지금껏 서구 사회를 지배해온 사유방식으로, 마치 생물 계통 분류 방식을 따르듯 기존 머릿속 사유방식을 그대로 이미지화하는 것이다. 그에 반해 리좀은 중심은커녕 시작도 끝도 없는 네트워크형 사유방식으로, 전체를 구성하는 각 부분의 접속이 자유롭고, 망의 형태가 종횡으로 움직이며, 다양한 요소가 섞인 상태라 할 수 있다.

■ 리좀적 사고
들뢰즈와 가타리에 따르면, 리좀은 여러 존재가 복잡하게 얽히고설키면서 하나의 중심으로 위계를 형성하려 들지 않으며, 외부의 억압적 코드로부터 벗어나기 위해 끊임없이 '탈주'를 시도한다. 그들은 다양한 가치를 하나의 질서에 기초하여 모순됨 없이 통일하려 드는 것(서양적 사고①: 체계화), 헤겔의 변증법처럼 서로 다른 생각을 고차원적 지식으로 도달하게끔 통일하려 드는 것(서양적 사고②: 변증법) 옳지 않다고 보았다. 그보다는 차이와 차연을 서로 인정하면서 차이들의 무수한 공존과 생성을 인정하는 열린 사고를 지향해야 한다고 주장했다.

노마드
들뢰즈는 그의 저서 『차이와 반복』에서 '노마드(nomad)'적 삶을 추구할 것을 제시했다. 노마드는 시공간의 제약을 받지 않고 자유롭게 살면서, 제한된 가치와 삶의 방식에 매달리지 않고 끊임없이 자신을 바꾸어 나가는 유목민을 뜻한다. 유목민(노마드)은 가벼움과 자유로움을 추구하며 탈영토화된 삶을 사는 자들이다. 그들은 특정 가치와 삶의 방식에 얽매이지 않고 끊임없이 자기를 부정하면서 새로운 자아를 찾아 나선다. 그러한 삶을 추구하는 유목민적 사고를 '노마디즘'이라고 한다.

■ 탈주

들뢰즈와 가타리가 주목한 것은 끊임없는 움직임 혹은 탈주다. **탈주**는 물리적인 움직임을 단순히 지칭하는 것을 넘어서 자신의 삶을 옭아매는 규범으로부터의 이탈을 일컫는 것이기도 하다. 기존의 권위와 현실의 안주로부터의 탈주를 통해 차이들의 무수한 공존과 생성을 인정하는 것이 바로 노마디즘의 원리다. 들뢰즈와 가타리는 한 장소에 머물기보다는 다중다양한 가치를 지닌 영역을 리좀적(종횡무진)이고 스키조적(분열하면서)으로 횡단하는 노마드적 삶으로 끊임없이 탈주할 것을 제안했다.

순수지속

베르그송에 따르면, 시간은 인간 의식에 자리한 직관적인 그 무엇이다. 시간은 단순한 공간상의 물적 이동이나 양적 변화가 아니라, '아이스크림을 본다 → 먹고 싶다 → 달콤하다 → 감정이 솟구친다 → 행복하다'라는 식으로 우리 의식 속에서 감정과 기억이 끊임없이 이어지면서 질적 변화를 일으키는 것을 뜻한다. 그는 시간의 이러한 성질을 가리켜 **'순수지속'**이라고 불렀다. 그에 따르면 시간은 멜로디와 같다. 새로운 음이 멜로디에 더해지면 전체 분위기가 바뀌듯, 마음속 시간, 곧 **'직관'**에 의한 시간을 진정한 의미에서 우리가 경험하는 시간으로 생각했다.

창조적 진화

베르그송은 다윈처럼 생명 진화를 자연도태의 개념으로 파악했다. 그에 따르면, 세계의 근본을 이루는 생명은 부단히 활동을 지속하면서 끊임없이 새로운 것을 만들어 나간다. 생명은 '순수지속'하면서 끊임없이 새로운 방향으로 나아간다. 생명은 단순히 기계론적 질서에 의하여 진화하는 것이 아니라 내적 생명 충동, 즉 동적이고 저항적이며 예측 불가능한 힘인 생명의 **'약동(엘렌 비탈, 창조적 욕구)'**에 의해서 창조적으로 진화한다. 베르그송은 이를 '창조적 진화'라고 불렀다.

프랑크푸르트학파

호르크하이머, 프롬, 벤야민, 아도르노 등 나치로부터 탈출하여 미국으로 망명한 독일계 유태인 학자들이 중심이 되어 비판이론을 전개한 독일의 신좌파 연구 집단으로, **비판이론학파**로 불린다. 마르크스의 자본주의 비판 이론과 프로이트의 정신분석 이론을 통합하여 현대 사회의 모든 현상들을 총체적으로 해명하려 한 프랑크푸르트학파는 후기 산업사회에서 노출되는 국가독점 자본주의의 정치적·문화적 모순에 대해 급진적 비판을 가하면서, 오늘날 대표적인 네오 마르크스주의자로서 유럽 학계에 강력한 영향력을 행사하고 있다

부정변증법

아도르노는 보편자 또는 개념에 의해 억압된 개별자 또는 비개

념적인 것을 파악하고자 했다. 이를 위해 그는 헤겔의 변증법을 비판하고 **'부정변증법'**을 창안했다. 헤겔의 변증법은 주관 우위의 관념론적 변증법이지만, 부정변증법은 객관 우위의 유물론적 변증법이다. 사물 또는 사태는 그 자체가 비개념적인 것이기 때문에, 객체(객관) 우위의 철학에서는 개념에 의해 비개념적인 것이 억압당하는 일이 없게 되는 것이다. 이러한 변증법은 부정을 매개로 하여 대상을 인식하는 것이 아니라 주체와 객체의 짜임관계를 통해 파악하는 것이다. 아도르노는 개념 우위의 관념론이 결과적으로 파시즘과 전체주의에 이르게 된다고 말하면서, 사회 현실 비판을 통해 개인의 우수성을 강조하는 객체 우위의 입장을 견지했다.

파사쥬

파사쥬란 19세기 파리에 있던 유리 지붕으로 된 상가를 말한다. 독일 출신 유대인 벤야민은 유리 너머 희미한 빛 속에 오래된 건물들이 즐비한 파사쥬를 바라보면서 자본주의를 철학적으로 고찰했다. 그는 거리와 거리 사이를 잇는 실내 공간인 파사쥬 공간을 '안도 아니고 밖도 아닌, 그러면서도 안이기도 하고 밖이기도 한' **문지방적인 탈구획적 경계영역**으로 보았다. 그의 눈에 문지방 영역은 이분법을 척도로 모든 것들이 시스템화 된 현대 사회에서 그 시스템적 억압구조를 붕괴시킬 수 있는 변혁의 공간, 인간의 공간이었다. 또한 자연과 문명, 인간과 사물, 정신과 신체 사이가 아직은 분리되지 않은 채 서로 교감하고 대화하는 소통의 공간이었다. 이 소통의 공간을 그는 **소통의 공간** 혹은 '비지각적 유사성의 공간'으로 명명했다.

해석학

문헌에 적힌 것 이상의 것들을 저자로부터 얻기 위한 분석 학문을 **'해석학'**이라고 한다. 가다머는 해석학을 타자를 이해하는 학문이라고 파악했다. 해석학의 주된 목적은 옛 서적이나 문헌으로부터 저자의 사상을 읽어내는 데 있다. 가다머는 이런 사고는 더 이상의 의미를 상실했다고 주장했다. 해석학에서 중요한 것은 지금의 '나(해석하는 쪽)'가 과거의 문장(해석된 것)과 대화하는 것으로, 옛 문장을 지금의 내가 어떻게 활용할 것인가에 있다.

상상계와 상징계

아기가 자신과 세계를 구분해서 이해하지 못하는 단계를 라캉은 **'상상계'**라고 정의했다. 이 단계에서는 아직 타인이 존재하지 않는다. 오직 자신만의 세계가 있을 뿐이다. 그러다가 두 살 무렵에 이르면 아기는 거울단계를 지나 본격적으로 타인의 세계, 곧 사회로 들어간다. 이때 언어를 배우게 된다. 아기는 언어에 의해 자기 외적 질서를 받아들이면서 자아를 형성하게 된다. 준수해야만 하는 규칙이 존재하는 세계, 언어에 의한 질서가 지배하는 세계를 라캉은 **'상징계'**라고 불렀다. 언어란 타인과의 관계 속에

서 성립한다. 거울단계에서처럼 전적으로 자기만이 존재하는 세계가 아니라 내 마음대로 할 수 없는 세계로 진입하게 된다. 아기는 자기 소외를 느끼게 되고, 그러면서 **'주체'**가 형성된다.

현실계

아기는 상징계의 규칙을 받아들이면서 유아기의 자아를 형성하게 된다. 자아는 주체적으로 만들어낸 것이 아니라, 세계에 이미 존재하는 타자와 언어 등 **'구조'**에 의해 만들어지는 것이라고 라캉은 생각했다. 이러한 생각은 자아는 자기 스스로 만들어 나가는 것이라는 사르트르의 실존철학과는 크게 달랐다. 라캉은 상상계와 상징계 이외에 **'현실계(실재계)'**가 존재한다고 생각했다. 현실계는 언어나 이미지처럼 우리가 직접적으로 인식하거나 체계적으로 파악할 수 있는 성질의 것이 아니다. 현실계는 언어의 세계로는 완전히 포착되지 않는 세계, 즉 우리가 결코 도달할 수 없는 쾌락이나 예술과 같은 영역이라고 라캉은 생각했다.

바르트의 신화

근대의 등장과 함께 인간은 그동안 신이 차지하고 있던 전지전능한 자리를 '이성'으로 탈취하였으며, 이에 만족하지 않고 그 권능을 행사하려고 했다. 그 권능의 행사에 앞장선 것이 이른바 부르주아라고 알려진 계층이었다. 이성에 자본이라는 막강한 화력을 더함으로써 근대의 신으로 군림하게 된 그들은 자신들의 이데올로기를 유지·강화·확대하는 담론들을 생산하여 유포시키기 시작했다. 그러한 담론들 중, 수 세기를 거치면서 현재까지 살아남은 것들은 현대의 신화가 되었다. 바르트가 주목하고 있는 신화란 바로 이러한 **부르주아의 신화**인 것이다.

■ 신화 작용

바르트에 따르면, 신화는 그 구조에 있어서는 이차적인 기호학적 체계로 이루어져 있으며, 그 의미 작용에 있어서는 이중성을 띠고 있다. 즉 신화는 대상 언어 위에 덧씌워진 메타언어로 이루어져 있고, 표면적인 의미만으로는 다 말하여지지 않는 의도를 그 밑에 숨기고 있다는 것이다. 바르트는 기호로 된 현대 세계를 **사회적 신화**의 세계라고 불렀다. 모든 대상에는 **신화 작용**이 있다는 그의 생각은 현대 사회의 대중문화 속에 숨겨진 기호를 밝힘으로써, 사회적 신화가 표상하는 이데올로기, 그 감춰진 의도를 우리에게 제시한다.

인식론적 단절

알튀세르는 인간 사고는 연속적으로 심화되는 것이 아니라 언제든지 돌발적으로 일어나면서 급격히 진화할 수 있다고 생각했다. 그 예로 마르크스의 인간 소외 사상을 들었다. 전기 마르크스는 인간 소외 문제를 휴머니즘의 관점에서 살폈지만, 후기 마르크스는 그것이 자본주의가 내재한 근원적인 문제에서 비롯된 것이라고 보고 이를 과학적 관점에서 파악했다는 것이다. 노동자들이 처한 현실의 문제들을 추적한 결과, 마르크스의 머릿속에서 그것이 자본주의의 구조적 문제 때문이란 생각이 갑자기 일어난 것이라고 생각했다. 이처럼 어떤 문제가 새로운 고차원적인 문제를 일으키는 현상을 알튀세르는 **'인식론적 단절'**이라고 불렀다.

■ 쿤과 알튀세르의 생각의 차이

상대주의 과학철학자 쿤은 패러다임 변화에 의해 과학사는 단절적이면서 혁명적으로 변화한다고 주장했다. 알튀세르는 개인의 머릿속에서도 그와 같은 변화가 일어난다고 생각했다. 이때, 쿤은 패러다임 변화 이전과 이후의 생각에 우열이 없다고 생각했지만, 알튀세르는 이전보다 이후가 고차원적인 생각이라고 여겼다는 점에서 차이 난다. 심오한 사상은 갑자기 일어나는 것으로, 이를 위해서는 어느 한 문제를 계속 생각하면서 끈기 있게 파고드는 것이 중요하다고 알튀세르는 생각했다.

　　20세기 초 프레게, 러셀, 비트겐슈타인, 무어 등 논리학으로부터 언어의 의미를 조사하는 분석철학이라는 커다란 흐름이 탄생했다. 분석철학은 프레게와 전기 비트겐슈타인의 영향을 받은 독일 인공언어학파와 무어와 후기 비트겐슈타인의 영향을 받은 일상언어학파로 나뉜다.

　　그 후 일상언어학파는 주로 영국에서 발전하고, 독일의 인공언어학파 학자들은 나치로부터 탈출하여 미국으로 망명한다. 그들의 철학은 공리주의와 미국의 사상적 기반이라 할 수 있는 프래그머티즘과 결합하면서 주로 미국에서 발전하게 되었다. 현재 분석철학은 매우 폭넓은 의미로 쓰이고 있지만, 영미 철학을 일반적으로 분석철학이라고 부른다.

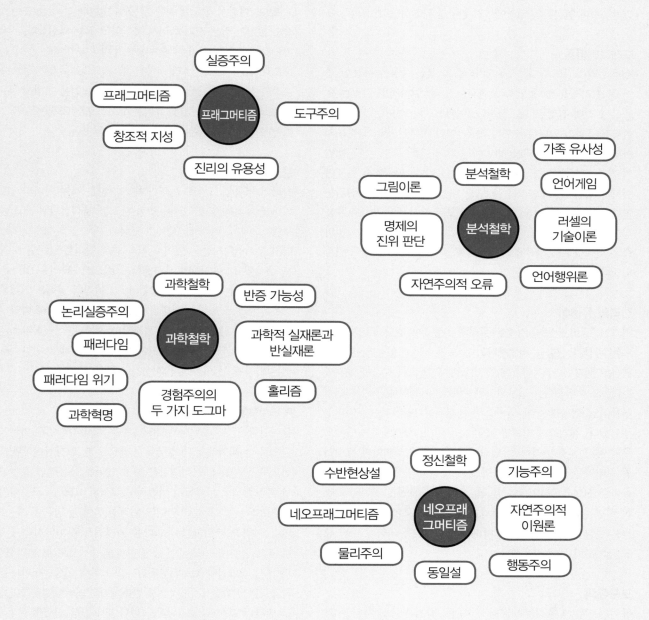

실증주의

실증주의는 과학적으로 증명할 수 있는 지식만을 옳다고 주장하는 입장이다. 19세기 후반 유럽에서 등장하여 형이상학적 사변을 배격하고 사실 그 자체에 대한 과학적 탐구를 강조했다. '실증주의'라는 명칭을 처음 사용한 사람은 생시몽이지만, 실증주의를 철학의 한 흐름으로 끌어올린 사람은 콩트이다. 콩트는 실증주의의 내용을 '현실적일 것, 유용할 것, 확실할 것, 정확할 것, 조직적일 것, 상대적일 것'의 여섯 가지로 제시했다. 콩트의 사상은 독일 실증주의학파는 물론 분석철학의 발달에까지 영향을 주었다. 이후 실증주의는 과학의 성립과 근거에 관한 연구를 진전시키며 인식론의 영역에까지 연구를 확산하였다.

프래그머티즘

'실용주의'라고도 한다. 프래그머티즘의 핵심 사상은 '유용한 것이 곧 진리'라는 말에 압축 표현되어 있다. 말하자면 진리는 유용성에 의해 결정된다는 것이다. 여기서 유용성이란 실제적·실질적 효과가 있다는 뜻이다. 이는 어떤 이론이 진리를 갖는지 여부는 이론 자체에 의한 것이 아니라 그 이론이 만들어낸 행위의 결과에 의해서 결정된다고 보는 입장이다. 미국에서 탄생한 철학 사상인 프래그머티즘은 모든 대상에 적용 가능한 진리는 없다는 '상대주의' 입장에서, 기존의 모든 지식을 비판하고 유용성이 검증된 진리만을 '참'이라는 생각을 확립했다. 프래그머티즘은 퍼스로부터 시작됐으며, 제임스를 거쳐 듀이에 의해 완성되었다.

진리의 유용성

퍼스는 "진리 판단의 기준은 실천의 유용성에 있다."고 말했다. 그는 관찰과 실험을 계속해나가다 보면 언젠가는 진리에 도달한다고 생각했다. 제임스는 "진리 판단은 반드시 결과를 따져야 한다."고 주장했다. 그는 진리란 어떤 실제적인 문제의 해결이 구체적인 행위를 통해 만족스러운 결과로 나타나는 것이라고 주장했다. 제임스에 따르면, 진리는 우리와 따로 떨어져 단독으로 존재하는 것이 아니다. 인간에게 유용하게 쓰여야만 그것이 곧 진리라는 것이다. 예를 들어 종교적 신념이 어느 누군가에게 올바른 신념으로서의 역할을 한다면, 그 사람에게 있어서 그러한 신념은 진리다. 이러한 프래그머티즘적인 사고를 '실용주의'라고 한다. 제임스는 프래그머티즘적인 발상을 과학이 아닌 종교, 삶, 도덕 등에 적용했다.

도구주의

듀이는 기존 실용주의의 경험적 차원을 넘어 행동적 차원을, 개인적 차원보다는 사회적 차원을 중시했다. 그에 따르면, 관념이나 사상은 모두 우리의 일상생활 속에서 일어나는 문제를 해결하기 위한 합목적적 도구에 해당한다. 학문과 지식을 인간 행동에 도움을 주는 도구로써 생각하는 사고방식을 '도구주의'라고 한다. 도구주의는 경험을 통해 대상을 검증하는 경험주의와 연결되어 있으며, 이론적 고찰보다는 실제 실험과 그 결과를 중시하는 실용주의, 넓게는 공리주의와 맞닿아 있다. 오늘날의 도구주의는 진리와 정의조차 인간의 욕망 추구와 관련된 도구로 전락시키는 문제점을 안고 있다는 비판을 받기도 한다.

창조적 지성

듀이는 어떤 문제가 제기되었을 때 상황을 관찰하고 해결방안을 모색하면서 결과에 다가가는 과정에서 진리를 얻을 수 있다고 봤다. 여기서 중요한 것은 행동(실천)이다. 실천을 통한 시행착오 없이는 결코 진리를 얻지 못한다고 그는 확신했다. 진리는 머릿속에서 얻는 것이 아니며 행동이 따라야 한다는 것이다. 행동으로 얻는 지식은 우리 시야를 넓히고 새로운 인간성으로 이끈다고 듀이는 생각했다. 이렇듯 행동으로 얻은 지성을 듀이는 '창조적 지성'으로 불렀다. 듀이는 교육으로 창조적 지성을 기를 때 민주주의의 기반은 확고해진다고 생각했다.

분석철학

철학의 역할은 ' ~ 은 ~ 인가'를 고찰하는 것이 아니라 언어의 의미를 분석하는 데 있다는 철학 사조를 '분석철학'이라고 한다. 무어, 프레게, 러셀 등 20세기 영국과 미국을 중심으로 사상을 펼친 분석철학자들은 언어 분석을 통해 진리를 탐구할 수 있다고 생각했다. 대표적인 분석철학자 비트겐슈타인은 철학은 언어를 분석하는 것이라고 주장했다. 그 이전의 철학은 인식한 내용을 언어로 표현하는 형태를 취했다. 그러나 언어에 따라 내용이 달라지기 때문에 혼란이 생겨났다. 이에 분석철학자들은 독단적이고 주관적인 철학을 객관적인 언어 문제로 전환하려 들었는데, 이를 '언어학적 전환'이라고 부른다.

■ 분석철학의 계보

분석철학은 기호윤리학의 연구로부터 시작하여 이후 미국을 중심으로 한 '과학철학'과 영국을 중심으로 한 '일상언어학파'를 중심으로 발전했다. 분석철학은 일상 언어는 은유적인 표현이 많아 과학적으로 분석하기 어렵다고 보았다. 그들은 모순되지 않는 기호와 같은 확실한 언어(인위적인 언어)를 만들어 사용해야 한다는 입장을 취하면서 철학을 과학적으로 파악하려고 들었다. 카르납, 비트겐슈타인 등 빈학파를 중심으로 한 논리실증주의 역시 과학철학으로 분류된다. 그에 비해 일상언어학파는 철학과 과학철학을 같은 것으로 간주했다. 그들은 인위적인 언어를 만들어 분석해봐야 의미가 없다면서 일상 언어로부터 철학의 문제를 고찰해야 한다고 주장했다. 현대 영미 철학은 분석철학이 주류를 이룬다.

프레게의 '의미'

프레게에게 '의미'란 '반드시 올바른가(정확한가) 아니면 그릇된 것인가(부정확한가)에 대한 진위여부를 판단할 수 있는 (문장의) 내용'이다. 이를 '**진리치**'라고 한다. 그는 진리의 옳고 그름 그 자체는 판단 가능하다고 봤다. 정확한 문법을 따르는 문장은 의미, 곧 옳음과 그름 가운데 어느 쪽으로서의 진리치를 갖는다. 프레게는 의미는 마음속에 있는 것이 아니라 문장 안에 있으며, 인간의 사고는 문장, 즉 명제의 옳고 그름을 분석하는 분석철학에서 나온다고 주장했다. 프레게는 의미를 마음속에 이미지화하는 고찰 방법을 심리주의라고 비판했다.

명제의 진위 판단

명제는 논리적으로 진위(의미) 판단이 가능한 문장으로 이루어져 있다. 명제의 진위는 그 명제의 주어가 술어의 집합에 포함되느냐 여부에 따라 결정된다. 예를 들어 '인간은 포유류다.'라는 명제는 인간은 포유류 집합에 포함되어 있어야 참이다. 하지만 철학에서는 명제의 주어가 우리로서는 있는지 없는지를 알수 없는 대상(존재)인 경우가 있다. 그러한 상황에서는 당연히 주어의 술어로의 포함 여부는 알 수 없다. 따라서 명제의 진위 판단은 불가능하다. 예컨대, '신은 존재하지 않는다.'라는 명제가 참인지 거짓인지 우리는 알 수 없다.

러셀의 기술이론

명제의 진위 판단의 어려움을 러셀은 '**기술이론(記述理論)**'이라는 독특한 이론으로 간단히 풀어 버렸다. 기술이론은 언어를 분석해서 명제 속에 담긴 존재(대상)에 대한 기술을 드러냄으로써 명제의 진위 여부를 판단하는 방법을 일컫는다. 그는 '현재 프랑스 왕은 대머리이다.'라는 널리 알려진 명제를 예로 들었다. 이 말은 사실, '프랑스 왕이 있다.'와 '그는 대머리이다.'라는 두 명제가 결합된 것이다. 여기서 앞 명제의 주어는 대상의 존재를 나타낸다. 이것이 참이어야만 전체 명제가 의미 있을 수 있다. 그런데 현재 프랑스 왕은 없으므로 명제 전체는 거짓이다. 문장의 숨겨진 논리적 구조를 파악하고 잘게 분해하여 그 하나하나가 현실 세계와 대응하는지 여부를 조사하는 러셀의 분석 방법은 비트겐슈타인의 그림이론에 큰 영향을 미쳤다.

그림이론

비트겐슈타인에 따르면, 현실세계는 개별 '사실'이 모인 것이다. 언어는 과학적 문장이 모인 것이다. 과학적 문장은 '새가 나무에 앉아 있다.'와 같이 하나의 사실을 모방한 문장이라고 할 수 있다. 과학적 문장은 사실과 1대1로 대응하므로, 과학적 문장과 사실은 같은 숫자로 존재한다. 이를 '**그림이론**'이라고 한다.

■ 말할 수 없는 것에 대해서는 침묵하라.

이론상 확인할 수 없는 문장은 사실과 대응하지 못하므로 그 내용의 옳고 그름이 문제되지 않는다. 그 내용이 옳든 그르든 언어를 잘못 사용하고 있는 것이라 할 수 있다. 예를 들어 철학에서 '신은 죽었다.'라든가 '도덕은 알 수 있다.'처럼 확인할 수 없는 명제(문장)는 언어의 정확한 사용법이라 할 수 없다. 이것들의 문제는 언어로 불가능한 것을 언어로 사용한 때문이다. 언어 사용법에 위배되는 것은 그것에 답할 수 없다. 사실과 대응하지 않는 것은 언어화가 불가능하다. 언어가 의미하고자 하는 대상(사실)이 세상에 없기 때문이다. 철학의 참된 역할은 언어로 말할 수 있는 것들과 말할 수 없는 것들을 확정하는 것이라고 비트겐슈타인은 생각했다. 그리고 "언어로 말할 수 없는 것에 대해서는 침묵해야 한다."고 말했다.

언어게임

비트겐슈타인은 사실과 대응하고 있는 과학적 언어를 분석하면 세계를 분석하는 것이 가능하다고 생각했다. 그러나 이후 자기 스스로 그러한 생각을 부정했다. 왜냐하면 과학적 언어가 앞설 경우에는 그것을 일상 언어로 사용하기 어려우며, 일상 언어를 우선할 경우에는 과학적 언어를 체계화하기 어렵다고 생각했기 때문이다. 세계를 이해하기 위해서는 순수 일상 언어를 분석하지 않으면 안 된다. 그는 일상 언어 역시 과학적 언어처럼 하나의 사실에 1대1로 대응하고 있다고 생각하지 않았다. '오늘은 날씨가 좋다.'라는 문장은 시간과 장소에 따라 여러 의미를 갖는다. 비트겐슈타인은 그러한 담화의 특성을 '**언어게임**'이라고 불렀다.

가족 유사성

비트겐슈타인에 따르면, 언어의 의미는 대상(사실)과 지시(명제) 관계보다는 맥락에 중점을 두고서 분석된다. 이러한 언어게임의 다양성을 그는 '가족 유사성'이라는 개념으로 설명했다. 한 가족 구성원은 서로 비슷하게 닮아 있다. 하지만 아버지와 어머니가 다르게 생겼기 때문에 가족 모두에게 공통적인 특징은 찾아볼 수 없다. 마찬가지로 언어 놀이에서도 모두에게 공통되는 특징이란 없고, 그저 서로서로 교차하는 '유사성'만 있을 뿐이다. 이를 '정의(正義)의 이데아'를 예로 들어 설명하면 다음과 같다. 이데아론에 의할 경우, 정의 A~D는 전부 공통된 특질을 갖고 있다. 그에 비해 가족 유사성에 의하면, 정의 A와 C에는 공통점이 없지만, 정의 A와 B, B와 C에는 이런저런 공통점이 있다. 이 경우 A와 C에 동일하게 정의라는 단어를 부여할 수 있다. 이렇게 상호 관계로 인해 느슨하게 한 범주에 속하는 집합체를 **가족 유사성**이라고하고, 언어도 이와 같다고 비트겐슈타인은 생각했다.

언어행위론
일상언어학파의 일원인 오스틴은 언어를 행위와 연결해서 생각하는 '**언어행위론**'을 전개했다. 그가 생각한 '언어행위'란 일상 언어의 엄밀한 분석을 철학의 과제로 하는 언어의 본질적 존재 양식을 가리킨다. 오스틴은 언어는 사실을 기술하는 것이 아니라 행위 그 자체이기 때문에, 사실(세계)은 변화한다고 보았다. 그에게 있어 '언어가 세계를 만든다.'는 말은 결코 비유적 표현이 아니다. 언어의 의미보다 행위에 중점을 둔 그의 관점을 따르면, '인간은 무엇을 아는가?'가 아니라 '인간에게는 무엇이 가능한가?'가 더 중요하다는 것을 알 수 있다.

자연주의적 오류
일상언어학파 학자인 무어는 공리주의가 주장하는 '선'과 '쾌락'이 같음을 증명한다는 것은 결코 해결할 수 없는 문제로, 둘이 반드시 같다고는 정의내릴 수 없다고 주장했다. 무어는 선악에 따라 도덕을 자연과학적 사실과 동일하게 분석하는 것은 잘못됐다고 말하면서 그러한 잘못을 '**자연주의적 오류**'라고 불렀다.

직관주의
무어는 '선'은 가장 순수한 개념으로, 이를 과학적으로 분석·해석하는 것은 불가능하다고 봤다. '좋음', '쾌락' 등 다른 언어로 바꿔 말할 수도 없다고 생각했다. '선'은 물질이 아니며, 우리의 직관으로밖에는 파악할 수 없는 것이다. '인간의 직관으로만 파악할 수 있는 것', 이것이 무어가 말하는 도덕의 본질로, 이를 '**직관주의**'라고 한다. '공리주의'의 윤리와 대립하는 직관주의 윤리는 자연주의 윤리 역시 과학적 사실과 도덕적 사실을 혼동한다고 비판한다. 과학의 언어는 전환 가능하지만 도덕의 언어는 전환할 수 없는 것이어서 본질을 달리한다는 것이다.

과학철학
현대 과학철학은 19세기 초 논리실증주의로부터 시작됐다. 과거의 형이상학적 세계관을 배제하고, 과학에 바탕을 둔 새로운 세계관을 확립하는 데 기본을 두고 있다. 과학은 본질상 엄밀한 방법론적 고찰이 요구된다. 근대 과학 발달은 방법론의 발전과 궤를 같이 한다. 이로부터 과학과 비과학의 구분, 과학의 가설과 정당화 과정 및 범위, 이론 변화에 대한 논의가 발생했으며, 이는 오늘날 **과학철학**이라고 명명되는 분야로 발전했다.

■ 과학철학의 계보
과학철학의 근간을 이룬 논리실증주의는 빈학파에 의해 창안됐으며, 슐리크, 카르납, 라이헨바흐, 포퍼 등이 이에 속한다. 포퍼는 과학철학의 기본 토대를 완성했다. 그는 결정론적 형이상학을 인정하는 자연과학과 사회과학을 거부했으며, 실증론을 기반으로 과학이 귀납적 방법으로 시작되어야 한다는 생각을 비판했다. 대신 그는 '반증 가능성'을 기준으로 제시했다. 가설을 확증하는 방식에서는 무한한 사례를 수집해야 하나, 반증 방식에서는 모순된 증거가 없다는 사실이 곧 가설이 옳다는 것을 증명하는 것과 같으므로, 연구자는 자신이 가정한 규칙의 예외를 탐색하면 된다는 것이다. 그는 지식 획득의 방법론에 중점을 두고 과학의 변화에 초점을 맞췄으며, 이론과 방법론을 일일이 구별하지 않았다.

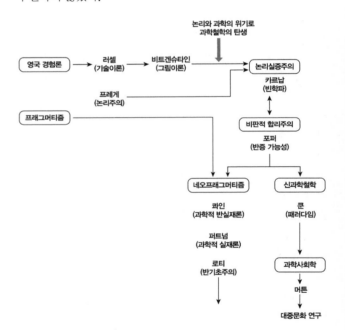

논리실증주의
20세기 초엽, 카르납 등 여러 물리학자와 수학자가 결성한 오스트리아 빈학파는 관찰과 경험 등을 통해 검증 가능한 이론을 과학적이며 올바른 지식으로 간주하고, 그 이외의 것들은 비과학적이며 쓸모없는 지식이라고 간주했다. 빈학파는 실증 가능한 과학적 사실만이 정확한 지식이라는 **논리실증주의**를 제창하면서, 철학의 역할은 세계를 언어로 설명하는 것이 아니라 언어 그 자체를 분석(실증)하는 데 있다고 주장했다. 그럼에도 언어를 과학적으로 실증하기에는 분명 무리가 있었다. 실증에 의한 과학적 사실은 새로운 사실이 발견되면 언제든지 뒤집힐 가능성이 존재하기 때문이다. 실제 대부분의 과학적 사실은 대부분 변경됐다. 논리실증주의는 짧은 활동 기간에도 불구하고 분석철학을 비롯한 20세기의 경험주의 발전에 기여했다.

반증 가능성

포퍼에 따르면, 우리가 검증을 통해 과학 이론을 증명하는 것은 사실상 불가능하다. 과학적인 것과 비과학적인 것의 차이는 검증만으로는 해결될 수 없으며, '반증 가능성'을 열어두고 판단을 내려야 한다는 것이다. 반증 가능성이 과학적 사고 방법의 조건으로 작용할 때, 반증되는 것에 의해 과학은 진보한다고 그는 생각했다. 포퍼에 의하면, 과학 이론은 '지금 단계에서는 반증할 수 없는 이론'으로 바꿔 말할 수 있다. 이에 반해 유사과학은 직감이나 감성으로 이론을 만들어낸 것이기에 반증이 불가능하다. 반증 가능성 이론은 귀납주의와 논리실증주의에 대한 비판에서 출발했다.

패러다임

패러다임이란 넓은 의미로는 어떤 한 시대 사람들의 견해나 사고를 근본적으로 규정하고 있는 테두리로서의 인식 체계, 또는 사물에 대한 이론적인 틀이나 사고 체계를 뜻한다. 좁은 의미로는 과학자 집단이 공유하고 있는 윤리적 표준을 일컫는다. 지금까지의 과학적 사고방식에 따르면, 과학적 지식은 관찰과 실험의 누적을 통해 진리에 가깝게 도달하는 것이라고 생각했다. 이에 대해 쿤은 과학적 지식은 연속적으로 발전하는 것이 아니라 단계적(혁명적)으로 변화하는 것이라고 주장했다. 쿤은 어느 한 시대의 사고 틀을 '패러다임'이라고 불렀다.

■ 패러다임 전환

쿤에 따르면 과학 발전은 관찰과 경험에 의해 한 걸음씩 앞으로 나아가는 것이 아니라, 패러다임시프트라는 단계적 전환 과정을 통해 혁명적으로 발전한다. 그는 이런 식의 전환을 '패러다임시프트'라고 명명했다. 일례로 19세기 당시까지는 정설로 받아들였던 뉴턴역학으로는 설명할 수 없는 사실들이 연이어 발견되기 시작하면서, 20세기 초 들어 새로운 학설로서 상대성이론이 과학자들 사이에서 지지를 얻게 됐다. 그리하여 마침내 새로운 학설이 지식의 표준으로 전환되었다. 오늘날 패러다임시프트라는 용어는 과학뿐 아니라 사회학 및 경제·경영 분야에서 폭넓게 사용되고 있다.

패러다임 위기

과학은 하나의 패러다임을 채택하면서 본격적으로 시작된다. 확립된 패러다임 하에서 연구자들은 이론과 본질에 대한 의심을 삼가고 틀에 박힌 탐구 활동에 매진하는데, 그러한 과학 활동을 '정상과학'이라고 한다. 정상과학 연구는 과학적으로 특정되고 시대를 주도하는 패러다임에 의해 지배받기 때문에, 과학적 근본 원리에 대한 검증이나 반증을 결코 허용하지 않는다. 그러나 탐구 과정에서 사소해 보였던 문제가 계속 풀리지 않거나 또는 해결되지 않는 문제들이 늘어나면서 마침내 패러다임은 위기에 빠진다. 특정 패러다임 하에서 변칙된 사례가 지나치게 증가하면 과학자들은 이를 중심으로 대안적 패러다임(혁명과학)을 새롭게 모색하게 된다.

과학혁명

정상과학이 위기를 맞게 되면 연구자들은 자신들의 분야가 나아갈 방향에 대한 과학적 규범을 새롭게 설정하기 위해 광범위한 토론에 참여하게 된다. 이후 대안적 패러다임이 문제 해결 과정에서 성공 사례로 자리 잡으면서 학문의 세대교체를 이루는 데 성공하면 새로운 정상과학이 탄생하게 되는데, 이를 '과학혁명'이라고 한다. 과학혁명이 일어나는 초기에는 기성 패러다임과 새로운 패러다임이 병존하는 상황이 한동안 지속된다. 쿤은, 과학적 지식은 현재의 패러다임과는 단절된 새로운 패러다임이 도출되는 과정에서 혁명적으로 대체되는 것이라고 주장하면서, 전통적 과학관의 기본 믿음의 하나인 과학적 지식의 누적 성장론에 타격을 가했다.

홀리즘

콰인은 외적 세계에 대한 우리들의 언명은 각각 독립된 것이 아니라 하나의 덩어리로서만 감각적으로 경험할 수 있다고 주장했다. 그는 인간을 둘러싼 지식과 신념의 총체는 우리 주변에서 일어나는 경험과 접하면서 형성된 인위적 구축물에 지나지 않는다고 주장했다. 이처럼 개별 명제는 체계 전체의 일부분으로서 경험 불가능하다는 사고를 '홀리즘(전체론, 총체주의)'이라고 한다. 홀리즘은 전체는 단순한 부분의 총화로 환원되지 않으며, 부분의 고찰은 전체와의 관계에서 고찰해야 한다는 사고방식이다. 홀리즘은 전체가 단순한 부분의 총화에 지나지 않는다고 생각하는 원자주의 및 부분을 포착함으로써 그 전체를 설명하고자 하는 환원주의와 대립한다.

분석적 진리와 종합적 진리

논리실증주의자들은 진리에는 두 종류가 있다고 생각했다. 하나는 언어의 의미와 개념으로 진위 여부를 판단하는 **분석적 진리**이고, 다른 하나는 실제 확인하지 않고는 진위 판단이 불가능한 **종합적 진리**이다. 이 둘의 명확한 구분이 곧 논리실증주의의 기반이라 할 수 있다. 분석적 진리(이성의 진리)는 언어의 의미와 개념에 따라 결정되는 것이기에 실험이나 경험으로 이를 변경할 수 없다. '모순율·동일률·배중률' 등 분석철학이 다루는 문제이다. 종합적 진리(사실의 진리)는 실험이나 경험으로 파악하지 않으면 안 되는 진리로, 과학이 다루는 문제이다.

자연주의
분석적 진리는 과학에 의한 실험이나 경험으로 바뀌는 것은 없다는 믿음을 갖고 있다. 하지만 콰인은 이러한 생각을 부정한다. 실험 결과가 이치에 맞지 않으면 분석적 진리인 모순율·배중률과 같은 논리법칙으로 변경할 수 있다는 것이다. 분석적 진리가 실험에 의해 변경될 경우, 그 진리는 이제 종합적 진리라 할 수 있다. 이로써 이 둘을 구별한 논리실증주의는 막을 내리게 되었다. 콰인은 철학의 특권을 부정하고 (경험)과학을 철학(인식론)에 도입해야 한다고 생각했다. 이러한 사고를 '자연주의'라고 부른다.

경험주의의 두 가지 도그마
콰인의 '경험주의의 두 가지 도그마'에 대한 지적은 철학의 존재 이유를 크게 변화시켰다. 경험주의(논리실증주의를 말한다)의 두 가지 도그마(독단) 측면에서 볼 때 과학은 진리를 밝혀내지 못한다. 과학에서의 이론과 명제의 선택 여부는 그 이론이 전체 시스템에 얼마만큼 유용한지 여부에 따라 결정해야 한다고 콰인은 주장했다. 여기서 프래그머티즘의 도구주의가 부활한다. 논리실증주의 이후 새롭게 형성된 콰인과 로티 등의 프래그머티즘 사상을 '네오프래그머티즘(신실용주의)'이라고 부른다.

■ 도그마① _ 분석적 진리와 종합적 진리는 명확히 나뉜다.
경험주의는 '분석적 진리와 종합적 진리는 명확히 나뉜다.'고 생각했다. 분석적 진리는 이성으로 증명하는 진리로, '사각인 삼각형은 존재하지 않는다.'처럼 언어의 의미로 참·거짓을 알 수 있는 진리다. 종합적 진리는 '지구는 둥글다.'처럼 관찰과 실험 등 경험으로 증명하는 진리를 말한다. 논리실증주의자 카르납도 비판적 합리주의자 포퍼도 종합적 진리와 분석적 진리의 구별을 의심하지 않았다. 콰인은 이것이 첫 번째 도그마(독단·독선)라고 말했다. 분석적 진리는 실험·관찰 등 경험에 의해 변경되는 경우가 있으며, 그러한 진리는 종합적 진리라고 콰인은 생각했다. 이를테면 '사각인 삼각형'의 존재를 과학적으로 증명할 가능성도 있다는 것이다.

■ 도그마② _ 명제와 사실은 1대1로 대응한다.
경험주의는 '명제와 사실은 일대일로 대응한다.'고 주장하는데, 콰인은 이것 역시 단지 독단에서 비롯된 것이라고 생각했다. 과학 이론이 '사실(관찰 결과)'이 되기 위해서는 이론(명제)과 관찰 결과 사이에 일대일의 관계가 성립하지 않으면 안 된다는 생각이 그것이다. 이론은 다른 많은 이론으로부터 성립된다. 이론과 관찰 결과가 일치한다고 해서 그 이론이 진실이라고 말할 수는 없다. 과학(관찰과 경험)은 반드시 진실을 밝혀내기 위한 것은

아니다. 중요한 것은 이론의 진위가 아니라 그 이론이 인간에게 얼마나 **유용한가, 무용한가**에 달렸다는 것이다.

과학적 실재론과 반실재론
전자와 같은 소립자는 실제 관찰할 수 없고, 과학에서나 이론으로 다루는 대상이다. 이를 이론적 대상이라고 한다. 이론적 대상은 당연히 실재한다고 생각하는 입장을 **과학적 실재론**이라고 한다. 이와 달리 이론적 대상은 실제 현상을 설명하기 위해 만들어낸 편의 장치에 불과하다고 생각하는 입장을 **반실재론**이라고 한다. 콰인의 총체주의에 따르면, 이론에 부합하지 않는 실제 경험 결과가 도출되더라도 그 이론의 어느 부분이 잘못되었는가를 확정하기 어렵다.

네오프래그머티즘
경험주의의 두 도그마에서 본 것처럼, 과학은 진리를 밝혀낼 수 없다. 이론(명제)과 관찰 결과(사실)가 일치한다고 해서 그 이론이 진실이라고 말할 수는 없다. 이론은 다른 많은 이론들로 구성되어 있는데, 설령 어떤 이론에 오류가 있다고 해도 다른 이론을 수정하여 앞뒤를 맞출 수 있으며, 관찰 방법이 잘못되어 이론에 오류가 생겼을 가능성 또한 배제할 수 없기 때문이다. 따라서 과학적 이론의 채택 여부는 그 이론이 시스템 전체에 유용한지 그렇지 않은지에 따라 결정된다는 것이 콰인의 주장이다. 여기서 프래그머티즘의 도구주의가 다시 부활하는데, 이러한 입장을 **네오프래그머티즘**이라고 한다.

정신철학
정신철학 또는 **심리철학**은 마음 또는 정신 현상, 정신의 기능 내지는 성질·의식과 물리적인 실체인 몸과의 관계를 다루는 철학의 한 분과이다. 데카르트 이후 몸과 마음의 관계는 철학의 중요한 관심 분야였다. 우리는 일상에서 정신과 육체와의 관계(몸은 마음을 따른다는 인과론적 사고)를 경험하고 있다. 우리는 물을 마시고 싶다는 의지(정신 상태) 때문에 시원한 물을 마시려고 냉장고를 열거나, 과거의 어떤 아픈 기억들을 떠올릴 때 (정신) 눈물을 흘리는(육체적 상태) 경우를 쉽게 접한다. 심리(정신)철학은 이런 것과 관련한 문제에 대한 해결점을 찾으려는 시도이다. 오늘날은 분석철학, 특히 언어철학에서 그 흐름을 잇고 있다. 현대 인식론도 결국에는 정신의 문제를 해결하지 않고서는 그 한계를 절감할 수밖에 없다는 사실을 보여준다.

물리주의
일원론적 관점은 크게 관념론과 유물론으로 나뉜다. 정신철학에서는 유물론을 **'물리주의'**라고 부른다. 물리주의는 유물론의 입장에서 세계는 물질로 이루어져 있고 마음(의식)도 뇌의 움직임에 관계하는 한갓 물질에 불과하다고 본다. 세계의 궁극적 요

소가 물리적이며, 이 세계에 대한 인식 역시 물리적으로 이해될 수 있다는 입장이다. 행동주의, 기능주의, 동일설을 지지하는 물리주의 학자의 다수는 마음(의식)은 뇌의 기능에 관계하므로 마음의 구조는 뇌 과학의 입장에서 물리적으로 규명될 수 있을 것이라고 생각한다. 물리주의는 현대 심리철학에서 주목받고 있는데, 물리주의가 심리학에 적용된 것이 바로 행동주의다.

행동주의

행동주의는 정신의 구조나 작용 과정이 주된 연구 대상이었던 기능주의와 구조주의 연구 방법에 대한 반작용으로 등장했다. 라일의 범주 착오 개념에 따라 사물을 들여다보면, 마음은 운다거나 웃는다거나 하는 식의 단순한 신체 행동에 불과하다. 라일은 희로애락의 마음 상태는 신체 내부에서 일어나는 것이 아니라 웃고 우는 것과 같은 신체 행동으로의 '지향성'에 따른 것이라고 주장했다. 이러한 사고를 '행동주의'라고 한다.

■ 행동주의 심리학

행동주의 입장에 따르면 행동(언행)으로 표면화된 마음 상태는 객관적으로 관찰 가능하다. 20세기 초에 행동으로부터 심리를 파악하는 실험과 관찰이 크게 일었는데, 이를 **행동주의 심리학**이라고 부른다. 라일에 이어 인지과학자 데네트는 하나의 감정이 하나의 언행으로 결합한다는 생각은 한계가 있다고 하면서, 행동 분석에는 종합적인 해석이 필요하다고 생각했다.

동일설

마음(정신)과 몸(두뇌=육체)은 같은 물질로 이루어져 있으며, 마음(정신) 상태는 뇌(육체)의 상태에 달렸다고 보는 생각을 '동일설'이라고 한다. 구름이 물 분자와 같은 것처럼, 이를테면 통증을 느끼는 마음 상태는 몸 안의 어느 부분의 신경세포의 발화에 의해 감지된 뇌의 상태와 동일하다는 생각이 그것이다.

■ 동일설과 심신병행설의 차이

동일설과 '심신병행설'은 다음 면에서 차이 난다. 병행설은 뇌 상태와 마음 상태는 마치 동전의 앞뒷면처럼 하나의 실체를 놓고서 두 측면의 성질을 파악한 것이라 할 수 있다(뇌≒마음). 그에 비해 동일설은 뇌 상태와 마음 상태는 호칭은 다르지만, 실은 둘은 전적으로 같다고 본다(뇌=마음). 즉 동일설은 라일이 데카르트의 심신이원론을 비꼬듯이 표현한 것처럼, 마음은 '기계(뇌) 속의 유령(정신)'이 조작한다는 입장에 반대한다.

기능주의

인간 행동을 일으키는 기능(움직임)을 마음이라고 보는 심리철학을 '기능주의'라고 한다. 기능주의는 동일설과 행동주의에서 드러나는 인간 행동의 모순과 부자연스러운 현상을 규명하는 것에서 출발했다. 제임스와 듀이의 실용주의에 입각하여 의식의 유기적 기능을 강조하면서, 의식 내용을 원자적 요소들로 분석하여 종합하는 구조주의적 환원주의 입장에 반대한다. 기능주의는 뇌(육체)와 마음(정신)의 관계를 컴퓨터의 하드웨어와 소프트웨어의 관계로 파악한다. 두뇌가 컴퓨터의 하드웨어라면, 마음(의식)은 곧 컴퓨터에 프로그램 된 소프트웨어라는 것이다.

■ 동일설과 행동주의의 모순을 절충

기능주의의 등장으로 동일설은 컴퓨터로 치면 하드웨어와 소프트웨어가 동일하다는 모순된 주장을 하는 꼴이 되어 버렸다. 또한 기능주의는 마음이 일으킨 행동(결과)을 확인하는 것만으로 직접 마음을 확인할 수 있다는 행동주의의 모순을 설명할 수 있다. 기능주의는 의식 또는 정신은 유기체가 환경에 적응하는 데 공헌하는 유용성이라는 각도에서 파악할 것을 강조한다. '의식이란 무엇인가'의 문제에 몰두하기 보다는 '의식이 무슨 이유로, 어떻게 활동하느냐'의 문제를 실험과 관찰로 연구해야 한다는 것이다.

수반현상설

수반현상설(隨伴現象說)이란 물질과 의식 사이의 인과관계에 대해 논의하는 심리철학의 한 입장이다. 수반현상설에 의하면, 물질은 반드시 원인과 결과(인과율)라는 물리법칙을 좇듯이, 의식은 신체에 수반할 뿐 신체에 영향을 주지 않는다. 의식이 신체를 움직이고 있다는 감각은 착각에 불과하다는 것이다. 수반현상설은 물질(신체)과 의식(정신)을 별개의 존재로 인식하는 '이원론'의 입장을 취하면서, 의식의 세계에서 일어나는 반응에는 반드시 그것에 대응하는 물질 반응이 존재한다는 입장을 취한다. 수반현상설과 대립하는 입장에 '상호작용설'이 있다.

자연주의적 이원론

차머스는 자신의 입장을 자연주의적 이원론에 위치시켰다. 그는 이원론의 입장에서 마음(의식)은 현대 물리학으로는 설명할 수 없다고 생각했다. 그렇다고 물체와 분리된 마음을 정신적 실체로 파악하는 데카르트의 심신이원론을 전적으로 따르지도 않았다. 그는 정신과 영혼 같은 초자연적인 언어로서의 의미가 아니라 자연적(그리고 과학적) 언어의 의미로써 생각하면서, 물질인 뇌로부터 왜 의식이 일어나는가에 대해 골몰했다. 그의 자연주의적 이원론은 마음(의식)의 문제는 결코 물리학으로 환원할 수 없다는 '이원론적' 관점을 기반으로 하되, 과학적인 접근방식을 따라야 한다는 **자연주의** 사상을 더한 것이라 할 수 있다.

8 서양의 윤리 사상

서양 윤리 사상은 고대 그리스에서 시작되었다. 그리스 사상가들의 인간의 바람직한 삶에 대한 활발한 논의는 이성적이고 명료한 사고를 바탕으로 이루어졌으며, 합리적 사고를 바탕으로 한 윤리 사상의 전개는 오늘날까지 이어져 온 서양 윤리 사상의 근간이라고 할 수 있다.

고대 그리스 윤리 사상으로는 소피스트들의 상대주의 윤리 사상과 소크라테스의 보편주의 윤리 사상을 꼽을 수 있다. 소피스트들의 사상은 이후 인간의 욕구와 감정을 중시한 다양한 윤리 사상에 큰 영향을 끼쳤으며, 소크라테스의 윤리 사상은 플라톤과 아리스토텔레스를 통해 계승 및 발전되면서 서양 윤리 사상의 역사 내내 커다란 영향을 미치게 되었다. 이후 헬레니즘 시대에는 인간 자신의 내면을 바탕으로 마음의 평안을 추구한 에피쿠로스학파와 스토아학파가 큰 영향력을 발휘하였다.

중세 시대에는 그리스도교가 서양 사회 전반에 커다란 영향을 미쳤다. 이 과정에서 아우구스티누스와 아퀴나스가 고대 그리스의 윤리 사상을 바탕으로 그리스도교의 윤리 사상을 보다 체계화함으로써, 그리스도교 사상은 서양 윤리 사상의 또 다른 중요한 한 축을 이루게 되었다.

근대에는 중세의 신 중심의 윤리 사상에 대한 반성이 나타나면서 인간 중심의 윤리 사상이 전개되었다. 이는 크게 인간의 욕구와 감정을 중시한 윤리 사상과 인간 이성의 중요성을 강조한 두 흐름으로 전개되었다.

현대에는 근대 윤리 사상의 계승과 비판이 공존하면서 다양한 윤리 사상이 전개되었다. 경험주의를 계승하면서 문제 해결의 유용성을 강조한 실용주의, 근대 윤리 사상에서 간과되어 온 인간의 실존을 강조한 실존주의, 인간의 성품과 행위의 중요성을 강조한 덕 윤리와 배려 윤리가 대표적이다.

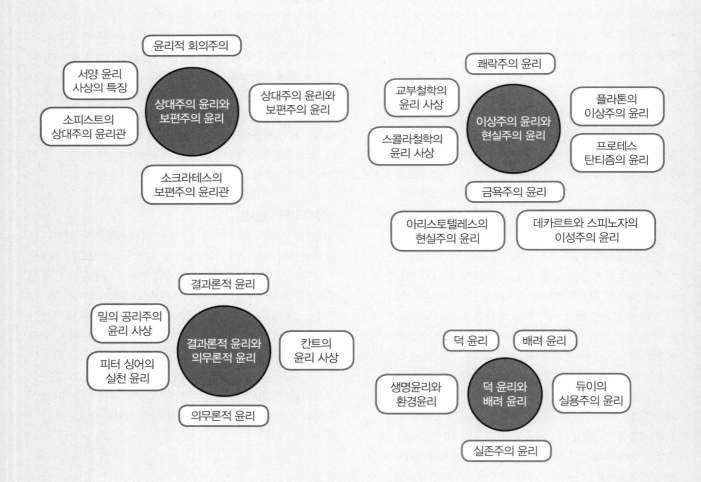

서양 윤리 사상의 특징

서양 윤리 사상은 인간 본성에 대한 이해를 바탕으로 전개되었다. **이성**을 중시하는 관점에서는 이성의 지시나 명령에 따르는 삶을 인간다운 삶이자 바람직한 삶이라고 생각하였다. 반면 **경험**을 중시하는 관점에서는 바람직한 삶을 살아가기 위해서는 인간의 감정이나 욕구를 고려해야 한다고 주장하였다. 이러한 두 관점을 바탕으로 서양 윤리 사상은 도덕의 기준을 다양하게 제시하였고, 개인의 행복한 삶에 대해 많은 관심을 보였으며, 개인적 차원의 윤리뿐만 아니라 사회적 차원의 윤리도 강조하였다.

■ 인간 본성과 관련한 서양 윤리의 흐름

상대주의 윤리와 보편주의 윤리

상대주의 윤리는 구체적인 도덕규범이 사회에 따라 달라질 수 있을 뿐 아니라, 사람마다 가지고 있는 옳고 그름에 대한 기준도 다르므로 보편타당한 윤리란 존재하지 않는다는 주장이다. 한편, **보편주의 윤리**는 구체적인 도덕규범은 다를지라도 그것들의 밑바탕이 되는 보편적 도덕 원리가 분명히 존재하며 인간은 이를 인식할 수 있다는 주장이다.

■ 상대주의 윤리와 보편주의(절대주의) 윤리 비교

구분	장점	단점
상대주의 윤리	다양한 가치를 인정하고 수용한다.	윤리적 회의주의에 빠질 수 있다.
절대주의 윤리	지나치게 다원화된 사회를 극복하는 데 도움을 줄 수 있다.	다양한 삶의 방식을 획일적으로 평가할 수 있다.

소피스트의 상대주의 윤리관

소피스트들은 모두가 동의할 수 있는 보편적인 선악의 판단은 없으며, 단지 각자의 상대적인 도덕 판단만 있을 뿐이라고 하여 **상대주의 윤리관**을 주장하였다. 소피스트들은 보편적인 선이란 존재하지 않으므로 바로 지금 현세적인 선으로도 충분하다면서 현실 삶에서의 성공을 중시하는 세속적 가치관을 주장하였다.

소크라테스의 보편주의 윤리관

소크라테스는 소피스트들의 상대주의 윤리를 반대하면서, **보편적이고 절대적인 윤리**가 존재하며, 인간은 이성을 통해 이를 파악할 수 있다고 주장하였다. 그는 소피스트들이 부와 명예 등의 세속적 가치를 중시한 것과 달리, 선하게 사는 것과 정신적인 가치를 중시하는 도덕적 삶을 강조하였다.

플라톤의 이상주의 윤리

플라톤은 소크라테스의 윤리 사상을 계승하여, 현실의 세속적인 가치보다는 이상적인 가치에 더 큰 관심을 기울였다. 플라톤의 이상주의 윤리는 이데아의 세계와 현실의 세계라는 구분을 바탕으로, 이데아에 대한 지식은 오직 이성을 통해 얻을 수 있다고 보았다. 그는 만물 각각의 이데아를 이데아이게 하는 것, 즉 최고의 이데아가 **선(善)의 이데아**이며, 이를 모방함으로써 최고의 선을 실현할 때 인간은 행복한 삶을 누릴 수 있다고 주장하였다.

아리스토텔레스의 현실주의 윤리

아리스토텔레스 역시 인간의 이성을 중심으로 하는 윤리 사상을 전개하였지만, 플라톤과는 달리 이상과 더불어 현실을 중시하는 방향으로 나아갔다. 그는 선(善)은 이데아의 세계가 아닌 우리가 사는 현실 세계에 존재하며, 현실 세계에서 실현되어야 하는 것이라고 주장하였다. 인간의 모든 행위는 최종적인 목적인 최고선을 향해 나아가며, 모든 행위의 궁극적 목적인 최고선의 실현을 **행복**이라고 보았다. 그는 인간이 진정한 행복을 누리기 위해서는 인간의 고유한 기능인 이성이 탁월하게 발휘하는 상태인 덕(德)을 실천하는 삶을 살아야 한다고 주장했다.

■ 플라톤과 아리스토텔레스의 사상이 서양 윤리에 끼친 영향

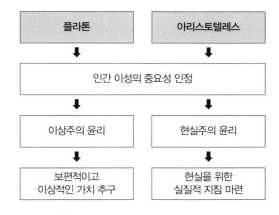

쾌락주의 윤리

에피쿠로스학파는 쾌락만이 인간을 행복하게 할 수 있는 가치 있고 좋은 것이라고 보았다. 따라서 고통을 피하고 쾌락을 추구하는 것이 참된 삶의 목적으로, 육체적·정신적인 고통을 제거하여 정신적인 동요나 혼란이 없는 **평정심**의 상태, 즉 아타락시아에 이르는 것이 삶의 목적이자 행복에 이르는 길이라고 주장

하였다. 이와 함께 우정과 같이 작은 공동체 내에서 이루어지는 교류를 행복의 중요한 요소라고 말하였다.

금욕주의 윤리

에피쿠로스학파가 욕구의 절제를 통한 마음의 평정을 강조한 반면, 스토아학파는 이성을 따르는 평온한 삶을 추구하였다. 그들은 갖은 감정과 욕망 등의 정념으로부터 해방된 상태, 즉 **아파테이아**를 이상적인 상태로 제시하면서, 인간은 이성의 명령인 자연법에 따라 사회 내에서 각자의 역할과 의무를 수행해야 하며, 이를 위해 인간 삶의 역경조차도 회피하거나 거부하지 않아야 한다고 주장했다. 그리고 인간은 누구나 이성을 가졌다는 점에서 전 인류를 동료로 생각하고, 세계 모든 이들의 평등을 강조한 세계 시민주의를 전개하였다.

■ 쾌락주의 윤리와 금욕주의 윤리가 서양 윤리 사상에 끼친 영향

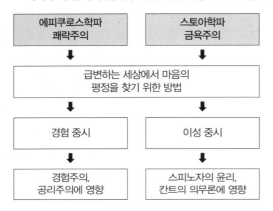

■ 개인의 사회적 역할에 대한 에피쿠로스학파와 스토아학파의 차이
한 개인이 사회 및 정치와 관련해서 어떤 역할을 해야 하는가라는 문제를 놓고 에피쿠로스학파와 스토아학파는 완전히 상반된 입장을 보인다. 에피쿠로스는 사회로부터 벗어나 서로 마음이 통하는 사람들끼리 소규모 집단을 이루어 살아갈 것을 권하면서 정치적인 삶을 감옥에 비유하였다. 그러나 스토아학파에서는 인간을 사회적 존재로 보면서, 누구나 인류의 구성원이라는 점을 강조하였다.

교부철학의 윤리 사상

교부철학의 대표적인 인물인 아우구스티누스는 기독교 교리를 체계화하는 과정에서 플라톤의 철학을 적극 수용하면서, 인간은 이데아의 세계에 해당하는 완전한 '신'의 사랑과 은총을 받을 때 원죄에서 벗어나 구원에 이를 수 있다고 주장하였다. 그는 인간은 오직 신앙을 통해 절대자인 신에게 귀의하고, 가장 완벽하고 선한 존재인 신을 사랑하면서 신과 하나가 될 때 완전한 행복에 이를 수 있다고 보았다. 더불어 그는 인간이 추구해야 할 최고의 목표 가운데 **사랑**을 통해 영혼을 정화하고 최고의 선

을 이룰 수 있다고 강조하였다.

스콜라철학의 윤리 사상

스콜라철학의 대표적 인물인 아퀴나스는 아리스토텔레스의 목적론을 받아들이되, 여기서 그치지 않고 종교적 차원으로 한 발더 나아갔다. 아퀴나스는 아리스토텔레스가 주장한 덕의 실천은 현세적이고 일시적인 행복만을 가져다주는 것이기에, 인간은 일시적인 행복에 만족하지 말고 종교적인 덕을 추구함으로써 신과 하나가 되는 영원한 행복을 얻어야 한다고 주장하였다. 그는 완전한 행복은 이성만으로 구해질 수 있는 것이 아니라 오직 신을 따르며 믿음, 소망, 사랑이라는 **종교적 덕**을 함께 실천함으로써 얻게 된다는 것이다.

프로테스탄티즘의 윤리

프로테스탄티즘 윤리는 현세 중심의 윤리관을 바탕으로 **직업 소명설**을 강조하였다. 칼뱅에 따르면 직업은 신이 우리에게 내린 소명이며, 인간의 노동은 땅의 영광을 실현하는 주요 수단이다. 인간은 근면, 검소, 성실한 금욕적 생활을 통해 각자 자신의 직업에서 최선을 다해 열심히 일하는 것이 신의 영광을 실현하는 길이자 천국으로 가는 길이라고 주장하였다. 이러한 그의 윤리 사상은 새로운 시대를 맞는 새로운 종교 윤리로서 자본주의 발전에서 중요한 정신적 가치 및 윤리를 제공하였다.

흄의 경험주의 윤리

경험주의 사상가 흄은 윤리 영역에서 경험을 중시하면서, 인간의 도덕 행동에 있어 중요한 요인은 이성이 아니라 **감정**이라고 보았다. 그에 따르면 도덕적 행동의 동기가 될 수 있는 것은 오직 어떤 대상에 대한 동정이나 연민과 같은 감정이며, 이성은 단지 동기를 수행하기 위한 수단을 가르쳐 줄 뿐이다. 흄은 도덕적인 감정이 모든 인류에게 공통된 사회적이고 보편적인 감정이라고 보았다. 모든 사람은 타인의 행복이나 불행을 마음속으로 함께 느끼는 능력, 즉 **공감**을 통해 사회적으로 유용한 것에 대해 쾌감을 느끼며, 이것이 도덕의 기준이라는 것이다.

데카르트와 스피노자의 이성주의 윤리

데카르트는 윤리학을 철학의 마지막 단계라고 보면서, 다른 모든 것처럼 도덕에 있어서도 **이성**의 역할을 강조하였다. 그는 인간이 이론적 영역과 실천적 영역 모두에서 이성을 올바르게 사용할 때 행복한 삶을 영위할 수 있다고 주장하였다. 스피노자는 데카르트 사상을 계승하여, 이성을 통해 자연을 올바르게 인식할 것을 강조하였다. 그는 모든 것을 이성적으로 관조하는 데서 오는 행복이 인간에게 가능한 최고의 선이라고 보았다. 신, 즉 자연 질서를 이성적으로 파악함으로써 정념의 예속으로부터 벗어나면 인간의 덕과 행복이 일치하게 된다는 것이다.

■ 경험주의와 이성주의가 서양 윤리 사상에 끼친 영향

결과론적 윤리(목적론적 윤리)

결과론적 윤리는 어떤 행위의 옳고 그름이 그 행위를 수행함으로써 발생하는 결과에 의존하며, 올바른 행위란 최선의 결과를 가져오는 행위라고 주장하는 이론이다. 결과론적 윤리는 행위의 가치는 결정되어 있지 않으며 상황에 따라 달라질 수 있다고 본다. 행위 자체는 어떤 본질적 가치를 갖지 않고 단지 좋은 결과를 얻기 위한 수단으로서의 가치를 가질 뿐으로, 좋은 결과의 산출이라는 목적에 도움이 되는 수단은 도덕적으로 정당화될 수 있다고 본다.

밀의 공리주의 윤리 사상

밀은 질적 공리주의를 주장하면서, 자신의 쾌락과 더불어 다른 사람의 쾌락도 함께 추구해야 한다고 말하였다. 밀은 타인의 행복까지도 실현되기를 원하는 **이타심**을 중요하게 생각하였고, 이러한 감정을 토대로 공익을 실현하는 것을 도덕의 본질로 삼았다. 밀은 "최대 다수의 최대 행복"이라는 양적 공리주의를 주장한 벤담과 마찬가지로 공익을 실현하기 위해서는 제재가 필요하다고 보았지만, 외적인 제재보다는 양심에 의한 내적인 제재를 더욱 강조하였다.

■ 벤담과 밀의 고전적 공리주의 비교

구분	벤담	밀
공통점	• 쾌락 추구와 고통 회피 • 공리의 원칙 강조	
차이점	양적 공리주의 → 쾌락은 양적으로만 차이가 있을 뿐, 질적으로는 차이가 없다.	질적 공리주의 → 쾌락의 양뿐만 아니라 질적 차이도 고려해야 한다.
평가	• 개인적 차원의 쾌락주의 극복, 상황에 적합한 판단 가능 • 단점: 내면적 동기 경시, 결과 계산의 난점, 다수를 위한 소수의 희생 가능성	

피터 싱어의 실천 윤리

현대 공리주의자이자 실천 윤리학자인 싱어는 감각을 지닌 모든 개체의 이익은 동등한 고려의 대상이 되어야 한다는 **이익평등 고려의 원칙**을 제시함으로써, 인간뿐만 아니라 감각을 지닌 모든 동물에게까지 공리의 원칙을 확장할 것을 주장하였다. 쾌락과 고통에 대한 감각을 가진 모든 개체가 쾌락을 늘리고 고통을 줄이는 방향으로 행동하는 것, 즉 이익을 추구하는 것은 개체의 기본적인 권리라는 것이다. 따라서 그는 인간뿐만 아니라 감각을 가진 동물까지도 도덕적 배려의 대상이 되어야 한다고 주장하였다.

의무론적 윤리

우리가 마땅히 지켜야 할 도덕 법칙에 의해서 행위의 옳고 그름이 결정된다는 이론을 **의무론적 윤리**라고 한다. 의무론적 윤리에서는 행위의 결과보다 행위의 동기를 중시한다. 만약 어떤 행위가 마땅히 행해야 할 의무에 속한다면 그 행위는 옳다고 본다. 의무론적 윤리에서는 목적이 수단을 정당화할 수 없다고 보며, 또한 도덕의 보편성을 추구한다. 옳고 그름의 기준은 상황에 따라 달라지는 것이 아니라 시대와 지역의 차이를 초월하여 절대 의무로서 존재한다.

칸트의 윤리 사상

칸트는 옳고 그름의 판단이란 오직 행위자가 책임질 수 있는 영역, 즉 행위자의 의지에 의해 결정되며, 선의지만이 도덕적 행위의 유일한 근거라고 주장하였다. **선의지**란 옳은 행위를 오로지 그것이 옳다는 이유에서 마땅히 해야 할 의무로 받아들이고 이를 따르려는 의지이다. 칸트는 인간의 자연적 경향성을 의무와 엄격하게 구분하고, 의무로부터 나온 행위만이 선의지에 의한 행위이고, 도덕적일 수 있다고 주장하였다. 의무에 따라 행동한다는 것은 곧 도덕 법칙에 따르는 것이고, 이는 '무조건 ~ 하라'와 같은 **정언명령**에 따르는 것이라고 보았다.

듀이의 실용주의 윤리

듀이는 도구주의 이론을 바탕으로 가치의 상대성과 다양성을 인정하는 **실용주의** 윤리 사상을 전개하였다. 듀이에 따르면 고정적이고 절대적인 가치란 존재하지 않지만, 각각의 상황에서 옳은 선택은 존재한다. 이때 옳은 선택이란 각자에게 당면한 도덕적 갈등 상황 해결에 도움을 주는 판단으로, 절대적인 도덕 법칙이 아니라 지성적인 선택에 의거해서 결정된다. 결국 중요한 것은 무엇이 옳고 그른지를 밝혀내는 것이 아니라, 지성을 최대한 발휘하여 개별 상황에서 나 자신과 사회를 개선하고 발전시킬 수 있는 윤리적 판단과 행위를 하는 것이다.

실존주의 윤리

실존주의는 각 개인의 현실적·구체적 삶을 중시하고 진리의 주관성을 강조하는, 반이성적이고 비합리적인 경향을 띠는 사상이다. 실존주의는 인간의 개성을 긍정하며, 인간의 주체성을 강조한다. 실존주의는 내가 가진 지금 이 모습, 나의 현재가 가장 중요하며 현재의 내가 미래의 나를 결정한다고 주장한다. 또한 실존주의는 인간의 존엄성을 중시하면서, 구체적이고 개별적인 나의 선택과 결단을 강조한다.

덕 윤리

덕 윤리는 아리스토텔레스의 사상으로부터 나온 것으로, '덕(德)'이라고 부르는 개인의 내적 특성 혹은 성품이 가장 큰 도덕적 중요성을 갖는다고 주장하는 이론이다. 덕 윤리는 **행위자 중심**의 윤리 사상으로, 덕은 자신이 속한 공동체의 도덕적 모범을 본받으려는 지속적 노력을 통해 길러지며, 덕의 함양에 있어 도덕적 감정 계발이 중요하다고 본다. 또 도덕적 판단을 내릴 때 보편적 도덕 원리를 일률적으로 적용하기보다는 각각의 구체적 상황에서 무엇이 적절한지 유연하게 파악하는 **실천적 지혜**를 강조한다.

배려 윤리

배려 윤리는 도덕적 삶에 있어서 인간관계라는 구체적인 맥락을 중시하고, 보살핌의 태도가 중요한 의미를 갖는다는 사상이다. 여성주의 윤리의 영향을 받아 전개된 배려 윤리는 기존의 남성 중심적 가치관을 중시하는 **정의 윤리**를 비판하면서, 인간적 유대, 희생과 헌신 등 여성의 도덕적 특성을 긍정하는 새로운 윤리 기준을 제시하였다. 하지만 배려 윤리는 도덕성 영역의 다양한 측면을 배려나 사랑과 같은 감정 혹은 정서에만 국한시킬 수 있으며, 보편성을 획득하지 못하고 윤리적 상대주의로 흐를 위험이 있다는 비판을 받을 수 있다.

■ 정의 윤리와 배려 윤리의 특징 비교

구분	근본적인 도덕 명령	도덕성의 요소	도덕적 문제 상황의 본질	도덕적 의무를 결정하는 요인	도덕적 행위자로서의 자아관
정의 윤리	정의	권리, 공정성, 호혜성, 규칙·법규	갈등을 일으키는 권리들	원리들	분리된, 개별적인 자아
배려 윤리	배려	책임감, 관계, 따뜻한 배려, 동정심·조화	조화와 관계성에 대한 위협	관계들	연관된, 부수적인 자아

현대 윤리학의 분야

현대 윤리학은 크게 셋으로 나뉜다. 선과 악 등 언어의 의미를 분석적(논리적)으로 고찰하는 '**메타윤리**', 어떤 행위가 도덕적으로 옳은가에 대한 기준을 탐구하는 '**규범윤리**', 실천적인 면에 주목하여 메타윤리와 규범윤리를 사형·낙태·안락사 등과 같은 개별 문제에 응용하는 '**응용윤리**'가 그것이다. 각 윤리학 분야는 분석철학으로 파악하는 분야인 메타윤리(분석적 윤리)를 중심으로 살피면 다음과 같다.

■ 현대 윤리학 분야

메타윤리	– 자연주의: 생물학적 진화와 생존본능을 따르는 것을 '선'으로 보는 과학적 사고
	– 직관주의: 도덕(선)은 과학으로는 불가능하며, 직관으로밖에 파악할 수 없다는 입장

규범윤리	결과주의	– 공리주의: 사회 이익을 높이는 것을 '선'으로 보는 입장
		– 이기주의: 자기 이익을 극대화하는 것을 '선'으로 보는 입장
		– 복리주의: 다수의 복리를 높이는 것을 '선'으로 보는 입장
		– 상황윤리: 처한 상황에 맞게 좋음을 가져오는 것을 '선'으로 보는 입장
	– 의무론: 정언명령이라는 도덕법칙에 따르는 것을 '선'으로 보는 입장	
	– 덕 윤리: 실제 행위에 주목하기보다는 내면의 '선'한 특성을 실천해야 한다는 입장	
	– 배려윤리: 타인을 보살피고 배려하는 관계 속에서 '선'을 실천해야 한다는 입장	

응용윤리	– 생명윤리: 인간 존엄성을 중시하는 윤리적 사고
	– 환경윤리: 인간과 자연의 공존을 도모하는 윤리적 사고

생명윤리와 환경윤리

대표적인 응용윤리로 **환경윤리**와 **생명윤리**가 있다. 유전자 기술과 의료 기술의 진보에 따라 인간은 스스로의 생사를 조작할 수 있는 단계에까지 이르렀다. 하지만 지나친 인간중심주의 사상의 이면에는 인간 스스로는 물론 인간 이외의 생명을 경시하는 풍조가 만연하고, 자연 파괴에 의해 환경이 갈수록 나빠지는 등 많은 문제를 낳고 있다. 이에 생명윤리와 환경윤리의 중요성은 갈수록 높아지고 있다. 이를 위해 유전자 조작, 출생 전 진단, 존엄사와 뇌사, 인공지능과 인공장기, 동물의 권리, 디자이너 베이비와 인공정자, 장기 이식, 대리모 출산과 관련한 분야에서의 '인간', '가족', '자유', '생명', '자연' 등과 관련한 바람직한 윤리적 개념을 새롭게 정립할 필요가 있다.

동양의 철학 및 윤리 사상

동양, 특히 중국에서는 가족 단위의 공동체를 기반으로 인간과 사회의 본질과 그 관계에 관한 다양한 사상적 흐름을 형성하며 발전하였다. 그 대표적 사상으로 유교 사상, 불교 사상, 도교 사상이 있다.

유교 사상은 공자, 맹자, 순자와 같은 유가사상가들을 통해 본격적으로 형성되었다. 당시 유가사상가들은 사회적 혼란에 대한 고민을 바탕으로 인간과 사회의 본질에 대한 성찰에 이르렀으며, 이는 훗날 성리학과 양명학의 뿌리가 되어 동양 사상 전반에 큰 영향을 미쳤다.

불교 사상은 인도에서 시작되어 인간의 고통에 관심을 가지고 우주와 인생의 본질을 논했다. 불교에서는 이와 같은 관심을 바탕으로 우주의 진리와 인간 삶의 윤리, 깨달음에 이를 수 있는 수행 방법 등을 탐구하였으며, 이후 한국을 비롯한 중국, 일본 등 동양 전반에서 다양한 형태로 전개되었다.

도교 사상은 노자, 장자 등의 도가사상가로 대표되며 자연의 순리가 무엇인지, 그리고 이러한 순리에 따르는 삶이 어떠한 것인지에 대해 탐구하였다. 도교 사상은 이후 민간신앙과 접목되어 일반 민중의 삶에 깊숙이 파고들면서, 동양 문화 전반에 살아 숨 쉬고 있다.

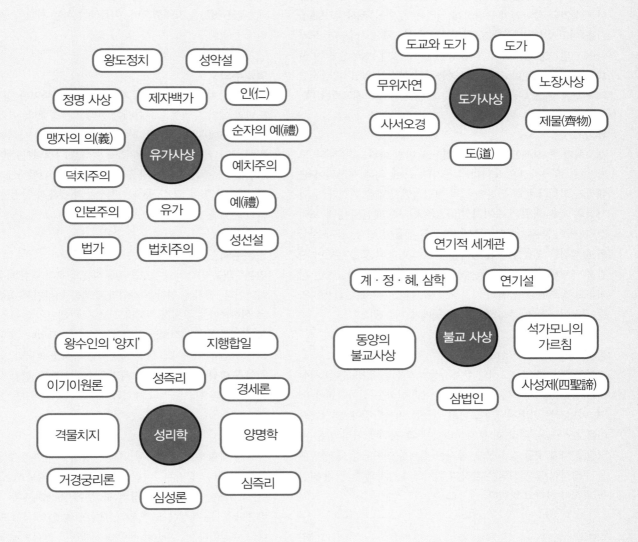

중국의 철학 사상

중국에서도 사물의 원리를 탐구하는 사상이 예전부터 있었지만, 철학과 종교를 명확히 구분하는 준거도 종교적 개념도 아니었다. 사고 방법의 준거가 달라 서양에서 발생한 개념인 철학을 중국 사상에 적용하기에는 무리가 따른다. 중국에는 유가사상의 시조인 공자와 도가사상의 시조인 노자 등 동양 사상에 큰 영향을 끼친 **제자백가**라고 부르는 학자들이 존재한다. 그들의 언어와 사상은 서양과는 다른 유형으로 세계와 인간의 근원적인 것들을 고찰했다. 그것들을 가리켜 중국 독자의 철학이라고 할 수 있다. 중국 사상의 원류에는 제자백가의 사상이 있으며, 중국 철학은 이것에서부터 출발한다.

제자백가

고대 왕조인 주(周) 나라 멸망 이후 등장한 춘추전국시대(BC 8세기~BC 3세기)의 정치적·사회적 혼란을 해결하기 위해 다양한 사상가와 학파들이 등장하게 되었는데, 이를 '제자백가(諸子百家)'라고 한다. 제자백가 중 대표적인 것으로 유가(儒家), 도가(道家), 법가(法家), 묵가(墨家) 등을 들 수 있다. 이들은 당시 사회의 혼란을 해결하고자 하는 공통적인 목적이 있었지만, 혼란의 원인과 해결책에 대해서는 서로 다른 입장을 가지고 있었다.

유가

제자백가 중 후세에 특히 크게 영향을 미친 학파는 '유가'와 '도가'이다. 유가사상은 노나라의 공자(孔子)에 의해 시작되어 근대까지 사회와 문화 전반에 걸쳐 결정적인 영향을 끼쳤다. 유가사상의 기본 방향은 **수기치인(修己治人)**, 즉 개인 수양과 도덕 정치다. 이후 수기치인 정신은 중국의 전통이 된다. 공자 사상의 출발점은 '인(仁)'이다. 공자는 인간이 하늘의 도를 본받아 사람을 사랑하고 어질게 행동하는 인을 베푸는 것이 바람직한 삶이라고 강조했다. 공자의 가르침을 '유교'라고 부르는데, 맹자와 순자를 이어 주자(주희)와 왕양명 등에게 계승됐다.

정명 사상

공자의 통치 철학으로서의 유가사상의 핵심은 **정명(正名)** 사상이다. 공자는 "군주는 군주다워야 하고 신하는 신하다워야 하며, 아버지는 아버지다워야 하고 아들은 아들다워야 한다(君君臣臣父父子子)."라고 하며 각자의 신분과 지위에 따라 맡은 바 역할을 다할 것을 강조했다. 공자는 정치를 이야기할 때 정명론을 주장하여 모든 사람은 각자의 위치에서 각자의 할 일에 최선을 다해야 한다고 말했다.

인(仁)

인은 인간적인 사상을, 예는 예의·규범을 일컫는다. 공자는 당시 사회적 혼란의 근본 원인이 개개인의 도덕적 타락에 있다고 보았다. 따라서 사회 혼란을 해결하고 도덕적인 사회를 만들기 위해서는 타고난 내면의 도덕성, 즉 '인(仁)'을 회복해야 한다고 강조하였다. 인은 크게 두 가지 의미를 가지고 있다. 하나는 인간됨의 본질을 이루고 있는 사랑의 정신이며, 다른 하나는 사회적 존재로 완성된 인격체의 인간다움이다. 이러한 인을 실천하는 기본적인 덕목을 효제(孝悌)라 했으며, 인을 실천하는 구체적 방법으로 충(忠)과 서(恕)를 제시하였다.

예(禮)

공자는 인과 더불어 '예(禮)'를 강조했다. 인이 내면적인 도덕성이라면, 예는 외면적 규범을 가리킨다. 공자는 당시의 예가 지나치게 형식화된 것을 비판하면서, 인을 바탕으로 예를 실천할 것을 주장했다. 예는 여러 사람들이 질서를 유지하기 위해 필요한 외적인 사회규범을 말한다. 공자는 인을 실천하기 위해 각 개인이 자신의 사욕을 극복하여 진정한 예를 회복할 것(극기복례, 克己復禮)을 강조했으며, 이를 실천하는 사람을 군자(君子)라고 불렀다.

덕치주의

공자는 통치에 있어서 군주가 강제적인 법률이나 형벌보다는 도덕과 예의로 백성을 교화해야 한다고 주장했다. 이를 '덕치주의(德治主義)'라고 한다. 그는 군주는 도덕적인 사회를 만들기 위해 군자다운 인격을 닦은 후에 백성을 다스려야 한다고 주장하면서, "군주는 자기 수양을 통해 사람들을 편안하게 해주어야 한다."라고 했다. 또한 공자는 백성들의 경제적 안정을 위해 공정한 분배를 강조했다.

인본주의

인본주의는 인간의 주체성을 강조하는 유교의 핵심 사상 가운데 하나이다. 공자는 인간을 자연과 조화를 이루면서 하늘의 도리를 실현해가는 주체적 존재라고 보면서, 개인의 능력을 통해 만물의 변화에 주체적으로 참여할 것을 강조하였다. 또한 인본주의는 현실 참여적이고 실천 지향적인 특징을 지닌다. 공자는 사회의 도덕성 회복을 개인의 사명으로 삼으면서, 인간 사회의 문제를 인간의 힘으로 적극 해결하려고 노력할 것을 강조하였다.

도(道)

공자는 예를 실천하기 위해 '인의 완성'을 지향하는 것을 '도(道)'라고 말했다. 공자는 "아침에 도를 들으면 저녁에 죽어도 좋다."고 하여, 학문이란 세상의 도(道)에 대해 배우는 것이라고 말했다. 그는 세상은 도가 없기 때문에(無道) 개혁할 필요가 있다고 주장했다. 즉 혼란한 세상을 개혁하여 질서를 회복하는 것이 도를 세우는(有道) 일이다.

맹자의 의(義)

맹자(孟子)는 공자의 학문을 계승하여 유교 사상을 발전시킨 사상가이다. 맹자는 개인의 이기적 욕심이나 의로운 일 앞에서 주저하는 두려움이 선한 마음을 가리기 때문에 사회 혼란이 발생한다고 보았다. 그는 이러한 사회 혼란을 해결하기 위해서 인과 의를 강조했다. '인'이 따뜻하고 포용적인 사랑이라면, '의'는 옳고 그름을 분명하게 구분하는 사회적 올바름을 말한다. 당시의 사회적 혼란을 해결하기 위해 공자가 인을 강조한데 비해 맹자는 의를 강조하였다.

■ 인의(仁義)

맹자는 인간이 지닌 네 가지 덕(四德) 가운데 타인을 동정하는 마음인 인과, 불의를 참지 않는 정의로운 감정인 의를 특히 중요하게 생각하여 이를 '인의(仁義)'라고 불렀다. 맹자 사상의 핵심은 인의라는 언어로 표현된다.

성선설

맹자는 인간의 도덕적 본성에 대한 신뢰를 강조했던 사상가로서, 인간의 본성이 선하다는 '성선설'을 주장하였다. 그는 모든 사람이 다른 사람의 고통을 차마 그대로 보아 넘기지 못하는 선한 마음인 '사단(四端)'의 마음을 가지고 태어난다고 보았다. 이러한 맹자의 관점은 인간의 본성은 악하다고 하여 성악설을 주장한 순자의 사상이나 인간의 본성에는 선이나 악이 없다는 고자의 성무선악설과는 차이가 있다.

■ 사단(四端)

사단은 남을 불쌍히 여기는 마음(측은지심惻隱之心), 자신의 잘못에 대해 부끄러워하는 마음과 불의에 대해 미워하는 마음(수오지심羞惡之心), 겸손하며 양보하는 마음(사양지심辭讓之心), 옳고 그른 것을 가리고자 하는 마음(시비지심是非之心) 등의 네 가지 마음을 말한다. 맹자는 사단이 인간이 선천적으로 타고나는 것으로, 본래부터 자기 안에 들어 있는 사단을 확충할 때 **인의예지(仁義禮智)**라는 네 가지 덕(四德)이 된다고 보았다.

왕도정치

공자의 덕치주의 사상을 이어받은 맹자는 힘에 의한 정치인 패도(覇道)를 비판하며 왕도(王道) 정치를 주장하였다. 맹자는 왕의 덕성을 인의(仁義)라고 말하면서 인의에 기반을 둔 민중 본위의 정치를 펼쳐야 한다고 주장하였다. 맹자의 왕도정치는 백성을 나라의 근본으로 생각하고 백성의 입장에서 정치를 하는 **민본주의**를 바탕으로 한다. 또한 맹자는 "의식주가 넉넉한 것도 왕도의 시작이다."라고 하여 백성들의 경제적 안정을 중시하였다. 나아가 그는 "백성들은 항산(恒産)이 있어야 항심(恒心)이 있을 수 있다."라고 하여, 경제적 안정이 궁극적으로 백성들이 도덕성을 유지하기 위한 토대가 된다고 보았다.

성악설

다른 유가사상가들처럼 순자 역시 도덕적 인간의 완성을 궁극적 목적으로 봤다. 하지만 공자나 맹자가 하늘을 도덕의 근원으로 본 반면, 순자는 인간을 하늘로부터 독립된 존재로 봤다. 또한 인간 본성이 원래 선하다고 보는 맹자와 달리 인간 본성이 악하다는 '성악설'의 관점을 제시하였다. 순자는 인간은 태어날 때부터 이익을 좋아하고 본능적인 욕구를 따르는 존재라고 보았다. 따라서 본성이 교화되어야 한다고 주장하며 인위적이고 후천적인 노력을 중시했다. 즉 인간은 실천적 노력을 통해 자신의 악한 본성을 변화시켜 선하게 만들어야 한다는 것이다.

순자의 예(禮)

순자(荀子)는 인간은 선천적으로 선한 본성을 가지고 태어나지는 않지만, 그럼에도 인의를 알 수 있는 능력과 그것을 행할 수 있는 능력을 가지고 있다고 봤다. 그는 그것들에 의해 인간 본성이 교화될 수 있다고 보고, '예(禮)'를 통해 이를 실천하고자 했다. 순자에게 있어서 예란 '인위(人爲)'로, 인간의 본성을 교화하고 규제하는 외면적인 도덕규범을 뜻한다. 순자는 예를 통해 인간의 악한 본성을 적극 교화하여 인의의 도덕을 구현할 수 있다고 봤다. 이는 인간 내면에 들어 있는 인의의 도덕을 바깥으로 확충해야 한다고 생각했던 맹자와는 다른 관점이다.

예치주의

순자는 군주가 예를 통해 사회를 다스려야 한다는 '예치주의(禮治主義)'를 주장했다. 즉 모든 도덕적 행위의 기준이 되는 외면적 사회 규범으로서 예의·의식·사회규율을 뜻하는 예(禮)를 통해 질서 있는 사회를 만들어 가고자 했던 것이다. 이에 따르면 좋은 나라란 군주의 권력이 아니라 예에 따라 살아가려는 나라이다. 따라서 순자는 군주가 백성을 다스림에 있어서 반드시 예를 준수하여 덕과 능력에 따라 지위와 재화를 공평무사하게 분배해야 한다고 주장했다.

■ 공자·맹자·순자의 사상 비교

구분	공자	맹자	순자
인(仁)의 실현	인(내면)과 예(행위)의 조화를 통해	의(義−내면)의 실천을 통해	예(禮−행위)의 실천을 통해
인의 구체적 실천방안	충과 서	사덕(인의예지)	인위(예)
실천 노력	극기복례	호연지기	화성기위 (化性起僞)
인간 본성	−	성선설	성악설
이상적 인간상	군자	대장부, 대인	지인, 신인

법가

법가 사상은 전국시대에 한비자(韓非子)가 제창한 사상이다. 한비자는 인간은 본래 이기적이고 미래를 예측할 수 없는 한계를 가지는 존재라고 생각했다. 그러므로 백성은 통치자가 덕으로 통치한다고 해도 사회질서는 유지되지 않으며, 오직 국가의 강력한 통제와 권위에 대한 절대 복종을 통해서만 사회적 안정을 유지할 수 있다고 생각했다. 그는 인간의 행위에 대한 엄격한 평가를 통하여 상벌을 내리는 **법률 체계**를 통해서 사회질서를 유지할 것을 강조했다.

법치주의

한비자는 인간은 불완전한 존재여서 개인의 이기심을 완전히 없앨 수 없다고 생각했다. 그는 개인이 잘한 일에 대해서는 상을 주고 죄를 지으면 벌을 주는 신상필벌의 원칙에 따라 국가를 통치해야 한다고 생각했다. 이러한 사상을 '법치주의'라고 한다. 법치주의는 예치주의와 사상적으로 비슷한 면에 있지만, 예(禮)라는 모호한 규칙이 아닌 확실하게 문서로 제정된 규칙으로 백성을 통치해야 한다는 점에서 차이를 보인다.

■ 중국 춘추전국시대의 사상 흐름

덕치주의(공자, 유가, 덕으로 국가를 통치) → 왕도정치(맹자, 유가, 인의로 국가를 통치) → 예치주의(순자, 유가, 예로 국가를 통치) → 법치주의(한비자, 법가, 법률로 국가를 통치)

도가

제자백가 가운데 도가는 유가와 더불어 가장 영향력이 큰 학파이다. 노자에 의해 주창되었으며 이후 장자가 사상을 발전시켜, 도가사상을 '노장사상(老莊思想)'이라고 부른다. 노자는 유가의 인간 중심인 인의도덕을 반대하고 우주자연을 본위로 삼은 '도(道)'의 사상을 일으켰다. 노자는 당시 사회의 혼란을 인이나 예와 같은 덕의 실현을 통해 회복하려 했던 유가의 가르침이 인간 본성과 맞지 않는다고 비판했다. 그는 사회가 혼란한 원인을 인간의 그릇된 인식과 가치관, 인위적 사회 제도 때문이라고 보았다. 인간은 본래 소박하고 순수한 덕을 가지고 있으나, 사물의 겉모습에 이끌려서 사물의 본질이나 가치를 올바르게 인식하지 못한다는 것이다.

■ 상대주의적 세계관

노장사상에 의하면 인간 사회의 모든 시비 · 선악은 상대적인 것이며 절대적인 것이 아니다. 절대적인 영원불변하는 도를 구하려면 인간 세계 · 현실 세계 · 상대적인 세계를 초월하여 절대적인 본체 세계에 도달해야 한다. 노장사상의 특색은 그 절대자를 추구하는 정신에 있다. 이 절대의 세계는 허무의 세계이며 절대자에 따르는 생활은 모든 인위적인 것을 버리고 소박 · 자연 · 무욕의 생활을 해야 한다는 것이다.

도(道)

노자 사상의 핵심은 '도(道)'이다. 여기서 말하는 '도'란 절대적이고 본원적인 것으로 만물의 생성과 존재의 원리라 할 수 있다. 인 · 충 · 서와 같이 인간이 따라야 할 덕목을 도를 통해 발휘되는 도로 제시한 공자와 달리, 노자는 도를 절대적이고 형이상학적인 것으로 만물의 모체라고 설명했다. 즉 만물은 도를 바탕으로 이루어졌다는 것이다. 노자는 도는 근원적이고 보편적인 성격을 띠며, 인간의 지각 능력이나 지성의 한계를 초월하기 때문에 유한한 인간의 언어로는 도를 정확하게 파악하거나 설명하기 힘들다고 말했다.

■ 노자의 덕(德)

노자에 따르면 도(道)는 어떤 것에도 의존하지 않고 독자적으로 존재할 수 있는 실체이고, 따라서 자연이라 할 수 있다. 그러나 이 자연은 어떤 것도 간섭 · 지배하지 않는다는 점에서 무위(無爲)하다. 노자는 도가 현실 속에서 구체적으로 드러난 것을 '덕(德)'이라고 했다. 덕에는 자연의 도와 합치하는 무위(無爲)의 덕과, 의식적으로 노력하는 유위의 덕이 있다.

무위자연

노자는 무위의 덕을 따르는 것, 즉 '무위자연(無爲自然)'을 이상적인 삶의 모습으로 보았다. 무위는 인위를 가하지 않는 것이고, 자연은 스스로 그러하다는 의미이다. 따라서 무위자연의 삶이란 사람의 힘이 더해지지 않고 자연 그대로의 질서를 따르는 것 또는 그런 이상적인 경지를 뜻한다. 노자는 어떠한 것에 간섭하거나 지배하지 않고, 그들의 자발성에 맡긴다면 세상은 저절로 좋아질 것이라고 보았다.

노장사상

유교, 불교와 더불어 동양의 3대 사상의 하나로서, 노자와 장자에 의해 형성된 사상이다. 도가사상은 노자에서 시작되어 그를 계승한 장자에 의해 발전했기 때문에 '노장사상(老莊思想)'이라고 부른다. 노자는 공자와 맹자의 덕치주의(인본주의) 사상에 반대하여 자연의 도, 즉 자연법칙을 이해하는 한편 인위(人爲)를 초월하는 평범한 생활을 주장하였다. 그는 만물의 근원을 '무(無)'라 하고, 무는 자연이며 이는 생명의 근원을 이룬다고 주장하였다. 장자는 인간의 절대적 자유와 만물제동의 이치를 논하였다. 이러한 노자 · 장자의 사상은 도교의 사상적 근거가 되었고, 불교사상을 받아들이는 매개가 되었으며, 주자학 등 후대의 철학에 큰 영향을 미쳤다.

도가에서의 예술적 아름다움

도가는 세속적·상대적인 기준이 아니라 도를 기준으로 아름다움이라는 예술적 가치를 설명한다. 세상 사람들이 인위적으로 세운 미추선악이라는 기준은 상대적이기 때문에 아름다움의 절대적인 기준이 될 수 없으며, 만물이 타고난 자연의 덕인 도를 실현하는 것이 진정으로 아름다운 것이다. 따라서 인위적인 기교를 부리지 않는 자연스러움과 소박함이 아름다움의 기준이 되며, 현실을 사실적으로 표현하기보다는 자연의 본성을 표현하고 정신적 자유를 추구한다.

도교와 도가

도교와 도가는 세속적인 가치를 초월하여 도(道)를 따르려 한다는 점에서 공통적이다. 하지만 **도가**가 현실을 초월하는 철학적 사상임에 반해, **도교**는 불로장생과 신선술을 믿는 현세적 종교라는 점에서 차이가 있다. 도교는 일반적인 종교와 달리 내세보다 현세를 중시하여, 수련을 통해 불로장생하는 것과 신선이 되어 도탄에 빠진 사람들을 구하는 것을 궁극적인 목표로 삼았다.

제물(齊物)

모든 사건이나 사물을 차별화하지 않고 평등하게 만물을 바라보는 경지를 일컫는 말이다. 장자는 세속적인 차별 의식에서 벗어나 '도(道)'의 경지에서 모든 것을 한결같이 보는 '**제물(齊物)**'의 경지를 제시했다. 제물의 관점에서 보면 선악, 미추, 빈부는 상대적인 것에 불과하며, 모든 사물의 차별이 사라진다. 사람들은 좋은 직업이나 돈의 많고 적음과 같은 세속적인 조건에 얽매여 자신을 구속하지만, 장자에 따르면 이러한 판단은 상대적일 뿐 절대적이지 않다.

사서오경

유교는 진의 시황제에 의해 심하게 탄압(분서갱유)을 받았지만, 이후 한나라에 의해 재건되면서 국교로 인정됐다. 그 과정에서 유교의 기본서인 **사서오경(四書五經)**이 정비됐다. 한나라 이후의 유교를 이전의 유가사상과 구별하여 '**유학(儒學)**'이라고 부른다. 사서(四書)란 『논어(論語)』, 『맹자(孟子)』, 『대학(大學)』, 『중용(中庸)』을 말하며, 오경은 『시경(詩經)』, 『서경(書經)』, 『역경(易經)』, 『예기(禮記)』, 『춘추(春秋)』를 일컫는다. 사서는 송나라 주희(朱熹)의 『사서집주(四書集注)』에 의해 그 지위가 확정됐고, 오경은 당나라 공영달 등에 의한 주석서 『오경정의(五經正義)』의 성립으로 내용이 확정됐다.

성리학

우주론적 사고로 본질을 규명하고자 한 유가 학파를 일컫는다. 한 무제에 의해 유교가 국교로 인정된 이후 유교는 성립 당시의 의의를 잃고 점차 변질되어 갔다. 송대에 들어와 유학자들은 불교와 도가를 비판적으로 수용하여 선진 유학을 재해석하고 체계화하였다. 특히 주자(朱熹)는 도학자들의 성즉리설(性卽理說)을 집대성하여 성리학(性理學)을 확립하였다. '성즉리'는 인간과 우주 만물의 본성이 곧 하늘이 부여한 이치라는 것으로, 이러한 입장은 맹자의 성선설을 계승한 것이다. 성리학의 이론 체계는 크게 이기론(理氣論), 심성론(心性論), 거경궁리론(居敬窮理論), 경세론(經世論)으로 나눌 수 있다.

이기이원론

이기론(理氣二元論)은 우주 만물의 구조를 이(理)와 기(氣)라는 두 가지 개념으로 설명하려는 이론이다. 이기론에 따르면 우주 만물은 이와 기가 결합되어 나타나는데, 여기서 이는 만물을 낳는 근본 원리를 말하며, 기는 만물이 생성하는 재료를 말한다. 주자는 모든 사물이 이와 기의 결합으로 되어 있기 때문에 이와 기가 서로 떨어질 수 없으며, 동시에 원리로서의 이와 재료로서의 기의 역할이 분명히 다르기 때문에 서로 뒤섞일 수 없다고 보았다. 주자는 모든 사물은 이를 갖추고 있기 때문에 이의 측면에서는 똑같다고 봤다. 하지만 현실에 존재하는 만물이 서로 다른 것은 기의 맑고 흐림 또는 바르고 치우침의 차이가 있기 때문이라는 것이다.

■ 오상(五常)

주자는 인간의 이는 곧 (칸트의 정언명령처럼) 자연법칙으로, 객관적이고 고정적으로 존재한다고 생각했다. 그에게 인간의 이(理)는 인간을 인간답게 만드는 것, 곧 도덕과 질서라 할 수 있다. 구체적으로는 '인·의·예·지·신'의 오상(五常)이다. 주자는 인간이 도덕과 질서를 지키기 위해서는 오상을 지켜야 한다고 생각했다.

성즉리

주자에 따르면 기(氣)가 모여 만들어진 형태인 개별 사물 속에는 반드시 이(理)가 들어 있다. 이는 개별 사물이 어떤 모습으로 이루어져 있는지를 결정한다. 다시 말해 이는 개별 사물의 본질을 결정한다. 주자는 이로 이루어진 사물의 본질은 선(善)한 것으로 생각했다. 인간도 태어날 때부터 이를 갖추고 있으며, 이것이 개인 심성(마음)의 본질을 결정한다는 것이다. 주자에 따르면 '성(본질)'은 '이(理)'로 이루어져 있다. 이를 '**성즉리(性卽理)**'라고 한다.

심성론

심성론은 이기론을 바탕으로 인간의 내면적 구조와 본질을 규명하고자 하는 이론이다. 심성론에 따르면 심(心)은 성(性)과 정(情)을 통괄한다. 성이란 하늘로부터 부여받은 이치로, 본연지성(本然之性)과 기질지성(氣質之性)으로 나눌 수 있다. 본연지성은 기질의 영향을 받기 이전의 순수한 성질의 것이고, 기질지성은 기질의 영향을 받아 나타나는 성질의 것이다. 모든 사람의 본연지성은 동일하지만 기질은 사람마다 다르기 때문에 기질지성이 달라지는 것이다. 또한 정은 성이 외부의 사물에 감응하여 나타난 감정으로 **사단(事端)**과 **칠정(七情)**을 말한다.

■ 칠정(七情)

인간이 가진 일곱 가지 감정으로, 기쁨(喜), 노여움(怒), 슬픔(哀), 두려움(懼), 사랑(愛), 미움(惡), 욕심(欲)을 말한다.

■ 심통성정(心統性情)

주자에 따르면 성(性)은 마음의 본체(體)이며, 정(情)은 마음의 움직임(用)이다. 따라서 마음은 성과 정을 주재하여 통괄하는 것이다.

거경궁리론

'거경=앎=존양성찰(存養省察), 궁리=실천=격물치지'를 뜻한다. **거경궁리론**은 도덕을 실천하여 인격적으로 완성된 군자나 성인이 되는 방법에 관한 이론이다. 주자에 따르면 순수하고 선한 본연지성이 온전히 드러나기 위해서는 본연지성이 기질의 영향을 받지 않도록 수양이 필요하다. 그는 이를 위해 먼저 인간 자신을 포함한 세계의 참모습을 밝게 알아야 한다고 했다.

■ 선지후행

주자는 사물의 이치와 도리를 먼저 알아야 그에 맞는 올바른 행동을 할 수 있다는 **'선지후행(先知後行)'**을 강조했다. 주자는 이와 더불어 선한 본성을 보존하고 함양하여 잘못된 길로 빠지지 않도록 살펴 경계해야 한다고 주장했다. 주자에 따르면 이러한 노력을 통해 인간은 천리를 보존하고 이기적 욕망을 제거하여 이상적 인간이 될 수 있다.

경세론

세상을 다스리는 것에 관한 이론이다. 주자는 자신을 먼저 수양하고 다른 사람을 편안하게 한다는 **'수기안인(修己安人)'**의 원리에 근거하여, 수양을 통해 자신의 내면을 닦는데 그치지 않고 제도·법률·생산 등과 같은 사회적이고 현실적인 문제까지도 적극 해결할 것을 강조했다.

격물치지

중국 사서(四書)의 하나인 『대학』에 나오는 말로, 후세에 그 해석을 놓고 여러 학파가 생겨났다. 그중에서 대표적인 것이 성리학파와 양명학파이다. 주자는 격(格)을 '이른다(至)'는 뜻으로 해석하여 모든 사물의 이치를 끝까지 파고 들어가면 앎에 이른다(致知)고 말하면서 **성즉리설(性卽理說)**을 확립했다. 왕양명은

사람의 참다운 양지(良知)를 얻기 위해서는 사람의 마음을 어둡게 하는 물욕을 물리쳐야 한다고 주장하면서 **심즉리설(心卽理說)**을 확립했다. 주자의 격물치지가 지식 위주인 것에 반해 왕양명은 도덕적 **실천**을 중시하고 있는 점에서 차이를 보인다. 오늘날 성리학을 이학(理學)이라 하고, 양명학을 심학(心學)이라고도 한다.

양명학

양명학은 명나라 중기 왕수인에 의해 체계화된 유학 사조를 말한다. 왕수인은 지식만을 강조하는 성리학에 대해 회의를 느끼고, 성즉리설과 격물치지를 비판하면서, 배우지 않고도 알 수 있는 양지(良知)를 주장하고 이것을 다스리는 것의 중요성을 강조했다. 또 성리학의 성즉리를 비판하면서 심즉리(心卽理), 그리고 지식의 실천을 강조하는 **'지행합일(知行合一)'**을 강조했다. 왕수인은 심즉리로 시작하여 지행합일에 도달하고 **'치양지(致良知)'**를 통해 완성되는 것이 도덕적 삶의 완성 과정이라고 보았다.

심즉리

왕수인은 본래 타고난 인간의 마음이 곧 우주 자연의 이치라는 **'심즉리(心卽理)'**를 주장했다. 이러한 관점에서 왕수인은 "마음 밖에 이치가 없고 마음 밖에 사물이 없다."라고 했다. 즉, 이는 처음부터 마음속에 존재한다는 것이다. 왕수인은 인간은 누구나 심즉리에 따라 윤리적으로 착한 사람이 될 수 있는 순수한 양심을 갖고 태어나기 때문에, 굳이 이론적인 학습 과정을 거치지 않더라도 순수한 양심으로부터 인간의 본성이 구현될 수 있다고 봤다.

왕수인의 '양지'

왕수인은 심즉리를 바탕으로 **'치양지(致良知)'**를 주장했다. 양지(良知)란 시비와 선악을 즉각 가려내고 이에 따라 행할 수 있는 능력으로, 선천적으로 타고나는 것이다. 양명학에서는 모든 사람이 양지를 가지고 있기 때문에 이론적 학습 과정을 거치지 않아도 자신의 도덕성을 실현할 수 있다고 봤다. 왕수인은 마음속에 있는 양지를 자각하고 실천해 나간다면, 세상의 이치를 알 수 있고 올바른 행동을 하게 된다고 보았다.

지행합일

왕수인은 성리학의 선지후행(先知後行)을 비판하면서 **'지행합일(知行合一)'**을 주장하였다. 왕수인은 "지는 행의 시작이고, 행은 지의 완성이다."라고 하여 인식으로서의 지와 실천으로서의 행은 별개가 아니라 본래 하나라고 보았다. 즉 지(知)는 이미 마음속에 내재하고 있으므로 행위는 그 표현에 지나지 않는다는 것이다. 양명학에서도 성리학과 마찬가지로 이(天理)를 통해 기(사욕)를 제거할 것을 강조한다. 지행합일의 태도로 사욕을 극

복하고 순수하고 선한 마음을 유지한다면 누구나 지선(至善)의 경지에 도달할 수 있다는 것이다.

동양의 불교사상

불교사상은 인도 전통 사상의 토대 위에서, 기원전 6세기경 고타마 싯다르타(석가모니, 부처)가 창시한 가르침으로부터 시작되었다. 석가모니는 인간이 현실에서 접하는 모든 문제들, 즉 태어나 병들고 늙고 죽는 생로병사를 비롯한 모든 것들을 괴로움(苦)으로 보고 이러한 괴로움의 원인을 파악하여 그것을 제거하면 열반(涅槃), 즉 해탈(解脫)에 도달할 수 있다고 보았다. 그리고 이 과정에서 깨달음을 얻고자 수행하는 사람이 반드시 닦아야 하는 실천 항목으로 계(戒), 정(定), 혜(慧) 삼학(三學)을 제시하였다.

■ 열반과 해탈

열반은 영원한 진리를 깨달아 모든 번뇌의 속박과 고통에서 벗어난 평원한 상태를 말한다. **해탈**은 번뇌의 얽매임에서 풀리고 미혹(迷惑)의 괴로움에서 벗어난 경지를 일컫는다.

계·정·혜, 삼학

삼학(三學)은 불교 수행의 모든 면을 포괄한다. 이를 순서대로 열거하면, 몸과 말과 생각으로 범하는 나쁜 짓을 방지하고 덕행을 실천하는 **계학(戒學)**, 선정을 닦아 마음의 흔들림을 잡고 고요하고 평안한 경지에 이르게 하는 **정학(定學)**, 번뇌 없이 평정한 마음에서 진리를 있는 그대로 보도록 하는 **혜학(慧學)**이다. 삼학의 상호 관계는 서로 보완적이고 순환적이다.

석가모니의 가르침

불교에서는 우리가 우주와 만물, 인생의 진리를 제대로 파악하지 못하기 때문에 괴로움이 생긴다고 본다. 따라서 석가모니가 깨달은 우주와 인생의 진리에 대한 가르침을 구체적으로 설명할 필요가 있었는데, 이를 담고 있는 것이 바로 **연기설(緣起說)**, **삼법인(三法印)**, **사성제(四聖諦)**이다.

연기설

연기설은 이 세상의 모든 것, 인간의 삶과 우주 만물의 존재는 연기에 의한 것이라고 본다. 이때 '**연기(緣起)**'란 모든 존재와 현상이 원인과 조건에 따라 생겨난다는 의미이다. 즉 '이것이 생(生)하면 저것이 생하고, 이것이 멸(滅)하면 저것이 멸한다.'는 연기에 의해 우주, 만물, 인생이 성립되고 유지되며 존재하거나 소멸한다는 것이다. 연기설은 불교사상의 근간이라 할 수 있다. 석가모니는 "연기를 보는 자는 법을 보고, 법을 보는 자는 연기를 본다."라는 말을 통해 연기가 인간의 삶과 우주를 설명하는 가장 기본적인 진리임을 밝혔다.

삼법인

석가모니는 연기설에 따라 삼법인, 즉 세 가지 진실한 가르침을 제시했다. 이 세 가지는 **제행무상(諸行無常)**, **제법무아(諸法無我)**, **일체개고(一切皆苦)**이며, 일체개고 대신 **열반적정(涅槃寂靜)**을 꼽기도 한다. '제행무상'은 모든 것은 고정된 것이 아니라 시간의 흐름에 따라 항상 변화한다는 뜻이다. '제법무아'는 고정된 실체란 존재하지 않는다는 것이다. 자아 역시 불변하는 존재가 아니다. '일체개고'는 인간의 삶 자체가 모두 고통이라는 뜻이다. '열반적정'은 열반에 이르면 어떠한 괴로움도 없이 고요한 평온의 상태에 이른다는 의미이다. 삼법인은 세상의 모든 현상과 존재의 참다운 모습에 대한 석가모니의 깨달음을 설명한 것이다.

사성제(四聖諦)

석가모니는 네 가지 성스러운 진리로서 '사성제(四聖諦)'를 제시했다. 사정제는 괴로움이 생기는 원인과 그것을 멸하기 위한 방법을 밝힌 것으로 고집멸도(苦集滅道)의 네 가지로 이루어져 있다. '고제'는 인간의 삶 자체가 고통으로 가득 차 있다는 것으로, 대표적인 고통으로 생로병사를 들 수 있다. '집제'는 이러한 고통을 일으키는 원인을 말하며, 고통의 모든 근본 원인은 탐욕과 집착이다. '멸제'는 불교가 추구하는 이상적인 목표로서 고통으로부터 완전히 해방되어 일체의 번뇌와 고뇌가 사라진 열반의 경지를 뜻한다. '도제'는 괴로움의 소멸에 이르기 위한 수행으로 대표적인 방법으로 팔정도를 들 수 있다.

연기적 세계관

불교에서는 모든 존재와 현상에는 일정한 원인과 조건이 있다는 **연기적 세계관**을 바탕으로 세계를 바라본다. 이는 하나의 원인으로 모든 것을 설명하는 일원론적 세계관이나 모든 것이 이미 결정되어 있다고 보는 운명론적 세계관과는 다르다. 연기적 세계관에 따르면, 세상의 모든 존재와 현상은 서로가 서로에게 원인이 되기도 하고 조건이 되기도 한다. 연기적 세계관은 이 세상 모든 존재의 생성과 소멸을 관계성에 초점을 맞추어 설명하면서, 인간은 업보와 윤회설에 따라 삶과 죽음을 반복한다고 본다.

■ 업보와 윤회설

불교에서는 어떠한 결과를 낳는 근원적인 행동을 업(業)이라고 하고, 그러한 업에 의해서 생기는 결과를 보(報)라고 부른다. **업보**는 업에 의한 보답을 뜻하는 것으로, 선악의 결과로 나타나는 고통이나 즐거움을 일컫는다. **윤회설**은 모든 생명이 있는 것은 자신이 지은 업보에 따라 삶과 죽음을 반복한다는 불교 교리의 하나이다.

10 한국의 철학 및 윤리 사상

　한국의 철학 및 윤리 사상은 동양 사상의 특징을 이어받으면서도 이를 주체적으로 수용하여 한국 사상만의 독특한 면모를 갖게 되었다. 이러한 한국의 철학 및 윤리 사상의 특징으로는 우선 조화 정신을 들 수 있다. 인간과 자연의 조화, 인간과 사회의 조화는 물론, 유·불·도의 서로 다른 사상들도 한국의 토속 신앙과 융합하는 모습을 보였다. 특히 한국 불교는 조화를 바탕으로 불교 이론의 발전을 이끌었다.

　또한 평화와 민본주의를 들 수 있다. 우리의 신화, 홍익인간의 이념 등에서 잘 드러나듯, 한국의 철학 및 윤리 사상은 갈등이나 투쟁보다는 자연과 인간의 조화를 바탕으로 만물을 존중하는 평화 정신을 중시하였다. 더불어 인격 완성의 추구를 들 수 있다. 유교, 불교, 도가·도교의 사상을 수용하는 과정에서 한국의 철학 및 윤리 사상은 특히 인격의 수양에 많은 관심을 두고, 인격의 완성에 이르는 길을 탐구하였다.

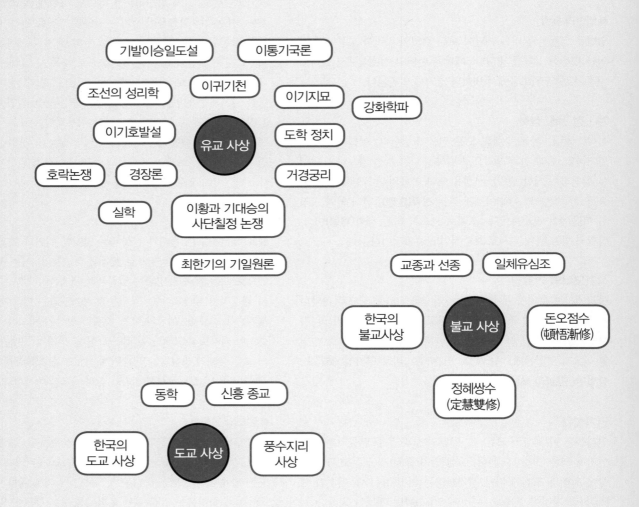

한국의 유학 사상

한국의 유학 사상은 중국 유가사상의 전통 위에 한국 특유의 독자적인 사유 체계가 반영되면서 발전해나갔다. 한국의 유학 사상은 인간의 **내면과 성품**, 그리고 **도덕적 가치**의 문제를 깊이 탐구하는 형태로 전개되었다. 조선 전기와 중기에 걸쳐서는 이황과 이이에 의해 크게 발전하였으며, 이후 실학사상을 통해 새롭게 전개되었다. 근대에 들어서는 위정척사 운동과 애국 계몽 운동의 뿌리가 되기도 하였다. 유학은 오늘날까지 일반 서민들의 의식 구조와 가치관을 형성하는데 결정적인 영향을 미쳤다.

조선의 성리학

성리학은 고려 말의 정치적 혼란을 극복하고 새로운 왕조를 여는 이론적 기반을 제공했다. 조선의 성리학은 국가의 통치 이념으로 자리 잡았고, 개인의 도덕적 완성과 도덕적 이상 사회의 실현을 위한 실천 방안을 제공했다. 한편 우주 만물의 궁극적 이치를 연구하는 '본체론(존재론)'을 중심으로 하는 중국의 성리학에 비해, 조선의 성리학은 '**사단칠정(四端七情)**'을 중심으로 인간의 내면적 성정과 도덕적 가치의 문제를 깊이 탐구하는 '**인성론**'의 연구가 중심이 되었다. 성리학자로 조선 유교사상의 발전에 기여한 대표적인 인물이 바로 퇴계 이황과 율곡 이이다.

■ 본연지성과 기질지성

성리학적 인성론의 핵심인 이기론과 심성론에 의하면, 성(性)은 '본연지성(本然之性)'과 '기질지성(氣質之性)'으로 나뉜다. 본연지성은 '이(理)'이고 기질지성은 '기(氣)'이다. 이는 우주 만물의 근원이 되는 이치로서 기의 활동 근거가 되어 사단으로 표출되고, 기는 만물을 구성하는 재료로서 칠정으로 나타난다.

이귀기천

이황은 주자와 마찬가지로 이 세상의 모든 존재가 이(理)와 기(氣)로 구성되어 있다고 보았다. 주자는 이와 기의 관계에 대해, 이와 기는 서로 떨어지지 않는 동시에 서로 뒤섞이지 않는다고 했다. 이에 대해 이황은 "이는 기의 주재자로서 기를 명령할 뿐 기에 구속되지는 않는다. 그러므로 이와 기를 섞어서 일물(一物)이라고 할 수는 없는 것이다."라고 보았다. 이러한 이황의 시각은 근본적으로 주자의 이기론을 계승한 것이다. 그는 원리적인 개념인 이가 기보다 우위에 있어 귀하다고 보는 '**이귀기천(理貴氣賤)**'의 입장에서 **이기론**을 전개하였다.

이기호발설

인간의 도덕적 본성에 대해 이황은 기대승과의 '사단칠정논쟁'을 통해서 '**이기호발설(理氣互發說)**'을 발전시켰다. 이기호발설이란 "사단은 이가 발하고 기가 이를 따르는 것이고, 칠정은 기가 발하고 이가 그 위에 타는 것이다."라는 것으로, 이와 기가 모두 발할 수 있다는 것이다. 이에 따르면 사단은 마음의 이가 직접 발동한 것으로 순수한 선(善)이며, 칠정은 기가 발한 것으로 그 위에 올라탄 이가 주재 능력을 발휘하느냐 하지 못하느냐에 따라 선할 수도 있고 악할 수도 있다. 이처럼 사단과 칠정은 그 발하는 원천이 다르기 때문에 서로 분명히 구별되어야 한다. 이러한 주장은 이의 운동성과 자발성을 인정하며 이를 우위에 놓는 이황의 독특한 시각이다.

거경궁리

이황은 인격 수양의 방법으로 '**거경궁리(居敬窮理)**'를 강조하였다. 그는 사물의 이치를 궁구하여 지식을 넓히는 '궁리(=실천)'뿐만 아니라, '거경(=앎)'을 강조하였다. 즉 기는 선할 수도 있고 악할 수도 있기 때문에 기를 항상 선하게 만들 수 있는 방법으로 '**경(敬)**'의 실천을 중요하게 보았다. 이황은 천리를 보존하고 인욕을 제거하는 것은 오직 경의 실천에 의해 가능하다고 보았다. 경의 구체적인 실천 방법으로 마음을 한 군데에 집중하여 잡념이 들지 않게 할 것, 몸가짐을 단정히 하고 엄숙한 태도를 유지할 것, 항상 또렷한 상태를 유지할 것을 강조하였다.

이기지묘

이이는 이귀기천의 입장을 지닌 이황과는 다르게, 이와 기의 상호 보완성을 강조했다. 그는 "발하는 것은 기요, 발하는 까닭은 이다. 기가 아니면 발할 수 없고, 이가 아니면 발할 까닭이 없다."라고 주장하였다. 따라서 이와 기 중 어느 한쪽에 치우치지 않고 조화를 이루는 합일의 논리를 강조하였다. 이것이 바로 이와 기의 상호 보완성을 강조하는 '**이기지묘(理氣之妙)**'의 관점이다. 이와 기가 서로 섞일 수 없음을 강조한 이황과 달리 이이는 이와 기가 서로 떨어질 수 없음을 상대적으로 강조한 것이다.

기발이승일도설

이이는 이와 기를 서로 분리하여 설명할 수 없는 것처럼 사단과 칠정 역시 분리될 수 없다고 보았다. 그에 따르면 사단과 칠정은 포함 관계로 칠정 중에서 순수하고 선한 부분이 사단이며, 따라서 사단과 칠정 모두 기가 발한 것이다. 이러한 관점에서 이이는 이황의 이기호발설을 비판하며, '기가 발하여 거기에 이가 타고 있다.'라는 명제는 맞지만 '이가 발하고 기가 이에 따른다.'라는 주장은 옳지 않다며 **기발이승일도설(氣發理乘一途說)**을 주장했다.

이통기국론

이이의 이와 같은 주장은 '**이통기국론(理通氣局論)**'을 통해 더욱 구체화됐다. '이통기국'이란 이는 본체로서 시간과 공간의 제약을 받지 않는 보편적인 것이고, 기는 특수한 것으로 시간과 공간의 제약을 받는 국한된 것이라는 의미다. 모든 사물에는 보편적인 원리인 이가 들어 있지만, 모양이나 내용이 서로 다르고 불완전한 것은 바로 기의 국한성 때문이라는 것이다. 이러한 맥락에서 이이는 인간이 도덕적으로 불완전한 것을 기의 국한성 때문이라고 보고 끊임없이 인격 수양에 힘쓸 것을 강조하였다.

■ 이이의 경과 성

이이 역시 이황처럼 인격 수양에 있어서 경(敬)의 태도를 유지할 것을 주장하였다. 하지만 이이는 경 못지않게 '성(誠)'을 강조했다. 여기서 성이란 참된 것, 진실한 것이자 우주적인 질서를 의미한다. 이이는 경과 성의 관계에 대해 "성이란 하늘의 참된 이치이자 마음의 본체이다. 사람이 본래 마음을 회복하지 못하는 것은 개인적이고 간사한 것을 가리기 때문이다. 경을 주로 삼아 개인적인 것과 간사한 것을 없애면 본체가 온전해진다. 경은 공부하는 요령이며 성은 공부의 결과가 이루어지는 곳이니, 경으로 말미암아 성에 이르는 것이다."라고 하여 경의 방법을 통해 성에 이를 것을 강조했다.

경장론

경장론은 정치의 이념이 망각되고 나라가 부패하였을 때, 다시금 국가와 정치의 근본이념을 생각하여 나라의 정신과 문화를 개혁해야 한다는 주장이다. 이이는 아무리 좋은 이상이라도 현실에서 실행되지 않는다면 의미가 없다고 생각하여, 정치와 경제, 교육과 국방 등에 대해 전반적인 개혁을 도모하려는 사회 경장론을 주장하였다.

이황과 기대승의 사단칠정 논쟁

조선 유학사에 있어 최고의 논쟁은 **사단칠정(四端七情)** 논쟁으로, 주리론(主理論)과 주기론(主氣論)의 대립 논쟁이다. 이황과 기대승 사이의 사단칠정 논쟁은 사단과 칠정을 이, 기와 어떤 관계로 연결할까 하는 입장 차이에서 발생했다. 이황은 '사단은 이가 발하고 기가 따른 것이고, 칠정은 기가 발하고 이가 기를 탄 것'이라 하여 사단과 칠정을 **각각** 이와 기로 나누어 설명했다. 그러나 기대승은 이황의 견해 가운데에서 '기가 발하고 이가 기를 탄 것'만을 인정하고, 그것으로 사단과 칠정이 유래하는 바를 모두 설명했으며, 칠정 이외에 따로 사단의 정이 있는 것이 아니라 칠정 가운데 사단이 **포함**되는 것이라고 주장했다. 이러한 기대승의 입장은 궁극적으로는 이이의 입장과 다를 바 없었다.

도학 정치

유교를 정치와 교화의 근본으로 삼아 왕도정치를 실현해야 한다는 것으로, 구체적 실천 방법으로 왕이나 관직에 있는 자들이 몸소 도학을 실천, 궁행해야 한다는 조광조의 정치관을 일컫는다. 조광조는 완전한 **도학** 정치가 실현되는 것을 목표로, 가정

마다 효를 실천하고 임금이 바로 서 신하를 비롯한 모든 백성이 인간의 도리를 완벽하게 실천하는 이상 사회를 건설하려고 하였다.

호락논쟁

호락논쟁(湖洛論爭)은 18세기 조선의 노론 당파 내부에서 발생한 논쟁이다. 심성론의 성선의 강조로 인해 생기는 모순을 둘러싼 논쟁으로, 사람의 성과 사람 이외 존재의 성이 같은지 다른지가 골자로서 '**인물성동이 논쟁(人物性同異 論爭)**'이라고도 한다. 이는 유교적 주체인 '성인'과 보통 사람의 성이 같은지 다른지에 관한 논쟁으로 확장되었으며, 인간의 본성, 그중에서도 특히 도덕심에 관한 논쟁으로서 정치와 관련된 주요 의제였다.

■ 호론과 낙론

당시 노론 내부는 인간의 본성인 인성과 타 존재의 본성인 물성이 다르다고 주장하는 **인물성이론(人物性異論)**의 호론과 근본적으로 서로의 본성은 같다는 **인물성동론(人物性同論)**의 낙론으로 나뉘었다. 호론은 인성과 물성이 다르다는 입장을 기본으로 하여 인간 본성인 성선의 회복을 주창했다. 반면 낙론은 욕망은 부정되어야 하지만 엄연한 현실이라고 보았고, 결국에는 욕망을 인간 본성의 또 다른 모습으로 인정했다. 홍대용·박지원 등의 북학파는 청나라 문물의 도입 문제를 놓고 낙론으로서 호락논쟁에 깊이 관여했다.

강화학파

조선 후기에 정제두를 비롯한 양명학자들이 강화도를 중심으로 형성한 학파이다. 정제두는 주체의 심성을 강조하고 신뢰하는 양명학의 입장에서 성리학을 비판하면서, 인간이 **도덕적 주체**임을 철저히 자각하여 참된 자아를 깨달아야 한다고 주장하였다. 또한 이러한 깨달음을 바탕으로 사욕을 극복하고 이를 생활 속에서 실천으로 옮길 것을 강조하였다. 강화학파의 사상은 이후 실학과 개화사상에 많은 영향을 끼쳤다.

실학

양란 이후 등장한 **실학**은 성리학의 공리공론에 반대하여 생산과 생활에 실용적인 학문 연구를 강조하는 사상으로, '경세치용', '이용후생', '실사구시'의 방향으로 전개되었다. 정약용을 비롯한 실학자들은 인간의 욕구를 긍정적으로 파악하고 인간의 자율성을 보장하는 인간관과 윤리관을 제시함으로써, 인간의 주체적인 실천을 통해 사회 질서를 개혁할 것을 주장하였다.

최한기의 기일원론

최한기는 기일원론적 철학 사상과 실학자의 사회개혁 사상에 영향을 받아 자신만의 독특한 철학 체계를 세웠다. 그는 자신의

학문을 '기학(氣學)'이라고 부르면서 이(理)를 중심으로 한 성리학의 이선기후(理先氣後)의 논리에 맞서 기(氣)를 중심으로 한 이재기중(理在氣中)의 논리를 제시하였다. 인식은 외부 사물과 감각기관이 접촉할 때만 발생하며, 경험이란 곧 인식의 기초이다. 경험에 의하지 않은 선험적인 지식은 본래 존재할 수 없다고 그는 생각했다. 최한기는 경험주의 철학을 바탕으로 우주 만물은 기(氣)에 의해 생성되고 존재한다는 '기일원론'을 펼쳤다.

위정척사 사상

19세기 말에 등장한 **위정척사** 사상은 발전된 서구 문물을 능동적으로 수용하자는 개화사상과 달리, 유교적 가치 체계와 문물을 지키고 서양의 종교와 문물을 배척해야 한다는 사상이다. 즉, 서구 열강의 침략적 상황에서 유교적 인륜과 의리 정신을 고수하겠다는 것이다. 이항로와 최익현으로 대표되는 위정척사 사상은 우리의 주체성을 지키고자 하는 의식과 절의를 강조하는 선비 정신이 표출된 것으로, 훗날 일본의 침략에 저항하는 의병 운동으로 이어졌다.

애국 계몽 운동

20세기에 들어서 일본의 식민 정책이 본격화되면서 많은 지식인들은 국권 회복을 위한 방법으로 국가 전반의 실력 양성을 추진하였는데, 이것이 **애국 계몽 운동**이다. 대표적 애국 계몽 운동가로 박은식과 신채호를 들 수 있다. 이들은 유학 사상에 기반을 둔 지식인이었지만, 성리학의 문제점에 대한 비판을 통해 근대 사회를 이끌어 나갈 수 있는 새로운 사상 체계를 모색하였다.

■ 박은식의 유교 구신론

박은식은 스스로의 힘을 기르기 위해서는 개화가 필요하다는 것을 인식하고 서양의 과학과 산업 기술을 배울 것을 주장하면서, 그에 물질문명 못지않게 도덕성의 함양이 중요하다고 보았다. 이를 위해 그는 양명학에 입각하여 유교를 개혁함으로써 유교 문화의 긍정적 요소를 국권 회복 운동에 활용해야 한다는 **유교 구신론(儒敎 求新論)**을 제시하였다.

■ 신채호의 민족주의 사관

신채호는 우리 민족의 고유성과 주체성을 가지고 근대 국가를 건설할 것을 주장하였다. 그는 국가 경쟁의 원동력은 사회 각 부문에서 활약하는 국민적 역량임을 강조하였다. 이를 위해 **민족주의**의 입장에서 주자학의 지배 논리와 중국사의 고정화된 정통론을 부정하고, 민중을 역사의 주체로 삼는 새로운 역사관을 제시하였다.

한국의 불교사상

한국의 불교사상은 중국 불교의 도입 이후 원효에 이르러 독자

적인 사상 체계로 수립되었는데, 특히 다양한 교리를 종합하고 조화를 추구하는 방향으로 전개되었다. 원효를 시작으로 의천, 지눌 등이 선종과 교종의 조화를 추구하면서 각자의 독자적인 불교사상을 전개하였으며, 한국의 민속신앙 및 문화와 결합된 한국 특유의 불교문화를 형성하였다. 유학이 사람들의 사회적 관계를 중시하고 그 안에서 윤리 규범의 준수를 강조했다면, 불교는 인간의 세속적인 구속을 벗어나 참된 나를 찾는 것을 목적으로 하였다는 점에서 둘의 지향하는 바가 다르다.

교종과 선종

우리나라 삼국시대에 불교가 들어온 이후 통일 신라로 접어들면서 불교는 교종(敎宗)과 선종(禪宗)의 두 흐름으로 발전했다. 불교에서는 석가모니의 말씀을 '교(敎)'라고 하고, 마음을 '선(禪)'이라고 한다. 따라서 교종은 석가모니의 말씀인 **경전**을 근본으로 하는 교단이고, 선종은 모든 진리가 '마음'에 있음을 강조한 교단이라고 볼 수 있다. 교종은 대각국사 의천을 거치며 발전했으며, 고려 중기 지눌이 선종을 중심으로 교종과 선종의 통합을 추구했다. 교종과 선종의 두 흐름은 한국 불교의 확립에 크게 기여했다.

일체유심조

원효(元曉)는 '모든 것은 마음이 지어낸다.'라는 '일체유심조(一切唯心造)'의 정신을 강조했다. 이를 설명하는 일화가 바로 원효의 '해골의 물' 이야기다. 원효는 의상(義湘)과 함께 당나라 유학길에 오르던 중 동굴에서 잠을 자다 목이 말라 물을 마셨다. 깨어나 보니 그가 맛있게 마셨던 물은 해골 안에 들어있는 썩은 물이었다. 심하게 토하고 난 뒤 원효는 홀연히 깨달음을 얻어 유학길을 포기하고 신라로 돌아왔다. 이후 원효는 불교를 어렵게 느끼던 대중에게 염불만 외우면 누구나 극락왕생할 수 있다고 설파하면서, 당시 귀족 중심의 불교를 민중 불교로 전환하고 불교를 대중화하는 데 기여하였다.

■ 원효의 화쟁 사상

원효 사상의 근본을 이루는 화해(和解)와 회통(會通)의 논리 체계를 이르는 말로, 한국 불교의 전통으로 이어져 온 사상이다. 모순과 대립을 한 가지 체계 속에서 다루므로 화쟁이라고 하였다.

돈오점수(頓悟漸修)

고려 중기 선종을 중심으로 교종을 통합한 지눌의 핵심 사상은 돈오점수와 정혜쌍수다. 돈오점수는 깨달음의 경지에 이르는 단계를 나타내는 불교 용어이다. '돈오(頓悟)'는 '단번에 깨달음'을 뜻하는 의미이며, '점수(漸修)'는 깨우친 바를 점진적으로 수행한다는 뜻이다. 지눌은 깨달음이 수행에 우선한다는 선오후수(先悟後修)의 입장에서 돈오점수를 주장했다. 지눌은 깨달음

이 없는 수행은 참된 수행이 아니라면서 깨달음 이후의 점진적인 수행을 중시했으며, 깨우치지 못한 채 수행만 쌓는 것은 참된 수행이 아니라고 보았다.

정혜쌍수(定慧雙修)

정혜쌍수(定慧雙修)는 선정(禪定)과 지혜를 함께 닦아야 한다는 뜻으로 점수(漸修)의 구체적 내용을 담고 있다. '정(定)'은 선정으로서의 마음의 고요한 본체를 가리키는 것이며, '혜(慧)'는 지혜를 말하는 것으로 마음의 지성적 작용을 가리킨다. 따라서 정혜쌍수는 마음의 본체와 작용이 따로 있을 수 없듯이 선정과 지혜는 함께 수행해야 한다는 점을 강조한 것이다.

한국의 도교 사상

한국의 **도가 · 도교 사상**은 한국의 전통 사상과 융합하면서 민간 신앙이나 각종 기복 신앙, 그리고 신흥 종교 등에 다양한 영향을 미치는 형태로 전개되었다. 그뿐만 아니라 유교와 불교 사상 등과 융합하면서 독자적인 철학 및 윤리 사상의 근간을 이루기도 하였다. 도교는 국가의 안녕과 발전을 기원하고 혼란한 시기에는 우리 민족을 사상적으로 결집시킴으로써 민족주의적 성격을 띠었으며, 전통 의학 발달에 크게 기여하였다.

풍수지리 사상

풍수지리 사상은 자연의 기운을 얻으려는 사상을 말한다. 음양론과 오행설을 기반으로 하고, 주역의 체계를 주요 논리로 삼으며, 땅의 길함을 따르고 흉함을 피하는 것을 목적으로 한다. 풍수지리 사상은 도교의 영향을 받은 것으로, 국가와 민간 모두에서 유행하였다. 풍수지리 사상은 우리나라에 도입되면서 죽은 자의 영안의 장소를 찾는 일까지 포함하게 되어 거의 독창적인 문화 현상으로 발전하게 되었다.

동학

동학은 최제우가 창시한 민족 종교로, 민족 고유 사상인 경천사상을 기본으로 하면서 유교, 불교, 도교의 사상을 융합하여 성립하였다. 동학은 '사람을 하늘과 같이 섬기라'는 사인여천(事人如天), '사람이 곧 하늘'이라는 인내천(人乃天), '내 마음이 곧 네 마음'이라는 오심즉여심(吾心卽汝心) 등의 가르침을 제시하였다. 이는 천인합일의 사상에 바탕을 둔 것으로, 인간 존중 및 평등 정신을 담고 있다. 또한 동학은 보국안민(輔國安民)과 후천개벽 사상을 통하여 백성들에게 희망을 심어 주었다.

신흥 종교

19세기 말, 우리나라에서는 전통적인 가치관 내지 윤리 사상에 대한 새로운 해석들이 등장하였다. 동학을 필두로 등장한 새로운 이념들은 유 · 불 · 도의 전통 사상을 이어받아, 우리 정서에 부응하면서도 이전과는 새로운 해석을 내놓았는데, 이를 신흥 종교라고 한다. **신흥 종교**란 고유 사상을 바탕으로 유교, 불교, 도교의 사상을 주체적으로 수용한 새로운 민족 종교로, 대표적으로 천도교, 증산교, 원불교를 들 수 있다.

11 전통 윤리

인간의 주체성과 도덕성의 정립은 21세기에 있어서 가장 중요한 핵심 주제이다. 그렇다면 우리는 이 주제에 대하여 어떻게 접근해야 할까? 그 답을 전통 윤리에서 찾을 수 있다. '전통'은 근본이 단절되지 않고 계속해서 이어진다는 의미이다. 전통 윤리는 과거로부터 존재하여 현재에 이르렀고, 미래로 이어져야 할 사람으로서 마땅히 지켜야 할 도리라 할 수 있다.

항상 움직이는 현재에서 '현대'라는 축과 그 확고한 바탕의 중심을 지키는 '전통'이라는 축은 모순되거나 대립된 관계가 아니라, 서로 지탱해주고 실현시켜 주는 상호 의존적 관계라 할 수 있다. 현대란 끊임없이 변화하는 현실을 가리키고, 전통이란 안정적으로 지속되는 기반을 의미한다. 그만큼 현대 사회는 전통의 기반을 튼튼하게 확보함으로써 빠른 변화 속에서도 안정을 유지할 수 있고, 끝없이 발생하는 어려운 문제들을 해결할 수 있는 지혜를 얻을 수 있다. 즉, 건강하고 선진적인 현대 사회를 이루어나가기 위해서는 현대의 산업 기술 문명을 향상시켜 나가야 할 뿐만 아니라, 그 기반인 전통문화를 올바르게 이해하고 전통을 바탕으로 하여 생명과 지혜를 공급받아야 한다.

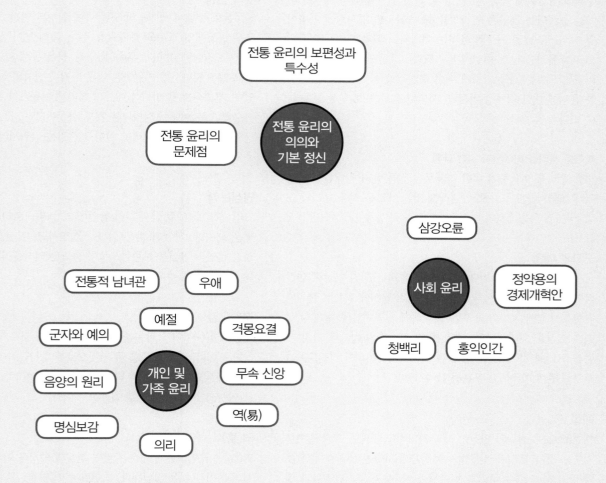

전통 윤리의 보편성과 특수성

세계 여러 나라의 전통 윤리는 보편성과 특수성이라는 두 가지 측면을 모두 지니고 있다. **보편성**은 각 나라가 전통 윤리를 강조하는 일반적 추세에서 드러나는 성격으로, 사회 구조적인 측면과 개인 가치의 측면에서 찾을 수 있다. **특수성**은 각 문명 혹은 각 나라가 자신들이 전통적으로 지켜 온 고유한 문화와 규범들을 지금도 소중히 하고자 노력하는 것에서 확인된다. 따라서 우리는 각 나라가 지키고자 하는 다양한 전통 윤리의 특수성 속에서 인류가 추구하는 전통 윤리의 보편성을 찾을 수 있다.

전통 윤리의 문제점

전통 윤리의 문제로는 지나친 **정서적 유대**를 중시하는 인간관계, 지나친 '우리 의식'의 결과로 나타나는 **배타적 공동체 의식**, **수직적 인간관계** 등을 들 수 있다. 또한 전통 윤리의 체면과 눈치를 중시하는 경향은 합리성을 중시하는 현대 사회에 부정적일 수 있고, 남성 위주의 윤리는 여성의 사회적 불평등과 사회의 비효율성을 낳는 원인이 되기도 한다. 한편 전통 윤리의 약화 원인으로는 전통 가치에 대한 부정적 인식, 전통문화 및 전통 윤리에 대한 정체성 미정립, 사회의 윤리 부재 현상 등을 들 수 있다.

■ 전통 윤리를 회복하기 위한 과제

전통 윤리를 회복하기 위한 과제로는 전통 윤리에 대한 올바른 이해, 생활 속에서의 실천, 현대에 맞는 새로운 전통 윤리의 정립, 국가적 차원에서의 법적·제도적 노력 등을 들 수 있다.

군자와 예의

군자(君子)는 소인의 반대 개념으로, 유교 사회의 이상적 인간상이다. 전통 윤리에서 군자는 항상 인격 완성에 힘쓰고 불의와 타협하지 말아야 한다고 하였다. 군자가 인간이 실현해야 할 인격의 이상을 의미한다면, 예의(禮義)는 군자의 사회적 가치 기준을 드러낸 것이다. 예의, 곧 예절과 의리는 우리 정신문화가 추구해 왔던 기준이요 목표라 할 수 있다.

예절

예절(禮節)은 인간과 인간이 서로 사양하고 차례를 지켜 질서를 이루는 것이다. 그래서 우리는 예절을 무시하는 행위를 무례(無禮)라고 하여 매우 부끄럽게 여겨 왔다. 옷차림의 단정함과 절도 있음, 마음가짐의 겸손과 엄숙을 강조하는 것이 그 예이다. 경박함과 조잡함을 경계하고 남을 배려하는 태도에서 예절의 전통문화를 찾아볼 수 있는 것이다.

의리

의리(義理)는 이기적 탐욕을 거부하고 불의에 항거하여 정의를 실현하고자 하는 가치 의식이다. 생명을 걸고 절의를 지켰던 인물들, 지성과 양심을 대표하였던 선비는 지사요, 의사의 성격을 분명히 드러내 준다. 우리 민족은 끊임없이 외세의 침략에 의리로 항거하였는데, 이를 통해 우리 역사와 사회 체제의 정당성을 지켜왔던 것은 우리 민족의 소중한 전통이라 하겠다.

음양의 원리

우주 만물에 있어서 서로 대립하면서 의존하는 관계를 지니고 있는 것을 상징하는 것으로, **음**의 성질은 약하고, 부드럽고, 수동적이며, **양**의 성질은 강하고, 곧고, 적극적이다. 음과 양의 구분은 우열에 의한 것이 아니며, 음양 또한 고정 불변의 것이 아니다.

무속 신앙

전통문화 중에서 서민들의 생활 속에 침투된 민간 신앙이나 풍속은 공동체의 결속을 강화시켜 준다. 특히 민간 신앙의 대표적 전통이라 할 수 있는 **무속**(巫俗)은, 굿을 통해 서민들의 복을 빌고 액운 피하기를 기원하는 이른바 기복 신앙의 하나라 할 수 있다. 무속은 복을 바라는 대중의 심리를 이용하여 온갖 주술과 사술을 쓰는 폐단이 나타나는 것도 사실이지만, 옛날부터 우리 정서에 깊이 뿌리를 내리고 있어서 신명을 고취시켜 주는 역할을 하기도 한다.

명심보감

고려 충렬왕 때 문신 추적이 금언(金言), 명구(名句) 등을 모아놓은 책이다. 하늘의 밝은 섭리를 설명하고, 자신을 반성하여 인간 본연의 양심을 보존함으로써 숭고한 인격을 닦을 수 있다는 것을 제시해 주고 있다.

격몽요결

격몽요결은 이이가 학문을 시작하는 이들을 가르치기 위해 편찬한 책이다. 학문에 뜻을 두는 것으로부터 시작하여 자기 몸을 바로 세우고 사회에 나가 활동하도록 하는 성리학의 근본이념을 일상생활에 구체적으로 적용한 것이다.

역(易)

역(易)은 끊임없이 변화하는 자연 현상의 법칙을 인간사에 적용시켜 풀이한 것을 일컫는다. 역이란 변역(變易), 즉 '바뀐다', '변한다'라는 뜻으로, 천지 간의 만물이 끊임없이 변화하는 원리를 말한다. 『주역(周易)』을 가리키기도 하는데, 동양인의 우주론을 담고 있는 유교 경전이다.

전통적 남녀관

전통적인 남녀관은 음양 사상을 바탕으로 하고 있으며, 남편과

아내가 각자의 덕목을 실천함으로써 조화를 이룰 수 있다고 본다. 음양 사상에 의하면 남녀 관계는 어느 한쪽을 우월한 존재라고 말할 수 없으며, 평등한 입장에서 서로를 보완해주는 관계이다. 상대적인 성격을 지니고 있는 음양은 서로가 균형을 이룰 때 가장 안정된 상태이듯이, 남녀는 각자의 역할을 수행하는 가운데 상대방의 미비점을 보완하여 보다 완전한 상태로 나아갈 수 있다.

우애

우애(友愛)는 형제간에 지켜야 할 도리이자 행동 양식으로, 가정을 통해 배우고 익히며, 모든 인간관계에서의 원형이 된다. 형제자매가 우애하며 지내는 것은 부모에 대한 효를 실천하는 길이다. 형제자매는 자신들이 동일한 부모의 자녀임을 확인하고, 혈연과 공동 체험에서 축적된 서로 간의 친애감을 바탕으로 서로 돕는 관계를 만들어나가야 한다. 우애 정신이 사회로 확대되어 장유 관계와 붕우 관계에서의 윤리로 나타난다.

삼강오륜

유학에서는 인간이 살아가는 동안 맺는 여러 가지 관계의 유형과 도리를 **삼강오륜**으로 분류하였다. 삼강은 국가와 사회를 구성하는 핵심 인간관계인 사회관계(임금과 신하), 가족 관계(부모와 자식), 남녀 관계(부부)의 기본 틀을 말한 것이며, 오륜은 우리가 일생 동안 맺는 기본적인 인간관계를 다섯 가지 유형으로 나누고, 각각의 유형에 따라 지켜야 할 규범을 제시한 것이다.

■ 삼강오륜(三綱五倫)
- 삼강: 군위신강(君爲臣綱), 부위자강(父爲子綱), 부위부강(夫爲婦綱)
- 오륜: 부자유친(父子有親), 군신유의(君臣有義), 부부유별(夫婦有別), 장유유서(長幼有序), 붕우유신(朋友有信)

청백리

재야에 있을 때에는 청빈한 생활 태도를 유지하고, 벼슬길에 나아가서는 봉공하는 자세를 흩뜨리지 않으며, 백성들을 마치 부모처럼 어루만지는 선비의 전형을 예로부터 **청백리**라고 하였다. 청백리는 마음이 청렴하고 결백한 관리를 가리키는 말로, 탐관오리, 즉 벼슬을 탐하는 타락한 관리와는 확연히 구분된다. 정약용은 『목민심서』에서 청백리의 조건으로 자애, 청렴, 절용을 들었다.

정약용의 경제개혁안

정약용의 인간 중심적 경제관은 토지 제도와 세금 제도를 통해 엿볼 수 있는데, 병농 일치를 근간으로 하는 중농 정책이 그것이다. 그는 **경자유전**(耕者有田)의 원칙에 따라 국가 또는 경작자 이외의 지주 제도를 인정하지 않으려 했으며, 더 나아가 토지 제도의 근본적인 개혁을 시도하는 **여전론**을 창안하였다. 또한 화폐 제도의 정비와 시행 등을 주장하면서, 국가 재산이 외국과의 무역으로 유출되지 않도록 하는 방지책과 화폐 통용으로 인한 소비 억제 정책, 보호 무역 정책 등에 대해서도 언급하였다.

홍익인간

'널리 인간세계를 이롭게 한다'는 뜻으로 『삼국유사』의 단군 신화에 나오는 말이다. **홍익인간**은 우리나라의 전통 건국이념이자 정치 · 경제 · 사회 · 문화의 최고 이념으로, 윤리 의식과 사상적 전통의 바탕을 이루고 있다. 현재 우리나라의 교육 이념이기도 하다.

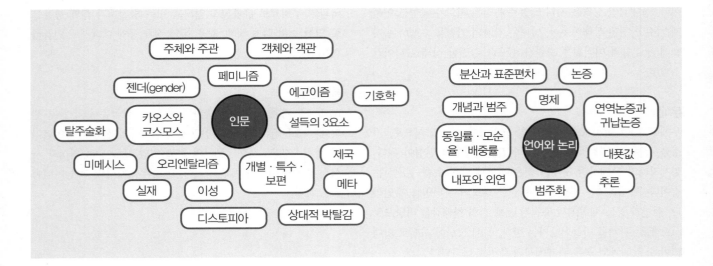

페미니즘

페미니즘은 여성의 사회적·정치적·법률적 권리 확장을 주장하는 사회사상이다. 19세기 중반에 시작된 여성 참정권 운동에서 비롯되어 그것을 설명하는 이론까지 포함하는 개념이다. 페미니즘은 자유주의에 근원을 두고 있다. 자유주의적 페미니즘에 의하면 여성의 사회 진출과 성공을 가로막는 관습적·법적 제한이 여성의 남성에 대한 종속 원인이다. 따라서 여성에게도 남성과 동등한 교육 기회와 시민권이 주어진다면 여성의 종속은 사라진다.

■ 페미니즘의 발전 과정

'**페미니즘**'은 일반적으로 제1기부터 제3기까지로 나뉜다. 제1기는 19세기부터 1960년대 무렵까지로, 여성이 남성과 법적으로 동등한 지위를 갖도록 구체적인 권리 획득 운동을 전개했던 시기다. 제2기는 1960~1970년대로 여성 내면에 무의식으로 남아 있는 여성차별을 재검토했던 시기이다. 제3기는 1970년대 이후로 동성애자와 성 전환자를 긍정하는 등 섹스(타고난 성)와 젠더(후천적 성)에 얽매이지 않고 스스로의 삶을 모색하는 시기이다.

젠더(gender)

젠더(gender)란 사회적으로 구성되는 남녀의 정체성, 다시 말해 사회적·문화적·역사적으로 길들여진 **후천적 성(性)**을 말하는 것으로, 여성다움과 남성다움을 통칭한다. 생물학적 성 차이인 섹스(sex)와 구별된다. 대부분의 사회는 특정 성(sex)에 부합하는 젠더의 특질이 있다는 믿음을 가지고 있으며, 사회구성원들을 그 방향으로 사회화한다. 페미니즘에서는 이러한 사실을 비판하고 생물학적 성인 섹스는 사회적 성인 젠더와 무관함

을 강조한다. 남성성과 여성성은 생물학적 차이에 의해 결정되는 것이 아니라 남성 중심 사회에서 권력을 가진 남성들이 여성들에게 일방적으로 부과한 것임을 강조한다. 다른 견해도 있다.

오리엔탈리즘

오리엔탈리즘은 서양이 동양을 지배하기 위한 수단으로 날조한 동양에 대한 사고 양식 혹은 지배 방식을 뜻한다. 에드워드 사이드에 따르면, '**오리엔탈리즘**'은 동양과 서양 사이의 존재론적·인식론적 구분을 근거로 한 사고방식으로, 동양을 지배하고 개조하며 위압을 가하려는 목적으로 특정 서구 양식에 맞게 조작한 개념이다. 오리엔탈리즘은 서양은 문명이고 동양은 야만이라는 식으로 어떤 본질적인 차이를 지닌다는 사고에서 시작됐다. 그 결과, 이러한 서양의 이원론적 사고는 서양 제국주의가 동양을 지배하려는 식민주의를 정당화·합리화하는 논리를 제공했음은 물론, 식민지 피지배인들을 관리하고 통제하는 전략으로 기능했다.

제국

네그리와 하트는 공저『제국empire』에서 네트워크 형태의 새로운 권력이 출현하고 있다고 주장하면서, 이를 '제국'의 개념으로 설명했다. 탈중심적·탈영토적 **네트워크 권력**인 제국은 영토를 기반으로 하는 국가권력이나 중앙정부와는 전혀 다른 새로운 개념이다. 제국은 주권도 영토도 소유하지 않은 채 네트워크 형태로 결합된 권력시스템으로, 글로벌화 된 세계의 교류를 조장하는 정치적 주체이자 주도적 권력체제이다. 제국은 사적 욕망, 즉 자본주의가 만든 시스템으로, 이 제국을 뒷받침하는 힘으로 조직화되지 않은 민중을 의미하는 용어가 '멀티튜드'다.

에고이즘

'이기주의'라고 하며 그 반대말은 '이타주의'다. 이기주의는 자기의 이익만을 생각하고 남의 이익을 생각하지 않는 자기중심적 사고를 일컫는다. 이기주의는 심리적 이기주의와 윤리적 이기주의로 구분할 수 있다. 심리적 이기주의는 인간의 모든 행위가 본질적으로 자기의 이익에 따라 이루어진다는 주장으로, 이를 규제하기 위해서는 법이나 도덕이 필요하다. 윤리적 이기주의는 사회 전체의 이익을 위해 자기의 이익을 추구해야 한다는 규범적 주장으로, 행위의 정당성을 가늠하는 기준으로 최대 다수의 최대 행복을 꼽는 공리주의와 일견 유사하다. 그러나 윤리적 이기주의는 어디까지나 자기 이익을 추구하는 사고로, 자기를 희생하면서까지 사회의 최대 행복을 실현하려 들지 않는다는 점에서 공리주의와 차이 난다.

카오스와 코스모스

카오스는 '혼돈'이란 의미로, 어떤 사건이 발생하는 시점 또는 우주 생성 초기의 뿔뿔이 흩어진 무질서한 상태를 가리킨다. 이와 반대로 '질서'를 의미하는 코스모스는 그런 뿔뿔이 흩어진 무질서한 상태가 아니라 조화롭게 통일된 상태를 가리킨다. 카오스와 코스모스는 언뜻 정반대의 상태처럼 보이지만, 카오스가 코스모스를 이끌기도 하고 반대로 코스모스가 카오스가 되기도 하는 등 한쪽이 반대쪽을 유발하는 관계에 있다. 세상 삼라만상의 이치가 이와 같다.

이성

이성은 사물의 본질을 논리적으로 파악하는 **추론 능력**이다. 이성은 진리를 인식하는 **직관 능력**이다. 이성은 선악 진위를 구별하는 판단 능력이다. 이성은 계시나 신앙과 대조되는 가치중립적 **지식 능력**이다. 이성은 지각과 대조되는 인간의 지적 능력이다. 이성은 사유체계를 가능하게 하는 **비판 능력**이다. 이러한 근대 이성 만능의 사상에서 탈피하여 현대철학에서는 반성의 눈으로 이성을 바라보기도 한다. '도구적 이성'을 비판한 하버마스는 인간이 이성을 사용해 목적을 달성하려 할 때 오히려 비참한 결과를 낳을 수 있다고 비판하면서, 의사소통 과정에서 대화로 합의를 이끌어낼 수 있도록 이성을 발휘해야 한다고 주장했다.

주체와 주관

주체란 자기 자신이고, 객체란 상대방 또는 상대되는 사물을 말한다. 주체와 주관, 객체와 객관은 서로 구별해야 한다. 주관(객관)과 주체(객체)의 차이는 인식과 행위의 차이다. 즉 '**주관**'이라는 말로 표현될 때는 주로 인식상의 문제에서 사용되며 인식을 일으키는 의식을 가리키지만, '**주체**'라고 하는 경우에는 단순히 의식에 한정되지 않고 의식을 가진 인간 및 이 인간이 개별적으로 신체를 갖추고 실천하는 실체를 의미한다. 주체가 이와 같은

의미로 사용될 경우 주체성은 주체가 다른 것에 의하여 움직이는 것이 아니라 자신의 자발적인 판단이나 행위를 한다는 의미로 쓰인다. 주체 또는 주체성의 개념은 생철학이나 실존주의의 중심 과제이다.

객체와 객관

주체에 반대되는 개념으로서의 '**객체**'는 객관과 거의 동일한 뜻으로, 주체와 연관됨으로써 이 주체의 행위가 지향하는 것을 의미한다. 더 좁은 뜻에서 인식론적으로 보면, 경험을 통해서 의식에 주어진 대상 또는 인식 주체와의 관계에서 본 **실재(實在)**라는 것이 된다. 따라서 '나'의 인식이 주관이라는 것은 나의 입장에서 봤을 때의 표현이다. 이와 반대로 인식 당하고 있는 쪽에서는 그것을 '**객관**'으로 표현할 수도 있다.

■ 인식의 주관성

대상을 어느 쪽에서 보느냐에 따라 주관과 객관이 갈리게 된다. 예를 들어 '내가 강아지를 보고 있는 상태'라면 내가 주체고, 내가 강아지를 보고 있다는 것이 주관이다. 이때 강아지는 객체고, 내게 보이는 강아지가 객관이다. 여기서 알 수 있듯이, 주체 이외의 모든 것이 반드시 객체가 되지는 않는다는 사실이다. 객관이 '나'에게 인식 당한 상태인 이상, '내'가 인식하지 않는 것은 객관이 되지 않기 때문이다.

개별 · 특수 · 보편

모든 대상은 그 자신의 특징을 가지고 다른 것과 구별되어 개별적인 것으로 인지된다. 그러나 이러한 개별로서 구별되는 대상은 다른 대상과 관계를 맺고 있으며, 그들과 공통되는 특징도 나눠 갖고 있다. '내 집'은 이웃의 다른 집과 공통적인 특징을, 철수는 한국인과 공통적인 특징을 갖는다. 더욱이 이웃의 다른 집, 한국인은 모두 집 또는 인류라고 하는 공통의 특징을 갖는다. 따라서 **개별**인 '이웃의 다른 집' 또는 '한국인'은 '집' 또는 '인류'에 대해 **특수**이며, 후자는 전자에 대해 **보편**이다.

설득의 3요소

고대 그리스의 철학자 아리스토텔레스는 자신의 저서인 『수사학』에서 이르기를, '수사학이란 주어진 상황에 가장 적합한 설득 수단을 발견하는 예술'이라고 말한 바 있다. 그리고 상대방을 설득하려면 3가지가 필요하다고 했는데, 그것이 바로 로고스(logos), 파토스(pathos), 에토스(ethos)다. 이러한 로고스, 파토스, 에토스는 각각 논리학, 수사학, 윤리학으로 발전했다.

■ 로고스

로고스는 이성적 · 과학적인 것을 가리키는 것으로, 사고능력 · 이성 등의 의미를 지닌다. 이는 이성적인 논리로 상대방을 설득

하려면 설득하려는 내용이 잘 정리되어 있어야 한다는 의미다.

■ 파토스

파토스는 로고스와 대치되는 개념으로 감각적 · 신체적 · 예술적인 것을 가리키며, 격정 · 정념 · 충동 등의 의미를 가지고 있다. 이는 인간은 이성과 감정을 함께 가진 동물이기 때문에 논리만으로는 상대방을 설득할 수 없다는 생각에서 출발한다. 따라서 상대방의 감성에 호소할 줄 알아야 하는데, 이것이 바로 파토스다. 인식의 방법으로서의 합리주의와 경험주의에도 대응한다.

■ 에토스

에토스는 사람에게 도덕적 감정을 갖게 하는 보편적인 도덕적 · 이성적 요소를 말한다. 이는 화자의 평판이 좋아야 함을 의미하는 것으로, 상대방이 보기에 믿을 만한 사람이 이야기를 하면 그렇지 않은 경우에 비해 훨씬 신뢰감이 가서 설득이 잘 된다는 것이다.

메타

메타는 '더 높은', '초월한'을 뜻하는 접두어이다. 어떤 기술(記述)된 내용 또는 대상을 또다시 대상으로 삼아 기술하는 것을 메타라고 부른다. 쉽게 말해 더 높은 차원의 지식이라고 보면 된다. 형이상학을 **메타피직스**(metaphysics)라고 부르는 것은 자연 너머 존재의 근본과 지식의 근원을 탐구하는 학문이라는 의미이다. 메타언어, 메타인지, 메타윤리 등 메타이론은 특정 이론을 대상으로 하는 한 단계 높은 차원의 이론을 가리킨다.

직관

직관은 감성적인 지각처럼 대상 전체를 직접적으로 그리고 단숨에 이해하는 인식 능력이나 판단 작용을 말한다. 논리적 인과관계를 살펴 대상을 파악하는 논리적 사고 및 반성과 분석을 통해 대상을 종합적으로 파악하는 능력인 '사유'와 대립하는 개념이라고 할 수 있다.

실재

실재(實在)는 인간의 인식이나 경험과는 상관없이 실제로 독립하여 존재하는 것을 말한다. 철학에서는 인간의 의식 바깥에 독립해서 존재하는 것을 의미한다. 로크는 우리가 경험하는 **내용** 그 자체를 실재라고 말했다. 칸트는 인간이 인식할 수 있는 것과 별개로 존재하는 실재로서의 '**물자체**'의 개념을 제시했다. 철학에서 실재를 체계적으로 연구하는 학문 영역을 **형이상학**이라 한다. 철학 개념인 실재론은 인식론적 관점에서 관념론과 대립하는 용어이다. 관념론은 세상은 인간이 머릿속에서 만들어낸 것이라고 보는데 비해, 실재론은 세상은 우리 인식과는 관계없

이 존재한다고 보는 점에서 차이 난다.

기호학

기호학이란 사람들이 사용하는 '**기호(記號)**'를 통해 사물을 이해하는 학문이다. 기호의 기능과 본질, 의미 작용과 표현, 의사소통과 관련된 다양한 체계를 연구한다. 언어철학의 연장에 있는 기호학은 언어라는 기호가 단순히 인간의 사고를 위한 도구가 아니라, 언어가 오히려 인간의 사고를 지배한다는 발상의 전환에서 비롯됐다. 학문으로서의 기호학은 과학적 경험주의, 즉 논리실증주의의 발전 과정에서 체계화하였으며, 소쉬르, 퍼스, 모리스 등 구조주의자들에 의해 학문적 기초가 마련됐다. 오늘날 기호학은 인간의 삶과 기호의 연관성 및 그 의미를 밝히는 것을 목표로 다양한 분야에서 활발한 연구가 이루어지고 있다.

미메시스

미메시스는 예술을 통한 실재의 '**재현(모방)**'을 의미한다. 플라톤은 눈에 보이는 현상으로서의 현실 세계는 모두 형상, 즉 이데아의 불완전한 모방에 불과하다고 생각했다. 플라톤은 예술은 이데아의 모방인 현실(현실 세계, 현상)을 다시 한 번 모방한 것이기에, 그만큼 저속한 것으로 인식했다. 아리스토텔레스는 플라톤의 생각과는 견해를 달리했다. 아리스토텔레스에게 있어서 이 세상(현실 세계)은 형상(이데아의 세계)을 모방한 것이 아니라 세상이 형상을 구현하고 있는 것이다. 따라서 개별 대상(현상, 현실 세계)은 이데아의 불완전한 모방이 아니라 그 자체가 형상을 포함한 의미 있는 실체로, 예술 작품은 현실을 재현한 것으로써의 가치를 인정받는다.

서양적 세계관과 동양적 세계관

동양과 서양은 세계관(자연관)에서 큰 차이를 보인다. 근대 이후 서구에서는 인간 이성에 대한 지나친 믿음을 바탕으로 자연에 대한 인간의 지배를 당연시하면서, 자연을 인간을 위한 도구로 보는 **인간중심주의적 세계관**을 보여 왔다. 이에 비해 동양에서는 인간을 자연의 일부로 보고 자연과의 조화를 중요시하면서, 자연의 가치를 인정하는 **생태중심주의적 태도**를 보여 왔다.

도그마티즘

원래는 회의론에 대립하는 말로, 학문적이고 비판적인 검토를 거치지 않고 특정 교설이나 교의 혹은 교조(dogma)를 그대로 신성불가침의 진리라고 주장하는 입장이다. 통상 '**독단주의**' 또는 '**교조주의**'로 번역된다.

역사 인식

역사는 '**사실로서의 역사**'와 '**기록으로서의 역사**'라는 두 측면이 있다. 전자가 객관적 의미의 역사라면, 후자는 주관적 의미의

역사라 할 수 있다. 사실로서의 역사는 객관적 역사, 즉 시간적으로 현재에 이르기까지 일어났던 모든 과거 사건을 의미한다. 기록으로서의 역사는 과거의 사실을 토대로 역사가가 이를 조사하고 연구하여 주관적으로 재구성한 것이다. 이 과정에서는 역사가의 가치관 같은 주관적인 요소가 필연적으로 개입하게 되며, 이 경우 역사라는 말은 기록된 자료 또는 역사서와 같은 의미가 된다.

■ 랑케의 역사관_ '사실'을 강조
랑케는, 역사가는 과거에 기록된 사실 그 자체에 대한 객관적인 분석을 통해, 있는 그대로의 과거를 재현할 수 있다는 실증적 역사관을 주장했다. 랑케의 역사관은 실증적 사실로서의 역사를 중시하는 **객관적** 의미의 역사관으로, 역사가의 주관을 철저히 배제한 객관적인 사실만을 기록할 것을 강조했다. 즉 역사는 '있는 그대로의 역사'로서 객관적 실체로서의 의미를 갖는다고 하여, 역사적 사실을 강조했다.

■ 콜링우드의 역사관_ '해석'을 강조
콜링우드는, 역사적 사실은 역사가에 의해 재구성된 것이기에 그만큼 객관적이지 않으며, 그렇기에 현재 시점의 역사는 그만큼 실존적이지 않고 관념적일 뿐이라고 주장했다. 콜링우드의 역사관은 과거의 사실에 더해 역사가의 해석이 강조되는 **주관적** 의미의 역사관이다. 즉 역사는 '다시 쓰이는 역사'로서 과거를 현재의 관점에서 능동적이고도 주체적으로 재해석하는 작업이라고 하여, 역사가의 해석을 강조했다.

■ 카의 역사관_ '사실과 해석'을 강조
카(E.H. Carr)는, 역사는 역사가와 사실의 연속적인 상호작용으로, 현재와 과거와의 끊임없는 대화가 곧 역사라고 주장했다. 카의 역사관은 같은 역사적 사실이라도 누가 쓰느냐에 따라 서로 다른 역사가 만들어진다는 **상대주의** 역사관으로, 과거의 사실을 보는 역사가의 관점과 사회 상황에 따라 역사는 달리 서술될 수 있다고 주장했다. 역사는 입장에 따라 해석이 달라지기 때문에, 사실과 해석 사이에 끊임없는 긴장과 균형을 유지하는 것이 곧 역사가의 임무로, 사실과 해석 둘 다 강조하되 누가 어떤 관점에서 해석하느냐가 특히 중요하다고 말했다.

디스토피아
이상향을 가리키는 유토피아(utopia)와는 정반대의 사회를 뜻한다. 1868년 공리주의자 밀의 의회 연설에서 처음 등장한 단어로 알려져 있다. 오래전부터 종종 SF 소설에서 문학적 소재로 쓰였고, 오늘날에는 영화에서 자주 등장하는 친근한 소재다. 가장 대표적인 문학작품으로는 올더스 헉슬리의 『멋진 신세계』가 있다. 철학적으로 논의해온 이상향과 쌍을 이루고 있는 만큼,

전체를 위해 개인의 자유를 제한하는 **전제적 세계관**을 가리킨다. 20세기에는 파시즘이나 전체주의적 분위기와 연관되기도 했다.

사회적 행위의 유형
베버는 개인들의 행위를 이해하기 위해 행위의 전형을 네 가지 유형으로 분류했다. '목적 합리적 행위'는 권력, 부, 명예 등 세속적인 목적을 달성하기 위해 가장 효과적인 수단을 동원하는 행위 유형을 말한다. '가치 합리적 행위'는 규범, 신앙, 이데올로기, 가치관 등 특정한 가치의 실현을 목적으로 하는 행위를 가리킨다. 이 두 행위가 이성적 판단에 입각한 합리적인 행위라고 한다면, '전통적 행위'는 통상적인 관습과 관계에 따라 하는 행위이며, '감정적 행위'는 희로애락과 같은 특정한 감정을 표출하는 행위이다. 그는 이러한 이념형 간의 관계를 인과적 가설로 설정하여 경험적으로 연구함으로써 사회과학적으로 적합한 설명이 가능하다고 보았다.

탈주술화
베버는 "왜 서양에서 합리적인 문화가 발생했을까?"라는 의문을 품었다. '합리적'이라는 말은 일상에서 워낙 다양하게 쓰여서 의미가 그리 명확하지는 않다. 베버는 그것을 '세계를 마술에서 해방(탈주술화)시키는 것'이라고 규정했다. 그에게 합리화란 미신과 신화, 편견 등을 몰아내고 세계가 예측에 따라 의도한 대로 되는 것이다. 근대의 관료제 국가와 자본주의 경제는 탈주술화를 통한 합리화의 과정에서 탄생했다고 베버는 생각했다.

상대적 박탈감
본래 마르크스가 사용한 개념이다. '박탈'이란 빼앗긴다는 뜻이고, '상대적'이라 함은 실제로는 빼앗긴 것이 아닌데도 다른 사람들과 처지를 비교하거나 자신의 기대 수준과 실제 처지를 비교할 때 느끼는 **주관적 · 심리적인 상실감**을 말한다. 내 이웃집 사람들은 부자가 되어가는데 나만 그대로 있다면, 나는 더 가난해지는 느낌이 든다. 이런 경우가 상대적 박탈감이 들게 되는 예로, 현대 사회에서 빈부 격차가 심화될수록 상대적 박탈감을 느끼는 사람들이 늘어난다.

명제
어떤 문제에 대한 하나의 논리적 판단 내용과 주장을 언어 또는 기호로 표시한 것을 말한다. 즉 어떤 문장의 참과 거짓을 분명하게 판단할 수 있을 때 그것을 **명제(命題)**라고 한다. 철학에서의 명제는 사물의 판단을 언어로 나타낸 것을 뜻한다. 수학에서의 명제 역시 진위 판단의 대상이 되는 것을 가리킨다. 예를 들어 아리스토텔레스의 논리학에서는 '모든 A는 B다. 모든 C는 A다. 따라서 모든 C는 B다.'라는 삼단논법이 제시된다. 이때 '모

든 A는 B다.', '모든 C는 A다.', '따라서 모든 C는 B다.'라는 문장은 각각 진위의 대상이 되는 명제라고 할 수 있다. 이에 반해, '모든 A가 B라면 좋을 텐데.'라는 문장은 단순한 희망에 불과하기에 진위의 대상이라고 할 수 없다. 따라서 명제라고 부르지 않는다.

개념과 범주

'개념'은 특정한 사물이나 사건, 상징적인 대상들의 공통된 속성을 추상화하여 종합화하고 일반화한 보편 관념을 말한다. 이에 비해 '범주'는 같은 성질을 가진 개념의 부류 또는 범위라고 할 수 있다. 개념은 내포(內包)와 외연(外延)으로 구성되어 있으며, 외연은 범주화와 관련된다. 개념을 정확히 규정하는 것은 곧 개념을 구성하는 두 가지 중요한 측면인 개념의 '내포(內包)'와 '외연(外延)'을 명확히 하는 것이다.

내포와 외연

개념은 대상의 고유한 속성을 반영하는 동시에 이러한 특유의 속성을 가지고 있는 대상도 반영한다. 이때 개념이 반영하고 있는 대상의 특유한 내용·속성·성질·특성을 개념의 '내포'라고 하고, 그 개념이 반영하고 있는 대상의 집합 또는 범위를 개념의 '외연'이라고 한다. 예를 들어 채소라는 개념의 외연은 배추, 무 등 모든 개별적인 채소를 말하며, 내포는 '식용하기 위해 밭에서 기른 농작물'이라는 채소가 갖는 특성을 말한다. 개념의 내포와 외연은 상호 긴밀히 연관되어 있으며, 또한 서로를 제약한다. 개념의 내포와 외연의 관계를 '종차(種差)'라고 한다.

범주화

범주화는 우리가 접하는 사물, 개념, 현상을 분류하여 이해하는 방식을 말한다. '범주화'란 특정한 사례가 특정한 범주의 구성원인지 여부를 결정하는 것, 그리고 특정한 개념이 다른 개념의 부분 집합인지를 결정하는 것이다. 범주화는 위계적으로 이루어지는데, 예를 들어 하위 범주인 '작은북'은 상위 범주인 '북'의 부분 집합이 되며, '북'은 보다 높은 상위 범주인 '타악기'의 부분 집합이 되는 식이다.

논증

'논증(論證)'은 어떤 주장이 옳다는 것을 근거를 들어 증명하거나 정당화하는 서술 방식이다. 논증은 어떤 명제에 대한 자신의 주장 및 그 주장을 뒷받침하기 위한 타당한 근거나 증거를 제시하고, 이를 통해 그 주장의 타당성을 논리적으로 합리화하는 진술 방식을 말한다. 논증은 어떤 주장과 그 주장에 대한 근거로 구성된다. 따라서 모든 논증에는 하나의 결론과 적어도 하나 또는 둘 이상의 전제가 포함되어 있다고 말할 수 있다. 이때, 주장이 참인가 거짓인가는 중요하지 않다. 논증의 관건은 이성에 호

소하여 자신의 의견을 얼마나 잘 설득하느냐에 달렸기 때문이다. 따라서 논증에는 주장을 적절히 뒷받침하는 근거(논거, 이유)가 제시되어야 하고, 전제(근거)로부터 결론(주장)이 이끌어지는 추론 과정이 분명하게 드러나야 한다.

추론

'추론(推論)'은 기존의 명제들로부터 유의미한 결과를 유도해나가는 논리적 사고 과정을 뜻한다. 어떤 명제를 증명할 충분한 논거를 확보했더라도, 그것의 정당성 여부를 밝혀 타당한 결론을 이끌어내지 않으면 안 된다. 명제의 정당성을 밝히기 위해서는 감정이나 권위에 얽매이지 않고 자신의 생각을 명확하고 일관성 있게 정리하여 올바른 결론에 이를 수 있도록 사고하는 과정이 필요한데, 이러한 논리적 사고 과정이 추론이다.

연역논증과 귀납논증

논증의 명제(전제와 결론)를 어떻게 연결하면서 둘을 논리적·체계적·합리적·순차적으로 배열할 것인가에 따라 추론은 크게 '연역적 추론(연역논증)'과 '귀납적 추론(귀납논증)'으로 나뉜다.

■ 연역논증

연역논증은 논리적 규칙에 의하여 전제로부터 필연적으로 새로운 결론을 이끌어내는 사고 과정을 말한다. 일반 지식이나 보편 원리를 전제로 하여 특수한 지식이나 원리를 도출해내는 방법으로, '삼단논법'이 대표적인 사례이다. 연역논증에서는 전제가 결론에 대해 결정적인 근거를 제공한다. 즉, 결론의 내용은 이미 전제에 함축되어 있다고 본다. 때문에 연역논증에서 전제들이 모두 참이라면, 결론은 반드시 옳다. 즉, 연역논증은 전제와 결론 간의 논리적인 비약이 없다고 주장되는 논증이므로, 연역논증은 주장의 확실성을 보장하기 위해 주로 활용된다.

■ 귀납논증

귀납논증은 경험에 기초한 둘 이상의 특수 명제에서 새로운 일반 명제를 도출해내는 방식으로, 유비논증(유추), 열거에 의한 귀납, 인과논증 등이 있다. 귀납논증은 결론이 옳다는 것을 증명하기 위해 그럴듯한 증거를 전제로 제시함으로써, 주장을 뛰어넘어 그것이 갖고 있는 지식을 확장한다. 귀납논증은 전제가 결론에 대해 근거를 제시하기는 하지만, 결정적 근거가 아니라 개연적 근거를 제공할 수 있을 뿐이다. 즉, 귀납논증은 그 논증이 아무리 성공적이더라도, 전제와 결론 사이에는 논리적인 비약이 있을 수밖에 없다. 따라서 귀납논증에서는 전제들이 모두 참이라고 해도 결론이 반드시 참이라고 기대할 수 없다.

동일률·모순율·배중률

논리적 사고를 위한 기본법칙으로 동일률, 모순율 그리고 배중

률이라는 세 가지 기초 항진명제가 있다. 항상 '참'이어서 '거짓'일 수가 없는 이 명제들 중 첫 번째인 **동일률**은 하나의 사실에는 하나의 판단만이 존재함을 상정한다(A는 A다). 두 번째인 **모순율**은 동일 판단에 모순이 존재하지 않아야 하며 이로 인해 어떤 사실이 '참'이면 '참'일 뿐 동시에 '거짓'일 수가 없다는 것을 의미한다(A는 A이면서 동시에 B가 될 수 없다). 마지막의 **배중률**은 논리적 판단은 어떤 명제가 '참'이냐 아니면 '거짓'이냐의 둘 중 하나이며 그 중간의 형태는 존재하지 않는다는 명제이다 (A는 A이거나 A 아니거나 둘 중 하나일 뿐, 그 중간은 없다).

대푯값

대푯값은 자료 전체의 중심적인 경향이나 특성을 나타내는 수치로, 말 그대로 자료 전체를 대표하는 값을 말한다. 어떤 집단의 대푯값을 나타내는 방법에는 평균값, 중앙값, 최빈값이 있는데, 자료의 성격과 대푯값을 구하는 목적에 따라 적절한 값을 선택해야 한다. 평균값, 중앙값, 최빈값 중의 어느 하나가 모든 것을 대변하지는 못한다. 가령 100명 중 1명만 100점이고 나머지 99명이 1점인 분포에서는 평균은 그다지 의미가 없으며, 오히려 최빈값이나 중앙값이 더 큰 의미를 갖는다. 또 100명 중 49명이 1점이고, 1명이 25점이고, 나머지 50명이 100점인 분포도가 있다고 하면, 이 경우에는 중앙값이 25점이 되므로, 중앙값은 거의 절반이 1점이고 거의 절반이 100점인 전체 집단의 특성에 아무런 정보를 주지 못한다.

■ 평균값

먼저 여러 값을 대표하는 값으로 가장 광범위하게 사용되는 것이 '**평균값**(mean)'이다. 평균값은 관측된 모든 값을 다 합한 후에 그 합을 전체 개수로 나눈 값이다. 평균값은 대부분 대푯값으로서의 역할을 충실히 수행하지만, 아주 높거나 낮은 값이 끼어 있을 때 그것에 민감하게 영향받는 것이 단점이다. 평균값은 평균을 크게 벗어난 값에 민감하게 좌우된다. 그렇기에 만약 전체 구성원 내에 특정 고소득자 집단이 있을 경우 그로 인해 전체 평균 소득은 크게 높아질 수 있겠지만, 그 구성원 집단의 평균 소득과 전체 집단 평균 소득은 크게 차이 나게 된다.

■ 중앙값

'**중앙값**(median)'은 모든 관측 값을 순서대로 나열했을 때 중간에 있는 값을 말한다. 중앙값은 전체 집단의 절반은 그보다 더 큰 값을 갖고 나머지 반은 더 작은 값을 갖는 특징이 있는데, 이때 집단 내에 극단적인 값을 갖는 표본이 많이 분포할 경우 중앙값은 평균값보다 편차가 적을 수 있으며, 따라서 보다 대표성을 가질 수 있다.

■ 최빈값

'**최빈값**(mode)'은 주어진 관측 값들 중에서 가장 많이 나타나는 값이다. 가령 [1, 1, 1, 2, 3, 4, 5]라는 집합이 있으면 여기서 최빈값은 1이다. 물론 중앙값은 2가 된다. 극단적인 값이 많고 또 자료가 순서대로 나열되어 있지 않은 경우에 가장 높은 빈도를 나타내는 최빈값이 산출 지수로서 효과적일 수 있다.

분산과 표준편차

자료의 전체적인 경향을 알아보기 위하여 대푯값을 이용하지만 이것만으로 자료의 흩어진 정도를 알 수 없다. 즉, 어떤 두 자료의 변량이 달라도 평균은 같을 수 있으므로 자료의 흩어진 정도를 파악하기 위하여 분산과 표준편차가 필요하다. 평균은 주어진 자료들을 하나의 대푯값으로 요약하고자 할 때 많이 쓰이는 지표이고, 분산은 자료들이 흩어져 있는 정도를 표현하고자 할 때 많이 쓰이는 지표이다. 편차는 각 데이터 수의 평균값에서 벗어난 정도, 즉, 평균값과의 차이가 나는 고르기 정도를 나타낸다.

■ 분산

통계학에서는 '편차 제곱의 평균'을 **분산**으로 정의한다. 분산은 데이터가 흩어져 있거나 퍼져 있는 정도를 나타낸다. 분산이 작다는 것은 0에 가까운 편차가 많다는 의미로, 평균에서 가까운 수가 많다는 의미이다. 반면 분산이 크다는 것은 0에서 먼 편차가 많다는 뜻으로, 평균에서 멀리 떨어진 수가 많다는 의미이다.

■ 표준편차

표준편차는 대푯값을 기점으로 해서 데이터가 평균값 주변에 얼마나 흩어져 있거나 퍼져있는지 알려주는 지표로, 데이터들의 평균값에서 떨어져 있는 것을 평균화하는 것이다. 만약 분산이 0이고 분산에 루트를 씌운 표준편차도 0이라면, 이는 모든 데이터가 일정한 수라는 것을 의미하며, 퍼짐이 없다는 뜻이다. 표준편차가 **작을** 때에는 확률분포도의 중앙부 산꼭대기가 높고 양끝자락이 낮은 분포를 이루며, 이는 예측이 그만큼 **정확히** 적중된다는 뜻이다. 표준편차가 클 때에는 확률분포도의 중앙부 산꼭대기가 낮고 양끝자락이 높은 분포를 이루고, 이는 예측이 그만큼 **빗나갈** 가능성이 높아지며 확실성이 떨어진다는 뜻이다.